第三卷

中国经济学探索丛稿

宏观经济学（下）

李文溥◎著

中国财经出版传媒集团
经济科学出版社
Economic Science Press
·北京·

001 第一篇

第五篇

居民负债压力下的财政政策效应*

一、引言

党的十九大报告提出，要坚决打好防范化解重大风险、精准脱贫、污染防治的攻坚战，要健全金融监管体系，守住不发生系统性金融风险的底线。由此，合理控制宏观杠杆率，防控系统性金融风险就成为各级政府经济工作的重要任务之一。然而，近年来在政府部门推动“去杠杆”的同时，居民部门负债率却在迅速提高。国际清算银行数据显示，2016 年一季度至 2019 年四季度，中国居民部门负债率由 39.9% 升至 55.2%，提高 15.3 个百分点；而同期所有报告国家居民部门平均负债率仅由 59.7% 升至 61.6%，提高 1.9 个百分点；发达国家居民部门平均负债率甚至由 74.7% 降至 73.5%。中国成为这一时期世界主要经济体中居民部门负债率增长最快的国家。受此影响，尽管政府和企业部门负债率有所下降，但中国宏观经济杠杆率总体上并无明显下降。

居民部门负债率在短期内如此快速增长可能会引发严重后果。一是后续居民消费将因此大幅下滑。格里克和兰辛（Glick & Lansing，2010）发现，2007 年之前居民负债率迅速提高的国家，此后几乎都经历了居民消费的大幅下降；2012 年，国际货币基金组织（International Monetary Fund，IMF）指出，在国际金融危机发生的前五年，发达国家居民债务与收入比值平均由 39.0% 上升到 138.0%，居民债务快速提升是造成国际金融危机爆发的重要原因之一（IMF，2012）。二是减少消费仅是居民在债务压力下的一个显性反映，更深层次的冲击还在于债务压力可能迫使居民行为发生隐性改变。如债务违约风险提升，边

---

* 本文原载于《中国工业经济》2020 年第 12 期。共同作者：王燕武。

际消费倾向下降等。这些变化可能导致宏观政策失效。苏菲（Sufi，2015）指出，2008 年国际金融危机之后发达国家货币政策基本失效。主要原因是那些具有较高边际消费倾向的居民负债压力较大，难以持续增加消费，造成信贷萎缩，削弱货币政策效力。

现实经济运行中，伴随居民负债率的快速提升，中国居民消费增速出现明显下降。2011 年支出法下的居民消费名义增速高达 20.5%，2019 年增速跌至 9.0%，低于 2009 年国际金融危机爆发时的水平。一些基于微观数据的经验研究也支持这一观察（潘敏和刘知琪，2018；张雅淋等，2019）。进一步地，居民负债率的快速提升是否也已经对宏观调控政策的效果产生影响？目前，除少量理论研究外（伍再华等，2017；刘哲希和李子昂，2018），国内研究还较少涉及这一问题。本文将以财政政策为研究对象，分析居民部门债务对其作用效果的影响。以财政政策作为研究对象的依据是：第一，为应对新冠疫情冲击，2020 年 3 月 27 日中共中央政治局会议提出要通过适当提高财政赤字率、发行特别国债和专项债、合理增加公共消费等手段，实施更加积极有为的财政政策，以扩内需、稳增长。此时，厘清居民债务对财政政策效果的影响，将有助于优化政策设计，促进政策目标实现。第二，已有较多国外文献涉及居民债务对货币政策效果的影响（Alpanda & Zubairy，2019），但在财政政策方面却鲜有涉及，特别是针对发展中国家的研究，几乎是空白。中国在财政政策方面具有丰富的实践，以中国为样本的研究，将兼具学术和现实应用价值。

结合前述考虑，本文的主要工作包括：第一，利用 2003～2017 年中国城市层面面板数据，结合约尔达（Jorda，2005）的局部投影法（local projection，LP）①，测算不同居民债务状态下的财政政策效应。结果发现，样本期内，无论是即期财政支出乘数，还是长期累计折现财政支出乘数，具有较高居民负债率的样本城市均小于具有较低居民负债率的样本城市。居民债务率会抑制财政政策的效应发挥。第二，构建包含住房消费属性和居民贷款违约风险的异质性动态随机一般均衡模型（DSGE），结合贝叶斯估计法，估计相关参数并分析居民债务对财政政策效应的作用机制。结果显示，居民债务可以通过利率、通货膨胀、住房相对价格以及贷款违约风险等变量影响财政支出扩张对投资和居民消费的作用，进而影响财政政策的效果。不同居民负债率下财政扩张对一般消费品与住房消费的作用出现分化。这种分化表现使得居民负债对不同产品消费

① 局部投影法是由约尔达（2005）提出的，用于克服向量自回归（VAR）和结构向量自回归（SVAR）模型在估计脉冲响应函数时面临的严格数据要求、模型识别设定误差以及难以处理同期或跨期自相关、非线性变化等问题，适用于小样本面板数据、非线性结构转变等。

的作用更加复杂化。影响居民消费和投资行为的不仅来自居民边际借贷能力，还来自居民贷款违约风险。

本文的边际贡献在于：第一，既有研究更多关注政策主体对宏观政策效果的影响，本文则从被调控者的视角、从居民行为视角来剖析宏观政策效果，提出在宏观经济理论研究中，必须重视经济环境以及市场主体行为变化对宏观政策效果的影响。第二，基于中国宏观数据的现实，以居民负债率作为状态转移变量，使用 LP 方法实证检验不同居民债务状态下的即期和长期财政支出乘数差异，在方法上更契合中国宏观计量研究的现实需求。第三，考虑住房消费属性和贷款违约风险等中国现实因素之后，本文经过理论模型分析发现，居民债务变化对不同类型消费的影响存在差异。同时，贷款违约风险会经借贷约束能力变化影响居民消费和投资，丰富了现有理论研究的结论。

本文余下部分内容安排为：第二部分是文献综述；第三部分是经验检验；第四部分为理论模型构建；第五部分展示参数估计与冲击效应分析；第六部分是稳健性检验；第七部分为结论及政策启示。

二、文献综述

自法维罗和贾瓦齐（Favero & Giavazzi，2007）提出债务会对财政冲击的动态效果产生重要影响之后，不少研究开始关注债务与财政政策的关系（Cecchetti et al.，2011；Ilzetzki et al.，2013；Andres et al.，2015）。这其中多数研究关注的是公共部门债务对财政政策效果的影响，对私人部门尤其是居民债务则较少关注。考虑到私人部门经济规模远大于政府部门，私人部门债务对财政政策效果的影响可能也会更大。凯鲁（Chairul，2017）利用 16 个国家 1996～2012 年的数据，检验了公共部门和私人部门债务对政府支出和收入产出乘数的作用，研究发现，样本期内私人部门债务显著缩小政府支出产出乘数，对收入产出乘数的影响则不显著；公共部门债务对政府支出和收入的产出乘数影响则均不显著。这一结论支持了前述猜测，同时也揭示了私人部门债务会抑制财政政策的效应发挥。

与经验研究相比，理论研究的结论有所不同。艾格森和克鲁格曼（Eggertsson & Krugman，2012）发现，受约束贷款主体（constraint borrower）的存在会增强财政政策效果，尽管这一作用是暂时的。随着债务达到限定水平，强制“去杠杆”会引发债务驱动型的经济萧条，削弱财政政策效果。在此基础上，安德里斯等（Andres et al.，2015）通过引入亚科维埃洛（Iacoviello，2005）的抵押住房价值约束机制，将债务限定在住房价值水平。并且，与无债务模型相比，负债家庭会增加财政支出乘数；而当信贷条件恶化、负债家庭面临信贷紧缩时，负债家庭消费会明显下降，支出乘数随之下降。债务问题的关键不在于规模，而在于持续增加能力。类似地，伍再华等（2017）在安德里斯等（2015）的基础上讨论了中国家庭借贷约束与财政支出乘数之间的关系，认为家庭借贷扩张有利于扩大财政支出乘数，而当家庭借贷能力受到限制时，会导致暂时性消费和投资减少，造成财政支出乘数下降。可以看出，理论研究的结论基本上都是认为居民债务对财政政策效果的作用会是一个“先促进，后抑制”的过程。

从作用机理看，现有文献中居民债务影响财政政策效果的传递渠道主要有：第一，Fisher 通胀效应。财政支出扩张会引发不可预期的通货膨胀，使债务人受益、债权人受损。由于债务人的边际消费倾向高于债权人，债务人实际债务下降会诱发消费增加，从而增强财政扩张的经济效应（Eggertsson & Krugman，2012）。第二，资产价格效应。安德里斯等（2015）认为，财政支出扩张会引发住房价格下降，降低住房抵押价值，抑制债务人的再融资能力，从而降低债务人消费，削弱财政支出效应。因此，考虑了债务后，财政支出扩张不仅会对投资产生“挤出”效应，还会因住房价格下降对债务人的债务融资能力产生负向冲击，抑制债务人消费增长。第三，信贷资源再配置效应。财政支出扩张会提升实际利率水平，降低债务人资金需求，导致债权人更多地留存资金。这一减一增，尽管总量上资金持平，但会使资金更多地从边际消费倾向高的债务人转向边际消费倾向低的债权人，导致消费下降。苏菲（2015）将这一效应定义为利率变化的敞口效应。在此基础上，结合中国经济现实，本文认为，要全面理解中国居民债务对财政政策作用的影响，至少还应考虑两个特有的因素：一是住房的消费属性。既有模型对住房的处理基本沿袭亚科维埃洛（2005）的模型设定，视住房为资产，作为抵押物获取贷款，并形成借贷能力约束。其优点在于将债务与住房相联系，内生化债务规模和极限值；不足在于忽略了住房的消费属性。李涛和陈斌开（2014）的研究指出，中国居民住宅的“资产效应”微弱，“财富效应”几乎不存在。住房更多是以消费品的形式体现。因此，当财政支出扩张引发住房价格下降时，除了导致债务人融资能力受限进而抑制消费外，也会激励住房消费需求，带动消费增长。二是考虑住房抵押贷款的违约风险。自 1998 年城镇住房市场化改革之后，中国住房价格一路上涨。“只涨不跌”的房价使得多数研究不太重视住房贷款的违约风险。然而，2016 年后，情况发生重大转变：第一，政策层面上，中央政府明确了“房住不炒”的总基调。第二，不同类型城市的房地产价格出现“分化”，三、四线城市的房价开始下降，一、二线城市不同地区的房价也出现差异变化。第三，快速增长的居民债务意味着具有较高边际消费倾向的债务人家庭正在接近债务极限。一旦房价大幅下行，抑或发生重大流动性冲击（如就业危机），住房贷款违约风险有可能急剧攀升，迫使信贷部门收缩对居民的住房贷款。换言之，贷款违约风险提升可能导致更严格的借贷约束条件（Cecchetti et al.，2011），债权人不仅会依据住房价值来施加贷款约束，还会根据贷款违约风险来加以调整。当债务人违约风险较大时，即使住房价值未明显下降，债权人也可能不愿意增加贷款。

综上所述，本文将在已有传递渠道基础上，增加两个传递渠道的讨论：住房消费效应和贷款违约风险效应。其中，前者有利于财政政策作用发挥，在财政支出扩张引起住房相对价格下降时，居民会增加住房消费，从而强化财政政策效果；后者则不利于财政政策作用发挥。当居民住房贷款违约风险较高时，债权人贷款意愿会下降，使得贷款规模减小，信贷资源的再配置效应弱化，进而降低财政政策效果。本文认为，影响负债家庭消费行为进而影响财政政策效应的关键不仅在于负债家庭的边际借贷能力，也在于居民债务的违约风险。二者之间既有联系又存在差别。相对而言，违约风险的冲击更为广泛，不限于住房价值的变化。这是本文研究结论与艾格森和克鲁格曼（2012）、安德里斯等（2015）研究结论的主要区别之处。

三、经验检验：居民债务对财政政策作用的影响

（一）计量方法的选择

财政政策与经济增长之间存在强烈的内生性，以往测算财政政策效应一般采用向量自回归（VAR）、结构向量自回归（SVAR）等方法，通过经济增长对财政冲击的脉冲响应函数来测算财政政策乘数（Mountford & Uhlig，2009）。其缺点是：第一，数据样本要足够大，估计结果才会一致有效；第二，要对估计系数矩阵的部分参数进行赋值或约束，具有一定主观性；第三，本质上是线性方程估计，较难处理非线性或结构转换的方程；第四，运用于面板数据时，难以处理截面主体的同期或跨期相关性。

为克服这些不足，约尔达（2005）建议使用 LP 法对不同预测时期的脉冲

响应函数进行估计和匹配。相比 VAR 方法，LP 法优点在于：第一，估算脉冲响应函数值时，只需进行单方程估计。这既节省了数据样本，又可以只针对关注的变量进行脉冲响应函数估计，节约估计时间。第二，避免将模型设定的误差叠加到后期的预测。VAR 方法下，如果模型设定出现误差，不仅会影响当期预测，还会通过迭代，将误差不断累加到后期预测；而 LP 法下的每一步预测都是基于模型设定的当期预测，尽管也有误差，但不会产生误差叠加效应，预测结果相对稳健。第三，考虑到每一次估计均是单方程估计，一些内生性问题的处理方法可以使用。特别是使用面板数据时，LP 法会比面板 VAR 方法更有效地处理同期或跨期截面自相关问题。LP 法的缺点是：由于每期都要重新估计方程，其无法得到与 VAR 或 SVAR 一样平滑的脉冲响应函数曲线。总体上，基于 LP 法的单方程估计特性，该方法比较适合数据样本较少、带有结构转换的非线性方程回归（Auerbach & Gorodnichenko，2013；Ramey & Zubairy，2018）。本文的研究目的是揭示现阶段不同居民负债率对财政政策效果的影响，拟进行的实证检验是以居民负债率作为状态转换变量的非线性面板 VAR 回归，契合 LP 法的使用前提。

（二）估计式、变量选择及数据来源

结合奥尔巴赫和戈罗德尼琴科（Auerbach & Gorodnichenko，2013）、雷米和祖巴里（Ramey & Zubairy，2018）的设定，将脉冲响应函数的估计式表示为：

$$Y_{i,t+h} = I_{i,t-1}[\alpha_{i,h}^{A} + \prod\nolimits_{h}^{A}(L)Z_{i,t-1} + \beta_{h}^{A}shock_{i,t}] + (1 - I_{i,t-1})[\alpha_{i,h}^{B} + \prod\nolimits_{h}^{B}(L)Z_{i,t-1} + \beta_{h}^{B}shock_{i,t}] + \epsilon_{i,t+h}$$

其中，h 表示脉冲响应函数的期数 $h=0，1，2，\cdots，n$；$\prod_{h}(L)$表示滞后算子，其阶数由信息判定准则确定；$\epsilon_{i,t+h}$ 表示残差项；$Y_{i,t+h}$ 表示指定内生变量，$Z_{i,t-1}$表示控制变量，$shockt_{i,t}$表示指定冲击变量；$I_{i,t-1}$表示数值为［0，1］的二元状态变量。当 $I_{i,t-1}=1$ 时，代表方程估计在 A 状态下进行；当 $I_{i,t-1}=0$ 时，则代表方程估计在 B 状态下进行。如果状态变量是连续变量，估计式可改为：

$$Y_{i,t+h} = f(D_{i,t-1})[\alpha_{i,h}^{A} + \prod\nolimits_{h}^{A}(L)Z_{i,t-1} + \beta_{h}^{A}shock_{i,t}] + [1 - f(D_{i,t-1})][\alpha_{i,h}^{B} + \prod\nolimits_{h}^{B}(L)Z_{i,t-1} + \beta_{h}^{B}shock_{i,t}] + \epsilon_{i,t+h}$$

其中，$D_{i,t-1}$表示连续状态变量；$f(D_{i,t-1}) = \frac{e^{-\gamma D_{i,t-1}}}{1+e^{-\gamma D_{i,t-1}}}$表示转换函数；$\gamma$ 表示转换曲线的调节因子，$\gamma>0$。

参考靳春平（2007）的设定，本文以人均 GDP 作为指定内生变量；以人均 GDP、人均财政支出、人均财政收入和财政支出结构的滞后项作为控制变量；以人均财政支出作为冲击变量；状态转移变量使用居民负债率，即居民债务与同期 GDP 比值。其中，二元状态下的居民负债率，以 2016 年居民住户贷款余额与地区生产总值比值衡量，将高于所有城市比值均值的地级市设为高居民负债率样本，赋值为 1，反之为低居民负债率样本，赋值为 0；连续状态变量则以金融机构各项贷款总额与地区生产总值比值衡量。该指标与住户贷款指标的差别在于：它包含非金融企业贷款，能够更全面地反映一个地区的非政府债务水平。

数据方面，本文以 2003～2017 年中国 338 个地级及以上城市作为样本主体。各城市的人均 GDP、人均财政支出、人均财政收入以及金融机构各项贷款数据均来自 CEIC 数据库。其中，人均财政支出和人均财政收入变量是先利用 GDP 和人均 GDP 算出常住人口数，再用地方财政支出和财政收入分别除以常住人口数得到；财政支出结构变量是以教育支出占财政支出的比重衡量。住户贷款数据则整理自 2017 年各地级市统计年鉴、统计公报、统计快报和政府网站等①。

（三）脉冲响应函数的估计结果

估计方程之前，需要对变量做些处理：第一，对数化各内生变量，并进行面板单位根及面板协整检验；第二，根据矩模型选择准则选择滞后阶数，结果显示，人均 GDP、人均财政支出和收入变量均为一阶稳定序列，支出结构变量为平稳序列，变量之间存在协整关系，滞后阶数为一阶。

1. 二元状态转移变量下的脉冲响应函数差异

从图 1 可以看出：第一，在两种居民负债率下，人均 GDP 对人均财政支出正向冲击的初始脉冲响应函数均显著为正，财政支出对经济增长的作用为正。第二，低负债率样本的脉冲效应函数明显大于高负债率样本。其中，低负债率样本的即期反应为 0.23，高负债率样本的即期反应仅为 0.10，后者不及前者 1/2。换算成财政支出乘数后，可得低负债率样本的即期财政支出乘数为 1.63，高负债率样本的即期财政支出乘数为 0.80。第三，从长期看，高负债率样本的脉冲响应函数在第 4 期之后基本降为 0，且不再显著；低负债率样本的脉冲响

① 变量描述性统计量参见《中国工业经济》网站附件。

应函数则呈现“驼峰”形状，在第4期达到高点后，缓慢下降，正向效应可持续到第10期之后。因此，可以推断，低负债率样本的长期累计财政支出乘数也会大于高负债率样本。

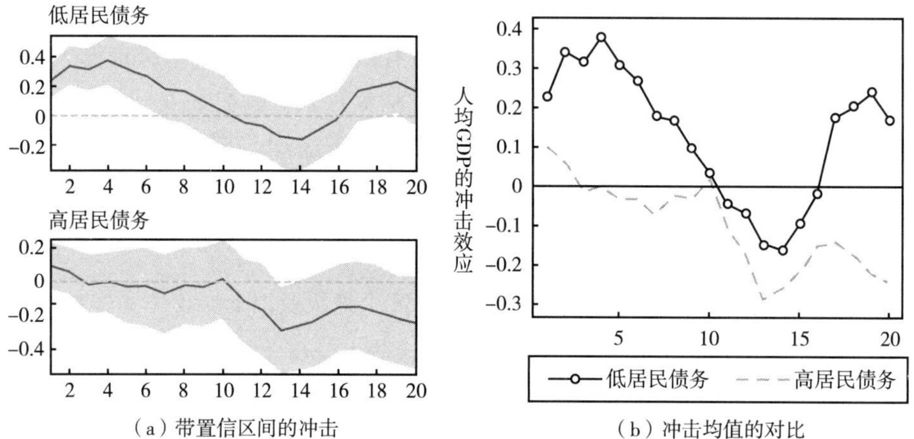

图1　不同居民债务下人均GDP对人均财政支出1单位正向冲击的脉冲响应函数

注：估计方法为系统GMM，阴影部分为95%置信度区间。支出乘数转换式为 $dy/dg = (d\ln y/d\ln g) \times (y/g)$，需要将脉冲响应的数值乘以GDP与财政支出比值。高、低居民负债率城市样本对应的GDP与财政支出均值分别为7.15、7.95。

2. 连续状态转移变量下的脉冲响应函数差异

替换成连续的状态转移变量之后，图2的结果同样显示，低负债率样本下的人均GDP对人均财政支出冲击的脉冲响应函数值大于高负债率样本。这在一定程度上证实了前述估计结果的稳健性；同时也反映，不仅限于家庭部门债务，只要该地区的非政府部门债务率较高，都可能对财政支出的经济增长作用产生影响。

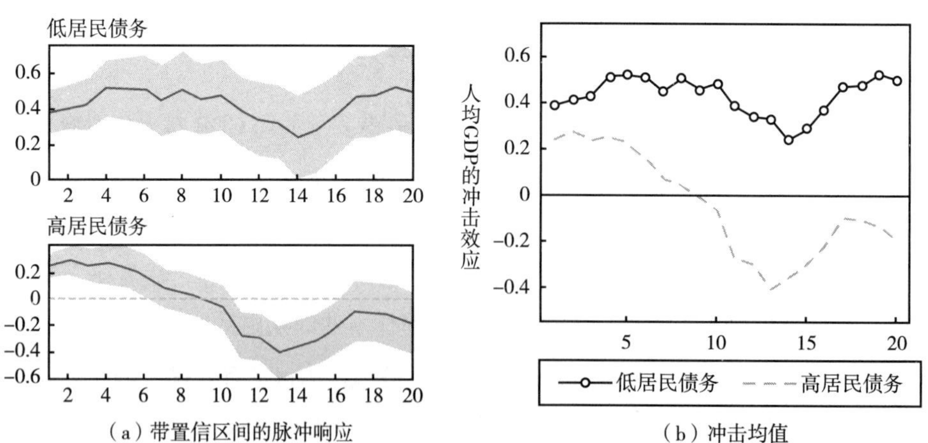

图2　新状态转移变量下人均GDP对人均财政支出1单位正向冲击的脉冲响应函数

注：转换函数的调节参数 $\gamma = 10$，估计方法为系统GMM，阴影部分为95%置信度区间。

综上所述，经验研究显示，低居民负债率样本的财政支出乘数显著大于高居民负债率样本的财政支出乘数。居民负债率越高，财政支出乘数越低，居民负债率会抑制财政政策对经济增长的刺激作用。这意味着，当前中国居民部门的债务水平，不仅已经直接影响居民消费的增长，而且还会通过降低财政政策的作用效应，间接影响宏观经济运行。并且根据本文测算的结果，低居民负债率样本的短期财政支出乘数大约比高居民负债率样本高 1 倍，二者差距不可小觑。

四、理论模型构建

经验研究证实了居民负债率对财政支出乘数具有重要影响，但未揭示其作用机理。接下来，本文拟应用异质性 DSGE 模型来分析居民债务对财政政策效应的作用机理。本文将考虑两类居民部门："债权人"家庭和"债务人"家庭，两类消费品：一般消费品和住房，两类企业部门：一般消费品企业和住房企业。两类企业部门内部均存在完全竞争的最终品厂商和垄断竞争的中间品厂商。同时，假定财政收入来自税收和政府债券，财政收支遵循平衡原则；货币政策遵循泰勒规则。

（一）家庭部门

假设经济系统中存在着在［0，1］连续分布的家庭部门，其中，ψ 比例的家庭是"债务人"家庭，除了将劳动所得用于当期消费之外，还会将住房抵押贷款并用于当期消费；$(1-\psi)$ 比例的家庭是"债权人"家庭，其劳动所得和贷款所得，除用于当期消费之外，还用于购买政府债券、投资两类企业部门的中间品厂商以及借款给"债务人"家庭。

1."债务人"家庭

假设代表性家庭所有时期的预期总效用为：

$$E_0 \sum_{t=0}^{\infty} \beta^t z_t \{U(X_t, N_{c,t}, N_{H,t})\}, 0 < \beta < 1 \tag{1}$$

其中，β 表示折现因子；$N_{C,t}$表示在一般消费品部门劳动的时间；$N_{H,t}$表示在住房部门劳动的时间；X_t 表示一般消费品 C_t 与住房消费 H_{t+1}的综合指数，定义：

$$X_t = [(1-\alpha)C_t^{\eta-1/\eta} + \alpha H_{t+1}^{(\eta-1)/\eta}]^{\eta/(\eta-1)} \tag{2}$$

其中，α 表示住房消费在综合消费指数中的权重，$\eta \geqslant 0$ 表示住房消费与一般消费品消费的替代弹性。遵循福拉蒂和兰伯蒂尼（Forlati & Lambertini，2011）的设定，用第 $t+1$ 期家庭所拥有的存量住房价值 H_{t+1} 表示第 t 期住房消费。即时效用函数为：$U(X_t, N_{C,t}, N_{H,t}) = \ln X_t - \frac{v_t}{1+\phi}[N_{C,t}^{1+\xi} + N_{H,t}^{1+\xi}]^{\frac{1+\phi}{1+\xi}}$，$\xi$、$\phi > 0$。其中，$\xi$ 表示劳动在企业部门之间的替代弹性。若 $\xi = 0$，表示劳动在部门之间完全替代，不存在劳动异质性；若 $\xi > 0$，则表示劳动无法完全替代，两部门工资水平存在差异。ϕ 表示劳动供给跨期替代弹性的倒数。z_t、v_t 分别表示跨期效用偏好、劳动供给的外生冲击。

假设家庭中有许多成员，每个成员的资源平均分配，并按照家庭签订的利率履行抵押贷款合同。所有成员的住房价值之和等于住房总价值，即：$\int_i H_{t+1}^i \mathrm{d}i = H_{t+1}$，$H_{t+1}^i$ 表示第 i 个成员拥有的住房价值。假定住房价值在合同存续期间会受个体变量 ω_{t+1}^i 影响，则第 i 个家庭成员在偿还贷款时的住房价值将为 $\omega_{t+1}^i P_{H,t+1} H_{t+1}^i$，$P_{H,t+1}$ 表示第 $t+1$ 期的住房价格。假设 ω_{t+1}^i 满足独立同分布，服从对数正态分布：$\ln\omega_{t+1}^i \sim \mathrm{N}(\mu, \sigma_\omega)$，概率密度为 $f(\omega_{t+1}^i)$，对应的累计分布函数为 $F_{t+1}(\omega_{t+1}^i)$，满足连续、至少一次可微的条件。当 $\mu = -\sigma_\omega^2/2$，$E_t(\omega_{t+1}^i) = 1$。据此，容易推得：$E_t(\omega_{t+1}^i H_{t+1}^i) = H_{t+1}$，表明个体变量冲击引发的住房价值变化风险仅存在于家庭成员层面。综上所述，在第 $t+1$ 期第 i 个家庭成员是否履行贷款合同将取决于个体变量与住房价值的乘积是否会大于需要支付的实际贷款与利息之和。假设个体变量存在一个门槛值 $\bar{\omega}_{t+1}$；当 $\omega_{t+1}^i \geqslant \bar{\omega}_{t+1}$ 时，第 i 个家庭成员的个体住房价值将大于需要支付的贷款与利息之和，其将履行合同；反之，当 $\omega_{t+1}^i < \bar{\omega}_{t+1}$ 时，其将违约。由此，家庭成员愿意履行合同的条件为：

$$(1-\delta)\bar{\omega}_{t+1} P_{H,t+1} H_{t+1}^i = (1+R_{z,t+1}) L_{t+1}^i \tag{3}$$

其中，L_{t+1}^i 表示第 i 个家庭成员获得的抵押贷款额。所有成员贷款总和等于家庭总贷款 L_{t+1}，即 $\int_i L_{t+1}^i \mathrm{d}i = L_{t+1}$；$R_{z,t+1}$ 则表示综合了家庭成员违约风险及监督成本后的第 $t+1$ 期事后实际承担的贷款利率，其大小受制于家庭成员的违约状况；δ 为住房折旧率。对式（3）加总处理后可得：

$$(1-\delta)\bar{\omega}_{t+1} P_{H,t+1} H_{t+1} = (1+R_{z,t+1}) L_{t+1} \tag{4}$$

假定债权人会对贷款事先要求一个名义回报率，设为 $R_{L,t}$。同时，债权人可以通过一定措施（如关注债务人财务状况、申请限制债务人高端消费等）来督促债务人履行贷款合同，但要付出相应的监督成本，则债权人在第 t 期愿意提供贷款的条件为：

$$(1+R_{L,t})L_{t+1}=\int_0^{\overline{\omega}_{t+1}}\omega_{t+1}(1-u)(1-\delta)P_{H,t+1}H_{t+1}f_{t+1}(\omega)\mathrm{d}\omega+\int_{\overline{\omega}_{t+1}}^{\infty}(1+R_{Z,t+1})L_{t+1}f_{t+1}(\omega)\mathrm{d}\omega \tag{5}$$

式（5）等式的左边表示债权人参与贷款并根据抵押住房价值提供贷款的总收益；等式右边的第一项表示债务人违约后，债权人将获取债务人所抵押的住房净值（扣减住房折旧和监督成本）。假定监督成本是住房价值的一部分，比例系数为 u，$0<u<1$；等式右边的第二项代表债务人履行合同所实际承担的本息支出。因此，等式右边表示的是两种不同状态下债权人的收益状况。重新整理式（5），可写为：

$$(1+R_{L,t})L_{t+1}=(1-u)(1-\delta)P_{H,t+1}H_{t+1}G_{t+1}(\bar{\omega}_{t+1})+(1+R_{Z,t+1})L_{t+1}[1-F(\bar{\omega}_{t+1})] \tag{6}$$

其中，$G_{t+1}(\bar{\omega}_{t+1})=\int_0^{\overline{\omega}_{t+1}}\omega_{t+1}f_{t+1}(\omega)\mathrm{d}\omega$，表示个体变量小于或等于门槛值 $\bar{\omega}_{t+1}$ 的局部期望值；$F(\bar{\omega}_{t+1})=\int_0^{\overline{\omega}_{t+1}}f_{t+1}(\omega)\mathrm{d}\omega$，表示个体变量值在（0，$\bar{\omega}_{t+1}$］之间的累计概率分布。结合式（4）、式（6）可得：

$$(1+R_{L,t})L_{t+1}=[\prod\nolimits_{t+1}(\bar{\omega}_{t+1})-uG_{t+1}(\bar{\omega}_{t+1})](1-\delta)P_{H,t+1}N_{t+1} \tag{7}$$

其中，$\prod_{t+1}(\bar{\omega}_{t+1})=\bar{\omega}_{t+1}\int_{\overline{\omega}_{t+1}}^{\infty}f_{(t+1)}(\omega)\mathrm{d}\omega+G_{t+1}(\bar{\omega}_{t+1})$。进一步整理式（7），可得“债权人”家庭根据事前要求回报率的所得与“债务人”家庭住房净值之间的比值为：

$$\prod\nolimits_{t+1}(\bar{\omega}_{t+1})-uG_{t+1}(\bar{\omega}_{t+1})=\frac{(1+R_{L,t})L_{t+1}}{(1-\delta)P_{H,t+1}H_{t+1}} \tag{8}$$

对“债务人”家庭而言，式（8）右边代表需要偿还的债务支出与住房资产净值之比。该比值越大，代表“债务人”家庭获得的贷款越多，融资能力越强。如果去掉式（8）左边式子中的时间标量，左边式子将退化为常数值。该常数值将等价于亚科维埃洛（2005）、安德里斯等（2015）模型中的外生借贷约束值设定。数值越大，表示“债权人”家庭对住房价值的贷款评估值越大。

因此，式（8）实际上表明贷款违约门槛值 $\bar{\omega}_{t+1}$ 的变化会影响"债务人"家庭的借贷能力。综上所述，"债务人"家庭的总预算约束为：

$$P_{C,t}C_t + P_{H,t}H_{t+1} + \int_{\bar{\omega}_t}^{\infty} f_t(\omega)\mathrm{d}\omega(1 + R_{Z,t})L_t = L_{t+1} + (W_{C,t}N_{C,t} + W_{H,t}N_{H,t}) + (1-\delta)[1 - G_t(\bar{\omega}_t)]P_{H,t}H_t \tag{9}$$

其中，$P_{C,t}C_t$、$P_{H,t}H_{t+1}$ 分别表示一般消费品和住房消费，$\int_{\bar{\omega}_t}^{\infty} f_t(\omega)\mathrm{d}\omega$ 表示代表性家庭履行合同的概率之和，$R_{Z,t}$ 表示家庭实际承担的抵押贷款利率水平，L_t、L_{t+1} 表示对应时期的贷款总额，$W_{C,t}$ 和 $W_{H,t}$ 分别表示一般消费品和住房部门的名义工资水平，$G_t(\bar{\omega}_t)$ 表示门槛值小于 $\bar{\omega}_t$ 时的个体变量局部期望值，衡量的是家庭成员出现违约情况下被"债权人"家庭拿走的住房资产比例。

进一步地，以一般消费品价格为基准价格，用 $p_{H,t+1}$、l_{t+1} 分别表示住房与一般消费品的相对价格（$p_{H,t+1} = P_{H,t+1}/P_{C,t+1}$）及实际贷款（$l_{t+1} = L_{t+1}/P_{C,t+1}$），结合式（4）、式（6），代表性家庭的实际预算约束线可以改写为：

$$C_t + p_{H,t}H_{t+1} + (1 + R_{L,t-1})l_t/\pi_{C,t} = l_{t+1} + (w_{C,t}N_{C,t} + w_{H,t}N_{H,t}) + (1-\delta)[1 - uG_t(\bar{\omega}_t)]p_{H,t}H_t \tag{10}$$

其中，$\pi_{C,t} = P_{C,t}/P_{C,t-1}$。将式（7）两边同时除以 $P_{C,t+1}$，再结合预算约束线式（10），可得"债务人"家庭的两个约束条件。

2. "债权人"家庭

定义"债权人"代表性家庭所有时期的预期总效用为：

$$E_0 \sum_{t=0}^{\infty} \gamma^t z_t \{U(X_t^r, N_{C,t}^r, N_{H,t}^r)\}, 0 < \gamma < 1 \tag{11}$$

其中，上标 r 表示"债权人"家庭；$N_{C,t}^r$、$N_{H,t}^r$ 表示在一般消费品和住房部门的劳动时间；X_t^r 表示综合消费指数，$X_t^r = [(1-\alpha^r)(C_t^r)^{(\eta^r-1)/\eta^r} + \alpha^r (H_{t+1}^r)^{(\eta^r-1)/\eta^r}]^{\eta^r/(\eta^r-1)}$；即时效用函数 $U(X_t^r, N_t^r)$ 写成：$U(X_t^r, N_{C,t}^r, N_{H,t}^r) = \ln X_t^r - \frac{v_t}{1+\phi^r}[(N_{C,t}^r)^{1+\xi^r} + (N_{H,t}^r)^{1+\xi^r}]^{\frac{1+\phi^r}{1+\xi^r}}$，$\xi^r$、$\phi^r > 0$；参照亚科维埃洛和内里（Iacoviello & Neri，2010）的设定，"债权人"家庭跨期偏好和劳动供给冲击也为 z_t、v_t；γ 表示折现因子，考虑到"债权人"家庭会购买政府债券或放贷，其对未来效用的折现值要大于"债务人"家庭，即 $0 < \beta < \gamma < 1$。

代表性家庭的实际预算约束线为：

$$C_t^r + p_{H,t}H_{t+1}^r + \frac{\pi_{C,t+1}}{1+r_t}B_{t+1}/P_{C,t+1} + I_t + l_{t+1}^r = (1-\delta)p_{H,t}H_t^r +$$

$$\frac{(1+R_{L,t-1})}{\pi_{C,t}}l_t^r + (w_{C,t}^r N_{C,t}^r + w_{H,t}^r N_{H,t}^r) + r_{K,t}K_t + B_t/P_{C,t} + T_t + d_t \quad (12)$$

其中，$B_t/P_{C,t}$表示持有的实际政府债务，r_t 表示名义利率水平，T_t 表示“债权人”家庭承担的一次性总量税，$w_{C,t}^r$和 $w_{H,t}^r$分别为“债权人”家庭在一般消费品部门和住房部门劳动的实际工资，$r_{K,t}$表示物质资本的实际回报率，d_t 表示实际利润，$d_t = \int_0^1 d_{C,t}(i)\mathrm{d}i + \int_0^1 d_{H,t}(i)\mathrm{d}i$，$i$ 代表两个企业部门内部的第 i 个中间品厂商。I_t 表示实际投资，K_t 表示物质资本积累，物质资本的动态累计方程为：$K_{t+1} = (1-\delta_k)K_t + I_t$，$\delta_k$ 表示物质资本的折旧率。

（二）企业部门

对应两类消费品，企业部门也相应分成两类。假设两类企业部门均存在完全竞争的最终消费品厂商和垄断竞争的中间品厂商，并且中间品厂商定价采用卡尔沃（Calvo，1983）定价。

1. 最终消费品厂商

两个部门的最终消费品厂商以价格 $P_{j,t}(i)$ 向各自部门的第 i 个中间品厂商购买中间品 $Y_{j,t}(i)$，并加总为最终消费品 $Y_{j,t}$：

$$Y_{j,t} = \left[\int_0^1 Y_{j,t}(i)^{(\epsilon_j-1)/\epsilon_j}\mathrm{d}i\right]^{\epsilon_j/(\epsilon_j-1)}, j = C, H \quad (13)$$

其中，ϵ_j 表示第 j 个部门中间产品之间的替代弹性。最大化最终消费品厂商的利润函数，可得关于中间品 $Y_{j,t}$（i）与最终消费品 $Y_{j,t}$之间的条件：

$$Y_{j,t}(i) = [P_{j,t}(i)/P_{j,t}]^{-\epsilon_j}Y_{j,t}, j = C, H \quad (14)$$

其中，总价格指数 $P_{j,t} = \left[\int_0^1 P_{j,t}(i)^{1-\epsilon_j}\mathrm{d}i\right]^{1/(1-\epsilon_j)}$。

2. 中间品厂商

两个部门代表性中间品厂商均从两类家庭雇佣劳动力，向“债权人”家庭租赁资本。为简便起见，将生产函数设定为满足规模报酬不变性质的 C－D 函数形式：

$$Y_{j,t}(i)=A_{j,t}[N_{j,t}(i)^{\sigma}N_{j,t}^{r}(i)^{1-\sigma}]^{\mu_j}[K_{j,t}(i)]^{1-\mu_j},j=C,H \tag{15}$$

假定同一部门内两类家庭劳动力可以完全替代，也表示为 C－D 函数形式。参数 σ 表示“债务人”家庭劳动力在部门劳动力中的权重，取值范围为［0，1］。

分两步求解中间品厂商最优化问题。第一步求解成本最小化问题。中间品厂商通过选择资本投入 $K_{j,t}(i)$ 和两类劳动力 $N_{j,t}(i)$、$N_{j,t}^{r}(i)$ 实现成本最小化：

$$\min_{K_{j,t}(i),N_{j,t}(i),N_{j,t}^{r}(i)} W_{j,t}N_{j,t}(i)+W_{j,t}^{r}N_{j,t}^{r}(i)+R_{K,t}K_{j,t}(i),j=C,h \tag{16}$$

在式（15）约束下，求解式（16）可得关于要素 $N_{j,t}(i)$、$N_{j,t}^{r}(i)$ 和 $K_{j,t-1}$ 的一阶条件：

$$\sigma\mu_j MC_{j,t}(i)Y_{j,t}(i)/N_{j,t}(i)=W_{j,t} \tag{17}$$

$$(1-\sigma)\mu_j MC_{j,t}(i)Y_{j,t}(i)/N_{j,t}^{r}(i)=W_{j,t}^{r} \tag{18}$$

$$(1-\mu_j)MC_{j,t}(i)Y_{j,t}(i)/K_{j,t}(i)=R_{K,t} \tag{19}$$

其中，$MC_{j,t}(i)$ 表示代表不同部门厂商的边际成本。

第二步求解中间品厂商的定价问题。每个特定时期中间品厂商通过价格调整来实现利润最大化。每期利润折现值之和的最大化公式为：

$$\max_{P_{j,t+k}(i)} E\sum_{k=0}^{\infty}\theta_j^k\Lambda_{t,t+k}[D_{j,t+k}(i)/P_{j,t+k}],\ j=C,H \tag{20}$$

其中，$\Lambda_{t,t+k}=\dfrac{\lambda_{3,t+k}}{\lambda_{3,t}}$ 表示随机折现因子，代表“债权人”家庭在第 $t+k$ 期得到的一单位实际利润连续折现到第 t 期的价值；范围为 θ_j 表示 j 部门每一期保持价格不变的中间品厂商占比，取值在［0，1］；$D_{j,t+k}(i)$ 表示 j 部门在第 $t+k$ 期的名义垄断利润，$D_{j,t+k}(i)=P_{j,t+k}(i)Y_{j,t+k}(i)-MC_{j,t+k}(i)Y_{j,t+k}(i)$；约束条件为最终品厂商对中间品厂商的产品需求函数。可表示为：

$$Y_{j,t+k}(i)=[P_{j,t+k}(i)/P_{j,t+k}]^{-\epsilon_j}Y_{j,t+k},\ j=C,H \tag{21}$$

求解之后，可得到两个部门代表性中间品厂商的最优价格设定：

$$P_{j,t}^{*}=\frac{\epsilon_j\sum_{k=0}^{\infty}(\gamma\theta_j)^k E_t\{\lambda_{3,t+k}mc_{j,t+k}P_{j,t+k}^{\epsilon_j}Y_{j,t+k}\}}{(\epsilon_j-1)\sum_{k=0}^{\infty}(\gamma\theta_j)^k E_t\{\lambda_{3,t+k}P_{j,t+k}^{\epsilon_j-1}Y_{j,t+k}\}},\ j=C,H \tag{22}$$

（三）政府部门

1. 财政政策

根据上述模型设定，财政收入将由一次性总量税和政府债券收入净值构成。假定财政支出变量为 G_t，财政收支遵循预算平衡法则，可得：

$$P_{C,t}G_t + B_t = P_{C,t}T_t + B_{t+1}/(1+r_t) \tag{23}$$

另外，财政政策规则方面，本文采用加利等（Gali et al.，2007）定义的财政政策规则，假定税收的变化对应着政府债务和财政支出的变化，可表示为：

$$t_t = \phi_b b_t + \phi_g g_t, \phi_b、\phi_g > 0 \tag{24}$$

其中，$t_t = (T_t - T)/Y$，$b_t = (B_t/P_{C,t} - B/P_C)/Y, g_t = (G_t - G)/Y$ 表示经过稳态产出正规化处理后的税收、政府债券和财政支出变量（不带下标的变量表示对应变量的稳态值，下同）。

2. 货币政策

假设货币政策实行简单 Taylor 规则，可表示为：

$$r_t = \phi_\pi \hat{\pi}_{C,t} + \phi_y \hat{y}_t, \phi_\pi > 1, \phi_y > 0 \tag{25}$$

其中，$\hat{\pi}_{C,t}$ 表示通胀相对于稳态通胀水平的偏离幅度，ϕ_π 表示利率对通胀率的敏感程度，数值越大，表示央行对通胀的容忍程度越低；$\hat{y}_t$ 表示产出相对于稳态产出的偏离幅度[$\hat{y}_t = (Y_t - Y)/Y$]；ϕ_y 表示利率对总产出变化的敏感程度，数值越大，表明央行越希望经济平稳运行。

（四）市场出清

均衡状态下，两个部门的产品市场都将出清，分别为：

$$Y_{C,t} = \psi C_t + (1-\psi) C_t^r + I_t + G_t \tag{26}$$

$$Y_{H,t} = \psi \{ H_{t+1} - (1-\delta)[1 - uG_t(\bar{\omega}_t)]H_t \} + (1-\psi)[H_{t+1}^r - (1-\delta)H_t^r] \tag{27}$$

假设投资 I_t 和财政支出 G_t 均是对一般消费品生产部门产出的消费；住房部门的产出仅用于住房产品消费。这一假定可能会影响两种产出在外部冲击下的不同数值反映，但是不会影响冲击对产出的作用方向，也不会影响家庭债务规模对财政支出乘数作用的机制分析。

物质资本市场的出清条件为：

$$\int_0^1 K_{j,t}(i)\,\mathrm{d}i = K_{j,t}, j = C,H; K_{C,t} + K_{H,t} = K_t \tag{28}$$

劳动市场的出清条件为：

$$N_{C,t}+N_{H,t}=\psi N_t;N^r_{C,t}+N^r_{H,t}=(1-\psi)N_t \tag{29}$$

其中，N_t 表示总劳动数量，式（29）表示当劳动市场出清时，两类生产部门对“债务人”和“债权人”家庭的劳动需求恰好等于其劳动供给。贷款市场出清条件为：

$$\psi l_t=(1-\psi)l^r_t \tag{30}$$

同时，为便于分析，定义以一般消费品价格 $P_{C,t}$为基准价格的实际 GDP 为：

$$Y_t=Y_{C,t}+P_{H,t}Y_{H,t} \tag{31}$$

（五）外生冲击设定

除了跨期效用偏好 z_t 和劳动供给 v_t，本文考虑的外生冲击还有：两个生产部门的技术水平 $A_{C,t}$和 $A_{H,t}$，以及财政支出变量 G_t。假设前 4 个变量均满足一阶自回归的外生冲击设定，可写为：

$$TX_t=(1-\rho_i)TX+\rho_i TX_{t-1}+\epsilon_{i,t} \tag{32}$$

其中，$TX_t=[z_t,v_t,A_{C,t},A_{H,t}]'$，$\epsilon_{i,t}$表示均值为 0、标准差为 σ_i 的独立同分布随机变量，ρ_i 代表持续性参数，取值范围为（-1，1），$i=[z,v,A_C,A_H]'$。

对于财政支出变量 G_t，假设经过产出正规化处理后的财政支出变量 g_t 服从一阶自回归过程：

$$g_t=\rho_g g_{t-1}+\epsilon_{g,t} \tag{33}$$

其中，$0<\rho_g<1$ 代表持续性程度；$\epsilon_{g,t}$是满足均值为 0、标准差为 σ_g 的独立同分布随机冲击变量。

五、参数估计与冲击效应分析

（一）部分参数赋值

为降低估计维度，本文对模型部分共有参数进行经验赋值。根据伍再华等（2017）的研究，本文将“债权人”和“债务人”家庭的贴现因子 γ 和 β 分别设为 0.99 和 0.96，“债务人”家庭占比 ψ 设为 0.34。为检验平稳性，本文还将比较 $\psi=0.40$ 的情景；资本折旧率 δ_k 依惯例设为 2.5%；住房折旧率 δ 方面，郝前进和陈杰（2012）对上海市二手房的研究发现，住宅建筑的平均年折旧率为3.0%~5.0%。本文取中位值4.0%，再除以4（季度数据），将δ设为1.0%。针对个体变量ω_{t+1}的标准差σ_ω，当σ_ω值越大时，个体变量分布曲线将越平坦，从而靠近两端的观测值会越多。给定门槛值$\bar{\omega}$，这意味着观测值低于$\bar{\omega}$的概率会越高，即贷款违约概率会越大。而违约概率越大，“债权人”家庭越不愿意提供贷款，从而造成“债务人”家庭的贷款约束条件越严格，贷款规模萎缩得越快。因此，不同的σ_ω取值，可以匹配不同的居民负债率。本文将σ_ω赋值为0.10和0.20，分别对应高居民负债率和低居民负债率的环境。此外，参考福拉蒂和兰伯蒂尼（2011）的设定，将监督成本占住房价值的比重u赋值为0.10；参考黄赜琳（2005）的设定，假定稳态时的劳动时间N为0.56；根据2005~2019年中国财政支出占GDP比重均值，将稳态时的G/Y设为0.20。

（二）参数贝叶斯估计

不同的ψ、σ_ω取值可能会影响线性方程的系数估计。因此，本文将根据的ψ、σ_ω的不同取值组合分别进行贝叶斯参数估计，如表1所示。通过不同情景之间的比较，不仅可以揭示高低居民负债率下外生冲击的经济效应差别，还可以对一些重要参数进行稳健性检验。

表1　　贝叶斯估计的四种情景

名称	ψ	σ_ω	情景解释
情景Ⅰ	0.34	0.10	“债务人”家庭比例较低，高居民负债率
情景Ⅱ	0.34	0.20	“债务人”家庭比例较低，低居民负债率
情景Ⅲ	0.40	0.10	“债务人”家庭比例较高，高居民负债率
情景Ⅳ	0.40	0.20	“债务人”家庭比例较高，低居民负债率

1. 待估计参数的先验均值及分布设定

（1）家庭部门。参考亚科维埃洛和内里（2010）的设定，将家庭劳动供给跨期替代弹性倒数ϕ和ϕ'先验均值设为0.50，标准差为0.10，分布函数为Gamma分布；家庭住房与一般消费品消费的替代弹性η和η'先验均值为1.00，标准差为0.10，分布函数为Normal分布。两类家庭住房消费权重α和α'的先验均值则参考福拉蒂和兰伯蒂尼（2011）的设定，设为0.16。同时，假定α和α'服从Beta分布，标准差为0.05。两类家庭劳动力的替代弹性ξ和ξ'先验均值设为1.00，标准差为0.10，分布函数为Normal分布。（2）生产部门。参照亚科维埃洛和内里（2010）的设定，将劳动力对产出贡献程度μ_C和μ_H先验均值设为0.65，标准差为0.10，分布函数为Beta分布；中间品厂商不改变价格的比例θ_C和θ_H先验均值为0.67，标准差为0.05，分布函数为Beta分布；“债务人”家庭劳动力的贡献程度σ先验均值为0.65，标准差为0.05，分布函数为Beta分布。同时，根据伍再华等（2017）的设定，将两类生产部门中间产品替代弹性ϵ_C和ϵ_H先验均值设为6.00，标准差设为1.50，先验分布函数为Gamma分布。（3）四个政策规则参数。对于ϕ_b、ϕ_g，本文先将1995～2019年中国国债发行规模、财政支出和税收数据进行产出均值标准化处理，然后再以标准化后的变量数据，对式（24）进行回归。在$\phi_b+\phi_g=1$的条件下，ϕ_b、ϕ_g的估计值分别为0.23、0.77。为此，本文将ϕ_b、ϕ_g的先验均值分布分别设为0.23、0.77，标准差均设定为0.10，服从Gamma分布；对于ϕ_π、ϕ_y，参考伍再华等（2017）的设定，将其先验均值设定为2.00，标准差为1.00，分布函数为Gamma分布。（4）五个外生冲击变量。假定所有外生冲击的持久性参数均服从均值为0.80、标准差为1.0%的Beta分布；对应五个标准差变量则设为先验均值0.1%、标准差为1.0%的逆Gamma分布。①

2. 数据样本

为了避免估计结果出现随机奇异性，本文使用4列宏观经济序列（少于外生冲击变量个数）：GDP、城镇固定资产投资总额、财政支出以及个人住房贷款余额来估计参数。时间频率为季度，样本期为2005年第一季度至2019年第四季度。所有变量序列均经过价格平减、季节调整和HP滤波去除趋势。数据来源方面，GDP、城镇固定资产投资和财政支出整理自CEIC数据库，个人住房贷款余额指标由两部分构成：2005年第一季度至2012年第二季度的数据是根据中国个人住房贷款占房屋贷款总额的比重均值（90%）与对应的每期房屋贷款总额相乘获得；2012年第二季度至2019年第四季度的数据来自CEIC数据库。

3. 估计结果

表2给出部分参数的估计结果。可以看出：第一，不同情景下参数估计的结果存在差异，说明对不同ψ、σ_ω取值分别进行参数估计是必要的；第二，两类家庭和生产部门参数的估计结果存在较大差异，表明两部门设定优于单部

① 所有参数的赋值及估计结果参见《中国工业经济》网站附件。

门，更有助于真实反映外生冲击的经济效应。

表 2　　不同情景下的部分参数的贝叶斯估计结果

参数	先验密度函数	先验均值	标准差	后验均值			
				情景Ⅰ	情景Ⅱ	情景Ⅲ	情景Ⅳ
ϕ	Gamma	0. 50	0. 10	0. 44	0. 41	0. 62	0. 95
ϕ^r	Gamma	0. 50	0. 10	0. 67	0. 91	0. 52	0. 25
η	Normal	1. 00	0. 10	1. 00	1. 04	1. 05	1. 07
η^r	Normal	1. 00	0. 10	1. 13	0. 48	1. 05	0. 45
α	Beta	0. 16	0. 05	0. 21	0. 15	0. 21	0. 20
α^r	Beta	0. 16	0. 05	0. 17	0. 14	0. 14	0. 10
μ_c	Beta	0. 65	0. 10	0. 36	0. 36	0. 32	0. 70
μ_H	Beta	0. 65	0. 10	0. 68	0. 58	0. 53	0. 65
θ_C	Beta	0. 67	0. 05	0. 74	0. 81	0. 77	0. 68
θ_H	Beta	0. 67	0. 05	0. 65	0. 57	0. 62	0. 60
ϵ_C	Gamma	6. 00	1. 50	6. 87	6. 29	6. 23	3. 79
ϵ_H	Gamma	6. 00	1. 50	8. 35	5. 53	5. 78	4. 24

注：略去各情景参数估计的先验和后验分布图、后验均值的置信区间。

（三）冲击的动态效应分析

本文先以情景Ⅰ为例，揭示 1 单位标准差的财政支出正向冲击对主要宏观经济变量的作用效应，并解释其作用机理，检验模型设定的合理性；随后，通过情景Ⅰ和Ⅱ的结果对比，揭示不同居民负债率下的财政支出作用差异，重点关注产出、消费、投资和就业变量的差异。① 图 3 结果显示：第一，财政支出扩张会推高实际利率水平（名义利率水平 r 提高的幅度在模型中与 rl 的变化一致，但明显大于通胀水平 pic），挤出私人投资，产生“挤出”效应。同时，财政支出扩张也会增加税收（t 上升），对居民产生“负财富”效应，挤出私人消费（综合消费 x 和 xr 均出现下降）。由于模型假定税收由“债权人”家庭承担，“债权人”家庭的综合消费下降幅度要大于“债务人”家庭（xr 下降的幅度超过 x）。第二，财政支出扩张会通过需求增加，拉动以一般消费品价格衡量的通货膨胀（pic）上升，抑制一般消费品消费（c 和 cr 的下降幅度均超过 x 和 xr）。同时，财政支出扩张会引起“债务人”家庭住房消费“先上升、后下降”，“债权人”家庭住房消费则是“先下降、后上升”。由于在既有参数估计

① 模型的推导及其他情景参见《中国工业经济》网站附件

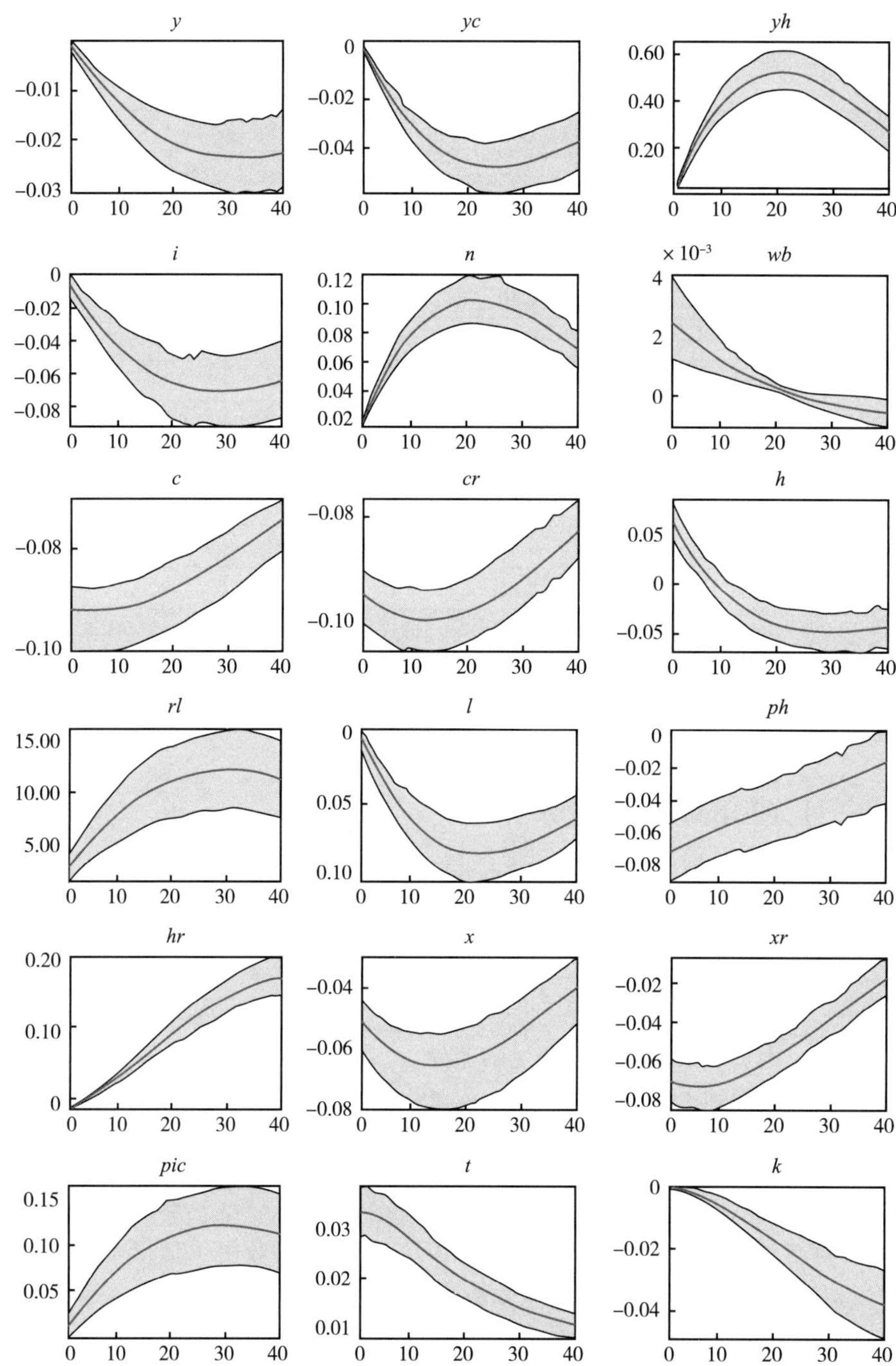

图3　各主要变量对财政支出1单位标准差冲击的脉冲反应函数

注：阴影表示90%置信区间；*y*、*yh*、*yc*分别表示总产出、住房、一般消费品产出；*c*、*h*、*x*分别表示“债务人”家庭一般消费品、住房、综合消费；*cr*、*hr*、*xr*分别表示“债权人”家庭一般消费品、住房、综合消费；*i*、*n*、*k*分别表示投资、就业、物质资本；*wb*、*rl*、*l*分别表示个体门槛变量、贷款要求利率、贷款总额；*ph*表示住房与一般消费品价格比；*pic*表示通胀；*t*表示税收。以下各图同。

结果下，“债权人”家庭对住房消费的贡献远大于“债务人”家庭，因此，住房消费整体会得以提升。第三，不同部门的产出反应出现分化。其中，住房部门产出（yh）呈现总体为正的“驼峰”形状变化，一般消费品部门产出（yc）在初始期小幅正增长之后，转为负增长，总产出（y）变化更接近于一般消费品部门产出的变化。一般消费品部门产出在初始期出现正增长的原因，从需求看，是财政支出的即期增加抵消了私人消费和投资下降；从供给看，是财政支出增加刺激了就业增长（n 上升），从而抵消物质资本下降的影响。综上所述，财政支出扩张会挤出私人投资，带动就业增加，抑制一般消费品消费，促进住房消费提升——尽管存在部门分化，即“债权人”家庭是“先下降、后上升”；“债务人”家庭则是“先上升、后下降”。与之匹配，住房部门产出相应增加，一般消费品部门产出则出现下降。

从作用渠道看，财政支出扩张会导致通货膨胀、降低住房相对价格、提高利率水平、促进住房消费、提升贷款违约风险，基本反映了前述讨论的五个渠道。除了住房相对价格走低之外，上述模拟结果与样本期内中国经济的情况大体吻合。自 2007 年中国经济进入下行周期起，一方面，以基础设施建设为主的政府投资、国有企业投资逐渐与民间投资形成替代关系。特别是 2016 年之后，在“去杠杆”压力下，民间投资明显失速。另一方面，居民消费出现分化，每一轮财政货币宽松政策过后，住房销售会上升，房价持续攀升，进一步强化涨价预期。而同期，非住房消费疲软，CPI 构成中的食品、衣着、家庭设备用品及维修服务、交通通信等价格长期在低位徘徊。这其中虽然不乏有消费结构转型升级带来的变化，但“六个钱包”支撑下的住房消费增长必然是以牺牲其他消费为代价的。

在此基础上，图 4 显示了情景Ⅰ（高居民负债率）和情景Ⅱ（低居民负债率）下各主要经济变量对财政支出冲击的脉冲响应差异。数值大于 0，代表该变量在低居民负债率下对财政支出冲击的反应会更大。可以发现：第一，低居民负债率下的财政支出冲击对总产出有更大的激励效应（y 差值为正）。第二，较低的居民负债率会对一般消费品产出产生更大的促进作用（yc 差值为正），对住房产出的促进作用则会变小（yh 差值为负）。主要原因是：低债务状态下，财政支出扩张对实际利率及名义利率的正向作用较小（rl 差值为负），使得投资的“挤出”效应也相对较小（约 5 期之后投资 i 差值为正），物质资本积累速度加快，带动产出增加。但是，低债务状态下，居民就业会增加得较少（n 差值为负），这会部分抵消掉物质资本增加对产出的正向作用。对住房部门而言，现有估计参数下，其占用的物质资本比重较小，资本增加带来的产出正

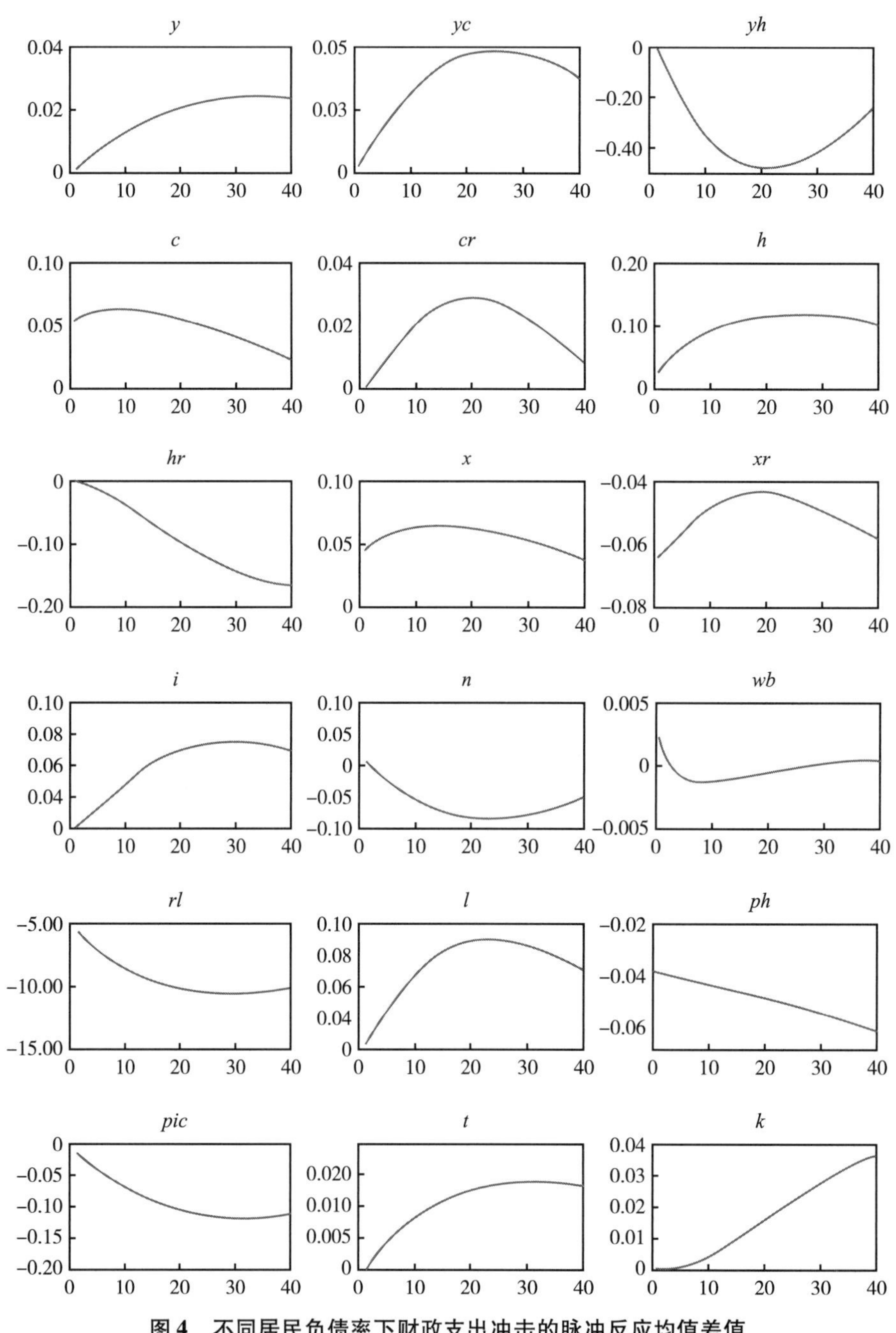

图4　不同居民负债率下财政支出冲击的脉冲反应均值差值

注：曲线表示情景Ⅰ（高居民负债率）与情景Ⅱ（低居民负债率）下各主要经济变量对财政支出冲击的脉冲响应均值差值。具体算法是用情景Ⅱ的脉冲响应函数均值减去情景Ⅰ的脉冲响应函数均值，因此，曲线大于0的部分表示低居民负债率下该变量对财政支出冲击的反应较大。以下各图同。

向作用要小于就业下降所产生的负向作用，最终造成住房产出下降。第三，低居民负债率下通胀上升得更小（*pic* 差值为负），个体变量门槛值更低（*wb* 差值初始为正，但迅速为负，再缓慢趋于0），住房相对价格则下降得更快（*ph*

差值为负）。更低的通胀水平有助于提高一般消费品消费（c 和 cr 都是为正）；个体变量门槛值更低意味着财政支出扩张对"债务人"家庭债务违约概率的提升作用会较小，"债权人"家庭贷款意愿变强；住房相对价格下降则表明以住房作为抵押物的"信贷"效应受到削弱，不利于贷款和住房消费增长，但从消费需求的视角看，住房相对价格的下降也会有利于促进住房消费提升。此外，利率水平的下降也意味着"债务人"家庭贷款成本下降，这也会激励"债务人"增加家庭贷款，促进"债务人"家庭消费增加（c 和 h 差值为正）。但同时，这也会挤占"债权人"家庭消费（xr 差值为负），尤其是住房消费（hr 差值为负且幅度超过 xr）。

综上所述，相比高居民负债率，低居民负债率下财政支出扩张对总产出作用会更大。从供给层面看，这主要得益于物质资本更快增长和就业减少的合力作用。从需求层面看：第一，财政支出扩张对利率上涨的作用更小，使得投资的"挤出"效应较小。同时，"债务人"家庭的贷款成本也会较低，贷款规模增加，促进消费特别是一般消费品消费增长。第二，通胀的上升幅度较小，削弱了通胀渠道的作用发挥。同时，由于住房相对价格下降得更快，财政支出扩张的住房资产价格效应得以强化，这会抑制"债务人"家庭的消费上升。第三，债务违约概率更低，"债权人"家庭更愿意放出贷款，部分抵消因住房资产价格下降带来的信贷紧缩，增强"债务人"家庭融资能力，促进消费增长。第四，由于"债务人"家庭较"债权人"家庭更偏好于住房消费（$\hat{\alpha} > \hat{\alpha}^r$），信贷资源更多地从"债权人"家庭转向"债务人"家庭有助于促进住房消费。整体而言，由于低债务状态下的住房产出会更低，说明贷款违约概率下降的贷款增加效应、更低住房相对价格的需求效应以及信贷资源再配置效应对住房消费的正向作用要小于住房资产价格效应以及通胀效应对住房消费的负向作用。

六、稳健性检验

（一）情景Ⅲ和Ⅳ的对比[①]

与情景Ⅰ和Ⅱ的结果差异相比，如图5所示，产出 y、yh 和 yc 的差值保持

① 本文还考虑了包含财政支出产出作用及货币数量规则的拓展研究，其结论均支持本文观点。考虑财政支出产出作用的另一个目的是获取财政支出冲击对产出的正向脉冲响应函数值，使得模拟的结果与经验研究一致。不同模型设定的冲击结果参见《中国工业经济》网站附件。

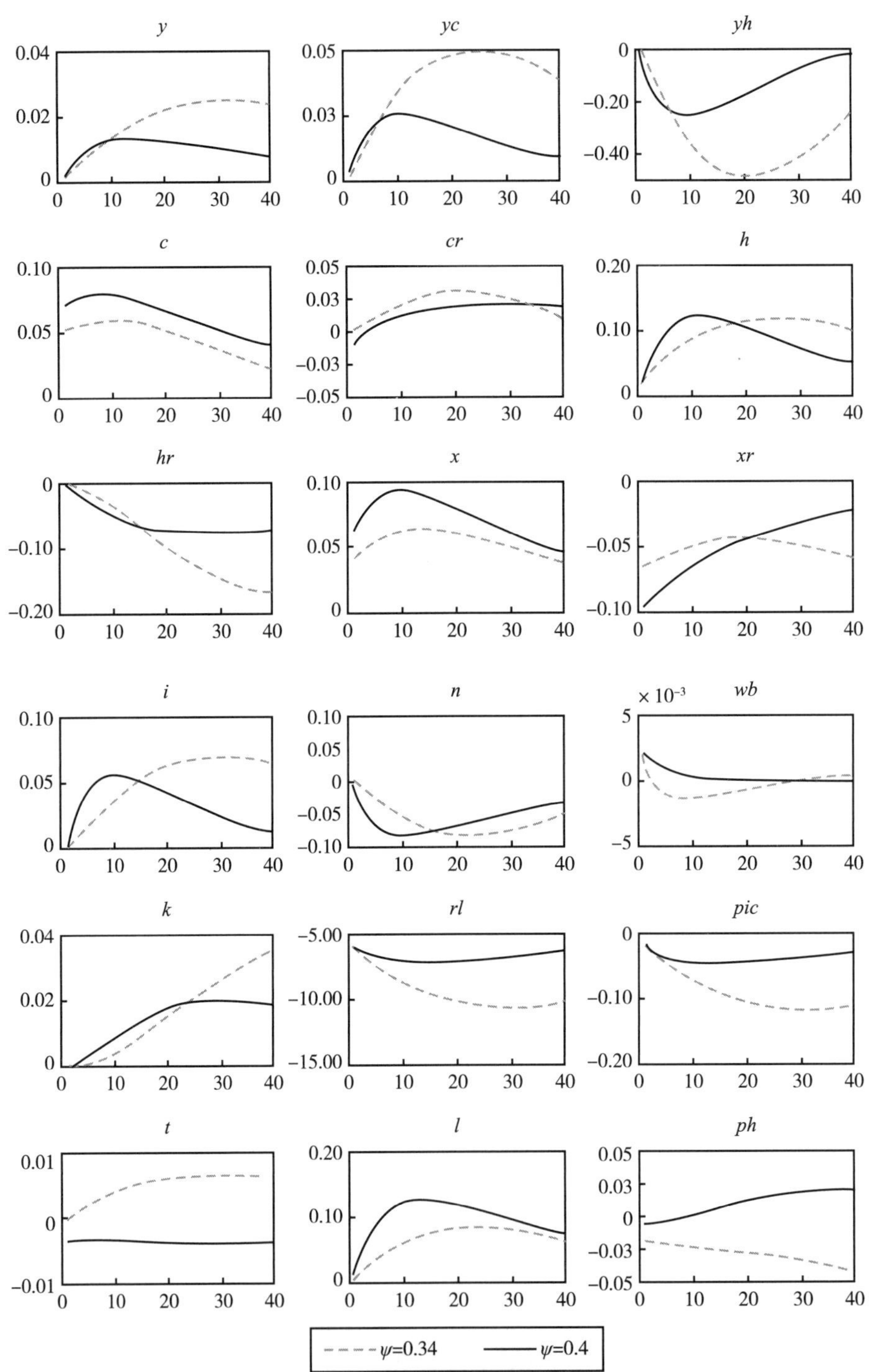

图5　不同居民负债率下财政支出冲击的脉冲反应均值差值：情景对比

注：$\psi=0.34$ 和 $\psi=0.4$ 分别代表前述情景Ⅰ与Ⅱ、情景Ⅲ和Ⅳ的结果差异。

相近变化，即低居民债务状态下的财政支出产出作用会更大。但是，两者差异在缩小，说明随着“债务人”家庭比例 ψ 的上升，高、低居民负债率下的产出变化在趋近；两类家庭的一般消费品（c 和 cr）以及住房消费（h 和 hr）变化情况也基本呈现相似的状态。而在作用机制方面，贷款要求利率 rl 和通胀水平 pic 的差值依旧为负，个体变量门槛值 wb 和住房相对价格 ph 的差值则发生了一些变化。其中，个体门槛值差异为正的时期变得更长，住房相对价格的差异则由负转正，说明“债务人”家庭比重的提高会使得低居民债务环境下的“债务人”家庭住房贷款更快增加（贷款规模 l 差异为正的幅度变得更大），从而导致个体债务违约风险和住房相对价格更快提升。

（二）不同滤波方法的处理检验

本文在进行贝叶斯估计时，采用 HP 滤波法来获取实际数据的周期波动部分。这是目前较为常见的一种数据处理方法（Gorodnichenko & Ng，2010）。国内文献方面，滤波方法的使用较为多样化，未有定论。[①] 基于此，为验证模型估计的稳健性，本文使用 BK 滤波来处理实际数据并进行相应的贝叶斯估计。结果显示，大部分变量的情景 Ⅰ 和 Ⅱ 变化差异与 HP 滤波处理的结果类似，特别是本文所关注的各类产出变量 y、yc 和 yh 以及主要的传递变量——个体变量门槛值 wb、贷款要求利率 rl 等均表现出相近的变化趋势。不过，对比 HP 滤波、BK 滤波不同居民债务状态下财政支出对总产出作用的差异缩小，说明不同滤波方法下结果存在差异，需要引起重视。

七、结论及政策启示

随着当前中国经济新发展格局的提出，经济增长更多转向依靠内需、依靠居民消费拉动，居民债务状况以及居民行为变化对宏观政策效果的影响变得日益重要，这已成为宏观经济研究必须关注的问题之一，也是宏观经济理论中值得进一步研究拓展的空间所在。利用中国城市层面的居民债务数据，本文测算了不同居民负债率样本下的财政支出乘数差异。同时，结合异质性的住房

① 王国静和田国强（2014）采用一阶差分法，通过对数差分去除不规则信息；伍再华等（2017）使用 BK 滤波，剔除低频和高频不规则信息；王立勇和徐晓莉（2018）则采用 HP 滤波。当数据样本为季度或月度数据时，BK 滤波要优于 HP 滤波（汤铎铎，2007）。

DSGE 模型，模拟了居民债务对财政支出扩张效应的作用机制。

本文发现：无论是用二元的居民债务指标计算，还是用连续的金融机构贷款指标计算；无论是用财政支出即期产出乘数衡量，还是用长期累计折现产出乘数衡量，低居民负债率样本下的财政支出对经济增长的正向作用都要显著大于高居民负债率样本。这意味着，现有中国居民的负债率水平已经对财政政策的效力发挥形成抑制作用。考虑到当前中国居民的债务规模仍在持续提高，本文的研究将为控制居民债务上涨的必要性提供决策依据。

进一步地，在作用机制上，本文的研究揭示：一方面，除了传统作用渠道之外，财政支出扩张还会经由贷款违约风险变化作用于居民借贷能力，进而影响消费和产出；另一方面，财政支出扩张对一般消费品与住房消费的作用会出现分化。这种分化表现可能会使得居民负债率对不同产品消费的作用更加复杂化。例如，对于一些住房消费权重较高、偏好程度更大的群体，其在面临财政冲击时的消费反应可能会迥异于住房消费权重较低、偏好程度更小的群体。

本文的研究结论可以引申出以下政策启示：第一，一个经济体的总负债率是有数量界限的。决策当局在“去杠杆”或“加杠杆”的过程中，必须重视国民经济总负债率以及政府、企业、家庭各自的负债率上限。第二，虽然中国居民负债率目前仍低于发达国家的平均水平，但当前的居民负债率已对财政政策效应产生了负面影响。这意味着，不同发展水平的经济体的居民部门及国民经济负债率上限可能是不同的。第三，要高度重视当前中国家庭债务率快速上升的问题，加大保就业、稳收入的政策力度，缓解因新冠疫情全球蔓延冲击造成的失业率提升及收入下降，防范居民贷款违约风险爆发，控制居民负债率持续上涨，避免家庭部门继续“加杠杆”对财政政策效应的进一步弱化。当前，中共中央提出要构建以国内大循环为主体、国内国际双循环相互促进的新发展格局，其重点在于国内大循环。要构建流畅的国内大循环，必须防止继续向居民部门加杠杆，提升居民消费长期可持续增长的潜力，带动投资增长和结构调整。第四，促进居民消费的财税优惠政策要更有针对性。这种针对性既要体现在对不同类型产品消费的区分，也包括针对不同收入群体、不同消费群体的差异，采取适当措施，提高具有较高边际消费倾向的中低收入家庭的收入水平，通过改善社会保障和社会救济安排，缓解债务压力对其消费能力的侵蚀。同时，顺应居民消费结构变迁的需求，将政策着力点放在增加一般消费品、教育、医疗、文化娱乐等非住房产品和服务消费上。第五，在此基础上，通过多样化融资方式实施财政政策，减少对短期居民可支配收入的挤占，探寻更有效率的减税降费政策，辅之宽松货币政策以控制市场利率上涨。同时，继续抓紧房地产市场调控力度、稳住住房相对价格，减轻居民债务规模对财政支出乘数的抑制作用，提高财政政策有效性。

本文的研究表明，宏观调控政策的效果如何，不仅取决于政策的力度大小，而且取决于被调节者本身的状态甚至心理预期。因此，考察宏观政策作用的微观基础以及环境特征将是该领域研究的重要方向。在未来的研究中，笔者将会把更多微观主体行为及环境因素如企业投资、贫富差距等纳入研究体系，以充实研究内容。此外，现阶段中国国民经济的总体负债率以及政府、企业、居民部门各自的负债率上限几何？不同国家（地区）的人均 GDP 水平与其国民经济负债率及各部门负债率之间的关系等，也均是值得进一步研究拓展的方向。

参考文献

［1］郝前进、陈杰、房龄：《折旧率与住房价格——基于上海数据的实证研究》，载《世界经济文汇》2012 年第 6 期，第 64 ~ 77 页。

［2］黄赜琳：《中国经济周期特征与财政政策效应——一个基于三部门 RBC 模型的实证分析》，载《经济研究》2005 年第 6 期，第 27 ~ 39 页。

［3］靳春平：《财政政策的空间差异性与地区经济增长》，载《管理世界》2007 年第 7 期，第 47 ~ 56 页。

［4］李涛、陈斌开：《家庭固定资产、财富效应与居民消费：来自中国城镇家庭的经验证据》，载《经济研究》2014 年第 12 期，第 62 ~ 75 页。

［5］刘哲希、李子昂：《结构去杠杆进程中居民部门可以加杠杆吗》，载《中国工业经济》2018 年第 10 期，第 42 ~ 60 页。

［6］潘敏、刘知琪：《居民家庭“加杠杆”能促进消费吗？——来自中国家庭微观调查的经验证据》，载《金融研究》2018 年第 4 期，第 71 ~ 87 页。

［7］汤铎铎：《三种频率选择滤波及其在中国的应用》，载《数量经济技术经济研究》2007 年第 9 期，第 144 ~ 156 页。

［8］王国静、田国强：《政府支出乘数》，载《经济研究》2014 年第 9 期，第 4 ~ 19 页。

［9］王立勇、徐晓莉：《纳入企业异质性与金融摩擦特征的政府支出乘数研究》，载《经济研究》2018 年第 8 期，第 100 ~ 115 页。

［10］伍再华、冉珍梅、郭新华：《家庭借贷约束、劳动市场摩擦与政府支出乘数》，载《世界经济文汇》2017 年第 4 期，第 78 ~ 101 页。

［11］张雅淋、孙聪、姚玲珍：《越负债，越消费？——住房债务与一般债务对家庭消费的影响》，载《经济管理》2019 年第 12 期，第 40 ~ 56 页。

［12］Alpanda S., S. Zubairy, Household Debt Overhang and Transmission of Monetary Policy, *Journal of Money*, *Credit and Banking*, 2019, Vol. 51, No. 5, pp. 1265 - 1307.

[13] Andres J. , J. Bosca, J. Ferri, Household Debt and Fiscal Multipliers, *Economica*, 2015, Vol. 82, No. 1, pp. 1048 -1081.

[14] Auerbach A. , Y. Gorodnichenko, Fiscal Multipliers in Recession and Expansion, In *Fiscal Policy After the Financial Crisis*, Edited by Alberto Alesian and Francesco Giavazzi, Chicago: University of Chicago Press, 2013.

[15] Calvo A. Staggered Prices in a Utility-Maximizing Framework, *Journal of Monetary Economics*, 1983, Vol. 12, No. 3, pp. 383 -398.

[16] Cecchetti S. , M. Mohanty, F. Zampolli. , The Real Effects of Debt, Bank for International Settlements Working Papers, 2011.

[17] Chairul Adi. , Do Public and Private Debt Levels Affect the Size of Fiscal Multipliers, *Journal of Indonesian Economy and Business*, 2017, Vol. 32, No. 3, pp. 209 -233.

[18] Eggertsson G. , P. Krugman. , Debt, Deleveraging and the Liquidity-Trap: A Fisher-Minsky-Koo Approach, *Quarterly Journal of Economics*, 2012, Vol. 127, No. 3, pp. 1469 -1513.

[19] Favero C. , F. Giavazzi. , Debt and the Effects of Fiscal Policy, Federal Reserve Bank of Boston Working Papers, 2007.

[20] Forlati C. , L. Lambertini. , Risky Mortgages in a DSGE Model, *International Journal of Central Banking*, 2011, Vol. 7, No. 1, pp. 285 -335.

[21] Gali J. , Lopez-Salido, J. Valles. , Understanding the Effects of Government Spending on Consumption, *Journal of the European Economic Associaton*, 2007, Vol. 5, No. 1, pp. 227 -270.

[22] Glick R. , K. Lansing, Global Household Leverage, House Prices and Consumption, FRBSF Economic Letter, Federal Reserve Bank of San Francisco, 2010.

[23] Gorodnichenko Y. , S. Ng. , Estimation of DSGE Models When the Data Are Persistent, *Journal of Monetary Economics*, 2010, No. 57, pp. 325 -340.

[24] Iacoviello M. , House Prices, Borrowing Constraints, and Monetary Policy in the Business Cycle, *American Economic Review*, 2005, Vol. 95, No. 3, pp. 739 -764.

[25] Iacoviello M. , S. Neri. , Housing Market Spillovers: Evidence from an Estimated DSGE Model, *American Economic Journal: Macroeconomics*, 2010, Vol. 2, No. 2, pp. 125 -164.

[26] Ilzetzki E. E. , Mendoza, and C. Vegh. How Big (Small?) Are Fiscal Multipliers, *Journal of Monetary Economics*, 2013, No. 60, pp. 239 -254.

[27] International Monetary Fund (IMF), Coping with High Debt and Sluggish Growth, *World Economic Outlook*, 2012.

[28] Jorda O. , Estimation and Inference of Impulse Responses by Local Projections, *American Economic Review*, 2005, Vol. 95, No. 1, pp. 161 -182.

[29] Mountford A. , H. Uhlig, What Are the Effects of Fiscal Policy Shocks, *Journal of Applied Econometrics*, 2009, Vol. 24, No. 6, pp. 960 -992.

[30] Ramey V. A., S. Zubairy, Government Spending Multipliers in Good Times and in Bad: Evidence from U.S. Historical Data, *Journal of Political Economy*, 2018, Vol. 126, No. 2, pp. 850 - 901.

[31] Sufi A., Out of Many, One? Household Debt, Redistribution and Monetary Policy during the Economic Slump, Andrew Crockett Memorial Lecture, 2015.

中国资本利用率、企业税负与结构调整*

——基于内生化资本利用率的视角

一、引言

2001年以来，投资对中国GDP增长的贡献率开始超过最终消费；2004年起，按支出法核算的中国GDP中资本形成总额的占比超过居民消费的占比，而且不断提高至2008年的43.8%。2008年底全球金融危机爆发，出口急剧萎缩，进一步加剧了中国经济增长对投资的依赖。2009年，中国实现9.3%的经济增长，其中，投资贡献了87.6%。此后，直至2014年，投资对经济增长的贡献率都稳定在50%左右；固定资本形成总额的占比也进一步提高至47.8%。中国经济增长对投资的高度依赖已导致诸多问题：一是投资效率降低，一定数量的投资对经济增长的贡献不断下降。自20世纪90年代以来，中国增量资本产出率（ICOR）就一直高于国际平均水平（刘元春和陈彦斌，2013），而且产能过剩局面频繁出现①。二是经济结构失衡。2010年，中国人均实际GDP为7746美元，② 在189个国家中列第91位；居民消费率为44.2%，仅列第171位。过低的居民消费率显然不利于提升居民福利。三是长期基于信贷扩张的投资扩张，加剧了中国金融体系的不良债权风险。商业银行不良贷款率2015年末已升至1.67%。因此，新一届政府放弃了此前的大规模投资刺激政策，转向控制

---

* 本文原载于《学术月刊》2016年第10期。共同作者：龚敏、谢攀。

① 中国经历了三轮大规模的产能过剩，第一次是1998~2001年，第二次是2003~2006年，第三次是2009年至今（卢峰，2010）。

② 基于Penn 7.1，按照2005年价格及PPP汇率计算。

信贷总量、调整投资结构的“微刺激”和“定向宽松”政策；同时，开启固定资产加速折旧政策，通过微观主体而非宏观刺激推动投资，以期在短期稳定增长，长期促进工业经济竞争力的提升。

资本积累对经济增长的作用，不仅取决于资本存量的规模及结构，而且取决于资本利用率。现有文献中，有关中国资本存量规模及其结构对经济增长的影响已有较多研究。但是，关于中国资本利用率与经济增长关系的研究却相对缺乏。按照陶布曼和威尔金森（Taubman & Wilkinson，1970）与卡尔沃（Calvo，1975）的定义，资本利用率（capital utilization rate）是指现有资本投入生产的密度，如每天或每周的工作时间等。一方面，资本利用率决定了实际可投入生产的资本数量，从而决定了经济增长率；另一方面，资本利用率越高，折旧越快，而资本折旧率决定了资本投资的边际成本，从而影响经济的投资水平。因此，分析资本积累对经济增长的作用不应忽视资本利用率变化的因素。更重要的，由于资本利用率的高低是企业利润最大化决定的结果，因而，技术进步以及财政税收政策等可通过影响企业最优决策而影响资本利用率，进而影响经济增长以及经济结构。

本文在一个动态随机一般均衡（DSGE）模型的框架下，内生化企业的资本利用率，以揭示中国经济增长过程中资本利用率变化的影响。通过分析资本利用率的决定因素，探讨技术进步冲击以及固定资产加速折旧政策、企业所得税率调整等对资本利用率以及资本积累的影响，进而研究中国经济增长过程中资本积累、经济增长与经济结构变化的动态机制。研究表明，首先，提高资本利用率不仅有利于控制投资规模，而且有利于改善经济结构。给定资本存量，技术进步率的提高可以促进企业提高资本利用率，降低资本产出比率。其次，短期内，允许企业加速折旧的政策，可以减轻企业税负，但却会降低资本利用率；长期来看，当加速折旧的政策已促使企业加快设备更新，推进科技研发创新之后，需要适时适当上调企业所得税率，才能够提高经济长期的资本利用率水平，降低资本产出比。最后，资本损耗较快的行业，其本身资本利用率较低，不宜再允许加速折旧；反之，资本损耗较慢的行业，本身资本利用率较高，可在短期适当促进加速折旧。以上研究结论意味着，在投资依然扮演着稳增长“压舱石”的情况下，提高资本利用率是提升供给体系质量和效率，进而调整经济结构的可行路径；与此同时，从提高资本利用率的角度看，不宜使适用于短期的加速折旧政策长期化。

本文余下部分安排如下：第二部分为文献综述；第三部分为理论模型，首先构建一个内生化资本利用率的动态随机一般均衡模型，揭示资本利用率的决定因素及其对经济增长及经济结构的影响机制；在此基础上，引入政府视角，探讨企业所得税率和加速固定资产折旧的政策对资本利用率、资本积累以及结构调整的影响；第四部分，基于中国上市公司数据库校准模型，模拟技术进步冲击以及加速固定资产折旧的政策对提高资本利用率的影响；第五部分是结论和政策含义。

二、文献综述

20 世纪 90 年代中期以来，生产要素价格扭曲使中国经济形成了“投资驱动型”的增长方式（陈永伟和胡伟民，2011；李文溥和李静，2011；罗德明等，2012），导致经济结构失衡（Huang & Kunyu，2011；李稻葵和徐翔，2012），损害了增长效率（Hsieh & Klenow，2009；张杰等，2011）。对此，有关研究已取得一些成果。在资本存量规模方面，与张延（2010）相反，大部分学者认为，中国的资本积累规模已导致经济增长进入了动态无效的区间（项本武，2008；范子英和张军，2009），投资率对产出增长率的正效应并不显著，甚至为负（胡永刚和石崇，2016）。在资本结构方面，中国社科院经济研究所经济增长前沿课题组、王亚芬等还重点分析了公共资本投资与私人资本投资对经济增长的不同作用（中国经济增长前沿课题组，2004；王亚芬，2012）。

在实践中，资本积累对经济增长的作用，不仅取决于资本存量的规模及结构，更重要的，还取决于资本利用率的高低。关于资本利用率内生决定的研究最早可以追溯至卢卡斯（Lucas，1990）以及史密斯（Smith，1970）等。所谓内生化资本利用率，是指企业根据宏观经济运行情况、行业景气程度及自身运营状况等因素，基于利润最大化选择的资本利用率水平。格林伍德等（Greenwood et al.，1988）以及波塞德等（Burnside et al.，1993）研究了内生化资本利用率对经济周期产生的影响。之后，陆续有学者在新古典增长模型的框架下引入企业内生决定的资本利用率，证明了企业最优决策会选择不完全利用资本，即最优的资本利用率是低于 100% 的（Licandro et al.，2001；Beatriz & Leonardo，2001）。达尔加德（Dalgaard，2003）在新古典增长模型的框架下发现，内生化的资本利用率会降低经济向稳态收敛的速度。查特吉（Chatterjee，2005）综合新古典生产函数和 AK 类生产函数，进一步论证了只要折旧率对资本利用率变化较敏感，最优的资本利用率会低于 100%，而且经济向稳态的收敛速度会因此而降低。与假定资本利用率为 100% 的研究相比，基于内生化资本利用率的增长模型的数值模拟结果被认为更能贴近现实经济情形。

此外，在实证研究方面①，夏皮罗（Shapiro，1986）和奥尔（Orr，1989）研究发现，美国制造业在1952～1984年，资本的平均工作时间为每周50多个小时，其对应的资本利用率仅为30%。博利厄和麦特伊（Beaulieu & Mattey，1998）估计了1974～1992年资本的工作时间，发现上升至平均每周97小时，资本利用率提高至58%左右；同时发现不同行业之间的资本利用率差距较大，最低为26.5%，最高为93.5%。还有一些研究进行了国际资本利用率的比较。安克索等（Anxo et al.，1995）发现，1989年，德国的资本利用率仅为31.5%，比利时为45.8%，欧洲平均为39%。

长期以来，持续快速的资本积累都是中国经济增长的主要驱动力。有关文献集中分析了导致中国低资本利用率和低投资效率的原因（林毅夫等，2010；中国经济增长前沿课题组，2012；江飞涛等，2012；于立和张杰，2014），但仍存在以下不足：一是基本上都是在假定资本被完全利用的条件下进行的，对资本利用率以及折旧率进行内生化的研究尚不多；二是对资本利用率与资本积累之间的关系和经济增长与结构调整的机理缺乏深入研究。陈昆亭和龚六堂（2004）虽然在一个RBC模型中内生化了资本利用率，但却是在一个不考虑财政政策的框架下进行的；三是虽然普遍的观点认为中国资本的利用率较低，但却缺乏有关资本实际工作时间或者资本利用率的数据佐证。一些研究利用增量资本产出率，即ICOR＝当期固定资本形成总额/GDP，来测算中国资本的利用率。其依据在于，如果给定资本存量，那么，资本利用率越高，等量的资本存量就可以生产更多的产出，ICOR就越低，投资效率就越高。然而，ICOR的变化既取决于资本存量的规模，又取决于资本利用率的水平。中国ICOR不断提高，在很大程度上是大规模投资增加的结果，难以反映资本利用率的情况。

区别于以往文献，本文可能的贡献在于：

第一，首次将资本利用率因素引入分析资本积累对中国经济增长的作用之中。资本利用率的变化通过影响资本的折旧率，从而影响企业的投资、资本积累，最终影响经济增长以及经济结构。资本利用率的变化决定了折旧率的快慢，进而，改变了资本使用的边际成本，影响投资决定以及经济增长。也就是

---

① 国外学者对资本利用率的估计有两类做法：一类是狭义口径，聚焦于资本平均每周工时（average workweek of capital，AWW）的估算，依据劳工部门统计的就业规模、工作时间、轮休制度等，以168小时/周（即7天×24小时）为最大工时极限，综合测算得到资本平均每周工时后，将其与最大工时极限相除，得到资本利用率，例如查特吉（Chatterjee，2005）等；另一类是广义口径，聚焦于工业产能利用率（industrial capacity utilization rate），其核心是测算实际产出对潜在产出的比率，例如马克－安德森（Marc-Andre，2004）等。

说，资本利用率的高低一方面决定了经济现期生产所投入使用的资本数量；另一方面通过影响折旧率而影响未来的投资。因此，分析资本积累对经济增长的作用不应忽略资本利用率。

第二，在一个 DSGE 的框架中将资本利用率内生化。通常，折旧率是资本利用率的增函数：资本利用率越高，资本折旧越快，未来经济的增长就需要更多投资。两者之间的这一关系直接决定着资本积累的边际收益与边际成本，从而影响经济向稳态运行的动态过程。资本利用率的高低是企业利润最大化决定的结果，因而，宏观政策如财政政策等可通过对企业最优行为的影响而影响资本利用率，进而可对经济增长和经济结构产生影响。据此，本文在模型扩展中引入税收政策，进一步探讨企业所得税与加速折旧比率的变化对资本利用率、资本积累及经济增长的影响。

第三，基于国泰安（CSMAR）上市公司财务指标分析数据库（2006 ~ 2012 年）披露的固定资产周转率，构建了资本利用率的函数，并通过校准模型，模拟分析技术进步冲击以及加速固定资产折旧的政策对资本利用率的影响。基于这些研究，可揭示资本利用率的决定因素，分析中国经济增长过程中资本利用率与资本积累规模之间的作用，探讨财政税收政策对资本利用率进而对经济结构调整的影响机制和实际效果。

三、理论模型

构建一个离散时间且无限期存活的 DSGE 模型。代表性家庭一生效用的期望为 $E_0\sum_{t=0}^{\infty}\beta^t\log(c_t)$，其中，$\beta$ 是效用贴现因子，c_t 是当期人均消费。简化起见，假设这个模型经济中没有人口增长，人口总量单位化为 1。代表性企业的生产函数设为 $y_t=e^{Z_t}(u_tk_t)^\alpha$，其中 k_t 是当期企业可使用的资本存量；u_t 为企业选择的资本利用率水平，$0\leqslant u_t\leqslant 1$，$u_tk_t$ 为企业实际投入生产的资本存量水平。这里，资本利用率与资本的边际产出正相关：资本边际产出越高时，企业会提高资本利用率。Z_t 是一个随机变量，代表技术进步的水平，并遵循一阶自回归过程，$z_{t+1}=\rho z_t+\varepsilon_{t+1}$，其中，$\{\varepsilon_{t+1}\}_{t=0}^{\infty}$ 是独立同分布，且服从 $N(0,\sigma_2)$，$|\rho|<1$。

假定折旧率为资本利用率的增函数，其函数形式为 $\delta(u_t)=\delta_0+\delta_1\dfrac{u_t^\phi}{\phi}$。其

中 δ_0 为资本的自然折旧率，也即资本闲置也必定产生的折旧，有 $\delta(0)=\delta_0>0$；$\delta_1>0$ 为常数。$\phi>1$ 为折旧率关于资本利用率的弹性。这里，资本折旧率随资本利用率的提高而提高，有 $\delta'(u)>0$，$\delta''(u)>0$。此外，如果 $\phi\to\infty$，那么，$\delta(u)\to 0$。此外，在经济达到稳态时，如果资本利用率保持稳定，那么，折旧率为 ϕ 的一个减函数。在这个内生化资本利用率的模型经济中，一方面，资本存量的变化将影响资本的边际产出，继而影响资本利用率以及折旧率；另一方面，折旧率的变化将影响投资，从而影响资本存量。在经济起步阶段，资本存量较低时，资本的边际产出较高，资本利用率以及折旧率就相对较高。随着经济接近其稳态，资本边际产出的下降会降低资本的利用率，使资本利用率和折旧率都逐渐下降并趋于其稳态。在其他条件不变时，技术进步以及其他可提高资本边际产出的因素，都会提高资本利用率。

（一）一个内生化资本利用率的 DSGE 模型

在不存在政府的情况下，当期经济的总产出用于消费和投资，记投资量为 x_t，则有 $c_t+x_t=e^{z_t}(u_tk_t)^{\alpha}$。那么，资本积累的运动方程为 $k_{t+1}=[1-\delta(u_t)]k_t+x_t, k_0>0$。本文构建一个社会计划者问题以研究资本利用率的决定因素以及技术进步冲击对资本利用率的影响。

一个社会计划者问题为存在一组资源配置 $\{c_t, u_t, k_{t+1}\}_{t=0}^{\infty}$，满足：

$$v(k_t)=\max_{\{c_t,u_t,k_{t+1}\}}\{\log(c_t)+\beta E_t[v(k_{t+1})]\} \tag{1}$$

$$\text{s.t. } c_t+k_{t+1}=e^{z_t}(u_tk_t)^{\alpha}+\left[1-\delta_0-\delta_1\frac{u_t^{\phi}}{\phi}\right]k_t \tag{2}$$

求解上述社会计划者问题，可得当期资本利用率 u_t 和资本存量 k_t 之间应满足：

$$u_t=e^{\frac{z_t}{\phi-\alpha}}\left(\frac{\alpha}{\delta_1}\right)^{\frac{1}{\phi-\alpha}}k_t^{\frac{\alpha-1}{\phi-\alpha}} \tag{3}$$

式（3）表明，资本利用率水平除了受资本存量所决定的边际产出的影响外，还受技术进步冲击的影响。一个正向的技术进步冲击提高了资本的边际产出后，进一步可提高资本利用率。同时，资本产出比为：

$$\frac{k_t}{y_t}=\frac{\alpha}{\delta_1}u_t^{-\phi} \tag{4}$$

式（4）表明，资本产出比与资本利用率呈反向的关系，即$\frac{\mathrm{d}(k_t/y_t)}{\mathrm{d}u_t}<0$。这意味着资本利用率的提高可降低经济的资本产出比。进一步地，消费产出比为：

$$\frac{c_t}{y_t}=1-\frac{\{k_{t+1}-[1-\delta(u_t)]k_t\}}{y_t} \tag{5}$$

当经济达到稳态时，可以求得稳态时的资本利用率u^*为：

$$u^*=\left(\frac{1}{\delta_1}\right)^{\frac{1}{\phi}}\left[\frac{\phi}{\phi-1}\right]^{\frac{1}{\phi}}\left[\frac{1}{\beta}+\delta_0-1\right]^{\frac{1}{\phi}} \tag{6}$$

基于资本利用率与边际产出之间的正向关系，资本利用率将从一个较高的水平逐步下降并收敛于上式决定的稳态水平。折旧率也逐渐下降至其稳态水平$\delta(u^*)$。稳态时的资本存量k^*为：

$$k^*=\left(\frac{\delta_1}{\alpha}\right)^{\frac{1}{\alpha-1}}(u^*)^{\frac{\phi-\alpha}{\alpha-1}} \tag{7}$$

最后，稳态的产出y^*为：

$$y^*=\left(\frac{\delta_1}{\alpha}\right)(u^*)^{\phi}k^*=\left(\frac{\delta_1}{\alpha}\right)^{\frac{\alpha}{\alpha-1}}(u^*)^{\frac{\alpha(\phi-1)}{\alpha-1}} \tag{8}$$

推论：在一个内生化资本利用率的模型中，稳态时有$\frac{c^*}{y^*}=1-\frac{\alpha\delta_0}{\delta_1}(u^*)^{-\phi}$，因而$\frac{\mathrm{d}(c^*/y^*)}{\mathrm{d}u^*}>0$。

上述模型推导结果及推论表明：第一，当经济从初始状态向其稳态运行的过程中，随着资本利用率的逐步下降，资本产出比率将逐步提高。第二，当经济到达稳态时，提高资本利用率，会降低稳态时的资本存量，消费占产出的比例便可随之提高。第三，正向的技术进步冲击可提高资本利用率。这一结果对当前中国经济增长尤其是供给侧结构性改革具有重要的现实意义：在给定资本存量的情况下，提高资本利用率不仅有利于控制投资规模，抑制融资杠杆，而且还有利于改善经济结构，提升消费对国民经济增长的贡献。

（二）模型扩展：引入企业所得税及固定资产加速折旧政策

为避免当前 GDP 增速因工业生产减速而快速下滑，2014 年 9 月，国务院常务会议部署了完善固定资产加速折旧的政策。通过加速折旧，减轻企业税负，促进企业更换机器设备，扩大制造业投资，从而避免工业经济过快下滑。这项政策试图通过激励微观主体而非宏观刺激来稳定投资，并在长期推进企业技术进步，促进制造业产业升级，提升竞争力。然而，在短期内，加速折旧政策对企业的资本利用率有何影响？本文在上述理论模型中引入政府视角，分析企业所得税以及加速折旧政策对资本利用率的影响。

简单起见，假定没有技术进步冲击，技术进步的增长率也为0。记代表性家庭单位劳动时间中用于劳动供给的比例为 $\{l_t\}_{t=0}^{\infty}$，其实际工资水平为 $\{w_t\}_{t=0}^{\infty}$。家庭的效用函数设为 $\log(c_t)+\varphi\log(1-l_t)$，$\varphi>0$ 为常数。家庭的初始资产为 $a_0>0$。政府允许企业加速其固定资本折旧，这个速度的快慢记为 $\{\tau_t>0\}_{t=0}^{\infty}$；同时设所得税税率为 $\{\tau_t^f\}_{t=0}^{\infty}$。政府的支出记为 $\{g_t\}_{t=0}^{\infty}$，不影响家庭的效用，也不进入生产函数。政府可发行一年期到期的债券融资，t 期发行的 $t+1$ 期到期的债券数量记为 $\{b_{t+1}\}_{t=0}^{\infty}$，实际利率为 $\{r_t\}_{t=0}^{\infty}$。

一个序贯市场竞争性均衡为，存在一组资源配置 $\{c_t, l_t, u_t; b_{t+1}, k_{t+1}\}_{t=0}^{\infty}$ 以及价格 $\{r_t, w_t\}_{t=0}^{\infty}$，满足以下情况。

1. 代表性家庭

给定初始资产 a_0 和价格 $\{r_t, w_t\}_{t=0}^{\infty}$ 的条件下，效用最大化确定消费需求 $\{c_t\}_{t=0}^{\infty}$、劳动供给 $\{l_t\}_{t=0}^{\infty}$ 以及资产组合 $\{a_{t+1}, b_{t+1}\}_{t=0}^{\infty}$。代表性家庭的问题为：

$$\max_{\{c_t,l_t;a_{t+1},b_{t+1}\}}\sum_{t=0}^{\infty}\beta^t[\log(c_t)+\varphi\log(1-l_t)] \tag{9}$$

$$\text{s.t. } c_t+a_{t+1}+b_{t+1}=w_tl_t+(1+r_t)(a_t+b_t) \tag{10}$$

以及关于两种资产余额的横截性条件：$\lim_{t\to\infty}(\lambda_t a_{t+1})=0, \lim_{t\to\infty}(\lambda_t b_{t+1})=0$，其中 λ_t 是家庭财富的影子价格。

2. 代表性企业

企业的生产函数设为 $y_t=(u_tk_t)^{\alpha}l_t^{1-\alpha}$。给定要素价格 $\{r_t, w_t\}_{t=0}^{\infty}$、企业所得税以及固定资产加速折旧比率 $\{\tau_t^f, \tau_t\}_{t=0}^{\infty}$ 条件下，利润最大化确定资本需求 $\{k_t\}_{t=0}^{\infty}$，劳动需求 $\{l_t\}_{t=0}^{\infty}$ 以及资本利用率 $\{u_t\}_{t=0}^{\infty}$。代表性企业的问题为：

$$\max_{\{k_t,l_t,u_t\}}\prod=(1-\tau_t^f)[(u_tk_t)^{\alpha}l_t^{1-\alpha}-(1+\tau_t)\delta(u_t)k_t-w_tl_t]-r_tk_t \tag{11}$$

3. 政府平衡预算

$$g_t + (1 + r_t) b_t = \tau_t^f [(u_t k_t)^{\alpha} l_t^{1-\alpha} - (1 + \tau_t) \delta(u_t) k_t - w_t l_t] + b_{t+1} \tag{12}$$

4. 市场均衡

$$c_t + k_{t+1} + g_t = (u_t k_t)^{\alpha} l_t^{1-\alpha} + \left(1 - \delta_0 - \delta_1 \frac{u_t^{\phi}}{\phi}\right) k_t \tag{13}$$

$$a_t = k_t \tag{14}$$

求解上述序贯市场竞争性均衡的问题，可得代表性家庭选择的两期消费水平（c_t，c_{t+1}）应满足如下的 Euler 方程：

$$\frac{c_{t+1}}{c_t} = \beta \left\{ 1 + (1 - \tau_{t+1}^f) \left[\alpha \frac{y_{t+1}}{k_{t+1}} - (1 + \tau_{t+1}) \left(\delta_0 + \delta_1 \frac{u_{t+1}^{\phi}}{\phi} \right) \right] \right\} \tag{15}$$

以及家庭选择的同期消费与劳动供给水平（c_t，l_t）应满足：

$$\varphi \frac{c_t}{1 - l_t} = (1 - \alpha) \frac{y_t}{l_t} \tag{16}$$

由企业利润最大化得到资本利用率为：

$$u_t = \left[\frac{\alpha}{(1 + \tau_t) \delta_1} \right]^{\frac{1}{\phi - \alpha}} \left(\frac{k_t}{l_t} \right)^{\frac{\alpha - 1}{\phi - \alpha}} \tag{17}$$

式（17）表明，在其他条件不变时，政府允许企业加速折旧，短期将降低企业所选择的资本利用率水平，即$\frac{\partial U_t}{\partial \tau_t} < 0$。

在最优路径上，资本产出率为：

$$\frac{k_t}{y_t} = \frac{\alpha}{(1 + \tau_t) \delta_1} u_t^{-\phi} \tag{18}$$

由式（18）易得$\frac{\partial (k_t / y_t)}{\partial \tau_t} > 0$。这意味着，在经济趋向稳态的过程中，政府允许企业加快固定资产折旧，会激励企业扩大投资，从而提高经济的资本产出比。

从长期来看，在稳态时，由式（15）可知，经济的资本利用率为：

$$u^* = \left(\frac{1}{\delta_1} \right)^{\frac{1}{\phi}} \left[\frac{\phi}{\phi - 1} \right]^{\frac{1}{\phi}} \left[\frac{1 - \beta}{\beta (1 - \tau^f)(1 + \tau)} + \delta_0 \right]^{\frac{1}{\phi}} \tag{19}$$

这里，$\frac{\partial u^*}{\partial \tau^f}>0$ 以及$\frac{\partial u^*}{\partial \tau}<0$。近似地，有：

$$u^* \approx \left(\frac{1}{\delta_1}\right)^{\frac{1}{\phi}}\left[\frac{\phi}{\phi-1}\right]^{\frac{1}{\phi}}\left[\frac{1-\beta}{\beta[1-(\tau^f-\tau)]}+\delta_0\right]^{\frac{1}{\phi}} \tag{20}$$

式（20）表明$\frac{\partial u^*}{\partial(\tau^f-\tau)}>0$，$\tau^f>\tau$。从长期来看，经济稳态时资本利用率水平取决于企业所得税率与政府允许企业加快折旧的速度之差。两者差距越大，稳态时经济的资本利用率就越高。因而，从长期提高资本利用率的角度来看，加快企业资本折旧的政策，还应辅之以企业所得税率的调整。只有在此条件下，允许企业加快折旧，才有助于提高经济长期的资本利用率，进而降低稳态时的资本产出率，提高消费占产出的比例。

综上所述，当前为减轻企业税负而实施的加速折旧政策，短期内可激励企业扩大投资，但同时也会降低企业的资本利用率，进一步提高经济的资本产出比。因此，这项政策即便是通过激励微观主体而非宏观刺激来稳定投资，也不利于经济结构的调整。在长期，加快企业资本折旧的政策，还应配合企业所得税税率政策的调整，才有可能提高经济长期的资本利用率，进而降低稳态时的资本产出率，提高消费占产出的比例。

四、模拟分析

（一）参数赋值

对于效用函数中的贴现率β，国内外文献取值范围大多在0.96~0.99，此处设定为$\beta=0.99$。根据邹（Chow，1993）、邹和李（Chow & Li，2002）、克力诺和薛（Klenow & Hsieh）等的研究，资本的产出份额α设定为0.55。借鉴拉姆博斯和奥赫莫尔（Rumbos & Auernheimer，2001）的做法，并结合中国企业经营实践和相关法规，不失一般性，将自然折旧率δ_0设定为1%。[①] 衡量持续技术进步水平的参数ρ取0.90。

---

① 拉姆博斯和奥赫莫尔（2001）对自然折旧率的选择为0.01；《中华人民共和国企业所得税法》对中国固定资产折旧年限规定差异迥然。例如：房屋、建筑物为二十年；火车、轮船、机器、机械及其他生产设备为十年；电子设备和火车、轮船以外的运输工具以及与生产、经营有关的器具、工具、家具等为五年。考虑到中国正处于工业化、信息化、城镇化叠加的发展时期，因此，自然折旧率与国际水平接轨也是合理的。

对于折旧率函数中的两个参数即 δ_1 和 ϕ 的取值，目前并没有数据可参照。本文用一种间接的方法来获得。首先，基于万得（Wind）资讯上市公司数据库（2006~2012 年），通过计算“（当年累计折旧额-上年累计折旧额）/当年固定资产原值”，来近似地获得企业当年的折旧率 $\delta(u_t)$，取平均值代表当年的折旧水平。

其次，考虑到没有直接符合资本利用率内涵的指标，本文先从国泰安（CSMAR）上市公司财务指标分析数据库（2006~2012 年）中得到“固定资产周转率”，记为 $turnover\_fa_{it}$。[①] 借鉴马克安卓（Marc-Andre，2004）对加拿大的一项实证研究的方法，[②] 假定中国资本利用率（u_{it}）也在 0.5~1 波动。故可对 i 企业 t 年的固定资产周转率 $turnover\_fa_{it}$ 进行 logistic 转化，[③] 即 $u_{it}=\frac{1}{1+e^{-turnover\_fa_{it}}}$，从而把数值较高、波动区间较大的固定资产周转率合理地转化为生产要素投入中具有经济学意义的资本利用率。这里，资本使用效率 u_{it} 越接近于 1，说明相对于其他企业而言，投入企业 i 中的固定资产潜力得到越充分的发挥，固定资产利用率越高，经营管理水平越高。取各企业平均后得到当年的资本利用率。按这一方法计算的资本利用率与经济周期呈现出同步波动的特性（见图 1）。2008 年国际金融危机以来，中国经济增长率较快的 2010 年，恰

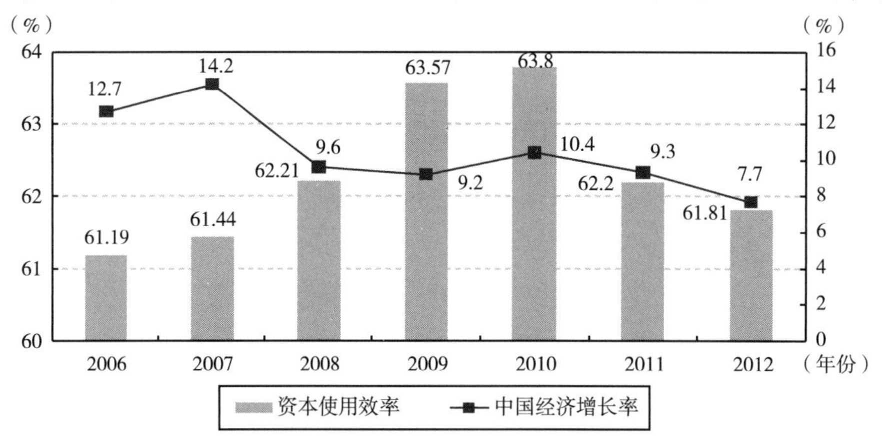

图 1　2006~2012 年样本上市公司资本利用率

资料来源：作者根据国泰安（CSMAR）数据库固定资产周转率指标测算。

① 固定资产周转率=销售收入（或主营业务收入）/固定资产平均净值，其中分母项固定资产平均净值=（固定资产期初净值+固定资产期末净值）/2。该指标反映了企业固定资产周转情况，是衡量固定资产利用效率的重要依据。观察发现，企业固定资产周转率因产业资本密集度和景气程度不同而呈现出较大差异。如，批发和零售业因其轻资本运营的行业属性，单位固定资产创造的营业收入一直遥遥领先；房地产业、建筑业则得益于房价持续多年上涨的推动，销售收入与投入的固定资产相比也稳居前列；相比之下，采掘业、制造业、电力、煤气及水的生产和供应业等重资本行业的固定资产周转率较低。

② 马克安卓（2004）发现 1981 年一季度至 2001 年四季度，加拿大的固定资产利用率平均值为 0.816，从而将稳态资本利用率设定为 81.6%。

③ 李稻葵等（2009）曾对劳动份额进行 logistic 转换，以提高模型的整体拟合性。

好也是资本利用率（63.8%）较高的一年。这与韩国高等（2011）对中国产能利用率变化趋势的观察是一致的。

最后，利用折旧率函数的定义 $\delta(u_t)=\delta_0+\delta_1\frac{u_t^{\phi}}{\phi}$，通过移项、取对数回归的方式获得函数中的两个参数（δ_1，φ）。表1给出了模型校准后的参数值。

表1　　模型参数校准值

参数	β	α	δ_0	δ_0	ρ	ϕ
校准	0.99	0.55	0.01	0.16	0.90	1.3

上述我们对两个关键参数值的选取和测算有四点新意。第一，样本公司的国民经济代表性较强。本文选取的样本上市公司包括主板、中小板、创业板上市的国有、民营、外资、集体等各种类型企业2467家。2012年，全部样本公司合计实现营业收入24.53万亿元，净利润1.95万亿元，净利润约占全国规模以上工业企业的1/3，具有一定的行业代表性和区域代表性。① 第二，样本公司的数据可靠性较高。与非上市公司数据相比，新会计准则实施以来，财务指标统计口径稳定，上市公司经审计后公开披露的数据可靠性能得到较好的保证。第三，样本期间始末的可比性较好。2005年9月6日以前，上市公司股权分置改革尚未启动，“同股不同权”“同股不同利”等问题突出。股权分置改革后，上市公司股权结构、公司治理等都发生了显著变化，为增强样本可比性，故选择2006年以后年份。第四，以往研究多受工业企业数据库所限，样本期限截至2007年，本文首次尝试集合两大代表性金融数据库的优点，将样本期限延伸至2012年，更有利于体现企业应对国际金融危机以来的新情况。

（二）技术进步冲击对资本利用率的影响分析

基于表1中的相关参数值，我们利用模型模拟了技术进步冲击对资本利用率及其他宏观变量的影响。如图2所示，一个单位的正的技术进步冲击，可在随后的2个时期提升经济的资本利用率，最高达3个百分点之多（见图2（a））；资本存量受资本利用率提高伴随的折旧相应加快的影响，积累速度放缓，产出也受此影响，小幅下降约1个百分点（见图2（b）），资本产出比下降近1.3个百分点（见图2（c））；而消费产出比则可上升1个百分点（见图2（d））。

① 数据来源于《中国证券业发展报告（2013）》。

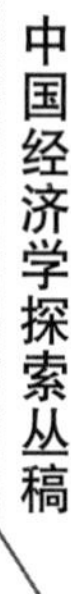

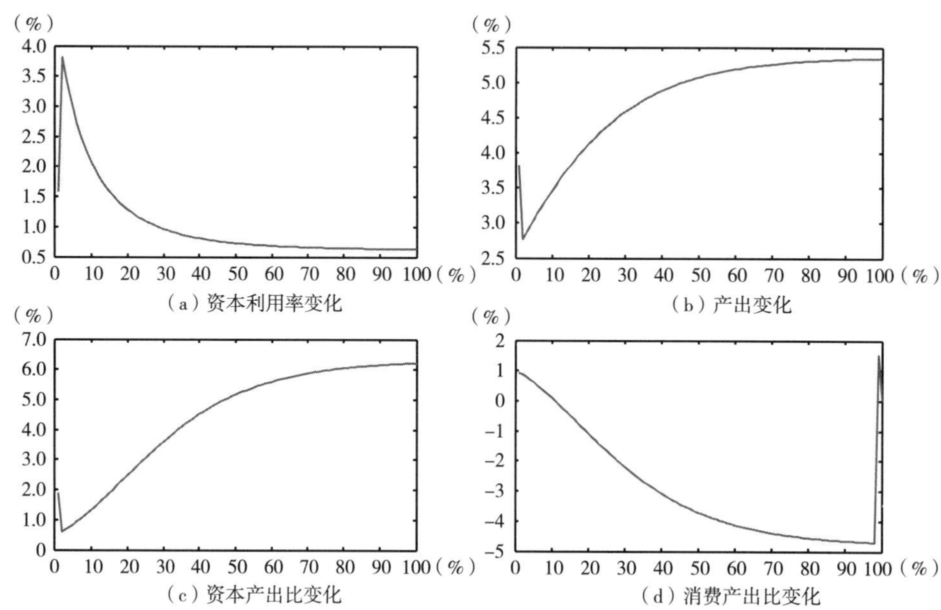

图 2　技术冲击下的脉冲反应

据此，可以得出本文基础模型的传导机制：给定一次正向的技术进步冲击，理性的社会计划者首先通过调节生产投入资本的使用效率对冲击作出反应。随后，资本利用率通过折旧率传导至投资决策，进而影响到资本存量的积累过程，最终决定产出水平及其在未来投资与消费之间的分配比例。由于资本利用率提高使得获得既定产出水平所需的投资规模减少，所以，资本产出比率下降，消费占产出的比率将随着资本积累速度的放缓而增加，全社会福利状况得以改善。

（三）调整企业所得税率以及加速固定资产折旧对资本利用率的影响分析

进一步地，利用模型模拟企业所得税率变化以及差异化的加速折旧政策对资本利用率的影响。基于式（20），我们设定企业所得税率的变化范围为 $\tau^f \in (0.15, 0.25)$，允许折旧加速的比率变化范围为 $\tau \in (0.10, 0.20)$，模拟不同的组合对提高稳态时资本利用率的影响。

假定其他参数如表 1 所示，允许加速折旧的比率越大，企业所选择的资本利用率越低。如图 3 所示，随着允许折旧加速的比率从 10% 逐渐增加至 20%，在所得税率分别为 25%、20% 和 15% 的情形，资本利用率会下降至 56.5%、

54%和52%，分别下降5.5个、5个以及4.5个百分点（见图3）。另外，从长期提高资本利用率的角度看，实行加速折旧的政策，还需辅之以提高企业的所得税率：如允许加速折旧15%，那么，将所得税率从15%调高到20%，可使资本利用率从54.5%提高至56.5%；所得税率从20%调高到25%，可使资本利用率从56.5%再提高至59%。

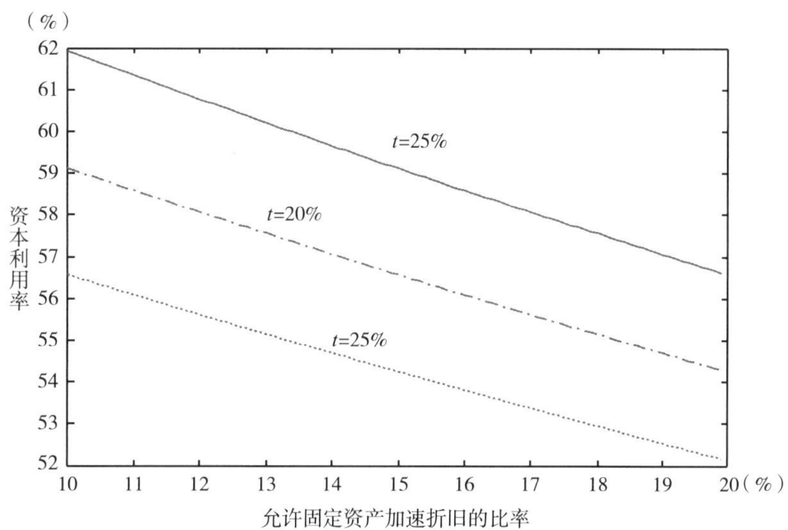

图3　资本利用率与允许固定资产加速折旧的比率

注：图中从上到下的实线、点划线和虚线，依次对应企业所得税率分别为25%、20%和15%的情景。

模拟结果表明，短期允许加速折旧，或能减轻企业的税负，但却不利于提高企业的资产利用效率。在长期，当加速折旧的政策已促使企业加快设备更新，推进科技研发创新之后，就需适时适当调高企业所得税率，才能够提高经济长期的资本利用率水平，降低资本产出比。

（四）折旧率关于资本利用率弹性的变化对资本利用率的影响分析

行业间折旧率、固定资产周转率等存在较大差异，导致不同行业资本折旧的速度各不相同。这体现在上述模型中参数 ϕ 的不同取值上。它是折旧率关于资本利用率变化的弹性，有的行业弹性较高，即资本利用率的提高会快速提高折旧率；而弹性较低的行业，随着资本利用率的提高，折旧率提高得较慢。这里，将模拟对应于不同的弹性值，经济的资本利用率水平会有什么改变。假定企业所得税率为25%，允许固定资产折旧加速的比率为5%，其他参数如表1所示。令折旧率关于资本利用率的弹性变化范围为 $\varphi\in(1,1.3)$，基于式（20）

观察资本利用率的变化。如图 4 所示，随着折旧率关于资本利用率弹性不断提高，资本利用率水平不断降低。这一模拟结果表明，如果经济的折旧率关于资本利用率弹性越大，稳态时资本利用率水平会越低。

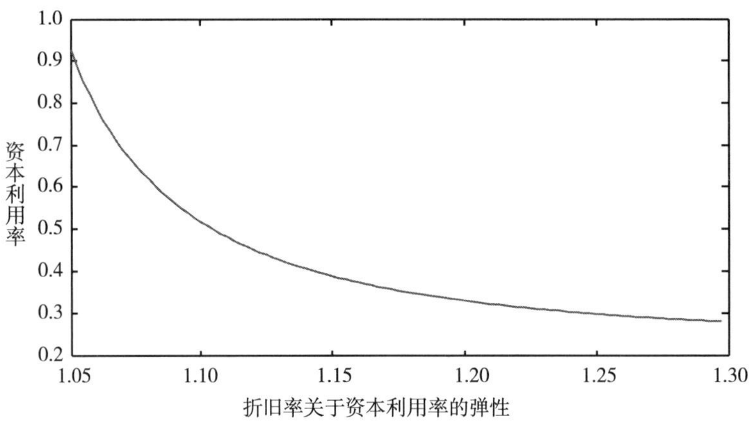

图 4　资本利用率与折旧弹性

五、结论和政策含义

长期以来资本快速积累都是促进中国经济增长的主要动力。然而，持续多年的“投资驱动型”增长逐渐导致了中国经济结构的严重扭曲。当前，在经济增长面临长短期强大下行压力之时，是否进一步通过扩大投资规模以稳定增长成为宏观调控必然面临的课题。2014 年 9 月，国务院常务会议部署了完善固定资产加速折旧政策，试图通过减轻税负，加快企业设备更新，来稳定制造业投资和经济增长；长期促进企业技术改造和科技研发创新。然而，从结构调整的角度看，允许固定资产加速折旧的政策在保增长的同时，会对结构调整产生什么影响？能否在不进一步加剧结构扭曲的前提下，既实现稳定增长又改善结构？由于资本积累对经济增长的作用，不仅取决于资本存量的规模及结构，而且取决于资本利用率的高低，因而本文基于一个动态随机一般均衡模型，通过内生化资本利用率，分析了技术进步冲击、加速折旧以及调整企业所得税率等政策对资本利用率、经济增长以及结构调整的影响。研究发现：

首先，提高资本利用率可以降低经济的资本产出比。并且，一个单位的正向的技术进步冲击，可在随后的 2 个时期提升 3 个百分点多的资本利用率水平。这意味着，通过技术进步提高中国的资本利用率水平，可在实现稳定增长的同时，降低资本产出比，改善经济结构。

其次，短期内，允许企业加速折旧的政策，虽然可以在一定程度上减轻企业税负，但却会降低企业的资本利用率。在一定的所得税率下（如 20%），如果允许加速折旧的比例从 10% 逐渐增加至 20%，资本利用率会下降 5 个百分点。目前，高新技术企业执行 15% 的所得税优惠税率，从长期来看，当加速固定资产折旧的政策已促使这些企业加快设备更新，推进科技研发创新后，就需要适时适当上调企业所得税率，才能够提高经济长期的资本利用率水平，降低资本产出比。

最后，对于资本损耗较快的行业而言，其本身资本利用率较低，不宜再允许加速折旧；反之，对于资本损耗较慢的行业，本身资本利用率较高，可在短期适当促进加速折旧。但长期，还需适当上调这些行业的所得税率，才能保证这些行业在设备更新和研发创新的同时，提高其资本利用率水平。

本文的研究表明，在当前制造业化解过剩产能，投资增速下降的情况下，与其依靠逐渐减弱的投资与经济增长之间的关系，加大投资力度，托底经济，不如转换思维，在存量投资上做文章，通过提高资本利用率深挖资产潜力。具体而言：

第一，鼓励企业通过改造旧设备，采用新设备、新材料、新工艺等方式，推进技术进步和应用创新，提高存量资本利用率，从而减少为经济增长“托底”所需积累的物质资本，相应降低投资规模，并提高消费产出比，缓解稳增长对投资的过度依赖。

第二，实施加速折旧的政策，虽然可以在一定程度上稳定企业投资，但却不利于提高资本利用率。基于此，这项政策的实施必须考虑以下因素：一是不宜使适用于短期的加速折旧政策长期化；二是应区别企业类型，实施差异化的加速折旧政策；三是当加速折旧的政策已促使企业加快设备更新，推进科技研发创新后，就需要适当上调企业所得税率，才能够提高经济长期的资本利用率水平，降低资本产出比。应用万得资讯金融数据库 A 股制造业 1163 家上市公司数据进一步模拟发现，在加大计提折旧力度同时，适时适度上调企业所得税率对企业综合效应是利大于弊的。①

① 加大计提折旧力度对企业实际纳税负担减轻的程度，与中长期上调企业所得税率可能引起税负增加的程度，两者贴现后，综合效应如何？针对这一问题，我们设计了 4 种具体情景，对制造业的 26 个二级子行业进行了模拟估算，模拟结果发现：其中，情景 3 在提升资本利用率的同时，对所有样本企业的利都远大于弊；情景 1、4 仅有少数样本企业的综合效应弊大于利；即使是在情景 2 的情况下，仍然对大部分样本企业的综合效应是利大于弊的。限于篇幅，此处不再列示具体模拟结果，如有需要，可向笔者索取。

第三，从企业减负的角度看，应本着建设有限政府的宗旨，规范政府获得收入行为，减少税外融资规模，建立为企业减轻税费负担的长效机制。持续推进并优化负面清单管理模式，稳定企业预期，激发市场活力，调动民间投资积极性，为民营企业、涉农企业、小微企业发展打开空间。

第四，在提高存量资本利用率的同时，重视资本存量结构的调整。在制造业产能严重过剩的同时，国民经济并不乏投资不足、居民消费需求难以得到满足的部门，它们主要集中于正逐渐成为国民经济新增长点的服务业，尤其是长期被政府管制并依照事业单位管理运营的服务业。这些领域既有旺盛的需求，又严重缺乏投资，而且因垄断和事业化管理，效率低下。因此，需要加大全面深化改革力度，开放新的投资领域，使制造业加快折旧而变现的资本能够投资这些领域，加快推动要素市场化流动，实现资产在国民经济行业间的结构调整，促进市场竞争，提升资源配置效率。

参考文献

[1] 陈永伟、胡伟民：《价格扭曲、要素错配和效率损失：理论和应用》，载《经济学季刊》2011 年第 10 卷第 4 期。

[2] 陈昆亭、龚六堂：《中国经济增长的周期与波动的研究：引入人力资本后的 RBC 模型》，载《经济学季刊》2004 年第 3 卷第 4 期。

[3] 陈建奇：《庞氏骗局、动态效率与国债可持续性》，载《世界经济》2006 年第 12 期。

[4] 范子英、张军：《财政分权与中国经济增长的效率——基于非期望产出模型的分析》，载《管理世界》2009 年第 7 期。

[5] 韩国高、高铁梅、王立国、齐鹰飞、王晓姝：《中国制造业产能过剩的测度、波动及成因研究》，载《经济研究》2011 年第 12 期。

[6] 江飞涛、耿强、吕大国、李晓萍：《地区竞争、体制扭曲与产能过剩的形成机理》，载《中国工业经济》2012 年第 6 期。

[7] 江飞涛、陈伟刚：《投资规制政策的缺陷与不良效应》，载《中国工业经济》2007 年第 6 期。

[8] 刘元春、陈彦斌：《我国经济增长趋势和政策选择》，载《中国高校社会科学》2013 年第 2 期。

[9] 林毅夫：《潮涌现象与发展中国家宏观经济理论的重新构建》，载《经济研究》2007 年第 7 期。

[10] 林毅夫、巫和懋、邢亦青：《“潮涌现象”与产能过剩的形成机理》，载《经济研究》2010 年第 10 期。

[11] 罗德明、李晔、史晋川：《要素市场扭曲、资源错置与生产率》，载《经济研究》2012 年第 3 期。

[12] 卢峰：《不恰当干预无助于产能过剩》，载《金融实务》2011 年第 1 期。

[13] 李文溥、李静：《要素比价扭曲、过度资本深化与劳动报酬比重下降》，载《学术月刊》2011 年第 2 期。

[14] 李尚骜、陈继勇、李卓：《干中学、过度投资和 R&D 投资对人力资本积累的“侵蚀效应”》，载《经济研究》2011 年第 6 期。

[15] 李稻葵、徐翔：《市场机制是中国经济结构调整基本动力》，载《比较》2012 年第 6 期。

[16] 王亚芬：《公共资本对产出及私人资本的动态冲击效应研究》，载《数学的实践与认识》2012 年第 5 期。

[17] 项本武：《中国经济的动态效率：1992 ~ 2003》，载《数量经济技术经济研究》2008 年第 3 期。

[18] 于立、张杰：《中国产能过剩的根本成因与出路：非市场因素及其三步走战略》，载《改革》2014 年第 2 期。

[19] 袁志刚、何樟勇：《20 世纪 90 年代以来中国经济的动态效率》，载《经济研究》2003 年第 7 期。

[20] 中国经济增长前沿课题组：《财政政策的供给效应与经济发展》，载《经济研究》2004 年第 9 期。

[21] 中国经济增长前沿课题组：《中国经济长期增长路径、效率与潜在增长水平》，载《经济研究》2012 年第 11 期。

[22] 赵振华：《关于产能过剩问题的思考》，载《中共中央党校学报》2014 年第 2 期。

[23] 张曙光、程炼：《中国经济转轨过程中的要素价格扭曲与财富转移》，载《世界经济》2010 年第 10 期。

[24] 张杰、周晓艳、李勇：《要素市场扭曲抑制了中国企业 R&D?》，载《经济研究》2011 年第 8 期。

[25] Anxo D. , Bosch G. , Bosworth, D. , Cette, G. , Sterner, T. and Taddei, D. , *Work Patterns and Capital Utilization*, Kluwer Academic Publications, Boston, 1995.

[26] Auernheimer, Leonardo. , Variable Depreciation and Some of its Implications, *Canadian Journal of Economics*, 1986, pp. 99 - 113.

[27] Aznar-Márquez J. , R. Ruiz-Tamarit, Endogenous Growth, Capital Utilization and Depreciation, FEDEA Working Paper, No. 2004 - 21, 2004.

[28] Burnside, A. Craig, Martin S. Eichenbaum and Sergion T. Rebelo. , Labor Hoarding and the Business Cycle, *Journal of Political Economy*, 1993, No. 101, pp. 245 - 273.

[29] Beaulieu J. , Mattey J. , The Workweek of Capital and Capital Utilization in Manufacturing, *Journal of Productivity Analysis*, 1998, No. 10, pp. 199 - 223.

[30] Beatriz Rumbos, Leonardo Auernheimer., Endogenous Capital Utilization a Neoclassical Economic Growth Model, *Atlantic Economic Journal*, 2001, Vol. 29, No. 2, pp. 121 – 134.

[31] Calvo Guillermo A., Efficient and Optimal Utilization of Capital Services, *American Economic Review*, 1975, No. 65, pp. 181 – 186.

[32] Chatterjee S., Capital Utilization, Economic Growth and Convergence, *Journal of Economic Dynamics and Control*, 2005, Vol. 29, No. 12, pp. 2093 – 2124.

[33] Chow Gregory C., Capital Formation and Economic Growth in China, *Quarterly Journal of Economics*, 1993, Vol. 108, pp. 809 – 842.

[34] Chow Gregory C., Kui-Wai Li, China's Economic Growth: 1952—2010, *Economic Development and Cultural Change*, 2002, Vol. 51, pp. 247 – 286.

[35] Dalgaard C., Idle Capital and Long-run Productivity, *Contributions to Macroeconomics*, 2003, No. 3, pp. 1 – 42.

[36] Dominique Anxo, Gerhard Bosch, Derek Bosworth, Gilbert Cette, Thomas Sterner and Dominique Taddei, *Work Patterns and Capital Utilisation: An International Comparative Study*, Kluwer Academic Publishers, 1995.

[37] Greenwood J., Hercowitz Z., Huffman, G., Investment, Capacity Utilization, and the Real Business cycle, *American Economic Review*, 1988, No. 78, pp. 402 – 417.

[38] Gilchrist S, Saito M., Expectations, Asset Prices, and Monetary Policy: the Role of Learning, NBER Working Paper, No. 12442, 2006.

[39] Hsieh Chang-Tai, Klenow Peter J., Misallocation and Manufacturing TFP in China and India, *The Quarterly Journal of Economics*, 2009, Vol. CXXIV, Issue 4.

[40] Huang Yiping, Kunyu Tao, Causes of and Remedies for the People's Republic of China's External Imbalances: The Role of Factor Market Distortion, ADBI Working Paper Series, No. 279, 2011.

[41] Johnson, Paul, A. Capital Utilization and Investment, When Capital Depreciates in Use: Some Implication and Tests, *Journal of Macroeconomic*, 1994, Vol. 16, No. 2, pp. 243 – 259.

[42] Keynes, John, M., *The General Theory of Employment, Interest and Money*, 1st ed., London: Macmillan, 1936.

[43] Licandro O., Puch L. A., Ruiz-Tamarit J. R., Optimal Growth Under Endogenous Depreciation, Capital Utilization and Maintenance Costs, *Investigaciones Economicas*, 2001, Vol. 25, No. 3, pp. 543 – 559.

[44] Lucas R., Capacity, Overtime, and Empirical Production Function, *American Economic Review*, 1990, No. 60, pp. 23 – 27.

[45] Marshall Alfred., *Principles of Economics*, 1st ed., London: Macmillan. Review, 1922, Vol. 65, No. 1, pp. 181 – 186.

[46] Marc-Andre., Capital Utilization and Habit Formation in a Small Open Economy Model,

Canadian Journal of Economics, 2004, Vol. 37, No. 3.

[47] Orr J., The Average Workweek of Capital in Manufacturing, 1952 – 1984, *Journal of the American Statistical Association*, 1989, No. 84, pp. 88 – 94.

[48] P. Taubman, M. Wilkinson, User Cost, Capital Utilization, and Investment Theory, *International Economic Review*, 1970, Vol. 11, No. 2, pp. 209 – 215.

[49] Rumbos B., Auernheimer L., Endogenous Capital Utilization in a Neoclassical Growth Model, *Atlantic Economic Journal*, 2001, No. 29, pp. 121 – 134.

[50] Rober J. Barro, Xavier Sala-i-Martin, Convergence, *Journal of Political Economy*, 1992, Vol. 100, No. 2, pp. 223 – 251.

[51] Shapiro M., Capital Utilization and Capital Accumulation: Theory and Evidence, *Journal of Applied Econometrics*, 1986, No. 1, pp. 211 – 234.

[52] Smith K., Risk and the Optimal Utilization of Capital. *Review of Economic Studies*, 1970, No. 37, pp. 253 – 259.

地方政府债务置换及规模控制的宏观经济效应*

——基于 CQMM 的模拟分析

一、引言

自2009年起，我国地方政府债务规模急剧攀升。审计署的数据显示，2008年全国各级地方政府债务规模约为5.57万亿元，到2009年，快速提升到9.02万亿元，增速高达61.9%。2013年上半年，地方政府债务余额达到17.88万亿元，是2008年债务规模的3.21倍，远远高出同期财政收入和经济增长速度。

尽管目前已有大量的文献分析地方政府债务产生的原因（马金华，2011；类承曜，2011；葛鹤军和缑婷，2011；龚强等，2011；王叙果等，2012；缪小林和伏润民，2013），测算我国地方政府债务风险（伏润民等，2008；何杨和满燕云，2012；李腊生等，2013），分析如何化解地方政府债务危机（宋立，2004；于海峰和崔迪，2010；马海涛和马金华，2011；邓淑莲和彭军，2013），但是，对于控制地方政府债务规模、规范地方政府融资方式，进而优化地方政府债务结构的宏观经济影响，目前基本尚未得到研究。而在化解地方政府债务的政策实践中，这是一个值得重视的问题。它对于在尽快化解地方政府债务风险的同时保持宏观经济稳定，以及正确处理稳增长与调结构、转方式之间的关系具有重要意义。

本文借助于中国季度宏观经济模型（china's quarterly macroeconomic model，CQMM），通过人民币实际贷款加权利率这一中介指标，将地方政府债务指标

* 本文原载于《数量经济研究》2014年第5卷第2辑。共同作者：王燕武、卢盛荣。

间接引入宏观经济系统中，模拟由地方政府融资方式及融资规模变化带来的实际贷款加权利率变动对其他宏观经济变量的影响。我们考虑两种情景的历史模拟：一是假设在货币供给增速不变以及地方政府债务总规模不变的前提下，通过提高政府债券融资比重优化地方政府融资结构的宏观经济效应。这实际上是对以往文献（宋立，2004；马海涛和马金华，2011）提出的以债券化方式来化解地方政府债务危机的一个数值模拟。二是在第一种情景的基础上，加入新的政策变量，分析当地方政府的融资结构得以优化之后，货币投放的总量规模是否可以适当减少。

本文余下部分结构安排如下：第二部分为地方政府融资对市场利率的作用渠道；第三部分介绍 CQMM 基本框架及政策模拟应用；第四部分报告情景设计与模拟结果；第五部分是主要结论及政策含义。

二、地方政府融资对市场利率的作用渠道

地方政府债务规模的急剧扩大源于 2008 年国际金融危机爆发后，中央提出了 4 万亿元投资刺激计划。地方政府积极响应，申报了大量基础设施建设项目。不过，中央实际投入资金只有 1. 18 万亿元，其余均需地方解决。而地方政府财力有限。由于《中华人民共和国预算法》明确规定地方政府不得自行举债，因此，除了由财政部代地方政府发行债券这一渠道外，地方政府还在中央政府的鼓励下成立了大量的融资平台公司，同时以担保和承诺等手段，参与公司的增信活动，以实现承接各路资金（从起初的银行贷款、城投债到后来的信托、金融租赁、保险等）的目的，并将筹集的资金用于市政建设、公用事业等项目。

地方政府融资平台如雨后春笋般涌现出来后，尽管政府鼓励的融资渠道——城投债（包括企业债、中期票据、短期融资券等）的发行量大幅上升，但银行贷款增长更快，成为地方政府举债的最主要资金来源。2010 年以后，受监管层对融资平台贷款严格管控的影响，地方政府融资渠道发生转变，平台贷款余额在政府债务余额中占比略有下降，而包括城投债、信托、金融租赁、保险等在内的影子银行迅速成为地方政府借新债还旧债，进一步扩大投资规模的融资渠道（见图 1）。

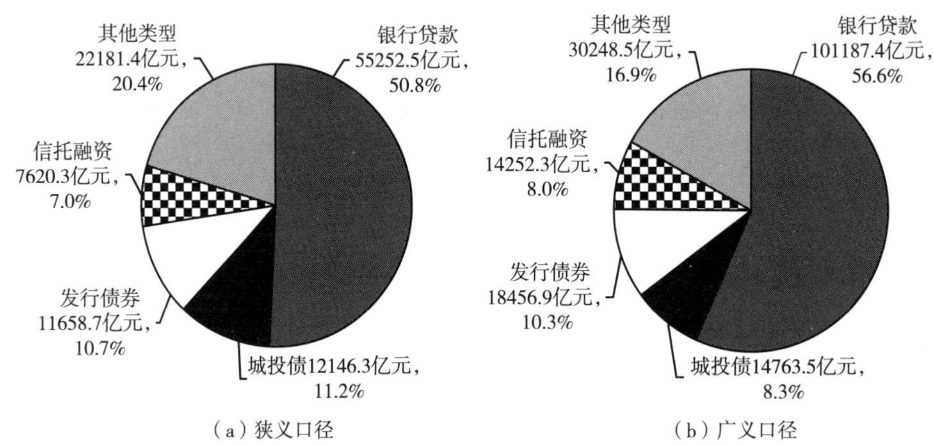

图1　地方政府债务结构（按资金来源）

注：①狭义口径为政府负有偿还责任债务；广义口径为政府负有偿还责任债务、政府负有担保责任债务以及政府可能承担一定救助责任债务。②其他类型包括应付未付款项，其他单位和个人借款，垫资施工、延期付款，证券、保险和其他金融机构融资，国债、外债等财政转贷，融资租赁、集资。③由于累积四舍五入误差，各资金来源所占百分比之和可能与100%略有出入。④统计时间截至2013年6月。

资料来源：根据审计署2013年第32号公告整理计算。

债务融资规模迅速上升以及信托、金融租赁等相对约束较少的融资占比提高对资金市场形成了不容忽视的冲击。

首先，以具有地方政府背景的平台公司、国有或国有控股企业为主的政府举债主体作为非独立市场主体，[①] 在运营目标行政化及软预算约束下，风险偏好失衡，其扭曲的融资行为加剧了资金市场上的不正当竞争，拉高了市场借贷利率水平，扭曲了资金成本。[②] 数据显示，地方政府通过城投债融资的债务年利率通常在15%左右，最高可达到20%；地方政府通过信托产品融资的资金成本一般为9%~11%，均远高于投资项目的正常回报率。

其次，地方政府急剧扩张的举债融资挤占了大量银行贷款资金。截至2013年6月底，地方政府通过银行贷款融资的广义债务约占同期人民币贷款余额的14.8%。在全社会贷款资金规模既定情况下，地方政府通过银行贷款大量融资，势必会挤占独立市场主体尤其是非国有中小微企业的银行贷款额度，提高它们的融资成本。事实上，自2009年以来，在地方政府债务余额快速增长的同时，反映市场资金紧缺情况的金融机构贷款利率执行上浮区间占比也急剧上

① 据审计署2013年12月30日发布的第32号公告，从举债主体看，具有地方政府背景的平台公司、国有或国有控股企业债务余额占政府负有偿还责任债务的比率为48%。

② 融资成本数据来自银率网。以一年期收益率作为比较基准，信托产品收益率取自银率网一年期信托产品预期收益率，考虑到中介机构正常收益水平，实际融资成本还将增加1~2个百分点。

升（见图2）。2009～2012年，金融机构贷款利率执行上浮区间年均占比分别为38.1%、41.6%、61.0%、66.4%。同时，市场对资金的需求始终保持旺盛增长态势，2013年，社会融资总规模达17.29万亿元，比2009年增长了24.3%。此外，在独立市场主体可获得的全社会贷款资金规模不变情况下，地方政府非规范、超规模举债融资势必会迫使银行金融体系增加社会贷款融资总规模，形成通货膨胀压力。

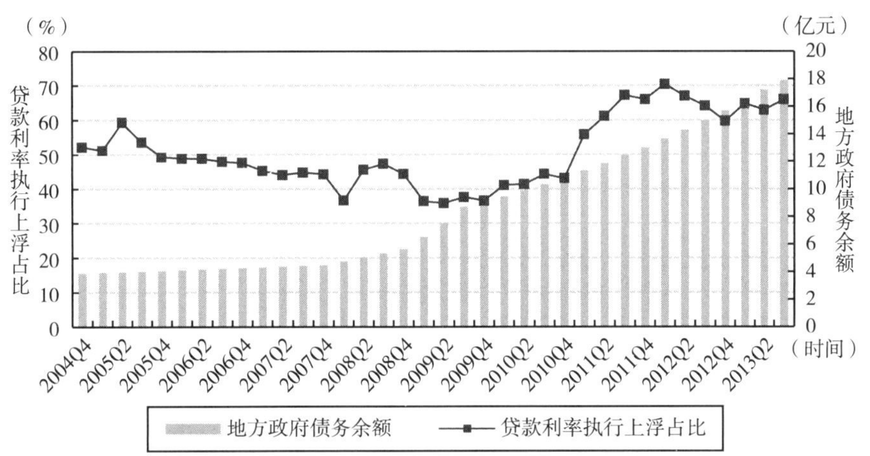

图2　地方政府债务余额与贷款利率执行上浮占比

注：Q表示季度。

资料来源：根据审计署公告、历年《货币政策执行报告》计算整理。

因此，地方政府债务融资可以通过两个渠道作用于市场利率：一是价格渠道。以政府信用背书，甚至不计成本融资的行为在吸纳资金的同时，抬升了资金市场的利率水平。二是资源倾斜渠道。迅速膨胀的地方政府融资规模在一定程度上挤占了银行可贷资金，在贷款额度既定前提下，这必然会减少提供给中小企业的贷款，迫使企业不得不以较高的融资成本争取资金，甚至转向利率水平更高的民间信贷市场。

三、CQMM基本框架及政策模拟应用

我们的政策模拟利用了厦门大学宏观经济研究中心研制的CQMM。CQMM是一个需求导向的中小型季度宏观经济模型，2005年开始研制，2006年起，每年进行两次定期宏观经济预测与政策模拟，期间根据中国宏观经济的运行特征，进行了多次改造。从结构上看，CQMM主要由四个基础模块组成，即国内

需求模块、进出口模块、政策反应模块和价格模块。连接四个基础模块的是两条主线：一是外部经济波动影响国内经济的传导渠道；二是内部政策效应的传导渠道。

CQMM 基本框架如图 3 所示。

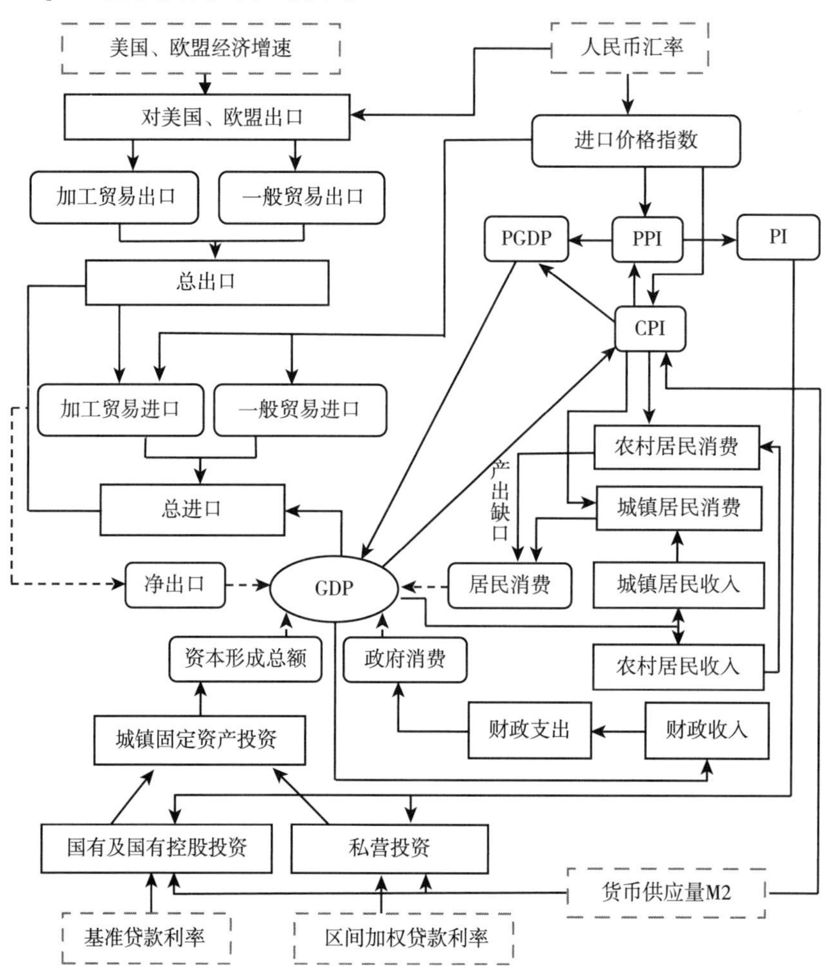

图 3　CQMM 基本框架

注：①虚线的箭头表示变量之间并非方程回归关系，而是等式处理。②虚线方框表示该变量是外生变量。③PGDP 表示 GDP 平减指数；PPI 表示生产者价格指数；CPI 表示消费者价格指数；PI 表示固定资产投资价格指数。

CQMM 的一大特色是可以进行政策模拟。无论是模型中的外生变量还是内生变量，都可以进行相应的历史模拟和假设模拟。在政策模拟中，一般会先提供一个基于历史数据的预测基准值（baseline），用来判断所构建联立方程的模拟结果与现实数据的偏差大小；然后，在控制适当历史模拟误差的前提下，设定不同情景（scenario）的外生变量或内生变量假设，并将之与预测基准值进行比较，以分析政策变量变化引起的宏观经济效应。本文的政策模拟应用主要是针对区间贷款利率和广义货币供应量（M2）进行的。我们考虑了两种情景的假设模拟。

四、情景设计与模拟结果

（一）情景设计

基于地方政府债务对利率的作用机制，假设通过债务置换，降低银行贷款融资以及融资成本相对高的城投债和信托融资占比，优化政府融资结构，以降低资金市场的实际贷款利率水平，继而降低中小企业的融资成本，促进企业投资，改善投资效率。这一传递机制在 CQMM 中主要是通过外生变量——区间贷款加权利率的下降来体现的。换言之，我们假设，政府融资结构的优化并不会对国有及国有控股企业投资产生明显影响，但明显有利于私营企业投资。政府债务置换产生的逆向价格效应，使私营企业有可能在市场上以较低成本获得所需资金。进一步地，如果在优化政府融资结构的同时，控制政府融资规模，那么，不仅会对私营企业投资产生逆向价格效应，而且也会对所有类型投资产生逆向资源倾斜效应，亦即市场资金会更多地流向企业，而非政府融资平台，其负面影响是，政府融资需求下降可能会降低市场资金需求，抑制资金供给，从而在总量上限制可供企业融资的资金空间。在模型的实践中，我们将通过降低一定比例的另一个外生变量——M2 来衡量控制地方政府债务规模的数量效应。具体设计如下。

情景一：提高政府债券融资比重、优化地方政府融资结构。

假设在地方政府债务规模不变的前提下，由于降低了地方政府的银行贷款融资以及成本相对较高的城投债和信托融资比重，在信贷市场上向企业释放出更多的信贷资金，改变了信贷市场上的资金供给与需求力量对比，使得 2010 ~ 2012 年，商业银行每年平均贷款区间上浮比例因此回到了 2007 ~ 2009 年的平均水平（41.54%），对应各年的利率上浮比例将分别下降 0.90 个百分点、21.01 个百分点和 23.78 个百分点。假设每季度的数值是等量缩减的，那么可以得到 2010 ~ 2012 年模拟的每个季度上浮比例。进一步地，将模拟的每个季度上浮比例，按照原有区间贷款占比的权重，估算出新的区间贷款加权利率。经过调整后，2010 ~ 2012 年新的区间贷款加权利率（年度均值）将由原来的 6.26%、7.60% 和 7.41%，下降为 6.24%、7.16% 和 6.97%，降幅分别为 0.02

个百分点、0.44 个百分点和 0.44 个百分点。新的区间贷款加权利率与基准利率之差将维持平稳，不再呈现持续上升的趋势（见图 4）。

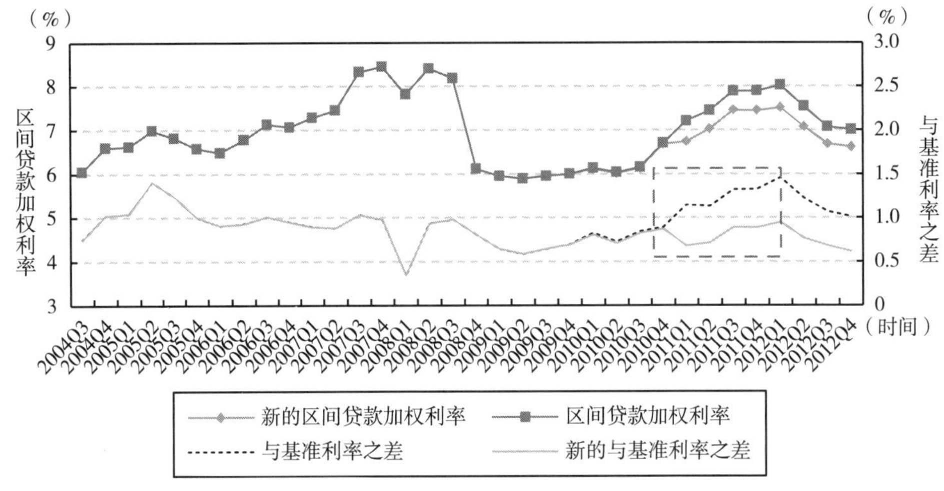

图 4　区间贷款加权利率的实际和模拟序列对比

注：Q 表示季度。

情景二：提高政府债券融资比重，同时适度控制地方政府债务规模。

在情景一假设的基础上，同时考虑适当控制地方政府债务规模。为了实现上述模拟情况，先要假设控制地方政府债务规模所导致的 M2 增速下降的幅度。数据显示，自 2003 年以来，M2 维持较高增速，特别是 2009 年，M2 增长率高达 28.4%。由图 4 虚线部分可知，尽管 2010～2012 年 M2 增速出现下降，但是仍然分别维持在 18.9%、17.3% 和 14.4% 的高增长水平①。现假定在 2010 年开始提高地方政府债券融资占比，同时控制地方政府债务余额的增长，使其年增长率降至原有实际增长率的一半，则 2010～2012 年地方政府累计债务余额将分别减少 0.86 万亿元、2.17 万亿元和 3.91 万亿元。如果减少地方政府性负债可以等量降低 M2，则 2010～2012 年 M2 将分别减少至 0.86 万亿元、1.31 万亿元和 0.74 万亿元。

（二）政策模拟结果

1. 预测基准值与实际值的偏离

利用 CQMM，本文对 2010～2012 年中国宏观经济的一些重要指标进行历

① 中国人民银行在 2011 年 10 月改变了 M2 的统计口径。

史模拟。因模型涉及的变量较多①，为简约起见，本文仅根据分析需要，给出所模拟的部分指标（见表1）。可以发现，除个别指标、个别时期的预测误差较大之外，多数指标的预测基准值与实际值（actual）之间的相对预测误差都在5%以内，误差值相对较小。

表1　　　　主要宏观经济指标的模拟变化情况

指标名称		GDP增长率	城镇固定资产投资增速	社会消费品零售总额	居民消费增长率	私营投资占比	居民消费占比	固定资本形成总额占比	净出口占比
2010年	实际值（%）	10.42	24.41	19.10	8.14	20.69	36.93	44.05	3.83
	基准值（%）	10.55	28.51	18.32	8.95	21.27	37.16	44.06	3.72
	情景一模拟值（%）	10.56	28.53	18.33	8.96	21.28	37.16	44.06	3.72
	情景二模拟值（%）	10.53	28.37	18.31	8.97	21.30	37.18	44.04	3.72
	基准与实际偏离值（%）	0.13	4.10	-0.78	0.81	0.58	0.23	0.01	-0.11
	相对预测误差	0.012	0.168	0.041	0.100	0.028	0.006	0.000	0.029
	模拟一与基准偏离值（%）	0.01	0.02	0.01	0.01	0.01	0.00	0.00	0.00
	模拟二与基准偏离值（%）	-0.02	-0.14	-0.01	0.02	0.03	0.02	-0.02	0.00
2011年	实际值（%）	9.35	25.72	17.05	10.39	23.75	37.28	44.23	3.14
	基准值（%）	9.38	21.60	17.51	10.20	24.10	37.44	44.31	2.96
	情景一模拟值（%）	9.49	21.91	17.61	10.33	24.28	37.45	44.33	2.95
	情景二模拟值（%）	9.41	21.16	17.58	10.48	24.43	37.54	44.21	2.96
	基准与实际偏离值（%）	0.03	-4.12	0.46	-0.19	0.35	0.16	0.08	-0.18
	相对预测误差	0.003	0.160	0.027	0.018	0.015	0.004	0.002	0.057
	模拟一与基准偏离值（%）	0.11	0.31	0.10	0.13	0.18	0.01	0.02	-0.01
	模拟二与基准偏离值（%）	0.03	-0.44	0.07	0.28	0.33	0.10	-0.10	0.00
2012年	实际值（%）	7.74	20.71	14.14	7.94	25.40	37.35	44.43	2.61
	基准值（%）	7.90	19.84	15.44	6.43	25.95	36.93	44.83	2.45
	情景一模拟值（%）	8.32	20.81	16.08	7.01	26.51	37.00	44.90	2.40
	情景二模拟值（%）	8.24	19.87	16.09	7.22	26.84	37.19	44.65	2.41
	基准与实际偏离值（%）	0.16	0.87	1.30	-1.51	0.55	-0.42	0.40	-0.16
	相对预测误差	0.021	0.042	0.092	0.190	0.022	0.011	0.009	0.061
	模拟一与基准偏离值（%）	0.42	0.97	0.64	0.58	0.56	0.07	0.07	-0.05
	模拟二与基准偏离值（%）	0.34	0.03	0.65	0.79	0.89	0.26	-0.18	-0.04

① 如有需要，图3中所涉及的变量模拟数据均可向作者索取。

2. 情景模拟与基准值的偏离

与基准值对比，情景模拟反映的是政策变量变化带来的影响。本文考虑两种情景的模拟：一是提高政府债券融资比例，优化政府融资结构，进而降低实际贷款利率；二是在情景一假设的基础上，进一步分析适当控制地方政府债务规模的宏观经济效应。模拟结果如表 1 所示，从中可以得出以下判断。

首先，在情景一的假设下，GDP 增速略有增长。2010 ~ 2012 年，相比于基准值，情景一模拟的 GDP 增长率可分别提高 0.01 个百分点、0.11 个百分点和 0.42 个百分点。因此，通过控制地方政府的银行融资债务比例，抑制融资成本的上升，有利于稳定 GDP 增速。在此基础上，如果进一步控制地方政府债务规模，导致货币供给下降，则 GDP 增速将出现先降后升的情况。情景二的模拟值显示，2010 年 GDP 增速较基准值下降 0.02 个百分点，此后，2011 年和 2012 年则分别提高 0.03 个百分点和 0.34 个百分点。这表明在融资成本下降的情况下，减少货币供应量，尽管短期内会使经济增长下滑，但长期来看还是有利于经济增长。

其次，从增长动力来看，导致 GDP 增速如此变化的关键因素是城镇固定资产投资和居民消费的增速变化。其中，城镇固定资产投资方面，在情景一中，2010 ~ 2012 年分别比基准值稳步提高 0.02 个百分点、0.31 个百分点和 0.97 个百分点；在情景二中，前两年分别下降 0.14 个百分点、0.44 个百分点，第三年提高了 0.03 个百分点，变化趋势与经济增速保持一致。居民消费方面，在情景一中，2010 ~ 2012 年，按可比价计算的居民消费增长率比基准值分别提高了 0.01 个百分点、0.13 个百分点和 0.58 个百分点；在情景二中，由于货币供应量减少，价格水平下降，可比价居民消费的增长速度明显加快，2010 ~ 2012 年，居民消费增长率比基准值分别提高了 0.02 个百分点、0.28 个百分点和 0.79 个百分点。

再次，拉动城镇固定资产投资增速的主导力量是私营投资，而私营投资增速加快则得益于融资成本降低和融资空间扩大。在情景一中，2010 ~ 2012 年，私营投资占总投资的比重分别提高 0.01 个百分点、0.18 个百分点和 0.56 个百分点；而在情景二中，私营投资占比的增加幅度更是提高 0.03 个百分点、0.33 个百分点和 0.89 个百分点。可见，无论是优化政府融资结构、降低市场融资成本，还是控制地方政府融资规模，都可以通过逆向价格和资源倾斜效应，提高资金使用效率，优化资源配置，促进私营投资的上升。

最后，总需求结构方面，情景一的总需求结构并未发生有效改变，甚至由于私营投资的上升，固定资本形成总额占比还略微提高了；情景二的总需求结构则出现改善，居民消费占比出现上升，并且上升幅度逐渐加大，固定资本形成总额占比则逐渐下降。情景二中，2010～2012年，居民消费占比分别较基准值提高0.02个百分点、0.10个百分点和0.26个百分点；固定资本形成总额占比则分别较基准值下降0.02个百分点、0.10个百分点和0.18个百分点，降幅持续扩大；净出口占比在2010年、2011年基本维持不变，2012年则小幅下降0.04个百分点。整体上，经济结构失衡的局面得到一定程度的改善。

因此，提高地方政府的债券融资占比，抑制融资成本上升，不仅可以稳定GDP增长，还能够促进私人投资增加，扩大居民消费；同时，其对降低净出口比重，缩小贸易顺差也有一定积极作用。在此基础上，进一步控制地方政府债务总规模，降低货币供给，提高资金配置效率，不仅可以促进私人投资增长，维持同等的GDP增长率，而且还能够控制物价水平，增加居民消费，促进总需求结构改善。

五、主要结论及政策含义

利用CQMM进行的政策模拟显示，2010～2012年，如果提高地方政府的债券融资占比，抑制融资成本上升，使一年期实际贷款加权利率下降0.02个百分点、0.44个百分点和0.44个百分点，城镇固定资产投资增速将比基准值提高0.02个百分点、0.31个百分点和0.97个百分点，居民消费增速将比基准值提高0.01个百分点、0.13个百分点和0.58个百分点，由此GDP增速将比基准值分别提高0.01个百分点、0.11个百分点和0.42个百分点。如果进一步适当控制地方政府债务规模，将债务余额的实际年增长率降低一半，即将2010～2012年地方政府累计债务余额分别减少0.86万亿元、2.17万亿元和3.91万亿元，那么，虽然短期内经济增长会出现些微下滑，2010年GDP增速将较基准值小幅下降0.02个百分点，但是一年之后，经济增长即回升。2011年、2012年分别将比基准值提高0.03个百分点和0.34个百分点。并且由于物价水平下降，居民消费增速将加快，总需求结构会得到一定程度改善。这就意味着，控制地方政府债务规模，优化政府融资结构，通过逆向的价格效应和资源倾斜效应，将优化资金配置，促进私营投资增加，从而提高资金使用效率，增加居民收入水平，降低物价水平，推动居民消费进而推动整体经济的稳定增长。

控制地方政府债务规模，优化政府融资结构对于化解地方政府债务风险的重要意义，已经为社会各界所认识，近年来地方政府债务的增长速度，也使得控制地方政府债务规模、优化政府融资结构在政策上亟待实施。然而，控制地方政府债务规模、优化政府融资结构，更为重要的深层次政策意义是明确政府与市场的边界，控制政府实际占有、支配资源占 GDP 的比例，让市场机制在资源配置中真正起决定性作用。

政府实际支配的资源占 GDP 的比例是市场经济中处理好政府与市场关系的关键比例之一。在经历了长达 15 年的财政收入增速大幅超过经济增速之后①，中国政府实际控制的资源流量占 GDP 的比重已经过高。我们的计算结果证明，如果将各级政府每年新增债务余额进一步计算在内，自 2011 年以来中国政府实际可支配财力资源占 GDP 的比重已超过一半（见表 2）。

表 2　2008～2012 年中国政府实际收入与支配的财力资源

项目	2008 年	2009 年	2010 年	2011 年	2012 年
名义 GDP（万亿元）	31.40	34.09	40.15	47.31	51.89
政府收入/GDP（%）	29.99	31.40	35.69	36.31	35.64
广义政府收入/GDP（%）	34.24	35.98	40.64	41.07	39.87
政府实际支配的财力资源/GDP（1）（%）	37.61	46.10	44.88	46.22	45.63
政府实际支配的财力资源/GDP（2）（%）	39.00	49.50	43.10	50.70	50.90

注：政府收入＝公共财政收入＋政府性基金收入＋国有资本经营预算收入＋社会保险基金收入（限于已公布数据的详细程度，这里没有扣除公共财政对社会保险基金的补贴）；广义政府收入＝政府收入＋国有企业利润；政府实际支配的财力资源/GDP（1）＝(广义政府收入＋地方政府性债务余额增量)/GDP；政府实际支配的财力资源/GDP（2）＝(广义政府收入＋全国政府性债务余额增量)/GDP。

因此，控制地方政府债务规模、优化政府融资结构不仅是防范、化解地方政府债务风险的重要政策措施，而且是明确政府与市场边界，让市场机制在资源配置中真正起决定性作用的关键。要实现党的十八届三中全会关于全面深化改革决定的要求，让市场机制在资源配置中真正地起决定性作用，必须减少政府对资源的直接配置，推动资源配置依据市场规则、市场价格、市场竞争实现效益最大化和效率最优化。我们认为，控制地方政府债务规模、优化政府融资结构，实现政府融资的规范化、法治化和程序化，正是减少政府对资源的直接配置，明确政府与市场边界的极为重要的一步。

参考文献

[1] CQMM 课题组：《2010－2011 年中国季度宏观经济再展望》，载《厦门大学学报

① 1997～2012 年，我国财政收入实际增速年均超过同期 GDP 实际增速 5.5 个百分点。

(哲学社会科学版)》2012 年第 6 期，第 5～12 页。

［2］邓淑莲、彭军：《地方政府债务风险控制的国际经验及其实践》，载《财政研究》2013 年第 2 期，第 71～74 页。

［3］伏润民、王卫昆、缪小林：《我国地方政府债务风险与可持续规模探讨》，载《财贸经济》2008 年第 10 期，第 82～87 页。

［4］葛鹤军、缑婷：《中国地方政府融资平台信用风险研究》，载《经济学动态》2011 年第 1 期，第 77～80 页。

［5］龚强、王俊、贾珅：《财政分权视角下地方政府债务研究：一个综述》，载《经济研究》2011 年第 7 期，第 144～156 页。

［6］何杨、满燕云：《地方政府债务融资的风险控制——基于土地财政视角的分析》，载《财贸经济》2012 年第 5 期，第 45～50 页。

［7］类承曜：《我国地方政府债务增长的原因：制度性解释框架》，载《经济研究参考》2011 年第 38 期，第 23～32 页。

［8］李腊生、耿晓媛、郑杰：《我国地方政府债务风险评价》，载《统计研究》2013 年第 10 期，第 30～39 页。

［9］李文溥、龚敏等：《论要素比价、劳动报酬与居民消费》，人民出版社 2013 年版。

［10］李文溥：《中国宏观经济预测与分析——2014》，经济科学出版社 2013 年版。

［11］马海涛、马金华：《解决我国地方政府债务的思路》，载《当代财经》2011 年第 7 期，第 43～49 页。

［12］马金华：《地方政府债务：现状、原因与对策》，载《中国行政管理》2011 年第 4 期，第 90～94 页。

［13］缪小林、伏润民：《地方政府债务风险的内涵与生成：一个文献综述及权责时空分离下的思考》，载《经济学家》2013 年第 8 期，第 90～101 页。

［14］宋立：《市政收益债券：解决地方政府债务问题的重要途径》，载《管理世界》2004 年第 2 期，第 27～34 页。

［15］王叙果、张广婷、沈红波：《财政分权、晋升激励与预算软约束：地方政府过度负债的一个分析框架》，载《财政研究》2012 年第 3 期，第 10～15 页。

［16］于海峰、崔迪：《防范和化解地方政府债务风险问题研究》，载《财政研究》2010 年第 6 期，第 56～59 页。

［17］Fair R C., *Estimating How the Macroeconomy Works*. Boston: Harvard University Press, 2004.

［18］Hall S, Mizon G E, Welfe A., Modelling Economies in Transition: an Introduction, *Economic Modelling*, 2000, No. 17, pp. 339－357.

［19］Kydland F E, Prescott E C., The Computational Experiment: an Econometric Tool, *Journal of Economic Perspectives*, 1996, Vol. 10, pp. 69－86.

控制地方债规模、充分发挥市场的资源配置功能*

2013 年中国经济增长 7.7%，居民消费价格指数（CPI）上涨 2.6%，生产者价格指数（PPI）下降 1.9%。虽然经济增速与 2012 年持平，但是，制造业投资以及工业增加值增长持续减速，公共财政收支增速大幅下滑，其中公共财政实际收入增速自 1997 年以来首次低于经济增速；欧美经济复苏进程缓慢、人民币持续升值以及国内工资水平的不断上升，导致中国对外贸易增长乏力；城乡居民实际收入增速明显放缓，加之政府限制“三公”经费支出等措施，最终消费对经济增长的贡献率进一步降低。由于经济结构尚未得到有效调整，新的经济增长机制尚未形成，每当经济增长面临较大的下行压力时，启动政府主导的投资就成为稳定增长的无奈选择。然而，全球金融危机爆发以来，尽管社会融资规模持续快速膨胀，但是经济增速都在持续下滑，每个百分点的经济增长所需的社会融资规模在不断扩大，这预示着既有经济体制的增长潜力正在不断衰减。

2014 年，预计外围市场将持续复苏。然而，国内产能过剩问题恐将继续抑制实体经济的投资增长，地方政府偿债压力的加大也将制约政府投资的扩张；同时，全面深化改革计划的启动所带来的新旧机制转换可能在一定程度上影响经济增长的稳定性。基于中国季度宏观经济模型（CQMM）的预测结果表明：2014 年，中国 GDP 增速将继续下行，略降至 7.62%，比 2013 年下降 0.08 个百分点；2015 年，经济增长率有望回升至 7.79%。预计 2014 年全年的经济走势为：第一季度经济增长率将下降至 7.46%；之后，出口增速的反弹回升以及稳定增长的政策效应释放，第二季度经济增速有可能回升至全年最高的 7.76%；随后经济增速将缓慢下降至第四季度的 7.70%。

---

* 本文原载于香港《经济导报》2014 年第 4 期。共同作者：龚敏、卢盛荣、王燕武。

2014年中国的通货膨胀水平有望维持基本稳定。CPI将上涨2.82%，比上年提高0.20个百分点；到2015年，预计CPI将略升至2.92%。生产者价格指数（PPI）在未来两年仍将继续维持下降态势，但降幅有望逐渐收窄。2014年PPI预计为-0.88%，2015年预计可能进一步收窄至-0.55%。

2014年以美元、按现价计算的出口总额预计增长9.66%，比上年提高1.57个百分点；进口总额增速可能上升至8.28%，比上年提高1.06个百分点；贸易顺差将进一步收窄。受控制地方政府债务风险的影响，按现价计算的城镇固定资产投资增速预计为18.42%，比上年回落1.30个百分点。按现价计算的社会消费品零售总额将增长13.56%，比上年提高0.4个百分点。

2013年，尽管快速上升的政府公共投资在一定程度上抵消了制造业和房地产业投资增速的下滑，保证了全社会固定资产投资的稳定增长，但是，不断增长的地方政府债务规模却加大了违约风险，并威胁到金融体系的稳定。

第一，地方政府债务规模膨胀过快。审计署2013年12月30日发布的审计公告显示，1997年至2013年6月底，地方政府债务余额（广义口径）从1.81万亿元增加到17.88万亿元，年均递增15.92%。2010~2013年6月底，省、市、县三级政府负有偿还责任的债务余额年均增长19.97%。其中，省、市、县级债务余额年均增长率分别为14.41%、17.36%、26.59%，远远超过同期的经济增长率及同级地方政府财政收入增长率。

第二，有地方政府背景的平台公司、国有或国有控股企业为主的政府举债主体作为非独立市场主体，在运营目标行政化及软预算约束下，容易导致风险偏好失衡，进一步加剧了资金市场上的不正当竞争，拉高了市场借贷利率水平，扭曲了资金成本。

第三，地方政府的举债融资挤占了银行贷款资金。在全社会贷款资金规模既定的情况下，地方政府通过银行贷款大量融资，势必挤占独立市场主体尤其是非国有中小微企业的银行贷款额度，提高独立市场主体尤其是非国有中小微企业的融资成本；在独立市场主体可获得的全社会贷款资金规模不变的情况下，地方政府的非规范、超规模举债融资势必迫使银行金融体系增加社会贷款融资总规模，形成通货膨胀压力，或者二者兼具。

因此，能否有效控制地方政府性债务规模，优化其融资结构，降低地方政府债务违约风险，成为下一阶段全面深化改革尤其是财政金融体制改革的关键所在。

在《中国宏观经济预测与分析——2012年秋季报告》中，已经注意到急剧膨胀的地方政府债务对中国经济稳定增长尤其是长期发展的影响。出于对地方政府债务风险的担忧，课题组在2012年上半年经济增速“破八”并继续下滑之时，强调“稳增长必须防止过度投资刺激”，认为不宜再次启动大规模投资刺激计划。之后，课题组在2013年的春季报告、秋季报告的政策模拟及政策建议部分讨论了当经济进入7%~8%的次高速增长阶段之后的财政收入变动趋势问题。过快的政府收入增速不利于社会主义市场经济的健康发展。应当明确政府与市场边界，适当控制政府收入占GDP的比重，为此，政府应当控制预算规模，建立长期过紧日子的理财方针。适度降低政府收入占GDP的比重，规范政府获取收入的方式，有利于调整经济结构，提高经济活力和资源利用效率。在本次预测中，课题组沿着这一思路，选择了提高地方政府债券融资占比的宏观经济效应问题进行政策模拟。

本次政策模拟针对规范地方政府债券融资方式、调整地方政府债务融资结构，控制地方政府债务总规模而展开。政策模拟设计了两个场景：一是假设在货币供给增速不变以及地方政府债务总规模不变的前提下，通过提高政府债券融资比重，进而优化地方政府融资结构的宏观经济效应；二是在情景一的基础上，加入新的政策变量，分析适度控制地方政府债务总规模，同时提高债券融资占比的宏观经济效应。

课题组认为，对于地方政府债务风险，首先需要进行控制债务规模；其次调整债务结构；最后建立地方政府举债融资管理的法律法规。根据现有的地方政府债务期限结构分析，2014~2016年，中国地方政府债务将进入偿债高峰期。因此，当前，首先需要通过债务置换，提高地方政府的债券融资占比（具体包括委托财政部为地方政府发行的债券、城投债，以及在严格审查基础上允许地方政府自主发行的市政债等），降低地方政府债务中银行贷款融资及BT（建设—移交）和信托融资占比，约束地方政府举债融资的非规范性与任意性。在此基础上，控制地方政府举债融资的规模，杜绝寅吃卯粮，透支未来财政资源追求本届任期政绩及利益的机会主义行为。

政策模拟结果显示，对地方政府举债融资的方式进行适度的规范，提高地方政府的债券融资占比，改善资金市场上的供需力量对比，抑制融资成本的上升，有利于稳定GDP增长，促进私人投资增加，扩大居民消费；同时，对扩大进口，缩小贸易顺差也有一定的积极作用。在此基础上进一步压缩地方政府的举债规模，其宏观经济效果更为明显。

如果通过规范地方政府举债融资的方式是化解地方政府债务风险的第一步，那么，在此基础上，限制地方政府的举债规模，则需要建立各级政府的跨年度预算平衡机制、权责发生制的政府综合财务报告制度，建立规范合理的中央和地方政府债务管理及风险预警机制。更重要的是，按照《中共中央关于全面深化改革若干重大问题的决定》（以下简称《决定》）的要求，着力建设法治政府和服务型政府，纠正单纯以经济增长速度评定政绩的偏向，形成地方政府以公共服务、市场监管、社会管理、环境保护为主要职责的体制约束机制与财力保障机制。

基于上述分析，本文提出：

第一，建立实现未来发展阶段经济稳定发展的机制，关键在于矫正要素比价扭曲，要素比价扭曲是政府主导型市场经济条件下粗放型经济发展方式的微观基础。只有矫正要素比价扭曲，才能让市场机制在资源配置中真正地起决定性作用。

第二，矫正要素比价扭曲，让市场机制在资源配置中真正地起决定性作用，首先必须减少政府对资源的直接配置，推动资源配置依据市场规则、市场价格、市场竞争实现效益最大化和效率最优化。

第三，控制地方政府债务规模，规范地方政府举债行为，不仅是防范地方政府债务风险的重要措施，更是界定政府与市场边界，减少政府对资源的直接配置，让市场在资源配置中起决定性作用的必要前提。政府收入占GDP的比例是市场经济条件下处理好政府与市场关系的关键比例之一。政府利用税收、非税收入以及举债融资等各种方式从国民收入中汲取多大的份额，以何种方式获取资源，以及如何使用这些资源，反映了特定经济体中政府与社会、与市场的关系。因此，必须控制政府收入占GDP的比重，规范政府获取资源的方式，审议并监督政府收入的使用去向。如果对政府收入占GDP的比重，获取资源的方式，政府收入的使用去向没有任何限制，也就没有市场经济。

第四，利率市场化是矫正要素比价扭曲最重要的举措之一。要素比价扭曲是政府主导型市场经济条件下粗放型经济发展方式的微观基础。然而，近年来，无论是劳动力市场、土地市场，还是资源环境市场及资金市场上发生的种种变化都说明：要素比价扭曲作为粗放型经济发展方式的微观基础已经难以继续维持。必须尽快实行存贷款的利率市场化。然而，利率市场化应当以政府的举债融资行为得到有效控制为前提。如果政府以及以有政府背景的非独立市场主体不受限制地与独立市场主体竞争资金的使用权，利率自由化的结果将是利率的非市场决定，是资源价格的进一步扭曲，资源的进一步错误配置，融资成本的进一步上升。只有切实划分政府与市场的边界，限制政府的任意举债融资，方能为利率市场化，提高资金利用效率，降低融资成本创造必要前提。

第五，金融市场的结构合理化。利率市场化不仅要以限制政府的非规范、超规模举债融资为前提，而且还必须以竞争性的金融市场结构为依托。金融市场的开放与竞争性市场结构重组应当同时进行，以打破垄断，促进有效竞争，实现金融资源的有效配置，提高资金利用效率，降低融资成本，增加居民收入。

第六，尽快进行税收制度改革，完善地方税体系，逐步提高直接税比重。《决定》指出，加强中央政府宏观调控职责和能力、加强地方政府公共服务、市场监管、社会管理、环境保护等职责。中国各级政府都以生产税为主要财政收入来源，服务于不同的政府管理的需要，必须尽快地进行税收制度改革，完善地方税体系，逐步提高直接税比重。建立以房地产税、消费税和个人所得税比例分享为主的地方税体系，通过建立新的地方政府财力保障机制，促进地方政府的行为机制转型。税制改革，不仅有利于转变地方政府的行为机制，而且有利于大中小城市的合理布局和协调发展。

第七，实行负面清单管理，开放更多的投资领域。在当前制造业生产能力严重过剩情况下，必须通过政府实行负面清单管理，开放更多的投资领域，方能促进民营投资，形成新的经济增长基础。

第八，打破行政管制及国有垄断，发展服务业。服务业将是实行负面清单管理，开放更多投资领域的重点领域之一。中国的服务业发展严重滞后。2011年，中国服务业的比重仅为43.35%，同期相同人均收入组国家的服务业占比是55.63%，低收入国家组的服务业占比是49.82%。与制造业严重的生产能力过剩相反，中国的服务业尤其是关系民生基本需求的服务业存在着严重的有效供给能力不足。服务业发展滞后，关系民生基本需求的服务业有效供给能力严重不足的根源在于服务业的市场化进程缓慢。我国服务业、公用事业的民营投资占比普遍低于50%，国有企业处于事实上的垄断地位，其中，交通运输、医疗、教育、文娱、电信、金融、公用事业等行业国企投资占比均超过2/3。从就业比重上看，2012年，制造业中非国有就业占94.42%，服务业中非国有就业占74.07%（扣除了基本上是国有就业的公共管理、社会保障和社会组织部门），服务业中的国有就业比重大大高于国民经济的其他部门。国际经验表明，进入中等收入经济体之后，服务业将进入加快发展阶段，从日本、韩国转型的经验来看，从高速增长期步入中速增长期后，所有新增就业均来源于服务业。加快服务业领域的管理体制改革，开放服务业投资领域，有助于促进民营投资、加快服务业尤其是满足民生基本需求的服务业的发展；有助于扩大居民消费，形成新经济增长点，对于实现中国在次高经济增长阶段的稳定增长具有重要意义。

适度减缓财政收入增速的宏观经济效果分析*

——基于中国季度宏观经济模型（CQMM）的政策模拟

一、问题的提出

最终消费尤其是居民消费占比（居民消费/GDP）持续下降是中国近十年来国民经济结构失衡最重要的表现。尽管过去两年来一系列的结构性减税和刺激消费需求的政策在一定程度上促进了居民消费的平稳增长，但是，投资比重过高、最终消费比重偏低的总需求结构尚未实现根本性改变。2012 年最终消费对经济增长的贡献率不升反降，较 2011 年下降了 3.8 个百分点。这说明，扭转多年累积形成的国民经济结构失衡绝非短期就能大见成效。

分配决定支出。调整国民收入分配结构是改变目前国民收入支出结构失衡的根本措施。本文认为，当前国民收入分配结构中有两个重要的比例关系值得关注。一是财政收入占 GDP 的比重。自 2000 年以来，中国财政收入增长速度持续高于经济增长速度，预算内财政收入从 2000 年的 1.34 万亿元增长到 2012 年的 11.72 万亿元，增长了 7.75 倍，年均名义增速高达 19.8%，高出同期 GDP 增速约 9.8 个百分点。剔除了物价因素后，2000 ~ 2012 年，中国财政收入的年均实际增长速度约为 15.0%，平均高出同期 GDP 增速约 5.0 个百分点。长期的财政收入超经济增速增长，使其占 GDP 的比重迅速上升。2000 年，财

---

* 本文原载于刘树成、张连城、张平主编：《中国经济增长与经济周期（2013）》，中国经济出版社 2013 年版，第 104 ~ 126 页。共同作者：王燕武、龚敏。

政收入占 GDP 比重约为 13.5%；到 2012 年，该比重上升到 22.6%，年均增长约 0.75 个百分点。财政收入比重的上升直接抑制了居民收入占比的提高，导致宏观收入分配结构失衡，居民消费增长难以成为推动经济增长的主动力。二是居民内部不同收入组别之间的收入分配比例。国家统计局公布的数据显示，尽管近几年基尼系数有所回落，但 2012 年仍然高达 0.474。较大的居民收入内部差距不利于社会稳定和经济的可持续健康发展。国务院 2013 年 2 月 3 日批转的《关于深化收入分配制度改革的若干意见》指出，扶贫对象大幅减少，中等收入群体持续扩大，“橄榄型”分配结构逐步形成，将是中国深化收入分配制度改革的一项主要目标。基于对上述问题的认识，本文认为：适当控制财政收入增长速度，与经济增长保持适当比例，同时提高居民收入水平尤其是中低收入阶层的收入，是调整现有国民经济结构失衡、改善城乡居民内部收入差距、进而转变经济发展方式的重要政策切入点。

近年来，关于控制财政收入增速问题，学界已有所研究。李峰（2007）指出，自分税制改革以来，我国财政收入超预算增长成为常态。财政收入长期大幅超预算增长，破坏了政府预算的法定性、完整性，干扰了政府对宏观经济的调控。丛树海（2012）进一步指出在财政收入持续快速增长的同时，劳动者收入在国民收入中占比持续下降，认为要实现“让劳动者分享经济发展成果”的目标，有必要适度控制政府收入规模。贾康和施文泼（2012）也认为对财政收入的增长速度要有所节制。他们指出，在经历过十余年较快增长后，应当警惕财政收入增速超过合理限度对居民收入增长造成的不利影响。白景明（2007）则认为，尽管财政收入增长较快，但由于现阶段我国提高公共服务水平、改善基础设施建设的支出压力较大，税收征管体系仍不完善以及区域发展不平衡导致的转移支付任务较重等，我国减税性的税制改革应当适可而止。白景明（2011）反对“财政收入高增长挤占居民收入增长空间”的观点，认为从财政收支形成机理上看，财政收入增长与居民收入增长并不矛盾，财政收入高增长是否导致“国富民穷”的关键是财政支出是否合理。他认为，近年来随着我国在低保支出、农民综合直补、社会救济、家电下乡等支出方面的快速增长，我国财政支出结构调整使得财政支出对居民增收的作用不断提高。

可以发现，当前对于是否控制财政增长速度的争议主要有两点。一是财政收入的增长是否挤占了居民收入增长空间。与白景明（2011）的观点不同，本文认为，近 20 年来，居民可支配收入占国民收入的比重持续下降，政府可支配收入占比不断上升。这一趋势不应该也无法长期延续。在财政收入长期持续超高速增长的同时，通过财政支出结构的调整来实现居民增收及收入分配结构的调整，既不现实也不合理。市场经济条件下的财政收支应当主要用于保障公共管理、公共产品及公共服务的提供，不宜过多地承担收入分配及居民增收的责任。二是控制财政收入增长速度的宏观经济影响。这一问题固然可以进行各种推论。例如，在经济增长率保持大体不变的情况下，适度降低财政收入增长速度，或有利于企业增收，或有利于居民增收，如边际消费倾向不变，居民增收将扩大国内消费；如果适度降低财政收入增长速度，主要体现为企业减税，则可能增加民间投资而降低政府投资，其对居民的消费影响有待考证；在经济增长率因此有所变化时，则又会产生政府、民间投资消费变动的多种可能组合。在理论演绎中有众多推论的可能说明，在给定约束条件下，利用宏观经济计量模型进行政策模拟是必要的。

而这恰恰是目前已有研究文献所欠缺的。本文将利用中国季度宏观经济模型（CQMM）进行政策模拟，分析适当控制财政收入增长速度，减缓过快的财政收入增长速度，并将因此减收的财政收入用于增加城乡居民收入的宏观经济效应。为使政策模拟的结论具备稳健性，我们将考虑两种情形：（1）因此减收的财政收入平均地提高全体城乡居民的收入水平；（2）因此减收的财政收入转移给占城镇人口20%的低收入者以及占农村人口40%的低收入者。[①]

二、宏观经济计量模型综述及CQMM简介

（一）宏观经济计量模型综述

宏观经济计量模型的开发和应用不论在发达国家或在发展中国家都取得了较丰富的成果。大体而言，早期的宏观计量模型致力于研发基于凯恩斯宏观经济理论的大型结构式宏观模型。到20世纪70年代，西方国家经济结构的巨大转变以及卢卡斯批判使结构式模型一度失去了影响力。西姆斯（Sims，1980）和亨德里（Hendry，2003）等在时间序列模型方面的研究成果，格韦克（Geweke，1977）等的动态模型研究，格兰杰（Granger，1981）和恩格尔（Engle，1987）等发展的协整分析和误差修正技术，快速推动了非结构式宏观模型的发展。

近年来，宏观模型与预测的研究前沿体现在以下几方面。（1）非结构式模

① 这里的低收入人口比例数据来自国家统计局分组别的城乡收入调查数据。详细可参见《中国统计年鉴》上有关此项调查的词条解释。

型逐步由线性模型向非线性宏观模型转换（Diebold，1998；Hendry，2003）。（2）结构式模型随着宏观经济理论的不断发展再度获得重视。表现为：一是用于政策分析目的宏观模型再次成为美国联邦储备局和IMF等机构的政策分析工具（Brayton，1997；Fair，2004）；二是在随机动态最优化基础上的动态随机一般均衡（dynamic stochastic general equilibrium）模型迅速发展起来（Kydland & Prescott，1996）。此外，使用高频数据的宏观模型（如月度宏观模型）的开发，以及针对转型经济体的宏观模型正开始起步（Hall，2000；Basdevant，2000）。

我国宏观经济模型研究始于20世纪80年代。从1980年的计量经济学讲习班开始，中国社会科学院数量经济与技术经济研究所、复旦大学、航天部710所、国家信息中心等机构或学术组织相继开始宏观经济建模及预测政策模拟等方面的研究工作，并提交预测分析报告。90年代以后，我国有代表性的宏观经济模型有：由国家信息中心研制的“中国宏观经济模型”（祝宝良，1997）；中国社会科学院数量经济与技术经济研究所及国家统计局综合司共同研制的“中国宏观经济年度模型”（王慧炯等，2000）；国务院发展研究中心研制的“中国宏观经济多部门动态模型”和“CGE模型”（王慧炯等，2000）；中国社会科学院数量经济与技术经济研究所研制的“中国季度宏观经济计量协整模型”（汪同三和沈利生，2001）；中国人民银行调统司于1998年建立的“季度宏观经济计量模型”（刘斌，2003）；国家统计局1998年建立的“宏观经济季度计量模型”（王慧炯等，2000）；吉林大学商学院研制的“年度经济计量模型”（高铁梅等，2000）；高铁梅等（2007）进一步研制的“中国季度宏观经济政策分析模型”；何新华等（2003）研制的“中国宏观经济季度模型（China－QEM）”；清华大学开发的“中国宏观经济年度模型（CEMT2I）”；中国人民大学经济所研制的“中国宏观经济分析与预测模型（CMAFM）”；以及厦门大学宏观经济研究中心和新加坡南洋理工大学合作开发的“中国季度宏观经济模型（CQMM）”（CQMM课题组，2007）。此外，中国科学院经济学部等单位也开展了宏观经济计量模型方面的研究工作。不过，尽管有众多机构和学者纷纷开发研制中国的宏观经济预测模型，但目前来看，能保持常态运行并定期对外发布预测分析报告的宏观经济模型仅有中国人民大学的“中国宏观经济分析与预测模型”（CMAFM）和厦门大学宏观经济研究中心的“中国季度宏观经济模型（CQMM）”①。

① 年度模型一般难以用来对宏观经济运行进行短期预测预报，以及对宏观政策的短期效应进行分析。

（二）CQMM 简介

“中国季度宏观经济模型”（以下简称 CQMM）是一个开放经济条件下需求导向的结构式宏观经济模型，2005 年开始研制，2006 年投入运行，它以短期预测和政策效应模拟分析为主要目的，7 年来已定期发布宏观经济预测报告 14 次。CQMM 依据支出法核算 GDP 的方式，从总需求的角度刻画宏观经济变量之间的相互关系，揭示外部经济波动对内部经济影响的传导机制，以及分析开放经济条件下宏观调控政策（货币政策、财政政策等）的政策效应。它主要由四个基础模块组成：国内需求模块、进出口模块、政策反应模块及价格模块。连接四个基础模块的是两条主线：一是外部经济波动影响国内经济的传导渠道；二是内部政策效应的传导渠道。最新的 2013 年春季 CQMM 模型为本模型的第三代，共包括 70 个行为方程、9 个恒等式，涉及的变量个数达到 110 个，其中内生变量 79 个，外生变量及时间虚拟变量为 31 个。

1. 国内需求模块

国内需求模块由居民消费需求、政府消费需求和固定资本形成等行为方程组成，用于分析国内需求的决定机制及其对宏观经济的影响。消费方面，首先利用 7 个组别的城镇居民消费和 5 个组别的农村居民消费作为解释变量构建人均城镇居民和农村居民的消费方程，并将其转换为居民总消费。而各个组别的城镇和农村居民消费方程的解释变量则是各个组别城镇和农村居民的收入变量以及滞后一期的消费变量。这样，城乡居民收入的变动就将通过城乡居民消费的变动而引起居民总消费的变动；随后，利用财政支出变量和滞后一期的政府消费变量作为解释变量构建政府消费需求方程；最后，利用居民总消费、政府消费支出作为解释变量构建社会商品零售总额的随机方程。

投资方面，可比价固定资产形成总额方程的解释变量是实际固定资产投资资金来源变量；固定资产投资资金来源方程的解释变量则包括预算内、国内贷款、企业自筹及其他资金来源的固定资产投资资金来源变量；而上述各类固定资产投资资金来源方程的解释变量则包括广义货币供应量 M2、一年期贷款利率以及财政支出变量。此外，我们还以固定资产投资资金来源为解释变量构建了城镇固定资产投资完成额的随机方程。所有方程的估计均显示出较强的显著性。

2. 进出口模块

由于近年来我国贸易顺差的构成正在发生变化，虽然加工贸易顺差依然是顺差扩大的主要来源，但一般贸易顺差所占份额在快速提高。因此，我们从贸易构成的角度来建立进出口行为方程，使其能够反映对外贸易构成变化对宏观经济运行的影响。

出口行为方程方面，首先，分别构建出口到美国、欧盟的行为方程，解释变量分别为各地区的经济总量、支出法下的消费平减指数、居民消费总量、人民币加权汇率和出口价格指数；构建出口到东盟的行为方程，解释变量为东盟国家的可比价经济总量以及出口价格指数变量。其次，按美元计算的加工贸易出口方程，解释变量为出口到美国、出口到欧盟以及季节性虚拟变量。再次是按美元计算的一般贸易出口方程，解释变量包括出口到美国、出口到欧盟、出口到东盟国家以及季节性虚拟变量。最后，利用加工贸易出口和一般贸易出口构建出口总额方程，并利用汇率和价格指数计算按人民币计算的出口总额。进口行为方程方面，首先构建按美元计算的加工贸易进口方程，解释变量为加工贸易出口、实际财政支出、相对贸易条件、时间虚拟变量和一阶自回归变量。其次，以可比价 GDP、美元计价的滞后 2 期进口价格指数与滞后 2 期消费平减指数之比以及季节性虚拟变量为解释变量，构建一般贸易进口的随机方程。最后，利用加工贸易进口和一般贸易进口构建进口总额方程，并利用汇率和价格指数计算按人民币计算的进口总额。另外，利用美元计价的出口和进口变量构建净出口方程，并利用汇率计算按人民币计算的净出口方程；利用滞后 1 期的人民币加权汇率增长率、滞后 3 期的美元计价净出口和时间乘积变量以及一阶自回归项构建外汇储备方程。

3. 价格模块

价格模块包括 GDP 平减指数、居民消费价格指数、工业品出厂价格指数（即生产者价格指数）以及固定资产投资价格指数等四个价格行为方程，旨在考察主要价格指数之间的相互关联性。用滞后 1 期的 GDP 平减指数、工业品出厂价格指数、居民消费价格指数、时间虚拟变量和一阶自回归项作为解释变量，构建 GDP 平减指数的行为方程。用滞后 1 期的居民消费价格指数、以人民币计的进口价格指数以及产出缺口作为解释变量，构建居民消费价格指数行为方程，分别考察翘尾因素、输入性通胀和总需求变化对国内消费价格指数的影响。用滞后 1 期的居民消费价格指数、滞后 1 期的工业品出厂价格指数、以人民币计的进口价格指数以及产出缺口为解释变量构建工业品出厂价格指数行为方程。最后，进入固定资产价格指数方程的解释变量有：滞后1期的固定资产价格指数、居民消费价格指数、生产者价格指数以及一阶自回归项。

4. 政策反应模块

该模块主要用于分析转型期中国宏观调控政策的作用机理，重点分析货币政策和财政政策的传导机制。其中，货币政策分析以广义货币供应量M2为依托，它的变动将直接引起国内需求模块中的投资模块方程变动，进而作用到GDP、居民消费、物价指数等；财政政策分析以财政支出变量为依托，它的变动将直接引起政府消费、加工贸易进口、投资等方程的变化。而财政支出变量则是通过构建财政支出行为方程来分析，解释变量为滞后1期的财政支出和当期的财政收入变量。广义货币供应量M2与财政收入变量均视为外生变量。

三、基准假设、传递机制说明及政策模拟结果

（一）基准假设

假设在2007~2012年，其他条件不变，如果政府适当控制财政收入的实际增速，使其每年比原有实际增速降低1个百分点，那么，2007~2012年的财政总收入将因此依次减少417.2亿元、1047.1亿元、1769.0亿元、2857.4亿元、4436.7亿元和6018.9亿元。受此影响，从2010年起，财政收入占GDP的比重将分别降低0.7个、1.0个和1.2个百分点，整体比重回落到占GDP的21%左右。对于由此减少的财政收入，通过一定的方式——减税或转移支付，我们考虑两种情形：第一，平均地提高全体城乡居民的收入水平；第二，只增加占城镇人口20%的低收入者以及占农村人口40%的低收入者的收入水平。

（二）传递机制说明

基于第二部分对CQMM模型的简介，下面将政策模拟涉及的主要模型方程罗列出来，并对其传递机制作必要的说明。

首先，通过财政支出的行为方程可知，控制财政收入增速将直接导致财政

支出下降，方程估计的结果如下。

$$\log(FIS\_E\_SA/P\_GDP\_SA)$$
$$=0.11+0.31\times\log(FIS\_R\_SA/P\_GDP\_SA)+0.68\times\log[FIS\_E\_SA(-1)/P\_GDP\_SA(-1)]$$
$$\quad(0.12)\qquad\qquad\qquad\qquad(0.11)\qquad\text{（括号数值为标准差,下同）}$$
$$R^2=0.9792,\ D.W.=2.13,\ S.E.\ of\ Reg.=0.06,\ Prob(F)=0.0000\qquad(1)$$

其中，*FIS_E_SA* 表示经过季节调整后的财政支出（后缀_*SA* 表示季节调整，下同）；*FIS_R_SA* 表示财政收入；*P_GDP_SA* 表示 GDP 平减指数；log［*FIS_E_SA*(－1)/*P_GDP_SA*(－1)］的 *FIS_E_SA*(－1)表示滞后 1 期的财政收入，*P_GDP_SA*(－1)表示滞后 1 期的 GDP 平减指数。

而财政支出的下降将导致政府消费减少，预算内投资下降，进而对 GDP 产生不利影响。这里并未考虑财政支出对居民消费的作用，原因在于：一是有关于财政支出与居民消费的关系还存在较多争议，难有定论；二是结构式模型的好处在于变量之间存在相互传递效应。因此，尽管没有直接考虑财政支出对居民消费的作用，但财政支出的变化将通过 GDP、投资等变量的变动，最终间接传递到居民消费。其中，主要方程的估计结果如下：

政府消费方程：

$$\log(CON\_G\_C\_SA)$$
$$=1.45+0.28\times\log[FIS\_E\_SA(-2)/P\_GDP\_SA(-2)]+0.54\times\log[CON\_G\_C\_SA(-1)]$$
$$(0.08)\qquad\qquad\qquad\qquad(0.13)$$
$$R^2=0.9836,\ D.W.=1.91,\ S.E.\ of\ Reg.=0.032,\ Prob(F)=0.0000\qquad(2)$$

其中,*CON_G_C_SA* 表示经过季节调整的可比价政府消费（后缀_*C* 表示可比价数据，下同）；*FIS_E_SA*(－2)表示滞后 2 期的固定资产投资资金来源中来自国内贷款的部分。

投资方程：

$$\log(FI\_D\_SA/P\_I\_SA\times100)$$
$$=-3.82+0.69\times\log(M2\_SA/P\_GDP\_SA)-0.08\times RL(-2)+0.43\times\log(FIS\_E\_SA/P\_GDP\_SA)$$
$$(0.20)\qquad\qquad\qquad(0.07)\qquad(0.18)$$
$$R^2=0.9793,\ D.W.=2.01,\ S.E.\ of\ Reg.=0.06,\ Prob(F)=0.0000\qquad(3)$$

$$\log(FI\_B\_SA/P\_I\_SA\times100)$$
$$=-10.0+0.80\times\log(M2\_SA/P\_GDP\_SA)-0.05\times RL+0.80\times\log(FIS\_E\_SA/P\_GDP\_SA)$$
$$(0.32)\qquad\qquad\qquad(0.02)\qquad(0.28)$$
$$R^2=0.9781,\ D.W.=1.41,\ S.E.\ of\ Reg.=0.09,\ Prob(F)=0.0000\qquad(4)$$

$$\log(FI\_S\_SA/P\_I\_SA \times 100)$$
$$= -11.9 + 1.46 \times \log(M2\_SA/P\_GDP\_SA) + 0.05 \times RL(-1) + 0.30 \times \log(FIS\_E\_SA/P\_GDP\_SA)$$
$$(0.17) \qquad (0.01) \qquad (0.14)$$
$$R^2 = 0.9953,\ D.W. = 1.41,\ S.E.\ of\ Reg. = 0.04,\ Prob(F) = 0.0000 \qquad (5)$$

其中，FI_D_SA、FI_B_SA、FI_S_SA 分别表示固定资产投资资金来源中来自国内贷款、预算内及企业自筹部分的资金；$M2\_SA$ 表示广义货币供应量；RL 表示人民币贷款加权利率。

其次，财政收入下降的同时，居民收入将上升，进而居民消费、GDP 将出现正的增长。由于存在这样一个正向传递渠道，控制财政收入增速的宏观经济效果是不确定的。利用分组别的城乡居民收入及消费方程，我们可以分析减少的财政收入平均摊分到各个组别居民以及只用增加城乡低收入群体的两种不同政策设计的宏观经济效果。由于此处涉及的变量和方程较多，我们仅列出回归的方程，相关检验及回归参数不再给出。

城乡各组别消费方程：

$$CON\_C\_PC\_RU?\_SA = C(1) \times YC\_C\_PC\_RU?\_SA + C(2) \qquad (6)$$

$$CON\_C\_PC\_UR?\_SA = C(1) \times YD\_C\_PC\_UR?\_SA + C(2) + [AR(1) = C(3)] \qquad (7)$$

其中，$CON\_C\_PC\_RU?\_SA$ 表示农村五个组别的人均居民消费，? 表示 1 ~ 5，数值越小，代表越高收入的组别；$CON\_C\_PC\_UR?\_SA$ 表示城镇 7 个组别的人均居民消费，? 表示 1 ~ 7，数值越小，代表越高收入的组别；$C(1)$、$C(2)$ 表示方程的估计系数，$AR(1)$ 表示一阶自回归项。

城乡居民总消费方程：

$$\log(CON\_RU\_C\_PC\_SA) = C(1) + C(2) \times \log[W(?) \times CON\_C\_PC\_RU?\_SA] \qquad (8)$$

$$\log(CON\_UR\_C\_PC\_SA) = C(1) + C(2) \times [W(?) \times CON\_C\_PC\_UR?\_SA] \qquad (9)$$

其中，$CON\_RU\_C\_PC\_SA$ 表示农村人均居民总消费；$CON\_UR\_C\_PC\_SA$ 表示城镇人均居民总消费；$W(?)$ 表示各组别的调查人口占比权重；其他符号的含义同上。

居民总消费方程：

$$CON\_D\_C\_SA/POP = C(1) + C(2) \times CON\_UR\_C\_PC\_SA \times POP\_UR/POP + C(3) \times CON\_RU\_C\_PC\_SA \times (1 - POP\_UR/POP) \qquad (10)$$

其中，*CON_D_C_SA* 表示居民总消费；*POP* 和 *POP_UR* 分别表示总人口和城镇人口；其他符号的含义同上。

以下是 CQMM 本次政策模拟的传递机制（见图 1）。

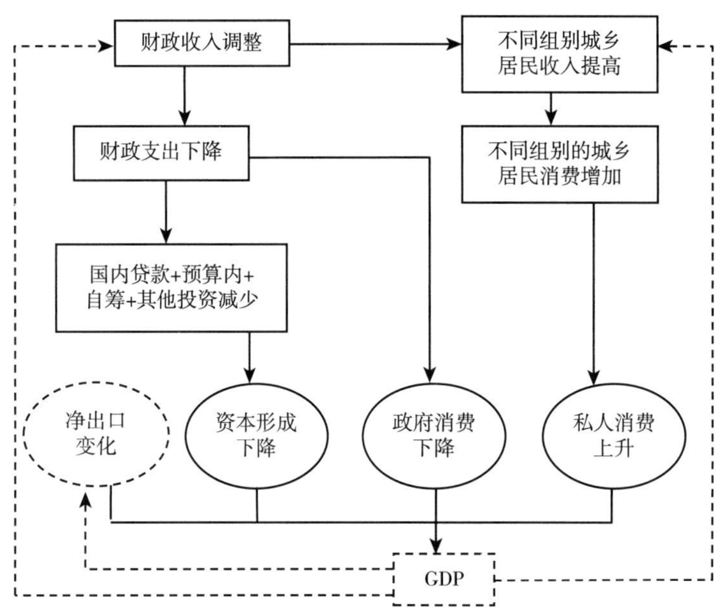

图 1　财政政策模拟的传递路线

注：虚线表示作用方向不确定。

（三）政策模拟结果

1. 情景一：假定平均提高全体城乡居民收入水平

政策模拟结果显示：与基准模拟[①]相比，GDP 平均增长率可提高 0.08 个百分点；居民消费总额平均增长率增加了 1.03 个百分点；固定资本形成总额平均增长率下降了 0.49 个百分点；出口增速将放缓，进口增速则有所上升，净出口小幅下降。也即，控制财政收入增速，使之适当降低，同时将因此减收的财政收入平均地转移给城乡居民，经济增速并不因此而降低；而且由于居民收入提高，居民消费占比将平稳上升，投资比重逐步下降，进口增加，出口减少，顺差缩小，国民经济结构因而得到调整。具体而言：

（1）GDP 增长率略有提高。2010～2012 年，经济增速基本保持平稳略有

① 基准模拟表示根据实际数据，利用 CQMM 模型进行的历史数据模拟。该模拟的数据与实际数据的误差基本维持在 1% 左右。

上升趋势，年均增长上升 0.08 个百分点。其中，2010 年较基准模拟上升 0.48 个百分点，2011 年、2012 年则分别下降 0.06 个和 0.17 个百分点（见图 2）。

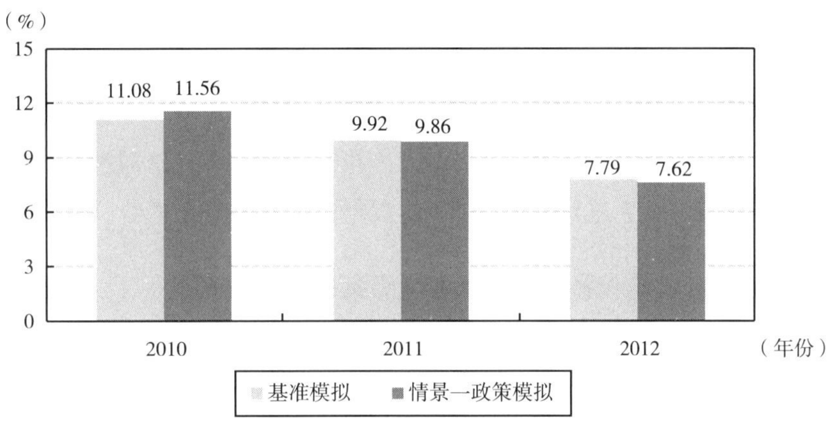

图 2　GDP 增长率变动

注：基准模拟为历史数据的模拟；情景一政策模拟为假设数据的模拟。下同。

（2）居民消费增加幅度较大，年均增速提高 1.03 个百分点；2010 ~ 2012 年，居民消费占比因此分别上升 0.45 个、0.78 个和 0.98 个百分点（见图 3）。

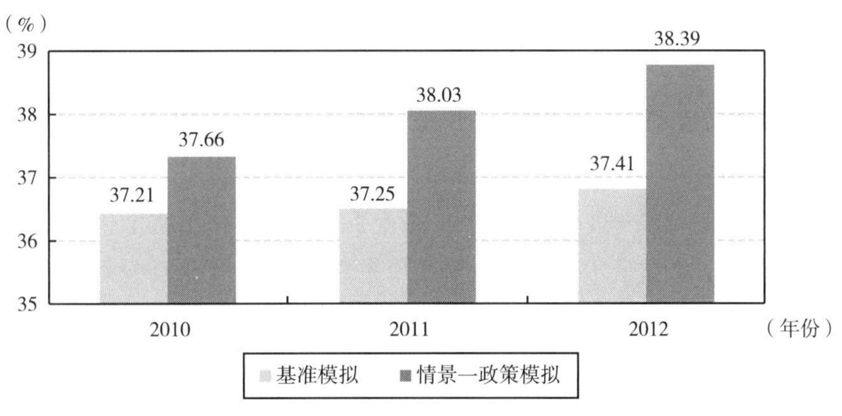

图 3　居民消费占 GDP 比重变化

（3）投资增速下降，固定资本形成总额占比下降。在模拟期间，固定资本形成总额同比增长率相比历史模拟数据出现下降，2010 ~ 2012 年，下降幅度分别为 0.30 个、0.69 个和 0.47 个百分点。资本形成总额占比也因此有所降低。2010 ~ 2012 年，分别下降 0.30 个、0.56 个和 0.68 个百分点。

（4）出口增速放缓，进口增速上升，净出口小幅下降。模拟期间内，总出口增长率出现下降，2010 ~ 2012 年分别下降 0.27 个、0.59 个和 0.39 个百分点。总进口增长率变化不大。2010 年增加 0.23 个百分点，2011 年和 2012 年则分别下降 0.11 个和 0.07 个百分点，净出口占比因此略微下降。2010 ~ 2012

年，净出口占比分别下降0.08个、0.14个和0.18个百分点。

综上所述，如果适当控制财政收入增速，将由此减收的财政收入通过一定方式平均地转移给全体城乡居民，宏观经济效果是：第一，可以提高城乡居民的可支配收入，扩大居民消费，从而弥补了因（财政收入减少使）财政支出减少而导致的经济增长减速，经济增长速度将基本保持平稳略有上升的趋势；第二，居民消费占比上升，资本形成总额及净出口占比下降，总需求结构将因此得以改善；第三，扩大进口需求，降低出口增速，顺差因此缩小。

2. 情景二：假定仅提高城乡低收入组别居民的收入水平

应用CQMM模型中各组别居民的收入行为方程，假定减收的财政收入只转移给城乡低收入居民组别。其中，城镇组别包括最低收入户和低收入户，两者占城镇人口比重均为10%；农村组别包括低收入户和中低收入户，两者占农村人口比重均为20%。按此转移减收的财政收入，2010～2012年，这四个组别居民的人均收入将分别增加716.2元、1115.9元和1522.0元。2012年农村中低收入居民的收入将增加到6329.0元，从原来的仅为中等收入组（7041.0元）的68.27%上升至89.89%，提高了21.62个百分点；城镇低收入户的收入将增加到13945.5元[①]，与城镇中等偏下收入户的收入（16761.0元）之比由原来的74.12%提高到83.20%，提高了9.08个百分点。

政策模拟结果显示：与基准模拟相比，各方面的政策效果都更优于前一种政策设计。GDP增长率平均提高了0.13个百分点；居民消费增长率平均增加1.57个百分点；固定资本形成总额增长率平均下降0.74个百分点。因此，居民消费占比进一步提高，资本形成总额及净出口占比进一步下降，总需求结构改善程度比情景一更大。具体而言：

（1）经济增速继续保持平稳增长态势。2010～2012年，GDP同比增长率平均提高0.13个百分点，比情景一多了0.05个百分点。其中，2010年上升0.76个百分点，2011年和2012年则分别下降0.13个和0.24个百分点。说明快速提高低收入组别城乡居民的收入水平更有利于保持GDP的稳定增长（见图4）。

（2）居民消费占比进一步提高，资本形成总额及净出口占比进一步下降，总需求结构改善力度加大。对比情景一的数据，居民消费占比持续增加，2010～2012年分别上升0.73个、1.19个和1.50个百分点；资本形成总额占比进一步

① 由于国家统计局暂时只公布城镇中等偏下收入户、中等收入户及中等偏上收入户等三组收入数据，该数据为课题组估算得到的。

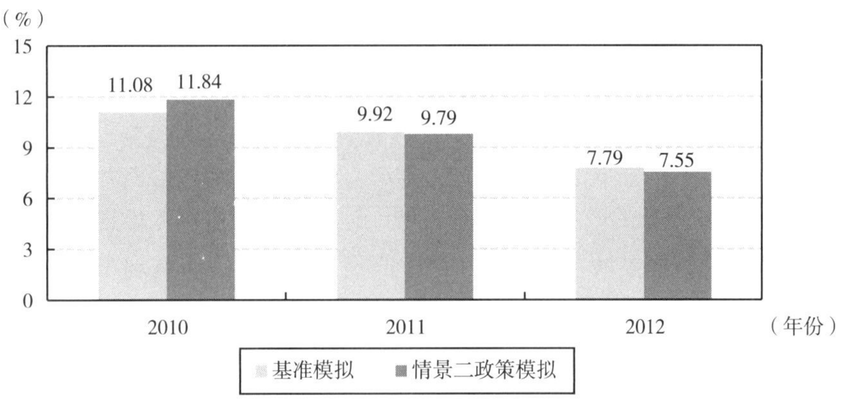

图4 GDP的增长变化

注：基准模拟为历史数据的模拟；情景二政策模拟为假设数据的模拟。

下降，2010～2012年分别下降0.49个、0.85个和1.04个百分点。此外，净出口占比也出现下降。2010～2012年，净出口占比的下降幅度分别为0.13个、0.22个和0.28个百分点，明显大于情景一（见图5）。

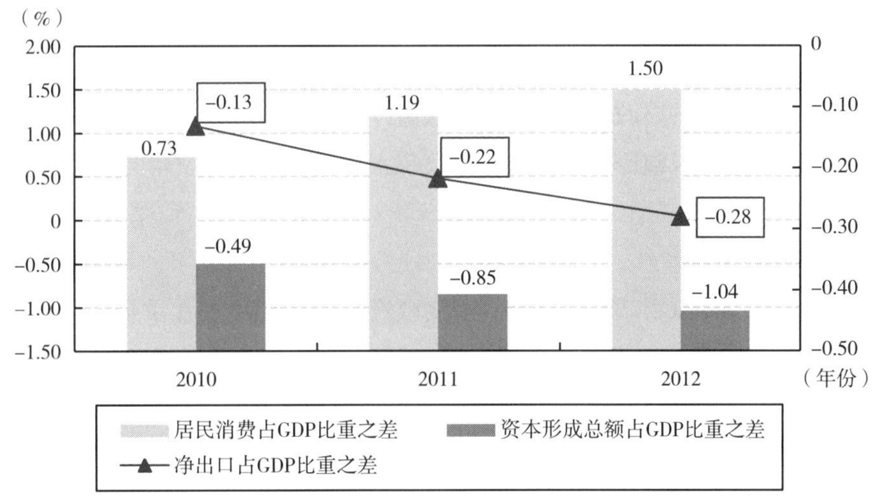

图5 支出法下GDP各项占比变化

注：图例中的“之差”表示情景二政策模拟数据与基准数据之差。

因此，如果将减收的财政收入转移给低收入组城乡居民，虽然还不足以抹平城乡低收入居民与中等收入居民的收入差距，但城乡低收入居民的收入增加已经颇为可观，由此产生的消费刺激效应，可以促进经济增长，进一步改善总需求结构。这表明，在控制财政收入增速的同时，将因此减收的财政收入向城乡低收入家庭转移，将有利于调整居民内部收入差距，更好地扩大居民消费，降低投资比重，更有效地改善总需求结构，促进经济增长。

四、结论与政策建议分析

基于 CQMM 模型的政策模拟结果说明，适当控制财政收入增速并将因此减少的财政收入用于提高城乡居民尤其是中低收入群体收入将有利于促进经济增长，缩小居民内部收入差距；增加居民消费，降低投资比重，扩大进口，降低出口，扩大内需，缩小顺差，宏观经济效果良好。上述政策模拟实际上提出了两个政策建议：

第一，目前及今后一定时期应适度控制从而减缓财政收入的增长速度。

第二，将因此减收的财政收入通过一定方式——减税或转移支付——转移给城乡居民尤其是城乡中低收入居民，不仅可调整政府部门与居民部门之间的收入分配关系，而且还可缩小居民内部的收入差距。

不过，即使应用模型进行的政策模拟得到了较理想的结果，仍然必须说明，这一政策建议的现实可行性与必要性。目前情况下，提高中低收入组城乡居民收入，缩小居民收入差距的政策必要性显然可以得到认同。可能有所争论的是：第一，中国的财政收入增速是否过高？第二，中国的政府收入占 GDP 比重是否已经过大，以致需要适当降低财政收入增速，逐步控制政府收入占 GDP 的比重？

我们认为：

首先，适当降低财政收入增速，控制政府收入占 GDP 的比重是深化经济体制改革，处理好政府与市场的关系，推动经济发展方式转变的关键性手段之一。财政收入增速与政府收入占 GDP 的比重是相互联系的，只有在政府收入占 GDP 的比重已经过大（至少不低于正常水平）的情况下，适当控制财政收入实际增速，使之与 GDP 增速一致以至略低才是必要的。尽管由于各国政经、财税体制以及政府承担的社会福利、公共服务责任差异较大，很难通过直接的国际比较来评判中国的政府收入占比是否过高，但是，过去十多年，居民人均实际可支配收入的平均增速低于 GDP 和财政收入平均增速 2.5 个和 7.5 个百分点，直接导致最终消费需求尤其是居民消费占比持续大幅度下降，另外，高速增长的财政收入使财政占 GDP 比重迅速提升，年均增长近 0.75 个百分点。如果从更广义的政府实际支配的财力资源来看，预算内财政收入仅是其中的一部分。张俊远和李文溥（2012）估算，即使不包括国企利润，中国政府实际所能控制支配的收入总量也远远大于财政收入，在 2008 年就已超过当年 GDP 的 30%，

2010 年进一步上升到 35%。如果加上当年的国企利润①，政府实际控制支配的收入占比将更大。2010 年，该比重为 40.5%（见表 1）。这说明，当前国民收入分配结构进而国民经济结构失衡的关键在于：政府实际可支配收入增长过快，限制了居民收入增长空间，抑制了居民消费需求。

表 1　2007～2010 年中国政府所能支配的总收入

年份	GDP（亿元）	政府总收入								
		公共财政收入（亿元）	预算外收入（亿元）	政府性基金收入（亿元）	国有资本经营预算收入（亿元）	社会保险基金收入（亿元）	合计（亿元）	占 GDP 比重（%）	国有企业利润（亿元）	加入国有企业利润占比（%）
2007	265810	51321.8	6820.3	10737	140	8729	77748.1	29.2	16200.0	35.3
2008	314045	61330.4	6617.3	14985	444	10805	94181.7	30.0	13335.2	34.2
2009	340903	68518.3	6414.7	18351	989	12780	107053.0	31.4	15606.8	36.0
2010	401513	83101.5	5794.4	36785	—	17071	142751.9	35.6	19870.6	40.5

资料来源：CEIC 及财政部网站。

限于模型结构，我们仅对适度减缓财政收入增速进行模拟，无法进一步模拟因此可能产生的财政支出结构优化的效应。可以想象，如能在适度减缓财政收入增速基础上，节约行政成本，杜绝公款浪费，扩大民生和保障领域支出，加大转移支付力度，政策的宏观经济效果将更好。过多的财政收入、政府收入用于政府投资项目，维持政府运转和公务开支，势必导致政府规模过大，侵蚀本应由市场机制发挥作用的领域，难以实现经济发展方式的根本转变；同时，公务消费过多，容易导致浪费，滋生腐败，降低财政资源以至全社会的资源配置及利用效率。

其次，要提高居民消费水平，必须重视调整政府部门与居民部门的收入分配比例。中国正在进行的税制体系调整，一项重要内容就是改变以间接税为主的税收体制，提高直接税比重，以缩小居民收入差距、扩大居民消费。2011 年，中国增值税、消费税、营业税、关税四大税种的税收收入约为 4.74 万亿元，占到全部税收收入的 52.9%。如果加上进口产品的增值税和消费税，间接税收入约为 6.10 万亿元，占到全部税收收入的 68.0%；企业所得税、个人所得税和房产税的税收收入合计约为 2.39 万亿元，占到全部税收收入的 26.7%，其中，房产税仅占全部税收的 1.23%。这与发达国家的税收收入构成形成鲜明

① 国有企业属于国家所有，国企利润作为国有资产收益，当然应当属于国家所有（扣除按规定可以分给员工或用于集体福利的部分），无论其实际上缴财政与否，都是国家的可控资源。

对比。2011年，美国联邦、州和地方的财政总税收预算为3.63万亿美元，属于个人直接缴纳的税收比例高达75%，而消费税等间接税种占比仅为5%左右。由于间接税主要针对生产环节和流通环节，往往会被生产者或销售者向下游转移，导致税负主要或完全由最终消费者承担，加重了消费者负担。因此，一般而言，一个国家（地区）的间接税占比越大，直接税占比越小，越不利于缩小居民收入差距以及提高居民消费。

然而，提高直接税比重存在多种路径。不同的路径可能导致居民税负水平的不同变化而影响居民的消费。王燕武和习甜（2012）通过模拟不同税负水平下，直接税比重变化对居民消费的作用发现：税负水平对居民消费的作用要远远大于调整税制结构对居民消费的作用。与税负水平相比，税制结构调整对居民消费的作用较小。如果直接税比重上升是以税负水平增加为代价的话，提高直接税占比将很难弥补税负水平上升对居民消费的负效应。因此，在财政收入占GDP比重，尤其是总体税负水平没有下降的情况下，以提高直接税比重为导向的税制结构调整将难以有效促进居民消费水平的提升。因此，在实行税制结构调整的同时，必须逐步降低居民的税负水平，方能调整政府部门与居民部门的收入分配关系，有效地提高居民收入，扩大居民消费。

参考文献

[1] CQMM课题组：《2010－2011年中国季度宏观经济再展望》，载《厦门大学学报（哲学社会科学版）》2012年第6期。

[2] CQMM课题组：《中国季度宏观经济模型的开发和应用》，载《厦门大学学报（哲学社会科学版）》2007年第4期。

[3] 白景明：《冷静看待我国当前的财政收入高增长》，载《财政研究》2007年第10期。

[4] 白景明：《理性认识财政收入水平高低》，载《中国财政》2011年第4期。

[5] 丛树海：《基于调整和改善国民收入分配格局的政府收支研究》，载《财贸经济》2012年第6期。

[6] 高铁梅、梁晓芳、何云剑：《中国季度宏观经济政策分析模型》，载《数量经济技术经济研究》2007年第11期。

[7] 高铁梅等：《我国宏观经济计量模型及政策模拟分析》，载《中国软科学》2000年第8期。

[8] 何新华等：《中国宏观经济季度模型》，社会科学文献出版社2005年版。

[9] 贾康、施文泼：《如何分析认识我国财政收入与居民收入的增长差距》，载《财政研究》2012年第5期。

［10］李峰：《透视财政收入超预算增长》，载《当代经济研究》2007 年第 2 期。

［11］李文溥：《中国宏观经济分析与预测》，经济科学出版社 2012 年版。

［12］刘斌：《国内外中央银行经济模型的开发与应用》，中国金融出版社 2003 年版。

［13］汪同三、沈利生：《中国社会科学院数量经济与技术经济研究所经济模型集》，社会科学文献版社 2001 年版。

［14］王慧炯、李泊溪、李善同：《中国实用宏观经济模型 1999》，中国财政经济出版社 2000 年版。

［15］王燕武、刁甜：《税收负担、税制结构与居民消费：中国经验的检验》，厦门大学宏观经济研究中心工作论文，2012 年。

［16］张俊远、李文溥：《对我国政府收支比重与结构的一个初步估算》，厦门大学宏观经济研究中心工作论文，2012 年。

［17］中国社会科学院财贸所课题组：《中国财政收入规模：演变与展望》，载《经济学动态》2011 年第 3 期。

［18］祝宝良：《联合国世界计量经济联接模型系统中的中国宏观计量经济模型》，载《预测》1997 年第 5 期。

［19］Basdevant O.，An Econometric Model of the Russian Federation，*Economic Modelling*，2000，Vol. 17，pp. 305 – 336.

［20］Brayton F. et al.，The Evolution of Macro Modeling at the Federal Reserve Board，*Finance and Economics Discussion Series*，1997，Vol. 29.

［21］Diebold F.，The Past，Present and Future of Macroeconomic Forecasting，*Journal of Economic Perspectives*，1998，Vol. 2，pp. 175 – 192.

［22］Engle R. F.，Granger，Co-Integration and Error Correction：Representation，Estimation and Testing，*Econometrica*，1987，Vol. 55，pp. 251 – 276.

［23］Fair R. C.，*Estimating How the Macroeconomy Works*，Boston：Harvard University Press，2004.

［24］Geweke J.，*The Dynamic Factor Analysis of Econmic Time-Series Models*，Aigner D. J.，Goldberger A S. Latent Variables in Socioeconomic Models. Amsterdam：North-Holland，1977.

［25］Granger，Some Properties of Time Series Data and Their Use in Econometric Model Specification，*Journal of Econometrics*，1981，Vol. 16，pp. 121 – 130.

［26］Hall，Grayham，Welfe，A. Modelling Economies in Transition：an Introduction，*Economic Modelling*，2000，Vol. 17，pp. 339 – 357.

［27］Hendry D. F.，Economic Forecasting：Some Lessons from Recent Research，*Economic Modelling*，2003，Vol. 20，pp. 301 – 329.

［28］Kydland F. E.，Prescott E C，The Computational Experiment：An Econometric Tool，*Journal of Economic Perspectives*，1996，Vol. 10，pp. 69 – 86.

［29］Sims C，Macroeconomics and Reality，*Econometrica*，1980，Vol. 1，pp. 1 – 48.

回归市场经济中的政府职能定位*

一

党的十八届三中全会在国内外受到的关注程度可谓空前。之所以如此，是因为就国际而言，是党的十一届三中全会所推动的改革开放，使中国成为当今世界经济总量第二的大国，举足轻重；就国内而言，是中国社会经济正在进入一个新的发展阶段，决策关系未来。

中国社会经济近年来的一些变化是值得关注的：

第一，经济增长从1978~2008年的年均增长9.94%、2002~2007年的年均11.92%降为2008~2012年的9.15%。2011~2012年更进一步降至7%~8%。

第二，2010年，中国人均GDP超过5000美元，从此进入了从中等收入经济向现代发达经济过渡的新的历史阶段。此前的发展方式及发展经验有相当部分因此将不再适用。

第三，既有的投资驱动、出口拉动，资本倾斜、利润导向的粗放型经济发展方式已经走到尽头，亟待转变，“两高一低”的国民收入支出及分配结构失衡亟待调整。

第四，政府主导型市场经济的微观基础——要素比价扭曲——已经难以继续维持。

第五，政府主导型经济的宏观调控管理方式已经渐趋失效。

正是因此，转变发展方式从而调整结构失衡方能实现国民经济在新阶段健康持续稳定发展已经成为共识。然而，转变发展方式，调整结构失衡以全面深

* 本文原载于香港《经济导报》2013年第23期。

化改革为前提。改革的关键是调整政府与市场的关系。关于全面深化改革，调整政府与市场的关系，在经济上大体应包括以下几个主要方面。

第一，从政府主导型市场经济转向现代市场经济。市场经济以分立的知识利用为前提，因此，在宪法与法律框架下，各个社会主体根据自己的社会角色及任务，通过多元化的方式实现各自的社会追求，是社会持续健康稳定发展的基础。应当回归市场经济条件下政府的本身职能定位，以公共管理与提供公共服务、公共产品为中心。

第二，政府从全面积极有为，转向有所为有所不为。从正面清单管理向负面清单管理转化。为独立市场主体、社会主体的自主创新提供最大空间。在封闭空间内，负面清单管理与正面清单管理并无实质区别。但是，市场经济是一个广度与深度都无限延伸的开放空间，因此，负面清单管理与正面清单管理代表着完全不同的管理思维。前者是现代市场经济条件下的政府公共管理，后者是政府主导型经济中的全能管理。

第三，矫正要素比价扭曲，恢复要素市场供需双方的力量对比均衡，建设各类市场主体平等竞争的统一的要素市场，在初次分配领域用市场力量基本实现居民部门、企业部门、政府部门的收入分配比例合理化。建立初次分配为主、再分配为辅的合理收入分配格局。

第四，建立健全社会保障体系。

二

民生领域是当前政府应该有所为的重要领域之一。

说到民生，当然，首先是要提高居民收入，缩小收入差距。对此，不少人首先寄希望于政府的再分配。我觉得，政府合理的再分配固然不可或缺，但还是其次。因为，现阶段居民收入占比过低，主要是现行经济体制下，政府为实现赶超战略，扭曲要素比价，使居民作为要素所有者在初次分配中收入过低，资本收入因此过高。此外，垄断、城乡以及城市里不同部门之间劳动力市场多重分割，导致了竞争性领域的“利润侵蚀工资”与垄断性部门的“工资侵蚀利润”两种趋势并存，也是收入差距扩大的重要原因之一。以此而论，要提高居民收入，缩小收入差距，政府要做的可能更多是通过制度供给，打破垄断，推进市场统一，恢复不同市场主体在市场中的力量均衡，在恢复初次分配领域合理分配比例基础上，适度应用再分配手段微调，而非置初次分配领域不顾，更多地运用再分配手段去决定不同阶层的收入。

关注民生，还需要改善满足民生需求的有效供给能力。眼下，与制造业生产能力过剩相反，服务业尤其是关系民生基本需求的服务业存在着严重的有效供给能力不足。提高对居民基本消费需求的有效供给能力，改善居民消费条件以实现现有收入水平下的潜在居民消费需求对改善民生具有重要意义。

医疗服务是民生基本需求。收入的需求弹性大于一。随着生活水平提高，居民对医疗服务的需求将增长得更快。近年来，居民对优质医疗服务的需求增长犹如井喷。可以断言，医疗服务是居民消费服务化阶段的第一朝阳产业。有研究指出：近年来，我国住院需求年均增10%以上，新增医院增速仅为1%。2004～2010年，全国医疗卫生机构诊疗人次数年均增长6.54%，同期执业医师年均增速仅3.43%。需求和供给严重不匹配，供给不足抑制了需求扩张。但是，现行医疗管理体制仍没有摆脱事业管理模式，导致医疗服务无法产业化，医疗服务短缺也就无法克服。经济学告诉我们，对于可分割排他性消费的私人物品，只要开放市场，鼓励进入，促进竞争，资源将优化配置，短缺便能较快克服，价格也将回落至合理水平，消费者因此获得最大福利。[①]

近年来，随着农村人口不断向城市迁徙，城市基础教育供给出现了新的短缺，阻碍了进城农村人口融入城市生活，向新市民转化的进程。

2012年，中国60岁及以上老年人口达到1.94亿，占总人口的14.3%，预计今年将突破2亿，成为世界上唯一一个老年人口超过2亿的国家。然而，社会养老服务供给严重短缺。

寒暑假及五一国庆黄金周的旅游繁荣景象说明，旅游正在成为国人基本的生活消费需求，新的消费热点。

诸如此类，不胜枚举。

制造业生产能力过剩，供大于求，激烈的市场竞争将促进产品专业化分工、产品精细化、品牌及营销、技术创新等，这一切也促进生产服务业的发展。

有研究指出，从日本、韩国转型的经验来看，从高速增长期步入中速增长期后，所有新增就业均来源于服务业。然而，中国服务业发展严重滞后。2011年，中国的第三产业仅占GDP的43.35%，同年相同人均收入组国家的第三产

---

① 参见李文溥：《民生服务的产业化与扩大居民消费——医疗服务市场化的思考》，载《经济导报》2013年第16期。

业占比是55.63%，低收入国家组的第三产业占比是49.82%。中国比低收入国家组的服务业平均占比还低6.47个百分点。

进入中等收入水平之后，居民消费需求将更多转向服务，物质产品生产的效率提高、品质提升，相当程度也建立在服务业发展的基础上。服务业将成为中国经济发展新阶段的新增长领域。

服务业是一个门类跨度较大的产业领域，不同服务业的性质差别甚大。

对于可排他可分割性消费而且不存在严重信息不对称的竞争性服务业，政府主要的职责是放开市场，开放投资领域，实行负面清单管理，降低准入门槛，创造所有市场主体平等竞争的市场环境。在这个领域，只要做到了这一点，加上必要的监管，市场将使它健康地发展。餐饮、酒店业就是一个很好的例子。

对于虽属可排他性可分割性消费但存在较严重的信息不对称，具有较大外部性的准竞争性服务业，例如医疗服务等，则应当在政府有效监管下，实行公正报酬率管理，向民营资本开放。这一部分服务业有效供给能力严重不足的重要原因在于市场化进程严重滞后于制造业。我国服务业、公用事业的民营投资占比普遍低于50%，国有企业处于事实上的垄断地位，其中，交通运输、医疗、教育、文娱、电信、金融、公用事业等行业国企投资占比均超过2/3。在福建，制造业97.94%的就业机会是民营经济提供的，但是，服务业仅有35.84%。[①]

因此，发展服务业，政府的主要职责之一是创造制度供给。通过全面深化改革，进一步开放投资领域，打破国有垄断，提供平等竞争机会，对于促进服务业尤其是民生基本需求服务业的发展，具有极为重要的意义。

三

发展服务业，政府的主要职责之二，是为服务业的发展提供必要的空间布局条件。关于这一点，我们的观察发现：

第一，工业发展以大中型城市化为前提，服务业的发展更以大城市为基础。我们依常住人口规模，将福建省的城市分成大城市（常住人口100万以

① 扣除了以提供公共服务为主的第三产业第四层次的从业人员数，这些行业的国有就业比重都在90%以上。

上）、中等城市（常住人口 50 万～100 万）和小城市（常住人口 50 万以下）三组，分别考察其第三产业产值及占比发现，在 2000～2012 年，大城市的第三产业比重从 44.75% 上升至 50.19%，而中等城市却从 43.23% 降到 39.39%，小城市则从 36.40% 降至 33.53%。大城市与中小城市的第三产业不仅比重差距悬殊，而且发展趋势完全相反。

第二，从世界、中国的人口迁徙趋势看，人口向大城市集聚是共同趋势（见表 1）。

表 1　世界范围不同规模城市的人口比重变化

城市（地区）分类（按人口数）	人口比重（%）	
	1970 年	2011 年
1000 万人以上	2.9	9.9
500 万～1000 万人	8.0	7.8
100 万～500 万人	18.0	21.3
50 万～100 万人	9.4	10.1
低于 50 万人	61.6	50.9

资料来源：United Nations Department of Economic and Social Affairs/Population Division World Urbanization Prospects: The 2011 Revision.

中国的趋势也是如此。2000 年，我国百万人口以上的大城市仅 92 个，2010 年已达到 137 个，增加了 48.9%。[①] 如果按人口计算，则增长的幅度更要大得多。

2000～2010 年，福建省九个设区市中，只有沿海五市人口在增长。这十年，福建人口增长了 279.63 万，其中，厦门、福建、泉州三个市辖区人口过百万的大城市人口增长了 251.85 万，占 90% 以上，光厦门就超过了一半（52.86%）。厦门、福州、泉州市辖区人口占全省的比重上升了 5.63 个百分点。同期，龙岩、三明、南平、宁德四个内陆山区市的人口却是相对、绝对地减少了。人口不仅从内陆向沿海集中，而且从沿海的县和县级市向大城市集中。2000～2010 年，福州市辖区人口增长了近 80 万，下辖的 8 个县和县级市人口却减少了 6.8 万。

当然，我们也发现，当城市人口集聚达到了一定规模之后，单核城市化就向多核城市化或者说都市圈化转变，实现了人口的大范围集中及小区域分散的结合。

服务业的发展以大城市为依托，这是服务生产、消费特有的性质所决定

① 按市辖区常住人口计算。

的。详细阐释不是本文的任务。这里需要说的是：由于城市基础设施强烈的外部性等一系列性质决定，城市发展是一个需要政府有所为的领域。而且，正如斯蒂格利茨所言："21 世纪，中国的城市化和以美国为首的新技术革命将成为影响人类的两件大事。"因此，我们不仅需要政府积极有所为的态度，还需要它正确的战略选择。

调整国民经济结构应控制财政收入增速*

一

国际金融危机使中国经济多年逐步累积不断加剧的国民经济结构失衡充分显现。居民收入、居民消费占 GDP 比重不断下降，居民消费不振，使中国经济在 2008 年之后复苏乏力。“低消费”已成为未来中国经济难以健康持续发展的主要原因。

“两高一低（高投资、高净出口率、低消费）”的国民结构失衡源于政府主导型经济体制下的赶超型发展战略。各级政府不计成本地引进外资，在引资竞争中，不断压低本地生产要素价格，造成了严重的要素比价扭曲，居民作为要素所有者，收入增长缓慢，低于同期经济增长速度。现有的经济发展方式从国民收入支出结构角度看，表现为“投资驱动、出口拉动”；从劳动者报酬占 GDP 比重不断下降的事实看，体现为“利润驱动”。

这一发展方式导致了国民收入分配向企业、政府部门倾斜，居民部门收入占比下降。2000 年，政府部门初次分配收入、可支配收入分别占国民收入 13.13%、14.53%，到了 2009 年，两项收入占比升至 14.58%、18.28%。同期，居民部门的初次分配收入与可支配收入占比从 67.15%、67.54% 降至 60.69%、60.53%。

政府收入占比上升，是财政收入增速长期大幅度超经济增长的结果。2000 年以来，中国财政收入增速持续高于经济增长。预算内财政收入从 2000 年的

---

* 本文原载于香港《经济导报》2013 年第 13 期，原文题目为：《控制财政收入增速与提高国民收入比例，天平向哪边倾斜?》。

1.34万亿元增长到2012年的11.72万亿元，增长8.75倍，年均名义增速高达19.8%，高出同期GDP增速约9.8个百分点。剔除物价因素后，2000～2012年，财政收入年均实际增速约为15.0%，平均高出同期GDP增速约5.0个百分点。长期的超经济增速增长，使财政收入占GDP比重迅速上升。2000年，财政收入占GDP比重约为13.5%；2012年上升到22.6%，年均增长约0.75个百分点。

现有体制下，中国政府所支配的实际收入不仅限于公共财政收入，它至少还应包括：预算外收入、政府性基金收入、国有资本经营预算收入、社会保险基金收入。如果将上述五项收入加总，2010年政府所支配的实际收入占GDP 35.6%，而当年公共财政收入仅占GDP的20.7%。现有的国有资本经营预算收入仅包括上缴财政的国企利润。然而，大部分国企利润并未上缴。但是，尽管如此，它仍然是国家有权支配的资产收益。包括这一部分，2010年政府实际支配的收入占GDP比重高达40.5%。这里尚不包括各地政府以土地为抵押，从银行获得的大量信贷资金。

1978年我国仍是计划经济，财政收入（其口径相当于如今的政府实际支配的收入）占GDP的31.6%，2010年我国已向市场经济转轨多年，政府实际支配收入占GDP比重却提高到了40.5%，占比显然偏高。

二

公共选择理论研究揭示，财政收入占比与GDP增长之间存在着一条类似抛物线的轨迹：当财政收入占比很低时，提高财政收入占比，增加公共产品与公共服务供给，有利于促进经济增长，然而，当财政收入占比超过一定比重，它的继续扩张将不利于经济增长。一个极端的例子是，如果GDP全部为非生产性的政府所占有，那么GDP将因此降为0。

财政收入占比过高不利于经济增长的理由大体如下：

第一，一定时期内，经济体可用资源为定数。越多资源被用于非生产性的政务管理，可用于生产性活动的就越少。在生产效率既定前提下，该经济体的产出就越小。

第二，政府所占有资源越多，不仅挤占可用于生产的资源，而且势必增加对经济的干预与管制。过度干预及管制不利于市场主体自由竞争，将导致经济活力丧失，效率下降，寻租活动增加，使经济体的产出效率下降。

显然，在财政收入占比过低情况下，使财政收入增速在一定期内超过经济增速是必要的，但是，财政收入增速长期超过经济增速，显然不可行。在中国，近十多年来，财政收入增速大幅度超经济增速增长，导致了一定经济结构失衡。此时，适当控制以至一定程度地降低财政收入增速，与经济增长保持适当比例，提高居民收入水平尤其是中低收入阶层收入，显然是必要的。它是调整现有国民经济结构失衡，改善城乡居民内部收入差距，进而转变经济发展方式的重要政策切入点。

三

适当控制以至适度降低财政收入增速，将对国民经济发展产生何种影响？会不会导致经济增长率下滑？投资与消费的比例将发生何种变化，对居民收入分配以至进出口的影响如何？显然值得关注。由于国民经济是一个整体，因此，这些问题需要应用宏观经济计量模型进行政策模拟方能得出较全面的结论。

厦门大学宏观经济研究中心的“中国季度宏观经济模型”（以下简称CQMM）是一个开放经济条件下需求导向的结构式宏观经济模型，2005 年开始研制，2006 年投入运行，它以短期预测和政策效应模拟分析为主要目的，7 年来已定期发布宏观经济预测报告 14 次。CQMM 依据支出法核算 GDP 的方式，从总需求角度刻画宏观经济变量之间的相互关系，揭示外部经济波动对内部经济影响的传导机制，分析开放条件下宏观经济政策（货币政策、财政政策等）的调控效应。它主要由四个基础模块组成：国内需求模块、进出口模块、政策反应模块及价格模块。连接四个基础模块的是两条主线：一是外部经济波动影响国内经济的传导渠道；二是内部政策效应的传导渠道。最新的 2013 年春季 CQMM 模型为本模型的第三代，共包括 70 个行为方程、9 个恒等式，涉及的变量个数 110 个，其中内生变量 79 个，外生变量及时间虚拟变量 31 个。

我们针对适当控制以至适度降低财政收入增速的宏观经济效果问题，应用 CQMM 进行了政策模拟。这一政策模拟建立在以下基本假设基础上：

假设在 2007 ~ 2012 年，其他条件不变，如果政府适当控制财政收入的实际增速，使其每年比原有实际增速降低 1 个百分点，那么，2007 ~ 2012 年的财政总收入将因此依次减少 417.2 亿元、1047.1 亿元、1769.0 亿元、2857.4 亿元、4436.7亿元和6018.9亿元。从2010年起，财政收入占GDP比重将分别降低0.7个、1.0个和1.2个百分点，整体比重略微回落到占GDP的21%左右。假设将这部分财政收入通过减税或转移支付：（1）平均地提高全体城乡居民的收入；（2）增加占城镇人口20%的低收入者及占农村人口40%的低收入者的收入。

1. 情景一：假定平均提高全体城乡居民收入水平

模型运算结果显示：与基准模拟①相比，GDP平均增长率可提高0.08个百分点；居民消费总额平均增长率增加了1.03个百分点；固定资本形成总额平均增长率下降了0.49个百分点；出口增速将放缓，进口增速有所上升，净出口小幅下降。也即，控制财政收入增速，同时将因此减收的财政收入平均地转移给城乡居民，经济增速并不因此降低；而且由于居民收入提高，居民消费占比将平稳上升，投资比重逐步下降，进口增加，出口减少，顺差缩小，国民经济结构因而得到调整。具体而言：

（1）GDP增长率略有提高。2010～2012年，经济增速基本保持平稳略有上升趋势，年均增长0.08个百分点。其中，2010年较基准模拟上升0.48个百分点，2011年、2012年则分别下降0.06个和0.17个百分点。

（2）居民消费增幅较大，年均增速提高1.03个百分点。2010～2012年，居民消费占比因此分别上升0.45个、0.78个和0.98个百分点。

（3）投资增速下降，固定资本形成总额占比下降。在模拟期间，固定资本形成总额同比增长率相比历史模拟数据下降。2010～2012年，下降幅度分别为0.30个、0.69个和0.47个百分点。资本形成总额占比也有所降低。2010～2012年分别下降0.30个、0.56个和0.68个百分点。

（4）出口增速放缓，进口增速上升，净出口小幅下降。模拟期间内，总出口增长率下降。2010～2012年分别下降0.27个、0.59个和0.39个百分点。总进口增长率变化不大。2010年小幅增加0.23个百分点，2011年和2012年分别下降0.11个和0.07个百分点。净出口占比略微下降。2010～2012年，净出口占比分别下降0.08个、0.14个和0.18个百分点。

综上所述，如果适当控制财政收入增速，将减收的财政收入平均地转移给全体城乡居民，宏观经济效果是：第一，可以提高城乡居民的可支配收入，扩

① 基准模拟表示根据实际数据，利用CQMM模型进行的历史数据模拟。该模拟的数据与实际数据的误差基本维持在1%左右。

大居民消费，从而弥补了因（财政收入减少使）财政支出减少而导致的经济增长减速，经济增速将基本保持平稳略有上升的趋势；第二，居民消费占比上升，资本形成总额及净出口占比下降，总需求结构将因此得以改善；第三，扩大进口需求，降低出口增速，顺差因此缩小。

2. 情景二：假定仅提高城乡低收入组别居民的收入水平

应用CQMM模型中各组别居民的收入行为方程，假定减收的财政收入只转移给城乡低收入居民组别。其中，城镇组别包括最低收入户和低收入户，两者占城镇人口比重均为10%；农村组别包括低收入户和中低收入户，两者占农村人口比重均为20%。按此转移，2010～2012年，这四个组别居民的人均收入将分别增加716.2元、1115.9元和1522.0元。2012年农村中低收入居民收入将增至6329.0元，从原来仅为中等收入组（7041.0元）的68.27%上升至89.89%，提高了21.62个百分点；城镇低收入户收入将增至13945.5元[①]，与城镇中等偏下收入户收入（16761.0元）之比由原来的74.12%提高到83.20%，提高了9.08个百分点。

模型运算结果显示：与基准模拟相比，政策效果更优于前一种政策设计。GDP增长率平均提高了0.13个百分点；居民消费增长率平均增加1.57个百分点；固定资本形成总额增长率平均下降0.74个百分点。居民消费占比进一步提高，资本形成总额及净出口占比进一步下降。总需求结构改善程度比情景一更大。具体而言：

（1）经济增速继续保持平稳增长态势。2010～2012年，GDP同比增长率平均提高0.13个百分点，较之情景一多了0.05个百分点。其中，2010年上升0.76个百分点，2011年和2012年则分别下降0.13个和0.24个百分点。说明快速提高低收入组别城乡居民的收入水平更有利于保持GDP稳定增长。

（2）居民消费占比进一步提高，资本形成总额及净出口占比进一步下降，总需求结构改善力度加大。对比情景一的数据，居民消费占比持续增加，2010～2012年分别上升0.73个、1.19个和1.50个百分点；资本形成总额占比进一步下降，2010～2012年分别下降0.49个、0.85个和1.04个百分点。此外，净出口占比也出现下降。2010～2012年，净出口占比的下降幅度分别为0.13个、0.22个和0.28个百分点，明显大于情景一。

---

① 由于国家统计局暂时只公布城镇中等偏下收入户、中等收入户及中等偏上收入户等三组收入数据，该数据为课题组估算的。

因此，如果将减收的财政收入转移给低收入组城乡居民，虽然还不足以抹平城乡低收入居民与中等收入居民的收入差距，但城乡低收入居民的收入增长已颇为可观，由此产生的消费刺激效应，更有利于促进经济增长，改善总需求结构。这表明，在控制财政收入增速的同时，将因此减收的财政收入向城乡低收入家庭转移，将有利于调整居民内部收入差距，更好地扩大居民消费，降低投资比重，更有效地改善总需求结构，促进经济增长。

四

基于 CQMM 模型的政策模拟结果说明，适当控制财政收入增速并将因此减少的财政收入用于提高城乡居民尤其是中低收入群体收入将有利于促进经济增长，缩小居民内部收入差距；增加居民消费，降低投资比重，扩大进口，降低出口，扩大内需，缩小顺差，宏观经济效果良好。上述政策模拟实际上提出了两个政策建议：

第一，目前及今后一定时期应适度控制从而减缓财政收入增长速度；

第二，将因此减收的财政收入通过一定方式——减税或转移支付——转移给城乡居民尤其是城乡中低收入居民，不仅可以调整政府部门与居民部门之间的收入分配关系，而且还可以缩小居民内部的收入差距。

不过，即使应用模型进行的政策模拟得到了较理想的结果，仍然必须说明，这一政策建议的现实可行性与必要性。目前情况下，提高中低收入组城乡居民收入，缩小居民收入差距的政策必要性显然可以得到认同。可能有所争论的是：中国的财政收入增速是否过高？中国的政府收入占 GDP 比重是否已经过大，以致需要适当降低财政收入增速，逐步控制政府收入占 GDP 的比重？

我们认为：

首先，适当降低财政收入增速，控制政府收入占 GDP 的比重是深化经济体制改革，处理好政府与市场关系，推动经济发展方式转变的关键性手段之一。财政收入增速与政府收入占 GDP 比重是相互联系的，只有在政府收入占 GDP 比重已经过大，至少不低于正常水平的情况下，适当控制财政收入实际增速，使之与 GDP 增速一致以至略低才是必要的。尽管由于各国政经、财税体制以及政府承担的社会福利、公共服务责任差异较大，很难通过直接的国际比较来评判中国的政府收入占比是否过高，但是，过去十多年，居民人均实际可支配收入的平均增速低于 GDP 和财政收入平均增速 2.5 个和 7.5 个百分点，直接导致最终消费需求尤其是居民消费占比持续大幅度下降；另外，高速增长的财政收入使财政占 GDP 比重迅速提升，年均增长近 0.75 个百分点。如果从更广义的政府实际支配的财力资源来看，中国政府实际支配的收入更远远大于财政收入。2010 年，该比重为 40.5%。这说明，当前国民收入分配结构进而国民经济结构失衡的关键在于：政府实际可支配收入增长过快，限制了居民收入增长空间，抑制了居民消费需求。

限于模型结构，我们仅对适度减缓财政收入增速进行模拟，无法进一步模拟因此可能产生的财政支出结构优化的效应。可以想象，如能在适度减缓财政收入增速基础上，节约行政成本，杜绝公款浪费，扩大民生和保障领域支出，加大转移支付力度，政策的宏观经济效果将更好。过多的财政收入、政府收入用于政府投资项目，用于维持政府运转，用于公务开支，势必导致政府规模过大，侵蚀本应由市场机制发挥作用的领域，难以实现经济发展方式的根本转变；同时，公务消费过多，容易导致浪费，滋生腐败，降低财政资源以至全社会的资源配置及利用效率。

其次，要提高居民消费水平，必须重视调整政府部门与居民部门的收入分配比例。中国最近正在进行的税制体系调整，一项重要内容就是改变以间接税为主的税收体制，提高直接税比重，以缩小居民收入差距、扩大居民消费。2011 年，中国增值税、消费税、营业税、关税四大税种的税收收入约为 4.74 万亿元，占全部税收收入 52.9%。加上进口产品的增值税和消费税，间接税收入约为 6.10 万亿元，占全部税收收入 68.0%；企业所得税、个人所得税和房产税的税收收入合计约为 2.39 万亿元，占全部税收收入 26.7%，其中，房产税仅占全部税收的 1.23%。这与发达国家的税收收入构成形成鲜明对比。2011 年，美国联邦、州和地方的财政总税收预算为 3.63 万亿美元，属于个人直接缴纳的税收比例高达 75%，而消费税等间接税种占比仅 5% 左右。由于间接税主要针对生产环节和流通环节，往往会被生产者或销售者向下游转移，导致税负主要或完全由最终消费者承担，加重了消费者负担。因此，一般而言，一个国家或地区的间接税占比越大，直接税占比越小，越不利于缩小居民收入差距以及提高居民消费。

然而，提高直接税比重存在多种路径。不同的路径可能导致居民税负水平的不同变化而影响居民的消费。研究发现：税负水平对居民消费的影响要远远大于调整税制结构对居民消费的作用。与税负水平相比，调整税制结构对居民消费的作用较小。如果直接税比重上升是以税负水平增加为代价的话，提高直接税占比将很难弥补税负水平上升对居民消费的负作用。在财政收入占 GDP 比重，尤其是总体税负水平没有下降的情况下，以提高直接税比重为导向的税制结构调整将难以有效促进居民消费水平的提升。因此，在实行税制结构调整的同时，必须逐步降低居民的税负水平，方能调整政府部门与居民部门的收入分配关系，有效地提高居民收入，扩大居民消费。

两税合并的要素收入份额影响研究*

一、引言

从2008年1月1日起，我国实施新的企业所得税法。新企业所得税法按照“简税制、宽税基、低税率、严征管”的税制改革原则以及国际通行惯例，统一并适当降低企业所得税税率，统一并规范税前扣除办法和标准，统一税收优惠政策。两税合并有利于营造公平的市场竞争环境，降低市场进入成本、促进产业结构调整。

本文关注两税合并对要素收入份额的影响。固然企业所得税的课税对象是利润，直接效应是减少资本收益，会缩小资本利得收入者与劳动收入者之间的收入差距，但是税收的收入效应及替代效应决定了企业所得税并不完全由资本要素承担，会部分转嫁给劳动要素。因此，两税合并对要素收入份额的影响值得研究。

两税合并的经济影响已受到学界关注，程凌等（2008）在一个可计算一般均衡的模型下，分析了统一企业所得税税率的影响。他们认为，在政策变化当年，统一企业所得税税率对除政府盈余外的其他经济变量冲击不大。税收政策变化在递推期内降低了投资，提高了消费，有利于促进中国经济增长方式转变。朱敏（2008）把税收成本纳入影响跨国企业和本土企业竞争因素，构建了一个跨国企业和本土企业竞争的双寡头模型，强调对跨国企业设置优惠税率使得跨国企业在与本土企业竞争中享受税收成本优势，而跨国企业的超国民待遇反过来加重了本土企业的负担。然而，在考察两税合并对经济影响的文献中，

---

* 本文原载于《南开经济研究》2012年第1期。共同作者：谢攀、刘榆。

关注两税合并对要素收入份额影响的较少。王丽（2008）的研究仅限于国有企业和外资企业，忽略了非公有制企业，并对不同所有制企业设定不同的生产方程。她在考察了统一税率对我国劳动力配置、资本需求及社会整体福利可能带来的影响后认为，两税合并在短期内会使我国社会整体福利略有所下降，长期会使我国的社会福利有所增加。本文将研究对象扩大至《中国税务年鉴》统计口径的所有内资企业和外资企业。① 并设定了统一的生产函数。重点考察两税合并对劳动要素税收负担率的影响。

在研究方法上，哈伯格（Harberger，1962）首次运用两部门一般均衡模型分析公司所得税税负归宿。他将经济划分成企业部门和非企业部门，每一个部门都投入劳动力和资本两种生产要素。此后阿特金森和施蒂格利茨（Atkinson & Stiglitz，1980）建立了一个基本的跨期模型，并用几何图形对两部门一般均衡原理进行了形象的说明，发现所得税和消费税对居民的储蓄决策具有不同的作用。富勒顿和梅特卡夫（Fullerton & Metcalf，2002）用两部门一般均衡模型分析多种税收关系。张阳（2002，2008）在两部门一般均衡模型框架下，讨论了局部要素税的收入效应和替代效应，发现2005年资本要素只承担了税负总额的83%左右，其余17%左右的税负转嫁给劳动要素承担。与以往文献不同，本文在上述模型基础上，以企业所得税为研究对象，构建税负在不同要素所有者之间归宿的理论模型，分析在外商投资比例较高和较低的产业中，资本要素和劳动要素对企业所得税的负担比率在内外资企业所得税合并实施前后的变化。

二、模型构建

为了便于对企业所得税负归宿进行一般均衡分析，全面反映两税合并对要素收入份额的影响，我们将经济系统划分为四个维度。供给维度：通过生产函数反映要素需求和产品供给之间的关系；需求维度：通过产品的需求弹性反映价格变化和产品需求变化之间的关系；要素供给维度：通过市场出清条件反映不同生产要素供给的相对变化关系；投入产出维度：通过要素总收益等于产品收益说明产品收益的变化与要素收益变化的关系。

---

① 2008年及以前年份的《中国税务年鉴》对企业所得税的统计分为两部分，一是企业所得税，二是外商投资企业和外国企业所得税。两税合并后，《中国税务年鉴（2009）》对企业所得税依然分开列示，分别为内资企业所得税、外资企业所得税。

（一）模型结构

1. 供给

假定一个完全竞争经济生产两种最终产品，生产函数是规模报酬不变的，以 Z 代表两种产品中的任一种产品：

$$Z = F(K, L) \tag{1}$$

其中，K 和 L 分别表示资本要素和劳动要素，对生产函数全微分可以得到：

$$\mathrm{d}Z = F_K \mathrm{d}K + F_L \mathrm{d}L$$

其中，$F_K = \partial F / \partial K$ 是资本的边际产量，$F_L = \partial F / \partial L$ 是劳动的边际产量。对上式两端除以 Z，可以得到：

$$\frac{\mathrm{d}Z}{Z} = \frac{F_K K}{Z}\frac{\mathrm{d}K}{K} + \frac{F_L L}{Z}\frac{\mathrm{d}L}{L}$$

$$\hat{Z} = \theta_K \hat{K} + \theta_L \hat{L} \tag{2}$$

其中，$\theta_k = \frac{F_K K}{Z}$、$\theta_L = \frac{F_K L}{Z}$分别表示要素收入 K 和 L 占 Z 产品收入的份额。“^”表示变量的相对变化程度，例如 $\hat{X} = \frac{\mathrm{d}X}{X}$。

资本要素和劳动要素之间的替代弹性为：

$$\sigma = \frac{\mathrm{d}\ln(K/L)}{\mathrm{d}\ln(w/r)}$$

其中，w 和 r 代表工资和利率，上式可进一步计算：

$$\sigma = \frac{\mathrm{d}\ln(K/L)}{\mathrm{d}\ln(w/r)} = \frac{\mathrm{d}\ln(K) - \mathrm{d}\ln(L)}{\mathrm{d}\ln(w) - \mathrm{d}\ln(r)} = \frac{\hat{K} - \hat{L}}{\hat{w} - \hat{r}}$$

可以得到与替代弹性相联系的方程：

$$\hat{K} - \hat{L} = \sigma(\hat{w} - \hat{r}) \tag{3}$$

现在考虑两种最终产品，让 Z 分别取 X 和 Y，在表达式显示下标 X 和 Y，并在需要时给表达式加注下标 X 和 Y。

首先，在式（1）中，让 Z 分别取 X 和 Y，即 $X = F_X(K_X, L_X)$，$Y = F_Y(K_Y, L_Y)$，则式（2）变成如下两式：

$$\hat{X} = \theta_{KX}\hat{K}_X + \theta_{LX}\hat{L}_X \tag{2a}$$

$$\hat{Y} = \theta_{KY}\hat{K}_X + \theta_{LY}\hat{L}_Y \tag{2b}$$

易证：$\theta_{KX} + \theta_{LX} = 1$，$\theta_{KY} + \theta_{LY} = 1$。

其次，相应地在式（3）$\hat{K} - \hat{L} = \sigma$（$\hat{w} - \hat{r}$）中，分别让 Z 取 X 和 Y，可以得到：

$$\hat{K}_X - \hat{L}_X = \sigma_X(\hat{w}_X - \hat{r}_X) \tag{3a}$$

$$\hat{K}_Y - \hat{L}_Y = \sigma_Y(\hat{w}_Y - \hat{r}_Y) \tag{3b}$$

在式（3a）和式（3b）中，市场中的工资和资本的相对变化程度可记为 $\hat{w}$ 和 $\hat{r}$，则有：

$$\hat{w}_X = \hat{w}, \hat{w}_Y = \hat{w} \text{ 和 } \hat{r}_X = \hat{r} + \hat{t}_{KX}, \hat{r}_Y = \hat{r} \tag{4}$$

其中，t_{KX}为企业所得税税率。因为收税后的厂商面对的利率相当于 $r_X = r(1 + t_{KX})$所以：

$$\frac{\mathrm{d}r_X}{r_X} = \frac{(1 + t_{KX})\mathrm{d}r + r\mathrm{d}t_{KX}}{r(1 + t_{KX})} = \frac{\mathrm{d}r}{r} + \frac{\mathrm{d}t_{KX}}{(1 + t_{KX})}$$

$$\hat{r}_X = \hat{r} + \hat{t}_{KX}$$

即 $\hat{t}_{KX}$本质上反映了总税率 $1 + t_{KX}$的相对变化程度，从而 $\hat{t}_{KX} = \mathrm{d}t_{KX}/$（$1 + t_{TX}$），把它们代入式（3a）和式（3b），可得：

$$\hat{K}_X - \hat{L}_X = \sigma_X(\hat{w} - \hat{r} - \hat{t}_{KX}) \tag{5}$$

$$\hat{K}_Y - \hat{L}_Y = \sigma_Y(\hat{w} - \hat{r}) \tag{6}$$

2. 需求

同理于式（3）的推导，消费者对于产品 X 和 Y 之间的需求替代弹性 σ_D 可以表示为：

$$\hat{X} - \hat{Y} = \sigma_D(\hat{p}_X - \hat{p}_Y) \tag{7}$$

其中，p_X 表示 X 产品的价格，p_Y 表示 Y 产品的价格。$\hat{p}_X = \frac{\mathrm{d}p_X}{p_X}$和 $\hat{p}_Y = \frac{\mathrm{d}p_Y}{p_Y}$。

3. 市场出清条件

生产要素总供给固定并且得到充分运用，要素的市场出清条件为：

$$K_X + K_Y = \bar{K} \tag{8}$$

$$L_X + L_Y = \bar{L} \tag{9}$$

式（8）、式（9）中，$\bar{K}$、$\bar{L}$ 分别表示给定的资本要素总供给和给定的劳动要素的总供给。

对上两式微分后，分别除以 $\bar{K}$ 和 $\bar{L}$ 得到：

$$\frac{K_X}{\bar{K}}\frac{\mathrm{d}K_X}{K_X} + \frac{K_Y}{\bar{K}}\frac{\mathrm{d}K_Y}{K_Y} = 0 \tag{10}$$

$$\frac{L_X}{\bar{L}}\frac{\mathrm{d}L_X}{L_X} + \frac{L_Y}{\bar{L}}\frac{\mathrm{d}L_Y}{L_Y} = 0 \tag{11}$$

以上两式可以写成：

$$\lambda_{KX}\hat{K}_X + \lambda_{KY}\hat{K}_Y = 0 \tag{12}$$

$$\lambda_{LX}\hat{K}_X + \lambda_{LY}\hat{K}_Y = 0 \tag{13}$$

其中，$\lambda_{KX} = \frac{K_X}{\bar{K}}$和 $\lambda_{KY} = \frac{K_Y}{\bar{K}}$表示生产 X 和 Y 产品的资本占全部资本的比例，$\lambda_{LX} = \frac{L_X}{\bar{L}}$和 $\lambda_{LY} = \frac{L_Y}{\bar{L}}$表示生产 X 和 Y 产品的劳动占全部劳动的比例。

4. 定价方程式

在完全竞争和规模报酬不变的条件下，投入与产出相等意味着总产出等于所有投入要素的收入：

$$p_X X = w_X L_X + r_X K_X$$
$$p_Y Y = w_Y L_Y + r_Y K_Y$$

根据式（3），即：$\hat{w}_X = \hat{w}$，$\hat{w}_Y = \hat{w}$ 和 $\hat{r}_X = \hat{r} + \hat{t}_{KX}$，$\hat{r}_Y = \hat{r}$，可以得到：

$$p_X X = wL_X + r(1 + t_{KX})K_X \tag{14}$$

$$p_Y Y = wL_Y + rK_Y \tag{15}$$

在完全竞争的条件下，要素价格等于要素边际产量乘以产品价格，因而对于资本要素 K 有下列关系：

$$p_X F_{XK} = r(1 + t_{KX}) \tag{16}$$

$$p_Y F_{YK} = r \tag{17}$$

其中，F_{XK} 和 F_{YK} 分别表示 X 和 Y 两部门生产的资本边际产量。对于劳动要素 L 有：

$$p_X F_{XL} = p_Y F_{YL} = \omega \tag{18}$$

其中，F_{XL} 和 F_{YL} 分别表示 X 和 Y 两部门生产的劳动边际产量。把式（14）和式（15）分别将生产要素 X 和 Y 微分，再分别除以 $p_X X$ 和 $p_Y Y$，结合式（16）、式（17）、式（18），在 $t_{KX}=0$ 处可以得到：

$$\hat{p}_X + \hat{X} = \theta_{KX}(\hat{r} + \hat{t}_{KX} + \hat{K}_X) + \theta_{LX}(\hat{w} + \hat{L}_X) \tag{19}$$

$$\hat{p}_L + \hat{Y} = \theta_{KX}(\hat{r} + \hat{K}_Y) + \theta_{LY}(\hat{w} + \hat{L}_Y) \tag{20}$$

（二）均衡状态

综上所述，模型中方程为式（3）、式（4）、式（5）、式（6）、式（7）、式（12）、式（13）、式（19）、式（20），共有 9 个与线性无关的方程，10 个未知数 $\hat{\omega}$、$\hat{r}$、$\hat{p}_X$、$\hat{p}_Y$、$\hat{X}$、$\hat{Y}$、$\hat{K}_X$、$\hat{K}_Y$、$\hat{L}_X$、$\hat{L}_Y$。由于假定生产函数规模收益不变，方程组在价格上是零阶齐次的，即把所有价格增加相同的倍数对资源配置不会产生影响。因此，可以选择一种物品的价格作为计价物，使它的价格变化固定为 0，其他价格都以计价物单位来表示。这里确定劳动为计价物，即工资增长率 $\hat{w}=0$。现在未知数减少到 9 个，与线性无关的方程个数相等。这是方程组有唯一解的条件。计算可以得到：

$$\hat{r}^* = \frac{\sigma_D\theta_{KX}(\lambda_{LX} - \lambda_{KX}) - \sigma_X(\theta_{KX}\lambda_{LX} + \theta_{LX}\lambda_{KX})}{\sigma_D(\theta_{LX} - \theta_{LY})(\lambda_{LX} - \lambda_{KX}) + \sigma_X(\theta_{KX}\lambda_{LX} + \theta_{LX}\lambda_{KX}) + \sigma_Y(\theta_{KY}\lambda_{LY} + \theta_{LY}\lambda_{KY})}\hat{t}_{KX} \tag{21}$$

由于 $\hat{w}=0$，那么 $\hat{r}$ 表示资本租金与工资比率的变动率。

式（21）中分母总是正的。因为 $\theta_{LX}-\theta_{LY}$ 和 $\lambda_{LX}-\lambda_{KX}$ 的符号相同，它们同时为正或同时为负。分子中的第二项总为正。分子中第一项的符号取决于被征税的 X 部门的资本密集度。如果 X 部门是资本密集型的，也就是 $\lambda_{LX}<\lambda_{KX}$，那么分子中第一项是负的，因此整个分子是负的。如果 x 部门是劳动密集型的，也就是 $\lambda_{LX}>\lambda_{KX}$，那么分子中第一项是正的，整个分子等于两个正数相减，因此符号是不确定的。

（三）税负归宿

根据资本租金与工资比率的变动率 $\hat{r}$ 的取值，可以判断对 X 部门资本要素征收的企业所得税变化后，资本要素和劳动要素各自承担了多少税负，也就确定了税负在不同要素所有者之间的归宿。

如果 $\hat{r}^*=0$，那么对 X 部门资本征税后，整个经济的租金与工资比率不变，资本与劳动要素将按照它们税前对国民收入的贡献比例承担税收负担；如果 $\hat{r}^*<0$，那么征税后，整个经济的租金与工资比率降低，资本承担税收负担的比例大于税前它对国民收入的贡献比例；如果 $\hat{r}^*>0$，那么征税后，整个经济的租金与工资比率升高，资本承担税收负担的比例小于税前它对国民收入的贡献比例。

对 X 部门资本征税变化后，总的税收收入变化为 $K_X\mathrm{d}t_{KX}$，整个经济中资本收入变化为 $-(K_X+K_Y)\mathrm{d}r$，当两者相等 $K_X\mathrm{d}t_{KX}=-(K_X+K_Y)\mathrm{d}r$ 时，资本承担所有税负。定义 $\hat{r}_0$ 为资本承担所有税负时资本价格的变化率。由于 $\hat{t}_{KX}=\dfrac{\mathrm{d}t_{KX}}{1+\hat{t}_{KX}}$，$\hat{r}=\dfrac{\mathrm{d}r}{r}$那么：

$$K_X(1+\hat{t}_{KX})\hat{t}_{KX}=-(K_X+K_Y)\hat{r}r$$

由此可得：

$$\hat{r}=-\frac{K_X(1+\hat{t}_{KX})}{(K_X+K_Y)}\hat{t}_{KX}=\hat{r}_0 \tag{22}$$

如将资本的计量单位设定为每单位资本价格为 1 元，则 $r=1$。令 $t_{KX}=1$，则有下式：

$$\hat{r}_0=\frac{K_X}{K_X+K_Y}\hat{t}_{KX} \tag{23}$$

三、实证分析

（一）部门划分

企业所得税是对资本所得征税，营业盈余近似代表了资本收益，[①] 相当于

① 樊纲（2002）认为统计年鉴中的营业盈余较好地反映了资本收入情况，可以用营业盈余近似表示全部资本的收益。《中国财产性生产要素总量与结构分析》，中国经济改革研究基金会重点课题。

企业所得税税基。因此，可以用每个行业的企业所得税税负总额与营业盈余的比值来反映该行业的企业所得税负担率。根据利用外资的程度，我们把全部产业部门划分为两大类：一类是利用外资程度较高的部门，即 X 部门；另一类是除 X 部门以外的所有部门，即利用外资程度较低的部门，即 Y 部门。这样的划分，有助于反映内外资企业所得税合并对不同资本构成企业的影响。X 部门生产产品 X，Y 部门生产产品 Y。生产产品 X 和 Y 都会用到两种生产要素劳动力 L 和资本 K。要素 L 和 K 的价格分别为工资率 w 和租金率 r。X 部门的产业 2008 年以前承担的企业所得税负较重，对 X 部门的资本征收从价税，税率为 t_{KX}，资本的含税价格为 $r(1+t_{KX})$。

1. 行业要素收入和税负

《中国统计年鉴（2009）》中的“2005 年投入产出基本流量表”把我国的生产部门划分为 17 个行业，并提供了这 17 个行业的要素收益。此外，“地区生产总值收入法构成项目”列示了 2007 年我国劳动者报酬和营业盈余分别为 109532.27 亿元和 86245.97 亿元；为了比较两税合并前后税负归宿的变化，按照 1994～2007 年的平均增长率，[①] 估算 2008 年我国劳动者报酬和营业盈余，分别为 123574.31 亿元和 101192.4 亿元，是 2005 年的 1.51 倍和 1.73 倍。按照上述两个增长比例和 2005 年我国 17 个行业的要素收益，可推算得到 2008 年我国 17 个行业的劳动要素收益和资本要素收益，结果如表 1 所示。

表 1　　中国 2008 年生产部门要素收益情况　　单位：亿元

序号	行业	劳动者报酬	营业盈余	序号	行业	劳动者报酬	营业盈余
1	农业	31554.87	1502.02	5	其他制造业	2782.05	5306.31
2	采掘业	3122.26	7461.37	6	电力、热水及水的生产和供应业	10243.36	10481.98
3	食品制造业	2311.42	4304.61	7	炼焦、煤气及石油加工业	2283.90	2800.86
4	纺织、缝纫及皮革产品制造业	4152.96	3282.35	8	化学工业	797.04	1059.44

① 按照《中国统计年鉴》地区生产总值收入法构成项目的数据，1994～2007 年“劳动者报酬”和“营业盈余”的平均增长率分别为 12.82% 和 17.33%。

续表

序号	行业	劳动者报酬	营业盈余	序号	行业	劳动者报酬	营业盈余
9	建筑材料及其他非金属矿物制品业	3972.75	5078.74	14	批发零售贸易、住宿和餐饮业	6728.37	12975.20
10	金属产品制造业	2100.23	2669.07	15	房地产业、租赁和商务服务业	3107.43	3988.95
11	机械设备制造业	3617.15	5027.40	16	金融保险业	3771.08	5011.83
12	建筑业	8382.47	5745.97	17	其他服务业	22827.02	7419.51
13	运输邮电业	5620.36	11339.79	合计		117374.71	95455.39

资料来源：根据 1994 ~2007 年劳动者报酬和营业盈余的年均增长比率估算。

《中国税务年鉴（2009)》中的“2008 年全国税收收入分税种分产业收入情况表”下的“内资企业所得税”和“外资企业所得税”项目提供了 2008 年我国各产业的企业所得税收入，合计为 12195.16 亿元。《中国统计年鉴（2009)》中 2008 年我国企业所得税为 11175.63 亿元。为了与要素收益的统计口径一致，本文以《中国统计年鉴（2009)》的数据为准，把“2008 年全国税收收入分税种分产业收入情况表”中的各行业企业所得税收入分别乘以 0.9164 (11175.63/12195.16 =0.9164)，用其来估算我国各产业的企业所得税，调整后的分产业企业所得税情况如表 2 所示。

表 2　　中国 2008 年分产业企业所得税情况　　单位：亿元

序号	行业	税收	序号	行业	税收	序号	行业	税收
1	农业	4.33	7	信息传输、计算机服务和软件业	567.98	13	居民服务和其他服务业	168.33
2	采矿业	1132.23	8	批发零售业	1474.62	14	教育	5.09
3	制造业	2448.92	9	住宿和餐饮业	55.50	15	卫生、社会保险和社会福利	2.14
4	电力、燃气及水的生产和供应业	391.96	10	金融业	2463.49	16	文化、体育和娱乐业	31.90
5	建筑业	359.16	11	房地产业	1148.55	17	公共管理和社会组织	15.09
6	交通运输、仓储及邮政业	428.58	12	租赁和商务服务业	331.99	18	其他行业	145.78

资料来源：根据《中国税务年鉴（2009)》《中国统计年鉴（2009)》计算整理。

2. 外商投资比例较高的和较低的部门

根据表1和表2计算企业所得税负担率，得到如下结果（见表3）。其中，制造业包括表1中的食品制造业，纺织、缝纫及皮革产品制造业，其他制造业，炼焦、煤气及石油加工业，化学工业，建筑材料及其他非金属矿物制品业，金属产品制造业，机械设备制造业。

表3　2008年中国外商投资比例较高的部门和较低部门的所得税负担率　单位：亿元

行业	企业所得税负担率（%）	表2中对应生产部门	表3中对应所得税行业	两部门划分	企业所得税负担率（%）
农业	0.003	1	1	外商投资比例相对较低的Y部门	12.12
采掘业	15.175	2	2		
运输邮电业	3.779	13	6		
电力、热水及水的生产和供应业	3.739	6	4		
房地产业、租赁和商务服务业	37.112	15	11、12		
其他服务业	12.620	17	8、13、14、15、16、17、18		
制造业	8.29	3、4、5、7、8、9、10、11	3	外商投资比例相对较高的X部门	18.87
批发零售及餐饮业	11.793	14	7、9		
金融业	49.154	16	10		
建筑业	6.25	12	5		

资料来源：根据《中国外商投资报告（2007）》、表1、表2整理计算。

测算近年各产业的企业所得税负担率后，发现近年来绝大多数产业的波动幅度均十分有限，出于数据可得性的限制，根据《外商投资报告（2007）》的各行业吸收外资情况，将所有产业的部门划分为两大类：一是外商投资比例较高的部门，即X部门，包括：制造业、批发零售贸易业、金融业、建筑业等。也就是表1中“3、4、5、7、8、9、10、11、12、16”项中的行业。二是将剩下的产业归为Y部门，即外商投资比例较低的部门，包括：农业、采掘业、房地产业、租赁和商务服务业、其他服务业、运输邮电业、电力、热水及水的生产和供应业等，也就是表1中“1、2、6、13、14、15、17”项中的行业。由于近年租赁和商务服务业外资进入程度逐渐提高，为了避免分类口径细微差能产生的影响，作为稳健性检验，将房地产、租赁和商务服务业从Y部门划出，

划入 X 部门，分析是否会对税负归宿的变化趋势产生影响。

（二）参数确定

1. 基本参数

此时，如将资本的计量单位设定为每单位资本价格为 1 元，根据表 1 和表 3 的分类，2008 年 X 部门的资本 $K_X=53261.78$ 亿元，Y 部门的资本 $K_Y=42193.62$ 亿元。同理，把劳动的计量单位设定为每单位劳动价格为 1 元，2007 年 X 部门的劳动 $L_X=40899.41$ 亿元，Y 部门的劳动 $L_Y=76475.31$ 亿元。两部门要素收益情况如表 4 所示。

表 4　两部门要素收益情况　　单位：亿元

部门	资本收益（营业盈余）	劳动收益（劳动者报酬）
Y 部门	42193.62	76475.31
X 部门	53261.78	40899.41

资料来源：根据表 1、表 3 整理计算。

$\lambda_{KX}=K_X/K=\dfrac{53261.78}{53261.78+42193.62}=0.56$。$\theta_{ij}$表示 i 要素收入占 j 产品收入的份额，例如 $\theta_{KX}=\dfrac{r(1+t_{KX})K_X}{p_X X}$，表示资本要素收入占 X 产品收入的比例。$\theta_{KX}=\dfrac{53261.78}{53261.78+40899.41}=0.57$，类似地可以计算出以下 8 个参数（见表 5）。

表 5　两部门的份额参数

λ_{LX}	λ_{LY}	λ_{KX}	λ_{KY}	θ_{LX}	θ_{LY}	θ_{KX}	θ_{KY}
0.35	0.65	0.56	0.44	0.43	0.64	0.57	0.36

资料来源：根据表 4 整理计算。

2. 要素替代弹性

表 3 中对 Y 部门影响比较大的是制造业，借鉴郑玉歆和樊明太等（1999）对制造业替代弹性的估计结果，Y 部门资本—劳动替代弹性 σ_Y 稳定在 1 附近。X 部门影响比较大的第三产业，这些行业的资本—劳动替代弹性等于 0.5，从而将 X 部门资本—劳动替代弹性 σ_X 设定为 0.5。①

① 稳健性检验部分将放松这一设定。

3. 需求替代弹性

需求替代弹性是指在其他商品价格不变和总支出不变的情况下，某一产品价格变化百分之一，引起需求量变动的百分比。哈伯格（1967）推导出 Y 产品的需求价格弹性 η_Y 与 X 产品和 Y 产品的需求替代弹性 σ_D 有下列关系：[①]

$$\eta_Y = -\frac{P_X X}{P_X X + P_Y Y}\sigma_D \tag{24}$$

在两部门模型中，如果已知一种产品的需求价格弹性，经常用式（24）来计算两种产品之间的需求替代弹性。[②] 例如，哈伯格（1962）[③]、肖文和约翰（Shoven & John，1967）等。

根据投入—产出相等条件，总产出等于所有投入要素的收入。根据表4数据，Y 部门产出 $p_Y Y$ 等于 Y 部门资本要素收入42193.62亿元与劳动要素收入76475.31亿元之和118668.9亿元。同样，X 部门产出 $p_X X$ 等于 X 部门资本要素收入53261.78亿元与劳动要素收入40899.41亿元之和94161.18亿元。X 和 Y 产品之间替代弹性为：

$$\sigma_D = -\frac{118668.9 + 94161.18}{94161.18} \times (-0.89) = 2.01 \tag{25}$$

（三）税负归宿比较

把所有参数值代入式（21）和式（23）可以得到2008年的结果如下：

$$\hat{r}^* = -0.4972\hat{t}_{KX}, \hat{r}_0 = -0.5580\hat{t}_{KX}, \frac{\hat{r}^*}{\hat{r}_0} = 89.11\% \tag{26}$$

$\hat{r}^*/\hat{r}_0$ 衡量了资本承担的企业所得税税负总额。式（26）说明对 X 部门资本征收企业所得税后，资本收益虽然下降，但没有下降到完全承担税负的程度。资

① 推导过程见 Harberger, Some Evidence on the International Price Mechanism, *Journal of Political Economy*, 1957, Vol. 65, No. 6, pp. 514。

② 在线性支出系统下，根据国务院发展研究中心"2002年中国社会核算矩阵（SAM）"，张阳（2007）利用按照居民收入水平分组的横截面数据资料，通过回归得到 η_Y 取值为 -0.89。由于缺乏2002年以后的SAM，故此处沿用 $\eta_Y = -0.89$，作为对需求价格弹性的近似估算。

③ Harberger, Arnold C., The Incidence of the Corporation Income Tax, *Journal of Political Economy*, 1962, Vol. 70, No. 3, pp. 215-240.

本承担了企业所得税税负的89.11%，剩下的10.89%转嫁给劳动要素承担。

依照上述方法测算2007年的企业所得税归宿在资本要素和劳动要素间的归宿结果：企业所得税税负的88.75%由资本承担，11.25%由劳动要素承担。与2008年的结果相比，说明两税合并实施后，劳动要素对企业所得税的实际负担率下降了0.36个百分点，降幅达到3.2%。

四、稳健性检验

两税合并有利于劳动要素对企业所得税实际承担的份额下降。这一判断是否稳健?《中国统计年鉴》中劳动者报酬和营业盈余的核算时，将“房地产业、租赁和商务服务业”合并作为一项，而《中国税务年鉴》的企业所得税核算时，将“房地产业”“租赁和商务服务业”分列为两个项目，而且根据《外商投资报告2007》，近年来金融服务业的外商投资比例有所提高。为了避免核算口径差异产生的影响，在分析其是否会对税负归宿的变化趋势产生影响时，我们将企业所得税负担率波动幅度较大的房地产业、租赁和商务服务业从Y部门剥离，划入X部门。

此时，X部门包括：制造业、建筑业、批发零售贸易、住宿餐饮业、房地产、租赁和商务服务业、金融保险业等；Y部门包括：农业、采掘业、运输邮电业、批发零售贸易、电力、热水及水的生产和供应业、其他服务业等。X部门和Y部门的企业所得税平均负担率分别为22.52%和7.12%。X部门的企业所得税平均负担率是Y部门的3.16倍左右。

将资本和劳动的计量单位分别设定为每单位资本价格为1元和每单位劳动价格为1元，从而2008年X部门资本$K_X=57250.72$亿元，Y部门资本$K_Y=38204.67$亿元，X部门劳动$L_X=44006.84$亿元，Y部门劳动$L_Y=73367.87$亿元（见表6）。

表6　　两部门要素收益情况　　单位：亿元

部门	资本收益（营业盈余）	劳动收益（劳动者报酬）
Y部门	38204.67	73367.87
X部门	57250.72	44006.84

资料来源：根据表1整理计算。

类似地，可以计算出以下8个参数（见表7）。两部门的份额其他参数值，$\sigma_X=0.5$，$\sigma_Y=1$，$\sigma_D=1.871$。

表 7　　两部门的份额参数

λ_{LX}	λ_{LY}	λ_{KX}	λ_{KY}	θ_{LX}	θ_{LY}	θ_{KX}	θ_{KY}
0. 37	0. 63	0. 60	0. 40	0. 43	0. 66	0. 57	0. 34

资料来源：根据表 6 整理计算。

把所有参数值代入式（21）和式（23）可以得到：

$$\hat{r}^{*} = -0.5245\hat{t}_{KX}, \hat{r}_0 = -0.5998\hat{t}_{KX}, \frac{\hat{r}^{*}}{\hat{r}_0} = 87.46\%$$

由此说明，资本承担了企业所得税税负的 87. 46%，剩下的 12. 54% 转嫁给劳动要素承担。测算 2007 年的企业所得税归宿在资本要素和劳动要素间的归宿情况，结果发现企业所得税税负的 87. 13% 由资本承担，12. 87% 由劳动要素承担。因此，劳动要素对企业所得税的实际负担率在“两税合并”后下降了 0. 33 个百分点，即下降了 2. 56%。这表明，“两税合并”实施后，在合理的参数条件下，无论是将房地产业、租赁和商务服务业划入 Y 部门还是 X 部门，均有利于降低劳动要素税收负担率。

表 8　　产品替代弹性和要素替代弹性变化情况

年份	分类方法一		分类方法二	
	σ_D	σ_X	σ_D	σ_X
2007	2. 0199	0. 5	1. 8783	0. 5
2008	2. 0116	0. 5	1. 8706	0. 5

注：根据稳健性检验结果整理，σ_D 为 Y 产品对 X 产品的替代弹性，σ_X 为 X 部门劳动要素对资本要素的替代弹性。

五、结论及政策含义

综合以上结果，有以下结论。第一，比较两税实施前后，无论在哪种分类方法下，均有 $\lambda_{KX} > \lambda_{LX}$ 和 $\lambda_{LY} > \lambda_{KY}$ 成立，这表明外商投资比例较高的部门具有资本密集型的特征，外商投资比例较低的部门具有劳动密集型的特征。税率合并，并没有影响不同行业对外资的吸引力。第二，实证结果预示，如果 Y 产品对 X 产品的替代比 X 部门劳动要素对资本要素的替代更不容易，那么劳动要素将承担更少的税负，相应地，资本要素承担更多的税负。2008 年 Y 产品对 X 产品的替代弹性 σ_D 均低于 2007 年的水平（见表 8）。这意味着，两部门产品之间的替代与外商投资比例较高部门的劳动对资本替代相比，在两税合并之后变得更加不易，从而使劳动与资本承担的税负此消彼长。出于基础数据可得性的考虑，此处假设 σ_X 不变。如果放松假设，允许 σ_X 变化是否会有影响呢?

X 部门中的房地产业在历年外商投资总额占比仅次于制造业，两税合并以后，在对资本收益的平均税负上升的情况下，预期劳动要素对资本要素的替代弹性会上升，$\sigma_D-\sigma_X$ 的差依然会呈现缩小的趋势，从而并不影响劳动与资本承担的税负此消彼长的判断。

两税合并的实施不仅直接减轻了内资企业税负，降低市场进入成本，而且改善了劳动要素在国民收入再分配过程中的地位。随着税制改革的深入推进，内资企业将在更多的领域获得与外资相同待遇，但同时也必须注意到内资中的民间投资实际面临的有形和无形的进入壁垒依然存在。因此，进一步拓宽民间投资的领域和范围，规范设置投资准入门槛，创造公平竞争、平等准入的市场环境不仅有利于民间投资健康发展，也是合理调整收入分配关系应有之义。

参考文献

［1］程凌、张金水、潘慧峰：《内外资企业所得税改革效果分析》，载《世界经济》2008 年第 10 期。

［2］商务部：《中国外商投资报告 2007》，2008 年。

［3］王丽：《我国两税合并的社会经济福利效应分析》，载《财经研究》2008 年第 3 期。

［4］张阳：《中国企业所得税税负归宿的一般均衡分析》，载《数量经济技术经济研究》2008 年第 4 期。

［5］张阳：《中国税负归宿的一般均衡分析与动态研究》，中国税务出版社 2007 年版。

［6］郑玉歆、樊明太：《中国 CGE 模型及政策分析》，社会科学文献出版社 1999 年版。

［7］朱敏：《两税合并对本土企业的影响及合并后最优税率的设计》，载《上海经济研究》2008 年第 11 期。

［8］Atkinson, Anthony B., Joseph E. Stiglitz, *Lectures on Public Economics*, *Economics Handbook Series*, New York: McGrawHill, 1980.

［9］Fullerton, Don, Diane Lim Rogers, Lifetime Versus Annual Perspectives on Tax Incidence, *National Tax Journal*, 1991, Vol. 44, No. 3, pp. 277 – 287.

［10］Harberger, Arnold C., The Incidence of the Corporation Income Tax, *Journal of Political Econ-omy*, 1962, Vol. 70, No. 3, pp. 215 – 240.

［11］Metcalf, Gilbert E. *The Lifetime Incidence of State and Local Taxes*: *Measuring Changes During the* 1980*s*, In Tax Progressivity and Income Inequality, edited by Joel Slemroad, Cambridge: Cambridge University Press, 1994, pp. 59 – 88.

财政政策：供给冲击与宏观经济波动*

——基于 RBC 模型的实证研究

一、引言

囿于传统凯恩斯主义的理论框架，关于我国财政政策对经济周期波动作用的研究大多从需求管理角度入手，集中讨论财政政策的“挤出”或“挤入”效应，此外，也有一些研究讨论财政政策对经济增长的作用，侧重其供给冲击效应。

基于研究目的及技术考虑，目前国内对财政政策的需求管理效应与供给管理效应的研究基本上是分开进行的，前者假定研究期限内，经济供给能力不变，后者则反之。然而，在现实中任何经济政策的影响往往是多方面的。就财政政策而言，因其收支项目不同，在影响社会需求总量的同时，必然引起需求构成或多或少的变化；着眼于扩大社会需求总量的政策举措，不仅扩大了短期社会需求，而且会改变经济长期的供给能力。以基础设施投资为例，在短期内，它不仅直接扩大投资需求，而且拉动民间投资，促进就业及私人消费的增加；从长期看，政府投资势必增加一国的基础设施数量，改善其水平，降低私人投资、生产、流通及交易成本，推动经济增长。此外，政府投资所拉动的民间投资，也将促进经济有效供给能力扩大，改善供给结构。因此，就某项财政政策而言，其出发点可能有所侧重，或着眼短期扩大需求，或着眼长期供给能力改善，但影响势必二者兼具，尤其从较长时段考察。

---

* 本文原载于《中国经济增长高峰论坛2009》，中国经济出版社2009年版。共同作者：王燕武、卢盛荣。

基于实际经济周期理论的研究发现，不仅需求冲击，而且供给冲击也对短期经济波动产生重要影响。普雷斯科特和基德兰（Prescott & Kydland，1982）首次利用动态一般均衡理论框架对美国实际经济波动进行研究，认为技术冲击带来的生产率冲击可以解释70%的产出波动。此后二十多年，众多文献证实了这一观点①。可以认为，财政政策对宏观经济波动的作用事实上存在着两种传导渠道：一是调节短期需求，直接作用于经济波动；二是通过不断形成的新生产力，逐步改善供给能力，影响经济波动。

长期以来，对于中国财政政策的讨论，很少将短期需求冲击效应及长期供给冲击效应做统一分析。已有利用实际经济周期理论研究中国财政政策的文献，也主要是将财政作为外生需求冲击变量予以研究的（陈昆亭等，2004；黄赜琳，2005；李浩等，2007）。

本文通过构建一个基准的三部门实际经济周期模型，从需求冲击及供给冲击两个角度考察我国财政政策的宏观经济波动效应及传导渠道。根据研究目的，我们构建了三个模型：一是不包括财政支出的实际经济周期模型（TRBC）；二是财政支出作为需求冲击纳入消费者效应函数的实际经济周期模型（GRBC）；三是将政府生产性支出纳入生产函数，非生产性支出纳入居民效用函数的实际经济周期模型（PRBC），进行比较研究。本文第二部分是模型的构建；第三部分是模型求解及参数校准；第四部分是模拟结果及分析；第五部分是事实解释；第六部分是政策推论。

二、模型的构建②

（一）生产函数的设定

假设经济中存在许多行为一致的竞争性厂商，每个厂商的生产函数均服从C－D函数形式。为研究财政政策的供给冲击效应，我们在传统的生产函数中引入政府公共资本变量，直接考察其对产出的贡献。具体做法是：将政府支出划分为生产性与非生产性支出，即 $G_t = G_t^c + I_t^G$，其中 I_t^G：政府生产性支出，

① 有关于实际经济周期理论研究的综述，可参见斯坦德勒（Stadler，1994）、丽贝洛（Rebelo，2005）。

② TRBC及GRBC模型可以视为PRBC模型的特例，本文只给出PRBC模型的构建、求解及参数校准，其余两个模型的处理方法基本相似，不再给出。

G_t^c：非生产性政府支出，并且每期的政府生产性支出 I_t^G 将累积成公共资本进入生产函数。由于生产函数主要讨论长期供给能力的改善，因此，在传统的生产函数中引入政府公共资本变量，可以描述财政政策的供给效应，同时，将非生产性政府支出纳入消费者效用函数，可以考察政府非生产性支出对消费者需求的影响。依据阿肖尔（Aschauer，1989）的设定，加入公共资本的生产函数可以写成：

$$Y_t = F(K_t, K_t^G, N_t) = A_t K_t^{\theta_K} N_t^{\theta_N} (K_t^G)^{\theta_G} \tag{1}$$

其中，K_t 表示私人资本存量，K_t^G 表示政府投资形成的资本存量，N_t 表示劳动投入。根据巴克斯特和金（Baxter & King，1993）的假设，我们设定私人部门提供的投入服从规模报酬不变，即 $\theta_K + \theta_N = 1$；政府部门的资本投入对产出的贡献份额 $\theta_G > 0$。A_t 表示生产技术冲击，假设 A_t 服从一阶自回归随机过程，可以得到：

$$\log A_{t+1} = (1-\psi)\log \bar{A} + \psi \log A_t + \varepsilon_t \tag{2}$$

其中，$\bar{A}$ 为技术冲击 A_t 的稳态值，$\varepsilon_t \sim i.i.dN(0, \sigma_\varepsilon^2)$，$\psi \in (0,1)$。

进一步地，私人资本和公共资本的积累方程分别如下：

$$K_{t+1} = (1-\delta_K)K_t + I_t \tag{3}$$

$$K_{t+1}^G = (1-\delta_K)K_t^G + I_t^G \tag{4}$$

其中，I_t 为私人总投资，I_t^G 为政府部门投资，δ_K 为资本的折旧率，$0 < \delta_K < 1$。

（二）代表性居民效用函数

代表性居民的期望效用函数如下：

$$E_0\left[\sum_{t=0}^{\infty} \beta^t U(TC_t, L_t)\right], 0 < \beta < 1 \tag{5}$$

其中，$U(TC_t, L_t) = \log(TC_t) + \theta\log(L_t)$；$TC_t$ 表示居民有效消费，$TC_t = C_t(G_t^c)^\alpha$，其中 C_t 表示私人消费，G_t^c 表示非生产性政府支出，α 代表居民消费与政府支出之间的弹性替代关系①，θ 为消费和劳动的相对权值，L_t 表示休闲

① $TC_t = C_t\ (G_t)^\alpha \Rightarrow \partial C_t/\partial G_t = -\frac{\partial TC_t/\partial G_t}{\partial TC_t/\partial C_t} = -\frac{\alpha\ [C_t\ (G_t)^{\alpha-1}]}{(G_t)^\alpha} = -\frac{\alpha C_t}{G_t} \Rightarrow \frac{G_t}{C_t}\frac{\partial C_t}{\partial G_t} = -\alpha$，即居民消费的政府支出弹性 $\xi_{G_tC_t} = -\alpha$，每产生 1% 的政府支出变化会引起 α% 的居民消费相应变化。

时间。

（三）政府部门

假设政府支出全部来源于税收，并且是以总量税的形式获取，政府税收收入全部用于支出，不考虑转移支付，则政府部门的均衡关系如下：

$$G_t = \tau_t Y_t \tag{6}$$

其中，τ_t 表示总量税税率。现在考虑政府非生产性支出冲击对消费、投资和产出的影响，这意味着政府非生产性支出会影响居民的效用函数，从而影响居民行为选择，影响产出波动。假设政府非生产性支出服从一阶自回归随机过程，可以得到：

$$\log G_{t+1}^c = (1-\psi_g)\log \bar{G}^c + \psi_{g^c}\log G_t^c + \varepsilon_{g^c t} \tag{7}$$

其中，$\bar{G}^c$ 为 G_t^c 的稳态值，$\varepsilon_{g^c t} \sim i.i.dN(0,\sigma_{g^c}^2)$ $\psi_{g^c} \in (0,1)$。

（四）资源约束

假定市场出清，并将居民每期拥有的时间正规化为 1，将得到以下资源约束：

时间约束：

$$L_t + N_t = 1 \tag{8}$$

代表性居民预算约束线：

$$C_t + I_t + G_t = Y_t \tag{9}$$

综上所述，代表性居民的期望效用最大化问题如下：

$$\max E_0\left[\sum \beta^t(\log C_t + \theta\log(1-N_t) + \alpha\log(G_t^c))\right]$$

$$\text{s.t.}\begin{cases} K_{t+1} + K_{t+1}^G = (1-\delta_K)(K_t + K_t^G) + A_t K_t^{\theta_K} N_t^{\theta_N}(k_t^G)^{\theta_G} - C_t - G_t^c \\ \log A_{t+1} = (1-\psi)\log \bar{A} + \psi\log A_t + \varepsilon_t \\ \log G_{t+1}^c = (1-\psi_g)\log \bar{G}^c + \psi_{g^c}\log G_t^c + \varepsilon_{g^c t} \\ K_0, A_0, G_0, \varepsilon_t \sim i.i.dN(0,\sigma_\varepsilon^2), \varepsilon_{g^c t} \sim i.i.dN(0,\sigma_{g^c}^2), \psi, \psi_{g^c} \in (0,1) \end{cases}$$

三、模型求解及参数校准

（一）模型求解

1. 一阶条件

构建拉格朗日生产函数：

$$L = E_0\left[\sum \beta^t(\log C_t + \theta\log(1 - N_t) + \alpha\log(G_t^c))\right] + \sum \beta^{t+1}\lambda_{t+1}[(1-\delta_K)(K_t + K_t^G) + A_t K_t^{\theta_K} N_t^{\theta_N}(K_t^G)^{\theta_G} - C_t - G_t^c - K_{t+1} - K_{t+1}^G]$$

一阶条件如下：

$$\frac{1}{C_t} - \beta\lambda_{t+1} = 0 \tag{10}$$

$$\frac{-\theta}{1-N_t} + \beta\lambda_{t+1}(1-\theta_K)\frac{Y_t}{N_t} = 0 \tag{11}$$

$$\beta\lambda_{t+1}\left[1 - \delta_K + \theta_K\frac{Y_t}{K_t}\right] = \lambda_t \tag{12}$$

$$\beta\lambda_{t+1}\left[1 - \delta_K + \theta_G\frac{Y_t}{K_t^G}\right] = \lambda_t \tag{13}$$

由此可得消费及劳动的欧拉方程如下：

$$\frac{C_t}{1-N_t} = \frac{1-\theta_K}{\theta}\frac{Y_t}{N_t} \tag{14}$$

$$\frac{\beta R_{t+1}}{C_{t+1}} = \frac{1}{C_t} \tag{15}$$

$$\frac{\beta R_{t+1}^G}{C_{t+1}} = \frac{1}{C_t} \tag{16}$$

其中，$R_{t+1} = 1 - \delta_K + \theta_K\frac{Y_{t+1}}{K_{t+1}}$，$R_{t+1}^G = 1 - \delta_K + \theta_G\frac{Y_{t+1}}{K_{t+1}^G}$，分别为私人资本收益率和公共资本收益率。

2. 稳态点的求解

假定经济系统存在均衡点，由于在均衡点时，$X_t = X_{t+1} = \bar{X}$，利用式（1）、式（3）、式（4）、式（6）、式（8）、式（9）、式（14）、式（15）、式（16），假设 $\bar{N}$、$\bar{\tau}$、$\bar{A}$ 已知，则各变量的稳态值为：

$$
\begin{cases}
\bar{R} = \overline{R^G} = \dfrac{1}{\beta} \\
\bar{K} = \bar{N}^{\frac{1-\theta_K}{1-\theta_K-\theta_G}} \left[\dfrac{\theta_K}{\dfrac{1}{\beta} - 1 + \delta_K} \right]^{\frac{1}{1-\theta_K-\theta_G}} \left(\dfrac{\theta_G}{\theta_K} \right)^{\frac{\theta_G}{1-\theta_K-\theta_G}} \\
\overline{K^G} = \dfrac{\theta_G}{\theta_K} \bar{K} \\
\bar{Y} = \dfrac{\dfrac{1}{\beta} - 1 + \delta_K}{\theta_K} \bar{K} \\
\bar{I} = \bar{K} \delta_K \\
\overline{I^G} = \overline{K^G} \delta_K \\
\bar{G} = \bar{\tau}\, \bar{Y} \\
\overline{G^c} = \bar{G} - \overline{I^G} \\
\bar{C} = \left[\dfrac{\dfrac{1}{\beta} - 1 + \delta_K}{\theta_K} (1 - \bar{\tau}) - \delta_K \right] \bar{K}
\end{cases}
$$

3. 对数线性化

利用金等（1987）的一阶泰勒级数展开法，以及确定性等价原理，在稳态点附近对式（1）、式（3）、式（4）、式（6）、式（8）、式（9）、式（14）、式（15）、式（16）进行对数线性化转换。对数线性公式如下：$X_t = \bar{X} e^{x_t} \approx \bar{X}(1 + x_t)$，或是 $\log X_t = \log \bar{X} + x_t$，$x_t$ 表示增长率。最终线性化后的方程组为：

$$
\begin{cases}
y_t - c_t = n_t \dfrac{1}{1 - \bar{N}} \\
c_{t+1} - c_t = r_{t+1} \\
c_{t+1} - c_t = r_{t+1}^G \\
y_t - k_t = \dfrac{1}{1 - \beta(1 - \delta_K)} r_t \\
y_t - k_t^G = \dfrac{1}{1 - \beta(1 - \delta_K)} r_t^G \\
k_{t+1} = (1 - \delta_K) k_t + \dfrac{\bar{I}}{\bar{K}} i_t \\
k_{t+1}^G = (1 - \delta_K) k_t^G + \dfrac{\overline{I^G}}{\overline{K^G}} i_t^G \\
y_t = \dfrac{\bar{C}}{\bar{Y}} c_t + \dfrac{\bar{I}}{\bar{Y}} i_t + \dfrac{\bar{G}}{\bar{Y}} g_t \\
\bar{G} g_t = \overline{I^G} i_t^G + \overline{G^c} g_t^c \\
g_t = \tau_t + y_t \\
y_t = a_t + \theta_K k_t + (1 - \theta_K) n_t + \theta_G k_t^G \\
a_{t+1} = \psi a_t + \varepsilon_t \\
g_{t+1}^c = \psi_{g^c} g_t^c + \varepsilon_{g^c t}
\end{cases}
$$

利用待定系数法，令$\begin{cases} n_t = p_1 k_t + p_2 a_t + p_3 g_t^c \\ c_t = q_1 k_t + q_2 a_t + q_3 g_t^c \end{cases}$，可解该线性方程组。

（二）参数校准

1. 政府支出的划分

目前国内外学界对财政的生产性支出范围尚无统一的界定。我们借鉴赵志耘和吕冰洋（2005）的生产性支出定义构建生产性政府支出和非生产政府支出序列。从图1可以看出，自1993年起，我国非生产性政府支出增长速度明显超过生产性支出。

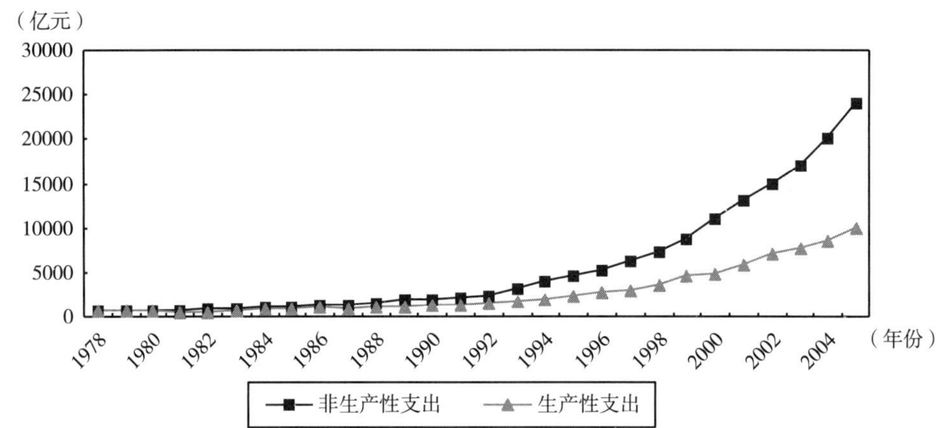

图1　1978～2005年我国非生产性和生产性政府支出趋势变动情况

资料来源：《中国财政统计年鉴（2006）》《中国统计年鉴（2006）》。

2. 生产函数的参数估计

模型所设定的生产函数中，需要测算的参数有 θ_K、θ_N 和 θ_G，由于假设私人资本和劳动力投入仍是规模报酬不变，因此只要测算出 θ_K，就可以直接得到 θ_N。我们首先测算总资本存量及公共资本存量，从总资本存量中减去公共资本存量得到私人资本存量。本文所使用的1978～2005年总资本存量序列，参考了张军和章元（2003）的测算法①，至于公共资本存量，目前国内学界有不同的测算方法（马拴友，2000；廖楚晖和刘鹏，2005；赵志耘和吕冰洋，2005）。我们将赵志耘和吕冰洋（2005）定义的政府生产性支出界定为政府生产性投资流量，进而计算政府的公共资本存量，基期资本则采用国际通用做法处理，折旧率设为5%，最终得到政府公共资本存量数据（见图2）。

根据总资本存量和公共资本存量数据估计生产函数，结果如下：

$$\ln(Y_t/N_t) = -3.214 + 0.7084\ \ln(K_t^i/N) + 0.2832\ln(K_t^G)$$

其中，Y、K^i、K^G 分别为按1978年不变价计算的实际产出、私人资本存量和公共资本存量。根据上述估计结果，可得 $\theta_K = 0.7084$，$\theta_N = 0.2916$，公共资本的产出弹性为 $\theta_G = 0.2832$，小于马拴友（2000）的估计结果（0.55），高于廖楚晖和刘鹏（2005）的估计结果（0.115）。

① 张军和章元（2003）所提供的数据跨度为1952～2001年，以1952年为基期，本文为保持数据的一致性，利用支出法下的年固定资产形成总额以及上海市固定资产价格指数，按照该文所介绍的处理方法，将数据延长至2005年，并将它转换为以1978年为基年的序列，选择的样本跨度为1978～2005年。

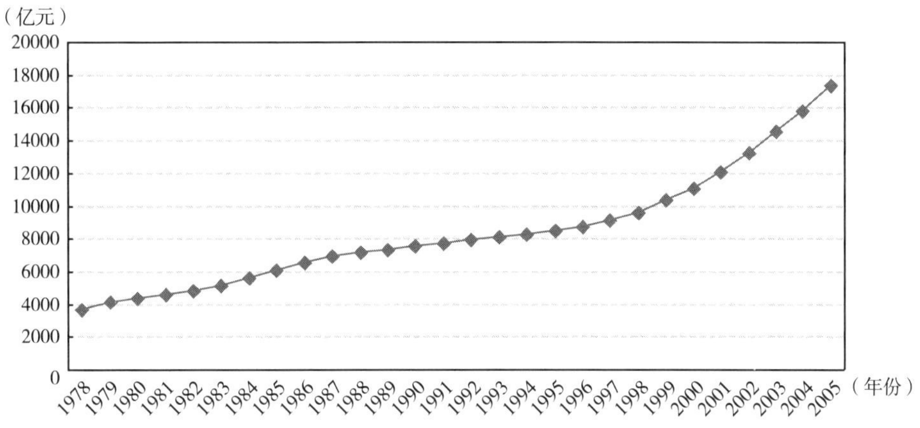

图 2　1978 ~ 2005 年中国公共资本存量的变动趋势情况

3. 代表性居民效用函数有关参数的设置

1978 ~ 2005 年，我国以 1978 年为基年的居民消费价格水平年均上升 5.86%，所以，我们近似地将折现率设为 $\beta = 0.942$。然后，计算政府非生产性支出冲击的一阶自回归系数 ψ_{g^c} 及其标准差 σ_{g^c}：（1）先将政府非生产性支出转化为以 1978 年为不变价的可比价序列，然后取对数；（2）利用 H－P 滤波法消除趋势，并分离出周期序列；（3）对周期序列进行一阶移动平均自回归处理后，得：$\psi_{g^c} = 0.674$，$\sigma_{g^c} = 0.0505$。

4. 技术冲击的参数设定

遵循大多数研究的做法，本文用索洛残差代表技术冲击。由上文的生产函数估计得到残差序列：

$$\ln A_t = \ln(Y_t / N_t) - 0.7084\ln(K_t^i / N_t) - 0.2832\ln K_t^G$$

对其进行一阶自回归后，得到：$\psi = 0.8446$，$\sigma_\varepsilon = 2.96\%$。

5. 其他参数的设定

参考黄赜琳（2005）的设定，将均衡状态下的劳动力设为 $\bar{N} = 0.542$；依据实际经济周期模型的常见做法，均衡状态下的技术水平可以设为 $\bar{A} = 1$；资本折旧率 δ_k 依据王小鲁和樊纲（2000）、马栓友（2000）的假设，设为 0.05；均衡税率 $\bar{\tau}$ 设为 1978 ~ 2005 年各项税收收入占 GDP 比重的平均值，即 $\bar{\tau} = 0.138$；至此模型所需要的参数及其校准的结果全部给出（见表 1）。

表 1　　模型的参数校准结果

变量	$\bar{N}$	β	$\bar{\tau}$	δ_k	θ_K	θ_N
参数值	0.542	0.942	0.138	0.05	0.7084	0.2916
变量	θ_G	ψ_{gc}	σ_{gc}	ψ	σ_ε	$\bar{A}$
参数值	0.2832	0.674	5.05%	0.8446	2.96%	1

根据表 1 的参数校准结果求出待定系数值，解出线性方程组，结果如下：

$$\begin{cases} n_t = -0.0141k_t + 0.4573a_t + 0.0016g_t^c \\ c_t = 1.0184k_t + 0.1349a_t - 0.0031g_t^c \end{cases}$$

代入前文线性化后的方程组，求得以下方程组：

$$\begin{bmatrix} y_{t+1} \\ c_{t+1} \\ n_{t+1} \\ i_{t+1} \\ k_{t+1} \\ r_{t+1} \end{bmatrix} = \begin{bmatrix} 1.0755 \\ 0.2354 \\ 0.3845 \\ 2.1317 \\ 0.1193 \\ 0.1005 \end{bmatrix} a_t + \begin{bmatrix} 0.9863 \\ 1.0171 \\ -0.0141 \\ 0.9732 \\ 0.9987 \\ -0.0013 \end{bmatrix} k_t + \begin{bmatrix} -0.0011 \\ -0.0031 \\ 0.0011 \\ -0.0155 \\ -0.001 \\ -0.00001 \end{bmatrix} g_t^c$$

$$a_{t+1} = 0.8446a_t + 0.0296\varepsilon_t, \varepsilon_t \sim N(0,1)$$

$$g_{t+1}^c = 0.674g_t^c + 0.0505\varepsilon_{gt}, \varepsilon_{gt} \sim N(0,1)$$

假设 $a_0 = 0$，$g_0^c = 0$，$k_0 = 0.0991$，$t = 28$，随机冲击次数 $m = 2000$ 次，利用 Matlab 软件，可以得到各变量的模拟序列均值，经过 HP 滤波处理后，各变量周期成分的统计特征可得。

四、模拟结果及分析

评估 RBC 模型的常用判断标准是比较模型经济与实际经济各变量之间矩的一致性。矩比较通常包含三方面内容：第一，比较各变量的标准差大小，衡量波动性差异情况；第二，比较各变量的自相关系数大小，衡量黏持性差异情况；第三，比较产出与其他变量的同期及跨期相关系数大小，衡量协动性差异情况。为此，必须先把握中国宏观经济变量的实际情况，然后将模拟结果与之对比。

（一）中国宏观经济变量的基本特征事实

由于生产函数的参数估计涉及的是按支出法计算的产出及资本存量，因此，这里的中国宏观经济变量数据除就业人员数外全部引用按支出法计算的统计数据。本文选择实际产出（*GDP*）、实际资本存量（*K*）、实际年度资本形成总额（*I*）、实际居民消费总额（*C*）及从业人员数（*N*）等五个具有普遍代表性的经济变量作为分析对象。数据跨度为 1978～2005 年，数据来源于中经网统计数据库。表 2、表 3 列出了这些变量的基本统计特征。

表 2　　中国宏观经济指标的统计特征

指标	*GDP*	*C*	*I*	*N*	*K*
标准差	0.0319	0.0375	0.083	0.0234	0.0173
自相关系数	0.683	0.627	0.663	0.419	0.642

注：表中各变量均经过取对数后的 HP 滤波处理，只保留周期成分。

表 3　　同 GDP 的横向相关关系 corr(x(t),y(t+k))

指标	-5	-4	-3	-2	-1	0	1	2	3	4	5
GDP	-0.618	-0.640	-0.404	0.098	0.683	1.000	0.683	0.098	-0.404	-0.640	-0.618
C	-0.526	-0.544	-0.375	-0.103	0.374	0.737	0.686	0.297	-0.114	-0.465	-0.600
I	-0.649	-0.450	-0.027	0.453	0.762	0.827	0.444	-0.187	-0.656	-0.792	-0.521
N	0.283	0.397	0.378	0.175	-0.239	-0.566	-0.551	-0.175	0.078	0.217	0.429
K	-0.142	-0.513	-0.693	-0.573	-0.188	0.321	0.577	0.518	0.235	-0.055	-0.208

根据表 2、表 3，本文得到这样的结论：

第一，波动性方面，投资波动幅度为 0.083，约为产出波动的 2.6 倍，居民消费波动幅度为 0.0375，约为产出波动的 1.18 倍，略大于产出波动，就业及资本的波动幅度则分别相当于产出波动的 73.4% 及 54.2%。在以往研究中，卜永祥等（2002）利用 1978～2001 年的中国宏观经济变量数据，测算出：中国投资波动幅度为 0.0849，约为产出波动的 2.73 倍；消费波动幅度为 0.0435，约为产出波动的 1.4 倍；资本的波动幅度相当于产出的 68%。黄赜琳（2005）用 1978～2002 年的数据测算出：中国投资波动幅度约为产出的 3.74 倍，居民消费波动幅度约为产出的 1.16 倍，资本的波动幅度相当于产出的 51.1%。总体上看，我们的研究与其他应用 RBC 模型研究中国情况的结论比较相似。在自然科学中，受控试验结果的可重复性是证明研究结果可靠性，从而承认其发现的关键之一。显然，这一思想在社会科学研究中也是适用的。问题在于目前社会科学研究尚难以进行重复性受控试验。但是，对同一社会过程类似研究的相近结果，可以在一定程度上说明研究结果的可靠性，即我们构建的模型与现实经济比较接近，可以较好地描述改革开放以来中国宏观经济变量的波动情况。

第二，黏持性方面，产出的一阶自相关系数为0.683，就业的一阶自相关系数达到0.419。投资、资本积累及消费的一阶自相关系数分别为0.663、0.642和0.627，体现出我国的宏观经济变量具备较强的自我传导效应。

第三，协动性方面，居民消费、投资与产出显示出很强的顺周期性，资本与产出的同期相关性较弱，且带有明显的超前性，就业与产出的周期变化则表现出较强的同期负相关，并存在一定的滞后正相关性。居民消费和投资的强顺周期性很容易理解，也符合相关经济理论的预期；资本弱周期性及超前性的关键原因在于资本形成的滞后，当期的投入需要一定的时间去转化为资本，形成生产力；就业与产出较强的同期负相关和滞后相关性，则说明了就业波动与产出波动之间的关系：当经济繁荣，订单增加，企业总是先充分挖掘现有人力资源潜力进行产出扩张，只有在经济持续繁荣，不增雇人手就无法增加生产时，才会增加员工；相反，当经济开始下滑时，企业一般并不立即裁员，而是选择减薪，但尽可能维持现有员工就业，以备经济复苏之需，只有到经济下滑一定程度并持续一段时间之后，企业才会考虑裁员。就业与产出较强的同期负相关和滞后相关性，恰好反映了就业波动对产出波动的黏性。

（二）模拟经济与实际经济的比较

根据表4的数据对比，可以看出：考虑了公共资本对生产供给能力的作用的模型（PRBC模型）比将政府支出仅仅视为需求冲击的模型（GRBC模型）以及不考虑政府支出效应的模型（TRBC模型），能够更好地解释中国各宏观经济变量的变化情况。

表4　　实际经济与模拟经济的宏观经济变量的统计特征比较

指标	实际经济			PRBC模型			GRBC模型			TRBC模型		
	Std.	Ac.	corr.	Std.	Ac.	corr.	Std.	Ac.	corr.	Std.	Ac.	corr.
GDP	0.0319	0.683	1	0.0267	0.369	1	0.0173	0.053	1	0.0184	0.11	1
C	0.0375	0.627	0.737	0.009	0.495	0.897	0.0145	0.166	0.966	0.0089	0.226	0.955
I	0.083	0.663	0.827	0.0499	0.361	0.996	0.0403	0.031	0.995	0.0508	0.093	0.986
N	0.0234	0.419	-0.566	0.0087	0.358	0.978	0.0045	0.016	0.977	0.0047	0.099	0.966
K	0.0173	0.642	0.321	0.0071	0.576	0.782	0.0063	0.269	0.904	0.0079	0.379	0.85

注：Std.表示标准差；Ac.表示自相关系数；corr.表示变量与产出之间的相关系数。

1. 与实际经济相比

从波动性上看，PRBC 模型的产出波动的模拟基德兰和普雷斯科特方差比率高达 83.7%[①]，即模型可以解释实际产出周期波动的 83.7%；对于其他实际变量的周期波动，如投资、资本等也有较好的解释，方差比率分别达到 60.12%、41.04%，不过，对居民消费变量、就业变量周期波动解释则略差一些，分别为 24% 和 37.2%。

从黏持性上看，PRBC 模型对产出和投资的一阶自相关系数预测仅为 0.369、0.361，要小于实际经济的 0.683 和 0.663；对资本的一阶自相关系数预测则达到 0.576，接近于实际经济的 0.642，此外，对居民消费、就业的粘持性预测也比较贴近现实。

从协动性上看，模型预测各宏观经济总量均与产出呈现出正相关性，总需求中，消费和投资都是顺周期的，这说明年度资本形成总额、居民消费与产出的波动变化都保持高度的一致性，这与实际相符。另外，模型预测资本也是顺周期的，这也与实际相符。但模型预测就业是顺周期的，虽然较弱，这与我国实际情况不太吻合。此外，从各变量零期前后各 5 期的数据时间序列的自相关性估计来看，PRBC 模型预测资本、消费、产出、就业和投资的趋势关系与实际经济相似，基本给出了较好的预测。

2. 与 GRBC 模型、TRBC 模型相比

将 PRBC 模型的预测结果与 GRBC 模型、TRBC 模型的预测结果进行比较分析可以发现（见表 4）：总体上，PRBC 模型预测的经济波动要大于 GRBC 模型、TRBC 模型的预测，PRBC 模型预测的结果总体上与实际经济更加贴近。

第一，从产出波动来看，不考虑政府支出变量的 TRBC 模型模拟的产出方差比率为 57.7%，将政府支出仅仅视为需求冲击因素的 GRBC 模型模拟的产出方差比率则下降至 54.23%，这表明将政府支出单纯视为需求冲击不能更好地解释产出的周期波动。而 PRBC 模型的产出方差比率大幅度上升到 83.7%，说明将政府支出分解为生产性和非生产性支出，考虑了政府支出对供给能力的作用之后，模型对实际产出波动的解释能力大为提高。也即同时从供给冲击和需

① 基德兰和普雷斯科特方差比率是由基德兰和普雷斯科特提出的一种衡量模拟经济与实际经济一致性程度的计算指标，它是模拟变量与实际变量的标准差之比，一般可以用来表示模型对实际经济的解释能力大小。

求冲击两方面考察我国财政政策对经济周期波动的作用，要优于仅仅从需求冲击角度观察财政政策对经济周期波动的作用。

第二，从投资及资本波动的情况来看，GRBC 模型模拟的投资及资本方差比率分别为48.55%、36.42%，明显小于 PRBC 模型预测的60.12%、41.04%。因此，在调节投资需求周期波动方面，考虑了政府支出的供给效应后，模型对投资波动的解释力度大为加强。在资本周期波动方面，结论也是一样的。

第三，从居民消费和就业的波动情况来看，由于本文所构建的三个模型对居民消费和就业周期波动的预测方差比率都比较低，很难判断哪个模型比较好，这是模型今后需要进一步改进的地方之一。

第四，从各变量的黏持性情况看，GRBC 模型对产出、投资、居民消费、就业、资本的一阶自相关系数预测为0.053、0.166、0.031、0.016、0.269；TRBC 模型对应的预测结果为0.11、0.226、0.093、0.099、0.379，二者的预测结果要明显小于实际经济的情况。比较而言，PRBC 模型的模拟结果明显优于另外两个模型。原因在于 PRBC 模型通过增加了公共资本积累方程后，增强了模拟变量的自我积累效应，从而使其对各经济变量黏持性情况的模拟要远比其他两个模型更贴近现实情况。

第五，从各变量的协动性情况看，如表5、表6及表7所示，三个模型模拟的投资、居民消费、就业、资本变量与产出变量之间都显现出高度的顺周期性，其同期相关系数基本上都超过0.9，其中投资最强，消费、就业次之，资本相对弱些。因此，三个模型事实上都存在着对就业情况预测不符合实际情况的缺陷，这也是模型今后需要改进的地方之一。不过，对比表3，可以发现 PRBC 模型的预测情况相对要好一些，与实际情况更为相似。

表5　TRBC 模型模拟的其他经济变量与同 GDP 的横向相关关系 corr(x(t),y(t+k))

指标	−5	−4	−3	−2	−1	0	1	2	3	4	5
GDP	−0.079	−0.054	−0.127	−0.087	0.110	1.000	0.110	−0.087	−0.127	−0.054	−0.079
C	−0.064	−0.007	−0.018	0.064	0.274	0.955	0.001	−0.178	−0.177	−0.115	−0.161
I	−0.084	−0.078	−0.184	−0.168	0.014	0.986	0.168	−0.032	−0.095	−0.018	−0.030
N	−0.087	−0.089	−0.214	−0.212	−0.039	0.966	0.197	−0.002	−0.077	0.003	−0.002
K	−0.048	0.031	0.077	0.188	0.394	0.850	−0.092	−0.241	−0.207	−0.160	−0.219

注：表中各变量均经过取对数后的 HP 滤波处理，只保留周期成分。

表6　GRBC 模型模拟的其他经济变量与同 GDP 的横向相关关系 corr(x(t),y(t+k))

指标	-5	-4	-3	-2	-1	0	1	2	3	4	5
GDP	-0.022	-0.114	-0.284	-0.040	0.053	1.000	0.053	-0.040	-0.284	-0.114	-0.022
C	-0.055	-0.123	-0.208	0.090	0.210	0.966	-0.026	-0.117	-0.310	-0.110	-0.002
I	-0.010	-0.110	-0.308	-0.088	-0.005	0.995	0.083	-0.010	-0.268	-0.113	-0.028
N	0.005	-0.100	-0.332	-0.144	-0.076	0.977	0.117	0.025	-0.248	-0.112	-0.037
K	-0.076	-0.123	-0.146	0.174	0.307	0.904	-0.081	-0.165	-0.316	-0.103	0.010

注：表中各变量均经过取对数后的 HP 滤波处理，只保留周期成分。

表7　PRBC 模型模拟的其他经济变量与同 GDP 的横向相关关系 corr(x(t),y(t+k))

指标	-5	-4	-3	-2	-1	0	1	2	3	4	5
GDP	-0.222	-0.094	-0.160	-0.078	0.369	1.000	0.369	-0.078	-0.160	-0.094	-0.222
C	-0.117	0.073	0.093	0.199	0.534	0.897	0.190	-0.186	-0.217	-0.164	-0.238
I	-0.238	-0.128	-0.210	-0.134	0.326	0.996	0.398	-0.052	-0.144	-0.077	-0.212
N	-0.255	-0.167	-0.270	-0.204	0.265	0.978	0.429	-0.021	-0.122	-0.055	-0.198
K	-0.058	0.149	0.208	0.317	0.573	0.782	0.089	-0.225	-0.227	-0.186	-0.229

注：表中各变量均经过取对数后的 HP 滤波处理，只保留周期成分。

（三）小结

根据上述比较分析，可以得出两点结论：

第一，PRBC 模型能够解释 80% 以上的产出周期波动，60% 左右的投资周期波动，以及 40% 左右的资本周期波动，但对居民消费和就业等宏观经济变量周期波动特征的解释欠佳。总体上，PRBC 模型可以用来部分解释中国的实际经济波动特征。

第二，PRBC 模型在解释中国宏观经济变量的特征方面优于 GRBC 模型和 TRBC 模型，更贴近实际情况。较之 GRBC 模型，PRBC 模型关注财政政策对宏观经济波动的影响，较之 TRBC 模型，PRBC 模型在考虑了财政支出的需求效应之外，更关注其供给效应。PRBC 模型在解释中国宏观经济变量的特征方面优于 GRBC 模型和 TRBC 模型，更贴近于中国经济的现实运行情况，说明了一个事实：近三十年来，我国的财政政策不仅从需求面，而且从供给面影响着宏观经济运行，经由财政支出形成的公共资本积累（及其引致的民间投资）在扩大社会总需求的同时，也逐步地调整中国经济的结构，改善中国经济的有效供给能力，潜移默化地对宏观经济波动产生重要影响。因此，应当更为全面地看待财政政策对宏观经济波动的作用，在研究财政政策的宏观调控作用时，既重视它对社会总需求的影响，也重视它对社会总供给的影响。

五、事实解释

本文借助实际经济周期理论框架，通过比较包含不同冲击因素的实际经济周期模型，从实证模拟角度揭示了改革开放以来我国财政政策的宏观经济波动效应及其传导渠道。发现：PRBC 模型要比 GRBC 模型具备更强的解释能力，其原因何在呢？关键在于：在我国，政府的生产性支出长期以来就是社会投资的主要驱动力之一，在社会投资中占据重要的地位。因此，政府生产性支出必然会对其他宏观经济变量产生作用。

众所周知，中国经济增长长期以来一直是政府主导型的。在计划经济体制下，资本积累基本完全依赖于政府的投资行为。市场化改革后，政府的职能虽然逐渐转变，但政府对经济的控制仍然根深蒂固，相当长时期里，生产性支出依然在政府总支出中占较大比重。1978 年我国政府生产性支出占财政支出及固定资本形成总额的比重均超过了 50%，这意味政府一半以上的支出是用于生产性投资，同时，社会投资的一半以上是由政府投资提供的。到 2005 年，我国政府生产性支出占财政支出的比重仍接近 30%，占全社会固定资本形成总额的比重仍超过 10%（见图 3）。

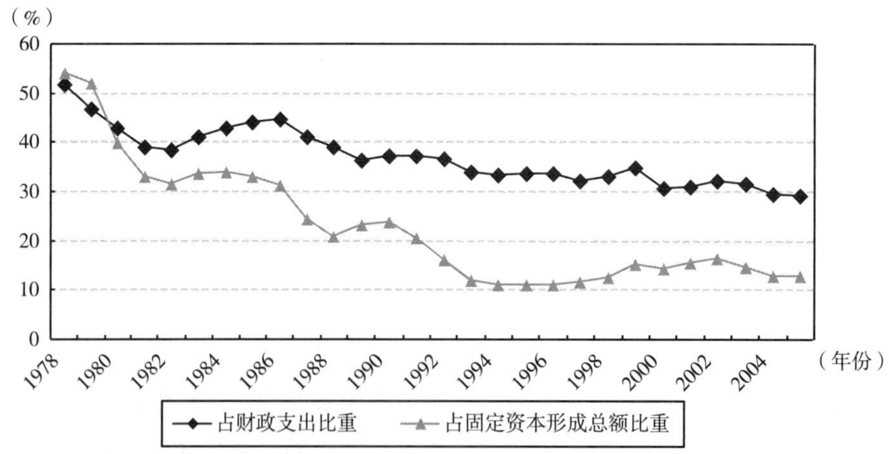

图 3　1978～2005 年政府生产性支出占财政支出及固定资本形成总额比重变化趋势

资料来源：根据中经网数据整理。

从公共资本存量占总资本存量的比重来看，1978 年我国公共资本占总资本存量的比重超过 40%，直到 1986 年以后才开始下降。2005 年，我国公共资本积累占总资本存量的比重仍然达到 19.4%，接近 20%（见图 4）。换句话说，我国近 1/5 的资本存量是由政府公共资本提供的。

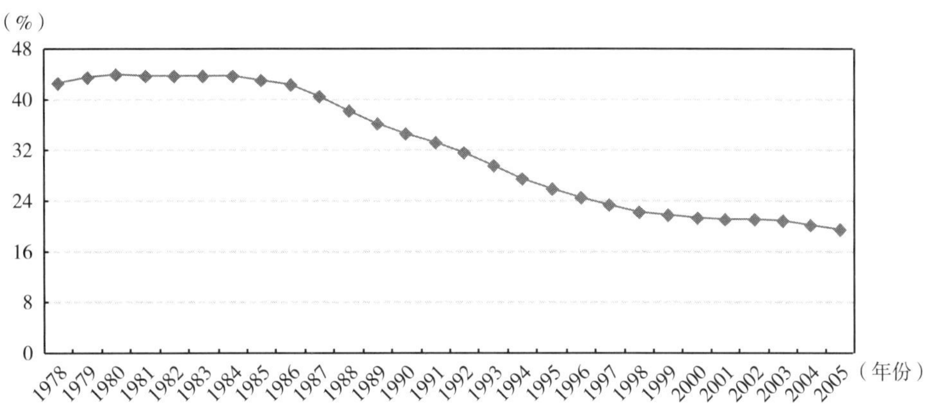

图 4　1978～2005 年我国公共资本积累占总资本存量的比重趋势变化

综上所述，可以得出这样的判断：一方面，财政政策通过支出，直接影响总需求，与此同时，其中的生产性支出不断地形成公共资本积累，改善生产力，对宏观经济持续地产生正向供给冲击，影响总供给。这一观点，也为近期的其他方法研究所证实（龚敏和李文溥，2007）。因此，正是由于考虑了政府生产性支出的总供给效应，而政府生产性支出又在社会投资及资本形成中占据重要地位，区分了政府支出的 PRBC 模型才得以能够更好地解释中国宏观经济的周期波动，这是 PRBC 模型要优于其他两个模型的根本原因所在。

六、政策推论

本文利用实际经济周期理论构造的三个 RBC 模型对中国经济 1978～2005 年数据进行的模拟及其比较研究，证实了我们的一个猜想：财政政策不仅作用于需求，而且同时作用于供给，不仅调节社会需求总量，而且调节社会供给结构。这一猜想的证实，不仅具有学理上的意义，而且具有政策应用上的含义：在重视财政政策的需求管理效应同时，应当重视其对供给调整的作用。这一政策思想，在目前我国经济因国际金融危机而面临需求不足的情况下，尤其具有现实意义。如何面对当前的宏观经济形势，采取适当的宏观经济政策呢？

一方面，它取决于我们对当前宏观经济形势的成因分析（龚敏和李文溥，

2009）。我们认为，导致当前增长率下滑的因素就短期而言，是全球金融危机导致的外部需求萎缩，但是粗放型经济增长累积的总需求结构失衡，萎缩了我国居民的消费能力，却是遭遇外部需求萎缩时我国经济迅速下滑的根本性、长期性内因。仅仅着眼短期调控的总需求管理政策不能转变既有粗放型经济增长方式，因此也不能有效调整“两高一低”的经济结构，势必治标不治本。因此，扩大内需的宏观调控方式要在兼顾短期形势需要的同时，更注重长期经济增长方式的转变和经济结构的调整。

另一方面，它取决于我们对各类宏观经济政策及政策工具效能的认识。以本文所研究的财政政策为例，对于财政政策，如果仅仅认识到其需求管理效能而忽略了它的供给调节效能，在政策实践中，就可能仅仅考虑其需求扩张作用而忽略其他。或极端地如凯恩斯所言，即使是将货币埋藏在地下，再雇人将其挖出也是有效的扩大需求政策。在实行扩大内需的财政政策时，如果只重视公共投资的扩大，忽略了这些投资的地区投向、部门投向、项目的投资回报率、对于改变我国目前失衡经济结构的作用，甚至进一步加深既有的经济结构失衡；如果只重视消费扩大，不惜以政府消费扩张填补居民消费紧缩，或者仅仅重视居民眼前收入的增加——例如发放消费券，或当前消费扩张，忽略了国民人力资本的积累，自主创新能力的形成，居民在开放市场经济条件获取个人收入能力的提高，那么，尽管这样的扩张性财政政策在短期内会扩大内需，一时减缓经济增长率的下滑，但是，从长远看，则得不偿失，因为，它不利于转变既有粗放型经济增长方式，有效地调整国民经济“两高一低”的失衡结构，对中国经济长期持续稳定增长是十分不利的。如果充分认识到财政政策在扩张社会总需求的同时，也将有力地调整全社会的有效供给能力及其结构，那么，扩大内需的宏观调控方式就应当秉持标本兼治的方针，在兼顾短期形势需要的同时，更注重长期经济增长方式的转变和经济结构的调整。所实施的每一项扩张性政策都应当从扩大需求及改善供给两个方面进行审视和评估，尽可能地兼顾两个方面的政策需求。即现阶段我国的宏观调控不仅要关注需求管理，还应当更加重视供给管理，实施兼及中长期供给调整的扩大内需政策。

第一，在重视社会总需求扩张的同时，更要重视总需求结构的调整。当前急需扩大的是居民消费，应该防止再次用政府消费代替私人消费的短视行为。要实现这一点，必须适当调整收入分配政策，加大转移支付力度，降低中低收入居民阶层的隐性税赋，增加农民收入，逐步扩大公共财政及公共产品在农村的覆盖范围，强调民生财政建设，扭转当前政府消费份额过大的局面。

第二，应当乘时因势，理顺要素价格关系，以市场手段淘汰部分低档次出口能力、高资源消耗、牺牲环境的生产能力。通过出口退税政策的调整引导企业调整产品结构，加大对资本密集度高的高新技术产业的税收优惠，发展高端生产，实现产业合理化，提高国际竞争力。

第三，重视人力资本的积累，加大教育力度，改善劳动生产率。扩大科研投入，下大力气建设国家创新体系，提升国家和企业的自主技术创新能力，培育自己的民族品牌，建立自己的国际销售渠道，努力实现从传统的以国内要素低供给价格为基础的价格竞争战略向自主创新基础上的品质竞争战略转化。

参考文献

[1] 卜永祥、靳炎：《中国实际经济周期：一个基本解释和理论扩展》，载《世界经济》2002 年第 7 期。

[2] 陈昆亭、龚六堂、邹恒甫：《基于 RBC 方法模拟中国经济的数值试验》，载《世界经济文汇》2004 年第 2 期。

[3] 龚刚：《实际商业周期：理论、检验和争议》，载《经济学季刊》2004 年第 3 卷第 4 期。

[4] 龚敏、李文溥：《论扩大内需政策与转变经济增长方式》，载《东南学术》2009 年第 1 期。

[5] 龚敏、李文溥：《中国经济波动的总供给与总需求冲击作用分析》，载《经济研究》2007 年第 11 期。

[6] 黄赜琳：《中国经济周期特征与财政政策效应——一个基于三部门 RBC 模型的实证分析》，载《经济研究》2005 年第 6 期。

[7] 李浩、胡永刚、马知遥：《国际贸易与中国的实际经济周期——基于封闭与开放经济的 RBC 模型比较分析》，载《经济研究》2007 年第 5 期。

[8] 李文溥：《经济全球化及其宏观经济政策的影响》，载《厦门大学学报》2000 年第 3 期。

[9] 廖楚晖、刘鹏：《中国公共资本对私人资本替代关系的实证研究》，载《数量经济技术经济研究》2005 年第 7 期。

[10] 刘伟、苏剑：《供给管理与我国现阶段的宏观调控》，载《经济研究》2007 年第 2 期。

[11] 马拴友：《中国公共资本与私人部门经济增长的实证分析》，载《经济科学》2000 年第 6 期。

[12] 王小鲁、樊纲：《中国经济增长的可持续性——跨世纪的回顾与展望》，经济科学出版社 2000 年版。

[13] 张军、章元：《对中国资本存量 K 的再估计》，载《经济研究》2003 年第 7 期。

[14] 张治觉、吴定玉:《我国政府支出对居民消费产生引致还是挤出效应——基于可变参数模型的分析》，载《数量经济技术经济研究》2007 年第 5 期。

[15] 赵志耘、吕冰洋:《政府生产性支出对产出资本比的影响——基于中国经验的研究》，载《经济研究》2005 年第 11 期。

[16] Aschauer, David, Is Public Expenditure Productive?, *Journal of Monetary Economics*, 1989, pp. 177 - 200.

[17] Barro R. J. , Government Spending in a Simple Model of Endogenous Growth, *Journal of Political Economy*, 1990, pp. 98.

[18] Baxter Marianne, King Robert, Fiscal Policy in General Equilibrium, *American Economic Review*, 1993, No. 83, pp. 315 - 334.

[19] Kydland F. , E. Prescott, Time to Build and Aggregate Fluctuations, *Econometrica*, 1982, No. 50, pp. 1345 - 1370.

[20] Rebelo Sergio, Real Business Cycle Models: Past, Present, and Future, NBER Working Paper, 2005.

[21] Stadler W. George, Real Business Cycle, *Journal of Economics Literatute*, 1999, Vol. XXXII, pp. 1750 - 1783.

[22] Uhlig H. , A Toolkit for Analyzing Nonlinear Dynamic Stochastic Models Easily, in R. Marimon and A. Scott (ed.), *Computational Methods for the Study of Dynamic Economics*, New York: Oxford University Press, 1999.

我国地方政府债务警戒线探讨*

一、研究之必要

进行地方政府债务警戒线研究之前，必须提出的是：这是不是一个有意义的问题？对此，有两个相关的问题需要回答：第一，地方政府债务是否存在？第二，地方政府债务是不是一种合理的存在？

在我国，地方政府债务是一个客观存在。20 世纪 80 年代初，中央为支持经济特区、沿海经济开发区的起步建设，曾经向一些地方政府提供开发性贷款；经中央批准，不少地方政府在建设中也利用了一些国际金融组织和外国政府的援助性贷款；新旧体制转轨之际，一些地方政府曾为所属企业向银行担保贷款。[①] 一些地方市政工程项目，虽然是以企业名义向银行贷款投资建设，但是借款担保人和最后债务负担人还是地方财政。这些构成了我国地方政府的现实债务。由于开发性贷款仅限于少数地区，国外援助性贷款数量不大，资格审查较严格，且债务条件比较宽松，地方财政为企业担保贷款也受到严格限制，研究表明，20 世纪 80 年代，债务尚不构成地方财政的沉重负担。但是，“八五”计划之后，一些地方政府为加快基础设施建设，改善投资环境，发展地方社会经济事业，超财力借债，大量为企业提供财政担保，导致了地方政府债务急剧上升。1998 年以来，中央实行积极的财政政策，增发国债，扩大内需，其中约 1/3 转贷地方政府，用于地方建设，同时，银行按一比一比例配套贷款。实行积极的财政政策，从近年我国的宏观经济形势看，有其必要性。国债转贷

---

* 本文原载于《中国经济问题》2000 年第 5 期。共同作者：尚琳琳、林新。

① 这种做法已经被严格禁止，但是，此前担保形成的政府债务负担却是一个客观存在。

为加快地方经济建设、改善投资环境提供了有利契机。当前，继续实行国债转贷仍然是必要的。但是，应当看到，任何政策措施都存在着“度”。“度”之内，作用积极；超出“度”，可能产生负作用。国债转贷和配套贷款形成的地方政府债务数量大，利率高，期限短。[①] 使地方债务的结构迅速改变，平均利率提高，宽限期大大缩短。[②] 其形成的债务更加剧了地方财政的负担，是值得注意的。地方政府债务有一个合理的限度。合理控制地方政府债务规模，无论是对宏观经济稳定还是地区经济健康发展，都有重要意义。因此，地方政府债务警戒线是一个值得研究的问题。

地方政府债务是客观存在的。但是，如果其存在没有合理性，更合理的政策措施就是冻结旧债，逐步化解。地方政府债务警戒线问题的研究是建立在地方政府的债务是合理存在前提下的。《中华人民共和国预算法》（以下简称《预算法》）第二十八条规定：地方各级预算按照量入为出、收支平衡的原则编制，不列赤字。除法律和国务院另有规定外，地方政府不得发行地方政府债券。《预算法》规定的关键是地方政府不能自行举债。也就是说，经过规定手续批准的地方政府举债，是合理，也是合法的。原因主要有两点：第一，如果地方仅依靠本期自身现有财力进行公共投资，发展会受到一定限制。如果能合理利用债务收入，可以扩大建设规模，促进经济增长，推动社会事业进步。第二，地方政府举债主要用于基础设施建设，其受益期很长，惠及一代甚至几代人，如果仅由当代人赋税承担建设成本（即建设支出全部来自当期预算内支出），一方面，会导致税率过高或各种收费增多而影响本期经济稳定和发展速度，另一方面，对当代人是不公平的。从代际公平的角度来考虑，有必要在当代人和后几代人之间合理分配负担。适度举债分期偿还使合理分配负担成为可能。从各国财政实践看，大多允许地方政府举债解决地方建设资金不足问题。中央政府不是限制地方政府举债而是控制其贷款的投向并监控其债务规模。例如日本地方财政法规定地方债券只能用于六种用途，包括地方政府所属企业对交通、煤气和水设施的投资，生产性投资和贷款与某些公共设施的建设等。自治省按“债务偿付率”[③] 的标准来决定是否批准地方政府的债券发行计划。如

---

① 国债转贷利率为5.5%，配套贷款利率为7.65%，而且只有2年的宽限期和4年的还款期，而国外援助性贷款的年利率一般为2.5%左右，而且有5年左右的宽限期和10年左右的还款期。

② 在我们的个案研究中，仅仅一年时间，某市当年债务还款额翻了两番，从6000余万元上升到2亿元多，而且在最近的3~4年中，都将维持较高数值。该市财政的债务宽限期也缩短到3.5年左右。

③ 日本定义的债务偿付率为过去三年中该地方政府用于支付债务的财政支出占其一般财政收入的比例。这一指标类似于国际上通行的衡量债务规模的指标“偿债率”，只不过偿债率是当年的偿债支出占当年财政收入的比重，而国际上通行的偿债率的警戒线为8%~10%。日本的债务偿付率是三年的偿债支出与一般财政收入的比例，所以其控制线定为30%，与偿债率的10%的警戒线正好一致。

果该比例超过30%，除非自然灾害等特殊情况，自治省对新发行债券的计划一般不予批准。如果该比例在20%~30%，则对某些用途（如旅游、社会福利项目等）不予批准（马骏和郑康彬，1997）。这与我国《预算法》的规定在政策思想上基本上是一致的。当然，目前我国关于地方政府举债的具体政策规定尚不够明确，需要根据社会主义市场经济实践的发展逐步解决。

地方政府债务既然是客观存在，而且有合理性，地方政府债务警戒线指标就是一个在理论和政策上需要探讨的问题。

二、地方政府债务警戒指标设计

目前国际上通用的政府债务警戒线指标包括：

债务依存度。公式为：债务依存度 = 当年债务收入额 ÷ 当年财政支出额 × 100%。国际公认的警戒线是15%~20%。

国债综合财政偿债率。公式为：国债综合财政偿债率 = 当年还本付息额 ÷ 当年财政收入总额 ×100%。国际公认的警戒线为8%~10%。

债务负担率。公式为：债务负担率 = 当年债务余额 ÷ 当年 GDP ×100%。国际公认的最高警戒线为45%。

这三个指标从不同角度设定内债的安全界限，其中债务依存度和偿债率从财政收支的角度考察债务的数量界限，债务负担率从国民经济角度考察债务的适度规模。一般来说，需要综合运用三个指标，全面衡量政府的偿债能力。

指标定义及警戒线是根据发达国家的经济发展水平和财政收支情况并针对中央政府确定的，将它们用于我国地方政府，需要分析其适应性。我们认为，在设计地方政府债务警戒线指标，确定其指标值时，以下因素值得注意。

1. 财政统计口径

目前研究债务适度规模，多采用政府公布的预算内收入数据作为财政收入计算上述指标。事实上，我国公布的财政收入只是预算内收入，不是政府的全部财政收入，与国际上通行的财政收入统计口径不同。在国外，财政收入就是政府收入，就是全部纳入预算的政府可用财力。在我国，政府收入同财政收入是两个概念。我国的政府收入除了纳入预算的财政收入和债务收入外，还有预算外收入。按照国际惯例，它应被视为政府财政收入，但在我国这笔数额巨大的收入并没有纳入财政收入。1990 年以来我国财政的预算外收入与预算内收入之比一直都很高（见表 1），1992 年甚至达到 85.76%，1997 年将一批原属预算外的收入科目划进预算内，使预算外收入对预算内收入之比大幅度下降，即使如此，仍然高达 60.60%，因此，在设计和计算有关指标时，应考虑到这一因素。

表 1　　我国地方政府的预算内、预算外收入

年份	预算内收入（亿元）	预算外收入（亿元）	预算内收入/GDP（%）	预算外收入/GDP（%）	预算外/预算内（%）
1990	1944.68	1635.36	10.50	8.82	84.09
1991	2211.23	1862.2	10.20	8.61	84.22
1992	2503.86	2147.19	9.40	8.06	85.76
1993	3391.44	1186.64	9.79	3.43	34.99
1994	2311.6	1579.21	4.94	3.38	68.32
1995	2985.58	2088.93	5.11	3.57	69.97
1996	3746.92	2945.68	5.52	4.34	78.62
1997	4424.22	2680.92	5.92	3.59	60.60

资料来源：根据《中国财政年鉴（1998）》整理计算。

另外，我国行政事业单位还普遍存在一种既不纳入预算内收入管理也不纳入预算外收入管理的收入。如各种收费、罚款、价外加价、捐助、摊派、集资等。目前，财政部门还无法对这类收入进行直接调度和管理，也无法用它来偿还政府债务，所以，在计算地方政府可偿债资源时，这类收入还不能考虑在内。

2. 经济发展水平

世界银行有关统计表明，税收负担同人均 GDP 呈正相关，不同国家之间，收入水平高，税收负担率上升，同一国家不同时期，随着经济发展，税收负担率也呈上升趋势。1995 年世界低收入国家非加权平均税收负担率为 14.3%，高收入国家的非加权平均税收负担率为 27.84%。非税负担的变化趋势也大致相同。1995 年，16 个低收入国家非税财政收入负担率为 6.1%，22 个高收入国家非税财政收入负担率为 8.7%。所以，随着人均 GDP 增长，财政收入占 GDP 的比例呈上升趋势（见表 2）。

表 2　　低、中、高收入国家财政收入占 GDP 比重　　单位:%

指标	税收收入/GDP		非税收入/GDP		财政收入/GDP	
	1980 年	1995 年	1980 年	1995 年	1980 年	1995 年
低收入国						
最低	3	5.7	0.8	2.2		
最高	27	23.6	10.8	10.8		
平均	14.87	14.28	4.41	6.13	19.28	20.41
下中等收入国						
最低	8.7	6.8	0	1.1		
最高	29.5	44.4	14.3	13.6		
平均	16.83	20.15	4.05	6.82	20.89	26.97
上中等收入国						
最低	10.4	8.5	0.2	0.4		
最高	44.9	43	20.5	18.7		
平均	22.59	23.44	6.35	9.47	28.95	32.91
高收入国						
最低	0	0.6	0	0		
最高	44.2	43.7	16.7	16.5		
平均	25.21	27.84	7.48	8.7	32.7	36.54

注：(1) 表中平均数为算术平均数。其中低收入国家税收收入统计的国家数为 30 个，非税收入为 16 个；下中等收入国家税收入为 23 个，非税收入为 30 个；上中等收入国家税收入为 13 个，非税收入为 11 个；高收入国家税收入和非税收入均为 22 个。

(2) 高收入国家 1980 年税收收入和非税收入占 GDP 比重的最低值为 0，1995 年税收收入占 GDP 的比重也只有 0.6%，是由于科威特和阿拉伯联合酋长国这两个石油输出国，比较特殊。阿拉伯联合酋长国在 1980 年税收收入和非税收入占 GDP 的比重都为 0，1995 年税收收入和非税收入占 GDP 的比重也只有 0.6%，科威特 1995 年的非税收入占 GDP 的比重也为 0。如果把这两个国家剔除，则 1980 年财政收入/GDP 为 35.54%，1995 年财政收入/GDP 为 39.75%。

资料来源：根据世界银行《1997 年世界发展报告》表 14 数据计算。

在相当程度上，人均 GDP 水平决定了政府收入水平，后者决定了可能的政府债务负担率。世界各国的债务管理经验认为，发达国家的债务累计额最多不能超过该国当年 GDP 的 45%，这是公认的政府债务最高警戒线。这个经验数据显然考虑了发达国家政府收入占 GDP 的比重。即一国政府的最大债务累计额大体上以本国当年的财政收入总额为限。如果这个看法成立，可以得出两个推论。

第一，不同经济发展水平国家的政府债务负担率是不同的。它与本国财政收入占当年 GDP 水平关系密切。我国目前人均 GDP 较低，政府收入占 GDP 比重必然较低，政府债务负担率要比发达国家低得多。

第二，我国不同地区的经济发展水平差异较大，地区间的债务空间也会有所不同。

3. 中央政府与地方政府债务空间不同

地方政府与中央政府在债务空间上存在着巨大差别。发行国债是中央政府弥补财政赤字，筹集建设资金，进行宏观经济调控的重要财政政策手段。国债的使用去向广泛，不必局限于项目建设。因此中央政府可以通过借新还旧，使国债本金形成一个实际上不用归还的余额，需要支付的只是利息。地方财政与中央财政的最大区别是地方没有财政赤字权。量入为出，平衡预算，是地方财政的基本原则。即使获准举债，大多是专项的项目贷款。必须进行可行性研究，通过严格的项目审批程序，批准之后，也必须专款专用。在债务偿还上，地方政府不可能借新还旧。旧债只能靠项目建成投产之后的收益或者财政收入增长偿还。在不考虑债务豁免情况下，地方政府的举债空间严格受限于其未来的财政收入增长。因此，地方政府的债务空间要比中央政府小得多。债务警戒指标应用到地方财政，其警戒线必然低得多。

4. 债务结构

利率、宽限期和还款期等债务结构是影响所有债务人债务空间的共同因素，但是，在不能借新还旧的制约下，债务结构对地方政府债务空间的影响显得更为突出。地方政府债务多为项目贷款，有的还是为企业担保的项目贷款。宽限期短，项目尚未投产，没有收入可供还款，就要由财政垫付到期债款。宽限期较长，可以用项目收入来偿债。另外，如前所述，经济发展水平不同，财政收入占 GDP 比重不同。债务周期长，期间地区经济有了较大发展，财政收入大幅度增加，地方的债务空间也就大大拓展了。债务警戒线会相应上升。相反，债务警戒线有下降的趋势。

5. 外部环境

不同外部环境，地方政府债务空间不同。这里仅分析两个影响因素。第一，经济周期。经济繁荣，财政收入增长较快，会提高地方政府偿债能力。同期通胀率较高，而我国目前债务利率多是固定的，因此，当期偿债压力会减轻。与此同时，贷款利率较高，此时举债，会加重地方政府的未来债务负担。经济萧条时的情况则正好相反。总的来说，经济周期对地方政府债务空间的影响不太确定。第二，制度与政策。中央政府政策会极大地影响地方政府债务空间。目前《预算法》规定，地方政府不能发行债券，所有借款都是项目贷款，不能用借新偿旧的方式使地方债务无限期滚动。地方政府债务空间就比中央政府小得多。如果中央政府改变政策，允许地方政府发行少量的建设性公债，地方政府债务空间就会扩大。目前地方政府偿债资金主要来自预算外收入，中央如果清理预算外收入，大量地费改税，就可能缩小地方政府的债务空间。

根据以上分析，本文认为，计算我国的政府债务警戒线指标，尤其是地方政府的债务警戒线指标时，必须考虑国情。首先，在债务警戒线指标设计上，国际上通行的衡量债务规模的前两个指标应根据我国的实际情况加以调整。应当用综合财政债务依存度、综合财政偿债率取代国外的债务依存度和国债综合财政偿债率，债务负担率是从国民经济角度考察债务规模，不涉及不同国家财政收支口径问题，可以直接引用。即地方政府债务警戒线指标的计算公式分别为：

综合财政债务依存度 = 当年债务收入额 ÷（当年预算内支出额 + 当年预算外支出额）×100%

综合财政偿债率 = 当年还本付息额 ÷（当年预算内收入额 + 当年预算外收入额）×100%

债务负担率 = 当年债务余额 ÷ 当年 GDP×100%

修正后的指标与国外通行的债务规模指标在计算口径上似有所不同，但是，实际上更具有可比性，因为国外的财政收入本身就包括政府所能调用的全部财力。

三、我国地方政府债务警戒线推算

第一，综合财政偿债率警戒线。目前，我国地方政府偿债资金来源主要有三部分：一是地方政府掌握的预算外资金。地方政府预算外收入虽然不少，但是并非所有都能用于偿债。行政事业性收费、住房改革基金，电力建设基金等大多专款专用，而且结余不多，不能用于还债。个案研究表明，地方政府可用于偿债的预算外资金仅占全部预算外收入 4% 左右。二是预算内偿债基金，即地方政府根据到期债务，在预算中划出的偿债资金。三是基本建设支出、企业挖潜改造支出和科技三项费用。地方财政可以用来偿债的预算内资金主要是预先安排的偿债基金和基本建设支出、企业挖潜改造支出和科技三项费用两部分，其中偿债基金虽然原则上可以根据每年的预计还本付息额预先确定，但实际上是挤出来的资金。由于大部分财政支出有强烈的不可逆性，因此，偿还到期债务往往是挤占基本建设支出、企业挖潜改造支出和科技三项费用。因此，地方政府的偿债能力可用下式来表示：

$$\begin{matrix}\text{一定时期的}\\\text{还本付息额}\end{matrix}=\begin{matrix}\text{预算外可}\\\text{偿债资金}\end{matrix}+\begin{matrix}\text{预算内偿}\\\text{债基金}\end{matrix}+\begin{matrix}\text{预算内基建、挖改}\\\text{支出与科技三项费用}\end{matrix} \tag{1}$$

式（1）两端同除以综合财政收入，得

$$\begin{aligned}\begin{matrix}\text{综合财政}\\\text{偿债率}\end{matrix}&=\frac{\text{一定时期的还本付息额}}{\text{预算内收入}+\text{预算外收入}}=\frac{\text{预算外可偿债资金}}{\text{预算内收入}+\text{预算外收入}}\\&\quad+\frac{\text{偿债基金}}{\text{预算内收入}+\text{预算外收入}}+\frac{\text{基建、挖改支出和科技三项费用}}{\text{预算内收入}+\text{预算外收入}}\end{aligned} \tag{2}$$

现阶段，我国地方政府预算外收入与预算内收入之比约为7∶10，[①] 根据本文的研究数据，地方政府可用于偿债的预算外资金占预算外收入的4%左右，预算内偿债基金占预算内资金的3%左右，[②] 基建、挖改支出和科技三项费用占预算内收入的比重约为15%。加总得综合财政偿债率约为12%，略高于国际通行的债务警戒线。

第二，综合财政债务依存度警戒线。它可以根据综合财政偿债率推导得出。假设某地方政府的债务处于恰好达到债务规模警戒线的临界状态，每年的借债额恒定为D，所借贷款的综合利率为r，平均宽限期为H，平均还款期为P，其债务是等额偿还，以发生第一笔借款的那一年为基年。则对于第一笔借款D，在还款的第一年即第$H+1$年还本付息额为$D/P+Dr$，第$H+2$年的还本付息额为$D/P+[(P-1)/P]\times Dr$，第$H+3$年的还本付息额为$D/P+[(P-2)/P]\times Dr$，……，第$H+P$年的还本付息额为$D/P+Dr/P$，第二笔借款的还款第一年的还本付息额为$D/P+Dr$，但第二笔借款的还款第一年为第一笔借款的还款第二年，为了表述方便，将第$H+1$年到第$H+P$年各年的还本付息额列表如表3所示。

---

① 1990～1997年地方政府预算外收入与预算内收入之比（见表1）的算术平均值。

② 各地区情况不同，可能偿债基金占预算内收入比重会不同，由于缺乏具体资料，我们暂时按3%来进行估算。

表 3　　年还本付息额表

项目	第 $H+1$ 年	第 $H+2$ 年	第 $H+3$ 年	…	第 $H+P$ 年
第一笔借款	$D/P+Dr$	$D/P+[(P-l)/P]\times Dr$	$D/P+[(P-2)/P]\times Dr$	…	$D/P+Dr/P$
第二笔借款		$D/P+Dr$	$D/P+[(P-l)/P]\times Dr$	…	$D/P+2Dr/P$
…				…	…
第 P 笔借款				…	$D/P+Dr$

可以看出，由于还款期为 P 年，所以从基年开始到第 $H+P$ 年达到还款高峰，所以：第 $H+P$ 年的还本付息额

$$=\left(\frac{D}{P}+\frac{Dr}{P}\right)+\left(\frac{D}{P}+\frac{2Dr}{P}\right)+\left(\frac{D}{P}+\frac{3Dr}{P}\right)+\cdots+\left(\frac{D}{P}+Dr\right)=D+\frac{Dr(1+P)}{2} \quad (3)$$

将等式（3）两端同除以第 $H+P$ 年的综合财政支出 I_{H+P}，[①] 得

$$第\ H+P\ 年的综合财政偿债率=\frac{第\ P\ 年的还本付息额}{I_{H+P}}=\frac{D}{I_{H+P}}+\frac{Dr(1+P)}{2I_{H+P}} \quad (4)$$

设综合财政支出以 g 的增长率稳定增长，则

$$I_{H+p}=I_0\times(1+g)^{H+P-1} \quad (5)$$

其中，I_0 为基年综合财政支出，将式（5）代入式（4），得到

$$第\ H+P\ 年的综合财政偿债率=\frac{D}{I_0\times(1+g)^{H+P-1}}+\frac{Dr(1+P)}{2I_0\times(1+g)^{H+P-1}} \quad (6)$$

因为 D/I_0 即为基年的综合财政债务依存度，由式（6）可以求出基年的综合财政债务依存度

$$\begin{matrix}基年综合财政\\债务依存度\end{matrix}=\frac{D}{I_0}=\frac{第\ H+P\ 年的综合财政偿债率}{2+r(1+P)}\times2\times(1+g)^{H+P-1} \quad (7)$$

因为基年的综合财政债务依存度大于第 $H+P$ 年的综合财政债务依存度，而按照基年的贷款数额，到第 $H+P$ 年才达到偿债警戒线，所以应以基年的综合财政债务依存度作为警戒线。

第三，债务负担率警戒线。如前所述，目前，发达国家债务负担率的最高警戒线是 45%，它与发达国家财政收入占国内生产总值的比重为 45% 左右有关。即债务余额与财政收入的数值相当时，也就达到了适度债务规模的临界值。我国地方政府财政收入占 GDP 的比重为 6% 左右，即使加上预算外收入，

① 这里的综合财政支出为预算内支出和预算外支出之和。

二者之和占 GDP 的比重不过 10% 左右，据此推算，我国地方政府的债务负担率警戒线应为 10%。考虑到一些特殊制约因素（如不能用借新偿旧的方式使债务无限期滚动），地方政府的债务负担率警戒线则可能更低。

上述地方政府债务警戒线只是一定假设下的理论推导。对于各地区而言，由于预算外收入与预算内收入之比，财政收入占 GDP 比重，债务的期限结构、利率结构都不同，因此，各地区的债务警戒线可能各不相同。本文的研究结果，不足以直接作为各地政府的债务警戒线。但是，不无参考意义。

参考文献

［1］丛树海：《中国宏观财政政策研究》，上海财经大学出版 1998 年版。

［2］高坚：《国债市场》，经济科学出版社 1997 年版。

［3］马骏、郑康彬：《西方财政实践》中国财政经济出版社 1997 年版。

［4］上海财经大学公共政策研究中心：《1999 中国财政发展报告》，上海财经大学出版社 1999 年版。

［5］世界银行：《1997 年世界发展报告》中国财政经济出版社 1997 年版。

［6］邹瑜：《中华人民共和国法律释义全书经济法律卷》，法律出版社 1997 年版。

论经济全球化下的我国宏观经济政策思路调整*

经济全球一体化（global economic intergration）是世纪之交国际经济发展的最重要现象之一。近年来，它日益加速的发展态势，所导致的国际政治经济格局的深刻变化，对各国经济发展环境、政策选择空间的重要影响，不仅引起了经济学界极大兴趣，而且在由其所引发的东南亚、南美以及俄罗斯的金融动荡爆发之后，更引起了各国政府极大关注。

20 年来，受益于改革开放，积极参与国际分工与竞争，中国成为世界上少数持续高速增长的发展中国家之一。与此同时，它的进一步发展也越来越受制于国际政策经济格局的变化。当今中国经济发展所遇到的问题，一方面是其多年发展过程中逐渐形成的内部矛盾未能及时处理、化解所致；另一方面，也与经济全球化所带来的外部环境变化有密切联系。

实践证明，坚持改革开放是中国实现经济持续发展的现实选择。继续坚持这一方针，必须充分重视迅速发展的经济全球化对我国经济发展环境、政策选择空间的影响，根据外部经济环境变化以及内部经济发展需要，适时地进行政策思路调整。本文拟就此做些探讨。

一

目前正在发展的经济全球化，不是一个突然发生的事件，而是持续多年的发展趋势及过程。其发端，国外有些学者甚至追溯至上个世纪之交。大多数学者认为，现阶段的全球化过程固然是近百年历史发展的延续，但它发轫于

---

* 本文原载于《中国经济问题》1999 年第 4 期。

20世纪80年代。[①] 基本上是由以下原因促成的：

第一，国际贸易的发展。尽管这不是新现象，但它是经济全球化的重要推动力量及衡量指标之一。研究表明，二战后国际贸易的增长，快于世界产出增长，而且呈加速态势。它使世界贸易额占世界GDP之比不断上升。值得进一步注意的是国际贸易不仅增长速度加快，而且出现了一些结构性变化：

（1）服务贸易，尤其是商业性服务贸易（trade in commercial services）——运输、金融、通信、信息、旅游、建筑以及专业及私人服务迅速增加，据统计，从20世纪80年代至90年代中期，世界商品贸易年平均递增5%，而同期服务贸易却年递增8%以上。

（2）跨国公司内部贸易增长快于世界贸易增长。20世纪90年代前半期，世界贸易年平均递增速度为3.8%，同期跨国公司内部贸易却递增5.4%。

（3）发展中国家出口产品逐渐从初级产品转向制成品，而发达国家逐步向出口服务贸易及高技术产品转移。

第二，国际直接投资（FDI）迅速增长，资本国际流动加快。经济全球化的最重要推动力量及衡量指标是FDI的迅速增长。它大大超过国际贸易及世界产出的增长。尤其值得注意的是，近年来证券投资的增长更快。资金逐渐地从长期的FDI转向短期的，更具流动性的股票及债券投资。外汇交易量日趋脱离国际贸易、国际投资的实际需要而直线上升。

第三，经济自由化政策的推广。经济全球化是生产力发展的结果，它必然要求相应的制度调整。而制度调整反过来为经济全球化的发展创造了体制空间。因此，经济自由化政策的推广，既可以视为经济全球化的结果，同时也是加速经济全球化的重要推进力量。它大大减少了资源在全球范围流动的障碍，加速了经济全球化的进程。

但是，应当指出，经济自由化政策所实现的资源自由流动目前仅仅是一种局部的、非均衡、非对称的自由流动。即资源流动自由度提高主要体现在资本要素上，劳动力要素的流动仍受到极大限制；发达国家尤其是其跨国公司在全球范围按其利益要求配置资源的自由度大大上升，而发展中国家的选择空间却相对缩小；在贸易方面，发达国家获得了更多的进入发展中国家市场的自由，而为了保护本国弱势产业，减轻就业压力，发达国家却心口不一地运用非关税壁垒限制其他国家，尤其是发展中国家农产品、钢铁、电子产品、鞋、服装及

① Paul Streeten, Globalization: Threat or Salvation?, A. S. Bhalla ed. *Globalization, Growth and Marginalization*, London: MACMILLAN PRESS LTD, 1998.

纺织品等进入其市场。

第四，以信息技术为代表的现代科技进步。经济全球化，商品、服务的生产、分配和销售在全球范围展开，建立在一定技术基础上。关键是信息和通信技术的发展。它大大缩小了世界各地区之间距离，使跨国公司在生产、销售等方面的“功能一体化”（functional integration）成为可能。它在一定程度上促进了跨国公司的组织创新。

二

经济全球化正在逐步改变国际政治经济的既有格局，它使各国尤其是发展中国家的经济发展环境、政策选择空间发生了变化。

经济全球化的第一个后果是：生产与消费的全球化。由于FDI迅速增长，信息及通信技术发展引起信息扩散速度加快，跨国公司生产组织形式变化，以及金融与资本市场全球化，商品及服务的生产、分配和销售日趋国际化了。生产全球化使消费也迅速全球化了。它不仅意味着世界各地消费者越来越多地消费来自世界各国的产品，而且使各国消费者的消费习惯与时尚渐趋一致。这意味着少数发达国家的消费文化对全世界消费潮流具有越来越大支配力，意味着各国厂商必须按照世界而不是地方的需求来设计产品，组织生产。立足世界市场，敏锐地对世界市场需求作出反应是企业生存及发展的基础。显然，这是对发展中国家企业的严峻考验。

经济全球化的第二个后果是市场竞争全球化。全球化生产使世界各地生产者之间的竞争日益加剧。竞争仍然围绕着价格与质量展开。在标准化产品市场上，价格是主要竞争手段。技术创新及市场开发能力不足的发展中国家厂商，主要依靠价格竞争占领、巩固、扩大其市场份额，其消极后果是：发展中国家始终难以摆脱贸易条件恶化阴影。而在特殊功能产品市场（specialized niche markets）上，质量竞争更重要。然而，竞争使产品生命周期日趋缩短。它迫使企业加大R&D投入，力图缩短产品研制周期，始终占据市场主导地位。这带来了新的问题：企业的R&D成本、生产发展成本、全球性广告费用剧增。为了缩短产品研制及生产周期，减少摊销成本，扩大市场份额，保持竞争优势，跨国公司之间的“战略联盟”（strategic allisnces）迅速增长。据统计，跨国公司间达成的“战略联盟”件数，1981～1985年为258件/年，1986～1990年为388件/年，1991～1994年，更上升至395件/年。战略联盟与FDI成为20世纪

90年代增长最快的两种国际交易行为。邓宁指出：与以往的FDI及战略联盟相比，20世纪90年代的FDI及战略联盟更多地着眼于竞争优势。①

经济全球化的第三个后果是经济运行环境的不确定性扩大，风险上升。经济全球化使国际生产和贸易迅速增长，不断深化。生产的全球性分布及为全球性需求生产，要求企业在全球范围调度、运用资金，在全球市场上筹资。资金来源与资金运用的全球化，刺激着全球范围外汇交易量迅速上升，要求各国开放金融及服务市场，实现自由化。因此，从全球化发展过程看，金融等服务市场的开放及自由化，是开放的必然趋势。想要发展开放经济而拒绝开放金融及服务市场是很难的。但是，经济自由化所带来的竞争扩大及深化，技术开发高投入及结果不确定性，使产品市场风险上升。它使部分投资资金转为投机资金。这是90年代以来世界范围内资金逐渐地从长期的FDI转向短期的、具有更多投机性的股票及债券投资的重要原因之一。此外，现行国际金融体系与经济全球化之间的不匹配也形成了众多投机机会。多种货币、多个市场、多种开放程度、多个管理当局、多种管理制度、多种管理政策并存，它们之间任何不协调都可能成为金融投机者的投机良机。它使发展中国家政府面临着极其痛苦的两难选择：不对外开放，将导致本国经济边缘化（marginalization）；对外开放，金融市场自由化是迟早而非是否的选择。开放金融市场，又意味着将本国金融甚至整体经济暴露在国际金融投机家的冲击威胁之下。

经济全球化的第四个后果是资本对劳动的支配力进一步增强。在资本仍然是生产要素中优势或支配性要素前提下，全球化必然使资本对劳动支配权力扩大。目前所出现的资源局部、非均衡、非对称性流动自由更进一步强化了这一趋势。它主要体现为：

第一，发达国家的失业率居高不下。

第二，获得跨国公司投资的发展中国家（往往是那些具有较好工业基础，近年来增长率较高的发展中国家），在增长收益分享份额上处于不利地位，国内收入分配差距扩大。

第三，原有工业基础较差的发展中国家更难获得外来投资，进一步被边缘化，面临绝对贫困化的威胁。近十年来，经济全球化加剧了国家、地区间的非均衡发展。

经济全球化的第五个后果是民族国家经济主权的弱化。主要体现为：

---

① John H.，Dunning：The Advent of Alliance Capitalism，John. H. Dunning and Khalil A. Hamdani ed. *The New Globalism and Developing Countries*，Tokyo：United Nations University Press，1997.

第一，高度流动的国际资本使国家尤其是发展中国家的宏观管理权威受到严重挑战。任何妨碍资本竞争力发挥，限制资本对其他生产要素支配权力的政府管理措施，都可能导致资本外流。各国的经济政策、经营环境处于某种横向比较之中。政府之间出现了某种微妙的竞争关系。这是相对独立、封闭的民族经济体系时代政府所未曾面临过的尴尬局面。

第二，由于民族国家经济日益融入全球化经济之中，国家宏观经济政策操作，尤其是需求管理政策操作，往往因国际经济力量的相向运动大大抵销其作用。东南亚国家金融风暴证明：违背市场发展规律、趋势的政策操作极易为国际金融投机力量利用，造成灾难性后果。

第三，全球经济一体化，必然要求宏观经济管理的全球化。从目前国际政治经济格局看，它主要体现为两个方面：一是国际经济组织的监控、协调、管理职能大大加强；二是世界范围、地区范围及双边的政府间经济政策协调与合作重要性上升。它们意味着在一定程度上部分民族国家原有经济主权的弱化与让渡。进一步考虑到在国际经济事务中，发达国家与发展中国家的力量对比状况，可以得出结论：全球化将使发展中国家经济主权弱化程度更大。

三

经济全球化使各国面临着新的抉择。近年来，世界各主要工业发达国家纷纷因之进行经济政策调整，主要体现为：

第一，逐步弱化需求管理，重视供给调整。经济全球化，使一国政府单独运用凯恩斯主义需求管理政策的基本前提：相对独立、封闭的民族经济体系逐渐消失，使个别国家政府实行凯恩斯需求管理政策的效力大大下降了，因而，近年来各工业发达国家逐渐弱化了需求管理政策，转向供给调整政策。

第二，供给调整的核心是提高竞争力。基本途径是经济自由化。主要包括：贸易自由化、金融自由化、劳动力市场改革、税制改革和非金融部门的私有化与管制改革。通过改革，在更大范围形成统一市场，创造公平、平等、透明的市场竞争环境，促进竞争以提高竞争力。①

经济自由化政策是西方国家对持续近半个世纪之久强调国家干预的凯恩斯

① 参见 OECD，Assessing Structural Reform：Lessons for the Future，1994. 当然，这种各国竞相降低成本，提高竞争力的做法，也给国际经济运行带来了新的问题，但却是个别国家的单独政策行为无法解决的。

主义需求管理政策、福利国家制度所造成的严重不良后果——效率下降，高通胀，低增长，高失业率，国家债务不断增长反思之后的重大政策转向。在这场政策调整中的一个有趣现象是：20 世纪 50 ~ 70 年代实行凯恩斯主义、福利国家制度最积极，从而竞争力下降最快的国家——新西兰就是一个十分典型的例子。[①] 50 年代初，新西兰人均国民收入在 OECD 国家中（从而世界各国中）排名前 3、4 名，然而，由于实行高福利及严格的国家管制政策，到 1980 年，则沦落为 OECD 国家中人均国民收入水平最低的国家之一，对政策调整持十分积极的态度，而六七十年代的高增长国家却变得比较保守。美国在 80 年代初首先实行经济自由化政策，英国、新西兰、澳大利亚等随之跟进，而德国、法国、日本等却迟疑不决。

经过十余年调整，各主要工业发达国家的竞争格局发生了深刻变化。据 OECD 研究，1967 ~ 1991 年，德国、日本的总要素生产率增长速度在世界上领先，到了 1992 ~ 1995 年，却落到了世界主要工业国家的最后。德国甚至不及 OECD 欧洲国家平均水平的 1/3，而 1967 ~ 1991 年远远低于日本与德国的美国，1992 ~ 1995 年却成为总要素生产率增长最快的国家。据 OECD 的研究及预测，1980 ~ 1991 年，G7 国家的经济增长率排序是：日本、加拿大、联邦德国、意大利、法国、美国、英国，而 1992 ~ 2000 年将转为：加拿大、美国、日本、法国、英国、意大利、德国。英国的预测增长率虽然仍然较低，但却是 7 国中唯一增长率持续上升的国家。[②]

生产率提高，来自自由化所带来的加强竞争。OECD 1997 年发表的系列专题研究报告：《OECD 组织管制改革报告》（The OECD Report on Regulatory Reform）对传统的国家垄断及管制部门——电力、航空、公路运输、电信及流通业、金融业等实行私有化及放松管制政策进行了全面深入的研究。论证了可能带来的巨大经济绩效。

如表 1 所示，通过管制改革，各国的经济效率能够得到相当程度的提高。以劳动生产率为例，德国将在现有水平上提高 3.5 个百分点，美国将提高 0.5 个百分点；就资本生产率而言，提高幅度最大的是日本，4.3 个百分点，最低的美国也有 0.5 个百分点；就总要素生产率而言，提高最多的西班牙，达 3.1 个百分点，最低的是美国，0.5 个百分点；由于生产效率提高了，大部分国家

---

① OECD，Assessing Structural Reform：Lessons for the Future，1994，pp. 11.

② 以上数据分别来自：OECD，OECD Economic Surveys：United Kingdon（1989 ~ 1996）；OECD，OECD Economic Surveys，Germany（1991 – 1997）；OECD：OECD Economic Surveys：France（1990 – 1997）。

的就业率是有所下降的，只有荷兰还略有提高，下降最厉害的是日本，将降低1个百分点。管制改革对工资水平的影响是比较小的，基本上维持不变，少数国家如荷兰、德国、西班牙略有下降；就整个国民经济的价格水平而言，基本上是下降的。管制改革所带来的效率提高，将大大提高经济增长潜力，各国的GDP都将因此有所增长，而且，规律性趋势是：原先经济效率越高的国家，其增长空间相对较小，美国因为管制改革可能增长的GDP不到1个百分点，而原先管制较多，导致经济效率较低的国家，其增长空间较大，例如，日本和西班牙可能增长的GDP竟然达到了5.6个百分点！在这一过程中，就业率基本没有变化，因此，管制改革将导致整个国民经济真实工资水平的上升。其趋势仍然是原先管制较多，经济效率较差的国家将因为管制改革而较大幅度地提高国民经济的真实工资水平。

表1　管制改革的估计效应——基于现有水平的变化率　单位：%

指标	美国	日本	德国	法国	英国	荷兰	西班牙	瑞典
部门效应								
劳动生产率	0.5	2.6	3.5	2.3	2.0	1.3	3.1	1.7
资本生产率	0.5	4.3	1.3	3.3	1.4	2.9	3.1	1.3
总要素生产率	0.5	3.0	2.8	2.7	1.8	1.8	3.1	1.5
部门就业率	0.0	-1.0	-0.4	-0.4	-0.5	0.6	-0.7	-0.6
工资	0.0	0.0	-0.1	0.0	0.0	-0.2	-0.1	0.0
GDP价格水平	-0.3	-2.1	-1.3	-1.4	-1.2			
国民经济效应								
GDP	0.9	5.6	4.9	4.8	3.5	0.5	5.6	3.1
失业率	0.0	0.0	0.0	0.0	0.0	0.0	0.0	0.0
就业率	0.1	0.0	0.0	0.0	0.0	0.0	0.0	0.0
真实工资	0.8	3.4	4.1	3.9	2.5	2.8	4.2	2.1

资料来源：OECD，The OECD Report on Regulatory Reform 1997，Vol. 2，pp. 26.

OECD的研究报告指出：由于进行了私有化和放松管制，美国、英国、日本等的生产效率比至今仍维持国家所有制及国家垄断的德国、法国等具有较高的生产效率。在电力行业，以美国的人均效率为1，日本为0.767，英国为0.299，法国为0.465，德国仅为0.267；在电信部门，以美国的人均效率水平为1，日本为1.25，英国为0.87，法国为0.644，德国为0.71；在民航业，以美国的人公里座位成本为1，日本为2，英国为1.167，法国为2.667，德国为

2.167。因此，在法国、德国等取消管制，生产效率将会大幅度提高。据测算，在法国、德国及西班牙的电力及电信部门取消管制，引进竞争，将使其全要素生产率提高40%以上。①

因此，至20世纪90年代，经济自由化已经成为各主要工业国家的政策主流。

第三，调整、完善竞争法，大量推行竞争政策。通过公平竞争，促进竞争力的提高。经济自由化的目的是通过加强竞争促进竞争力提高。因此，在更大范围形成统一市场，创造公平、平等、透明的市场竞争环境就成为重要的政策手段之一。在这方面，欧盟的表现十分突出。欧盟自1986年通过单一欧洲法（The Single European Act）之后，便大力推行其单一市场规划（the single market programme），促进欧盟范围统一市场的形成，主要内容包括：督促各成员国调整竞争法，逐步向欧盟标准靠拢（至1992年底，欧盟委员会提出的大部分立法标准已为各国采纳）；规范各国的产业政策及国家补贴，要求实现透明化；对于各国传统的国家垄断及管制部门，欧盟虽然没有规定统一的所有制标准，但是大力督促，甚至不惜施加压力促请开放，实现自由竞争，强调各种所有制企业一律平等竞争，并将其纳入一般的竞争规范管理范围。欧盟要求至1998年欧盟所有的国家垄断及管制部门如电力、电信、民航、公路运输及流通等均应实现自由化。② 与此同时，在OECD国家中，竞争政策也受到了空前重视。各国纷纷进行竞争法的制定与修改。根据OECD 1993~1997年发表的各年度报告《OECD国家中的竞争政策》（Competition Policy in OECD Countries）中的资料，1990~1994年，就有17个国家制定或生效了新的竞争法，26个国家对现有竞争法做了重大修改，22个国家提出修改竞争法。③ 欧盟及6个国家提出了实施竞争法的指南和细则。目前，除OECD及欧盟外，尚有20多个国家逐年发表本国竞争状况报告。由此可见，各工业国家对通过竞争增强竞争力，提高本国在国际经济竞争中地位的重视程度。

第四，加强国际的经济政策调控协调。经济自由化是适应经济全球化的政策之一，但是，如果只有开放、放松管制及自由化而无适当的政策调控与管理监督，必然带来另一方面的问题。由于经济活动越来越具有国际化特征，因

---

① OECD, The OECD Report on Regulatory Reform, 1997, Vol. 2.

② Michelle Cini, Lee McGrowan, *Competition Policy in the European Union*, ST. New York: Martin's Press, INC., 1998. David G. Mayes ed., *The Evolution of the Single European Market*, Edward Elgar Publishing Limited, 1997. Ali M. El-Agraa ed. *The Economics of the European Community*, Harverster Wheat-sheaf, 1994.

③ 上述数字互有交叉，因此，理解为国家次可能更准确些。

此，政府的政策调控与监督管理必须采取新的方式进行，这就是国际的政策协调及管理合作，尤其是在东南亚金融风暴发生之后，在 OECD、IMF 等国际经济组织中对前一阶段过于偏重提倡自由化政策而忽略了国际政策协调与管理合作已有所批评。最近，一些国外政治家与经济学家已经提出了要适应经济全球化的要求，建立新的国际经济政策协调机制的建议。①

四

经济全球化不以人的意志为转移。无论它带来的是什么，都必须面对，并作出因应对策。

对于中国来说，经济全球化更大程度上意味着严峻考验和挑战。从近年来相继发生的东南亚、南美、俄罗斯等国金融风暴，以及我国近年来经济发展面临的外部环境变化看，这一判断不无根据。对于我国近年来经济发展外部环境不利，国内经济学界不少人归咎于东南亚金融风暴，认为是偶发因素，影响是短期的。本文认为：固然，东南亚金融风暴是直接因素，但是，从东南亚以及随后的南美、俄罗斯金融风暴只不过是经济全球化过程中必然要出现的对发展中国家冲击看，目前的外部环境不利不能视为偶然的、短期的。

尽管对于发展中国家，全球化更多是严峻考验，但是，不同国家，结果未必相同。过去 20 年里，尽管为数不多，但还是有若干发展中国家获得了长足的发展。

有研究指出，在经济全球化过程中，有机会较快发展的发展中国家，当属那些已经有较好工业基础的发展中大国，如中国、印度、巴西等。因为它们有较大的市场容量，较好的工业基础，可能吸引较多的 FDI，有条件吸收目前发展最快的信息技术，使之产业化。② 中国无疑是其中最具条件的一个。关键在于政策抉择。

近年来，中国的宏观经济政策走向似乎与应对经济全球化的挑战的要求不甚一致。

通过分析，可以看出，实行以扩大内需为主的需求管理政策，是建立在下述四个基本判断基础上的：

---

① 例如，德国著名经济学家、柏林自由大学教授 E. 阿尔瓦特博士（Elmar Altvater）与笔者座谈时就指出了这一必要性。

② Jeffrey James，Information Technology. Globalization and Marginalization，A. S. Bhalla ed. *Globalization*，*Growth and Marginalization*，Macmillan Press Ltdt，1998.

第一，目前中国有效需求不足，从国内看，主要是周期性因素造成的，是货币供应不足或通货紧缩造成的，是收入分配不均导致的边际消费倾向下降。

第二，从国外看，是东南亚金融风暴这一偶然因素的短期影响。

第三，中国不存在或基本不存在有效供给不足问题；相反，是大量生产能力过剩，因此，只要拉动需求，便可进入经济繁荣。

第四，中国仍是相对封闭的经济体系，扩张性财政货币政策没有或只有极小的漏出效应。

本轮经济周期尤其是1998年的政策实践及其效应已经证实这些判断并不符合中国实际。本文认为，目前内需不足，市场疲软的根源是有效供给不足，是国内企业尤其是国有企业在体制、技术创新、经营等方面难以适应日趋激烈的国际竞争局势，竞争力相对下降而导致无效供给不断增加，企业开工率不足，生产下降，失业率上升，收入下降，从而导致投资、消费下滑。显然，这种因有效供给不足而导致的需求不足不能靠扩张性财政货币政策，也无法靠收入再分配政策解决。

毫无疑问，收入差距扩大以及可能引发的社会问题要重视。腐败、不法收入必须惩治，所得税的征收应当完善，对低收入阶层的转移支付需逐步制度化。但是，这些措施对刺激需求的效应正负互见，净效果未必明显。从长远看，目前以下岗职工、部分农村居民为主体的低收入阶层边际消费倾向的提高，应建立在其有效供给能力提高而非社会转移支付基础上。

中国市场是有需求的。这从1998年我国的实际消费增幅是9%，1999年一季度更增至11%得到说明，[①] 从90年代以来，外商尤其是跨国公司对华投资的态势得到佐证，而且，全球化的后果之一是需求的日趋全球化，国内需求重要，但非全部。问题在于市场需求被谁吸收了？今年剧增的进口部分地回答了这一问题。市场需求只属于有创新能力、国际竞争力的企业。全球化时代，尤其如此。我国国有企业开工率不足的主要原因是它效率较低，没有竞争力。因此，纵有再多市场需要，唯有望洋兴叹而已。近20年来，在相同甚至更差的条件下，非国有尤其是非公有企业比国有企业发展得快得多，每次经济繁荣，国有企业产出增长均慢于非国有企业；每次经济滑坡，国有企业的产出下滑却又快于非国有企业，不说明了这一问题吗？

经济全球化时代，国际竞争力关系到一个国家能否立足于世界民族之林，是其生死攸关的大问题。企业的国际竞争力近年来也已经引起国内经济学界的

① 参见《东亚经贸新闻》1999年4月29日第1版。该数字扣除了物价因素的影响。

重视，但是，如何提高竞争力却值得研究。韩国式的扶植大企业政策已经被证明存在严重弊病。培植“国家冠军”政策从根本上说是违背公平竞争这一市场经济基本准则的。提高竞争力必须通过鼓励竞争实现。因此，工业发达国家近年来对国家补贴政策、国有企业除外（如国有的自然垄断企业不受竞争法规范）规定等，或严格限制，或废除，纳入竞争法规范范围。例如，在电信、民航、电力等部门，根据科技进步及其应用已经使这些部门逐步成为竞争性领域，或形成可竞争市场（contestable market）的现实出发，为打破固有垄断，促使竞争结构早日形成，采取了以优惠政策鼓励新进入者，同时对现存垄断性企业赋予更多社会义务的逆补贴方式①。

实行何种经济政策，当然应取决本国经济发展的现实需要，无须盲从国外。在肯定这一点的同时，亦应指出：其一，在经济全球化的今天，一国的经济政策决定不能无视外部世界的影响与制约，尤其是它对外开放了，如果进一步考虑到中国目前的国力水平决定了它仍然是受竞争经济而非竞争主导经济，那么，国际经济环境是决定经济政策走向的重要变量；其二，对国内现有经济问题根源的正确认识。从这两方面看，都可以得出结论：我国的宏观经济政策思路需要因应经济全球化的挑战进行重大调整。

① Michelle Cini, Lee McGrowan, *Competition Policy in the European Union*, ST. Martn's Press, 1998.

当前需要何种类型的积极性财政政策*

1993 年 9 月开始的本轮经济周期性下滑，至今已经进入第 7 年，以 1996 年 5 月的中国人民银行第一次降息为标志的一系列扩张性宏观经济调控政策的实施，至今也 3 年有余。但是，即使今年实现了年初预定的增长目标，从年经济增长率看，仍然处于周期的下滑阶段。如此长期的速度下滑，持续实施如此之久力度如此之大的扩大内需政策而未能扭转经济不景气，是中国自 1978 年以来未曾遇到过的。

无论是与世界近年来的平均经济增长率还是各国的个别增长率相比，中国今年即使只增长 7%，也是世界范围内的高增长。但是，也许是由于有关专家所指出的，在中国目前的社会经济条件下，7% 的增长率难以兼顾多种目标的需要，协调各方面的利益关系。① 因而，继续扩大内需似乎也就成为政府唯一的选择。其中，积极性财政政策是主要武器之一。

那么，何谓积极性财政政策？现阶段中国需要哪种类型的积极性财政政策？这是值得研究的。

一

众所周知，财政政策是凯恩斯经济学需求管理政策的两大工具之一。基于论题，凯恩斯经济学所论及的财政政策，主要是与国民收入决定或国民经济总量平衡相关的宏观性财政政策。由于凯恩斯经济学的巨大影响，因此，一段时期内，某种程度上似乎造成了一种错觉：所谓财政政策就是总量财政政策，其

---

* 本文原载于《福建论坛》1999 年第 10 期。

① 卡斯特专家调查：《上半年经济持续较快增长 下半年扩大内需加大油门》，载《经济日报》1999 年 7 月 29 日第 6 版。

手段主要就是与经济周期相对应的财政赤字、赤字财政、财政黑字、黑字财政、财政平衡政策和财政稳定器等，作用在于实行宏观经济稳定。

需要指出，宏观财政政策尽管在财政政策体系中的地位重要，但并不就是其全部内容，而仅仅是其中的一部分而已。从经济政策学的角度看，作为市场经济条件下政府调控经济运行的主要政策工具之一的财政政策，是一系列服务于不同政策目标的政策工具集合。按大类看，它包含了结构性财政政策与总量财政政策，或者说微观财政政策与宏观财政政策。前者包括财政支出政策和财政收入政策，其中又包括一系列的收入与支出政策手段，后者则指财政总量平衡政策。二者之间既相互区别又密切联系。①

在凯恩斯经济学中，积极性财政政策与消极性财政政策的含义也很明确。前者指的是“为阻止衰退、抑制通货膨胀或者刺激经济增长，而变革开支集合或者税收结构”的财政政策；后者指的是仅仅利用“具有高度的消极被动的财政稳定器”的财政政策。“内在的财政稳定器被定义为在经济紧缩期间不需任何明确的政策决策或者行动就能让政府的开支或收入使预算赤字扩大（或者盈余缩小)”。但是，“在通货膨胀期间，内在稳定器也会使预算赤字趋向减少(或者增加预算盈余)”。② 由此可见，在凯恩斯经济学中，积极性财政政策与消极性财政政策的区别仅仅在于政策工具的使用范围，究竟是具有较大政策力度的“变革开支集合或者税收结构”还是仅仅使用“具有高度的消极被动的财政稳定器”，也即只依靠边际税率的变动来抑制通货膨胀或控制衰退以实现宏观经济稳定。也就是说，无论积极性财政政策还是消极性财政政策，并不存在反周期作用方向上的区别，它们既可以是扩张性的也可以是抑制性的，或刺激经济增长、阻止衰退或紧缩银根、抑制通货膨胀。

如果从财政政策的反周期作用方向上区分，下列分类可能更为确切：扩张性（或刺激性）财政政策，例如，财政赤字或赤字财政政策；中性的财政政策，如预算收支平衡政策；收缩性（或紧缩性）财政政策，如财政黑字或黑字财政政策。而财政稳定器的作用方向则与周期运行方向相反：当经济处于上升阶段，特别是通货膨胀开始出现时，它的作用是稳定性的；相反，当经济下滑、不景气时，它的作用是扩张性的。

或许是受凯恩斯经济学的影响过深，误认为财政政策就仅仅是总量财政政策，因此，在应对目前宏观经济形势方面，我国经济学界似乎更多论及的是宏观

① 有关分析，参见罗季荣、李文溥：《社会主义市场经济宏观调控理论》，中国计划出版社 1995 年版。

② 迈克尔 · E. 利维：《财政政策》，引自［美］道格拉斯 · 格林沃尔德主编：《经济学百科全书》，中国社会科学出版社 1992 年版，第 249 ~ 252 页。

财政政策，或者说财政政策的宏观效应方面，而且，由于忽视了凯恩斯经济学中积极性财政政策与消极性财政政策的区别标志，或许，还存在着一种潜意识："积极性财政政策"这一名称比"扩张性财政政策"具有更多褒义，因此，目前出现了一种将扩张性（或刺激性）财政政策更名为积极性财政政策的错误提法。显然，我国论坛上目前所说的为扩大内需实行的"积极性财政政策"与严格学术规范意义上——在凯恩斯经济学范畴上的——积极性财政政策大相径庭。

本文认为，目前论坛上论及的"积极性财政政策"，如果涉及的政策措施还只是与反周期作用方向有关，那么，仍旧称之为扩张性财政政策比称"积极性财政政策"更确切。因为，如果没有赋予概念以新的内涵，仅仅是将旧酒装入新瓶，从理论上说，只能造成概念混乱，在实践上也有害无益。实际上，过去我国经济学界一般也是将刺激经济增长、阻止衰退的财政政策称之为扩张性财政政策的。

二

对于刺激内需的扩张性财政政策能否实现我国经济的复苏，我持怀疑态度。我的怀疑来自本轮经济周期的宏观经济政策实践及其效果。

从1996年以来的我国宏观经济政策实践来看，应当实事求是地承认，扩大内需政策成效甚微。中央银行三年内连续七次降息，名义利率已经降到了20年来的最低点，一年多来的扩张性财政政策，政策力度之大，也是20年来仅见。为刺激经济回升，1998年下半年增发了1000亿国债，是前所未有的举措。政策效果当然不能说没有，据国家计委的测算，1000亿国债的发行，使1998年的经济增长率提高了1.5个百分点。但是，政策的持续时效如此之短也是罕见的。尽管去年投下了巨额财政资金，但是，政策作用时效却不及一年。不仅在1998年未能止住1993年以来每年递减1个百分点的下滑趋势，而且，1999年上半年，通货紧缩的危机进一步升级了：国内物价继续下跌，到6月为止，生产资料价格指数和批发价格指数已连续下跌超过50个月，社会商品零售价格指数和居民消费价格指数连续下跌21个月和16个月，这两项指标上半年比去年同期下跌3.2%和1.8%。[①] 据中国商业信息中心的预测，下半年内需前景

① 中国经济景气监测中心：《1999年6月份国民经济监测指标》，载《经济日报》1999年7月29日第6版。

仍然萎靡不振，国内市场上605种主要商品中，供过于求的就有484种，比例占80%，较上半年将增加7.8个百分点。而且工业产品、农产品、再生资源商品等的供应过剩情况也较上半年严重。从投资与经济增长的趋势看，更出现了反常现象：1~6月，国有及国有控股企业、集体企业、股份制企业、外商及港澳台投资企业的增加值增长速度依次为7.6%、8.2%、12.1%、12.8%，产出增长率及出口实绩最高的外商及港澳台投资企业的投资额却最低，上半年同比外商直接投资协议额和实际利用外资分别下跌了19.87%和9.21%。① 巨额的政策投入不仅只取得些微效果，政策持续时效较短，而且随之出现了不容忽视的负面效应，例如，进口剧增及出口继续下滑。与去年上半年相比，今年上半年海关进口增长16.6%，出口增长-4.6%，贸易顺差缩小到只有80亿美元，对美的纺织品出口从过去的第一位退居第三，有关专家认为，如果这一趋势不扭转，那么，贸易顺差年内就有可能消失。② 有关政策当局认为，为实现今年预期增长目标，需进一步加大"积极性财政政策"力度。有学者认为，下半年要进一步加大实施的"积极性财政政策"，主要包括：第一，适当扩大财政赤字，增加发行长期国债，保持投资需求的快速增长；第二，调整收入分配政策，提高国有企业下岗职工、失业人员以及城镇居民的最低生活保障对象等低收入者的生活保障水平，并增加机构事业单位职工工资和离退休人员的养老金，着力刺激消费需求；第三，进一步实施有利于扩大投资需求和促进进出口的税收政策，包括合理调整以致趋向固定资产投资方向调节税、对国家鼓励发展项目的国产设备投资实行按一定比例抵免所得税、适当提高出口退税率支持出口增长等。③ 可以说，就其中的某些政策建议而言，不无新意，但是，这种所谓的"积极性财政政策"的出发点仍然是旧的，与过去的扩张性财政政策并无本质不同。

本文认为，1996年以来我国实行以扩大内需为主要政策目标的扩张性财政货币政策，以及目前有关当局提出的继续实行反周期的"积极性财政政策"是建立在对经济环境的下述四个基本判断基础上的：

第一，目前中国有效需求不足，从国内经济角度看，主要是周期性因素造成的，是货币供应不足或通货紧缩造成的，是收入分配不均导致的边际消费倾

① 《上半年外商投资企业出口保持增长，吸收外资形势依然严峻》，载《经济日报》1999年7月31日第1版。

② 卡斯特专家调查：《上半年经济持续较快增长下半年扩大内需加大油门》，载《经济日报》1999年7月29日第6版。

③ 《上半年外商投资企业出口保持增长，吸收外资形势依然严峻》，载《经济日报》1999年7月31日第1版。

向下降。

第二，从国际经济角度看，是东南亚金融风波这一偶然因素的短期影响，或者是全球性通货紧缩向中国传导的结果。

第三，中国不存在或基本不存在有效供给不足；相反，是大量生产能力过剩，因此，只要拉动需求，便可进入经济繁荣。

第四，中国仍是相对封闭的经济体系，扩张性财政货币政策没有或只有极小的漏出效应。

对于这样的政策思维，不能不提出如下的问题：在实施了如此长时期的反周期需求管理政策而效果甚微之后，是否需要反思一下我国目前内需不振的根源究竟何在？上述基本判断是否成立？为什么按照凯恩斯的需求管理政策药方，实施了力度如此之大的扩大内需的政策，成效如此之低？在已经实施了如此长久而且力度如此之大的扩大内需政策之后进一步实行该政策的政策空间有多大？“积极性财政政策”即使在理论上是可能的，政府是否有足够的资源承受如此高的政策成本？

事实上，本轮经济周期尤其1998年至今的政策实践已经证实：20世纪80年代开始迅速发展的经济全球化以及我国20年来的对外开放使当今中国的现实经济环境与上述基本判断大相径庭。根本原因是：全球经济一体化已使各国实施凯恩斯经济学的需求管理政策的基础日渐消融了。①

三

经济全球化对各国宏观经济调控所造成的最大冲击是：一国的需求与供给不再局限于本国疆界之内，逐渐成为整个国际市场供需的一部分。面对如同汪洋大海一般的全球市场供需，发展中国家的财政资源，显然是沧海一粟。再多的货币投放，不说是泥牛入海无消息，至多不过是精卫填海而已。

经济全球化要求经济学研究寻求新的分析基点，经济政策分析考虑新的视角。从宏观上看，它使个别国家范围的社会总供需关系发生了划时代的变化。如果说，在相对封闭的民族国家经济体系中，存在着政府通过创造需求来激活供给的可能，那么，在全球化时代则反之，一国经济的需求必须靠它在世界范

① 经济全球化对一国经济运行环境的影响，请参见李文溥：《论经济全球化下的我国宏观经济政策思路调整》，载《中国经济问题》1999年第4期。

围的有效供给来创造，也就是说，不是有效需求创造有效供给，而是有效供给创造有效需求。你有能力卖得越多，才有可能买得越多，从而消费得越多。个人如此，企业如此，国家如此。因此，全球化时代，凯恩斯经济学中的两个据说是极富启迪的结论至少对于某些国家经济是不适用了。这两个结论是：第一，对于个人来说是正确的政策，对于国家来说就不一定是正确的了，反之亦然。例如，多挣少花，开源节流，不失为个人持家致富之道，而人人如此，国民经济将因此陷入萧条停滞。第二，在现代社会，消费限制生产，而不是生产限制消费。因此，如果消费不足，政府应不惜进行无效性消费以创造需求。从理论上不难证明，在高度全球经济一体化的情况下，任何一个开放经济国家的政府——只要它还无法决定世界需求——对国内需求的宏观调控行为，都将因引起的国内外经济的相向运动而被抵消殆尽，而且，经济全球化所造成的“黑洞”效应是如此之大，足以使开放经济国家的政府在实施需求管理政策的过程中逐步耗尽它的财政金融资源而国内需求依然萎靡不振。

经济全球化决定了，我国目前的内需不足，市场疲软，根源是有效供给能力不足，是国内企业尤其是国有企业在体制、技术创新、经营等方面难以适应日趋激烈的国际竞争局势，竞争力相对下降而导致无效供给能力不断增加，企业开工率不足，生产下降，失业率上升，收入下降，从而导致投资、消费下滑。关于这一点，不妨举今年外贸出口的数字为证，1～6 月，我国外贸形势严峻，与去年同期相比，出口增长率为 -4.6%，而我国的外商投资企业出口同比却增长了 5.52%，占全国出口总值的 46.89%，[①] 也就是说，同期，国内企业的出口增长率约为 -13%。同样环境条件，两类企业的出口实绩相差近 20 个百分点。应当说，这一数字对思考中国目前经济发展的真正症结所在不无启发意义。没有竞争力，即使财政投入再多，也无法拉动经济回升，因为，在市场经济条件下，没有竞争力的企业永远是需求不足的。1998 年我国实际消费增长接近 10%，投资增长超过 10%，但未能实现预期 8% 增速的事实，印证了这一观点。[②] 有效供给能力不提高，有效需求就不可能增长。今年的市、县、县以下社会消费品零售额不同增长趋势就说明了这一问题。上半年，全社会消费

---

① 《上半年外商投资企业出口保持增长，吸收外资形势依然严峻》，载《经济日报》1999 年 7 月 31 日第 1 版。

② 1998 年包括中国经济景气监测中心在内的许多经济研究机构都认为，只要投资与消费的增长率均达到 10%，就能够实现国民经济增长 8% 的目标。事实是 1998 年扣除物价因素的居民消费增长率为 9.6%，投资超过 10%，但是，并未实现 8% 的经济增长；相反，却导致了进口剧增和出口急速下滑。这说明，在中国经济日益对外开放的条件下，尽管政府下大力气振兴内需，但是，有效供给能力不足的国内企业却无能力吸收，结果是国内企业开工率依然不足，进口却剧增了。

品零售总额增长6.4%，按销售地区分，城市销售增长6.6%，县以下地区销售增长6.4%，县城销售增长最低，仅5.6%。① 显然，这种差异，是与城市、县城以及县以下地区的不同经济主体的经营实绩、居民的有效供给能力不同密切相关的。县属国有企业基本上是小型国有企业，其经营业绩就总体而言目前是国有企业中最差的，已经多年整体亏损，大面积停产，职工大量下岗，居民收入锐减，因此，县城的销售增长率最低。显然，这种因有效供给能力不足而导致的需求不足是不能靠以扩大内需为目的的“积极性财政政策”得到解决的。

因此，全球化时代，国家宏观政策当局必须把国内经济政策的落脚点从需求管理转向供给管理，即把提升本国经济的竞争力，增加本国经济的有效供给能力放在其宏观经济政策及管理的首位。这是一国经济在日趋激烈的国际经济竞争中立于不败之地，同时也是它需求旺盛、长久繁荣的不二法门。在此基础上，积极参与国际政治经济斗争与政策协调，争取建立与经济全球化时代相适应的公正合理的国际经济新秩序，为本国经济发展创造一个较好的外部环境，其中包括全球的供需平衡的建立，以及各国政府在其中的相应责权利。全球化既然使一国的经济活动越来越具有国际化特征，政府的政策调控与监督管理必然采取新的方式进行，国际的政策协调及管理合作以及因此形成的外部经济环境越来越对国内经济运行具有重要意义。东南亚金融风波发生之后，在OECD、IMF等国际经济组织中对前一阶段过于偏重提倡自由化政策而忽略了国际的政策协调与管理合作已有所批评。最近，一些国外政治家与经济学家提出了要适应经济全球化，建立新的国际经济政策协调机制的建议。例如，德国著名经济学家、柏林自由大学教授阿尔瓦特（Elmar Altvater）就提出，现有的国际金融体系只与政府间金融活动有关，而对于国际金融秩序至关重要的国际私人金融活动却缺乏必要的监控管理体系与办法，是很不适应国际金融自由化的发展的。他认为，不仅在国际贸易、投资、金融等方面必须加强政府间的协作，建立和完善国际协调组织，而且，针对目前世界范围的高失业率问题，也应当考虑建立类似布雷顿森林货币体系那样的一个国际收入协调组织等。②

经济全球化的发展，使各国政府争取建立与经济全球化时代相适应的公正合理的国际经济新秩序，参与国际的经济政策协调及管理合作的重要性不断提高。而各国政府在国际经济政策协调及管理合作中的影响力大小，归根结底仍然取决于本国的经济发展水平、综合国力，而它是建立在本国经济的国际竞争

---

① 中国经济景气监测中心：《1999年6月份国民经济监测指标》，载《经济日报》1999年7月29日第6版。

② 笔者1998~1999年在德国从事国际合作研究，这些看法是阿尔瓦特教授与笔者座谈时提出的。

力基础上的。从这个意义上说，提升本国经济的竞争力，增加本国经济的有效供给能力的供给管理政策是经济全球化时代国家全部宏观经济政策的基础。

经济全球化时代，可以从一个新的角度定义积极性财政政策与消极性财政政策。从提高一国的有效供给能力，从而提高经济增长潜力的角度看，以需求管理为基本目的的财政政策实际上是消极性的。因为，从实现增长角度看，无论是刺激需求的扩张性财政政策还是抑制通货膨胀的紧缩性财政政策，其作用都是补偿性的。因为，首先，它们的作用都只是消极地弥补市场需求的不同缺口，被动地熨平经济周期波动而已；其次，在经济全球化不断深化的情况下，它们的政策效果将越来越差。其消极性不言而喻。相反，以供给管理为基本目的的财政政策是积极性的。因为，它以提高本国经济的有效供给能力，从而增长潜力为政策目标。因此，无论是对于经济的有效供给能力还是有效需求的创造来说，都是积极主动的进攻态势，从政策效果看，是长远的，随着经济全球化的发展，它的政策效果将越来越明显。

以供给管理，创造有效供给能力，提高国民经济国际竞争力为基本目标的积极性财政政策的基本特征是它明确的政策目标性。特定时空条件下，各种服务于该政策目标的财政政策手段的运用都是积极性财政政策。但是，政策目标的性质决定了积极性财政政策更为侧重结构性或者说微观财政政策手段的使用。尽管微观或结构性财政政策的运用有时也会产生它的宏观效应。例如，为支持特定生产力的发展，发行国债，造成了流通中货币投放量的增加等。

从我国目前的经济状况以及因应已经到来的国际竞争看，需要实行积极性财政政策。它主要体现为：

第一，为提高我国的公共基础设施水平而进行财政投资。基础设施是一个国家物质生产力的重要组成部分，对于发展中国家而言，它还是吸引外资流入，从而更好地参与国际经济分工及竞争的重要前提条件之一。尽管近年来，在基础设施建设上，资金来源开始出现多元化，但无论如何，财政资金仍然是最重要的建设资金来源之一。虽然用财政资金进行基础设施投资也有增加市场需求的意义，但是，之所以认为财政的基础设施投资属于积极性财政政策，是因为它是服务于提高经济的国际竞争力这一基本的政策目标。如果财政投资仅仅是或主要是为了扩大内需而进行的，投资项目对提高整个国民经济的有效供给能力无关，就不属于积极性财政政策。①

① 例如，如果单纯为了扩大内需，建设楼堂馆所与基础设施建设，政策效应是一样的。但是，从提高国民经济有效供给能力角度看，前者是消极性财政政策而后者是积极性财政政策。

第二，为提高我国劳动者文化程度、劳动技能、创新能力而进行的财政性人力资本投资。一个国家有效供给能力的重要组成部分之一是该国劳动者的综合能力素质。显然，这一竞争能力的形成，必须基本依靠本国的努力。因此，增加教育投资，扩大高等院校招生规模，立足点应当是人力资本投资而不仅仅是扩大内需。由于提高劳动者素质对提高一国经济的极端重要性，因此，不仅要通过扩大正规学历教育提高未来劳动者的文化知识水平，而且必须通过继续教育提高现有劳动者的综合能力素质。目前，许多下岗职工的综合能力素质较低，不仅限制了个人再就业机会，而且，影响国民经济竞争力。因此，对下岗职工不仅要关心其生活，帮助实现再就业，而且，必须致力于提高其素质。必须推行与领取失业救济金相联系的有一定强制性的再培训制度。这种强制性再培训应并重综合能力素质教育和职业技能培训。财政为此而增加的支出也是一种积极性财政政策。

第三，出口退税。在现有汇率水平不动情况下，加大出口退税等鼓励出口的财政政策措施是积极性的，但是，在人民币汇率水平高估的情况下，加大出口退税鼓励出口只是一种次优选择。与其如此，不如在适当时调整汇率，恢复我国出口商品的国际竞争力。

第四，提高企业有效供给能力的财政政策措施。对企业的财政政策必须以有利于提高其竞争力尤其是国际竞争力为出发点。它包括对企业更新生产能力，实现科技进步的投资和 R&D 的鼓励政策规定，建立中小企业服务体系的财政支持，对企业的税收政策等。

第五，收入分配政策。以提高有效供给能力为目标的积极性财政政策，强调收入分配的调整必须以有利于促进社会生产力为前提。如果有效供给能力没有提高，提高收入水平是无源之水，只会造成成本上升，竞争力下降。从长远看，这种政策无论是从扩大内需还是提高居民收入水平角度看，都是南辕北辙，缘木求鱼。这一观点既适用于政府机关事业单位，也适用于企业。全球化时代，一国政府正逐渐失去其垄断地位，与他国政府形成某种微妙的竞争关系。一个精干、高效、廉洁的政府对于提高该国国际竞争力的重要性因此大大提高了。以此论之，当此内临供给疲惫，效率不振，外有强敌竞争压境之时，应励精图治，共度时艰，提高效率谋长远发展之道。

调整收入分配结构，必须遵循有利于促进国民经济发展的基本原则，经济增长是共同富裕的物质基础。全球化时代，一国的收入分配结构不可能脱离全球收入分配结构的发展趋势，因为资源——尤其是资本、高素质劳动力、知识产权等优势要素——的流动性因全球化而不断提高。中国目前仍然是一个劳动力资源比其他要素资源丰富，高素质高技能劳动力资源紧缺的国家。因此，调整收入分配结构，提高社会低收入阶层的收入水平，应从现实出发，充分考虑国际国内的各方面制约条件，以提高经济增长潜力为出发点，至少不应损害国民经济有效供给能力。这一思想，也适用于处理各种生产要素之间的收入分配关系。

需求管理政策还是竞争力政策?*

年初以来，扩大内需，启动市场，促进经济增长，力保8%的经济增长率成为中央及各级地方政府的首要政策课题，说明1998年我国经济正处于或正在走向改革开放以来的第三个经济周期的谷底。进入7月，最新统计表明，上半年我国经济增长速度达到7%。一般来说，下半年经济增长速度将快于上半年。有关人士认为，8%的经济增长速度是可以实现的，中国经济将结束下滑，走向回升。①

实现8%的经济增长率，无疑是宏观经济调控的巨大成功，对经济发展具有重要意义。但是，以何种方式实现8%，对于实现目标增长率之后的经济发展空间，尤其是正处在转轨过程的中国经济的中长期发展来说，关系巨大，不能不成为中国经济学界关心的问题。

一、本轮经济周期的若干新特点

问题的提出部分与对此次经济周期中出现的一些新现象的观察思考有关。从1993年7月至今，我国经济运行处于自1984年以来的第三次经济周期的下降阶段。注意观察，可以发现与前两次经济周期相比，它有些新的特点。

第一，经济增长率的波动幅度较小。1984～1987年是我国改革开放以来的第一个经济周期。在该轮经济周期中，各年的经济增长率分别为14.7%（84）、12.8%（85）、8.1%（86）、10.9%（87），周期的增长率波动绝对离差（全

---

* 本文原载于《福建论坛》1998年第10期。

① 《国家统计局总经济师邱晓华认为：中国经济将结束下滑 完成8%目标尚需努力》，载《东亚经贸新闻》1998年6月29日第1版。

距）为6.6%，均方差σ为2.384，均方差系数V_σ为20.51%。1988～1992年，是第二个经济周期。增长率波动幅度则更大，各年的经济增长率分别为11.3%（88）、4.4%（89）、4.1%（90）、7.7%（91）、12.8%（92），周期的增长率波动绝对离差（全距）为8.7%，均方差σ为3.526，均方差系数V_σ为43.75%。而这次周期的经济增长波动幅度相对小，13.4%（93）、11.8%（94）、10.2%（95）、9.7%（96）、8.8%（97）、8%（98，目标数），年度增长率波动大致上维持在每年1个百分点左右。就现有的年份经济增长率计算均方差及均方差系数，分别只有：1.815，17.59%。

第二，呈现较长的时间周期。前两次周期，经济增长波动幅度大，但是整个周期的持续时间较短，一般是4～5年，而此次自1993年至今，已经有6年，尚不能肯定周期已经到达谷底。如果与国外的情况相比，则可以发现，我国这次周期的走势正相反。以美国为例，近年来的周期波动的一个明显特征是扩张期拉长，衰退期缩短。二战后美国出现过9个经济周期，平均扩张时间为55个月，衰退时间是十余个月，而1991年3月开始的经济扩张至今已有87个月，有望突破20世纪60年代连续增长106个月和80年代92个月的纪录。而90年代初的经济衰退只持续了8个月，衰退期间GDP的降幅仅为1.1%，为二战后最轻的衰退之一。而我国1991年开始的扩张仅持续了不到3年便因为通胀率过高而进入紧缩期，随后的紧缩时间至今已经超过扩张时间一倍以上。

第三，周期变动从数量特征看，并不严重，但是，一些深层次问题暴露得比较充分。从增长率及其变化上看，这次经济周期似乎不算严重。8%的增长率，无论是与发达国家或是与发展中国家相比，都不算低。美国近年经济增长实绩很好，也只有3.5%左右的增长速度。如果能够长期保持8%的增长率，即使是在发展中国家，也应当算是高增长。从增长率与物价变动的相互关系看，8%的经济增长和0通胀的组合，可以说是我国多年来一直追求而不可得的。但是，这次周期中显现的一些深层次问题值得注意：

一是国有企业尤其是大中型国有企业的经营效益大幅度下跌。1998年第1季度全国31个省份中，只有黑龙江、云南、广东、上海、福建、山东等6个省份赢利，其余地区均为净亏损，而且赢利的6个省份也主要是靠少数优势大企业支撑的。尤其值得注意的新情况是：亏损的重点从过去的中小企业转到大中型企业。国有大中型企业由1997年第一季度实现利润37亿元转为净亏损42.5亿元，占国有工业企业净亏损额的48.5%，同比减赢增亏79.5亿元。512户国有重点大中型企业中，上报数据的506户，赢亏相抵后实现利润80.2亿元，同比下降53.2%，其中亏损191户，亏损额92.1亿元，同比增亏53亿元，增长1.4倍。①

二是职工大量下岗。据国家统计局统计，1997年底城市登记失业人口为3%，比1996年增加0.3个百分点。据劳动部统计，1997年全国企业下岗职工人数1151万人，比1996年增加336万人，增长41%，其中，国有企业787万人，占全国下岗人数的68%。需要指出的是，城镇失业人数增加，主要是国有企业的富裕人员下岗，而且目前已经下岗的还不是全部的富裕人员，目前下岗职工尚不到国有企业富余职工数的30%。

三是技术进步及产业结构升级缓慢，整个国民经济的竞争力难以提高。在产业空洞化及国民经济泡沫化倾向得到抑制之后，没有新的经济增长点，国民经济较长时期处于增长乏力状态。

这说明：

第一，多年的市场化改革，使我国经济运行机制逐步演变。市场机制在起越来越大的作用，行政的力量在减弱，因此，尽管政府的调控是及时的，但是，政策时滞在拉长。1993年6月开始的紧缩政策，到1995年底方才基本实现目标。以1996年第二季度人民银行下调存贷款利率为标志，刺激增长的政策至今尚未导致增长率的恢复。由此可以得出的一个推论是，即使按照乐观估计，经济在今年内结束下滑，但是，增长的恢复和高潮的出现，将不可能是很快的。这从1996年5月至今的5次降息的效果可以看出。

第二，转轨经济的体制性、结构性问题逐步显现。体制性、结构性问题，在1984～1987年的周期波动中尚不明显，在1988～1992年的周期波动中大体上均已出现，而在本轮周期波动中则显得十分严重，成为目前反周期政策的主要对象。这说明，机制障碍使传统的反周期政策药方日趋失灵，反过来，由于传统的反周期政策不但无法解决转轨经济运行中的深层次问题，而且使已有的体制病越来越凸显，因此，如果在反周期政策操作中不能逐步化解机制障碍，尽快实现向社会主义市场经济体制的转轨，经济增长的空间将日趋缩小，经济增长的后劲将进一步减少。

二、传统的需求管理政策无济于事

对于目前的宏观经济形势，一种有代表性的看法认为，面临严重的经济萧

① 吴邦国：《当前工业经济形势和需要做好的几项工作》，载《经济日报》1998年6月8日。

条，必须实行凯恩斯式的需求管理政策。有经济学家甚至认为中国目前的需求状况及经济发展水平都与20世纪30年代的美国经济大致相同，因此建议实行类似罗斯福新政的政策，主要是刺激性的财政货币政策。有学者甚至将它称为“中国新政”。论坛上关于扩大财政支出，增加公共工程投资甚至大规模发行国债实行赤字财政的政策建议此起彼落，不绝于耳。本文认为，为使经济走出低谷，适度地扩张需求尤其是内需，有其必要，但是，对于转轨中的中国经济，目前，只重视传统的需求管理政策不仅无济于事，而且将极大地限制今后的经济增长空间。

首先，建议实行类似罗斯福新政的论者仅仅看到目前中国与30年代美国在表面上的一些近似之处，没有深入分析造成这些类似的表面现象的深层次原因的不同。第一，体制不同。30年代的美国是成熟的市场经济，而中国是转轨经济，存在着许多体制性问题没有解决，国内经济尤其是国有经济与其说主要是需求不足，不如说是竞争力不足。第二，国际环境不同。30年代因全球性大萧条，各国纷纷实行高关税保护，国内经济是一个相对独立的部分。现在，我国必须实行对外开放政策，不能实行高关税保护，日益一体化的全球经济使一国刺激需求增长的扩张性财政货币政策面临着难以控制的漏出效应，而且，大量的外资企业已经成为我国国内经济的重要组成部分，因此，即使可以实行高关税保护或者刺激需求的政策，在国内各种经济成分竞争力相差甚远的情况下，政策的最大受益者很可能是这些外资企业，而目前处于严重困难之中的国有企业却受益甚少。第三，生产技术条件不同。现在搞公共工程，不能雇用太多劳动力。三峡工程如此之大，施工现场工人不到一万人，所用机械设备，相当部分是进口的。因此，对投资的乘数效应，不宜过高估计。

其次，正如有些研究所指出的那样：就近两年的情况看，中国的宏观经济政策并不是趋紧，而是向宽松方向发展的。[①] 但是，经济还在下滑。这说明：中国经济转轨时期，特定的制度环境使刺激性财政货币政策的作用是有限的。而且，即使实行刺激性财政货币政策，政策空间也是有限的。从财政政策角度看，财政目前基本上仍然是吃饭财政，人头财政，而国家财政收入的债务依存率决定了中央政府发行国债的余地不大；从货币政策角度看，目前四大国有商业银行贷款的80%以上是贷给国有企业的，因此，在国有企业改革不到位，效率低下的情况下，扩大贷款投放即使能够起作用，也是低效率的。从长远看，

① 北京大学中国经济研究中心宏观组：《寻求多重经济目标下的有效政策组合——1998年中国宏观经济形势分析与建议》，载《经济研究》1998年第4期。

有可能进一步降低我国的金融资产质量。它不能不制约着货币政策的应用。

注意观察，可以看出，目前的经济运行状况，表面上是社会总供需失衡，但根本原因是体制性、结构性问题多年累积性效应的显现。有效需求不足是目前经济下滑的主要原因。但是，隐藏在总需求不足背后的根本性原因是体制性的、结构性的。

体制性原因。从目前国有企业大量亏损，经济效益下滑，职工大量下岗可以看出。当前相当部分国有企业的问题是：无竞争能力。即使有市场需求，也无法恢复生产。[①] 因此，近年来已经多次出现这种情况，每次经济下滑，国有企业产出下降都快于其他类型企业；反之，经济上升，国有企业产出上升又往往低于非国有企业。近十年来，我国的非国有尤其是非公有企业发展很快，与此同时，外商大举向中国投资，世界各大跨国公司纷纷进入中国市场，我国已经数年保持世界第二大吸引外资国地位，这些都说明中国是有市场需求的。无法想象一个已经持续多年保持10%左右增长率，有10亿以上人口的大国竟然是需求不足的。问题在于：市场需求只属于具有创新能力及竞争活力的企业，需求不足的根源是国内企业尤其是国有企业严重缺乏竞争力。在市场经济条件下，没有竞争力的企业永远是需求不足的，就像色盲者眼中的多彩世界。

结构性原因。第一，大量的生产能力过剩并不完全是经济波动导致的需求不足造成的，大量的生产能力过剩是多年来重复建设的结果。它与体制密切相关。重引进模仿，缺乏创新活力，是计划经济的根本弊病之一。重复引进重复建设，产能过剩，恶性竞争而没有被淘汰。

第二，低水平重复建设、结构失调与技术创新不足密切相关。技术创新不足导致产业结构升级缓慢。比如化纤，我们有金山、仪征、齐鲁、辽阳等大型化工生产基地，但是，产品卖不出好价钱，原因是化纤差别化率太低，仅7%，而国外是40%以上。因此，连做长毛绒玩具的化纤都要靠进口。纺织产品，国外是“三三制”，1/3供工业用，1/3供服装用，1/3供装饰用，我国70%用于服装，尽管如此，服装用高级面料还要靠进口，每年进口60亿美元。化肥产量不低，但是高效低毒、低残留的化肥还要靠进口。[②] 产业结构升级缓慢，技术创新不足的根本原因也是体制。技术创新具有极大的不确定性，它需要无数市场主体的主动创新精神。创新费用由谁承担？创新收益归谁？不创新的后果

---

① 笔者1997年对福建宁德地区国有茶厂的调查说明了这一点。参见李文溥、王挺：《有市场为什么无法生存?》，载《福建论坛》1997年第8期。

② 吴邦国：《当前工业经济形势和需要做好的几项工作》，载《经济日报》1998年6月8日。

如何？都与体制有关。这些问题不解决，技术创新也就没有指望。

第三，随着人均收入水平的提高，消费结构在发生变化，如果生产结构、产品结构不发生变化，将导致经济中无效生产力的比重越来越大。而这一问题在一个社会越过了卖方市场阶段进入买方市场后，显得更为突出。如果不及时解决，必然会导致产业空洞化，经济泡沫化的出现。事实上，90 年代初，这一问题已经初见端倪，但至今尚未得到解决。

第四，目前的经济严重不景气，从表面看，是国内经济周期与亚洲金融危机的重合叠加的结果。一般来说，在国际经济环境不变的情况下，国内经济与国外经济存在互补关系。不巧的是，1997 年 7 月开始的亚洲金融危机与国内经济周期重合叠加，可谓雪上加霜。但我认为，更深层的原因是我国现行经济运行机制对全球经济一体化发展的不适应，是改革滞后引起的经济发展断层的出现。关于这一点，比较一下日本及亚洲新兴工业国家与美国近 20 年来的不同发展轨迹，可以得到一些启示。20 世纪七八十年代，美日经济竞争中，日本占上风，但是，由于在高新技术领域未能实现重大突破，日本当局又试图回避经济中存在的棘手问题，以经济泡沫掩盖增长后劲不足。结果，不出十年，泡沫破灭，陷入长期衰退。而美国之所以能走出 20 世纪七八十年代的相对衰落，自 1992 年起从日本手中重新夺回并连续 7 年保持世界综合竞争力第一的桂冠，从德国手里夺回并保持了世界第一大出口国的地位，关键是在以信息技术为核心的高新技术产业发展中占据优势地位，领先开始从工业型经济向信息和知识型经济的转换，从而能够抓住经济全球化的有利机会，大大扩张其在全球经济中的份额。反观我国，20 世纪 80 年代中后期，市场化改革使国民收入分配格局发生了根本性演变，然而，产权制度改革与国民经济配置产权结构调整却受到阻碍，迟迟不能进行。产权制度改革与国民经济配置产权结构调整滞后，不仅使国民经济陷入“双高负债”泥潭之中，而且成为国有企业竞争力与市场活力下降，技术创新动因不足的重要根源。技术创新缓慢使经济缺乏增长点。缺乏增长点使产业利润率下降。它导致金融投机、经济泡沫化出现。1992 年以来的经济景气，相当部分是经济泡沫化，而当泡沫破灭之后，就出现了萧条。因此，可以说，现今中国经济运行中的主要问题，基本上是近十年前问题的延续和发展。实践证明，需求管理政策无济于事。

三、竞争力：一个不容回避的问题

在中国转向市场经济的同时，世界正在进入一个新的时代，经济全球化的时代。在这个时代，社会需求与供给日益以全球性形式出现，政府的需求管理政策对本国经济所起的作用将越来越小。一国的经济发展，将越来越依靠其拥有的竞争力，尤其国际竞争力。因此，全球化经济时代政府宏观经济政策的重心将从罗斯福新政时代的需求管理政策转向供给政策，尤其是对本国经济的竞争力、市场活力、企业技术创新能力和公民生活及生产能力的培育。罗伯特·赖克指出："在日益显示全球性的经济中，国家的边界逐渐消失，……国家的经济作用不是为挂该国国旗的公司增加赢利率，不是为它的公民扩大在全世界拥有的财富，而是通过提高公民为世界经济所作贡献的价值来提高他们的生活水平。"①

显然，如果从此角度出发，得出的宏观经济政策选择将有所不同。

第一，公共工程投资与民间企业投资。在需求严重不足的情况下，短期的刺激需求政策是需要的。扩大投资是对策之一。它包括政府公共工程投资、企业投资、居民住宅投资。由于目前企业的投资意愿很低，不少论者对扩大政府公共工程投资寄予很大希望。应当承认，政府扩大财政支出，搞公共工程投资，好处是能在短期创造较大的社会需求。适当增加政府公共工程投资，尤其是那些处于短线状态，严重制约经济发展的基础设施建设，是需要的。但是，其作用不能过高估计。原因有三：一是如前所述，目前我国实行刺激性财政政策的空间是有限的。二是对于投资的乘数效应不宜估计过高。统计分析证明，我国的投资与消费的关系在经济从卖方市场转向买方市场之后，出现了变化。在卖方市场的情况下，投资是拉动消费需求的有力因素，投资上去了，相当部分投资额会迅速转化为消费，出现投资与需求双膨胀现象。在买方市场的情况下，投资对消费需求的牵引作用在削弱，而消费对投资的影响却上升了。三是公共工程项目能够获得直接经济收入的毕竟是少数，因为，公共工程项目对经济增长的促进作用，最终必须在企业产出增长中得到体现。

因此，经济增长，最终必须依靠企业生产性投资的增长。需要着重指出的是：从提高竞争力角度看，企业投资尤其值得重视。因为，长期以来，国内企业尤其是国有企业设备陈旧，技术落后，无效生产力比重过大是其缺乏竞争力的重要因素之一。没有大规模的企业投资、技术改造，这些企业的处境将越来越困难，以致最终被淘汰。改革开放以来，我国国民收入分配格局的改变决定了，无论是国有企业还是非国有企业，依靠财政投资都是不现实的。依靠银行

① ［美］罗伯特·赖克：《国家的作用——21世纪的资本主义前景》，上海译文出版社1994年版，第304页。

贷款搞更改，将进一步恶化国民经济的“双高负债”局面。因此，促进企业投资及更改，必须主要依靠居民储蓄、民间资本，鼓励民间资本对企业的投资，将居民储蓄转化为直接投资。无论从短期及长期看，都具有十分重要的意义。从短期看，（1）有利于扩大内需；（2）有利于将部分居民储蓄逐步转化为直接投资。从长期看，（1）有利于加快国有经济的战略性改组，使有限的国有资本能够摆脱与市场经济运行机制不相适应的计划经济型配置格局，重构国有资本的市场经济型配置格局；（2）有利于实现国民收入分配结构与国民经济产权结构的耦合，化解国民经济“双高负债”局面；（3）有利于改变企业的运行机制，提高经营效率，市场活力及竞争力。

显然，鼓励民间资本投资，将居民储蓄转化为对企业更改的直接投资，需要一系列的政策调整与相关的配套措施。其中，最关键的是：居民的钱，作为银行存款，其所有权是切实受到保障的，当它转化为直接投资后，居民是否切实地感到这仍然是他们的钱，也即拥有切实充分的产权，而且将因此获得更大的收益？

第二，居民消费。从卖方市场转向买方市场之后，消费市场的状况将对投资以至经济增长的影响越来越大。消费无热点非自今日始，至少已有近十年之久。居民在基本解决了吃穿用之后，新的消费需求热点是什么？住宅及汽车，说了多年，至今未热起来，固然有政策配套等方面的问题，但是，是否存在特定的国情，使它们不大可能成为居民的下一个消费热点？至少不像洗衣机、电冰箱、电视那样居家必备？

近20年的市场化改革，在提高居民收入水平的同时，也改变了人们的思想观念与心理预期。这是在考虑居民消费指向时不能不注意到的。本文认为，未来收入不稳定性的预期提高了人们对安全的要求，市场竞争的发展促进了对人力资本投资的需求，是考虑居民收入支出指向时需注意的重要因素之一。前者唤起了居民的投资意识，希望在职业之外，多年的积蓄能为自己提供一份附加的保障。因此，我们看到，尽管银行利息一降再降，居民或是我自岿然不动，或是将银行储蓄转为保险等其他储蓄性财产。为什么不能因势利导，开辟居民直接投资的渠道，而非要让它转为生活消费呢？同时，居民对人力资本投资的需求形成了一个极大的潜在市场：教育市场。满足如此大的教育需求，如果仍然主要依靠政府的财政拨款，可以说是几无可能。为什么不能适当地开放教育市场呢？义务教育不等于免费教育，义务教育之外的其他类型教育，老百姓愿意掏钱，学校也有潜力可挖（以大学为例，目前中国大学的师生比大约是国外大学的1/2）。为什么要像现在这样，一边每年有近2/3的考生无学可上，一边各类学校经费严重不足，教师待遇难以提高，一边又叫需求不足呢？或许有人说，大学毕业生近年来就业已经不易，再多招生，岂不加剧就业问题？对此的回答是：在就业市场容量不变的假定下，存在着两种选择：一是让部分学生高中甚至初中毕业就失学加失业；二是让他们读完大学再失业，何者较好些，更易于为百姓接受？如果考虑到受教育年限提高，将有利于提高受教育者的创业能力，那么，答案更明显。教育市场的开放，将产生一系列的连锁反应，有利于带动一系列相关产业的发展。因此，它无论是从短期增加需求还是长期提高国民经济的竞争力来看，都值得重视。

第三，下岗职工的再就业问题。应当说，现有的职工下岗，主要不是经济波动造成的。因为，即使是现有的国有企业都正常开工，从提高国有企业经营效率看，也有近3000万的富余职工要下岗。而现在国有企业下岗职工还不到冗余职工数的30%。因此，可以说，下岗主要是体制性及结构性原因造成的，是体制转轨及结构转换过程中的阵痛。这一点，从多种经济成分发展较快，产业结构较新的沿海经济开放地区与国有经济占绝大比重的内地老工业基地下岗职工比率的巨大差异上也可以看出。因此，从长远考虑，应当从提高国民经济竞争力角度着眼，制定倾斜政策，大力鼓励下岗职工自谋职业、转业、创业，尤其是发展民营经济，逐步地使他们转向有真实社会需求的行业和部门就业来逐步解决这一问题。

当前宏观经济政策选择*

进入 1998 年以来，扩大内需，启动市场，促进经济增长，力保 8% 的经济增长率成为中央以及各级地方政府的首要政策课题。

1. 年度计划增长率有可能实现，但是以何种方式实现对今后的经济增长有重要影响

1997 年我国的 GDP 总量为 74722 亿元，按照 8% 的增长率计算，1998 年的 GDP 总量应达到 80754 亿元（不变价），即增加约 6000 亿元。考虑到亚洲金融危机对我国进出口的影响，如果估计 1998 年净出口减少 800 亿元，那么，为了实现 8% 的增长率，需要增加内需 6800 亿元。这一数字可以分解为消费与投资的增长需要。1997 年社会消费品零售总额为 26843 亿元，按照消费品零售总额与总消费的比率计算，1997 年的总消费是 44700 亿元，全社会固定资产投资 25300 亿元，两者分别比 1996 年增长 10.2%、9%。也就是说，如果 1998 年消费与投资都增长 10%，那么，增加的消费是 4470 亿元，投资是 2530 亿元，二者之和是 7000 亿元，可以实现 8% 的经济增长。（有论者认为需要 13% 的投资增长率）从目前的情况看，投资增长较快，已经超过 10%，如果消费能够实现 10% 的增长，今年的目标是可以实现的。问题在于：

（1）10% 的消费需求增长能否实现，从今年 1~5 月的统计数字看（总体消费需求增长率为 6.9%，其中，国有经济消费增长率为 -5.2%，集体经济消费增长率为 1.4%，个体经济消费增长率为 15.4%），不乐观，消费目前存在的问题是：

第一，居民的收入增长幅度正在持续下降，城镇居民人均收入增幅从 1993 年的 10.2% 下降到 3% 左右，农村居民的人均收入增幅也在回落，1997 年增幅

---

* 本文原载于《福建商贸》1998 年第 5 期。

仅4.6%，比1996年下降4.4%。今年一季度城镇人均可支配收入增幅比去年同期下降0.7个百分点，农村居民人均现金收入增幅比去年同期下降4个百分点。在收入增长缓慢的情况下，消费的增长必然趋缓。同时由于收入增幅下降，加之市场经济的发展使居民对未来的预期更不确定，因此，消费倾向有进一步下降的趋势，1996年我国城镇居民人均可支配收入比上年增加3.3%，支出只增加2.3%，同时，当年新增储蓄存款增长8.8%，比可支配收入增长快5.5个百分点。1997年新增存款比上年有所下降，但是，保险、股票、国债市场所吸纳资金有较大增长，今年1～5月这种情况更明显，二季度，对北京、上海、重庆、武汉、广州5城市的调查显示：与一季度相比，消费者综合情绪指数下降2.8点，信心指数下降3.8点，满意指数回升2.2点。调查表明：消费者将富余资金用于购买大件和存银行的比重上季度为5.1%和24%，二季度为4.9%和19.1%，明年打算买大件和银行储蓄的人数比重下降为3.4%和18.5%，将富余资金投向买房子、自身接受教育及办各种保险的消费者比重二季度为7%、5.4%、4.8%，打算明年投向这三项的比重为8.3%、7.1%、6.8%。其中，分别有六成、七成、八成以上的消费者愿意给自己办一份失业、医疗、养老保险。

第二，新的消费热点因各种条件不具备，形成尚待时日（如农村的家电消费，城市的住宅、汽车消费）。

第三，消费与投资的关系在经济运行从卖方市场转向买方市场之后，出现了变化。在卖方市场的情况下，投资是拉动消费需求的有力因素，投资上去了，相当部分投资额（约40%）会迅速转化为消费，出现投资与需求双膨胀现象。而在买方市场的情况下，投资对消费需求的牵引作用在削弱，而消费对投资的影响却上升了。企业觉得没有合适的投资机会，相当程度上是因为难以形成消费热点。

（2）中国目前是存在着强行拉动经济增长的方法与可能，问题是这样做从长远看可能是弊大于利。因此，用什么样的政策能够在启动需求的同时为今后的经济发展创造良好的发展环境，就成为当前宏观经济调控中值得认真考虑的问题。

2. 传统的需求管理政策无济于事

对于目前的宏观经济形势，存在不同的看法。一种看法认为，中国目前面临着严重的经济萧条，必须实行凯恩斯的需求管理政策，有的经济学家认为中国目前的需求状况及经济发展水平都与30年代的美国经济大致相同，因此建议实行与当年罗斯福新政类似的政策，主要是刺激性的财政货币政策。有的学者甚至起了个近似的名称：“中国新政”。

首先，这种观点仅仅看到当前中国与30年代美国在表面现象上的一些近似之处，而没有深入分析造成这些类似的表面现象的深层次原因的不同：体制不同，30年代的美国是成熟的市场经济，而中国目前是转轨经济，存在着许多体制性问题没有解决；国际环境不同，30年代的全球性大萧条，各国纷纷实行高关税保护，国内经济是一个相对独立的部分，现在，中国必须实行对外开放政策，不可能实行高关税保护；生产技术条件不同，现在搞公共工程，不能雇用太多劳动力，无论从投资对消费的拉动效应，从乘数效应看，不宜过高估计。

其次，就近两年的情况看，中国的宏观经济政策并不是趋紧，而是向宽松方向发展的。从1996年第二季度至今，中央银行已经5次降息，1997年国有商业银行的贷款额度均未用完，1998年1月1日起则取消了对国有商业银行的贷款额度管理。从财政角度看，中国多年来一直是财政赤字，此外，银行的政策性贷款实际上是一种财政性支出，根据世界银行及国外学者的研究，如果将银行的政策性贷款包括在内，中国在改革开放期间的实际赤字平均占国内生产总值的8%~9%。但是，经济还在下滑。由于体制改革的不到位，目前中国在实行刺激性财政货币政策上的空间和作用是有限的。从财政策角度看，1994年的财政改革目标是提高财政收入尤其是中央财政收入占GDP的比率，但是收效甚小，1996年财政收入占GDP的比率，只比1995年提高0.1%。目前中国的政府债务余额相对于GDP的比率与发达国家相比，不算太高（欧盟国家是60%的债务存量标准），但是中央政府收入的债务依存率则比较高，因此，中央政府发行国债的余地不大。从货币政策角度看，已经连续5次降息，最近也追加了货币供应量。1998年5月底，广义货币M_2余额为9.4万亿元，比去年同期增长了15.5%，国家银行当月贷款比去年多增加160亿元，全部金融机构贷款7.7万亿元，同比增长15.2%。这些对刺激经济增长恢复是起了一些作用，但是，由于中国四大商业银行贷款的80%以上是贷给国有企业的，因此，在目前国有企业改革不到位、效率不高的情况下，这些贷款即使能够起作用，也是低效率的。从长远看，有可能进一步降低中国的金融资产质量。这些制约着货币政策的应用。

最后，从我国改革开放以来的反经济周期的经验教训中可以看出，目前运用宽松的财政货币政策，是可以在较短时期（半年左右）降低失业率，其传导机制为：增加贷款——工厂维持生产——工人暂时不下岗——企业无市场的存货增加——企业无法按期还款付息——银行无法继续供应贷款——企业停工——工人下岗，而且是在更困难的情况下下岗。

3. 正确认识当前的宏观经济形势，采取启动需求与结构调整、体制改革相结合的综合性宏观调控政策

必须充分认识到问题的复杂性，解决问题的长期性。中国目前的宏观经济形势形成有多方面的因素，因此，宏观经济调控必须采取综合治理的方式。

（1）短期的刺激需求政策是需要的，但是，在实行短期政策时必须考虑其所造成的长期的结构性体制性效应。即启动需求是需要的，但是它应该有利于结构调整与体制改革。启动需求的政策无非以下三方面：

第一，扩大投资。包括政府公共工程投资、企业投资、居民住宅投资。

政府公共工程投资：在公共工程中，地方性的公共工程，地方性的建设公债是值得注意的，此外，应当鼓励其他主体参与公共工程的建设（例如外资、民营资本、垄断性国有企业等）。

企业投资：目前企业投资的意向比较低，据调查，今年 4 月，企业投资意向在第一季度已经是较低的水平上，又下跌了两个百分点。在目前情况下，企业投资必须主要依靠非国有经济进行，必须鼓励民间资本对企业的投资，这必须与产权制度的改革相联系。国有企业的更改投资只有与国有企业的产权制度改革、国有经济战略性改组联系起来，通过产权改革，才能从民间筹集资本，提高效率与竞争力。

居民住宅投资：这是目前城市居民可能的消费热点。因为，目前大部分城市居民的吃穿用问题已经基本解决，住与行正在成为重点，与行相比，住更为基本。住宅投资需求的启动，需要：取消福利分房，发展住房消费信贷，尽快形成二级房地产市场，抑制房地产投机，降低房价。（最新统计资料表明：目前全国房地产开发行业的平均利润率只有 3.7%，1/3 房地产开发企业亏损，政府部门的48 项收费减免，仅占房价的2%~5%，政府的土地出让金加市政配套费，也只占房价的不到10%，但是，投机性的房地产开发转让费约占总开发成本的 30% 以上。）

第二，消费是目前实现经济增长的关键及难点。应当实事求是地承认，目前形成具有较大拉动效应的消费热点是有一定难度的。城镇居民在基本解决了吃穿用之后，新的消费需求热点形成还需要一些时间及相关的配套条件，但是，这不等于厂商完全没有机会，需要修正一下投资收益预期，有的经济学者指出，在卖方市场向买方市场转化之后，投资的平均利润率是在下降的，有较大市场需求的新消费热点一时是难以找到的，因此，有专家指出：在目前通胀率为负数的情况下，必须承认，3%~5%的投资收益率，是值得投资的。对于中小企业来说，小市场也是有利可图的，没有一哄而起的一致的消费热点，说明投资机会需要寻找，此外更重要的是企业的技术创新与生产效率，以及高质量的服务，对于政府来说，根据居民的需求结构的变化，通过适当的政策调整，是可以创造新的消费需求，例如，教育就是一个很大的需求，为什么不能适当地开放教育市场呢？教育市场的开放，有利于带动一系列的相关产业的发展。教育的发展对提高国民素质、增强中国国际竞争力的意义，在知识经济即将来临的时代，十分巨大。

第三，农村市场的开拓，在目前具有重大意义。据估计，中国农村居民的消费水平大致比城市落后12~15年，也就是说，目前在城市已经成为过去的消费热点，在农村正在形成或将要形成。问题在于：

首先，我们的厂商过去对农村居民的需求研究得不够。产品设计不适合农村的消费条件，有的厂商做了这项工作，农村市场就打开了，TCL王牌彩电今年一季度的销售市场主要集中于农村，就地做到了彩电操作简单，电压要求低，180伏也能看，灵敏度高，价格便宜，21寸1500元。最近卡斯特中心对海尔、荣事达、格兰仕等20多家著名消费品生产厂商进行调查，发现：在被调查的企业中，只有10%对农村市场进行过系统的调查和针对农村市场的简单营销策划，有专门农村市场营销部的企业只有8%。

其次，农村销售网络十分薄弱。耐用消费品的销售建立在有强大的销售维修网络基础上，但是，这恰恰是目前在农村十分薄弱的环节。据统计，农民使用的66%的电视机、80%的电冰箱、78%的洗衣机、51%的摩托车以及51%的化肥农药都是在县城购买的，如何形成面向农村的销售网络，是一个值得研究的问题。

再次，农村的基础设施建设，如水、电、路等尚不完善。

最后，保障农民能够实实在在地得到出卖农产品的现金收入，是保障农村市场购买力的前提，是开拓农村市场的前提。

（2）必须抓好体制改革与结构调整，在提高国民经济竞争力上做文章。

第一，促进国有经济战略改组，促进民间投资，通过产权多元化，促进企业提高活力效率、促进技术创新。在政策上鼓励各种经济成分共同发展、平等竞争。

第二，淘汰无效生产力，实现产业结构升级及资源优化配置。

第三，不能用发放贷款让该淘汰、该破产的企业维持生产的方法让下岗职工恢复上岗，不能用三个人饭五个人吃、三个人活五个人干的方法减少下岗，而是应当逐步地使下岗职工转向有真实社会需求的行业和部门，应当大力鼓励下岗职工自谋职业、创业。政策应当对此倾斜、鼓励。

第六篇

利率管制与居民财产收入占比下降*

一、引言

20 世纪 90 年代中期之后，我国居民收入占 GDP 比重一改 1978 年以来的上升趋势，掉头下降。资金流量表数据显示，1992 ~ 2012 年，居民初次分配收入占 GDP 的比重从 66.06% 降至 61.65%，政府和企业收入占比分别上升了 2.25 个和 4.23 个百分点。再分配也没有改变初次分配格局，2000 ~ 2012 年，居民可支配收入占比与初次分配收入占比基本持平。与其他经济体的比较说明，我国居民收入占比明显偏低（见图 1）。

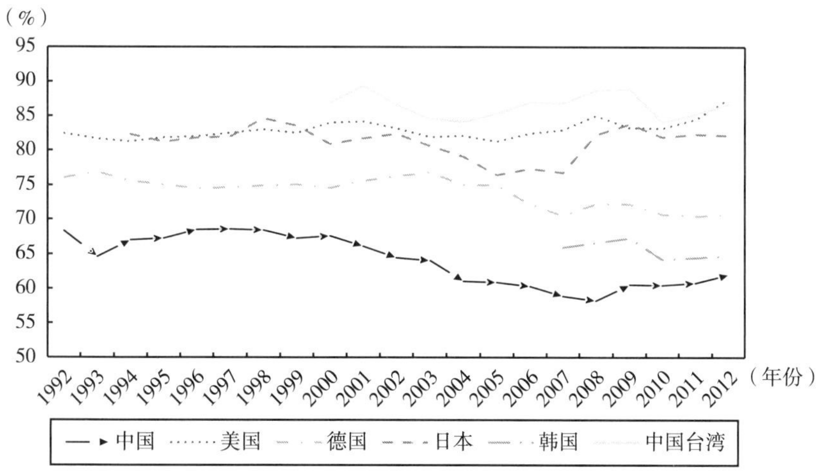

图 1　不同经济体的居民可支配收入占比变化

资料来源：根据 CEIC 中国经济数据库整理。

---

* 本文原载于《吉林大学社会科学学报》2015 年第 6 期。共同作者：李昊。

居民初次分配收入由劳动报酬和财产收入组成。劳动报酬取决于劳动要素对生产的贡献以及劳资双方的博弈；财产收入取决于资本收益分配。资金流量表数据显示：1992～2012年，我国居民持有的金融资产中，储蓄存款余额占当期GDP的54.83%～84.95%，财产收入却仅为同期GDP的1.05%～3.47%。即使将高通货膨胀的1993～1995年扣除，[①] 其余年份居民的金融资产实际回报率也仅在-1.94%～7.60%，远低于同期全社会总资本回报率。[②]

我国居民金融资产回报率低，财产收入占比下降，根本原因是政府主导型金融管制和利率管制：金融市场化程度低，国有银行垄断程度高，金融产品种类少，大部分居民金融投资仍以银行存款为主。1992～2012年居民财产收入中利息收入占比高达73.83%～99.60%，同期美国家庭存款仅占其金融资产的11.82%～19.68%，日本1998～2013年家庭各类存款占其金融总资产的45.80%～52.87%。由于利率管制，扣除通货膨胀因素后，1990～2013年我国银行一年定期存款实际利率平均仅为0.27%，其中超过1/3时段实际利率为负。金融管制下，过低的存款利率实际上是迫使存款者补贴银行和贷款者。

对于我国利率管制政策的形成和延续的成因，主要有三种解释：一是为了稳定金融市场，防范金融风险（Stiglitz et al.，1993；Hellmann & Stiglitz，1997；王晋斌，2000）；二是为了支持特定产业或特定部门优先发展（卢文鹏，2002；陈斌开和林毅夫，2012；王勋和Anders，2013）；三是为了推动本国金融深化和经济增长（中国经济增长与宏观稳定课题组，2007）。中国的金融抑制政策如果从“一五”时期算起，至今已超过60年。尽管不同时期各有原因，其基本出发点还是政府力图控制国民储蓄及其使用。20世纪50年代至80年代中期，是重工业优先的赶超型战略使然；80年代中期至90年代中后期，重点转向维持国企、筹措转型成本等；90年代中后期至今，是追求粗放型高投资、高增长。银行系统则借机搭车，获取垄断利润，将居民部门应得财产收入部分转化为本部门收入。

对于低利率政策下资金使用方获得的补贴规模，已有一些初步估算。（胡和立，1989；万安培，1995，1998；周业安，1999）但这些估算大多是2000年

---

① 1993～1995年居民的金融资产实际回报率分别为-2.39%、-11.07%、-6.93%。

② 中国的总资本回报率仍存在较大争议。单豪杰和师博（2008）认为中国1978～2006年的工业资本回报率呈“U”型变动，变动幅度在5.7%～28.5%。鲍伊等（Bai et al.，2006）的估算结果表明中国资本回报率在整个改革开放时期几乎一直保持在20%以上的高水平。方文全（2012）的估算认为1993～2007年的税后实际资本回报率在6.9%～12.9%。

之前进行的；没有研究利率管制对居民财产收入的影响；估算较为粗糙，以主观经验判断为主，缺乏理论和数据依据，结果差异极大。本文拟从部门间金融资产占比的角度来审视资本报酬分配的合理性，利用 1992 ~ 2012 年资金流量表的数据分析近 20 年来国内资本报酬分配，对此前被忽略的利率管制下的居民财产收入损失进行估算。

二、改革开放以来的资本要素收入分配

现有统计资料中，只有资金流量表报告了企业、居民以及政府部门经过初次分配和再分配的收入情况。该表是研究国民收入部门间分配的基础性数据。李扬和殷剑锋（2007）、白重恩和钱震杰（2009）都利用了该数据分析国民收入分配格局。对于一个经济部门而言，在初次分配阶段可能有三个收入来源：一是向其他部门提供劳动力、资本等获得要素报酬收入；二是本部门创造的增加值扣除要素报酬、生产税净额后的经营性留存；三是生产税净额。对于企业、居民和政府部门而言，不同的经济活动特性决定了收入来源各不相同。由于土地和其他自然租金收入在我国收入分配中占比极小，简化起见，本文将非劳动报酬收入都视为资本要素报酬，不再单独考虑自然租金报酬。依据 2008 年版国民账户体系（system of national accounts，SNA）对财产收入的定义，本文将各部门的资本报酬构成定义如下：

企业部门占有的资本报酬 = 经营性留存 + 财产收入

居民部门占有的资本报酬 = 财产收入 - 财产支出

政府部门占有的资本报酬 = 生产税净额 + 经营性留存 + 财产收入

与其他研究略有不同的是对居民财产支出的处理。考虑到在我国现有的金融市场环境下，个体经营者很难通过正规渠道获得贷款，居民利息支出大部分是住房和消费信贷产生的，因此将净财产收入定义为居民部门获得的资本报酬。

根据以上定义，利用 CEIC 中国经济数据库的 1992 ~ 2012 年资金流量表实物交易部分数据可以核算出这 21 年中资本要素收入在三部门之间的分配情况（见表 1）。

表1　1992~2012年资本要素收入分配情况

年份	全社会资本报酬收入	非金融企业部门		金融企业部门		政府部门		居民部门	
	绝对值（十亿元）	绝对值（十亿元）	占比（%）	绝对值（十亿元）	占比（%）	绝对值（十亿元）	占比（%）	绝对值（十亿元）	占比（%）
1992	1032.68	402.33	38.96	65.61	6.35	446.222	43.21	118.525	11.48
1993	1497.36	621.94	41.54	86.78	5.80	609.802	40.73	178.842	11.94
1994	1952.19	774.42	39.67	80.70	4.13	821.673	42.09	275.395	14.11
1995	2373.92	1052.97	44.36	115.24	4.85	910.305	38.35	295.406	12.44
1996	2717.99	1075.48	39.57	109.96	4.05	1166.032	42.90	366.517	13.48
1997	2987.54	1243.79	41.63	75.13	2.51	1333.436	44.63	335.18	11.22
1998	3175.16	1289.40	40.61	55.21	1.74	1472.875	46.39	357.675	11.26
1999	3394.67	1484.59	43.73	90.88	2.68	1517.094	44.69	302.11	8.90
2000	3413.81	1853.00	54.28	79.44	2.33	1286.489	37.68	194.88	5.71
2001	3873.89	2161.78	55.80	150.46	3.88	1369.715	35.36	191.93	4.95
2002	4433.61	2366.72	53.38	202.77	4.57	1660.002	37.44	204.119	4.60
2003	5070.95	2713.24	53.51	294.47	5.81	1838.737	36.26	224.5	4.43
2004	6467.49	3697.88	57.18	307.19	4.75	2191.299	33.88	271.12	4.19
2005	7437.26	4153.75	55.85	349.43	4.70	2607.369	35.06	326.71	4.39
2006	9002.06	4819.14	53.53	522.39	5.80	3137.369	34.85	523.16	5.81
2007	11475.57	6152.60	53.61	682.48	5.95	3926.656	34.22	713.83	6.22
2008	13876.37	7460.90	53.77	947.60	6.83	4654.867	33.55	813	5.86
2009	14163.83	7327.30	51.73	1089.50	7.69	4960.643	35.02	786.39	5.55
2010	16616.97	8338.90	50.18	1458.22	8.78	5992.73	36.06	827.12	4.98
2011	19480.29	9485.40	48.69	1735.82	8.91	7206.726	36.99	1052.34	5.40
2012	21183.60	9702.30	45.80	2075.30	9.80	8097.6	38.23	1308.4	6.18

资料来源：《中国统计年鉴》（1998~2014年），《中国资金流量表历史资料：1992~2004年》。

1992~2012年，居民部门资本报酬不仅十分有限，而且增速大大低于全社会资本报酬增速。这21年，全社会资本报酬增长19.51倍，居民部门资本报酬仅增长10.06倍，[①] 它导致了1994年之后居民部门资本报酬占全社会资本收入的比重不断下降：1992年尚有11.48%，2012年跌至6.18%，是所有部门中占比最低的。由于我国金融市场至今仍以间接融资为主，银行存款还是多数居民主要的储蓄和投资手段，居民财产收入至今仍有80%以上是利息收入。居民部

① 需要指出的是：同期居民部门的金融资产增长大大快于全社会生产性资本的增长速度。1992~2012年，按照现价计算的全社会生产性资本增长了23.83倍，居民部门的金融资产增长了27.66倍。然而，居民部门的资本报酬增长速度却仅为全社会资本报酬增长速度的一半。

门资本报酬增长缓慢，占比不断下降，与金融市场管制、投资渠道狭窄、存款利率过低密切相关。

居民部门财产收入占比不断下降的另一面是企业和政府部门获得了绝大部分资本要素收益，1994 年占全社会资本收益的 85.89%，2000 年之后更基本稳定在 95% 左右（见图 2）。

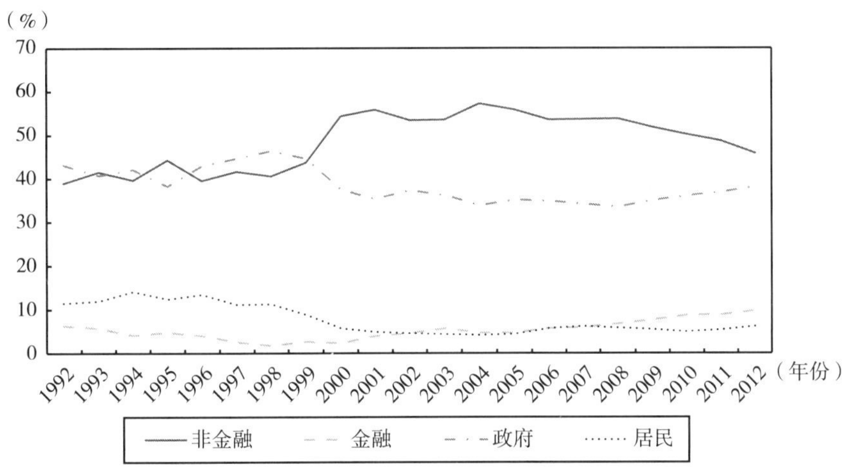

图 2　各部门资本要素收入占比情况

资料来源：根据《中国统计年鉴》资金流量表实物交易部分整理。

1999 年以前，企业部门的资本收入约占 45%，略高于政府部门。2000 ~ 2012 年稳定在 59% 左右，然而，企业部门内金融与非金融企业的分配格局却发生了重大变化。1992 ~ 2012 年，金融企业资本收入增长 30.63 倍，比非金融企业、全社会和居民部门分别快 7.5 倍、11.12 倍、20.57 倍。2000 ~ 2012 年，金融企业资本收入占比从 2.33% 猛增至 9.80%，增长了 320.6%，是该时期唯一资本收入占比持续上升的部门。2000 ~ 2012 年，金融部门资本收入占企业部门资本收入的比例从 4.11% 上升至 17.62%，其主要原因是寡头垄断和利率管制而非经营效率提高。1995 年 7 月至 1999 年 6 月，一年及一年内贷款利率与一年期定期存款的利差从 1.08% 上升至 3.6%，此后至 2014 年 10 月，始终维持在 3% 以上。另一方面，1995 年《商业银行法》的正式实施增强了银行系统的经营独立性，1998 年银行机构精简以及 1999 年 1.4 万亿元不良贷款的剥离大大减轻了国有银行的经营负担。存贷款利差扩大、固化以及银行独立性增强赋予国有银行将信贷市场上的垄断地位转化为获取垄断租金的能力，银行成为中国股市上最盈利的企业。2013 年沪、深两市上市公司年报显示，该年净利润最高的 10 家上市公司中，银行占 7 家，四大国有银行更稳居前四。

三、居民财产收入占比下降的原因分析

近20年来，我国居民部门财产收入占比降低源于居民的生产性资本占比下降和金融抑制政策导致的资本收入转移，即低存款利率、高存贷利差下企业经营性留存和银行垄断利差收入对居民应得财产收入的侵蚀。为了检验两种因素的影响程度并衡量当前资本收入分配的合理性，本文对1978年以来我国生产性资本存量中的居民占比进行估算。

国民收入中的资本报酬来源于生产性实物资本在生产中创造的增加值。资本报酬分配则取决于用于生产的实物资本或对此类实物资本的收益索取权（即金融资产）在各部门之间的分布以及生产参与者之间的博弈。一国资本报酬在部门间分配是否合理主要应看分配结果与各部门的资本所有权结构是否匹配。居民部门一般不直接占有生产性实物资本，而是通过持有金融资产参与资本报酬分配。在市场有效运行情况下，居民资本报酬占比应当和居民金融资产与全社会生产性实物资本的比例保持同向变化。本文所讨论的生产性资本包含政府和企业投资建设的除住房以外的非生产性项目，包括各类公共设施、文教科卫等部门的资产。此类资产虽难以估计其产出价值，但也是社会生产不可或缺的投入要素，因此可视为广义的生产性资本。住房主要用于居住消费，是耐用消费品，不进入生产过程，因此许多学者在估算生产性资本存量时都予以剔除（Jefferson et al.，1998；谢千里等，1995）。

居民部门的净金融资产等于现金、存款、证券、债券等金融资产减去贷款等金融负债。人民银行金融稳定局发布的《中国金融稳定报告》自2010年起增加了“政府、企业和住户财务分析”部分，公布了2004~2010年居民部门各年持有的各类金融资产余额。2004年之前和2010年之后的居民部门金融资产状况目前只能用流量数据估算。1992年，沪、深两市A股市场的全部流通市值0.225亿元，仅为当年储蓄存款余额的0.1%，因此我们以储蓄存款余额作为1991年之前居民金融资产的替代值。资金流量表金融交易部分报告了1992~2012年居民金融投资的流量数据。若以1991年存款余额为基期值逐年累加可获得历年居民金融资产的估计值，算得2004年、2005年居民金融资产规模为174359.58亿元、204272.38亿元，分别是《中国金融稳定报告》中同期数据的96.67%和97.70%，估算误差在4%之内。因此以此方式估算1992~2003年以及2011年、2012年的居民金融资产规模。

人民银行自2007年起开始提供分部门信贷数据，2007年以前的居民金融负债只能依据资金流量表金融交易部分的居民贷款数据估算：即假设各年贷款余额为之前贷款流量的加总。该数据起始年份为1992年，该年居民新增贷款为157.8亿元，仅为当年居民新增存款的5.86%，至1998年则降至2.01%。从个人信贷的历史看，居民消费和住房信贷的转折点出现在1998~1999年：1998年7月国务院下发《关于进一步深化城镇住房制度改革、加快住房建设的通知》正式终结了单位福利分房制度，原有单位住房福利全部改为住房货币化补贴。银行随后推出个人住房贷款服务，人民银行于1999年2月下发《关于开展个人消费信贷的指导意见》标志着个人住房、消费信贷业务正式展开。此后居民个人贷款规模迅速扩大，2012年，新增个人贷款与新增储蓄存款比已达0.47。根据个人贷款规模变化的历史成因，本文认为1992年之前居民个人信贷规模与居民存款余额相比可以忽略不计。据此本文假设1992年之前居民部门没有金融负债。

对全社会资本存量的估算已有较多研究成果。单豪杰和师博（2008），鲍伊等（2006），方文全（2012）都采用永续盘存法估计我国总资本存量K。目前通用的估算方法是Gold-Smith的永续盘存法，基本估算公式为：

$$K_t = K_{t-1} \times (1 - \delta_t) + I_t$$

利用永续盘存法对总资本存量进行估算涉及：基期资本存量K；各年投资序列数据I_t；各年固定资本折旧率δ_t；各年的投资价格指数。综合已有研究成果和现有数据资料，本文对这些变量的选取和处理如下：首先，以1978年为基期，当期资本存量参照乔（Chow，1990）核算的1978年末当年现值资本存量14112亿元。基期总资本存量中建筑和机器设备的比例假定与历年投资数据中建筑投资与机器设备投资的平均比例相同，从而得到1978年建筑和机器设备的资本存量分别为10294.32亿元和3817.682亿元。其次，选取国家统计局公布的全社会固定资产投资数据作为历年投资增量，扣除历年住房投资。1981~1994年的住宅投资数据采用国家统计局公布的非生产投资中的住宅投资数据，1995~2003年使用固定资产投资中的房地产投资数据，2004~2014年则采用国家统计局自2004年开始公布的新的住宅投资数据。假设1978~1980年的住宅投资占建安工程投资比例与1981年相同。再次，房屋建筑物与机器设备的折旧率差别较大。假设房屋建筑物和机器设备使用寿命分别为38年和12年，按余额折旧法计算的折旧率分别为0.08和0.24。最终算得综合折旧率均值为10.47%。[①] 最后，国家

① 该数值略低于单豪杰和师博（2008）核算工业企业资本存量时设定的11.6%，与鲍伊等（2006）计算的年折旧率极为接近。

统计局自1990年起公布各年建安工程和机器设备购置的价格指数。1978～1989年的价格指数，我们分别采用工业品出厂价格指数中的建材工业和机械工业出厂价格指数替代。1990～2011年，两者相关系数达到0.93和0.98。

据此可以算出1978～2013年以当年现值计价的全社会生产性资本总额，我们的估算结果与同样使用现值估算的鲍伊等（2006）的估算结果十分接近（见表2）。

表2　1978～2012年居民部门生产性资本占比情况

年份	社会总生产性资本存量（1）（亿元）	居民部门净金融资产（2）（亿元）	居民部门的生产性资本占比（3=(2)/(1)）（%）	居民净财产收入占总资本报酬比例（4）（%）	全社会税后资本报酬率（5）（%）	居民金融资产报酬率（6）（%）
1978	14112.00	210.60	1.49	—	—	—
1979	12974.20	281.00	2.17	—	—	—
1980	12127.93	399.50	3.29	—	—	—
1981	11322.14	523.70	4.63	—	—	—
1982	10757.51	675.40	6.28	—	—	—
1983	11226.25	892.50	7.95	—	—	—
1984	11997.54	1214.70	10.12	—	—	—
1985	14692.60	1622.60	11.04	—	—	—
1986	17641.42	2238.50	12.69	—	—	—
1987	20060.67	3081.40	15.36	—	—	—
1988	24458.76	3822.20	15.63	—	—	—
1989	30943.46	5146.93	16.63	—	—	—
1990	33728.19	7034.18	20.86	—	—	—
1991	37958.20	9106.99	23.99	—	—	—
1992	46303.62	11387.20	24.59	11.48	13.63	10.41
1993	64740.38	14436.69	22.30	11.94	14.34	12.39
1994	78053.23	20924.87	26.81	14.11	15.06	13.16
1995	85418.71	28712.79	33.61	12.44	17.27	10.29
1996	93912.46	37482.46	39.91	13.48	16.86	9.78
1997	102748.46	45091.13	43.88	11.22	16.60	7.43
1998	110327.69	51378.55	46.57	11.26	15.72	6.96
1999	118446.51	56277.25	47.51	8.90	15.80	5.37
2000	129122.75	58015.65	44.93	5.71	16.54	3.36
2001	140352.78	63938.85	45.56	4.95	17.58	3.00
2002	153803.05	72013.55	46.82	4.60	18.31	2.83
2003	177209.38	81731.95	46.12	4.43	17.72	2.75
2004	218340.44	101887.50	46.66	4.19	19.22	2.66

续表

年份	社会总生产性资本存量（1）（亿元）	居民部门净金融资产（2）（亿元）	居民部门的生产性资本占比（3 =（2）/（1））（%）	居民净财产收入占总资本报酬比例（4）（%）	全社会税后资本报酬率（5）（%）	居民金融资产报酬率（6）（%）
2005	258370. 19	119322. 70	46. 18	4. 39	18. 67	2. 74
2006	307540. 57	133844. 70	43. 52	5. 81	19. 26	3. 91
2007	378660. 67	131187. 70	34. 65	6. 22	19. 87	5. 44
2008	491133. 06	171420. 10	34. 90	5. 86	19. 02	4. 74
2009	572567. 52	186863. 10	32. 64	5. 55	16. 29	4. 21
2010	718277. 72	203099. 90	28. 28	4. 98	14. 74	4. 07
2011	941813. 26	216785. 40	23. 02	5. 40	13. 26	4. 85
2012	1149494. 89	250052. 20	21. 75	6. 18	11. 75	5. 23

资料来源：根据 CEIC 中国经济数据库、《中国统计年鉴》、《中国金融年鉴》相关数据计算。

从居民部门生产性资本占全社会生产性资本比重看，1978～1999 年是居民部门生产性资本迅速增长的 22 年。从 1978 年的 1. 49% 迅速上升至 1999 年的 47. 51%，年均上升 2. 21 个百分点。这与改革开放后国民收入分配格局改变、居民收入快速增长是一致的。1999 年以后，居民部门生产性资本占比稳定在 43%～47%，2006 年起开始下滑，至 2012 年降至 21. 75%，低于 1991 年。居民部门获得的财产收入份额与其占有的生产性资本份额差距极大，1992～2002 年，居民部门生产性资本占比从 24. 59% 上升至 46. 82%，财产收入占全社会总生产性资本报酬的比重却从 11. 48% 跌至 4. 6%（见图 3）。全社会税后资本报酬率和居民金融资产报酬率之比，1992～1994 年为 1. 21：1，2004 年变为 7. 23：1，2012 年仍高达 2. 25：1。

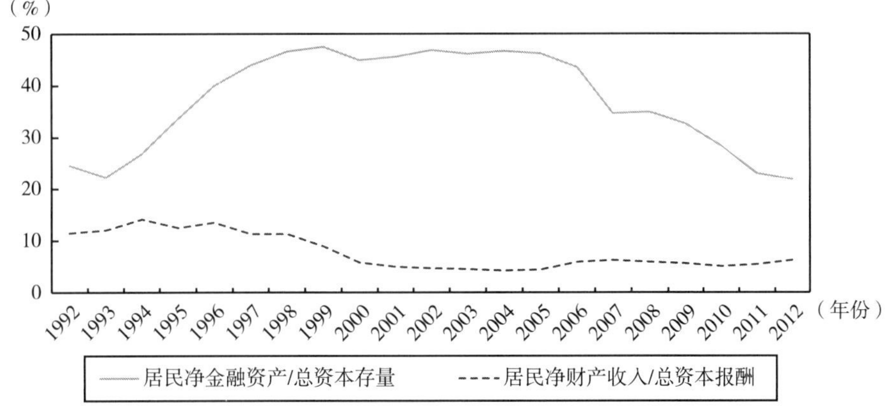

图 3　1992～2012 年居民财产收入与总资本占比情况

资料来源：根据《中国统计年鉴》《中国金融年鉴》等相关数据计算。

居民金融资产报酬率远远低于全社会税后资本报酬率是居民财产收入占比不断下降的主要原因。1992～2008 年，我国全社会税后资本报酬率稳中有升，1992～1998 年平均为 14.73%，2000～2007 年升至平均 17.38%[①]。但在1996～2002 年，央行却连续八次下调存贷款利率，2002 年 2 月降息后，一年期和一至五年期贷款利率降至 5.31% 和 5.58%，低于全社会税后资本回报率 11 个百分点以上。

存款利率大幅下降使部分居民进入高风险的股市。期间上证综合指数从 1996 年 5 月的 643.65 点升至 2001 年 6 月的 2218 点，深圳综合指数也从 164.04 点升至 658.27 点。但居民部门却无法通过持股分享企业利润上升的红利：首先，股市规模有限，2002 年两市流通市值共计 12484.56 亿元，仅为同期储蓄存款余额的 14.36%；其次，上市公司很少现金分红，2002 年 1224 家上市公司的股利分配率平均仅为 27.41%，有 49% 的上市公司未派息。居民投资股市的主要收益是股票交易的价差收益，它仅仅改变了金融资产在居民部门内的分布，整个居民部门的金融资产收益并不因此提高。

央行大幅降息之前，存贷利差已大幅提高。1995 年 7 月至 1999 年 6 月，存贷利差从 1.08% 扩大至 3.6%，这一举措相当于将银行盈利能力直接提升 2 倍以上。降息过程中，存贷利差并不随之调整，3.6% 的存贷利差一直维持到 2002 年 1 月，此后保持在 3.33% 水平上。存贷利差扩大及固化使银行将降息的损失全部转移给了居民部门。

在市场化转轨过程中，实行金融抑制政策的重要目的之一是维持国有经济的再生产。它降低了企业资金成本。1996～2002 年的八次降息，明显体现了这一政策意图。《中国财政年鉴》数据显示，1996 年国有工业企业亏损面达 37.5%，较上年上升了 5.2 个百分点，是 1990 年以来升幅最大的一年；1997 年，亏损面进一步攀升到 43.9%。1994 年，国有工业企业净资本回报率为 4.32%，1996 年跌至 0.81%，1997 年更跌至 0.28%；1997 年，全部国有企业净资本回报率仅为 1.70%。国有企业财务状况恶化是央行大幅降息的主要原因。由于金融危机和体制性原因导致企业经营困难，尤其是当其危及整体经济安全时，政府有责任适当救助。

四、利率管制导致的居民财产收入损失估算

诸多事实与分析表明，利率管制导致了我国居民财产收入的损失，但是，

① 2008 年之后急速下降，至 2012 年已降至 11.75%。

损失量则较难确定。其关键在于合理的居民部门金融资产报酬率难以确定，尽管我们知道，它介于全社会税后资本报酬率与实际的居民部门金融资产报酬率之间。它应当低于全社会的税后资本报酬率，因为储蓄存款风险较低，实际生产经营风险较高。包括银行在内的企业部门贷款从事生产和经营，承担了生产经营风险，理应获得风险收益；银行为居民和企业提供金融服务，后者必须为此向银行付费，使银行能补偿经营成本，获得正常利润。当然，它应大于现有的居民部门金融资产报酬率。但在二者间的具体位置则有待探讨。在充分竞争的金融市场上，竞争可以解决资金供需双方的收益分配问题；在金融管制情况下，合理的分配比例无法通过市场竞争实现，只能估算。本文尝试采取合理成本扣除法，从社会税后资本报酬率中减去企业经营的风险收益率及居民部门应承担的金融服务费率，得到合理的居民部门金融资产报酬率，将其与实际的居民部门金融资产报酬率进行比较，而后根据 1992 ~ 2012 年居民部门金融资产数量算出利率管制导致的历年居民财产收入损失。

生产经营风险可以分为单个企业面临的偶发性经营风险和整个经济面临的系统性风险。金融机构承担的偶发性经营风险，就整体而言是一个社会平均数。因此，本文以金融机构对风险的估值来衡量当期市场风险溢价水平。世界银行以借贷利率与短期国债间的利差衡量该国的借贷风险水平。1992 ~ 2013 年，日本的风险利差在 1.25% ~ 3.24%，美国的风险利差在 2.97% ~ 3.64%。我国金融市场上的无风险利率更适宜的指标则是银行间同业拆借利率。[①] 其数据起始年份为 1996 年 1 月，但在 1996 年 1 月至 1998 年 3 月间与贷款利率严重倒挂，利差难以反映正常风险收益水平。因此本文选取 1999 ~ 2012 年一月期银行同业拆借利率与一年以下贷款利率间差额的月度平均值来衡量当年市场风险溢价水平，[②] 发现 1999 ~ 2012 年的风险溢价水平都在 1.19% ~ 3.68%，[③] 与日本、美国的风险利差水平大致相当。因此取均值 2.44% 来替代 1992 ~ 1996 年的风险溢价。1997 年爆发了亚洲金融危机，本文将 1997 年和 1998 年的风险溢价调高至 4%，稍高于 2008 年和 2009 年。另一种风险是经济体制转轨产生的系统性风险，其中最严重的是国有企业预算软约束和政策性贷款导致的银行巨额不良贷款。因此，本文不对资本收入中的此类系统风险报酬进行估算。

---

① 我国银行间拆借市场无论是交易量还是市场化程度都优于国债二级市场。在我国可以进入同业拆借市场的金融机构基本为政府控股，因此实际上是以政府信用作为担保的。此类机构间交易的风险水平可以认为与国债的风险水平是基本相近的。

② 严格来说这两个利率的期限结构并不完全相同。但是一月期的同业拆借是一个月以上期限同业拆借中交易量最大的，其价格水平的变动应该最能反映银行对市场风险的判断。

③ 扣除爆发国际金融危机的 2008 年、2009 年。

依据SNA中对金融服务产出核算的界定，金融部门获取的利差收入应当是存款方和贷款方支付的金融服务费。中国金融部门的利差和盈利水平无论与国际同行还是与国内其他行业比都是相当高的。日本自20世纪80年代金融自由化改革以来，银行的存贷利差不断收窄，2013年仅为0.76个百分点；目前我国的存贷利差超过了3个百分点，明显偏高。根据CSMAR数据库的上市公司数据与CEIC数据库中的银行财务数据计算，2008～2012年我国银行的净资产利润率比上市公司平均水平高3～7个百分点，前者平均是后者的1.48倍。银行的高利润水平显然与其垄断地位和利率管制下的高利差密不可分。在有效竞争市场中，银行的平均收益率不应高于社会平均水平。如果以上市公司同期的平均利润水平计算，2009～2013年银行实际存贷利差应在1.89%～3.02%，[①] 均值为2.54%。因此，合理的居民金融资产回报率应约比全社会税后资本回报率低3.8～6.2个百分点，据此可以估算出1992～2012年居民部门的财产收入损失（见表3）及应得的财产收入（见表4）。

表3　　1992～2012年利率管制对居民财产收入造成的损失估算

年份	低利率对居民财产收入造成的损失（十亿元）	居民财产收入损失占可支配收入的比例（%）	居民财产收入损失占应得财产的比例（%）	居民财产收入损失占GDP的比例（%）
1992	-20.02	-1.08	-20.32	-0.73
1993	-43.76	-1.92	-32.39	-1.18
1994	-64.40	-1.99	-30.52	-1.28
1995	57.38	1.42	16.26	0.91
1996	78.90	1.64	17.71	1.06
1997	118.24	2.20	26.08	1.45
1998	113.86	2.00	24.15	1.32
1999	335.31	5.61	52.60	3.68
2000	428.66	6.44	68.75	4.34
2001	584.45	8.13	75.28	5.36
2002	716.97	9.26	77.84	5.95
2003	791.96	9.07	77.91	5.80
2004	1178.57	11.96	81.30	7.32
2005	1158.57	10.26	78.00	6.18
2006	1248.58	9.50	70.47	5.61
2007	1138.67	7.18	61.47	4.27

① 该利差水平以加权平均贷款利率与上浮至浮动上限的存款利率计算，而不是基准存贷利率。

续表

年份	低利率对居民财产收入造成的损失（十亿元）	居民财产收入损失占可支配收入的比例（%）	居民财产收入损失占应得财产的比例（%）	居民财产收入损失占 GDP 的比例（%）
2008	1356. 45	7. 30	62. 53	4. 29
2009	1049. 79	5. 06	57. 17	3. 01
2010	1067. 13	4. 39	56. 34	2. 65
2011	996. 69	3. 49	48. 64	2. 11
2012	458. 15	1. 43	25. 93	0. 87

表 4　　1992 ~ 2012 年居民部门应得的财产收入

年份	居民应得财产收入（十亿元）	居民应得财产收入占总资本报酬比例（%）	居民应得财产收入占 GDP 比例（%）	居民部门应有的净金融资产回报率（%）	调整后的居民初次分配收入占比（%）
1992	98. 51	9. 54	3. 57	8. 65	63. 83
1993	135. 09	9. 02	3. 66	9. 36	58. 58
1994	210. 99	10. 81	4. 20	10. 08	61. 13
1995	352. 79	14. 86	5. 58	12. 29	62. 64
1996	445. 42	16. 39	6. 01	11. 88	61. 24
1997	453. 42	15. 18	5. 55	10. 06	64. 56
1998	471. 54	14. 85	5. 45	9. 18	64. 70
1999	637. 42	18. 78	6. 99	11. 33	66. 84
2000	623. 54	18. 27	6. 31	10. 75	70. 99
2001	776. 38	20. 04	7. 12	12. 14	70. 71
2002	921. 09	20. 78	7. 65	12. 79	69. 70
2003	1016. 46	20. 04	7. 44	12. 44	69. 12
2004	1449. 69	22. 42	9. 01	14. 23	67. 89
2005	1485. 28	19. 97	7. 92	12. 45	66. 22
2006	1771. 74	19. 68	7. 96	13. 24	64. 48
2007	1852. 50	16. 14	6. 95	14. 12	63. 84
2008	2169. 45	15. 63	6. 87	12. 66	62. 97
2009	1836. 18	12. 96	5. 26	9. 83	62. 23
2010	1894. 25	11. 40	4. 70	9. 33	62. 69
2011	2049. 03	10. 52	4. 34	9. 45	62. 26
2012	1766. 55	8. 34	3. 34	7. 06	61. 21

利率管制导致的居民财产收入损失十分惊人。在 1992 ~ 2012 年，若以 1978 年不变价计算，居民的财产收入损失累计高达 28360 亿元。近 20 年来，

居民部门应得财产收入的56.57%转移给了非居民部门，其中最高年份的转移比率高达81.30%，居民因此损失的收入约占1992～2012年GDP总量的3.35%，减少的居民消费约占GDP的2.13%。假设转移支付数量不变，依据调整后的居民初次分配收入对居民可支配收入进行相应调整，结果显示，尽管我国居民可支配收入占比与美、德、日等发达国家和地区相比仍然偏低，但差距明显缩小了（见图4）。当然，差距依然存在说明：导致我国居民可支配收入占比偏低更重要的原因是，20世纪90年代中后期以来，随着经济市场化，收入分配向资本倾斜，利润侵蚀工资，劳动要素的报酬被压低。

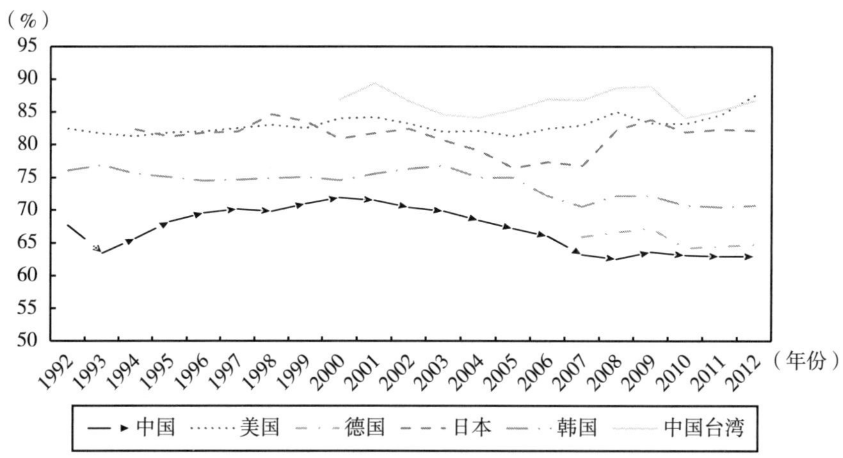

图4　1992～2012年调整后的居民可支配收入占比的国际比较

五、结论

20世纪90年代中期开始，我国居民财产收入占GDP比重不断下降，它源于居民金融资产回报率与同期社会税后资本回报率的差距迅速扩大。本文的研究表明，即使扣除企业部门合理的经营风险收益及金融服务收益之后，居民部门的金融资产回报率仍严重偏低，其导致的居民财产收入损失约占1992～2012年GDP的3.35%，减少的居民消费约占GDP的2.13%。

以低存款利率为核心的金融抑制政策有其历史必然性和一定的合理性。市场化改革导致的国民收入分配结构变迁与国家控制投资资金及支付高额体制转型成本的需求之间的矛盾，迫使国家不得不依靠垄断的国有金融系统保持对国民经济储蓄的支配。代价是居民应得收入的减少、房地产价格泡沫、资源配置低效率和金融发展滞后。

然而，长期实行金融抑制政策将使其正面效应日益缩小，负面效应不断扩大。主要体现在：（1）投资消费结构失衡；（2）资源配置扭曲，资本效率不断下降；[①]（3）自主创新动力不足，产业升级缓慢；（4）居民收入增长缓慢，国内消费长期不振，经济增长严重依赖国际市场；（5）银行垄断地位固化，日益成为金融市场化改革的阻力，利用其垄断地位的寻租逐利行为，严重扭曲了收入分配结构，提高了居民和企业使用金融服务的成本，严重妨碍了国民经济资源配置效率的改善，损害了经济增长潜力。

2011 年，中国人均 GDP 为 5432 美元，进入中等偏上收入国家行列，开始了向发达经济体过渡的新发展阶段。2008 年国际金融危机以来的经济增长态势表明，中国迫切需要从既有的投资驱动、出口拉动、利润激励的粗放型经济发展方式转向以内需为主、注重民生、创新驱动、效率增进的集约型经济发展。显然，适应经济发展的阶段性转变，尽快推进金融市场化改革，解除利率管制，矫正资本收入分配扭曲，实现所有权与收益权的统一，减少非市场化因素对居民金融投资收益的干预，可以说是当务之急。

参考文献

［1］白重恩、钱震杰：《谁在挤占居民的收入——中国国民收入分配格局分析》，载《中国社会科学》2009 年第 5 期。

［2］陈斌开、林毅夫：《金融抑制、产业结构与收入分配》，载《世界经济》2012 年第 1 期。

［3］单豪杰、师博：《中国工业部门的资本回报率：1978—2006》，载《产业经济研究》2008 年第 6 期。

［4］方文全：《中国的资本回报率有多高？——年份资本视角的宏观数据再估测》，载《经济学（季刊）》2012 年第 2 期。

［5］胡和立：《1988 年我国租金价值的估算》，载《经济社会体制比较》1989 年第 5 期。

［6］李扬、殷剑峰：《中国高储蓄率问题探究——1992—2003 年中国资金流量表的分析》，载《经济研究》2007 年第 6 期。

［7］卢文鹏：《金融抑制、路径依赖与中国渐进改革中的制度性公共风险》，载《复旦学报（社会科学版）》2002 年第 4 期。

［8］万安培：《租金规模变动的再考察》，载《经济研究》1998 年第 7 期。

① 2004 年，我国的增量资本产出率（I/ΔGDP）为 2.45，2014 年上升至 8.08。

[9] 万安培:《租金规模的动态考察》, 载《经济研究》1995 年第 2 期。

[10] 王晋斌:《金融控制、风险化解与经济增长》, 载《经济研究》2000 年第 4 期。

[11] 王勋、Anders Johansson:《金融抑制与经济结构转型》, 载《经济研究》2013 年第 1 期。

[12] 谢千里、罗斯基、郑玉歆:《改革以来中国工业生产率变动趋势的估计及其可靠性分 析》, 载《经济研究》1995 年第 12 期。

[13] 中国经济增长与宏观稳定课题组:《金融发展与经济增长: 从动员性扩张向市场配置的转变》, 载《经济研究》2007 年第 4 期。

[14] 周业安:《金融抑制对中国企业融资能力影响的实证研究》, 载《经济研究》1999 年第 2 期。

[15] Bai C-E., Hsieh C-T., Qian Y-Y., The Return to Capital in China, NBER Working Papers, No. 12755, 2006.

[16] Chow G. C., Capital Formation and Economic Growth in China, *Quarterly Journal of Economics*, 1990, Vol. 108, No. 3, pp. 809 – 867.

[17] Hellmann T. F., Stiglitz J. E., Liberalization, Moral Hazard in Banking and Prudential Regulation: Are Capital Requirements Enough?, *American Economic Review*, 1997, Vol. 90, No. 1, pp. 147 – 165.

[18] Jefferson G. H., Rawski T. G., Chen K., Wang H., Zheng Y., Productivity Change in Chinese Industry: 1953—1985, *Journal of Comparative Economics*, 1988, Vol. 12, No. 12, pp. 570 – 591.

[19] Stiglitz J. E., Jaramillo-Vallejo J., Park Y-C., The Role of the State in Financial Markets, *World Bank Economic Review*, 1993, Vol. 7, No. 1, pp. 19 – 52.

中国居民的财产收入状况分析*

——中、美、日的比较研究

一、引言

在国民收入分配结构失衡成因的讨论中，政府主导型经济体制下的粗放经济发展方式（李文溥和龚敏，2010），各级地方政府奉行 GDP 主义，收入分配向资本、政府倾斜（方福前，2009），要素比价扭曲（李文溥和龚敏，2013；李文溥和李静，2011），劳动报酬占比过低（方文全，2011）和宏观税负过重（吕冰洋和禹奎，2009；郭庆旺和吕冰洋，2011）等因素已得到了较多研究。总体而言，对于居民收入占比偏低，现有的研究在要素分配比例上，更多地集中于资本与劳动的分配关系；在不同部门之间的分配上，更多地集中于政府与居民的分配关系。但是，国民收入分配不仅涉及不同生产要素之间（劳动报酬和资本报酬）、不同经济部门之间（政府收取的生产税及其他收入）的分配，还包括要素报酬在各部门之间的分配（资本报酬的分配）。现有的研究主要涉及前两者，然而，资本报酬在各部门之间的分配，尤其是金融市场对于国民收入分配的影响，目前的研究似乎尚不够充分。近期的研究证实（李文溥和李昊，2015），资本报酬在各部门之间的分配状况对国民收入分配结构失衡、居民收入及消费占比有重要影响。尽管世界上不存在最优的或标准的国民收入分配比例和居民财产收入占比，但是，通过对不同国家之间的国民收入分配比例和居民财产收入占比及其成因进行比较，将有助于我们更为深刻地认识本国存在的问题及其成因。因此，本文拟通过国际比较研究，进一步探讨中国居民财

---

* 本文原载于《财贸经济》2016 年第 8 期。共同作者：李昊。

产收入严重偏低的原因及其对国民收入分配结构失衡的影响。

二、中、美、日居民收入占比与结构差异比较

国际比较要求比较对象在统计口径上可比，而且要求相关数据比较完整、持续的时间较长。考虑到这些要求，我们选取了国民收入账户和资金流量表数据都较完善的美国和日本为比较对象，① 观察中、美、日三国居民收入占比的差异及其成因。

国民收入分配的格局主要由初次收入分配决定。在初次分配中，居民收入按来源分为劳动报酬、财产收入以及个体经营留存。② 从表1可以看出，1992～2012年劳动报酬收入的占比均值为81.36%，是最主要的收入来源，个体经营留存收入的占比均值为12.88%，③ 远低于劳动报酬，财产收入的占比均值最低，仅为5.97%。

表1　　中国居民初次分配中各种收入来源绝对值及占比

年份	初次分配总收入（十亿元）	劳动报酬收入		财产收入		个体经营留存收入	
		绝对值（十亿元）	占比（%）	绝对值（十亿元）	占比（%）	绝对值（十亿元）	占比（%）
1992	1779.5	573.7	82.59	119.1	6.70	190.7	10.72
1993	2207.5	694.8	82.32	180.0	8.15	210.2	9.52
1994	3134.1	985.0	80.43	277.4	8.85	336.1	10.72
1995	3902.5	1223.6	82.22	297.1	7.61	396.6	10.16
1996	4462.9	1427.5	83.10	368.9	8.27	585.4	13.12

① 之所以选择这三国进行比较，是因为这三国的国民收入分配结构基本具备相互比较的数据基础。其中，中国现有的资金流量表主要参考了1993年SNA的标准，并依据自身情况进行编制，日本的国民账户表也主要是依据这一标准编制的，美国的数据来源于美国经济分析局（Bureau of Economic Analysis）公布的2013版国民收入和生产账户（NIPA），它主要参照了2008版SNA，与1993年标准最大的不同是将科研与发展项目（R&D）计入固定资本形成项，这一差别对于国民收入项，尤其是对于居民收入结构数据的影响较小。此外，美、日两国分别以直接融资和间接融资为主，它同时也反映了不同金融市场结构对居民财产收入的影响。

② 本文的居民财产收入根据SNA（2008）对居民财产收入的定义："金融资产和自然资源两种类型的资产所有者将其交由其他机构单位支配时所产生的收入。"居民住房既不是金融资产，也不是自然资源，其收入不能列入财产收入。居民自有住房升值带来的资产增加应列为持有收益，出售此类资产获得的增值收入称为已实现的持有收益，出租房屋则被视为经营租赁，该收入应计入经营留存项（许宪春，2014）。

③ 此处参照白重恩和钱震杰（2009）的核算方法，将个体经营留存收入定义为居民部门增加值减去该部门劳动报酬支出、生产税净额以及财产支出。

续表

年份	初次分配总收入（十亿元）	劳动报酬收入		财产收入		个体经营留存收入	
		绝对值（十亿元）	占比（%）	绝对值（十亿元）	占比（%）	绝对值（十亿元）	占比（%）
1997	5153.8	1625.0	81.24	337.7	6.55	629.1	12.21
1998	5485.0	1785.1	80.80	360.8	6.58	692.2	12.62
1999	5755.3	1924.3	81.90	305.0	5.30	736.9	12.80
2000	6581.1	1913.7	79.38	306.5	4.66	1050.3	15.96
2001	7124.9	2070.1	80.74	294.4	4.13	1077.5	15.12
2002	7680.2	2302.3	83.98	298.3	3.88	931.7	12.13
2003	8651.2	2572.6	82.92	321.2	3.71	1156.4	13.37
2004	9749.0	2964.7	83.04	376.8	3.87	1277.1	13.10
2005	11252.0	3422.0	82.78	448.1	3.98	1488.8	13.23
2006	1311.0	3915.4	81.13	724.6	5.53	1749.9	13.35
2007	1588.0	4660.9	80.55	982.9	6.19	2105.7	13.26
2008	18540.0	5472.3	81.18	1179.2	6.36	2309.1	12.45
2009	20654.0	6018.7	80.84	1135.9	5.50	2822.6	13.67
2010	24186.0	6853.1	78.92	1295.7	5.36	3803.8	15.73
2011	28428.0	8038.5	78.24	1885.3	6.63	4300.5	15.13
2012	31946.0	9366.8	80.31	2433.7	7.62	3856.7	12.07

资料来源：根据资金流量表数据计算。

1992～2012 年，中国居民的初次分配收入占国民收入的比重均值是 63.39%，比美国低 25.32 个百分点，比日本低 16.76 个百分点（见表 2）。

表 2　　中、美、日居民初次分配收入占本国国民收入的比重　　单位：%

年份	中国	美国	日本
1992	66.06	90.92	—
1993	62.61	90.70	—
1994	65.15	89.52	86.64
1995	65.25	89.35	85.40
1996	68.43	88.90	83.08
1997	66.02	88.69	83.04
1998	66.06	89.76	84.05
1999	65.05	89.32	83.02
2000	67.15	90.25	81.34
2001	65.93	90.46	80.69
2002	64.49	89.12	79.40

续表

年份	中国	美国	日本
2003	64.09	88.38	78.32
2004	61.14	87.70	76.33
2005	61.28	86.59	76.11
2006	60.73	86.94	76.37
2007	59.61	88.76	75.46
2008	58.66	90.51	77.74
2009	60.69	87.79	80.42
2010	60.50	85.48	77.72
2011	60.67	86.63	79.20
2012	61.65	87.10	78.58
平均值	63.39	88.71	80.15

资料来源：根据 CEIC 数据库数据计算。

居民收入是三种收入来源的总和，因此，最终收入占比上的差异可以分解为各种收入来源上的差异。从收入来源看（见表 3），该时期中国居民的劳动报酬占比均值是 51.47%，美国是 64.31%，前者比后者低了 12.84 个百分点，前者占国民收入的比例与后者占国民收入的比例之比是 0.8：1，然而，财产收入占比却悬殊得多。中国居民财产收入占国民收入的比例均值只有 3.78%，美国是 19.40%，前者比后者低了 15.62 个百分点，两者占比之比是 0.19：1。显然，财产收入占比差距对中美两国居民收入占比差距的影响比劳动报酬占比更大。两国居民收入占比差距的 61.69% 是由财产收入占比差距导致的。与日本相比，中国居民劳动报酬占比比日本低 12.77 个百分点，两者占比之比是 0.8：1，在财产收入占比上，前者则比后者低了 3.36 个百分点，两者占比之比是 0.53：1。在中日两国居民收入占比差距上，劳动报酬占比差距是首要影响因素，不过财产收入占比差异也占了整个居民收入占比差额的 20.05%，仍然是不容忽视的重要因素。

表 3　　中、美、日各种收入来源占本国国民收入的比重　　单位:%

年份	劳动报酬占比			财产收入占比			经营留存收入占比		
	中国	美国	日本	中国	美国	日本	中国	美国	日本
1992	54.56	66.75	—	4.42	19.70	—	7.08	4.46	—
1993	51.54	66.40	—	5.11	19.61	—	5.96	4.69	—
1994	52.39	65.31	66.69	5.77	19.44	11.74	6.99	4.76	8.21
1995	53.65	64.86	66.90	4.97	19.56	10.69	6.63	4.93	7.82

续表

年份	劳动报酬占比			财产收入占比			经营留存收入占比		
	中国	美国	日本	中国	美国	日本	中国	美国	日本
1996	54.42	64.10	65.96	5.41	19.88	9.35	8.59	4.92	7.76
1997	53.64	63.88	66.17	4.33	19.92	8.86	8.06	4.89	8.01
1998	53.38	64.62	66.80	4.35	20.23	8.46	8.34	4.91	8.79
1999	53.27	64.99	66.00	3.45	19.33	7.93	8.33	5.00	9.09
2000	53.31	65.75	65.47	3.13	19.48	7.16	10.72	5.02	8.71
2001	53.23	65.83	65.75	2.72	19.39	6.21	9.97	5.23	8.73
2002	54.16	65.09	64.59	2.50	18.75	5.51	7.82	5.28	9.29
2003	53.15	64.52	63.26	2.38	18.69	5.14	8.57	5.17	9.91
2004	50.77	63.94	61.81	2.36	18.76	5.23	8.01	5.00	9.30
2005	50.73	63.05	61.59	2.44	18.61	5.57	8.11	4.92	8.95
2006	49.27	62.49	61.56	3.36	19.69	6.23	8.11	4.76	8.58
2007	48.01	64.10	60.44	3.69	19.92	6.59	7.90	4.74	8.43
2008	47.62	65.01	62.99	3.73	20.36	6.31	7.31	5.15	8.44
2009	49.06	64.22	65.01	3.34	18.03	6.15	8.29	5.54	9.26
2010	47.75	62.50	62.56	3.24	17.65	6.01	9.52	5.33	9.14
2011	47.47	61.94	63.87	4.02	19.46	6.24	9.18	5.22	9.10
2012	49.51	61.17	63.17	4.70	20.88	6.38	7.44	5.05	9.03
平均值	51.47	64.31	64.24	3.78	19.40	7.15	8.14	5.00	8.77

资料来源：根据 CEIC 数据库数据计算。

尽管财产收入目前在中国居民全部收入中的占比是最低的，但是，这一收入来源上的差距对居民收入占比的影响却十分显著：它是中美两国居民收入占比差距的首要影响因素，中日两国居民收入占比差距的第二大影响因素。由于中国目前的人均资本存量和劳动产出效率都低于美、日两国，即使中国的劳动力市场未被扭曲，从逻辑上说，合理的劳动报酬占比也应低于美日两国现有水平。从中、美、日三国劳动报酬占本国国民收入的比重上看，提高中国居民劳动报酬占比对于改善国民收入分配结构、提高居民收入占比尽管还有较大空间，但是相对有限，相比之下，提高居民财产收入的空间却要大得多。因此，可以说，财产收入过低是导致我国居民收入占比偏低的最主要的原因，然而它却被目前的大部分研究忽略了。

三、中国居民财产收入偏低的原因分析

居民财产收入在国民收入中的比重可以被分解为该国税后资本报酬占国民收入的比重与居民财产收入占资本报酬的比重，即：

$$\frac{居民财产收入}{国民收入}=\frac{税后资本报酬}{国民收入}\times\frac{居民财产收入}{税后资本报酬}$$

$$=\left(1-\frac{生产税净额}{国民收入}-\frac{劳动报酬}{国民收入}-\frac{个人经营盈余}{国民收入}\right)\times\frac{居民财产收入}{税后资本报酬}$$

因此，居民财产收入占比是由两个分配过程共同决定的，一是国民收入在各个生产要素之间的分配，二是资本报酬在各个机构部门之间的分配。在第一个分配过程中，1992~2012年，尽管中国的非劳动报酬占比远远高于美日两国（均值分别比两国高12.84个和12.77个百分点），然而，由于生产税净额占比较高（均值分别比美、日高13.37个和4.49个百分点），因此，中国的税后资本报酬占比均值反而比美国低了3.67个百分点，仅比日本高8.89个百分点（见表4）。

表4　中、美、日税后资本报酬占本国国民收入的比重　　单位：%

年份	中国	美国	日本
1992	23.85	28.17	—
1993	26.85	28.39	—
1994	25.04	29.16	16.67
1995	25.51	29.58	16.71
1996	21.29	30.44	17.49
1997	22.54	30.62	17.11
1998	21.60	29.90	14.79
1999	21.90	29.55	15.35
2000	23.75	28.75	16.43
2001	24.79	28.56	15.92
2002	25.62	29.14	16.71
2003	25.31	29.89	17.67
2004	28.30	30.60	19.57
2005	28.26	31.68	19.97
2006	29.82	32.35	20.03
2007	30.83	30.78	21.53

续表

年份	中国	美国	日本
2008	32.55	29.49	18.76
2009	30.31	29.96	16.35
2010	29.56	31.84	18.85
2011	30.06	32.47	17.34
2012	29.76	33.37	18.26
平均值	26.55	30.22	17.66

资料来源：根据 CEIC 数据库数据计算。其中，中国数据来源于资金流量表，美国数据来源于美国联邦储备局，日本数据来源于日本内阁府经济社会综合研究所，下同。

税后资本报酬主要通过金融市场在各机构部门之间进行分配。在分配之前，这一报酬占国民收入的比例，中国虽然略低于美国，但却明显高于日本。然而，经过金融市场的分配之后，中国的居民财产收入占比却远远地低于美国，也明显地低于日本。这说明，尽管生产税占比偏高[①]是导致中国与美、日两国居民财产收入占比出现差距的重要原因，但是，导致中美日三国居民财产收入占比出现差距的主要原因是由第二个分配过程，即资本报酬在各经济部门之间的分配造成的。

但是，中国居民在第二个分配过程中所获得的资本报酬与美日两国相比，存在明显差距（见表5）。1992～2012 年，中国居民财产收入占总资本报酬的比例均值仅为 7.77%，而同期美国和日本的占比分别达到了 63.28% 和 20.45%。在税后资本报酬占比均值仅略低于美国的情况下，中国居民财产收入占总资本报酬的比例比美国低了 55.51 个百分点，仅为美国的 12.27%；而在税后资本报酬占比均值比日本还高 8.89 个百分点的情况下，中国居民财产收入占总资本报酬的比例却反而比日本低了 12.68 个百分点，仅为日本的 38%。

表5　中、美、日居民财产收入占本国总资本报酬的比例　单位：%

年份	中国居民财产收入/总资本报酬（1）	美国居民财产收入/总资本报酬（2）	日本居民财产收入/总资本报酬（3）	(1)/(2)	(1)/(3)
1992	11.48	70.86	—	16.20	—
1993	11.94	69.46	—	17.19	—
1994	14.11	66.22	41.55	21.31	33.96
1995	12.44	67.25	35.93	18.50	34.62
1996	13.48	65.87	27.40	20.46	49.20

① 也即通常所说的收入分配向政府倾斜。

续表

年份	中国居民财产收入/总资本报酬（1）	美国居民财产收入/总资本报酬（2）	日本居民财产收入/总资本报酬（3）	(1)/(2)	(1)/(3)
1997	11.22	65.02	25.77	17.26	43.54
1998	11.26	68.03	27.46	16.55	41.01
1999	8.90	64.89	24.24	13.72	36.72
2000	5.71	68.66	20.20	8.32	28.27
2001	4.95	68.55	16.45	7.22	30.09
2002	4.60	63.54	13.07	7.24	35.20
2003	4.43	61.17	11.60	7.24	38.19
2004	4.19	57.63	11.18	7.27	37.48
2005	4.39	56.26	12.39	7.80	35.43
2006	5.81	59.18	15.09	9.82	38.50
2007	6.22	65.53	16.53	9.49	37.63
2008	5.86	67.57	18.44	8.67	31.78
2009	5.55	59.44	18.94	9.34	29.30
2010	4.98	51.34	16.17	9.70	30.80
2011	5.40	54.74	18.38	9.86	29.38
2012	6.18	57.71	17.81	10.71	34.70
平均值	7.77	63.28	20.45	12.27	38.00

注：后两列数据的平均值项为前三列平均值项相除，而不是该列数据的平均值。

资料来源：根据 CEIC 数据库数据计算。

居民部门的财产收入主要来自个人持有的金融资产。中国居民的金融资产规模远不及美、日两国，那么财产收入上的巨大差异是否源自资产规模上的差异？我们利用人民银行发布的《中国金融稳定报告（2012）》核算了 1992～2012 年中国居民部门持有的金融资产规模，其中，2004～2010 年的数据直接源于该报告。对于 1992～2003 年的金融资产规模，我们以 1991 年为基期，① 用资金流量表中居民金融交易表的流量数据进行估算，② 对于 2011 年和 2012

① 1991 年的居民金融资产主要由现金、银行存款、国债和股票组成。现金以当年流通货币总额的 80%估算。银行存款直接使用人民银行公布的居民储蓄存款余额数据。中国证监会的数据显示，1991 年，中央政府未偿的国债余额为 1059.99 亿元。其中，国库券 587.51 亿元、财政债券 201.79 亿元、保值公债 124.83 亿元、特种国债 92.73 亿元、重点建设债券 48.95 亿元。居民主要持有国库券和保值公债，持有的比例大致为 90%。1991 年 A 股市场上市公司仅 14 家，当年筹资额仅为 5 亿元，居民持有数额有限，可忽略不计。据此，本文估计 1991 年居民部门实际持有的金融资产规模为 12295.23 亿元。

② 以该方法和数据估算的 2004 年、2005 年居民金融资产规模分别为 174359.58 亿元、204272.38 亿元，分别是《中国金融稳定报告》中同期数据的 96.67%和 97.70%，估算误差在 4%之内，估算结果是比较接近实际情况的。

年，则以《中国金融稳定报告（2012）》中2010年的存量数据为基期进行估算（见表6）。

表6　　1992~2012年中国居民的金融资产规模　　单位：亿元

年份	金融资产	本币通货	存款	证券	证券：债券	证券：股票	证券投资基金份额	证券客户保证金	保险准备金	代客理财资金	其他（净）
1992	16744	3469	11545	—	—	—	—	—	—	—	—
1993	21806	4692	14764	—	—	—	—	—	—	—	—
1994	29572	5831	21519	—	—	—	—	—	—	—	—
1995	38440	6308	29662	—	—	—	—	—	—	—	—
1996	49432	7042	38521	—	—	—	—	—	—	—	—
1997	60609	8142	46280	—	—	—	—	—	—	—	—
1998	73074	8963	53407	—	—	—	—	—	—	—	—
1999	85289	10764	59622	—	—	—	—	—	—	—	—
2000	96158	11722	64332	—	—	—	—	—	—	—	—
2001	110276	12551	73762	—	—	—	—	—	—	—	—
2002	129997	13822	86911	—	—	—	—	—	—	—	—
2003	153107	15797	103617	—	—	—	—	—	—	—	—
2004	180369	17820	129575	15190	6293	8897	1905	1339	14113	—	—
2005	209083	19945	150551	14399	6534	7865	2449	1566	18315	—	—
2006	251600	22469	171737	23945	6944	17001	5618	3128	22680	—	—
2007	335495	25211	181840	58311	6707	51604	29716	9904	27097	—	—
2008	342870	28622	228478	25139	4981	20157	17011	4760	37831	—	—
2009	410869	31982	268650	49997	2623	47374	8383	5695	46226	—	—
2010	494832	37691	315642	59169	2692	56477	7346	4447	52667	14975	—
2011	502246	42318	352797	—	—	—	—	—	—	—	—
2012	511952	45580	411352	—	—	—	—	—	—	—	—

注：① 1992~2003年以及2011年、2012年的本币通货值为估算结果。1992~2003年数据参照王春正（1995）的方法按总通货数量的80%计算，2011年及2012年则按2004~2010年的平均值估算。

② 保险准备金包含了养老金和保险部分。《中国金融稳定报告（2012）》用该项指标比较了美、英、德、日四国的保险及养老准备金在居民金融资产中的占比。

资料来源：《中国统计年鉴》《中国金融年鉴》《中国金融稳定报告（2012）》。

近20年来，我国居民部门持有的金融资产规模迅速增长。2012年居民金融资产规模是1992年的30.58倍，年均增速高达18.65%。2012年人均金融资产达到37810.34元，是1992年的26.46倍，年均增长17.80%。若以1978年不变价格计算，2012年人均可比价金融资产规模是1992年的10.87倍，年均增速12.67%，都超过了同期的经济增速。不过，与美、日相比，中国居民的金融资产规模仍然是比较小的。2012年，中国居民金融资产的总规模仅为美国的22.73%，日本的51.91%（见表7）。从人均水平上看，中、美、日的差距更大。2012年我国人均金融资本存量仅为美国人均水平的4.23%，日本的3.93%。

表7　1992～2012年中、美、日居民金融资产规模比较

年份	居民金融资产总额（十亿美元）			人均金融资产（美元）		
	中国	美国	日本	中国	美国	日本
1992	304	14181	—	259	55606	—
1993	378	15236	—	319	59105	—
1994	343	15701	—	286	60312	—
1995	460	17737	—	380	67493	—
1996	595	18977	—	486	71549	—
1997	731	21719	10622	591	81106	84195
1998	883	24450	10045	707	90472	79424
1999	1030	28157	12305	819	103254	97142
2000	1162	26914	13073	916	95382	102996
2001	1332	25701	11418	1044	90153	89683
2002	1571	23623	11319	1223	82081	88788
2003	1850	27098	12576	1431	93337	98483
2004	2179	30943	13585	1676	105591	106307
2005	2552	33310	14260	1951	112628	111608
2006	3155	36840	13645	2400	123379	106683
2007	4410	38574	13138	3338	127906	102617
2008	4935	31718	14119	3716	104207	110231
2009	6015	34551	15949	4507	112541	124569
2010	7309	39100	17115	5451	126404	133652
2011	8363	40292	18837	5769	129314	147395
2012	10098	44433	19452	5990	141563	152549

资料来源：根据CEIC数据库数据整理。

从金融资产结构上看，储蓄存款仍然是中国居民最主要的金融资产（见表8）。尽管居民储蓄存款的规模在近10年来有下降的趋势，然而，2012年储蓄存款占居民金融资产的比重再次回升至80.35%。保险准备金和股票占居民金融资产的比重近年来快速上升。这一变化体现了我国居民对多元化配置金融资产的需求开始上升，投资理财及避险意识逐渐增强。

表8　　1992～2012年中国居民的金融资产结构　　单位：%

年份	本币通货	存款	证券：债券	证券：股票	保险准备金	证券投资基金份额	其他
1992	20.72	68.95	—	—	—	—	—
1993	21.52	67.71	—	—	—	—	—
1994	19.72	72.77	—	—	—	—	—
1995	16.41	77.16	—	—	—	—	—
1996	14.25	77.93	—	—	—	—	—
1997	13.43	76.36	—	—	—	—	—
1998	12.27	73.09	—	—	—	—	—
1999	12.62	69.91	—	—	—	—	—
2000	12.19	66.90	—	—	—	—	—
2001	11.38	66.89	—	—	—	—	—
2002	10.63	66.86	—	—	—	—	—
2003	10.32	67.68	—	—	—	—	—
2004	9.88	71.84	3.49	4.93	7.82	1.06	0.98
2005	9.54	72.01	3.13	3.76	8.76	1.17	1.64
2006	8.93	68.26	2.76	6.76	9.01	2.23	2.05
2007	7.51	54.20	2.00	15.38	8.08	8.86	3.97
2008	8.35	66.64	1.45	5.88	11.03	4.96	1.69
2009	7.78	65.39	0.64	11.53	11.25	2.04	1.37
2010	7.62	63.79	0.54	11.41	10.64	1.48	4.51
2011	8.43	70.24	—	—	—	—	—
2012	8.90	80.35	—	—	—	—	—

注：《中国金融稳定报告（2012）》仅列出了2004～2010年的居民金融资产总额及各分项数据，其余年份的本币通货和存款数据根据资金流量表数据进行了推算。其余的分项数据限于资料，尚无法估算。

资料来源：根据《中国金融稳定报告（2012）》、资金流量表数据计算。

在居民金融资产结构方面，同为银行主导，以间接融资为主的日本与中国较为接近——银行存款都是两国居民最主要的金融资产，而在以直接融资为主的美国，家庭部门金融资产的配置则比较分散（见表9）。在日本的家庭金融资产中，银行存款占比基本稳定在50%左右。保险与养老金占比也极其稳定，基本上都在26.5%左右，固定收益类债券占比在近10年也相对稳定。尽管存款占日本家庭金融资产的比重最大，但是在与我们所研究的中国样本相近的时期（1997～2012年）里，其平均水平仍然比中国低了18.15个百分点。日本家庭将更多的金融资源配置在保险与养老金领域，2010年中、日两国居民在该领域的金融资产比重相差17.16个百分点。在美国，以直接融资为主的金融市场结构在家庭金融资产的配置上也得到了充分体现。美国家庭持有的金融资产中，占比最大的是各类公司股票、保险与养老基金，存款、公司债券和各类投资基金的比例大致相当。这表明，美国家庭越来越倾向于通过持有各类投资基金来间接地持有企业股票和债券，而不是自己直接投资股市，挑选股票和债券组合。

表9　1992~2014年日本、美国的家庭金融资产结构　单位：%

年份	通货		存款		债券		股票与基金份额		保险与养老金	
	日本	美国	日本	美国	日本	美国	日本	美国	日本	美国
1992	—	3.13	—	13.75	—	10.88	—	39.18	—	33.05
1993	—	3.29	—	12.08	—	10.75	—	40.38	—	33.50
1994	—	3.16	—	11.21	—	11.61	—	40.08	—	33.94
1995	—	2.76	—	10.69	—	11.42	—	41.40	—	33.73
1996	—	2.34	—	10.40	—	10.97	—	42.96	—	33.33
1997	2.26	1.92	51.87	9.94	7.00	10.08	6.68	44.67	26.78	33.39
1998	2.44	1.65	52.87	9.19	6.30	9.44	6.17	47.04	27.07	32.67
1999	2.55	1.53	51.03	8.57	5.80	8.75	9.85	49.02	26.08	32.14
2000	2.51	1.20	51.36	8.58	5.83	8.20	8.60	50.18	26.65	31.84
2001	2.82	1.33	52.71	10.09	5.48	8.54	6.53	46.15	27.24	33.89
2002	2.94	1.32	52.18	11.15	4.52	8.28	6.04	43.73	29.37	35.52
2003	2.95	1.31	50.58	11.56	4.40	7.73	7.38	43.56	29.07	35.84
2004	2.97	0.99	50.33	11.05	4.94	9.30	8.22	44.50	28.30	34.15
2005	3.26	0.74	46.85	11.11	5.84	8.95	12.67	45.62	26.58	33.57
2006	3.26	0.53	46.16	11.15	6.81	8.84	12.52	46.86	26.33	32.62
2007	3.39	0.31	47.75	11.20	7.81	8.65	9.03	47.86	27.20	31.97
2008	3.59	0.36	51.11	12.68	6.39	10.60	6.01	42.78	28.75	33.59
2009	3.55	0.73	50.75	13.47	6.72	11.99	6.35	38.29	28.28	35.51
2010	3.63	0.71	51.00	12.90	6.72	10.95	6.75	39.27	27.80	36.17
2011	3.60	1.09	52.09	12.57	5.97	9.79	6.47	40.56	27.84	35.98
2012	3.62	1.42	51.40	12.53	6.03	8.88	7.20	41.40	27.63	35.77
2013	3.50	1.57	49.63	11.85	6.61	7.62	9.46	44.47	26.70	34.50
2014	3.51	1.72	49.03	11.56	7.13	6.53	9.54	46.32	26.37	33.87

注：日本的数据来自日本银行公布的家庭金融资产负债表，分项数据与总和数据之间每年均有5%左右的误差。

资料来源：根据日本银行、美国联邦储备委员会的数据计算。

投资回报率过低是我国居民财产收入占比偏低的主要原因。在人均资本存量更低的中国，居民的实际投资回报率反而低于资本充裕的美国和日本，这是与经济学的一般原理相悖的。2012年，中国居民的人均财产收入为1797.42

元，是1992年的17.68倍，年均增速15.44%，比同期的人均金融资产增速低了2.36个百分点；若以1978年不变价格计算，2012年人均可比价财产收入是1992年的7.26倍，年均增速10.42%，比可比价人均金融资产增速低了3.07个百分点。人均财产收入平均增速长期低于人均金融资产规模的平均增速，意味着居民金融资产的回报率在这20年里存在着下降趋势。若将投资回报率定义为财产收入除以通货以外的金融资产，我们发现，在数据期内，中国居民的金融投资名义回报率在1994～2004年急速下降之后始终在低位徘徊。1994～2004年，名义回报率从11.68%迅速下降至2.32%，之后虽有所回升，但是，到2012年也仅仅回升至5.22%，仅仅接近于1998年的水平。在考虑了通胀因素后，中国居民的金融资产实际回报率在2002年之后的所有年份都显著低于美国，在大多数年份都明显低于日本（见图1）。

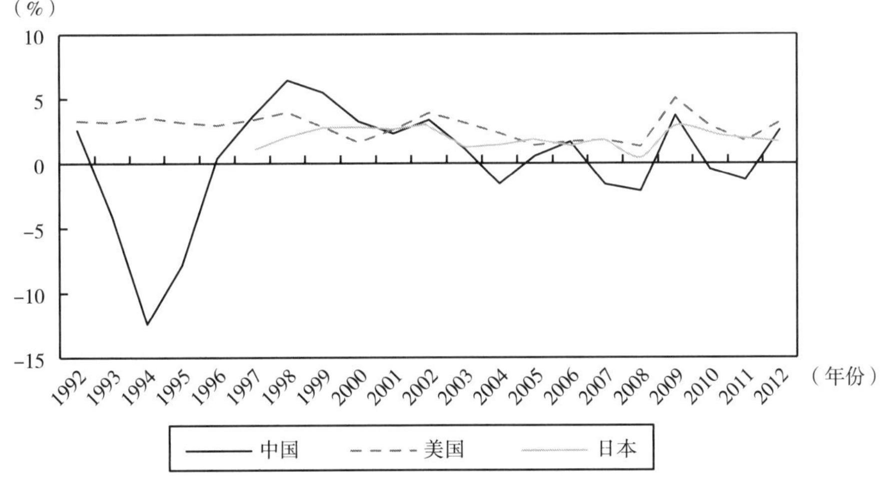

图1　1992～2012年居民实际金融资产回报率比较

资料来源：根据《中国金融稳定报告（2012）》、《中国统计年鉴》、美国联邦储备局、日本内阁府经济社会综合研究所以及日本银行相关数据整理计算。

与经济学的逻辑相反，在资本更为稀缺的中国，居民的金融投资回报率不是高于反而是低于资本更为充裕的美国和日本。1992～2012年，扣除通胀因素后，中国居民的实际金融投资回报率平均仅为0.26%，这一回报水平尚不及同期美国居民实际投资回报率的1/10。即便将回报率异常低的1993～1996年排除在外，1997～2012年美、日两国居民的实际金融投资回报率仍然分别是中国的1.59倍和1.17倍。众所周知，在正常的市场经济中，居民金融投资的实际回报水平应当与该国资本的稀缺程度成反向关系。也即一国资本越稀缺，资本的边际产出水平就越高，支付给资本的边际报酬也就应当越高。尽管改革开放后，我国的金融资本和实物资本都在快速增长，但是人均资本存量仍然远远不及美、日。宾夕法尼亚大学国际比较研究中心估算的数据显示，到2011年，中国以购买力平价计算的全要素生产率（TFP）分别为美、日的40.66%、57.13%。以购买力平价计算的中国人均资本存量仅为美、日的25.79%、23.47%。学界对中国资本产出弹性的估计一般在0.5左右，美、日则为0.3。根据$r=\alpha Ak^{\alpha-1}$这一公式粗略估算，中国实际的资本回报率应大致是美、日的1.33倍和1.93倍。即便考虑到中国家庭金融资产中低风险资产的比重较高，现有的投资回报率也仍然是偏低的，与中国现有的生产技术水平和人均资本存量水平不相匹配。

除回报率明显不合理外，居民金融债权和最终金融投资收益之间的背离也证明了资本报酬分配过程的扭曲。李文溥和李昊（2015）的研究显示，改革开放后，中国居民的金融资产规模快速增加，1999年之前，其增速远高于社会生产性资本增速，这意味着居民对资本报酬的索取权越来越大。至1999年，居民部门持有的金融资本（债权）与社会生产性资本存量之比已达47.51%，然而，当年居民财产收入占总税后资本报酬的比例却不过8.91%。这一差距在中国人民银行连续八次降息之后更为明显。1999~2006年，居民金融债权占社会资本存量的比例仅下降了不到4个百分点，居民金融债权占社会资本存量比例的降幅仅为8.40%，但是居民部门在资本报酬中的分配比例降幅却高达34.72%，居民财产收入占总税后资本报酬的比例降至5.81%。

尽管美、日两国在不同时期都实行过利率管制政策，但未对国民收入分配形成如此显著的影响。美国的金融市场长期以直接融资为主，银行存款占家庭金融资产的比例远远低于股票和保险，对财产收入的重要性不高，因此利率管制政策对居民收入的影响有限。日本家庭的金融资产结构虽与中国较接近，但是存款占比仍比中国低约20个百分点，除了银行存款外，日本民众可以选择的金融资产也相当多。此外，在要素分配过程中，同期美、日两国的劳动报酬所占比例都比中国高约13个百分点，因此，在劳动报酬占比较低、金融产品选择空间较小的情况下，利率管制对中国居民收入的影响就特别明显。1996~2002年，中国人民银行连续八次下调存贷款利率，直接导致了居民投资回报率的大幅下跌，此后10余年，实际存款利率始终接近于0，居民投资回报率自然难以提高。

四、结论

本文以资金流量表为基础，对国民收入分配结果进行分解，以美、日为参照系，全面对比了三国的国民收入分配结构，试图从中发现中国居民收入占比过低的症结所在。

通过对资金流量表数据的整理，我们发现，在当前中国居民的收入结构中，绝大部分收入是劳动报酬，财产收入在三种收入来源中占比最小，似乎是最不重要的收入来源。或许正因为如此，迄今为止的大部分研究都将收入在劳资要素之间的分配视为扭转最终分配结构的关键。然而，国际比较的结果显示，财产收入占比的差异对最终分配结构的影响不可忽视，而且，在目前中国居民财产收入占比极低的情况下，尤其不可忽视。中美两国居民收入占比差异有61.69%是由财产收入差异引起的，中日两国居民收入占比差异有18.74%是财产收入差异造成的。如果考虑到中国现有人均资本存量水平和人均产出效率远低于这两个发达国家，那么，中国合理的劳动报酬占比在一定程度上低于二者是正常现象，在这种情况下，提高财产收入及其占比对最终分配结构的影响也就显得更重要了。与发达市场经济体相比，中国居民的财产收入占比现在严重偏低，这也就意味着有极大的提高空间。

中国居民财产收入过低，主要源于居民金融债权与全社会生产性资产存量之比偏低，最高年份（1999年）也只有47.5%；此外，就是长期实行的低利率管制政策。仅就后者而言，中国的国民收入在要素分配和生产税征收之后，尽管税后资本报酬占比并未显著低于美国，甚至还高于日本，但是经过金融市场分配后，居民资本报酬占国民收入的比例却出现了巨大差异，1992~2012年，这一比例平均比美国低15.62个百分点，比日本低3.37个百分点（见表3）。通过对三国居民金融资产的核算，我们发现，中国居民财产收入过低的主要原因是投资回报率太低。在人均资本存量远远低于美、日两国的情况下，中国居民的实际投资回报率却大大低于后者，即便考虑到我国居民金融资产中低风险资产的比例较高，当前的投资回报率仍是不合理的（李文溥和李昊，2015）。长期偏低的管制利率和金融市场准入限制是导致这一现象的根本原因。

利率管制之外，金融产品的匮乏也限制了居民的投资选择空间从而大大限制了居民财产收入提高的可能性。即便与间接融资为主的日本相比，中国居民金融资产中银行存款的比例也是偏高的。居民财产收入的多少不仅与居民金融资产的规模相关，也与其所承担的市场风险相关。在中国当前的金融市场中，面向居民的金融产品大部分集中在高风险和低风险两端，未能形成由低至高、合理分布的多元化布局，从而限制了居民部门依据自身风险偏好自主选择不同资产组合的可能。因此，解除居民存款利率管制之后，在保证市场稳定的前提下，放松市场准入限制，鼓励金融产品创新对扭转当前的居民财产收入过低具有十分重要的意义。

参考文献

[1] 白重恩、钱震杰：《谁在挤占居民的收入——中国国民收入分配格局分析》，载《中国社会科学》2009 年第 5 期。

[2] 常兴华、李伟：《我国国民收入分配格局的测算结果与调整对策》，载《宏观经济研究》2009 年第 9 期。

[3] 方福前：《中国居民消费需求不足原因研究——基于中国城乡分省数据》，载《中国社会科学》2009 年第 2 期。

[4] 方文全：《中国劳动收入份额决定因素的实证研究：结构调整抑或财政效应?》，载《金融研究》2011 年第 2 期。

[5] 郭庆旺、吕冰洋：《论税收对要素收入分配的影响》，载《经济研究》2011 年第 6 期。

[6] 国家发改委社会发展研究所课题组、常兴华、李伟：《我国国民收入分配格局研究》，载《经济研究参考》2012 年第 21 期。

[7] 贾康、刘微：《提高国民收入分配"两个比重"遏制收入差距扩大的财税思考与建议》，载《财政研究》2010 年第 12 期。

[8] 李文溥、龚敏：《出口劳动密集型产品导向的粗放型增长与国民收入结构失衡》，载《经济学动态》2010 年第 7 期。

[9] 李文溥、龚敏：《要素比价扭曲与居民消费不振》，载《高校理论战线》2013 年第 1 期。

[10] 李文溥、李昊：《利率管制与居民财产收入占比下降》，载《吉林大学社会科学学报》2015 年第 6 期。

[11] 李文溥、李静：《要素比价扭曲、过度资本深化与劳动报酬比重下降》，载《学术月刊》2011 年第 2 期。

[12] 吕冰洋、禹奎：《我国税收负担的走势与国民收入分配格局的变动》，载《财贸经济》2009 年第 3 期。

[13] 彭爽、叶晓东：《论 1978 年以来中国国民收入分配格局的演变、现状与调整对策》，载《经济评论》2008 年第 2 期。

[14] 阮加、阮敬科：《收入分配问题现状、原因及对策探讨》，载《经济学动态》2011 年第 2 期。

[15] 王春正：《我国居民收入分配问题》，中国计划出版社 1995 年版。

[16] 王小鲁：《我国国民收入分配现状、问题及对策》，载《国家行政学院学报》

2010 年第 3 期。

［17］许宪春：《准确理解收入分配核算》，载《经济学动态》2014 年第 3 期。

［18］周明海、肖文、姚先国：《中国经济非均衡增长和国民收入分配失衡》，载《中国工业经济》2010 年第 6 期。

［19］European Commission，International Monetary Fund，Organization for Economic Cooperation and Development，United Nations，World Bank，System of National Accounts（SNA），2008.

利率市场化：时机与宏观经济影响*

一、引言

金融市场在现代市场经济中的重要性不言而喻。经过三十多年的改革开放，我国已经建成了相当发达的产品市场与劳动力市场，但是，金融市场化的进程仍然严重滞后：金融市场至今仍是以国有银行为主、偏重间接融资的银行主导型金融市场，存款利率尚未实现市场化。对银行存款利率的行政管制必然导致资源配置的扭曲，进而对经济运行产生负面影响。具体而言，管制的存款利率势必低于市场均衡利率，它至少产生了以下的负面效应：第一，过低的存款利率导致了资本要素价格的扭曲，是我国粗放型经济发展方式的重要基础条件之一。第二，我国居民绝大多数的金融资产为银行存款，过低的存款利率侵蚀了居民本应获得的财产性收入，扭曲了国民收入的分配格局，是造成我国国民经济结构失衡的重要原因之一。第三，利率管制与金融市场的国有垄断结构相结合，导致了金融业的无效率。在经济发展进入服务经济阶段，金融业的资源错配及运行无效率，严重地阻滞了我国经济的转型升级。第四，存款利率管制限制了各商业银行在负债端的价格竞争，这一措施虽然在一定程度上起到了稳定金融市场秩序、避免恶性价格竞争的作用，但长远看，势必削弱我国银行业的风险定价能力，使其无法适应更加激烈的国际竞争。第五，存款利率管制也不利于商业银行与其他金融机构展开竞争，近年来兴起的互联网金融就对银行存款形成了较为明显的冲击。因此，应当尽快解除存款利率管制，实现银行

---

* 本文原载于《中国宏观经济分析与预测（2017）》，经济科学出版社2017年版，第65～75页。共同作者：李昊。

存贷款利率的完全市场化。

然而，所有改革都伴随着潜在的风险和不确定性，越是关系全局的改革，其潜在的风险及其影响范围也就越大。我国的利率市场化改革拖延至今，某种程度上也与此有关。国际经验表明，在错误的时点进行利率市场化改革将导致金融市场出现严重的混乱，进而将波及整个国民经济体系。因此，应审慎地判断利率市场化改革的实际风险和潜在影响，谨慎地选择改革的时点。本文试图对利率市场化的相关政策问题进行研究。本文余下的部分安排如下：第二部分分析应用新古典一般均衡模型、垄断竞争模型等研究利率市场化的缺陷及不足；第三部分从金融市场参与主体行为模式的角度分析了现阶段解除存款利率管制可能带来的影响；第四部分分析利率市场化的时机选择；第五部分为了模拟利率市场化改革的宏观经济的影响，构建了一个联立方程组模型，利用反事实模拟对利率市场化改革的宏观经济影响进行政策模拟；第六部分是结论。

二、利率市场化：模型的分析

绝大多数以新古典一般均衡模型为主要方法的研究仅仅设定一个单一市场利率，并不区分存款利率和贷款利率。这一假设意味着存贷款利率必然发生同向变化，因此，在存款利率水平偏低的情况下，取消存款利率浮动上限必然推动贷款利率的同步上浮。这一假设实际上暗含一个非常强的假设，即银行部门是完全以成本加成的方式定价的，即便在利率市场化之后，存贷利率间也始终保持着固定的利差。这一假设一方面意味着银行部门并不以利润最大化为经营目标，另一方面也意味着银行在资本市场上具有非常强势的议价能力，能够把成本上涨的压力完全转移给资金使用者。

然而，自20世纪90年代国有银行商业化改革之后，银行业整体的经营目标已经开始向追求利润最大化转变。银监会利率市场化改革研究工作小组发布的研究报告显示，[①] 尽管国内大量的小型银行甚至部分股份制银行仍采用传统的成本加成法或基准利率加点法来制定贷款价格。但是，大型国有商业银行和部分股份制银行已经建立或正在建立综合考虑成本、风险以及市场竞争程度的贷款定价模型。成本加成定价法基本不考虑产品价格对产品需求的影响，在完

① 张建波、文竹：《利率市场化改革与商业银行定价能力研究》，载《金融监管研究》2012年第10期。

全竞争市场环境下的企业是不大可能长期采用此种定价方式的。它一般出现在自然垄断行业。我国的金融市场尽管有多达数千家的各类银行、信用社等，但是，从市场集中度上看，仍然是标准的寡头垄断竞争结构。根据银监会2013年年报，截至2013年底，我国银行业金融机构共有法人机构3949家，其中包含了5家国有大型商业银行、12家股份制商业银行、145家城市商业银行以及2394家农村合作银行、信用社等中小金融机构。其中，5家国有大型商业银行的资产就占整个银行业金融机构的43.3%，12家股份制商业银行资产则占17.8%。在这一市场结构下，尽管大量的中小银行仍在采用成本加成的定价方式，但是，对风险定价水平更高的大型商业银行的行为偏好则是整个市场的主导力量。因此，仍将银行部门的定价方式视为完全的成本加成定价，认为存款利率市场化导致的存款利率上浮将完全传导至贷款端是缺乏经济现实支持的。

我国目前以国有大型商业银行和股份制银行为主导的间接金融市场呈现出明显的寡头竞争模式，部分学者试图运用垄断竞争模型来描述这一市场结构。但是，这一方法无法准确地预测利率市场化可能带来的影响。在此我们构建一个基本的垄断竞争模型来说明这一方法的局限性。我们假设存在着 N 家拥有垄断势力的银行，银行通过选择吸纳的存款数量 D_i 和贷款数量 L_i 来实现自身利润的最大化。由于银行同时在存款市场和贷款市场拥有垄断势力，因此每家银行都面临一条向右上方倾斜的存款供给曲线 $r_D(\sum_{i=1}^{N} D_i)$，$r_D' > 0$ 和向右下方倾斜的贷款需求曲线 $r_L(\sum_{i=1}^{N} L_i)$，$r_L' < 0$。每家银行的非利息成本与存贷款数量正相关，而且为线性关系，即有 $E(D_i, L_i) = \gamma_D D_i + \gamma_L L_i$，银行同样要满足中央银行规定的存款准备金率 β。根据以上假设，第 i 家银行的行为方程可以表示为：

$$\max_{D_i, L_i} \pi_i = r_L(L_i + \sum_{i \neq j} L_j) L_i - r_D(D_i + \sum_{i \neq j} D_j) D_i - E(D_i, L_i) \quad (1)$$

$$\text{s.t.}: L_i \leqslant (1-\beta) D_i$$

根据式（1），可获得银行利润最大化的两个一阶条件和信贷市场出清条件：

$$r_L'(L) L_i + r_L(L) - \gamma_L - \lambda = 0$$

$$-r_D'(D) D_i - r_D(D) - \gamma_D + (1-\beta)\lambda = 0$$

$$L(r_L^*) = (1-\beta) D(r_D^*) \quad (2)$$

其中，$r_L'(L)L_i=\frac{1}{\frac{\partial L(r_L)}{\partial r_L}}\frac{L}{r_L}\frac{L_i}{L}r_L$。根据对称性原理，各家银行的贷款数额应相同，故可将该式写为 $r_L'(L)L_i=-\frac{r_L}{N\varepsilon_L}$，其中，$\varepsilon_L=-\frac{\partial L(r_L)}{\partial r_L}\frac{L}{r_L}$为信贷市场上对贷款的需求弹性。同理，$r_D'(D)D_i=\frac{r_D}{N\varepsilon_D}$，其中 $\varepsilon_D=\frac{\partial D(r_D)}{\partial r_D}\frac{D}{r_D}$为存款市场上居民部门的存款供给弹性。我们可将方程组（2）改写为：

$$\frac{r_L(L)-\gamma_L-\lambda}{r_L(L)}=\frac{1}{N\varepsilon_L}$$

$$\frac{-r_D(D)-\gamma_D+(1-\beta)\lambda}{r_D(D)}=\frac{1}{N\varepsilon_D}$$

$$L(r_L^*)=(1-\beta)D(r_D^*) \tag{3}$$

根据一阶条件可知，在不存在政府管制的条件下，在寡头垄断竞争环境中的银行部门，其存贷款利率应满足 $r_D+\frac{r_D}{N\varepsilon_D}+\gamma_D=(1-\beta)\left[r_L-\gamma_L-\frac{r_L}{N\varepsilon_L}\right]$。因此，一旦可以估计出存贷款总量与利率间的函数关系，就可以通过该式获得存贷款利率间的函数关系。然而，两个因素导致了这一模型的结论难以转化为对解除利率管制后的实际存贷款利率走势的判断：

首先，存款供给函数难以估算。通过对我国存款余额、存款增量数据的观察，可以发现，无论是存款余额还是存款增量，与利率的关系都十分微弱，存款余额的变动甚至多次与实际利率背道而驰。企事业单位存款主要来源于工资支出和企业生产过程中的各种票据结算账户和短期库存现金，它们与经济周期高度相关。针对居民储蓄偏好的研究也证实，居民储蓄存款的变动与利率的关系十分微弱（见图 1）。1995 ~ 1999 年，实际存款利率大幅度回升，居民储蓄存款增速却持续大幅下滑。1999 年，居民储蓄存款仅较上年增加了 11.64%，不足 1993 ~ 1995 年平均增幅的 1/3。与此同时，新增存款在居民可支配收入中的比例也大幅度下滑，1999 年仅占 10.4%，而 1993 ~ 1995 年的均值是 18.29%。2007 年，居民储蓄存款再次大幅度波动，增速仅为 6.77%，为近十年来的最低点。新增存款占可支配收入的比例也降至 6.9%。但是，到了 2008 年，实际存款利率持续下降，储蓄存款却又大幅度回升了。

与居民存款余额的大幅度变动不同，居民部门金融投资占可支配收入的比例始终比较稳定。如果以居民金融投资占可支配收入的比例来衡量居民部门的储蓄率，2008 年以前，中国居民的储蓄率大致稳定在 22.66% 的水平，2008 ~

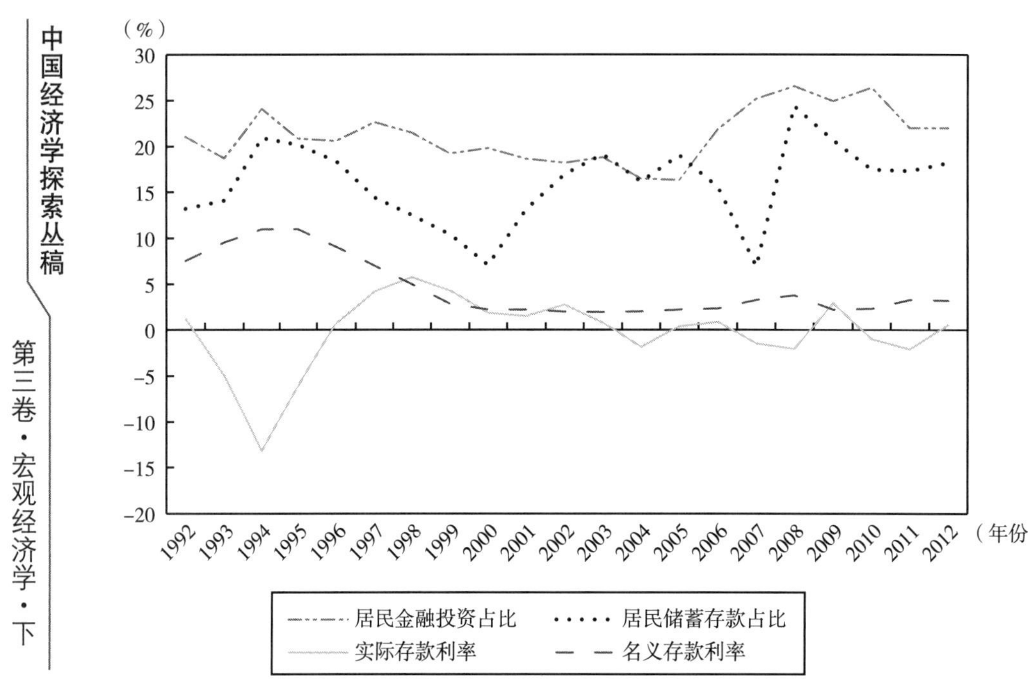

图1　1992～2012年存款利率与居民金融投资率

资料来源：依据中国人民银行、国家统计局数据整理、计算。

2012年上升至29.52%。同期的实际存款利率水平则大幅度变动：1993～1995年，受高通胀的影响，实际利率水平降至－5%以下，1994年甚至低至－13.20%，然而，在此期间，居民储蓄率都高于20%，并未受到利率下降的明显影响。随后的1997～1999年，通胀率快速回落，实际存款利率升至4.2%以上，居民储蓄率却仍然维持在20%～22%。2000～2012年，实际存款利率水平始终在0点徘徊，而居民储蓄率在2007年之前都维持在22.30%的水平上，2008年之后甚至明显上升了。

由此可见，我国居民部门用于金融投资的收入比例是比较稳定而且独立于利率水平的，储蓄存款余额变动与利率水平间的关系并不显著。存款余额的大幅度变动很可能源于居民在不同金融资产间的配置变化而不是利率变动：在没有其他金融产品参与竞争的情况下，大部分居民的金融投资都会流向银行系统，但是一旦出现新的投资机会，储蓄存款就会在短期内大量流出。一旦其他投资领域的回报率大幅下降，资金又将再次流回银行系统。2007～2008年，股票市场的大起大落和居民储蓄存款余额的异常变动情况在一定程度上证实了这种可能性。显然，在这种情况下，很难从历史数据中估算出准确的存款供给函数。

其次，当前银行部门的贷款定价方式仍不宜完全用寡头垄断模型加以解释。从理论上说，在利润最大化的前提假设下，银行部门制定的贷款利率将始终等于企业部门的边际资本回报率，一旦企业贷款需求下降，那么，实际贷款利率水平也将随之下降。然而，我国近年来的现实数据并不支持这一推断；相反，却出现了贷款需求下降和贷款利率上升共存的局面。从实际贷款利率和企业贷款需求看，中国人民银行和国家统计局发布的银行业景气指数显示，2013年的贷款需求指数平均为74.75，与2010年相比，下降了8.7，实际加权贷款利率却上升了6.46个百分点。[①] 贷款供给方面，2010年贷款余额与GDP的比例为1.17，2013年该比例上升至1.22，信贷供给的总量正在提高。与此同时，地方政府融资平台对贷款的占用也在下降。审计署2013年发布的全国政府性债务审计结果显示，截至2013年6月，全国地方政府负有偿还责任的债务余额为108859.17亿元，其中55252.45亿元来源于银行贷款；负有担保责任的债务余额为26655.77亿元，其中19085.18亿元来源于银行贷款；可能承担救助责任的债务余额为43393.72亿元，其中26849.76亿元来源于银行贷款。以上三项贷款负债总额为101187.39亿元，占当期全部金融机构贷款余额的14.86%。2010年底，地方政府三项债务余额中来源于银行贷款的为84679.99亿元，占当期全部贷款余额的17.68%。这两方面数据表明，银行的贷款供给曲线仍未与贷款需求曲线形成相交，实际贷款利率仍低于企业的资本边际产出水平，而不是如寡头垄断模型所预示的，已在等于资本边际产出的利率水平上达到了市场出清，导致这一现象的原因可能在于商业银行的风险定价能力仍不足以充分满足潜在贷款需求，信贷市场仍然存在一定程度的供给缺口，而银行部门则在不断强化风险定价水平，以发掘更多的信贷机会。

综上分析，我们认为，在贷款市场上，我国银行部门的定价行为仍处于完全的成本加成式与寡头竞争模式之间。国有大型银行、股份制商业银行以及规模更小的城市商业银行尽管在企业组织形式上实现了向现代企业的转变，但是，在各级政府部门掌握大部分股权的情况下，银行的行为仍与追求利润最大化的一般性企业有着明显区别。此外，不同类型企业在政府扶持力度、商业信誉、财务披露水平等方面的差距也在很大程度上影响了银行的贷款偏好。在存款市场上，作为主要资金提供者的居民部门，其储蓄行为与存款利率间的关系十分微弱，很难利用一个以利率为解释变量的储蓄函数进行描述。因此，寡头垄断竞争模型同样无法准确估计存款利率市场化后的利率走势。从政策分析角度看，我们需要从金融市场参与主体行为模式的角度进行分析。

---

① 实际加权贷款利率以GDP平减指数而不是CPI进行平减。同期名义加权利率也上升了1.24个百分点。

三、利率市场化：行为分析

利率市场化对市场利率的可能影响，取决于贷款与存款市场上供需的力量对比变化。我们分别从贷款与存款两个市场上的决定利率变化的供需双方力量对比上进行分析。

在贷款市场上，由于贷款利率的上浮和下浮限制已经取消，因此在市场结构不发生重大变化的情况下，资本回报率对贷款利率变动方向和幅度的影响是最大的。从我国未来发展方向和当前的经济形势上看，我国的资本回报率在未来一段时期将维持在较低水平上，具体而言：

首先，资本报酬在国民收入中的比重将呈现下降趋势。第一，随着人均GDP的不断提高，中国的资本稀缺性在降低，资本边际报酬率呈下降趋势；第二，导致收入分配向资本倾斜的政策导向正在纠正之中。国际金融危机之后，转变经济发展方式已经刻不容缓。经济增长从外需拉动转向内需驱动，必然要求扭转失衡的国民收入分配结构，提高劳动报酬在国民收入中的比重。可以预见，未来数年，提高劳动报酬占比，扭转国民收入分配失衡将成为中央政府最重要的工作内容之一。因此，资本在劳资分配过程中的博弈能力将出现下降。

其次，严重的产能过剩与大量的民生需求难以得到满足同时并存，说明在人均收入跨入中等偏上收入水平之后，中国正面临着一个影响深远的需求结构转换和相应的供给结构调整阶段。经济增长从依靠外需拉动为主正逐步转向以内需为主。从20世纪90年代中后期开始的汽车、住房等为代表的实物产品消费为主逐步转向以服务为消费新增长点的服务经济时代。随着土地、劳动力等要素比价的变化，低附加值的加工贸易正逐步从中国退出。国内需求方面，随着收入水平的提高，需求结构正在转换。此前“两高一低”增长模式下形成的大量生产能力无法适应需求结构的转换，出现了严重的产能过剩。历史证明，产业的升级换代和结构调整总是痛苦而且缓慢的。在供给侧结构性改革的大背景下，投资需求有降有升。就整体而言，资本回报率有下降的趋势。

最后，2008年国际金融危机后，政府进行的大规模基础设施投资将在一段时期内拉低全社会的资本回报率。据李文溥和李昊（2015）的研究估算，全社会税后资本报酬率自2008年起已经连续5年下滑，至2012年已下滑至11.75%，与2008年相比，下降了7.27个百分点。此外，地方政府的沉重债务负担，也是中央政府在决定货币政策时不得不考虑的问题：资金成本的上升将进一步加重地方政府的偿债压力，甚至可能导致部分地方政府出现偿债困难。

综上考虑，本文认为，从贷款市场的供需情况看，不存在足够的投资需求膨胀以支持贷款利率进一步上升。因此，即便解除存款利率上限管制，贷款利率仍将继续维持在当前水平上，甚至可能进一步降低。

在存款市场上，一旦存款利率上浮上限取消，各商业银行间的竞争必然导致存款利率有所上升，但是，由于贷款利率的上升受到经济结构调整、需求萎缩等限制，因此，存款利率的上升幅度也是有限的。

如前所述，居民部门的金融投资行为具有很强的稳定性，而且相对独立于名义或实际存款利率。到目前为止，能与商业银行形成有效竞争的金融产品极为有限。快速繁荣的股票市场固然能在牛市时短期内吸引大量的储蓄存款。但是，一旦转入熊市，资金又迅速回到了银行。由于我国股市行情高度不稳定，现阶段还难以对银行存款造成实质性的资金分流影响。近年来兴起的互联网金融平台曾被认为有可能对银行形成较大威胁。然而，随着市场流动性趋于宽松，阿里巴巴、百度等规模较大的互联网公司，其平台销售的金融产品收益率已经与银行的理财产品相差无几，与此同时，互联网金融中的重要组成部分——主营 P2P 网贷的互联网金融公司则普遍存在资产规模较小、经营不规范甚至违法经营、违约风险较大等问题①。该行业不断爆出的违约事件可能严重影响个人投资者对整个行业的信心，因此，此类金融产品目前同样难以撼动银行在中国金融系统中的地位。

目前能与银行存款形成较大替代作用的金融产品是各商业银行自己发行的理财产品。根据中央国债登记结算公司发布的《中国银行业理财市场年度报告（2015 年）》的数据，截至 2015 年底，共有 426 家银行业金融机构存续理财产品，理财产品数 60879 只，理财资金账面余额 23.50 万亿元，较 2014 年增加了 8.48 万亿元，增幅高达 56.46%，其中，一般个人类理财产品的续存余额为 11.64 万亿元，该年银行各类存款余额为 138 万亿元，其中居民储蓄存款为 55.19 万亿元，理财产品续存余额与银行存款间的比例为 1∶5.87，而个人理财与储蓄存款间的比例则更高，为 1∶4.74。由于各家银行在实际操作中都对其销售的理财产品实行刚性兑付政策，因此其风险程度仅略高于储蓄存款，远低于其他金融产品。银行理财产品收益高、风险低的特征使其成为银行储蓄存款最主要的分流渠道。

综合存贷款市场上的资金供给和需求，我们认为，在居民储蓄刚性较强，

---

① 例如，2015 年 12 月被立案侦查的金易融（北京）网络科技有限公司（e 租宝），该公司涉嫌非法融资 500 多亿元，总投资人数高达 90.95 万人。根据“网贷之家”的数据显示，截至 2016 年 3 月，出现停业、提现困难、经侦介入等问题的平台数已达 1523 家，而当月累计平台数不过 3984 家。

市场风险加大的环境下，各商业银行的市场地位并未受到实质性挑战的背景下，对存款利率上浮最大的推动力来自各商业银行间的竞争压力。当前，中国银行部门的存贷利差和盈利水平，无论与国际同行还是与国内其他行业企业比，都是相当高的。20 世纪 80 年代金融自由化改革以来，日本银行的存贷利差不断收窄，2013 年收窄至 0.76 个百分点，中国台湾自金融自由化改革以来，存贷利差从 1997 年的 2.9% 降至 2014 年的 1.44% 。目前国内的存贷利差超过了 3 个百分点，明显偏高。根据 CSMAR 数据库的上市公司数据与 CEIC 数据库中的银行财务数据计算，2008 ~2012 年我国银行的净资产利润率比上市公司平均水平高 3 ~7 个百分点，前者平均是后者的 1.48 倍。银行的高利润水平显然与其垄断地位和利率管制下的高利差密不可分。在有效竞争市场中，银行的平均收益率应当接近于全社会的平均收益率水平。如果以上市公司同期的平均利润水平计算，若解除存款利率上限管制，允许各银行展开有效竞争，则 2009 ~2013 年银行实际存贷利差应在 1.89 ~3.02% ,[①] 均值为 2.54% 。以此为标准，2013 年和 2014 年的存款利率水平则应分别为 4.40% 和 4.42% 。这一利率水平与同期银行业金融机构所发行的理财产品的平均年化收益率[②]是十分接近的。[③]

四、利率市场化：时机的选择

利率管制在这十余年间对宏观经济产生了严重的扭曲效应，给居民的财产收入造成了较大损失，但是，要对这一多年前形成而且长期持续的扭曲进行矫正，必须选择恰当的时机。必须具备以下客观前提：首先是金融部门整体上有能力承担改革带来的利润下降以及市场风险和竞争压力的增加。根据国际经验，利率市场化改革必然会使银行部门的利差收窄，各金融企业间的竞争加剧，同时也对银行部门的存贷款定价水平，尤其是对风险定价的能力提出了更高的要求。其次是企业和政府部门足以承担利差租金消失对其造成的冲击。如果改革前的存贷利率受到十分强烈的抑制，那么，在放开管制后，存贷款利率

① 该利差水平以加权平均贷款利率与上浮至浮动上限的存款利率计算，而不是基准存贷利率。

② 根据中央国债登记结算有限责任公司和中国银行业理财信息登记系统发布的《中国银行业理财市场年度报告（2013）》显示，2013 年所有到期兑付的理财产品按其募集资金额加权平均的兑付客户年化收益率为 4.51% 。2014 年该报告未给出总体平均收益率，但是该年报告显示 2014 年各类型理财产品收益率均高于 2013 年 0.5% 左右，故 2014 年的平均收益率也不会低于 2013 年。

③ 作为各商业银行绕开利率管制的工具，理财产品的收益率对利率市场化后的存款利率有很强的参考性。

就很可能同时出现大幅度上升，这无疑会对实体经济产生重大的冲击。从社会福利的角度看，利率管制形成的利差租金规模越大，对整体经济的扭曲效应也就越大，改革的需求也就更为急迫。然而，从改革的可行性上看，在利差租金规模较大时，政府和企业部门对利差租金的依赖程度也是十分高的，此时推动利率市场化改革无疑将遭到这两个部门内既得利益者的强力反对，从而有可能导致改革难以推行，同时，由于原有的利差租金规模太大，势必导致利率市场化前后的落差巨大，将引起较大的社会经济振荡，不利于体制变迁的平稳过渡。因此，实施利率市场化改革前必须认真分析以上两个条件是否成熟。最后，目前，我国经济正处于下行周期。在此背景下，对利率市场化改革的另一个担忧是这项改革是否会推高企业信贷成本，从而进一步抑制投资，阻碍经济复苏。

我们认为，从金融部门的承受能力上看，当前中国银行系统已经基本具备了承受利率市场化冲击的能力。长达十余年的高存贷利差让银行部门积累了大量的自有资本，如今我国的商业银行无论是对整体经济波动还是对利差波动都有十分强的抵御能力。《中国金融稳定报告（2013 年）》报告了人民银行于 2012 年底组织的由 17 家具有系统重要性的商业银行参加的金融稳定压力测试的结果，[①] 该测试结果表明，即使在 GDP 增速下降至 4% 的重度冲击下，银行系统的资本充足率为 9.77%，仍然高于《巴塞尔协议Ⅲ》的要求。利率市场化可能引发的利差冲击对资本充足率的影响则要微弱得多。在存贷利差收窄 0.7 个百分点的重度冲击下，银行系统的资本充足率仅仅下降 0.73 个百分点。实际上，自 2004 年光大银行发布第一款银行理财产品以来，各家商业银行就开始利用此类业务绕过利率管制，变相地提高了存款利率水平。近十年银行理财产品的规模迅速膨胀。根据中国银行业理财登记信息系统发布的《中国银行业理财市场年度报告（2013 年）》显示，截至 2013 年，全国共有 427 家银行业金融机构发行了 144043 只理财产品，累计募集资金 70.48 万亿元。截至 2013 年底，理财资金账面余额为 10.24 万亿元，其中，一般个人客户产品资金余额 6.57 万亿元，占全部理财产品资金余额的 64.16%，是当期居民储蓄存款的 14.08%。与受到管制的存款市场相比，银行理财产品的市场竞争程度远大于前者。再加上商业银行对发行的理财产品基本都实行刚性兑付政策，[②] 因此这

---

① 这 17 家商业银行包括 5 家国有商业银行，12 家股份制银行，其资产超过全部银行资产的 60%。

② 2004～2014 年，理财产品中 64.53% 为非保本浮动收益型，21.10% 为保本浮动收益型，14.37% 为保本固定收益型。然而在所有公布了预期收益和实际收益的理财产品中，实际收益率小于预期收益率的产品占比仅为 0.22%，而高于预期收益的也仅为 0.71%，其余产品的实际收益率均等于预期收益率。

一金融产品很大程度上已经成为了储蓄存款的替代品。理财产品并不在存款利率管制的范围之内，各家银行类金融机构得以更加灵活地根据市场情况定制其理财产品的收益率，这使得理财产品的市场收益率在一定程度上也可以视为市场化利率水平的近似水平或替代指标。近十余年，经过了商业化改革的银行系统都在通过各种方式突破存款利率管制的限制，它们积累了一定的市场化定价经验，这就为利率市场化改革的最终实施提供了必要基础。另外，近年来，由于经济处于周期的下行阶段，企业与政府部门的投资意愿下降，贷款需求缩小，与此同时，由于银行大量理财产品的推出，银行存款的实际平均利率水平已经有所提高，这些都使得现阶段解除存款利率管制的冲击会比较小。

五、利率市场化：宏观经济效应分析

存贷款利率在利率市场化后的变化并不一致，因此利率市场化必然对消费需求和投资需求产生不同的影响。为了模拟这一政策变化对宏观经济可能带来的影响，我们建立了一个小型的联立方程模型，利用反事实模拟的方法对其进行分析。具体方程如下：

$$\begin{gathered} CN_t = c_1 + c_2 y_t^{ur} \times POP_t^{ur} + c_3 y_t^{ru} \times POP_t^{ru} + c_4 CN_{t-1} + e_t \\ G_t = c_5 + c_6 FIS_t + c_7 G_{t-4} + c_8 Y_{t-1} + v_t \\ I_t = c_9 + c_{10} FIS_t + c_{11} R_{t-2}^L + c_{12} Y_t + w_t \end{gathered} \tag{4}$$

其中，y_t^{ur} 与 y_t^{ru} 分别为城市居民人均可支配收入和农村居民人均现金收入，其方程设定如下：

$$\begin{gathered} y_t^{ru} = c_{13} + c_{14}\left(\frac{Y_t}{POP_t}\right) + \eta_t \\ y_t^{ur} = c_{15} + c_{16}\left(\frac{Y_t}{POP_t}\right) + c_{17} R_{t-4}^S + \epsilon_t \end{gathered} \tag{5}$$

由于农村居民所占有的金融资产数量较小，所能购买的金融产品较有限，导致存款利率与其收入水平关系非常微弱，故储蓄利率并不进入农村居民的收入方程。在以上各式中，POP_t、POP_t^{ur} 与 POP_t^{ru} 分别为总人口以及城市和乡村常住人口，CN_t 为 t 期居民消费，G_t 为 t 期政府消费，FIS_t 为 t 期政府财政收入，I_t 为 t 期投资总额，R_t^S 与 R_t^L 分别为名义存贷款利率水平。

最后，以上联立方程满足该恒等式：

$$Y_t = CN_t + I_t + G_t \tag{6}$$

为了更好地反映2008年国际金融危机前后至今的经济运行趋势，我们将数据范围选定在2007～2014年这一区间内，为了增加样本长度以保证估计的精确度，我们选用了该时段内的季度数据，所有数据均经过季节调整和GDP平减指数平减。具体而言：季度GDP、城镇家庭人均可支配收入、农村家庭人均现金收入来源于CEIC各季度数据或月度数据计算；居民最终消费以年度居民最终消费数据为基础，利用社会消费品零售总额数据进行引导插值获得季度值；政府最终消费以年度数据为基础，利用政府财政支出数据进行引导插值获得季度值。所有数据均利用X12季节调整法进行调整。

我们以最小二乘法对方程组进行估计，估计所得的参数结果如表1所示。

表1　　联立方程参数估计结果

系数	估计值	标准差	t统计值	P值
C_1	1.6931	0.3565	4.7499	0.0000
C_2	0.4067	0.0808	5.0351	0.0000
C_3	0.2319	0.1031	2.2487	0.0257
C_4	0.2096	0.0994	2.1094	0.0363
C_5	0.2406	0.5516	0.4362	0.6632
C_6	0.3126	0.0826	3.7857	0.0002
C_7	0.2781	0.1018	2.7318	0.0069
C_8	0.3030	0.1446	2.0955	0.0375
C_9	-1.4019	0.5288	-2.6513	0.0087
C_{10}	0.2233	0.0788	2.8352	0.0051
C_{11}	-2.5647	0.6469	-3.9646	0.0001
C_{12}	0.8753	0.1148	7.6230	0.0000
C_{13}	-2.0516	0.2210	-9.2826	0.0000
C_{14}	1.1035	0.0263	41.8941	0.0000
C_{15}	0.2152	0.0983	2.1892	0.0299
C_{16}	0.9510	0.0123	77.0265	0.0000
C_{17}	0.9778	0.4907	1.9926	0.0478

估计结果显示，除了政府消费方程中的常数项 C_5 不显著之外，其他各项参数均在5%的置信水平上通过了显著性检验。将实际经济数据代入该联立方程组，获得的关键经济变量除了农村居民消费 y_t^{ur} 外，其他各变量与实际数据的平均误差均在3%之内，y_t^{ur} 的拟合值与实际数据的平均误差为3.82%，在可接受的范围之内（见图2）。说明该联立方程组能够较好地拟合当前的经济现实。

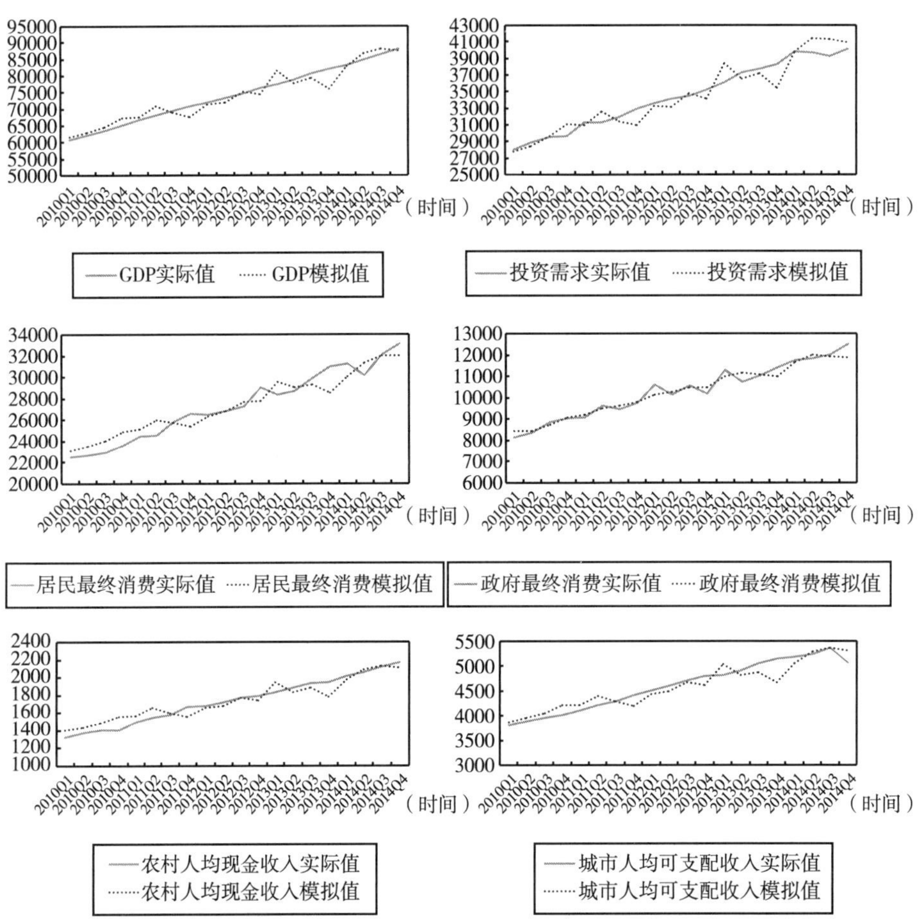

图 2　联立方程组的拟合结果

依据本文第三部分对存款利率市场化后存贷款利率水平的判断，我们假定利率市场化后贷款名义利率保持不变，存贷利差收窄至 2.54%。反事实模拟的结果如图 3 所示。

根据反事实模拟的结果，我们认为，取消存款利率管制对提高居民收入水平、改善总需求结构都有正向影响。从各主要经济指标的绝对水平上看，2011～2014 年各季度的模拟值与实际值相比，[①] 城镇居民收入平均提升 0.90 个百分点，农村居民收入平均提升 0.49 个百分点，城乡居民消费总额平均提升 0.60 个百分点，政府最终消费总额提升 0.14 个百分点，固定资本形成总额平均提升 0.33 个百分点，GDP 总量平均提升 0.39 个百分点。从经济结构上看，2011～2014 年各季度消费占 GDP 的模拟值比例比实际值的比例平均提高了

① 由于存款利率是以滞后四期的形式进入方程组，其变化的影响要在 4 期之后，也就是一年才得以体现，因此反事实模拟结果中 2010 年与实际值相比无变化。

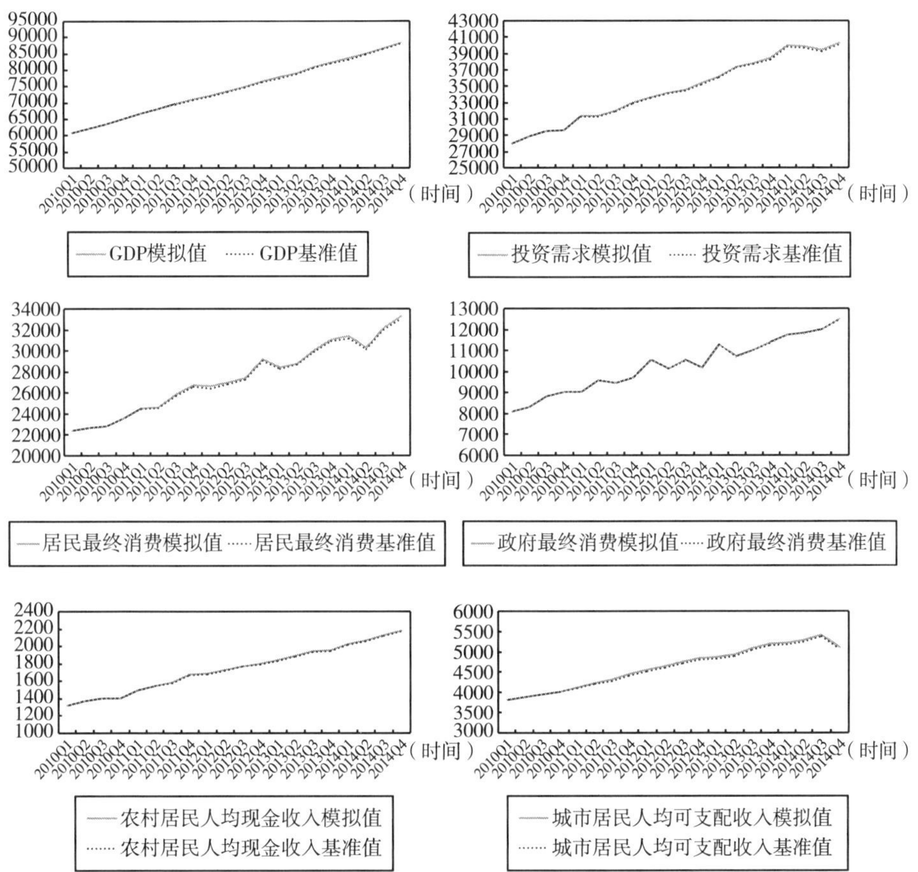

图3 利率市场化对宏观经济的影响

0.04个百分点，其中，居民消费占GDP的比例平均提高了0.08个百分点，而政府消费占比则平均下降0.04个百分点，投资占比平均下降0.03个百分点。具体而言：

居民收入水平明显提高，城镇居民收入的提高幅度远远大于农村居民。从各年度的绝对收入水平上看，2011～2014年，城镇居民的人均可支配收入水平将分别提升0.89个、1.00个、0.86个以及0.53个百分点，而同期农村居民人均现金收入则分别提升0.42个、0.56个、0.50个以及0.53个百分点。当前我国农村居民所获得的金融服务与城镇居民仍然存在着巨大差距。大部分的金融机构及其网点都分布在城市，农村有限的农村信用社大部分仅提供最基本的储蓄存款业务。农村居民难以通过改变金融资产结构优化资产配置，也难以通过购买高收益率的金融产品规避存款利率管制对财产收入的侵蚀。在现有的金融市场结构下，城乡收入差距在利率市场化后很可能被进一步放大。与城市相比，农村的人口密度小、人均收入水平和居民金融剩余较少、部分地区的交通条件较为恶劣，这些都导致在农村设立营业网点、提供金融服务的成本要高于城市。在市场竞争程度相对较弱的情况下，成本较高的农村金融市场成为了被遗忘的角落，这一现状仅靠解除存款利率管制是无法改变的，解决这一问题必须通过更彻底地开放金融市场，吸引更多民间资本进入，形成多层次的细分市场。

GDP 总量与增长率均略有提高，但不足以改变近 5 年来经济增速持续下滑的趋势。从 GDP 总量水平看，2011 ~2014 年，GDP 总量将分别提升 0. 34 个、0. 44 个、0. 40 个以及 0. 53 个百分点，同比增速则基本保持不变。

最终消费总额有明显提升，居民消费的提升幅度远大于政府消费，最终消费占 GDP 的比例也有略微提高。模拟结果显示，如果取消存款利率管制，2011 ~2014 年居民消费的绝对水平将分别提升 0. 53 个、0. 68 个、0. 60 个以及 0. 53 个百分点，而政府消费则将分别提升 0. 07 个、0. 15 个、0. 17 个以及 0. 53 个百分点。从经济结构的角度看，受居民消费需求增长的拉动，总消费需求在 GDP 中的比重也有所上升，2011 ~2014 年，该比重分别上升了 0. 04 个、0. 05 个、0. 04 个以及 0. 04 个百分点。在有效竞争环境下，存款利率的市场化必然增加金融企业对居民金融投资的竞争程度，提高居民部门在金融市场上的博弈能力，从而在一定程度上改善居民财产收入过低的现状。然而存款利率市场化并没有能力扭转当前居民收入占比和最终消费占比不断下降的总体趋势，主要原因在于：第一，居民金融资产规模有限，尤其是与发达国家相比仍存在巨大差距，短期内不易通过财产收入的提高大幅度地提高总收入水平。第二，在不改变金融市场结构的前提下，存款利率市场化仅能提高居民无风险收益水平，而在经济下行阶段，无风险收益率与当前的管制利率差距不大，增收效果有限。第三，在劳动收入仍占我国居民收入绝大部分的前提下，改变这一趋势不仅需要矫正资本要素的价格扭曲，更需要矫正劳动力要素的价格扭曲。

六、结论

本文的研究认为，现阶段取消存款利率上限管制并不会导致存贷款利率迅速上升。目前，总需求萎缩、产能过剩等结构性问题导致资本回报率不断下降、实体经济投资欲望减弱、市场波动风险加大，这些因素都限制了贷款利率的上浮空间。此外，在经济增速持续下滑的情况下，货币当局极有可能施行相对宽松的货币政策，进一步降低实体经济投资成本。另外，我国居民的储蓄需求较为刚性，而在金融市场上仍缺少能真正威胁商业银行垄断地位的市场主体，因此，存款利率上浮的主要推动力仍是各商业银行间的竞争。对于商业银行而言，在实体经济投资机会有限、投资收益难以提升的情况下，对于负债成本的控制决定了其竞争强度有限。再加上我国居民的储蓄需求具有比较明显的刚性特征，存款利率的上浮也不会太高。根据本文的估算，现阶段解除存款利率上限管制将使得存贷利差逐渐收窄至 2. 54% 的水平。进一步的反事实模拟显示，这一政策变化能通过增加居民投资收入、促进居民消费需求的角度改善当前总需求结构的失衡，并在一定程度上缓解经济增速不断下滑的压力。

参考文献

［1］陈彦斌、陈小亮、陈伟泽：《利率管制与总需求结构失衡》，载《经济研究》2014 年第 2 期。

［2］纪洋、徐建炜、张斌：《利率市场化的影响、风险与时机——基于利率双轨制模型的讨论》，载《经济研究》2015 年第 1 期。

［3］金中夏、洪浩、李宏瑾：《利率市场化对货币政策有效性和经济结构调整的影响》，载《经济研究》2013 年第 4 期。

［4］李文溥、李昊：《利率管制与居民财产收入占比下降》，载《吉林大学社会科学学报》2015 年第 6 期。

［5］李文溥：《根据需求结构转换基本趋势进行供给侧结构性改革》，载《福建日报》2016 年 4 月 1 日第 11 版。

［6］沈冰、雷珏：《我国居民储蓄利率敏感性的实证研究》，载《经济问题》2011 年第 8 期。

［7］沈坤荣、谢勇：《不确定性与中国城镇居民储蓄率的实证研究》，载《金融研究》2012 年第 3 期。

［8］张建波、文竹：《利率市场化改革与商业银行定价能力研究》，载《金融监管研究》2012 年第 10 期。

［9］He Dong，Wang Honglin，Dual-track Interest Rates and the Conduct of Monetary Policy in China，BOFIT Discussion Papers，Bank of Finland，Institute for Economies in Transition，2011 –21.

［10］Jahangir Aziz，Rebalancing China's Economy：What Does Growth Theory Tell US?，IMF Working Papers，International Monetary Fund，2006，No. 6，pp. 291.

［11］Tarhan Feyzioglu，Nathan Porter，E. Takáts，Interest Rate Liberalization in China，IMF Working Papers 09/171，International Monetary Fund，2009，No. 9，pp. 171.

利率平滑化与产出、物价波动*

——一个基于泰勒规则的研究

一、引言

泰勒规则是一个简单而非常有效的利率政策规则，它描述了短期利率应如何针对通货膨胀率和产出变化做出调整。由于泰勒规则较好地反映了西方国家利率政策实践的实质，在现实中，该规则已经成为美联储、欧洲央行、英格兰银行和加拿大银行等货币当局政策操作的理论依据。泰勒规则最初源于实证分析，缺乏坚实的理论基础，后来以克拉里达等（Clarida et al.，1997，2000）为代表的一些经济学家以严格的数理推导，得到了类似于泰勒规则的利率反应函数。由于经济全球化使各国（地区）经济日益相互影响，因此经济学家进一步地将研究背景从封闭经济扩展到开放经济，提出了新的泰勒规则。本文以我国的货币政策数据对泰勒规则及其扩展模型进行实证检验，验证泰勒规则在我国的适用性。在此基础上，运用泰勒规则对我国现行利率政策进行研究，发现我国的利率调节存在着小心试错、逐步调整、力求平滑化的操作倾向，利率调节的幅度总体上小于泰勒规则值，因此在实现宏观经济稳定上显得力度不足。这在一定程度上，导致了我国宏观经济政策当局在面临重大宏观调控需要时，不得不更多地运用数量控制型的货币政策手段，而非市场化的利率政策，① 这种做法一方面阻滞了经济体制转轨进程，另一方面也增加了宏观调控的政策成本。加强对利率政策工具的理论研究，使利率更好地针对通货膨胀和产出变化

---

* 本文原载于《南开经济研究》2010 年第 1 期。共同作者：李鑫。

① 现行的体制特征所导致的经济行为机制也是影响我国货币政策选择的重要原因之一。

作出调整，对提高我国的宏观调控质量具有重要意义。

本文的结构如下：第二部分结合我国货币政策的实际数据对泰勒规则进行计量检验，比较利率的泰勒规则值和实际值；第三部分将标准泰勒规则放在开放条件下进行扩展并检验；第四部分探讨我国货币当局在利率政策操作过程中的现实表现，发现其与泰勒规则存在着较大不一致性；第五部分对我国现行利率政策操作的原因及利弊进行讨论，在此基础上提出政策建议。

二、标准泰勒规则在中国利率政策中的检验

（一）泰勒规则介绍

标准泰勒规则可表述为：

$$i_t^T = E_{t-1}\pi_t + r^* + h(E_{t-1}\pi_t - \pi^*) + g\hat{y}_t \tag{1}$$

其中，i_t^T 为名义泰勒规则利率；$E_{t-1}\pi_t$ 为预期的当前通货膨胀率；r^* 为真实均衡利率，即经济处于潜在增长率和自然失业率状态下的实际利率；π^* 为目标通货膨胀率；$\hat{y}_t$ 为产出缺口，即当前实际 GDP 偏离潜在 GDP 的比率；h 和 g 是结构系数。由于 $E_{t-1}\pi_t$ 是一个主观变量，不能直接得到，在实证研究中必须使用代理变量。泰勒在研究中采用前四季度的平均通货膨胀率 π_t^a 来代表预期的当期通货膨胀率，这种近似在经济平稳运行时期问题不大，但是如果发生突发事件，如战争、经济危机等，就会对预期通货膨胀产生不确定性影响。在实证检验中，如果碰到这样的样本点，理论上可以剔除。

泰勒通过对美国联邦储备体系 1987～1992 年货币政策的研究发现，美国真实均衡利率和目标通货膨胀率均为 2% 左右。根据其研究，泰勒建议通货膨胀率缺口和产出缺口相对于基准利率的权重相同，即都取 0.5。这样，泰勒规则的具体形式可以写为：

$$i_t^T = \pi_t^a + 2 + 0.5(\pi_t^a - 2) + 0.5\hat{y}_t \tag{2}$$

（二）泰勒规则的政策含义

泰勒规则表明，利率是唯一能够与物价和经济增长保持长期稳定关系的变量，央行在制定政策时应保持利率水平中性，即对经济既不起刺激作用，也不起

抑制作用。经济中影响名义利率的因素除了当前预期通货膨胀率 $E_{t-1}\pi_t$，以及真实均衡利率 r^* 外，还受预期通货膨胀率与目标通货膨胀率之差额($E_{t-1}\pi_t-\pi^*$)，以及产出缺口 $\hat{y}_t$ 的影响。上述各因素中如果任意一个因素发生了变化，货币当局就应当运用各种政策工具，如公开市场操作、变动贴现率等，调节名义利率使实际利率等于均衡利率，这样才能有效地抑制通货膨胀率波动对实体经济的影响。

（三）实证检验

1. 利率

本文采用的均为季度数据。在泰勒（1993）的研究中，利率为联邦基金名义利率。由于我国仍是一个利率管制的国家，除了银行间同业拆借利率、债券回购利率、票据贴现市场利率和民间借贷利率属于市场化程度较高的利率外，其他基本属于管制利率。由于民间借贷利率数据不易获得，国债二级市场的规模又相对较小，其利率指标还不能真实反映货币市场的供求关系。因此，本文仍使用谢平和罗雄（2002）的方法，以银行7天期同业拆借市场利率作为实证检验中的利率指标。①

2. 产出缺口的估算

对于潜在产出与产出缺口的估计，主要有线性趋势法、HP滤波、BP滤波和状态空间—卡尔曼滤波法四种方法，本文采用线性趋势法。由于产出水平表现出很强的季度波动特点，因此在线性估计时，需加入虚拟变量。GDP数据采用真实值，将真实GDP的自然对数值对常数项、时间趋势项和虚拟变量做回归，根据回归方程可以计算出拟合值，即为潜在产出（见图1）。产出缺口为真实GDP对潜在GDP的偏离程度，计算公式为：$\hat{y}_t=100(Y-Y^*)/Y^*$，其中 Y 是真实GDP，Y^* 是潜在GDP。

在图1中 *GDP_C* 表示真实产出水平；*GDP_CF* 表示以线性趋势法计算出来的潜在产出；图2中 *Y_BA* 为产出缺口，表示真实产出的波动水平。图2显示，数据样本期间，我国的产出缺口波动幅度很大。1995~1998年实际产出高于潜在产出能力，1998~2005年的实际产出低于潜在产出能力，2006~2008年实际产出又高于潜在产出能力。这与我国经济的实际运行情况是大体吻合的。

① 银行7天期同业拆借月度平均利率来自中国人民银行网站，季度数据由3个月交易量加权平均得到。

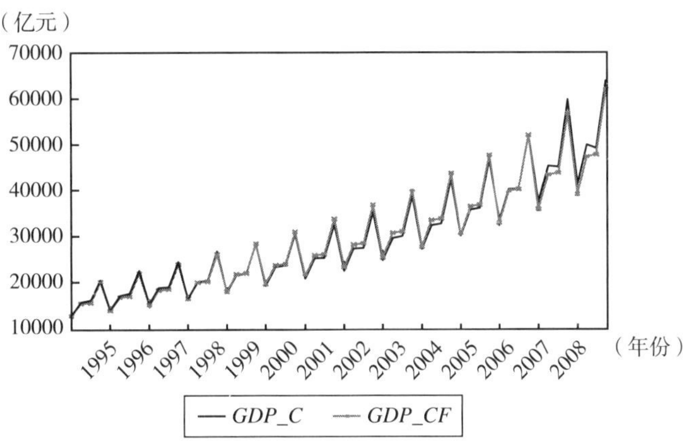

图1　真实 GDP 和潜在 GDP

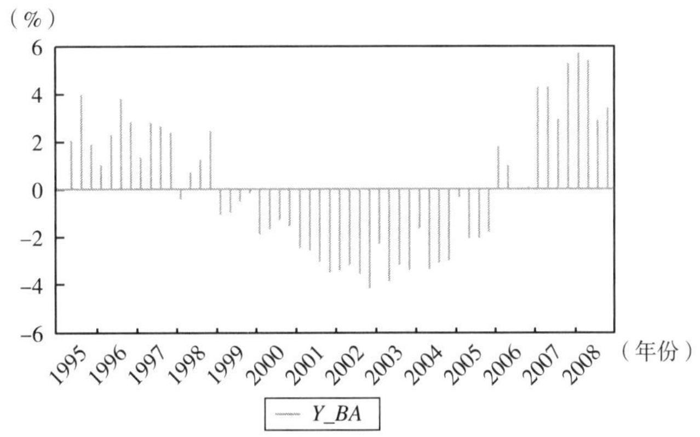

图2　1995～2008 年 GDP 缺口

3. 通货膨胀率的估算

本文选用消费者价格指数（CPI）来估算我国的通货膨胀率。由于 CPI 原始数据是月度数据①，因而采用三项移动平均法求得季度数据，再根据四项移动平均求得平均 CPI 通货膨胀率。在图 3 中，*PI* 表示简单的实际 CPI 通货膨胀率，*E_PI* 表示预期平均通货膨胀率。可以看出，平均 CPI 通货膨胀率比简单实际 CPI 通货膨胀率更为平滑，更能反映通货膨胀率的变化趋势，因此在计算泰勒规则利率时，使用平均 CPI 通货膨胀率作为预期通货膨胀率的代理变量。

4. 长期均衡真实利率和目标通货膨胀率的估算

一般认为，如果样本期足够长，可以用样本的平均真实利率作为长期均衡

① CPI 月度数据来自中经网统计数据库。

真实利率的近似。计算 1995～2008 年真实利率（$r_t = i_t - \pi_t$），可以发现真实利率分布如图 4 所示。

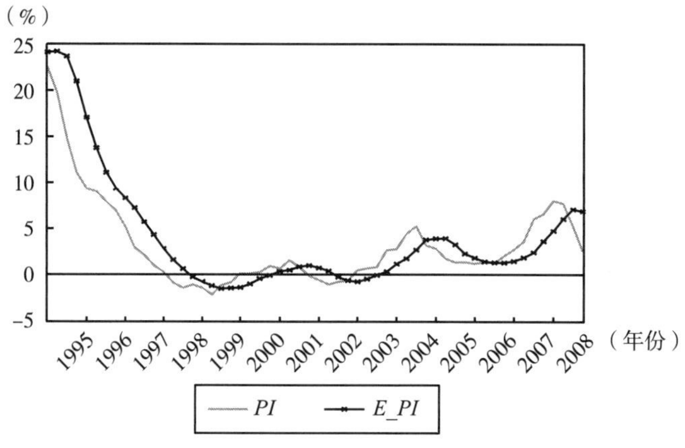

图 3　CPI 通胀率

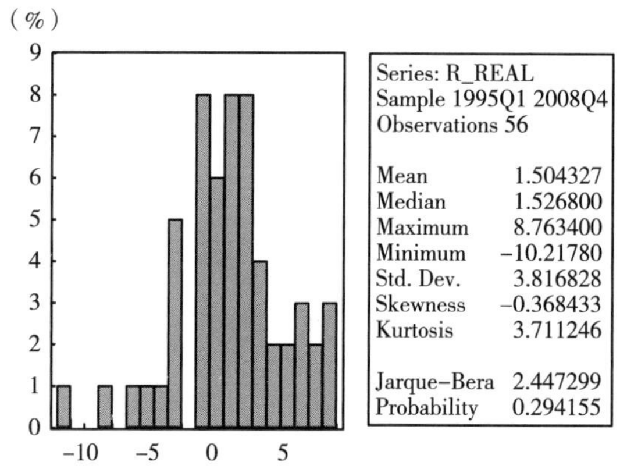

图 4　真实利率的统计特征

样本期真实利率均值为 1.5%，中位数为 1.53%。因此，假定样本期内长期均衡真实利率 r^* 取 1.5%，转换为年利率 6%。参照政府部门公布的通货膨胀目标，设目标通货膨胀率 π^* 为 4%。

5. 计算利率的泰勒规则值

不改变标准泰勒规则中的结构参数，将我国的长期均衡实际利率值和目标通货膨胀率值代入泰勒规则中，由此可以计算出我国 1995～2008 年利率的泰勒规则值。

$$i_t^T = \pi_t^a + 1.5 + 0.5(\pi_t^a - 4) + 0.5\hat{y}_t \tag{3}$$

在图 5 中 *R-TAYLOR* 表示泰勒规则值。可以发现，实际名义利率的变动幅度远小于泰勒规则值的变动幅度，即现实中名义利率的变化较为平滑，没有达到泰勒规则值所要求的变化幅度。那么，能否说明，正是由于利率的调整幅度不足，才导致我国经济的周期波动幅度较大呢？根据泰勒规则值和实际的名义利率值，可以求两者之间的缺口。图6显示，经济的波动趋势基本上和利率缺口的变动趋势是一致的，两者具有很强的同步性。在样本初期，名义利率规则值大大高于实际值，在1995年2季度两者差距达到最大，为24.94%。随后两者的差距逐渐缩小，渐渐趋于一致，其中有6个季度两者的差距不到1%，分别是1997年3季度、2004年3季度、2005年4季度、2006年2季度、2006年3季度、2006年4季度，而这6个季度正是实体经济波动较小的时候。进入2007年，特别是下半年，两者的差距又开始扩大，2008年4季度差距达到9.6%。

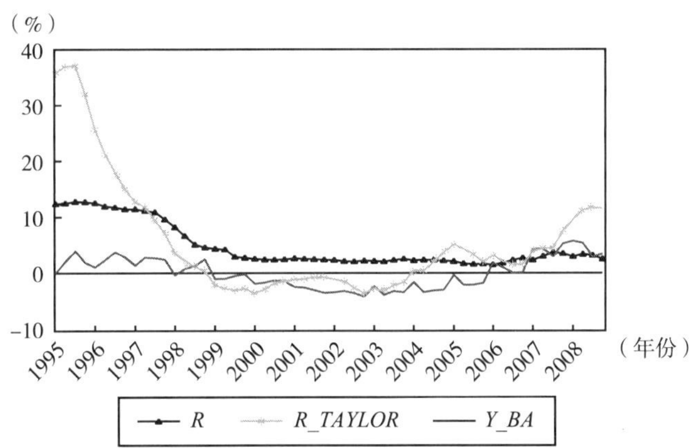

图5 真实名义利率、泰勒规则值与产出缺口

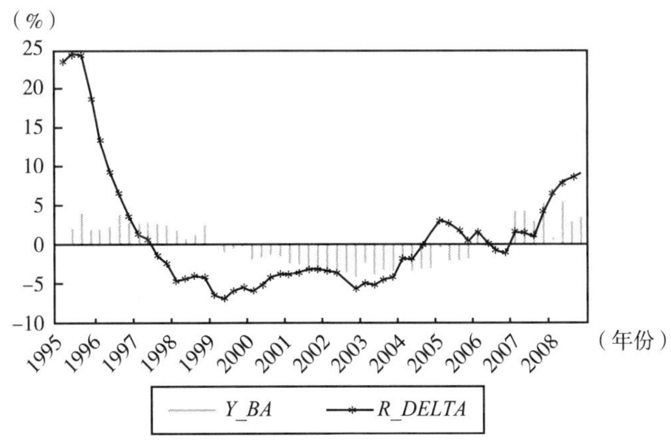

图6 利率缺口与产出缺口

注：*R* 为名义利率，*R_TAYLOR* 为泰勒规则值，*Y_BA* 为产出缺口，*R_DELTA* 为利率缺口。

从实际经济运行情况看，1995～1998年经济过热，如果按照泰勒规则计算，需要较高的利率以稳定经济，而现实的名义利率并没有达到应有高度。货币政策过于宽松，致使经济过热持续近四年。同样，东南亚金融危机后，我国经济持续低迷，此时需要较低的利率，以刺激经济复苏。1998 年央行取消了贷款限额控制，扩大了公开市场业务操作。央行于 1996 年、1997 年曾三次降息，1998 年、1999 年又四次降息。它们反映了央行为防止经济进一步下滑的政策调控。2002 年以后，产出缺口不断缩小，体现了货币政策操作顺应了经济发展需要。2007 年经济再次过热，按照泰勒规则需要较大地提高利率，但实际利率的反应却不够迅速，两者差距又进一步拉大。检验利率缺口和产出缺口两者的相关性发现，两者具有较强的正相关性，相关系数超过 50%。表 1 为利率缺口与产出缺口相关系数。

表 1　　利率缺口与产出缺口相关系数

指标	*R_DEITA*	*Y_BA*
R_DEITA	1	0. 51897
Y_BA	0. 51897	1

注：*R_DEITA* 表示利率缺口，*Y_BA* 表示产出缺口。

对利率缺口与产出缺口进行 Granger 因果关系检验发现（见表 2），无论滞后两期、三期或四期，产出缺口都是利率缺口的 Granger 成因，其显著性水平均不超过 1%。由于利率缺口定义为泰勒规则值与实际的名义利率的差，当经济产生剧烈的波动时，根据泰勒规则计算得到的利率会随之作出迅速反应，而实际利率较为平滑，变化幅度没有泰勒规则值那么大，因此利率缺口会扩大。一方面解释了产出缺口是利率缺口 Granger 成因的原因，另一方面也反映了现实经济中，利率的实际波动并没有像规则值所要求的那样剧烈。这样就不可避免地导致出现了一个问题，那就是利率的调整无法及时适应通货膨胀率的波动，而通货膨胀率的波动会对实体经济造成影响。泰勒规则要求利率在平稳经济运行中要保持中性，不可因利率的调整而伤害到经济的自身运行，其首要任务是抑制通货膨胀对实体经济的冲击，而如此大的利率缺口是无法有效抑制通货膨胀的。

表 2　　利率缺口与产出缺口之间的 Granger 因果关系检验

Lags	Null Hypothesis	Obs	F-Statistic	Probability
2	*Y_BA* 不是 *R_DEITA* 的 Granger 成因	54	5. 81225	0. 00543
	R_DEITA 不是 *Y_BA* 的 Granger 成因		0. 58196	0. 56262

续表

Lags	Null Hypothesis	Obs	F-Statistic	Probability
3	*Y_BA* 不是 *R_DEITA* 的 Granger 成因	53	6. 33012	0. 00110
	R_DEITA 不是 *Y_BA* 的 Granger 成因		1. 13195	0. 34606
4	*Y_BA* 不是 *R_DEITA* 的 Granger 成因	52	4. 07163	0. 00692
	R_DEITA 不是 *Y_BA* 的 Granger 成因		0. 98896	0. 42379

注：*R_DEITA* 表示利率缺口，*Y_BA* 表示产出缺口，Lags 表示检验选取滞后阶数，Obs 为观察样本个数，Null Hypothesis 表示零假设，F-Statistic 表示 F 统计量，Probability 表示概率。

三、开放经济中的泰勒规则

（一）开放条件下对泰勒规则的设定

克拉里达等（Clarida et al. , 2001, 2002）把对货币政策的研究从封闭经济扩展到开放经济中，同时借鉴了新开放经济宏观经济学的两国经济一般均衡模型框架，来讨论两国之间的经济影响。在引入交错价格调整的定价方式后，可以通过求解模型的最优化问题推导出类似于泰勒规则的利率政策反应函数。相对于封闭经济条件下的标准泰勒规则，克拉里达等得到的最优利率政策考虑了外国经济波动对本国利率的影响。根据其理论，本文设定如下形式的货币规则：

$$i_t = \beta_0 + \beta_1 i_{t-1} + \beta_2 \pi_t + \beta_3 \hat{y}_t + \beta_4 \hat{y}_t^f \tag{4}$$

其中，$\hat{y}_t^f$ 表示外国产出波动情况；$\hat{y}_t$ 为国内产出波动；π_t 表示通货膨胀水平；i 为利率。王胜和邹恒甫（2006）从中国与其他国家（地区）的进出口贸易情况、国外对中国的投资情况、外国的经济规模等方面，选取了美国、日本和欧元区这 3 个经济体作为影响中国经济的样本国。由于现阶段世界经济格局并没有发生太大的变化，因此本文仍选取这 3 个经济体作为影响我国经济的外部因素。

（二）实证检验

美国、日本和欧元区 1995 ~ 2008 年可比价 GDP 季度数据可以从中经网统计数据库获得。与我国的经济波动对比可以发现：样本区间内，4 个经济体的产出波动情况具有一定的同步性，但是我国的经济波动幅度明显超过其他 3 个经济体。为了节省自由度，本文以 3 个经济体与我国的进出口贸易额作为权重，计算总外部产出波动，以此作为影响我国经济的外部因素的代理变量。与标准泰勒规则的回归结果相似，国内产出的波动对利率的影响仍然不显著，因此回归结果都没有考虑国内产出波动变量。

表3给出了各经济变量之间的相关系数。在影响利率水平的各经济变量中，通货膨胀率和利率的相关程度最大，相关系数达到0.65，这符合克拉里达等（2001，2002）的基本结论，在考虑了外部经济波动对利率的影响后，我国的产出缺口和利率水平也表现出一定的正相关性。相比而言，美国、欧盟和日本3大经济体的经济波动与我国利率的相关性并不明显，均不超过0.2。

表3　　　　各变量相关分析结果

指标	*R*	*PI*	*Y_BA*	*US_Y_BA*	*EU_Y_BA*	*JAP_Y_BA*
R	1.0000	0.6529	0.4693	-0.1666	-0.0883	0.1667
PI	0.6529	1.0000	0.4458	-0.0413	0.1663	0.0337
Y_BA	0.4693	0.4458	1.0000	0.0851	0.0570	0.2819
US_Y_BA	-0.1666	-0.0413	0.0851	1.0000	0.5190	0.3093
EU_Y_BA	-0.0883	0.1663	0.0570	0.5190	1.0000	0.3264
JAP_Y_BA	0.1667	0.0337	0.2819	0.3093	0.3264	1.0000

注：*R* 表示利率，*PI* 表示通货膨胀率，*Y_BA* 表示国内产出波动，*US_Y_BA*、*EU_Y_BA* 和 *JAP_Y_BA* 分别表示美国、欧盟及日本的产出波动水平。

表4回归结果显示，外部产出波动对我国利率的影响很小，而且统计上不显著。从修正后的 R^2 也可以看出，纳入外部产出波动变量后，模型的回归结果并没有得到显著改善，其他变量的估计值也没有太大变化。因此，外部因素的纳入并没有改变封闭经济条件下泰勒规则中的解释变量对我国利率水平的影响。至此，我们验证了标准泰勒规则的实用性，扩展至开放条件，并没有影响标准泰勒规则对利率决定的核心作用。

表4　　　　封闭与开放条件下泰勒规则比较

类别	(1)		(2)	
	系数	*t* 值	系数	*t* 值
常数项	0.336	3.352	0.343	3.443
利率前一期	0.814	33.79	0.815	34.07
国内通货膨胀率	0.069	2.524 *	0.060	2.104 *
外部产出波动	—	—	0.092	1.261 **
修正的 R^2	0.9686		0.9691	
F 检验	602.1071		408.3265	
相伴概率	0.0000		0.0000	
数据个数	40		40	

注：** 表示统计不显著；* 表示5%显著水平；其他系数均为1%显著水平。

四、我国利率政策实际操作规则探讨

通过上述分析，我们发现：我国的实际利率调整跟泰勒规则值存在着较大差距，而且两者之差与实体经济波动之间有着较强的正相关性。从图 6 可以直观地看出，利率的泰勒规则值与实际值偏离较大之时，恰恰是宏观经济波动较大之时。我国利率调整节奏跟不上宏观经济波动，调整幅度也跟不上通货膨胀率的波动幅度。这反映货币政策当局在调整实际利率时，并没有考虑利率变动的泰勒规则要求。这或许是货币政策当局在进行利率调整时，并未计算中国利率调整的泰勒规则并根据其行事。由于对利率变动幅度缺乏必要的理论研究，也未建立调整的理论参照系，利率调整势必只能采取“摸着石头过河”的方式，谨慎从事，小心试错，逐步调整。它也就使利率变动带有明显的平滑化特征。为了证实我们的猜测，下面我们在标准泰勒规则中考虑利率平滑因素。结果发现，事实正如我们所猜测的那样，我国的利率政策操作追求利率平滑的特征确实非常明显。

如果考虑利率的平滑性要求，假定利率的动态变化满足以下关系：

$$i_t = \rho i_{t-1} + (1-\rho) i_t^T \tag{5}$$

其中，i_t 为实际的名义利率；i_t^T 为泰勒规则利率；$\rho \in [0,\ 1]$，这样的动态关系意味着货币当局不是完全根据目标利率设定当期的利率水平，而是考虑到利率的平滑要求进行部分调整（partial adjustment），因此，ρ 可以看作利率动态变化中衡量平滑性特征的指标。将标准泰勒规则代入式（5），整理后可以得到以下利率政策函数：

$$i_t = (1-\rho)(r^* - h\pi^*) + \rho i_{t-1} + (1-\rho)(1+h)E_{t-1}\pi_t + (1-\rho)g\hat{y}_t \tag{6}$$

令 $\beta = (1-\rho)(1+h)$，通过式（6），我们可以估计 ρ、h、g、β 以及 $(r^* - h\pi^*)$ 值。

计量检验证实，这 3 个时间序列是平稳的，可以直接对利率政策函数进行估计。回归结果显示，在考虑了利率平滑效应后，产出缺口的系数没有通过显著性检验。在模型中剔除产出缺口变量后，从修正的 R^2 看，模型整体的拟合效果并没有受到显著影响，除常数项外，其他系数均高度显著。这说明当引入前期利率值后，产出缺口变量被“排挤”得不再显著。由于利率决定过多地依赖于上期的利率水平，因此产出缺口对利率调整的影响被严重缩小了。这种对上期利率的过度依赖性说明，我国的利率平滑性特征相当明显。在两种情况下ρ值均超过0.9。相比而言，通货膨胀率反应系数虽然都为正值但是数值较小，不考虑产出缺口后只有0.0861，也即预期通胀率每增加1个百分点，央行仅仅提高名义利率0.0861个百分点。这意味着在通货膨胀率上升1个百分点的情况下，实际利率反而下降了0.91个百分点。显然，这会进一步刺激总需求，引起通货膨胀率的进一步上扬，反之则反是。这说明，在样本期间，我国的利率政策对通货膨胀率反应明显是不足的，而对于利率的平滑性却过分看重（见表5、表6）。

表5　　利率、通货膨胀率和产出缺口的平稳性检验

指标	t-Statistic Prob. *
i_t	Augmented Dickey-Fuller test statistic：−2.651368 0.0089 Test critical values：1% level −2.608490 5% level −1.946996 10% level −1.612934
π_t	Augmented Dickey-Fuller test statistic：−2.504305 0.0132 Test critical values：1% level −2.609324 5% level −1.947119 10% level −1.612867
$\hat{y}_t$	Augmented Dickey-Fuller test statistic：−2.362003 0.0190 Test critical values：1% level −2.612033 5% level −1.947520 10% level −1.612650

注：i表示利率，π表示通货膨胀率，$\hat{y}$表示产出波动水平。

表6　　回归结果分析

类别	(1)			(2)		
	系数	t值	相伴概率	系数	t值	相伴概率
常数项	−0.0632	−0.5130	0.6103 ***	0.013	0.1112	0.9120 ***
利率前一期	0.9177	40.9148	0.0000	0.9094	40.2106	0.0000
国内通货膨胀率	0.1021	3.8755	0.0003	0.0861	3.4478	0.0012
国内产出缺口	−0.0426	−1.5064	0.1384 ***			
修正的R^2	0.9901			0.9898		
D-W值	1.8884			1.8752		
F检验	1324.465			1721.978		
相伴概率	0.000000			0.000000		
数据个数	54			54		

注：（1）表示回归方程中包含国内产出缺口，（2）表示不包含产出缺口；*** 表示1%显著水平。

对回归方程在整个样本数据期间进行结构性 Chow 检验，发现在 1997 年 4 季度出现了一个结构性拐点。考虑到 1997 年曾爆发了亚洲金融危机，货币当局可能在危机爆发后调整了货币政策操作规则，更多地运用利率政策手段。因此，将样本区间分为两段单独估计可能更有意义（见表 7）。

表 7　　样本期结构性 Chow 检验

指标	Chow Breakpoint Test：1997Q4		
F-statistic	11. 93807	Probability	0. 000005
Log likelihood ratio	30. 17537	Probability	0. 000001

由于 1997 年和 2008 年世界经济出现了较大的震荡，从整体的拟合效果考虑，我们剔除了一些巨幅波动的样本点。分段估计的结果显示，1997 年亚洲金融危机过后，我国的利率政策对通货膨胀率的反应敏感度有所提高，从 0. 0444 提升到 0. 0693，但是，仍然远远小于 1。计算泰勒规则中的 h 值，也可以得到同样的结论。虽然 1997 年之后，我国的利率政策对通货膨胀缺口的敏感性有所提高，但是仍旧是负值，不能达到稳定经济的理想效果。这与王建国（2006）得到的结论有所不同。

通过以上分析可以得到结论：虽然 1997 年东南亚金融危机以来，央行利率政策操作中，利率弹性有所增强，但是，从通货膨胀反应系数仍然远远小于 1 可以看出，面对通货膨胀率的变动，利率调节幅度仍然严重不足，同时，在所有的估计中，平滑性指标 ρ 均大于 0. 7，利率的平滑性特征相当明显。显然，这样的利率政策不是一个能够实现充分稳定的政策。我们认为，一个根据泰勒规则更多地考虑了通货膨胀率的利率政策，在平稳经济运行时，应该能够发挥更大的作用。这需要货币当局在实施货币政策时进一步提高利率对通货膨胀率的反应敏感度以及利率的调整力度（见表 8、表 9）。

表 8　　回归结果分析

类别	1995Q2 ~ 1997Q3			1997Q4 ~ 2007Q3		
	系数	t 值	相伴概率	系数	t 值	相伴概率
常数项	2. 0472	1. 0394	0. 3332 ***	0. 3362	3. 3520	0. 0019
利率前一期	0. 7852	4. 5340	0. 0027	0. 8142	33. 7905	0. 0000
国内通货膨胀率	0. 0444	2. 3057	0. 0545	0. 0693	2. 5236	0. 0160
修正的 R^2	0. 9051			0. 9686		
$D\text{-}W$ 值	2. 3264			1. 6660		
F 检验	43. 8951			602. 1071		
相伴概率	0. 000109			0. 000000		
数据个数	10			40		

表 9 货币政策反应函数的参数估算

样本区间	h	β	ρ
1995Q1～2008Q4	-0.0497	0.0861	0.9094
1995Q2～1997Q3	-0.7932	0.0444	0.7852
1997Q4～2007Q3	-0.6378	0.0693	0.8142

注：h 为标准泰勒规则方程中，通货膨胀缺口的结构参数；ρ 用以衡量利率平滑性水平；$\beta=(1-\rho)(1+h)$。

五、对我国利率实际操作规则的一个利弊分析

本文从讨论中国现实经济条件下的标准泰勒规则入手，对我国利率政策操作的实际运行规则进行了实证研究。发现在样本期间内，我国的实际利率政策规则在运作过程中，对通货膨胀率的反应敏感度较低，无法达到泰勒规则所要求的能够平稳经济运行的利率水平。在现实中，货币政策当局在调整利率时，过于重视前期的利率水平，使利率调整具有明显的平滑化倾向。就操作原则看，我们认为，这似乎是由于缺乏明确的理论指导、必要的校准参数，因此不得不采取谨慎从事、小心试错、逐步调整的方式。结果使利率变化总是滞后于经济波动。由于目前的利率变动实际上在相当程度上是“顺风而动”，而非完全的“逆向调整”，因此反而加剧了经济波动，违背了利率政策操作的初衷。从分阶段考察结果看，虽然 1997 年亚洲金融危机过后，货币当局提高了利率对通货膨胀率的反应敏感性，但是仍然没有达到理想效果。

（一）中国实行平滑化利率操作的原因分析

利率在“熨平”宏观经济波动方面的“有限作为”或“不作为”，是我国转轨时期社会经济特征的产物。

首先，中国至今是转轨经济，利率管制尚未解除。国家对利率进行管制，限制其大幅波动，既是现有体制结构所决定的，也是现行体制结构下各利益主体之间博弈均衡的结果，虽然这个博弈规则不一定是公平的。在国家管制利率而非国家规定基础利率的情况下，各家金融机构根据各自、各地的资金供求状况，经济运行效率自主决定利率的制度设定虽然在保障国家宏观调控的统一性以及金融秩序方面有其优点，但是，随之必然出现的弊病是：第一，调控灵敏

度在一定程度上的丧失，导致调控滞后；第二，由于各个金融机构的利率由国家统一制定，央行所能考虑的利率品种必然是有限的，但是，各个金融机构即使从事同类金融业务，其效率也是有差别的，这种差别原本可以体现为在央行确定统一的基础利率的基础上，各个金融机构根据其经营状况适度调整其存贷利差，进行经营竞争，不同金融机构在央行统一规定的基础利率的基础上自主地进行利率微调，显然，将使银行系统对经济运行的调节更具有灵活性，然而，在现行体制下，这种灵活性却基本上丧失了；第三，中国地区间发展差异较大，经济周期波动对不同地区的影响，无论是在力度，还是在时间上差异都较大（卢盛荣和李文溥，2009），对不同地区运用相同的货币政策，而不允许各地区的金融机构根据当地的经济运行状况进行适度微调，势必导致央行利率政策操作与实际经济运行之间的反应灵敏度下降。

其次，现阶段我国银行业的利润来源主要还是存贷差。20 世纪 90 年代末，央行开始采取维持银行存贷款利率差的方式，对国有商业银行予以保护。无论是在经济周期的繁荣阶段，还是衰退阶段，我国存贷款利差（以一年期存贷款利率为例）都是基本不变的（厦门大学课题组，2010）。之所以如此，一是考虑到利率的大幅波动会给银行业带来较大风险，导致金融领域的动荡，这是管理层不愿意看到的；二是基于保护国有经济基本收益的考虑。从我国的金融机构产权主体与其贷款流向看，金融机构仍以国有为主，其大部分贷款也是流向国有企业及国有投资部门的，显然，两者都不允许贷款存在较大的潜在利率风险。我国经济主体的性质以及投资导向型的经济增长方式，决定了利率在宏观经济调控中不可能充当重要的角色，只能在经济波动中进行“象征性的微调”，由于其不足以实现政策目标，因此必然要采取传统的数量控制方式来实现它。

再次，由于体制转轨尚未到位，我国投资和消费的利率弹性较低，国有企业和居民对利率并不敏感。国有企业并非追求利润最大化的理性经济主体，融资成本（利率）并不构成影响国有企业投资的主要因素。居民消费需求对利率不敏感的主要原因在于教育、医疗、养老、失业保险等社会保障方面以及不断高涨的房价等大量的刚性需求支出导致社会公众产生了强制的“预防性储蓄”倾向，居民的边际储蓄倾向与利率之间的关系比较微弱。

最后，我国对外依存度较高，外部经济波动对我国经济有较大影响，但是，国际经济周期波动的输入影响具有滞后性。这种时间上的不一致性在实际政策操作中难以把握，使央行的政策调控产生较大困难，只能根据经验，逐步调适利率，其结果必然是利率调整总是滞后于实际的经济调节需求。

（二）平滑化利率操作使货币政策当局不得不继续依靠货币数量控制手段

平滑化利率操作并非无成本。由于实行平滑化的利率操作，使得原本应该成为市场经济中调节经济波动的主要政策变量——利率难以发挥作用。宏观经济政策当局不得不继续依靠货币数量控制工具。一旦必须运用利率工具，则又“畏首畏尾”，摸着石头过河，小心试错，逐步调整，导致宏观经济调控不能到位及调节滞后。这种缺乏明确的理论指导、必要的校准参数的小心试错，难以实现利率操作的政策初衷，相反却放大了经济波动。这种在政策操作上的左右为难，表现出货币政策当局在政策手段选择上的某种无奈。改革开放以来，虽然以数量控制为主要手段的货币政策曾经数度缓解或者消除了我国由于过高固定资产投资引发的通货膨胀，但随之而来的往往是持续多年的通货紧缩与经济低迷。这种大起大落的困局既有体制转轨不到位而造成的经济主体行为机制问题，也与数量控制工具自身的缺陷是分不开的。货币当局不可能掌握瞬息万变的各种市场信息，从而有针对性地向市场注入或收紧流动性。在这样的背景下，数量工具往往表现为“超调”，其结果必然是扩大了经济的波动。与此同时，长期频繁地使用货币数量控制手段作为宏观经济调控手段，也阻滞了我国经济体制的转轨进程。随着我国经济发展，市场化水平提高，经济利益关系日趋复杂，经济运行目标多元化，经济数量关系日益复杂，继续运用计划经济型的货币数量控制工具而非市场经济性的利率政策手段的弊病势必越来越大。倘若货币当局无法根据宏观经济形势的变化，适时、准确地利用数量手段调节金融资源的分配，其货币政策操作结果往往可能会适得其反，要么反应过度，要么反应不足，其代价就是实体经济更为剧烈地波动。

较之以往“相机抉择”的操作哲学，我们更倾向于设定一个让社会各经济主体能够产生良好理性预期的货币政策操作规则，尽量控制政策操作中的随意性，以消除人们在政策预期上的不确定性。国外经验表明，泰勒规则是一个被广泛应用且行之有效的规则，对发达国家经济平稳运行起到了较好的效果，它应该成为我国利率政策操作的指导工具。当然，这并不是说可以直接套用，而是必须结合我国实际，研究适合我国标准的泰勒规则参数，并根据经济发展的不同阶段对其做相应调整，以此为参照，提高利率决策的科学性、准确性，用市场经济型的利率政策逐步取代计划经济型的货币数量控制工具，按照适合我国实情的利率政策操作规则行事。当然，与此同时，需要进一步推进我国的市场化改革，改变经济主体的行为机制，理顺利率政策的传导渠道，让利率真正成为资金供求关系的指示器，引导金融资源合理配置。总之，正如泰勒所说，货币政策规则是对基础货币或利率等政策工具如何根据经济行为变化进行调整的一般要求，应被看作对于货币政策的一个指导方针，而非机械遵从，只有这样，才能更加有效地利用利率规则，实现货币政策目标。

参考文献

［1］卞志村：《泰勒规则的实证问题及在中国的检验》，载《金融研究》2006 年第 8 期。

［2］李维刚：《泰勒规则、联储货币政策及我国货币调控问题的思考》，载《国际金融研究》2001 年第 6 期。

［3］刘斌、张怀清：《我国产出缺口的估计》，载《金融研究》2001 年第 10 期。

［4］刘斌：《稳健的最优简单货币政策规则在我国的应用》，载《金融研究》2006 年第 4 期。

［5］刘斌：《最优货币政策规则的选择及在我国的应用》，载《经济研究》2003 年第 9 期。

［6］刘秀光：《政策无奈性：对货币政策效力的一种表述》，载《学术问题研究》2006 年第 1 期。

［7］卢盛荣、李文溥：《中国地区间货币政策效应双重非对称性研究》，载《技术经济与数量经济研究》2009 年第 2 期。

［8］王胜、邹恒甫：《开放经济中的泰勒规则——对中国货币政策的检验》，载《统计研究》2006 年第 3 期。

［9］王建国：《泰勒规则与我国货币政策反应函数的实证研究》，载《数量经济技术经济研究》2006 年第 1 期。

［10］王少平、李子奈：《我国货币需求的协整分析及其货币政策建议》，载《经济研究》2004 年第 7 期。

［11］厦门大学—新加坡国立大学中国季度宏观经济模型（CQMM）课题组：《中国宏观经济预测与分析——2010 年春季报告》，2010 年。

［12］谢平、罗雄：《泰勒规则及其在中国货币政策中的检验》，载《经济研究》2002 年第 3 期。

［13］谢平：《我国货币政策分析：1998—2002》，载《金融研究》2004 年第 8 期。

［14］杨英杰：《泰勒规则与麦克勒姆规则在中国货币政策中的检验》，载《数量经济技术经济研究》2002 年第 12 期。

［15］袁鹰：《开放经济条件下中国货币政策规则的选择与运用》，载《金融研究》

2006年第11期。

［16］ Ball Laurence, Policy Rules for Open Economies, in Monetary Policy Rules, NBER Business Cycles Series, University of Chicago Press, 1990, No. 3, pp. 57 – 127.

［17］ Batini N., Pearlman J., Too Much Too Soon: Instability and Indeterminacy with Forward-Looking Rules, Unpublished Working Paper, Bank of England, 2002 – 7.

［18］ Clarida, Gali, Gertler, Monetary Policy Rules and Macroeconomic Stability: Evidence and Some Theory, *The Quarterly Journal of Economics*, 2000 – 2.

［19］ Clarida, Gali, Gertler, Monetary Policy Rules in Practice: Some International Evidence, NBER Working Paper, 1997, No. 6254.

［20］ Clarida. R. Gali J., Gertler, Optimal Monetary Policy in Open Versus Closed Economies: an Integrated Approach, NBER Working Paper, 2001, No. 8604.

［21］ Judd J. P., Rudebusch G. D., Taylor's Rule and the Fed: 1970—1997, *FRBSF Economic Review*, 1998, No. 3.

［22］ Taylor J. B., An Historical Analysis of Monetary Policy Rules, NBER Working Paper, 1998, No. 6768.

中国货币政策的汇率传递效应及形成机制*

——基于 SVAR 与动态一般均衡（DGE）模型的分析

一、研究背景及意义

货币政策传导是近年的热点问题之一，它关系到我国货币政策的实施效果。与封闭经济相比，开放经济中分析政策传递渠道的最大区别是要注意汇率的作用，由于进出口和资本的国际流动，利率调整可能会引起汇率波动，从而使货币政策偏离设定目标。随着我国融入全球经济进程的加快及资本流动管制的不断放松，这一领域的研究在我国也变得越来越迫切。

斯梅茨（Smets，1997）、斯梅茨和沃特斯（Smets & Wouters，1999）、皮尔斯曼和斯梅茨（Peersman & Smets，2001）、加利和莫纳切利（Gali & Monacelli，2005）、德鲁和塞西（Drew & Sethi，2006）等研究货币政策传导机制的相关文献表明，对于小型开放经济，汇率变化对于货币政策效应的作用非常显著，因而为了避免经济出现大幅波动，实施政策干预时应充分考虑汇率的冲击。以往研究货币政策传导机制的 VAR 与 DGE 文献之所以不太关注汇率，斯梅茨和沃特斯（1999）认为主要原因是研究的对象集中于美国这样的大型开放经济。

现有研究我国货币政策传导机制的文献，大部分侧重探讨货币与信贷传递渠道，方法主要是因果检验与向量自回归（VAR）模型。李斌（2001）运用多元反馈时间序列模型，对 1991 ~ 2000 年的季度数据分析后认为，信贷总量、

---

* 本文原载于《管理世界》2010 年第 12 期。共同作者：袁伟彦。

货币供应量与政策最终目标都相关，前者相关性更强；周英章和蒋振声（2002）运用协整及 VAR 模型分析 1993～2001 年的季度数据后认为，我国货币政策通过信用渠道和货币渠道共同传导，且前者占主导地位，但在转轨时期，信用渠道的传导障碍在很大程度上限制了以其为主要传导途径的货币政策有效性，因而建议增加有效信用供给以提高我国货币政策的有效性；盛朝晖（2006）利用格兰杰因果检验分析 1994～2004 年的季度数据后认为，在这一时期，信贷和信用渠道在货币传导中发挥主要作用，利率渠道作用很小，资本市场渠道开始显现，汇率渠道则有一定的被动性；裴平和熊鹏（2003）认为，我国“积极”货币政策效果不佳是因为在货币政策传导过程中，大量货币“渗漏”到了股票市场“漏斗”和银行体系“黑洞”。这些研究大都忽略了对汇率传递渠道的分析，强调从货币及信贷等渠道寻找我国货币政策表现不尽如人意的原因。之所以如此，一方面可能是因为长期以来我国货币政策工具主要是利率管制、存款准备金制度与信贷政策，另一方面也可能与研究方法有关。我国目前还不具有典型的大型开放经济特征，作为一个外贸依存度较高的国家，汇率波动对我国宏观经济的影响不容忽视，虽然汇率并不是我国中央银行的正式操作工具，也不可能成为完全可控的操作工具，但并不能因此否定汇率在政策考虑中的重要地位。而在一些研究我国货币状况指数（MCI）的文献中汇率所占的权重普遍远大于利率，这又与研究小型开放经济的文献给出的结论截然不同。①

本文运用当前研究货币政策传递及效应的常用工具——VAR 模型的扩展——SVAR 模型与 DGE 模型研究我国汇率波动下的货币政策效应，尝试回答：汇率波动对我国的宏观经济影响如何？利率对我国宏观经济的冲击是如何通过汇率渠道传递的？我国汇率传递效应发生的机制是什么？从而为研究开放条件下我国的最优货币政策提供支持。SVAR 模型有助于将政策工具对经济状况变化的内生反应从外生冲击中分离出来，DGE 模型则可以展示经济变量的相互作用及冲击传递的内在机制，两者互为补充、互作证明，可以有效地增加本文结论的可靠性。

根据研究的目的，本文余下的结构安排如下：第二部分运用 SVAR 模型进行实证分析；第三部分运用 DGE 模型分析我国货币政策汇率传递的形成机制；第四部分是结论与建议。

① 见本文第二部分的相关介绍。

二、我国货币政策的汇率传递——一个结构向量自回归（SVAR）模型

（一）模型结构与变量数据说明

这部分构建了一个对我国货币政策的汇率传递效应进行分析的基本 SVAR 模型，参考斯梅茨和沃特斯（1999）与皮尔斯曼和斯梅茨（2001）的做法，模型中包括反映世界即外部经济环境的外生变量和反映我国经济状况的内生变量两部分，假设我国的经济波动不影响外部经济，外部经济对我国经济仅在同期产生影响，模型的结构如下。

$$A_0 Y_t = A(L) Y_{t-1} + X_t + \mu_t \tag{1}$$

其中，Y_t 表示内生变量，X_t 表示外生变量，μ_t 为残差。

整理后得到简化的 SVAR 模型：

$$Y_t = A_0^{-1} A(L) Y_{t-1} + A_0^{-1} X_t + \varepsilon_t \tag{2}$$

其中，$\varepsilon_t = A_0^{-1}\mu_t$。

参照斯梅茨和沃特斯（1999）的做法，选择美国的 GDP 波动（y_f）与美国联邦基金利率变化（r_f）作为外生变量用以度量世界经济状况。内生变量则包括三类指标：一是我国货币政策的主要目标变量：GDP 波动（y）和通货膨胀水平波动（cpi）；二是反映我国货币政策立场的工具变量：利率变化（r）、货币供应量变化（$m2$）与汇率变化（x）；最后一类是对汇率水平变化产生直接反应的其他主要经济变量：我国外贸状况变动（nx）和进口价格变动(im_p)出口价格变动(ex_p)。因此，在上述模型中，$Y_t = [y_t, nx_t, cpi_t, im\_p_t, ex\_p_t, r_t, m2, x_t]$，$X_t = [y\_f_t, f_t]$。

与国内已有的对我国货币政策传导机制进行实证研究的大多数文献不同，首先，本文并不关注 GDP 与货币供应的总量和价格水平，而是研究它们波动之间的内在联系；其次，所有变量的波动均是同比的，这样可以在最大限度上排除由其他非政策因素导致的变化。另外，本文模型使用的是季度数据，这样能更好地捕捉政策冲击产生的效应而又不像月度数据那样难以获得。各变量数据的计算方法如下。

（1）美国 GDP 波动与美国联邦基金利率变化。（y_f）为季度调整后的美

国实际 GDP 与前一年同期值之比的自然对数，(r_f) 为美国联邦基金利率与前一年同期值之比的自然对数。

(2) 我国 GDP 波动、通货膨胀水平、利率、货币供应、汇率变动。除利率变动外，先将我国用 GDP 平减指数平减后的 GDP 实际值、消费价格指数、货币供应量 M2 及由国际清算银行 (BIS) 计算的人民币实际有效汇率①用 X11 方法进行季节调整以消除季节性因素，再分别将其与前一年同期值之比取自然对数，得到 y、cpi 和 x、$m2$，r② 的计算则不作季节调整。

(3) 我国对外贸易状况变动、进口、出口价格变动。先将用 X11 方法季节调整的按人民币计价的出口值除以进口值得到对外贸易状况指数，再对其与前一年同期指数的商取自然对数即得到 nx、im_p、ex_p 由季节调整后的进口、出口价格指数按同样的方法对其同比值取自然对数得到。

模型中所有变量数据最后均表示为百分值，对所有变量取对数的目的是利于更直观地分析政策冲击对各变量的影响，同时将误差由绝对值变为相对值，减小波动。变量取值区间为 1996 年 1 季度～2009 年 1 季度，原始数据来源于 CEIC 数据库、国际清算银行和 IFS 网站。

(二) 模型设定检验与识别

1. 协整检验与模型稳定性检验

首先，对模型相关时间序列进行协整检验。Johansen 检验结果表明，相关序列是协整的，而且协整向量不止 1 个 (见表 1)。

表 1　　模型协整检验结果

原假设	协整形式	特征值	Trace 统计值 (P 值)	Max-Eigen 统计值 (P 值)
无协整向量	有截距，无确定趋势	0.976	552.43* (0.000)	182.13* (0.000)
至少 5 个协整向量		0.419	36.00* (0.040)	26.60* (0.012)

注：* 表示在 5% 的显著水平上拒绝无协整向量的原假设。

其次，因为模型滞后长度过短不能完全度量政策冲击的效应，滞后长度过长则损失自由度，增加估计偏差产生的可能性。结合时间序列的长度和已有文

① 使用人民币实际有效汇率而不使用人民币对美元汇率，可以有效地解决许少强 (2002) 所认为的"人民币汇率基本稳定，汇率的影响没有显现"的问题，从而有利于分析汇率波动对我国经济的冲击。

② 利率变化指标使用更为市场化的银行间 7 天内同业拆借加权平均利率计算，季度数据由月度数据平均得到。

献提供的经验，根据 LR 检验和 AIC 准则，将模型确定为 3 阶滞后。模型 AR 的倒数均位于单位圆内，表明待估计的模型是稳定的（见图 1）。

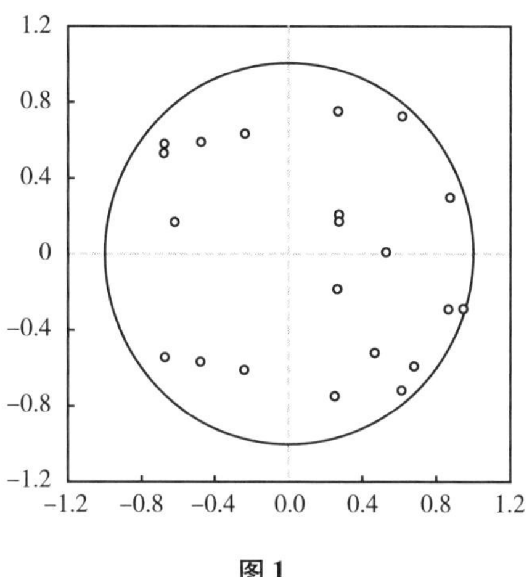

图 1

2. 模型识别

因为模型共有 8 个内生变量，由比较模型的结构式和简化式分别需要估计的参数个数可知，要想从简化式的估计结果得到结构式的参数，就必须施加 $8\times(8-1)/2=28$ 个约束条件。虽然西姆斯（Sims，1980）所提出的使 A_0 矩阵上三角元素全部为 0 的短期约束方法在大量文献中被应用，实际上，在递归识别中给模型中某些变量确定一个顺序是合理也是必要的；但对于货币政策变量 r，$m2$ 与 x，强行给其建立某个顺序可能会导致估计出现偏误。例如考察 r 与 x 的顺序，显然，国际资本的流动使得一国利率的波动通过利率平价对汇率迅速产生影响，因而使得将汇率波动置于利率波动之前的通常做法显得不合理；反过来，一国央行不对汇率冲击作出同步反应的假设对于像美国那样相对封闭的大国也许是合适的，但对于开放经济特别是使用季度数据时却难以让人信服（Smets & Wouters，1999）。所以任何一种简单的排序都无法完全正确反映它们之间内在的相互影响，本文也力图弥补以往研究中这一方面的不足。

国外相关文献为货币政策冲击的识别提供了不同的策略。① 根据研究目的，本文参照斯梅茨（1997）的方法估算同期利率波动、货币供应波动与汇率波动冲击的关系。

① 斯梅茨和沃默斯（Smets & Womers，1999）对这些策略作了简要的述评，详细请参看原文献。

假设政策冲击 φ_t^p 定义如下：

$$\varphi_t^p = \omega_r \mu_t^r + \omega_{m2} \mu_t^{m2} + \omega_x \mu_t^x + \omega_{other} \mu_t^{other} \tag{3}$$

其中，ω 为相应残差的权重，μ^{other} 为利率、货币供应与汇率外其他冲击因素的残差。上式正好是货币状况指数（MCI）表达式。

令上式左边等于0，即得：

$$\mu_t^r = -(\omega_{m2}/\omega_r)\mu_t^{m2} - (\omega_x/\omega_r)\mu_t^x - (\omega_{other}/\omega_r)\mu_t^{other} \tag{4}$$

不考虑其他因素，通过对利率波动、货币供应波动与汇率波动的残差进行线性回归，可以得到三者的近似关系式。

我们得到的估计结果为：

$$\mu_t^r = -1.67\mu_t^{m2} - 1.82\mu_t^x \tag{5}$$

$$\quad (0.092) \qquad (0.031)$$

其中，括号内为 P 值。

根据回归结果，在政策产生的冲击中，货币供应波动与利率波动的权重之比为1.67，汇率波动与利率波动的权重之比为1.82。与已有文献构建的我国货币状况指数相比，货币供应波动与利率波动的权重之比位于封北麟和王贵民（2006）与何平和吴义东（2007）给出的值之间，但有较大差距;[①] 汇率波动与利率波动的权重之比，王玉宝（2005）的值为1.60，封北麟和王贵民（2006）的值为1.58，戴国强和张建华（2009）的值约为1.41，何平和吴义东（2007）的值约为0.87。这些值因为研究方法、指标和数据样本的不同而不同，但都明显大于对一些典型的开放经济研究给出的结论。[②]

经过比较，本文将货币供应波动与利率波动的残差比值定为1.67，而将汇率波动与利率波动的残差比值 K 取为1.80；但是，在模型的脉冲响应分析中本文也给出 K 分别取值1.5和2.5时的报告，以检验模型的解释能力。假设政策波动对经济波动仅具有滞后效应，而经济波动则同期影响利率、货币供应和汇率，得出反映结构式与简化式残差关系的非递归的短期识别约束的SVAR模型如下：

---

① 封北麟和王贵民（2006）得出的两者权重之比约为2.74，何平和吴义东（2007）得出的这一值约为0.26。

② 汇率权重与利率权重的比值：德国约为0.19，法国约为0.10，意大利约为0.24，加拿大约为0.47，具体参见戴国强和张建华（2009）。

$$\begin{pmatrix} 1 & a_{12} & 0 & 0 & 0 & 0 & 0 & 0 \\ 0 & 1 & 0 & 0 & 0 & 0 & 0 & 0 \\ a_{31} & a_{32} & 1 & 0 & 0 & 0 & 0 & 0 \\ a_{41} & a_{42} & a_{43} & 1 & 0 & 0 & 0 & 0 \\ a_{51} & a_{52} & a_{53} & a_{54} & 1 & 0 & 0 & 0 \\ a_{61} & a_{62} & a_{63} & a_{64} & a_{65} & 1 & 1.67 & K \\ a_{71} & a_{72} & a_{73} & a_{74} & a_{75} & 0 & 1 & a_{78} \\ a_{81} & a_{82} & a_{83} & a_{84} & a_{85} & a_{86} & a_{87} & 1 \end{pmatrix} \begin{pmatrix} \mu_t^{y} \\ \mu_t^{nx} \\ \mu_t^{cpi} \\ \mu_t^{im\_p} \\ \mu_t^{ex\_p} \\ \mu_t^{r} \\ \mu_t^{m2} \\ \mu_t^{x} \end{pmatrix}$$

$$= \begin{pmatrix} b_{11} & 0 & 0 & 0 & 0 & 0 & 0 & 0 \\ 0 & b_{22} & 0 & 0 & 0 & 0 & 0 & 0 \\ 0 & 0 & b_{33} & 0 & 0 & 0 & 0 & 0 \\ 0 & 0 & 0 & b_{44} & 0 & 0 & 0 & 0 \\ 0 & 0 & 0 & 0 & b_{55} & 0 & 0 & 0 \\ 0 & 0 & 0 & 0 & 0 & b_{66} & 0 & 0 \\ 0 & 0 & 0 & 0 & 0 & 0 & b_{77} & 0 \\ 0 & 0 & 0 & 0 & 0 & 0 & 0 & b_{88} \end{pmatrix} \begin{pmatrix} \varepsilon_t^{y} \\ \varepsilon_t^{nx} \\ \varepsilon_t^{cpi} \\ \varepsilon_t^{im\_p} \\ \varepsilon_t^{ex\_p} \\ \varepsilon_t^{r} \\ \varepsilon_t^{m2} \\ \varepsilon_t^{x} \end{pmatrix}$$

（三）SVAR 模型计量结果及分析

脉冲响应函数反映了 SVAR 模型中各内生变量对其他变量冲击的响应轨迹。根据研究需要，我们主要关注模型中各内生变量对货币政策冲击的响应过程，借此揭示我国货币政策传递的汇率渠道。考虑典型的货币政策收缩——利率提高对各变量的冲击，根据约束条件先估计一个结构因子分解矩阵，再用其估计正交转换矩阵，即可得到各内生变量 20 期的脉冲响应函数（见图 2）。

可以发现，我们的 SVAR 模型是稳健的。汇率权重与利率权重比值 K 无论是取值 1.8、1.5 还是 2.5，各变量的脉冲响应函数基本一致，即 K 在此范围内取值它们都是相当稳定的。[①] 在政策冲击或货币状况指数中赋予汇率更大权重

① 笔者估计过 K 值小于 0.5（典型的小型开放经济特征）的脉冲响应函数，发现 $K<0.5$ 时，产出增长对汇率升值冲击的反应非常不明显，因为 K 值与已有文献结论差距太大，故文中不报告此情况下的脉冲响应函数。

是我国相关研究文献的一致看法，它在本文模型得到了体现。此外，脉冲响应函数还有以下值得关注的地方。

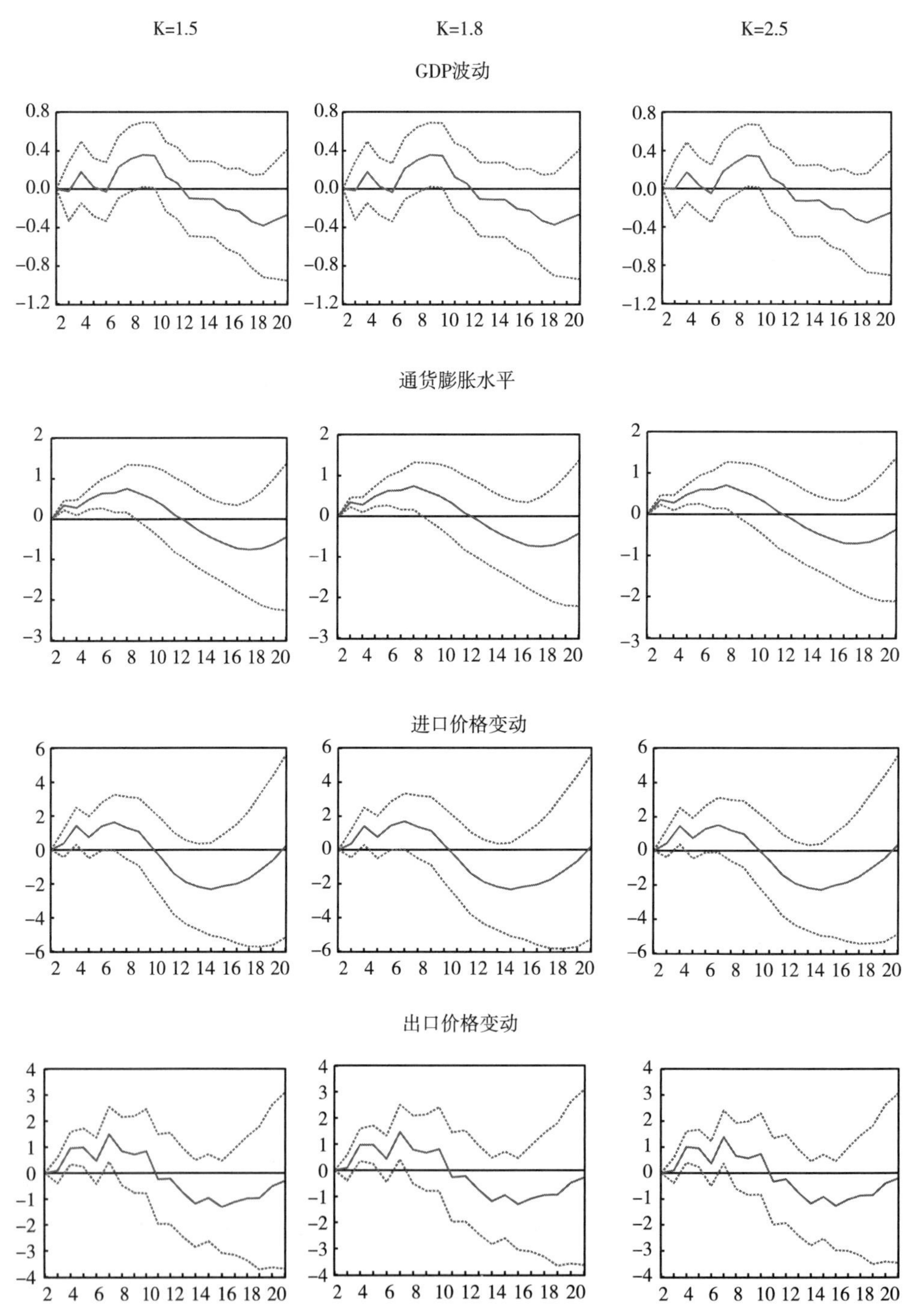

图2　利率变动冲击的脉冲响应函数

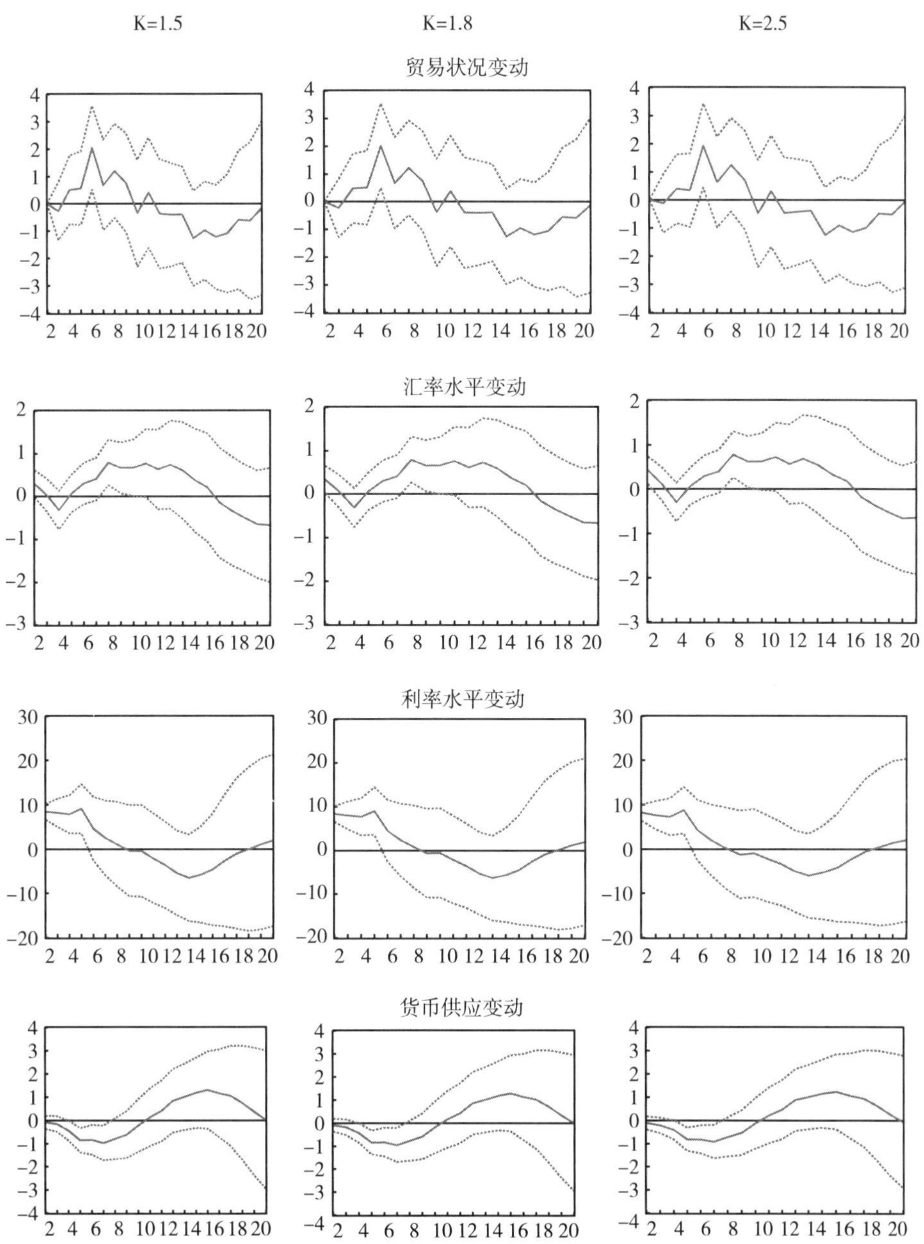

图 2　利率变动冲击的脉冲响应函数（续）

首先，响应函数表现出了政策收缩的一般特征。政策收缩的一般特征是提高利率后货币供应减少和实际汇率明显上升，消费价格指数在随后若干期内明显下跌，实际产出水平出现下滑并最终恢复至均衡水平。模型的脉冲响应函数清晰地体现了这一关系，对利率变动施加一个正向冲击后，GDPS 动经历反复后于第 9 期后持续下滑，于第 11 期到达均衡水平，货币供应变动减少并于第 6 期后回升，汇率变动于第 3 期抵达谷底后明显增大，与进口价格、出口价格变动的变化趋势相一致，通货膨胀水平变动在滞后 7 期后不断下降，贸易状况变动在第 5 期后趋于恶化，利率变动在第 7 期恢复至均衡水平后仍维持惯性，并于第 13 期到达谷底。

其次，脉冲响应函数符合国内外已有相关研究的一般判断，也充分反映了我国经济的特点：既不是典型的小型开放经济，目前也不具有大型开放经济特征，而是介于两者之间。[①] 克里斯蒂诺等（Christiano et al.，1998）认为，在封闭经济的 VAR 模型中，产出与通货膨胀对紧缩政策冲击的典型反应是产出迅速显著下滑，价格水平反应不太明显而且往往滞后。这种表现与大型开放经济（例如美国）相似，因为紧缩政策对汇率没有影响或影响不大，政策传递主要依靠货币、信用等渠道，而这些渠道传递的环节较之汇率渠道要少，故政策反应也更迅速。斯梅茨和沃特斯（1999）的研究则表明，对于德国这样的开放经济 VAR 模型，汇率升值除了导致产出的下滑之外，还会直接导致进口价格水平的大幅度下降，从而引发国内物价水平更激烈地下跌。在我们的模型中，虽产出波动下降的幅度很大，几乎达到 0.4 个基点，但其对利率冲击的反应明显滞后。这反映了在我国，一方面，利率变动对投资的影响有限，这与我国目前国有投资比重较大有关；另一方面，利率变动则通过汇率影响了出口，从而对产出产生影响。另外，通货膨胀水平对利率冲击的反应也存在明显滞后，直到第 7 期才开始明显下降。这可以从我国进口结构的特点来解释，目前“两头在外”的加工贸易模式决定了我国进口产品中相当部分是中间产品，其需求短期弹性明显要小于最终消费品，因而利率上升并不能马上通过汇率影响进口价格，进而拉动国内价格下跌。

为了直接观察人民币升值对我国经济的影响，我们利用模型分析人民币汇率受到一个正向冲击后各变量的脉冲响应函数。从图 3 可以看出，与利率变动冲击的影响相比，各变量对人民币升值的反应更敏捷、更强烈，这表明了我国货币政策汇率传递的重要性，由于汇率传递，货币政策滞后期更长，政策效应受到很大程度的削弱。

另外，人民币实际汇率升值对我国进出口的影响存在明显的 J 曲线效应，这与卢向前和戴国强（2005）的结论一致。当给汇率变动施加正向冲击后，贸易状况变动在第 2 期后下降，第 4 期达到最低点，偏离均衡位置将近 2 个基点，说明出口值与进口值之比在加速下滑，对外贸易加速恶化。卢向前和戴国强（2005）认为，J 曲线效应存在的重要原因是人民币汇率钉住美元使得多以美元

---

① 当然，不同的结论也可能部分源于模型变量数据的处理方法不一致。

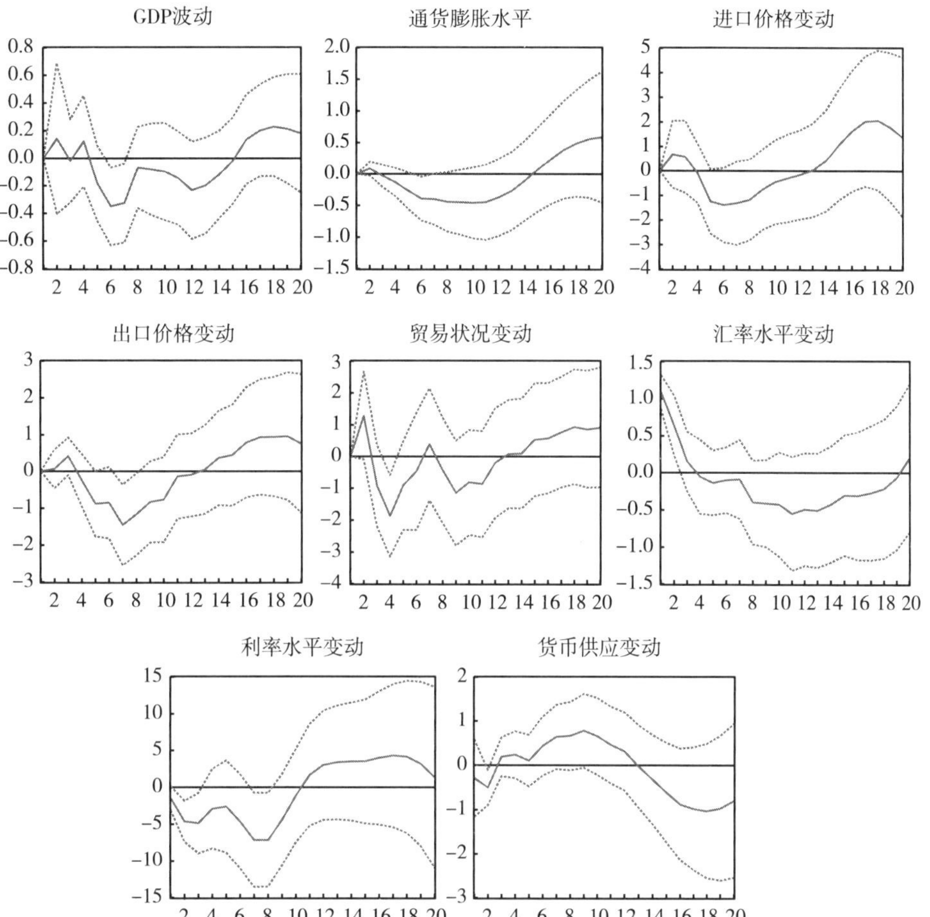

图3　各内生变量对汇率变动冲击的脉冲响应函数

报价的我国进出口实际上就是使用人民币作为计价及结算货币，从而使得人民币升值引起我国对外贸易恶化。

三、我国货币政策冲击汇率传递的动态一般均衡模型

前文的实证分析表明，我国货币政策的人民币汇率传递效应非常明显，人民币升值对我国经济带来的冲击很大，但是，SVAR 模型并不能揭示这种现象发生的内在机制。本文尝试构建一个两国间的开放经济模型，利用动态一般均衡理论分析政策冲击——汇率变化——经济波动的作用机制，以此展现我国货币政策的汇率传递机制。

本文的建模思想主要来源于斯梅茨和沃特斯（1999）与加利和莫纳切利

(2005) 的研究，在此基础上根据研究目的进行了适当的改造和拓展，并汲取了恩格尔和松本（Engel & Matsumoto，2005）、陈和库尔坦纳维特（Chen & Kulthanavit，2008）等研究的优点。假设存在两个国家——本国与外国，本国是小型开放经济，外国是大型开放经济，小型开放经济的价格受大国开放经济价格水平影响，反之则不成立，本国的资本国际流动受到约束，而外国的资本则可流入。此外，居民的偏好等假设在两国是对称的。为了重点突出货币政策传导的汇率渠道并简化模型，在模型中，假设本国经济系统只有作为消费者的居民和生产厂商，生产投入为技术和劳动，而忽略了政府部门和资本投入。为了和前面的实证分析作对比，本文通过一个利率反应函数将利率冲击直接引入模型，考虑到我国货币供应量在央行政策中的重要地位，模型也将货币引入居民的效用函数，从而使模型获得一个货币需求方程。此外，模型不考虑人口的增长，所有变量均为人均值的形式。

利用所构建的模型，本文主要分析我国货币政策冲击的汇率传递，并将其与我国经济结构特征联系起来。

（一）模型构建

1. 最终消费品市场

假设居民消费由对国内生产和进口最终产品的消费根据如下的不变替代弹性（CES）函数构成：

$$C_t = [(1-\alpha)^{\frac{1}{\eta}}(C_{H,t})^{\frac{\eta-1}{\eta}} + \alpha^{\frac{1}{\eta}}(C_{F,t})^{\frac{\eta-1}{\eta}}]^{\frac{\eta}{\eta-1}} \tag{6}$$

其中，$C_{H,t}$、$C_{F,t}$分别指对国内生产和进口最终产品的消费，国内生产的最终产品又由$j\in[0,1]$类中间产品按如下函数构成：

$$C_{H,t} = \left[\int_0^1 C_{H,t}(j)^{\frac{\varepsilon-1}{\varepsilon}}dj\right]^{\frac{\varepsilon}{\varepsilon-1}} \tag{7}$$

在式（6）中，参数$\eta>0$度量国内产品和进口品的替代弹性，$\alpha\in[0,1]$反映居民对本国产品和进口产品的偏好，间接也反映了一国产品市场的开放度。式（7）中的参数$\varepsilon>1$表明在最终产品组成中各种中间产品的替代弹性。

由消费支出最优得到对第j类国内生产的中间品的消费需求：

$$C_{H,t}(j) = \left[\frac{P_{H,t}(j)}{P_{H,t}}\right]^{-\varepsilon} C_{H,t} \tag{8}$$

其中，$P_{H,t}(j)$、$P_{H,t}$分别表示国内生产的第j类中间品和最终产品的价格。将式（8）代入式（7）得国内生产的最终产品价格为：

$$P_{H,t} = \left[\int_0^1 P_{H,t}(j)^{1-\varepsilon}dj\right]^{\frac{1}{1-\varepsilon}} \tag{9}$$

同样由消费支出最优化得对国内生产与进口最终产品的消费需求为：

$$C_{H,t} = (1-\alpha)\left(\frac{P_{H,t}}{P_t}\right)^{-\eta}C_t$$

$$C_{F,t} = \alpha\left(\frac{P_{F,t}}{P_t}\right)^{-\eta}C_t \tag{10}$$

其中，$P_{F,t}$为用本国货币表示进口最终产品价格，其与名义有效汇率 E_t（the nominal effective exchange rate）及国外市场价格 P_t^* 之间的关系为：

$$P_{F,t} = E_t \times P_t^* \tag{11}$$

将式（10）代入式（6），即得本国消费价格为：

$$P_t = [(1-\alpha)(P_{H,t})^{1-\eta} + \alpha(P_{F,t})^{1-\eta}]^{1/(1-\eta)} \tag{12}$$

对于相同产品，定义有效贸易条件（the effective terms of trade）为进口产品与本国生产产品的价格之比（Gali & Monacelli，2005），即：

$$S_t = P_{F,t}/P_{H,t} \tag{13}$$

假设在经济达到均衡状态（稳态）时，满足购买力平价（PPP）条件，即 $P_F = P_H$，则在稳态附近分别将式（11）、式（12）和式（13）对数线性化得（以对应的小写字母表示线性化后的变量，以下同）：

$$P_{F,t} = e_t + p_t^* \tag{L1}$$

$$p_t = (1-\alpha)P_{H,t} + \alpha P_{F,t} \tag{L2}$$

$$s_t = P_{F,t} - P_{H,t} \tag{L3}$$

如果定义双边实际汇率（the bilateral real exchange rate）为换算成本国货币的外国与本国消费价格之比（Gali & Monacelli，2005），即：

$$Q_t = E_t \times P_t^*/P_t \tag{14}$$

在稳态，将式（14）对数线性化得：

$$q_t = e_t + p_t^* - p_t \tag{L4}$$

2. 中间产品生产

假设本国有 $j \in [0,1]$ 个生产厂商，每个厂商生产一种中间产品，每个厂商使用同样的技术水平，生产投入为技术（A_t）与综合劳动（N_t），不考虑资本，生产技术如下：

$$Y_t(j) = A_t N_t(j) \tag{15}$$

如式（7）所示，本国总产出由中间产品产出构成：

$$Y_t = \left[\int_0^1 Y_t(j)^{\frac{\varepsilon-1}{\varepsilon}} \mathrm{d}j\right]^{\frac{\varepsilon}{\varepsilon-1}} \tag{16}$$

因为生产函数的规模报酬不变特性，中间产品生产厂商生产的边际成本与平均成本相等，即（因为企业面临同样状况，在此省略了标记 j）：

$$MC_t = AC_t = W_t / A_t \tag{17}$$

其中，W_t 为综合劳动工资水平。假设存在 $\tau \in [0, 1]$ 种异质劳动，每一种劳动由一个居民提供，综合劳动与异质劳动具有如下关系：

$$N_t = \left[\int_0^1 N_t(\tau)^{\frac{\varphi-1}{\varphi}} \mathrm{d}\tau\right]^{\frac{\varphi}{\varphi-1}} \tag{18}$$

由企业成本最小化得到厂商对第 τ 种劳动的需求与其工资水平 $W_t(\tau)$ 的关系为：

$$N_t(\tau) = [W_t(\tau)/W_t]^{-\varphi} N_t \tag{19}$$

对第 j 个厂商生产中间产品的需求由国内需求和国外需求组成：

$$Y_t(j) = C_{H,t}(j) + X_t(j) \tag{20}$$

与国内需求一致，国外对第 j 类中间产品的需求与国外总需求的关系满足：

$$X_t(j) = [P_{H,t}(j)/P_{H,t}]^{-\varepsilon} X_t \tag{21}$$

$P_{H,t}(j)$ 为第 j 类中间产品的国内市场价格。

根据式（8）、式（17）、式（20）和式（21），可以得到厂商 j 的利润为：

$$\prod\nolimits_t(j) = [P_{H,t}(j) - MC_t][P_{H,t}(j)/P_{H,t}]^{-\varepsilon}(C_{H,t} + X_t) \tag{22}$$

因为中间产品生产厂商的产品是异质的，其能够运用市场权力对产品定价实现以某一贴现率（$\beta\rho_t$）折现的跨期利润最大化，厂商使用的贴现因子与持有其利润的居民消费贴现因子一致，即 $\rho_{t+k} = (U^c_{t+k}/U^c_t)(1/P_{t+k})$（$U^c_t$ 为消费的边际效用)。假设厂商定价遵循简单的卡尔沃(Calvo, 1983)模式，如果厂商在某期接收到一个随机产生的调整价格的“信号”，厂商就调整其产品价格，否则就维持上一期的价格。假设厂商 j 在 t 期接收到调价信号的概率为 $1-\xi$，在接收到信号后将价格调整为 $P_{H,t}(j)$，直到下次接收到同样的“信号”以最大化其跨期利润：

$$\sum_{k=0}^{\infty}\xi^{k}\beta^{k}EXP_{t}(\rho_{t+k}\prod_{t+k}) \tag{23}$$

其中，EXP_t 表示期望。厂商最优定价的一阶条件为：

$$\sum_{k=0}^{\infty}\xi^{k}\beta^{k}EXP_{t}\left\{\rho_{t+k}P^{\varepsilon}_{H,t+k}(C_{H,t+k}+X_{t+k})\left[P_{H,t}(j)-\frac{\varepsilon}{\varepsilon-1}MC_{t+k}\right]\right\}=0 \tag{24}$$

根据式(9)可得到国内生产的最终产品价格为：

$$P_{H,t}=[\xi P^{1-\varepsilon}_{H,t-1}+(1-\xi)P_{H,t}(j)^{1-\varepsilon}]^{\frac{1}{1-\varepsilon}} \tag{25}$$

在稳态，将式(17)对数线性化得：

$$mc_{t}=w_{t}-a_{t} \tag{L5}$$

将式(24)和式(25)分别对数线性并整理得：

$$\pi_{H,t+1}=[(\xi\beta-1)(1-\xi)/\xi\beta](mc_{t}-P_{H,t})+\pi_{H,t}/\beta \tag{L6}$$

$$\pi_{H,t}=P_{H,t}-P_{H,t-1} \tag{L7}$$

3. 居民行为

假设本国存在连续分布的居民，τ 居民异质于向厂商提供不同种类的劳动，因此居民在供给劳动时拥有定价权。居民效用函数为：

$$U_{t}(\tau)=\frac{1}{1-\sigma}C_{t}(\tau)^{1-\sigma}+l\frac{1}{1-\mu}\left[\frac{M_{t}(\tau)}{P_{t}}\right]^{1-\mu}-N_{t}(\tau) \tag{26}$$

效用大小依赖于消费水平 $C_t(\tau)$、持有的实际货币 $M_t(\tau)/Pt$、劳动供给 $N_t(\tau)$。居民行为目标是通过设定其提供劳动的工资水平以实现跨期效用最大化。居民的跨期效用为：

$$EXP_{t}\sum_{k=0}^{\infty}\beta^{k}U_{t+k}(\tau) \tag{27}$$

其中，β 为贴现因子。约束条件为：

$$M_{t}(\tau)+P_{t}C_{t}(\tau)+Z_{t}D_{t}(\tau)=M_{t-1}+D_{t-1}+W_{t}(\tau)N_{t}(\tau) \tag{28}$$

式（28）中 $D_t(\tau)$ 表示居民持有的可以为之实现增值的国内净资产，包括从厂商利润中获得的分红，Z_t 为国内资产的购置价格，$Z_t = 1/(1+R_t)$，R_t 为本国名义利率水平。

与厂商价格设定一致，假设工资设定也简单地遵循卡尔沃（1983）模式，如果居民在某期接收到一个随机产生的可调整工资的“信号”，居民就调整其工资，否则就维持上一期的工资水平。假设居民 τ 在 t 期接收到调整工资信号的概率为 $1-\zeta$，在接收到信号后将其工资设定为 $M_t(\tau)$，直到再次接收到“信号”为止，以在约束条件下最大化跨期效用。

居民行为最优化的一阶条件为（考虑到居民除了劳动供给外其他偏好同质，故除了工资设定的一阶条件，其他条件均略去了标记 τ）：

$$\beta EXP_t\left\{\frac{C_{t+1}^{-\sigma}}{P_{t+1}}\right\}(1+R_t) = \frac{C_t^{-\sigma}}{P_t} \tag{29}$$

$$\beta EXP_t\left\{\frac{C_{t+1}^{-\sigma}}{P_{t+1}}\right\} + t\,\frac{(M_t/P_t)^{-\mu}}{P_t} = \frac{C_t^{-\sigma}}{P_t} \tag{30}$$

$$EXP_t\sum_{k=0}^{\infty}\zeta^k\beta^k W_{t+k}^{\varphi}N_{t+k}\left[\frac{\varphi}{\varphi-1} - \frac{C_{t+k}^{-\sigma}}{P_{t+k}}W_t(\tau)\right] = 0 \tag{31}$$

其中，由式（18）和式（19）可得工资水平为：

$$W_t = [\zeta W_{t-1}^{1-\varphi} + (1-\zeta)W_t(\tau)^{1-\varphi}]^{\frac{1}{1-\varphi}} \tag{32}$$

式（29）即是消费增长的欧拉方程，式（30）是货币需求方程，在稳态，分别对式（29）~式(32）进行对数线性化，得：

$$\sigma c_{t+1} + p_{t+1} - p_t = \sigma c_t + r_t \tag{L8}$$

$$\beta\sigma c_{t+1} + \beta p_{t+1} = [(1-\beta)(\mu-1)+1]p_t + \sigma c_t - (1-\beta)\mu m_t \tag{L9}$$

$$\pi_{w,t+1} = \frac{(\zeta\beta-1)(1-\zeta)\sigma}{\zeta\beta}c_t + \frac{(1-\zeta\beta)(1-\zeta)}{\zeta\beta}(w_t+p_t) + \frac{1}{\beta}\pi_{w,t} \tag{L10}$$

$$\pi_{w,t} = w_t - w_{t-1} \tag{L11}$$

其中，$r_t = \ln(1+R_t)/(1+R)$，为本国名义利率的稳态值。

假设外国资本可以向本国流动，在对效用函数做对称设定后，对于外国居民而言，持有两国无风险资产所获得的收益应该相等，即：

$$EXP_t\left\{\frac{E_{t+1}}{E_t}\right\}(1+R_t^*) = 1 + R_t \tag{33}$$

在稳态，将式（33）对数线性化，即可得到一个简单版本的无抛补利率平价条件：

$$r_t - r_t^* = e_{t+1} - e_t \tag{L12}$$

其中，$r_t^* = \ln[(1+R_t^*)/(1+R^*)]$，$R^*$ 为外国名义利率的稳态值。

同理，按照前面所假设的国际资本流动，持有不同国别资产获得的收益将趋于相同，即对于本国资产而言，居民偏好在排除掉国别因素后，由本国居民持有的本国资产与由外国居民持有的本国资产获得的收益一致，因此由式（29）得：

$$\beta EXP_t\left\{\frac{C_{t+1}^{-\sigma}}{C_t^{-\sigma}} \times \frac{P_t}{P_{t+1}}\right\} = \frac{1}{1+R_t} = \beta EXP_t\left\{\frac{(C_{t+1}^*)^{-\sigma}}{(C_t^*)^{-\sigma}} \times \frac{P_t^*}{P_{t+1}^*} \times \frac{E_t}{E_{t+1}}\right\} \tag{34}$$

将式（14）代入式（34）得本国消费与外国消费的关系：

$$C_t = C_t^* \times Q_t^{1/\sigma} \tag{35}$$

在稳态，将式（34）对数线性化得：

$$c_t = c_t^* + q_t/\sigma \tag{L13}$$

4. 市场出清

本国经济系统内部均衡包括：劳动力市场均衡，即劳动供给等于劳动需求；货币市场均衡，即货币供给等于货币需求；由国际资本增减、进出口组成的国际资本账户均衡。此外，对于本国而言，其总产出与国内对其产出的需求及出口需求之和相等，或者说，每一类中间产品的产出等于这种中间产品的国内需求与国外需求之和。

在对本国与外国作对称假设的条件下，外国的进口需求为：

$$X_t = \alpha^*\left(\frac{P_{H,t}}{E_t P_t^*}\right)^{-\gamma} \times C_t^* \tag{36}$$

其中，α^* 为外国居民对进口产品的偏好，$\alpha^* \in [0,1]$，$r>0$ 为外国居民的产品替代弹性。

由式（8）、式（11）、式（13）、式（14）、式（21）和式（36）可得对第 j 类中间产品的总需求为：

$$Y_t(j) = \left[\frac{P_{H,t}(j)}{P_{H,t}}\right]^{-\varepsilon}\left(\frac{P_{H,t}}{P_t}\right)^{-\eta} \times C_t[(1-\alpha) + \alpha^* S_t^{\gamma-\eta} Q_t^{\eta-\frac{1}{\sigma}}] \tag{37}$$

将式（37）代入式（16），并结合式（9）即可得到本国总产出：

$$Y_t = \left(\frac{P_{H,t}}{P_T}\right)^{-\eta} C_t[(1-\alpha) + \alpha^* S_t^{\gamma-\eta} Q_t^{\eta-\frac{1}{\sigma}}] \tag{38}$$

假设两国居民对进口产品的偏好一致，即 $\alpha=\alpha^*$，则在稳态将式（38）对数线性化得：

$$y_t=c_t+\frac{\alpha[\sigma\gamma+(1-\alpha)(\sigma\eta-1)]}{\sigma}s_t \tag{L14}$$

式（L14）表明，产出的波动与需求波动、贸易条件的波动相关。

从我们设定模型的动态系统式（L1）至式(L14）中可以清晰地看出，货币政策冲击如何通过汇率渠道对经济主要变量产生影响，这也是开放经济与封闭经济在货币政策传导机制上的区别。假设中央银行将基准利率作为货币政策工具，则货币政策的汇率渠道传导机制可简要描述如下。

当中央银行调整基准利率之后，除了因货币、资产市场的收益率变化引起居民、厂商行为直接发生变化等封闭经济具有的特征外，基准利率的变化将导致国内外利率差异情况发生改变。进一步地，一方面使得国内外市场价格差异，导致汇率改变，从而引起进出口价格改变，导致本国居民消费需求及出口需求变化，最终影响产出并深化对价格水平的影响；另一方面利率调整使得资本市场的收益率发生变化，引起资本的国际流动，从而影响汇率，最终也影响本国的产出和价格水平。

此外，从系统还可以发现，本国的开放程度、工资与价格每期的调整概率大小也会影响货币政策最终产生的效应。

（二）参数校准和外生冲击

利用上述模型对我国进行数值模拟，需要根据我国的实际情况对模型的参数进行校准。根据本文的设定，需要校准的动态系统本身的参数一共有 8 个，校准时采取参照已有文献的做法。具体是，参照刘斌（2008）的研究，反映居民对进口产品偏好程度 α 的取值为 0.26，贴现率 β 取值为 0.985，国内产品每期不能调整的概率 ξ 取值为 0.15，工资每期不能调整的概率 ζ 取值为 0.40；①参照斯梅茨和沃特斯（1999）与加利和莫纳切利（2005），居民效用函数中的消费的相对风险规避系数 σ 取值为 2，真实货币均衡系数 μ 取值为 10，将类似于 σ 解释意义的 γ、η 值也取为 2。

① 这意味着产品价格保持稳定的周期为 0.15/(1－0.15)≈0.2 期，工资保持稳定的周期为 0.4/(1－0.4)≈0.7 期，价格与工资刚性很小，调整相当频繁，均远小于斯梅茨和沃特斯（1999）对德国这两个参数的设定。

对于外生冲击 c_t^* 即外国消费，因为系统中涉及的是商品消费，但这一数据难以获得，所以考虑使用外国的产出波动来替代。根据加利和莫纳切利（2005）利用美国数据对产出波动的估计，本文将外生冲击 c_t^* 设定为：

$$c_t^* = 0.86c_{t-1^*} + v_t^* \text{（} v_t^* \text{ 为白噪声）} \tag{L15}$$

假定外国的货币政策规则形如陈和库尔坦纳维特（2008）设定的简化式，即 $r_t^* = \varphi_{\pi^*} E_t \pi_{t+1}^*$，其中 $\varphi_{\pi^*} = 1.5$。

对于技术冲击 α_t，假设其收敛并遵循 AR（1），即 $\alpha_t = \psi\alpha_{t-1} + v_{\alpha,t}$，但因为本文不考虑技术冲击的影响，故不需要对参数 ψ 的校准。

对于我国的货币政策规则，因为现实中，中央银行在调整利率时，不仅要考虑通货膨胀率和产出的变化，而且要考虑货币增长率的变化，同时为了避免利率的大幅波动还要考虑利率的平滑，所以本文的货币政策规则采用刘斌（2008）使用的推广的 Taylor 规则形式，即：

$$r_t = \varphi_r r_{t-1} + (1-\varphi_r)\varphi_\pi \pi_t + (1-\varphi_r)\varphi_y y_t + (1-\varphi_r)\varphi_m m_t \tag{L16}$$

其中，π_t 为我国通货膨胀率，政策规则中各参数取值分别为：$\varphi_r = 0.98$，$\varphi_\pi = 1.31$，$\varphi_y = 0.78$，$\varphi_m = 0.64$。

（三）数值模拟及结果分析

图 4 刻画了模型在基准情况（模型各参数如前述）和其他参数取值不变、更大的 α（参数 α 取值为 0.4,）、更大的 ξ（参数 ξ 取值为 0.8）、更大的 ζ（参数 ζ 取值为 0.8）4 种情况下，[①] 各变量对利率受到 100 个基点的正向冲击的反应轨迹。

在基准情况，由于我国中央银行政策反应函数中的利率平滑作用以及利率对产出、通货膨胀与货币供给波动的稳定目标，受到冲击的利率本身逐渐收缩大约 24 期后逼近均衡水平。货币政策收缩，诱引国外资本进入，名义汇率迅速反向偏离均衡水平，加上产品进出口的作用，与沙里等（Chari et al.，1997）、考曼（Kollman，1997）及斯梅茨和沃特斯（1999）的结论一致，名义汇率对利率冲击的反应强烈，偏离均衡水平的程度超过利率的 5 倍，随后缓慢恢复至均衡水平。货币政策收紧影响本国对外经济的另一个表现是贸易条件恶化，进而累及本国产品的出口需求。此外，利率的正向冲击除了直接对消费价

① 相关参数的这些取值参考斯梅茨和沃特斯（1999）。

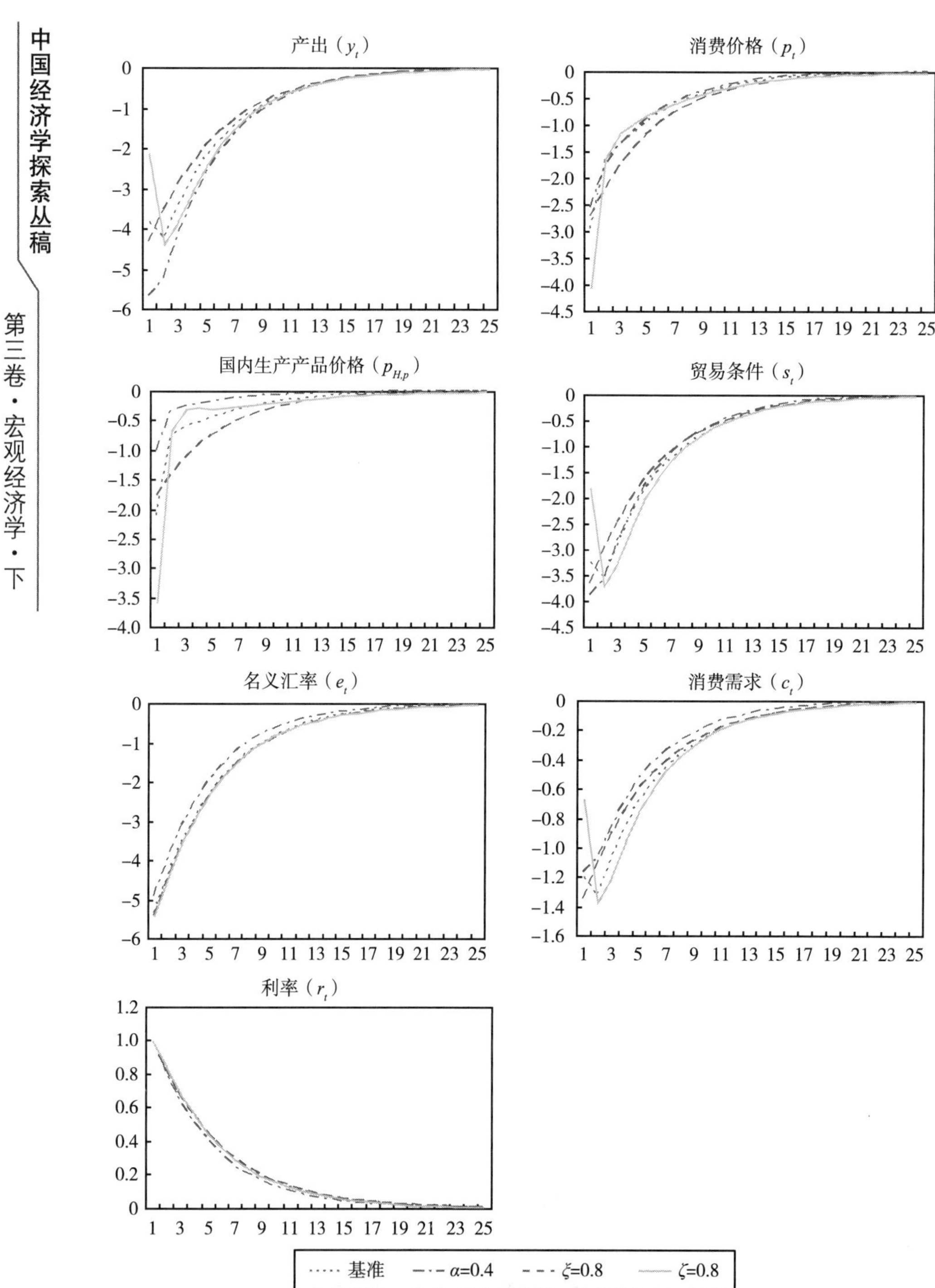

图 4　模型中不同变量对利率冲击的脉冲响应

格产出负向影响外，通过汇率及贸易条件和国内产品价格途径亦间接影响消费价格，使之产生大幅波动。最终导致消费需求减少的同时，出口需求也减少，产出水平下降。从图 4 可以看出，在基准状态，利率冲击对产出和消费价格的冲击均非常强烈，在 100 个基点的正向利率冲击，同期产出负向偏离均衡水平约 380 个基点，消费价格负向偏离均衡水平接近 300 个基点。

根据已有文献的经验，本文为了探讨开放经济中货币政策传递外其他经济结构因素的作用，本文对比小型开放经济的相关研究文献（Smets & Wouters, 1999），将反映我国经济结构特点的参数重新设定以比较各变量对货币政策冲击的脉冲响应。本文利用模型模拟比较另外三种情况：假设取值更大即我国居民对进口产品更加偏好，我国开放度更大；假设取值更大即我国产品价格的刚性程度更大；假设取值更大即我国工资水平的刚性程度更大。

从图 4 可以发现，与基准情况相比，经济开放度更大时，在同样的货币政策冲击强度下，名义汇率、消费需求与国内产品价格的反应程度更小，消费价格与贸易条件的反应相差不大，但产出的反应更强烈。这可以解释为国内消费中进口替代对产出的负作用超过了因价格波动减小而增加消费需求对产出的正作用，但最终应归因于我国货币政策传递的货币、信用等渠道不通畅，政策调控无法很好地影响最终目标，相反，由于对进口品的强偏好，增强了汇率渠道的敏感度，使得产出对汇率波动的反应更明显。

当国内生产品价格刚性程度更大时，与基准情况相比，虽然对于货币政策冲击价格的反应更激烈，但因为贸易条件与消费需求的波动反应减小，货币政策收紧对本国产出的冲击反而更小。这有些类似于封闭经济或大型开放经济，因为国内生产品在国际上处于卖方市场，名义汇率基本是稳定的，货币政策传递中汇率渠道没有或作用很弱，而主要由货币或其他渠道传递，政策收缩引起消费价格波动导致消费需求减少因为贸易条件的相对改善得到了很好的补偿，因而使得政策收缩对产出的冲击减小。

如果工资更加稳定，则与基准情况相比，由于国内产品的成本相对稳定，货币政策收紧对价格的冲击减小，但因为对贸易条件、消费需求的冲击加大，因而对国内产出的冲击也更大。这与第一种情况相似，货币政策传递的汇率渠道很重要，政策收缩导致贸易条件恶化而减少了出口需求，反过来，出口需求减少又导致居民收入下降，最终使得国内消费需求萎缩。在这两种力量共同作用下，政策收缩对产出的冲击当然也更大。

四、结论与建议

开放经济下，一国货币政策实施有可能影响既有的对外经济联系，进而又反过来冲击本国经济，最终导致政策效应偏离预定目标。本文利用 SVAR 模型检验了我国货币政策的汇率传递效应，并构建了一个与我国经济实际相符的 DGE 模型分析货币政策汇率传递的发生机制，发现了一些有意义的结论，简要总结如下。

首先，我国货币政策的汇率传递效应非常明显，但与典型的小型开放经济有区别，产出波动与通货膨胀水平的波动对货币政策的冲击反应明显滞后，这可根据我国的经济特征来解释：一方面，由于国有投资所占比重较大，利率变动对投资的影响力不强，从更深层次看，这也间接说明了我国货币政策效应受制于现有的传递渠道状况；另一方面，利率变动通过汇率影响了出口，但因为传递环节大大增加，从而造成产出波动的响应滞后。另外，物价变动对利率冲击的反应滞后，可以从我国进口结构的特点来解释，我国长期“两头在外”的出口加工模式决定了我国进口产品中有相当部分是中间产品，其短期需求弹性明显小于最终消费品，因而利率上升并不能马上影响进口价格，进而拉动国内价格下跌。

其次，对我国的实证检验表明，名义汇率波动会对我国产出和通货膨胀水平等主要宏观经济变量产生显著影响，人民币实际汇率升值对我国进出口的影响存在明显的 J 曲线效应。

最后，DGE 模型数值模拟表明，人民币汇率对我国货币政策传递的影响程度与我国居民对进口产品的偏好、我国产品价格和工资水平的刚性程度相关，在对进口品具有强偏好和工资更加稳定的情况下，货币政策传递的汇率渠道很重要，而在出口价格更具刚性情况下，汇率渠道基本上不起作用。这与 SVAR 模型的结论相呼应，与小型开放经济及大型开放经济相比，我国的特点恰恰是产品价格刚性度不强、工资水平又相对稳定，故我国货币政策的汇率传递渠道作用很明显，但其表现又与其他经济体有相当大的差距。

由此，本文的研究结果表明，在当前我国开放经济特征明显的环境下，利用货币政策工具调控宏观经济时必须关注汇率的作用，强调利率政策与汇率政策的协调，进一步的推论是，考虑到我国目前的经济特征，维持人民币对外汇率稳定是必要的。从中也可以得到启示，弱化汇率波动或者外部经济波动对我国经济的冲击，增加我国产品在国际市场上的定价能力，使产品价格更具刚性也许是一种前提条件。

参考文献

[1] 戴国强、张建华：《中国金融状况指数对货币政策传导作用研究》，载《财经研

究》2009 年第 7 期。

［2］封北麟、王贵民：《货币政策与金融形势指数 FCI：基于 VAR 的实证分析》，载《数量经济技术经济研究》2006 年第 1 期。

［3］何平、吴义东：《中国地产价格对货币政策的操作意义——基于金融形势指数 FCI 的研究》，载《经济理论与经济管理》2007 年第 10 期。

［4］李斌：《中国货币政策有效性的实证研究》，载《金融研究》2001 年第 7 期。

［5］刘斌：《我国 DSGE 模型的开发及在货币政策分析中的应用》，载《金融研究》2008 年第 10 期。

［6］卢向前、戴国强：《人民币实际汇率波动对我国进出口的影响：1994 ~ 2003》，载《经济研究》2005 第 5 期。

［7］裴平、熊鹏：《我国货币政策传导过程中的“渗漏效应”》，载《经济研究》2003 年第 8 期。

［8］盛朝晖：《中国货币政策传导渠道效应分析：1994 ~ 2004》，载《金融研究》2006 年第 7 期。

［9］王玉宝：《金融形势指数（FCI）的中国实证》，载《上海金融》2005 年第 8 期。

［10］许少强：《1949 ~ 2000 年的人民币汇率史》，上海财经大学出版社 2002 年版。

［11］周英章、蒋振声：《货币渠道、信用渠道与货币政策有效性》，载《金融研究》2002 年第 9 期。

［12］Calvo G., Staggered Prices in a Utility Maximizing Framework, *Journal of Monetary Economics*, 1983, Vol. 12, pp. 383 – 398.

［13］Chari V. V., Kehoe P. J., McGratten E. R., Monetary Shocks and Real Exchange Rates in Sticky Price Models of International Business Cycles, NBER Working Paper, No. 5876, 1997.

［14］Chen Y., Kulthanavit P., Monetary Policy Design under Imperfect Knowledge: An Open Eeconomy Analy-sis, University of Washington, Department of Economics Working Paper, No. 14, 2008.

［15］Christiano L. J., Eichenbaym M., Evans C. L., Modeling money, NBER Working Paper, No. 6371, 1998.

［16］Drew A., Sethi R., The Transmission Mechanism of New Zealand Monetary Policy, *Reserve Bank of New Zealand Bullitin*, 2006, Vol. 70, pp. 5 – 19.

［17］Engel C., Matsumoto A. A., Portfolio Choice in a Monetary Open-economy DSGE Model, University of Wisconsin Working paper, No. 165, 2005.

［18］Gali J., Monaceli T., Monetary Policy and Exchange Rate Volatility in a Small Open Economy, *Review of Economic Studies*, 2005, Vol. 72, pp. 707 – 734.

［19］Kollman R., The Exchange Rate in a Dynamic-optimizing Current Account Model with Nominal Rigidities: a Quantitative Investigation, IMF Working Paper, No. 7, 1997.

[20] Peersman G., Smets F., The Monetary Transmission Mechanism in the Euro Area: More Evidence from VAR Analysis, European Central Bank Working Paper series, pp. 1 – 29, 2001.

[21] Sims C. A., Macroeconomics and Reality, *E-conometrica*, 1980, Vol. 48, pp. 1 – 48.

[22] Smets F., Wouters R., The Exchange Rate and the Monetary Transmission Mechanism in Germany, DNB Staff Reports (discontinued) Netherlands Central Bank, No. 35, 1999.

[23] Smets F., Measuring Monetary Policy Shocks in France, Germany and Italy: The Role of the Exchange-rate, *Swiss Journal of Economics and Statistics*, 1997, Vol. 133, pp. 597 – 616.

中国货币政策效应双重非对称性研究*

——以产业传导渠道为视角

一、引言

货币政策效应的非对称性一直是学术界关心的热点问题，有关这方面的研究主要围绕下面几个方面展开：一是货币政策方向效应上的非对称性，即扩张性与紧缩性货币政策的效应非对称性。如齐登（Tsiddon，1991）、卡巴莱罗和恩格尔（Caballero & Engel，1992）的理论研究；魏泽（Weise，1999）等对货币政策的就业、产出与价格非对称性效应的实证研究；黄先开和邓述慧（2000）、冯春平（2002）、刘金全（2002）等对中国货币政策方向性效应的实证研究，这些研究都证实了货币政策效应存在方向性非对称性。二是货币政策地区间效应非对称性，如卡利诺和德菲纳（Carlino & DeFina，1999）、欧阳和沃尔（Owyang & Wall，2004）、菲尔丁和希尔兹（Fielding & Shields，2005）等分别探讨了美国、德国和南非等国货币政策效应的地区间差异；宋旺和钟正生（2006）利用 VAR 模型和 IRF 检验中国的货币政策效应区域非对称性，这些研究均证实了货币政策效应存在区域非对称性。三是在经济周期的不同阶段货币政策效应的非对称性，如卡克－埃斯（Kak-Es，1998）、皮尔斯曼和斯梅茨（Peersman & Smets，2001）等都揭示了货币政策效应在经济衰退要比在经济繁荣时更强。

然而，这些研究并没有对产生这些非对称性的原因作出合理的解释。国外学者通过对货币政策的产业传导效应展开研究，如哈约和乌伦布洛克（Hayo & Uhlenbrock，2000）、德多拉和里皮（Dedola & Lippi，2000）等检验货币政策冲

---

* 本文原载于《厦门大学学报（哲学社会科学版）》2013 年第 2 期。共同作者：卢盛荣。

击的产业效应，发现货币政策对不同产业产生不同的影响。皮尔斯曼和斯梅茨（2005）在这些基础上，进一步从利率传导与金融加速器传导两个渠道，对欧元区7个国家11个制造行业的货币政策冲击效应进行更深入的研究，发现产品的耐用性与产业的融资结构差异是导致货币政策效应非对称性的主要原因，但这一研究是一个跨国分析，没有对一个主权国家内部货币政策效应非对称性的原因进行研究。国内这方面的研究文献较少，闫红波和王国林（2008）使用向量自回归和脉冲响应函数，对中国货币政策产业效应的非对称性进行了研究，证实了货币政策对不同产业会产生不同的影响，并认为行业的产出效率、企业规模、资本密集度与对外依存度可以解释这种非对称性。然而，这一研究没有考虑在不同经济周期阶段，货币政策对同一产业产生的非对称性问题，未能对货币政策效应非对称性的原因作出系统性分析。因此，本文拟通过产业传导渠道来进一步分析探讨我国的货币政策在经济周期不同阶段与区域的效应非对称性原因。

二、货币政策的产业效应

货币政策的产业效应通常是通过传统利率与金融加速器两个传导渠道来实现的。

货币政策通过利率渠道对产业产生的影响可以用耐用品虚拟变量来刻画（Dedola & Lippi，2000）。可以预期生产耐用品的行业有更强的货币政策效应，因为相比非耐用品，投资品之类的耐用品的市场需求对利率的上升更为敏感。除了耐用品虚拟变量外，还可以用产业投资密度（总投资/工业产值）来刻画传统利率或资本使用成本渠道（Hayo & Uhlenbrock，2000；Dedola & Lippi，2000），如果一个产业有更大的资本密度，则可以预期该产业对利率或资本使用成本的变化更为敏感。另外，我们也使用产业开放度作为解释变量（OPEN），即产业进出口与增加值的比值，但这一指标对货币政策效应的预期效应正负与否难以事先判断。因为，更开放的部门，相对而言，更少受到国内货币政策调整导致的内部需求变化影响，同时货币政策会影响汇率变化，进而影响产业的国际竞争力、产业的外部需求。由于同时没有一个先验的理由说明为什么传统利率渠道在繁荣与衰退的表现不同，我们期望耐用品虚拟变量、投资密度与开放度在经济周期中有一个相似的效应。

货币传导机制关于金融加速器理论阐明了借贷人之间的非对称信息会引起一个外部融资利差，它取决于借款人的净资产状况。借款人如果拥有更高的净资产就能提供更多抵押品，便能减少外部融资成本。伯南克和格特勒（Bernanke & Gertler，1989）强调外部融资利差与借款人的净资产价值相关，从而会引致“金融加速器”放大机制。当货币政策紧缩时，它不仅通过传统的利率渠道提高使用资本的成本，而且也使抵押品价值与现金流下降，对外部融资利差有一个正的效应。同时，由于在衰退期抵押品的价值与现金流是较低的，外部融资利差对利率变化更敏感。因此，相比繁荣期，衰退期的货币政策很可能效应更强。

为了检验交易成本差异能否部分地解释观察到的货币政策产业效应，我们使用四个财务指标和一个表示各产业中企业平均规模的指标作为解释变量。下面逐一讨论这些指标。

第一个指标是资产负债率（*LEV*），该指标是资产负债表中的一个基本指标，常用于财务分析。然而，在下面的分析中并不清楚其对货币紧缩的效应是正还是负：一方面，具有高负债率的企业很可能在市场上更难以获得新的、额外的资金，特别在衰退时，因此，我们预期有一个正的货币政策效应。另一方面，高的负债率也许意味着企业的高借款能力，例如，德多拉和里皮（2000）认为负债率是体现借款能力的指标，现实中所观察到的是更高负债率企业能够以更优惠条件获得贷款。在这种情形下，高负债率企业对货币政策的变化可能更不敏感。

第二个指标是债务偿还能力比率（*COV*），该指标衡量现金流在多大程度上能够支付债务成本，因而与信用相关。可以预期一个有更高债务偿还能力比率的企业对货币政策变化更不敏感。在这种情形下，高利息支付也许是高借款能力的信号。

第三个指标是短期债务占总债务的比率（*FIN*），该指标衡量了企业自身的融资在多大程度上是依赖短期的而不是长期的融资，这与它获得长期融资能力相关。我们预期在衰退时一个有着更高短期债务的企业的支出对利率变化更敏感。

第四个指标是营运资金比率（*WOC*），指的是营运资金占工业增加值的比率。营运资金比率衡量了企业在多大程度上要为流动资产融资。因为这些资产并不能用作抵押，这个变量表示各产业的短期融资条件，我们预期一个更高水平的营运资金比率产业的金融加速器效应更强。

最后一个指标是企业规模（*SIEM*），衡量在借贷关系上的非对称性程度。对于大企业而言，通常假定交易成本为更小，因为在收集和加工有关它们的经营状况信息存在规模经济，大企业更容易在资金市场上直接融资，更少依赖银行资金。对于大企业而言，更大的特性是它们具有更小的外部融资利差。我们预期更大平均企业规模的产业在衰退时表现更好，更少暴露于金融加速器。在模型中，使用的代理变量是各个产业企业的平均雇用人数。

三、模型设定与估计方法

（一）货币政策区域的产业效应

为了测定货币政策的产业效应，我们采用皮尔斯曼和斯梅茨（2005）的二步法：

第一，对 j 地区 i 产业逐一估计如下线性回归方程（1），获得参数 $\beta_{ij,0}$、$\beta_{ij,1}$。

$$\Delta y_{ij,t}=(\alpha_{ij,0}p_{0,t}+\alpha_{ij,1}p_{1,t})+\phi_{ij,1}\Delta y_{ij,t-1}+\phi_{ij,2}\Delta y_{ij,t-2}$$
$$+(1-\phi_{ij,1}-\phi_{ij,2})(\beta_{ij,0}p_{0,t-1}MP_{t-1}+(\beta_{ij,1}p_{1,t-1}MP_{t-1})+\varepsilon_{ij,t} \quad (1)$$

其中，$\Delta y_{ij,t}$是 j 地区 i 产业总产值增长率，$\beta_{ij,0}$、$\beta_{ij,1}$分别表示货币政策在经济衰退与扩张时的长期产业效应，MP_t 是货币政策指数，$p_{0,t}$与 $p_{1,t}$分别是 t 期衰退与扩张的概率。货币政策指数 MP_t、衰退与扩张的概率 $p_{0,t}$与 $p_{1,t}$的估算如下：

货币政策指数（MP_1）的估计。本文运用卢盛荣等（2009）估计货币供给冲击方法，从货币供给方程残差项中得到体现货币政策紧缩方向与程度的货币供给冲击。估计结果如图 1 所示，1984～1985 年、1989 年、1991 年、1993～1994 年、1997 年、2002～2003 年与 2007 年实施紧缩的货币政策。

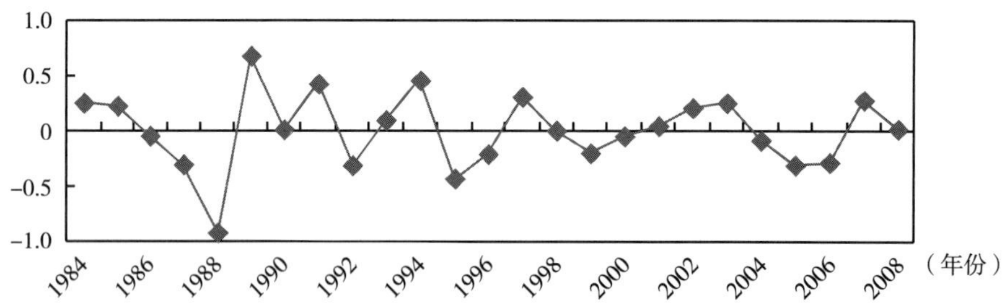

图 1　货币政策指数的时间变化趋势

衰退与扩张的概率 $p_{0,t}$、$p_{1,t}$衡量。为了区分经济中的衰退与扩张，以获得 t 期衰退与扩张的概率 $p_{0,t}$、$p_{1,t}$，本文根据汉密尔顿（Hamilton，1989）的模型方法，选择具有二状态二阶的马尔可夫状态转移 MSM 模型估计中国经济繁荣与衰退的平滑滤波概率（$p_{0,t}+p_{1,t}=1$），估计结果如图 2 所示。

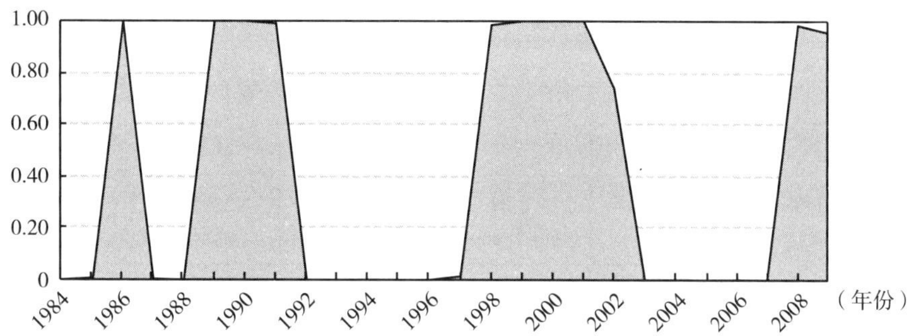

图 2 经济衰退时的平滑概率

注：阴影部分表示衰退时的平滑概率。

第二，将前面所获得的 j 地区 i 产业的 $\beta_{ij,0}$、$\beta_{ij,1}$ 及经计算的 $\beta_{ij,0}-\beta_{ij,1}$ 作为被解释变量，对作为解释变量的地区与产业的虚拟变量（dum_j、dum_i）进行面板数据-FGLS 估计，[①] 获得地区与行业的虚拟变量的估计系数，即在繁荣与衰退的货币政策的区域与行业效应，其中，标准差与怀特异方差一致，为避免完全多重共线，增加一个约束：地区与行业虚拟变量各自系数之和是 0。估计结果如表 1 所示，其中的地区与行业虚拟变量的系数是表示偏离均值的效应。

表 1 货币政策区域产业与区域效应估计 单位：%

指标	β_0	β_1	$\beta_0-\beta_1$	β
均值	-1.706** (-2.67)	-0.003* (-1.92)	-1.703** (2.44)	-0.005* (-1.83)
东部	2.22** (2.20)	-0.011*** (-8.17)	2.231*** (4.86)	-0.009*** (-8.42)
中部	-0.155 (-0.10)	-0.004** (-2.16)	-0.151** (2.01)	-0.004*** (-2.71)
西部	-1.326 (-1.04)	-0.001 (-0.48)	-1.325* (1.98)	-0.002 (-1.32)
食品、饮料与烟草	-1.209 (-1.30)	0.0003 (-0.23)	-1.029 (1.68)	-0.001 (-1.19)
纺织、服装与皮革产业	-0.676 (-0.40)	0.001 (0.26)	-0.677 (0.16)	0.001 (0.04)

① 由于运用面板数据模型时可能遇到最为常见的问题是横截面的异方差与序列的自相关性，此时运用 OLS 可能会产生结果失真。为了消除影响，泽尔纳（Zellner，1962）提出使用不相关回归方法（seemingly unrelated regression，SUR）。该方法可以比单独使用 OLS 更好地处理这类问题，能够更好地揭示影响因素对某些变量的共同影响。对于 SUR 的估计，可行广义线性回归（FGLS）是较好的估计方法（Greene，2000），特别适用于我国东、中、西部地区的研究分析。

续表

指标	β_0	β_1	$\beta_0-\beta_1$	β
造纸与纸制品、印刷、出版	-3.40 (-1.15)	0.002 (0.41)	-0.338 (1.33)	-0.001 (-0.31)
化学制品、石油、煤、橡胶与塑料制品	-2.08* (-1.86)	0.004** (2.53)	-2.076*** (3.48)	0.002* (1.77)
非金属矿物制品	-0.249 (-0.17)	-0.003 (-1.55)	-0.252 (0.03)	-0.003** (-2.05)
基本金属	2.931* (1.86)	-0.010*** (-3.94)	2.921*** (3.46)	-0.007*** (-3.48)
金属制品（不包括机械与设备）	-1.308 (-0.52)	-.001 (-0.32)	-1.307 (0.27)	-0.002 (-0.76)
机械（不包括电力设备）	-2.693 (-1.40)	-0.003 (-1.15)	-2.696* (1.94)	-0.005** (-2.22)
电力机械、仪器、用具与设备	0.960 (0.66)	-0.004** (-2.02)	0.964 (0.44)	-0.003** (-2.00)
交通设备	-2.231 (-1.31)	-0.005** (-2.17)	-2.226* (1.71)	-0.006*** (-3.66)

注：***、**、*分别表示在1%、5%、10%水平上显著。各产业相关数据均来源于历年《中国工业统计年鉴》、货币供给等数据来源于CEIC数据库。

从表1可以看出，一是在衰退与繁荣时的货币政策平均效应都为显著的负效应，在整个经济周期中平均效应为-0.005，但是，在衰退与繁荣期间货币政策效应的非对称性程度是很显著的。二是货币政策冲击的总产出效应存在显著的区域效应，东、中、西部呈依次递减态势。另外，在非对称性程度上，东部地区要显著高于中西部地区，很可能是由于东、中、西部地区之间产业构成差异所致。三是从产业效应看，食品、饮料与烟草，纺织、服装与皮革产业，造纸与纸制品、印刷、出版等非耐用品部门的货币政策效应较小，而非金属矿物制品，基本金属，机械（不包括电力设备），电力机械、仪器、用具与设备与交通设备等耐用品部门的货币政策效应较大，表明了产品的耐用性是产业对货币政策变化敏感性的重要决定因素。德多拉和里皮（2000）研究表明，产业中捕获耐用特性的虚拟变量在解释产业效应中高度显著。在下一部分，这种耐用品虚拟变量在模型估计中也是高度显著的。表1还表明货币政策的非对称性程度在各产业存在系统性差异，食品、饮料与烟草，化学制品、石油、煤、橡胶与塑料制品，基本金属，金属制品（不包括机械与设备），机械（不包括电力设备），交通设备等产业表现出较强的非对称性（对应 $\beta_0-\beta_1$ 列下的这些产业系数绝对值均大于1）。

（二）产业特性与货币政策效应

式（1）中的参数在不同地区、经济周期阶段可能不同，为检验参数的区域与经济周期差异可能是源于产业结构区域差异引起的假定，我们引入下列两个方程进行估计：

$$\beta_{ij,0} = \alpha_0 + \alpha_{i,1} dum_i + \alpha_{j,2} dum_j + \alpha_{k,3} characleristic_{ij,k} + \eta_{ij,0} \tag{2}$$

$$\beta_{ij,1} = \alpha_0 + \alpha_{i,1} dum_i + \alpha_{j,2} dum_j + \alpha_{k,3} characleristic_{ij,k} + \eta_{ij,1} \tag{3}$$

其中，dum_j 与 dum_i 分别表示地区与产业的虚拟变量，$characteristic_{ij,k}$ 则表示各产业特性。设置地区与产业虚拟变量，是为了捕捉不同经济周期阶段的特定地区与特定产业效应。因为一些地区比另外一些地区更适合统一的货币政策，此外，不同的经济周期阶段各产业对货币政策的反应也可能存在差异。

考虑到在1998年我国对产业的统计口径有较大的调整，反映产业特性的时间序列数据（口径一致）较短，为此，我们采用标准的面板数据技术进行一步估计结果，即根据 $p = 1 - p$，可将式（1）转化为下式：

$$\begin{aligned}\Delta y_{ij,t} = {} & (\alpha_{ij,0} - \alpha_{ij,1}) p_{0,t} + \alpha_{ij,1} + \alpha_{ij,1} + \phi_1 \Delta y_{ij,t-1} + \phi_2 \Delta y_{ij,t-2} \\ & + (1 - \phi_1 - \phi_2) [(\beta_{ij,0} - \beta_{ij,1}) p_{0,t-1} MP_{t-1} + \beta_{ij,1} MP_{t-1}] + \varepsilon_{ij,t}\end{aligned} \tag{4}$$

将式（2）、式（3）代入式（4），使用可行的 *GLS*（*FGLS*）法进行估计，估计结果如表2所示。

表2　货币政策区域产业传导效应估计　　单位：%

指标	β_0	β_1	$\beta_0 - \beta_1$	β
利率渠道				
耐用品虚拟变量	−2.166*** (−17.05)	1.310*** (14.18)	−3.476** (2.87)	6.205*** (9.26)
INV	5.324*** (3.07)	−0.349** (−2.76)	5.673*** (9.56)	0.148 (1.42)
OPEN	5.442 (0.28)	−0.051 (−0.36)	5.493 (0.08)	−0.143 (−1.07)
金融加速器渠道				
FIN	−2.239** (−2.90)	−0.167 (−0.99)	−2.072** (−2.64)	−0.063 (−0.41)

续表

指标	β_0	β_1	$\beta_0-\beta_1$	β
WOC	-1.811 (-1.49)	-0.172** (-2.07)	-1.639 (1.65)	0.003 (0.04)
COV	1.271 (0.31)	0.004 (0.26)	1.267 (0.09)	-0.002 (-0.10)
LEV	-6.284*** (-2.83)	0.446*** (-3.24)	-6.73*** (-8.43)	-0.336** (-2.38)
不同产业的规模指标				
SIEM	1.267** (1.95)	-0.302 (-0.70)	1.569** (2.51)	-0.507 (-0.95)

注：*** 和 ** 分别表示在1%和5%水平上显著。

从表2可以看出：从利率传递渠道角度来看，生产耐用品的产业对货币政策冲击有较强烈反应，而且存在显著的非对称性。这意味着生产耐用品的产业对货币政策变化更敏感。利率传导渠道中的其他变量虽然在解释整体货币政策效应上并不是很重要，但其中投资密度对货币政策非对称性效应具有较显著的解释力，这可能与利率变化引致产业的资本使用成本变动相关。而开放度这一变量对货币政策非对称性效应的解释力并不重要，系数也不显著，可能是因为开放度高的部门，更少受到国内货币政策调整导致的内部需求变化影响，同时货币政策会影响汇率变化，进而影响产业的国际竞争力以及产业的外部需求，这两种力量相反的影响效应相互抵消。

从金融加速器渠道角度来看，与利率传导渠道相比，大部分变量对整个货币政策效应并没有显著解释力。但是，我们发现，弱的资产负债表意味着在衰退时比繁荣时具有更强的政策效应，这是与金融加速器假说一致的。财务变量中的短期债务占总债务比率（*FIN*）与资产负债率（*LEV*）表现似乎与金融加速器假说更一致，不过，短期债务占总债务比率（*FIN*）仅解释了衰退时期的产业差异，对于繁荣时期产业差异并不具有解释力。东部、中部与西部之间对这一比率的解释能力差异较大，分别为1.92、-0.56、-1.89，这一比率最高的产业与最低的产业之间相差14.83，按照表2的估计结果，这能解释衰退时政策效应差异的0.33。与此不同的是，资产负债率（*LEV*）对衰退或繁荣时的产业差异均具有较强的解释力，两者效应相差6.73，而且这些效应都具有统计上显著性。这说明，一个更高的资产负债率增加了货币政策在衰退与繁荣时的非对称性程度。然而，对比其他财务指标，其在繁荣时对货币政策效应主要产生相反影响。特别是，有更高资产负债率的产业在繁荣时对货币政策冲击更不敏感，在某种程度上，这种看似相反的影响可能正是前文提到的高负债率指标代表一个好信用或高的借款能力，这一比率最高的产业与最低的产业之间相差12.39，按照表2的估计结果，这能解释衰退时政策效应差异的0.78，但仅能解释繁荣时政策效应差异的0.06。

最后，企业规模（*SIEM*）仅解释了衰退时的产业差异，且这些效应都具有统计上的显著性，但是对繁荣时的产业差异不具有解释力。企业规模对非对称性程度的影响也是显著的，这进一步证实了金融加速器假说，即更小的产业企业平均规模对货币政策在衰退时要比繁荣时更敏感。这一指标最高的产业与最低的产业之间相差3.42，东部地区对企业规模的影响程度要比中西部地区更高。因而，不同企业规模的产业的区域差异也是导致货币政策存在双重非对称性的原因之一。

（三）稳健性检验

为了检验上述估计结果的稳健性，使用可识别的VAR中货币冲击对短期利率的贡献作为货币政策指标（*MP*）的度量，并以此重新估计模型。

本文根据皮尔斯曼和斯梅茨（2001）的做法，使用下面分块递归VAR模型估计1978~2008年样本数据：

$$\begin{bmatrix} X_t \\ Y_t \end{bmatrix} = \begin{bmatrix} A(L) & 0 \\ B(L) & C(L) \end{bmatrix} \begin{bmatrix} X_{t-1} \\ Y_{t-1} \end{bmatrix} + \begin{bmatrix} a & 0 \\ b & c \end{bmatrix} \begin{bmatrix} \varepsilon_{X,t} \\ \varepsilon_{Y,t} \end{bmatrix} \tag{5}$$

其中，X_t 是外生变量向量，包括世界商品价格指数、美国短期利率与美国实际GDP；Y_t 是内生变量，包括中国实际GDP、CPI、名义一年期存款基准利率与实际有效汇率。

按照上述变量顺序，通过递归Choleski分解来识别货币政策冲击，并由此估计出的货币冲击对短期利率的贡献作为货币政策指标（*MP*）的度量。同样，使用面板数据—可行广义最小二乘法（*FGLS*）进行估计，估计结果（由于篇幅限制，具体结果不在此列出）与前面的相似，生产耐用品的产业对货币政策冲击有较强烈反应，而且存在显著的非对称性。但是，其他利率传导渠道如投资密度、开放度等在解释整体货币政策效应及对货币政策非对称性效应上不很重要，这一点与前面的估计结果大体相似。企业的资产负债表及规模指标对非对称性具有显著的影响，只是一些变量的统计显著性稍小，如短期债务占总债务比率（*FIN*）、资产负债率（*LEV*）与企业规模（*SIEM*）仅在10%水平上显著。

四、结论

通过使用面板数据—可行广义最小二乘法（*FGLS*）估计货币政策的产业传导效应，进而探讨货币政策在经济周期不同阶段与区域的效应非对称性原因。结果发现，紧缩货币政策的效应在经济衰退时比繁荣时更大，但是，这种经济周期性的非对称性程度存在区域差异，这一点可以通过特定产业的特性与产业的区域分布来解释。其中，产业的耐用品特性能解释一些产业在衰退时比繁荣时更受货币政策的影响，这验证了货币政策传导中的传统利率或资本使用成本渠道。另外，不同产业的资产负债表与企业规模的差异也能解释货币政策非对称性程度的差异，特别是，我们发现，更高的短期债务占总债务比率与资产负债率、更小的企业规模是与在衰退时对货币政策变化更敏感相联系的，这些效应统计上也显著，进而证实了金融加速器机制能部分解释一些产业为什么比其他产业在衰退时更受影响。而区域的产业结构差异，最终导致中国地区间货币政策效应双重非对称性。上述研究结论的政策启示是，央行应根据不同阶段及区域的产业分布特点，在保持统一货币政策的大前提下，实行差别化的货币政策操作，最大限度地减少不同阶段因产业而导致的区域效应，以及在经济衰退时，尤其要给予中小企业较多的区域或产业更多的信贷政策支持。

参考文献

［1］冯春平：《正负货币冲击影响的不对称性研究》，载《经济科学》2002 年第 3 期。

［2］黄先开、邓述慧：《货币政策中性与非中性的实证研究》，载《管理科学学报》2000 年第 2 期。

［3］刘金全：《货币政策作用的有效性和非对称性研究》，载《管理世界》2002 年第 3 期。

［4］卢盛荣、李文溥：《中国地区间货币政策效应双重非对称性研究》，载《数量经济技术经济研究》2009 年第 2 期。

［5］宋旺、钟正生：《我国货币政策区域效应的存在性及原因——基于最优货币区理论的分析》，载《经济研究》2006 年第 3 期。

［6］闫红波、王国林：《我国货币政策产业效应的非对称性研究——来自制造业的实证》，载《数量经济技术经济研究》2008 年第 5 期。

［7］Bernanke. B.，Gertler M.，Agency Costs，Net Worth and Business Cycle Fluctuations，

American Economic Review, 1989, Vol. 79, No. 1, pp. 14 - 31.

[8] Carlino G., R. DeFina, Monetary Policy and The US States and Regions: Some Implications for European Monetary Union, J. von Hagen en C. Waller (eds.), *Common Money*, Uncommon Regions, Kluwer Academic Publishers, forthcoming, 1999.

[9] Charles L. Weise, The Asymmetric Effects of Monetary Policy: A Nonlinear Vector Autoregression Approach, *Journal of Money, Credit, and Banking*, 1999, pp. 85 - 108.

[10] David Fielding, Kalvinder Shields, Asymmetries in the Effects of Monetary Policy: the Case of South Africa, Economic Discussion Papers, University of Otago, 2005.

[11] Dedola L., Lippi F., The Monetary Transmission Mechanism: Evidence from the Industry Data of Five OECD Countries, *European Economic Review Forthcoming*, 2000.

[12] D. Tsiddon, The (Mis) Behavior of the Aggregate Price Level, Working Paper, 1991.

[13] Greene W. H., *Econometric Analysis* (4ed.), Upper Saddle River, New Jersey: Prentice-Hall Press, 2000.

[14] Hamilton J. D., A New Approach to the Economic Analysis of Nonstationary Time Series and the Business Cycle, *Econometrica*, 1989, No. 57, pp. 357 - 384.

[15] Hayo B., Uhlenbrock B., Sectoral Effects of Monetary Policy in Germany, J. Von Hagen en C. Waller (eds.), *Regional Aspects of Monetary Policy in Europe*, Boston; Kluwer, 2000, pp. 127 - 158.

[16] Jaechil Kim, Shawn Ni, Ronald A. Ratti, Monetary Policy and Asymmetric Response in Default Risk, *Economics Letters* 60, 1998, pp. 83 - 90.

[17] Kakes J., Monetary Transmission and Business Cycle Asymmetry, *mimeo*, University of Groningen, 1998.

[18] Laurence Ball, N. Gregory Mankiw, Asymmetric Price Adjustment and Economic Fluctuations, *Economic Journal*, 1994, Vol. 104, pp. 549 - 580.

[19] Owyang M. T., H. J. Wall, Structural Breaks and Regional Disparities in the Transmission of Monetary Policy, Federal Reserve Bank of St. Louis, Working Papers 2003, No. 8, 2004.

[20] Peersman G., Smets F., The Industry Effects of Monetary Policy in the Euro Area, *Economic Journal*, *Royal Economic Society*, 2005, vol. 115 (503), pp. 319 - 342.

[21] Peersman G., Smets F., Are the Effects of Monetary Policy in the Euro Area Greater in Recessions than in Booms, L. Mahadeva and P. Sinclair (eds), *Monetary transmission in Diverse Economies*, Cambridge: Cambridge University Press, 2001, pp. 36 - 55.

[22] Ricardo J. Caballo, Eduardo Engel, Price Rigidities, Asymmetries, and Output Fluctuations, NBER Working Paper, 1992, No. (4091), pp. 683 - 708.

[23] Zellner A, An Efficient Method of Estimating Seeming Unrelated Regressions and Tests for Aggregation Bias, *JASA*, 1962 (58): 348 - 368.

中国地区间货币政策效应双重非对称性研究*

在经济周期的不同阶段，货币政策效应存在着方向性与地区性上的非对称性。本文对中国地区间货币政策效应的双重非对称性进行研究。第一部分是文献回顾；第二部分是对中国地区间货币政策效应双重非对称性进行统计观察；第三部分是地区间货币政策效应双重非对称性的实证检验；第四部分是稳健性检验；第五部分是结论及启示。

一、文献回顾

货币政策方向效应上的非对称性，即在经济周期的不同阶段，扩张性与紧缩性货币政策的效应非对称性已为诸多研究证实，例如齐登（Tsiddon，1991）、卡巴莱罗和恩格尔（Caballero & Engel，1992）、鲍尔和曼尼（Ball & Mankiw，1994）的理论研究；德朗和萨莫斯（Delong & Summers，1988）、科弗（Cover，1992）、摩根（Morgan，1993）、托马（Thoma，1994）、李和里奇（Rhee & Rich，1992）、阿默尔和布伦纳（Ammer & Brunner，1996）等对美国的实证研究，卡拉斯（Karras，1996）对欧洲18个国家的实证研究；加里巴尔迪（Garibaldi，1993）、金姆等（Kim et al.，1998）、魏泽（Weise，1999）等对货币政策的就业、产出与价格非对称性效应的实证研究；黄先开和邓述慧（2000）、冯春平（2002）、陆军和舒元（2002）、刘金全（2002）等对中国货币政策方向性效应的实证研究。近年来，货币政策地区间效应非对称性问题也引起了关注。卡利诺和德菲纳（Carlino & DeFina，1999）、欧阳和沃尔（Owyang & Wall，

* 本文原载于《技术经济与数量经济研究》2009年第2期。共同作者：卢盛荣。

2004）、乔葛坡罗斯（Georgopoulos，2001）、阿诺德和弗鲁格特（Arnold & Vrugt，2002a，2002b）、菲尔丁和希尔兹（Fielding & Shields，2005）等分别探讨了美国、德国、加拿大、荷兰和南非等国货币政策效应的地区间差异。

卡利诺和德菲纳（1999）发现，各州对联邦货币政策的反应差异明显，有时甚至巨大。欧阳和沃尔（2004）对美国八大经济区的研究表明，利率渠道和信贷渠道对货币政策区域效应有一定解释力。但是，货币政策的地区间效应差异随着时间的推移有所变动。同时，他们还发现，由货币政策引起的经济衰退中，经济衰退深度的区域差异和银行部门的集中度相关，而经济衰退总成本的区域差异和工业构成（制造业比重）相关。

阿诺德和弗鲁格特（2002a）运用VAR模型和IFR检验了德国1970～2000年利率冲击对地区产出的影响。发现货币政策的区域效应不同与产业结构相关，与企业规模和银行规模不相关。阿诺德和弗鲁格特（2002b）运用地区和行业相结合的方法考察了荷兰1973～1993年货币政策的区域效应。证实了其在荷兰的存在性，而且和工业构成相关。菲尔丁和希尔兹（2005）对南非9个省1997～2005年的研究表明，货币政策变化会对各地区的相对价格水平产生巨大且持续的影响。

国内学者关于中国货币政策效应的区域非对称性的实证研究，目前还比较少。宋旺和钟正生（2006）利用VAR模型和IRF检验；丁文丽（2005，2006）运用协整关系检验和格兰杰因果关系检验证实了中国货币政策效应的区域非对称性。

但是，既有的研究或是仅对货币政策的方向效应非对称性进行研究，或是仅对货币政策区域效应非对称性进行研究，没有同时考虑两者的研究。本文关注的问题是：货币政策效应的地区间差异仅是一种量级或时滞上的不同，还是一种方向上的系统性差异，抑或两者同时兼具？造成这些差异的原因及其可能的解释和推论。

二、中国地区间货币政策效应双重非对称性的统计观察

在我国的经济周期过程中，地区间货币政策效应双重非对称性可以通过统计观察得到感性认识。

第一，货币政策效应的地区非对称性可以从同一货币区内不同地区经济周期的非同步性上得到间接证明。其思路是：在经济周期中，政府一般会采取货币政策进行调控。各地区的经济周期非同步，有可能是货币政策在各地区的时

滞不一、反应不一造成的。当然，这只是一种间接推论。很可能不同地区的经济周期本来就是不同步的，它也可能是财政政策等其他政策调控的结果。因此，对于统计观察的结果，我们需要做进一步的实证检验。从表 1 和图 1 可以看出，长期以来，我国东、中、西部地区经济周期存在着非同步性。①

表 1　　我国东部、中部、西部地区经济周期比较

指标	全国	东部	中部	西部
波谷	1986 年	1986 年	1986 年	1986 年
	—	—	1989 年	1989 年
	1990 年	1990 年	—	—
	—	—	1991 年	1991 年
	—	1994 年	1994 年	1994 年
	—	1996 年	—	—
	1999 年	1999 年	1999 年	—
	—	—	—	2000 年
	2001 年	2001 年	2001 年	—
	—	2004 年	—	—
	—	—	—	2005 年
波峰	1987 年	1987 年	1987 年	—
	—	—	—	1988 年
	—	—	1990 年	1990 年
	1992 年	—	1992 年	—
	—	1993 年	—	1993 年
	—	1995 年	1995 年	—
	—	—	—	1996 年
	—	1997 年	—	—
	2000 年	2000 年	2000 年	—
	—	2003 年	—	—
	—	—	2004 年	2004 年
	—	2005 年	—	—

资料来源：根据中国经济信息网数据库相关数据计算获得。

第二，货币政策的实施不仅存在地区间的时滞差异，而且存在方向上及程度上的系统性差异（见表 2）。从表 2 可以看出不同年份地区间经济波动与货币政策调控之间的关系。

① 在本文中，东部地区包括北京、天津、河北、辽宁、上海、江苏、浙江、福建、山东、广东、海南 11 个省份；中部地区包括山西、吉林、黑龙江、安徽、江西、河南、湖北、湖南 8 个省份；西部地区包括四川、重庆、贵州、云南、西藏、陕西、甘肃、青海、宁夏、新疆、内蒙古、广西 12 个省份。

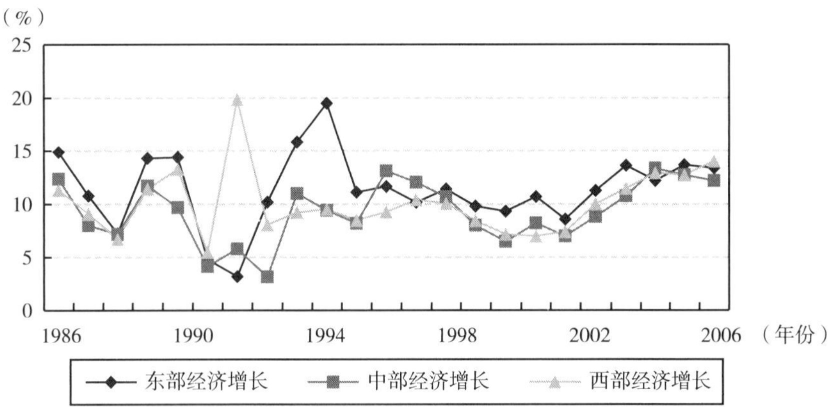

图1　东部、中部、西部经济周期比较

表2　　　　紧缩与扩张货币政策下各地区经济反应的非对称性

<table>
<tr><th>年份</th><th>M_2 振幅（%）</th><th>东部地区贷款总额的振幅（%）</th><th>中部地区贷款总额的振幅（%）</th><th>西部地区贷款总额的振幅（%）</th><th>东部地区GDP振幅（%）</th><th>中部地区GDP振幅（%）</th><th>西部地区GDP振幅（%）</th></tr>
<tr><td>1985</td><td>-22.1</td><td>-24.1</td><td>-12.6</td><td>-5.6</td><td>-4.1</td><td>-4.4</td><td>-2.2</td></tr>
<tr><td>1986</td><td>+12.3</td><td>+16</td><td>+7.3</td><td>+8.2</td><td>-3.6</td><td>-0.8</td><td>-2.4</td></tr>
<tr><td>1987</td><td>-5.3</td><td>-13.3</td><td>-13.1</td><td>-15.4</td><td>7.1</td><td>4.5</td><td>4.7</td></tr>
<tr><td>1988</td><td>-2.8</td><td>-1.7</td><td>-0.8</td><td>-3.1</td><td>0.1</td><td>-2</td><td>1.9</td></tr>
<tr><td>1989</td><td>4.5</td><td>-4.2</td><td>0.8</td><td>1.8</td><td>-9.6</td><td>-5.5</td><td>-7.8</td></tr>
<tr><td>1990</td><td>2.5</td><td>5.9</td><td>26</td><td>3.6</td><td rowspan="3">11</td><td rowspan="3">6.7</td><td rowspan="3">3.7</td></tr>
<tr><td>1991</td><td>-0.6</td><td>-2.3</td><td>-19.6</td><td>2.7</td></tr>
<tr><td>1992</td><td>-5.1</td><td>-3.8</td><td>-2.5</td><td>-1.9</td></tr>
<tr><td>1993</td><td>-6.2</td><td>0.6</td><td>3.3</td><td>1.6</td><td rowspan="4">-5.6</td><td rowspan="4">1.1</td><td rowspan="4">1.2</td></tr>
<tr><td>1994</td><td>8</td><td>-1</td><td>-1</td><td>-2</td></tr>
<tr><td>1995</td><td>-5</td><td>1.7</td><td>1</td><td>-0.6</td></tr>
<tr><td>1996</td><td>-4.2</td><td>-4.7</td><td>2.6</td><td>-6.1</td></tr>
<tr><td>1997</td><td>-5.7</td><td>2.3</td><td>-3.6</td><td>-9.4</td><td rowspan="6">1</td><td rowspan="6">-3.2</td><td rowspan="6">-0.4</td></tr>
<tr><td>1998</td><td>-4.8</td><td>-7.7</td><td>-8.4</td><td>0.2</td></tr>
<tr><td>1999</td><td>-0.1</td><td>-1.3</td><td>-5.2</td><td>1.2</td></tr>
<tr><td>2000</td><td>-2.4</td><td>-4</td><td>-3.3</td><td>-7.9</td></tr>
<tr><td>2001</td><td>5.3</td><td>4.9</td><td>3.7</td><td>5.6</td></tr>
<tr><td>2002</td><td>-0.7</td><td>6.2</td><td>4.6</td><td>4.4</td></tr>
<tr><td>2003</td><td>2.7</td><td>3.8</td><td>2.1</td><td>4.3</td><td rowspan="4">2.2</td><td rowspan="4">3.4</td><td rowspan="4">4</td></tr>
<tr><td>2004</td><td>-4.7</td><td>-10.4</td><td>-5.8</td><td>6.3</td></tr>
<tr><td>2005</td><td>2.7</td><td>-3.6</td><td>-6</td><td>-4.5</td></tr>
<tr><td>2006</td><td>-1.9</td><td>5.4</td><td>11.1</td><td>8.1</td></tr>
</table>

注：表中振幅表示当期的增长率减去上一期的增长率，其中阶段性的振幅是指该阶段的最后一期与上一阶段的最后一期相比较，例如，1993~1996年，东部经济振幅=1996年GDP增长率-1992年GDP增长率=-5.6%。

1984～1992 年是中国货币政策实施的初期阶段。该阶段各地区经济对央行货币政策的反应特征是：紧缩性政策的时滞要短于扩张性政策，东部地区经济对这两种政策方向的反应，无论在速度上还是在强度上要快于和高于中西部地区经济的反应。

1993～1996 年，货币政策的目标是反通货膨胀。东部对适度从紧的货币政策的反应是顺方向而且敏感的，东部经济增长率比上一阶段下降了 5.6%，而中、西部对货币政策的反应是逆方向且较不敏感。中、西部地区的经济增长率比上一阶段非但不下降，反而提高了 1.1% 和 1.2%。

1997～2002 年，央行实施带有扩张性的货币政策，从其对地区经济运行的影响看，东部地区基本上是顺方向的，经济增长率比上一阶段提高了 1 个百分点，而中、西部地区则是逆方向的，经济增长率反而比上一阶段下降了 3.2 个百分点、0.4 个百分点。

2003 年至今，央行实行“稳健且适度从紧”的政策，东部地区经济增长率比上一阶段提高了 2.2 个百分点，而中、西部地区经济增长率却比上一阶段分别上升了 3.4 个百分点、4 个百分点。

总之，对于扩张性或紧缩性货币政策，东部经济的反应与中、西部经济的反应存在方向上及程度上的系统性差异。

三、地区间货币政策效应双重非对称性的实证检验

对于统计观察得出的假说，需要进行实证检验。

（一）数据与平稳性检验

本文采用 1978～2006 年的时间序列数据，包括实际货币供应量 M，物价指数 P，出口 EX，全国实际产出 Y，东、中、西部实际产出 Y_1、Y_2、Y_3。[①] 所有变量均取自然对数，其原始数据从《新中国五十五年统计资料汇编》、《中国金融统计》及中国经济信息网数据库收集整理得到。

为防止非平稳性时间序列计量检验可能产生的伪回归，在估计前先对所

① $M = \ln(M2/P\_GDP)$，P_GDP 为 GDP 平减指数（1978 年为 100），Y = 名义 GDP/GDP 平减指数 Y_1、Y_2、Y_3 计算方法同 Y。

有变量用扩充迪基—富勒检验（ADF）进行平稳性检验（由于篇幅所限，这里将检验结果省略）。发现 Y、M、P、EX 和 Y_1、Y_2、Y_3 都是非平稳的。对它们的一阶差分进行平稳性检验，结果表明，经过一阶差分以后的时间序列分别在1%、5%、10%显著性水平上都是平稳的。从变量定义可知，其一阶差分为全国实际产出增长率（GY）、通货膨胀率（π）、货币供给增长率（GM）、出口增长率（GEX）和东部、中部、西部实际产出增长率（GY_1、GY_2、GY_3）。

（二）模型设定与估计结果分析

根据货币政策决策机制集中、政策工具统一的特点，研究分两步：首先，估计全国的货币供给方程，得出正或负的货币供给冲击序列（残差项）；其次，纳入此前得到的货币供给冲击，估计各地区产出方程，计算正负货币供给冲击对各地区实际产出的影响。

1. 货币供给冲击估计

为使研究结果具有可比性，本文借鉴了巴罗（Barro，1977）、米恩－什金（Min-shkin，1982）、科弗（Cover，1992）、陈建斌（2006）的模型设定：

$$GM = C_1 + \sum_{i=1}^{p} \beta_i GM_{t-i} + \sum_{s=1}^{k} \lambda_i X_{t-s} + \varepsilon_t \qquad (1)$$

其中，GM 为实际货币供给增长率；X 为解释变量向量 $\{\pi, GY, GEX\}$，π、GY、GEX 分别为全国的通货膨胀率、实际产出增长率、出口增长率；ε_t 为残差项；p，k 分别为相应解释变量的滞后阶数，C_1 为常数项。

从残差项可以得到货币供给冲击，正的残差项表示为正的货币供给冲击（pos），代表扩张性货币政策，在数量上等于 max（$shock$，0）；负的残差项为负的货币冲击（neg），代表紧缩性货币政策，在数量上等于 min（$shock$，0）。正负货币供给冲击可按下式算出：

$$pos_t = 1/2[\text{abs}(\text{shock}_t) + shock_t]$$

$$neg_t = -(1/2)[\text{abs}(\text{shock}_t) - shock_t]$$

其中，abs（$shockt$）为货币供给冲击的绝对值。

对式（1）进行估计，货币供给方程的回归结果如表3所示。

表3　　货币供给方程估计结果

变量	模型1	模型2	模型3
C	0.181249 *	0.397657 ***	0.666590 ***
GM (-1)	-0.129308 *	-0.124256 *	-0.400618 *
GM (-2)		0.016950	0.061108
π (-1)	-0.244181	-0.310905	-0.289965
π (-2)		0.552987 **	0.459556 *
π (-3)			0.551908 *
GY (-1)	0.2561693 *	0.331821	0.307518
GY (-2)		0.609670 *	-0.508101 *
GY (-3)			-0.605418 *
GEX (-1)	-0.165790 **	-0.211110 **	-0.217878 *
GEX (-2)		-0.008006	-0.113084
GEX (-3)			0.007176
$\overline{R^2}$	0.324330	0.405784	0.479568
AIC	-2.769719	-2.775999	-2.878509
SC	-2.529749	-2.340504	-2.293448
F-Statistic	4.120087	3.134027	3.010506

注：括号内是标准差。***、**、*分别表示回归系数的显著性水平为1%、5%、10%。

综合比较3个模型的参数显著性、拟合优度、信息准则和*F*统计量后，选择模型2的残差项计算货币供给冲击。

图2显示的是从货币供给方程残差项中得到的体现货币政策扩张与紧缩方向与程度的货币供给冲击。

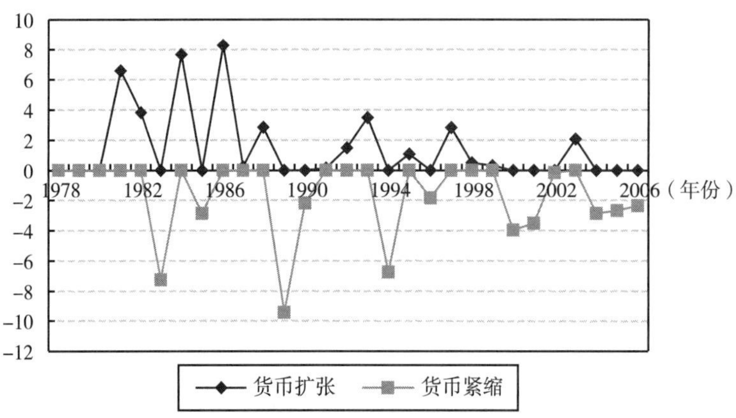

图2　货币供给冲击表示的货币政策方向

2. 货币政策效应的双重非对称性估计

除了货币供给冲击之外，全国产出水平也会显著影响地区产出水平。因此本文将全国产出、各地区产出的滞后项和货币供给冲击作为解释变量，以期分解出单纯货币供给冲击对地区经济的影响。因此设定各地区产出方程如下：

$$GY_{jt} = C_{j2} + \sum_{i=1}^{s}\rho_{ji}GY_{jt-i} + \sum_{i=0}^{r}\gamma_{ji}GY_{t-i} + \sum_{i=0}^{m}\theta_{ji}pos_{t-i} + \sum_{i=0}^{m}\eta_{ji}neg_{t-i} + \mu_{jt} \quad (2)$$

其中，GY_j：$j=1$，2，3 分别为东、中、西部实际产出增长率；GY 为全国实际产出增长率；pos 为正的货币供给冲击；neg 为负的货币供给冲击；μ_j 为各地区回归方程残差项；C_{j2} 为各地区回归方程常数项；ρ_j、γ_j、θ_j、η_j 为相应解释变量系数，s、r、m 为各地区实际产出增长率、全国实际产出增长率和货币供给冲击的滞后阶数。基于可比性考虑，各地区产出方程选择一致的滞后阶数。

货币供给冲击系数表示货币政策作用于实际产出的效果，当 $\sum_{i=0}^{m}\theta_{ji} \neq 0$ 时，表示扩张性货币政策有实际效果，否则表示扩张性货币政策无效；当 $\sum_{i=0}^{m}\eta_{ji} \neq 0$ 时，表示紧缩性货币政策有实际效果，否则表示紧缩性货币政策不影响实际产出；当 $\sum_{i=0}^{m}\theta_{ji} \neq \sum_{i=0}^{m}\eta_{ji}$ 时，意味着扩张性货币政策与紧缩性货币政策存在非对称性；特别地，当 $\sum_{i=0}^{m}\theta_{1i} \neq \sum_{i=0}^{m}\theta_{2i} \neq \sum_{i=0}^{m}\theta_{3i}$、$\sum_{i=0}^{m}\eta_{1i} \neq \sum_{i=0}^{m}\eta_{2i} \neq \sum_{i=0}^{m}\eta_{3i}$ 时，则意味扩张性货币政策和紧缩性货币政策在区域上都存在非对称性。各地区产出方程的估计结果如表 4 所示。

表 4　　各地区产出方程估计结果

变量	模型 1			模型 2		
	东部	中部	西部	东部	中部	西部
C_{j2}	0. 015506 **	0. 013677	0. 09404 ***	0. 04326 **	0. 013139	0. 07689 **
GY	0. 91750 ***	0. 520970 **	0. 003943	1. 03557 ***	0. 618320 ***	0. 101791
GY_j（−1）	0. 019235	0. 328555 *	−0. 020366	−0. 078395	0. 364855 *	0. 121515
pos_j（t）	0. 350144 **	0. 122395	−0. 205781	0. 361209 **	0. 272563	0. 376137
pos_j（−1）	0. 29602 **	−0. 132435 *	0. 269244	0. 332882 **	−0. 11704	−0. 52263 *
pos_j（−2）				0. 342738 **	0. 369954 *	0. 176047
neg_i（t）	−0. 119252	−0. 183685 *	0. 286638	−0. 171522	−0. 487059 *	−0. 53222 **
neg_j（−1）	−0. 179869 *	0. 003267	−0. 50013 *	−0. 210521 *	−0. 025367	0. 172435
neg_j（−2）				−0. 206184	0. 070096	0. 187813
neg_j（−3）						
$\overline{R^2}$	0. 759941	0. 226651	0. 265620	0. 828289	0. 331174	0. 334617
AIC	−5. 327178	−4. 476163	−4. 158239	−5. 571977	−4. 530841	−4. 079258

续表

变量	模型1			模型2		
	东部	中部	西部	东部	中部	西部
SC	-4.985893	-4.134878	-3.816953	-5.130207	-4.089070	-3.637488
F-Statistic	13.66258	3.172308	2.085081	14.86828	2.423575	2.942925
$\sum(pos_j)$	0.646165	-0.01004	0.063463	1.036829	0.525477	0.029554
$\sum(neg_j)$	-0.299121	-0.180418	-0.213492	-0.588227	-0.44233	-0.17197
H_0 假设						
$pos_j = neg_j$	3.108897 * (0.0948)	0.686401 (041821)	3.34021 * (0.0842)	4.047068 * (0.0626)	3.180808 * (0.0947)	2.734551 (0.1190)
$pos_j = 0$	1.022355 (0.3797)	0.288536 (0.7528)	0.875745 (0.4336)	7.431840 * (0.0593)	1.010690 (0.4154)	0.895817 (0.4661)
$neg_j = 0$	5.2381 ** (0.0161)	5.405505 * (0.06726)	2.870505 * (0.0828)	2.349316 (0.1131)	1.411264 (0.2784)	6.068206 * (0.0983)
$\sum(pos_j) = 0$	1.881062 (0.1871)	0.289751 (0.5970)	0.025428 (0.8751)	6.476222 ** (0.0224)	1.260505 (0.2792)	0.124238 (0.7294)
$\sum(neg_j) = 0$	10.4150 *** (0.0047)	3.1130 * (0.0973)	3.373175 * (0.0549)	17.01128 *** (0.0009)	4.574374 * (0.0528)	3.57901 * (0.0804)
$\sum(pos_j) = \sum(neg_j)$	9.02554 *** (0.0076)	3.125019 * (0.0727)	3.24008 * (0.0631)	20.71547 *** (0.0004)	3.573248 * (0.09295)	3.06388 * (0.0962)

变量	模型3		
	东部	中部	西部
C_{j2}	0.04510 **	-0.00402	0.07757
GY	0.986022 ***	0.55817 **	0.06922
$GY_j(-1)$	0.013985	0.55563 **	0.12159
$pos_j(t)$	0.569501 ***	0.47838	0.336712
$pos_j(-1)$	0.403158 **	-0.306055	-0.60025
$pos_j(-2)$	0.399018 ***	0.42170 **	0.14234
$pos_j(-3)$	0.129673	-0.44602 *	-0.05784
$neg_j(t)$	-0.212411	-0.8126 **	-0.42326 **
$neg_j(-1)$	-0.375735 **	-0.138643	0.304461
$neg_j(-2)$	-0.225613	-0.080677	0.077868
$neg_j(-3)$	0.20858	0.35997	-0.17864
$\overline{R^2}$	0.850360	0.489269	0.176634
AIC	-5.641967	-4.800695	-3.867708
SC	-5.098904	-4.25632	-3.324646
F-Statistic	13.50191	3.107550	4.66974

续表

变量	模型3		
	东部	中部	西部
$\sum(pos_j)$	1.50135	0.148005	-0.179038
$\sum(neg_j)$	-0.605179	-0.67195	-0.219571
H_0 假设			
$pos_j = neg_j$	4.345453 * (0.0591)	7.763607 ** (0.0165)	2.058102 (0.1769)
$pos_j = 0$	9.397265 * (0.0519)	2.157865 (0.1359)	3.511963 * (0.0728)
$neg_j = 0$	5.807005 *** (0.0077)	3.012280 * (0.0618)	5.403832 ** (0.0248)
$\sum(pos_j) = 0$	7.117137 ** (0.0205)	3.660075 * (0.0557)	0.161979 (0.6944)
$\sum(neg_j) = 0$	17.47576 *** (0.0013)	0.067334 (0.7953)	3.042456 * (0.0840)
$\sum(pos_j) = \sum(neg_j)$	24.10829 *** (0.0004)	1.540181 (0.2146)	0.001492 (0.9698)

注：(1) 括号内是标准差。***、**、* 分别表示在1%、5%、10%水平上显著。(2) 对虚拟假设进行受约束条件下的 Wald 检验，此处 Wald 统计量近似服从 $\chi^2(q)$ 分布，q 为约束条件个数。假设检验中第一行数字是 Wald 统计量，第二行括号中数字是统计量的 p 值，表示系数的最大显著性水平。(3) 对应的正负冲击系数都为相等。(4) 正的冲击系数为0。(5) 负的冲击系数为0。(6) 正的冲击系数之和为0。(7) 负的冲击系数之和为0。(8) 正负冲击系数之和相等。

从表4可以得出以下结论：对于正向货币政策冲击，东、中、西部经济的反应各不相同，东部在当期就予以正向反应，而且影响系数在统计上显著，但是，滞后二期的系数在统计上均不显著，说明正向货币政策冲击的持续时间不长；而对于中西部，无论是在当期，还是在滞后期反应系数统计上几乎不显著，而且正向反应系数较小。对于负向的货币政策冲击，东部在当期尽管呈现负向反应，但是在统计上不显著，只是到了滞后一期才出现在统计上显著的负向反应，其余滞后期的反应系数在统计上均不显著；相反，中西部在当期就予以负向反应，且负向反应系数在统计上显著。同时，东、中、西部经济各自面对货币政策正负冲击的反应系数存在明显的非对称性：东部经济对货币政策正冲击的反应系数绝对值明显大于对货币政策负冲击的反应系数绝对值；中西部经济则相反，对货币政策正冲击的反应系数的绝对值明显小于对货币政策负冲击的反应系数的绝对值。

3. 货币政策地区效应在经济周期上的非对称性

为了检验货币政策效应是否依赖于政策实施时各地区所处的经济周期阶段，首先必须识别样本期各个时期的经济状态。鉴于现代经济基本上不存在负增长状态，因此我们把经济周期分解成扩张（高增长）与衰退（低增长）两个阶段，利用平滑产出缺口方法描述样本期我国各地区的经济周期阶段，具体步骤如下：第一，计算经济增长中的波动成分。由各地区实际经济增长率与潜在经济增长率之间的缺口得出。潜在经济增长率的估计使用 Hodrick-Prescott 滤波方法，先求出趋势成分 Y_{jt}^{T}，然后得出波动成分 $Y_{jt}^{C} = Y_{jt} - Y_{jt}^{T}$（其中 $j = 1$，2，3，分别表示东、中、西部）。第二，分别确定各地区经济周期所处的阶段。对各地区经济增长率的波动成分取一阶差分，用 ΔY_{jt}^{C} 表示。当 $\Delta Y_{jt}^{C} > 0$ 时，表示增长率上升，经济处于扩张阶段；当 $\Delta Y_{jt}^{C} < 0$ 时，表示增长率下降，经济处于衰退阶段。为了将经济周期纳入模型，设立虚拟变量 D_{jt}，令其在衰退期 $D_{jt} = 1$，扩张期 $D_{jt} = 0$。估计下列方程检验货币政策的地区效应是否存在经济周期上的非对称性：

$$GY_{jt} = C_{j3} + \phi_{j1} D_{jt} \times pos_t + \phi_{j2} D_{jt} \times neg_t + \sum_{i=0}^{m} \theta'_{ji} pos_{t-i} + \sum_{i=0}^{m} \eta'_{ji} neg_{t-i} + e_{jt} \tag{3}$$

其中，D 和 pos 以及 D 和 neg 的交互项表示经济周期对货币政策作用的影响。当 ϕ_j 在统计上显著不为 0 时，则表明货币政策对实际产出的作用依赖于政策实施时经济所处的周期阶段；如果 $\phi_j > 0$，则表明衰退时期货币政策效应强于扩张时期。

模型估计结果可能对解释变量滞后长度敏感，取货币供给冲击的 0 ~ 5 阶滞后，检验结果如表 5 所示。表 5 给出了式（3）中交互项 ϕ_j 的估计值，表示经济周期对货币政策作用的影响，括号中的数字是相应的标准差。可以看出大多数估计值在 5% 或 10% 的水平上都显著，表明货币政策对各地区实际经济的影响与经济周期阶段有关，存在货币政策效应在经济周期的非对称性，这与陈建斌（2006）的结论不同。

表 5　　　　经济周期影响货币政策效应的检验结果

货币政策滞后阶数	0	1	2	3	4
$D_{1t} \times pos_t$	-2.398777 (0.644651)	-2.182087 (0.788689)	-0.347802 (0.908106)	-2.179400 (0.663214)	-2.365250 (0.650487)
$D_{1t} \times neg_t$	1.069507 (0.541283)	1.708343 (0.448275)	1.260846 (0.367151)	1.630295 (0.426950)	1.451541 (0.396185)
$D_{2t} \times pos_t$	-0.678216 (0.479945)	-0.243815 (0.324733)	-0.037267 (0.229943)	-0.354886 (0.340970)	-1.803841 (0.442829)
$D_{2t} \times neg_t$	1.765664 (0.749960)	1.247108 (0.472711)	0.969161 (0.302128)	1.248682 (0.432544)	1.417417 (0.294204)
$D_{3t} \times pos_t$	-1.414306 (0.849497)	-1.806666 (0.872477)	0.702795 (1.034787)	-1.324900 (0.841381)	-1.682936 (0.778335)
$D_{3t} \times neg_t$	0.434211 (1.057837)	1.217760 (0.522907)	0.733599 (0.431191)	1.029992 (0.512070)	1.177067 (0.484233)

注：括号内数字为标准差。

四、稳健性检验

尽管已初步验证了货币政策对各地区实际产出的影响依赖于经济周期的不同阶段。但仍无法确保检验结果的稳健性及货币政策对产出影响的灵敏性。因此，我们构建具有马尔可夫区制转移的模型，对此前结论是否稳健（robust）进行检验。根据本文所使用的变量数据，仅选择具有二状态二阶的马尔可夫区制转移模型。

（一）具有马尔可夫区制转移的模型

根据汉密尔顿（Hamilton，1989）的模型方法，利用不可观测的离散变量 $S_i \in \{1, \cdots, m\}$ 表示某个时间序列中的区制状态，并且假设 $\{S_t\}$ 是一个具有 m 状态的一阶马尔可夫链，其转移概率为：

$$p_{ij} = P[S_t = j \mid S_{t-1} = i]; \sum_{j=1}^{m} p_{ij} = 1; i = 1, \cdots, m \qquad (4)$$

具有区制划分的时间序列处于某个特定区制的无条件概率为：

$$p_i = P[S_t = i]; \sum_{i=1}^{m} p_i = 1; i = 1, \cdots, m \qquad (5)$$

可以利用滤波概率或平滑概率来估计上述区制取值概率，而该估计值表示时间序列处于各种区制状态的可能性（Kim & Nelson，1999）。

于是可以得到具有马尔可夫区制转移的模型：

$$Z_{jt}(S_t)=y_{jt}-\mu_j(S_t)-\beta_j(S_t)X_t \tag{6}$$

$$Z_{jt}(S_t)=\rho_{j1}Z_{jt-1}(S_t)+\rho_{j2}Z_{jt-2}(S_t)+\varepsilon_{jt} \tag{7}$$

其中，下标 $j=1$，2，3 表示东、中、西部，y_{1t}、y_{2t}、y_{3t}为东、中、西部实际产出增长率；X_t 为货币供给 M2 的增长率；估计得出依赖区制状态的均值向量形式用$\mu_j(S_t)$表示，其中，$\mu_j(S_t)=[\mu_1(S_t),\mu_2(S_t),\mu_3(S_t)]'$，分别表示区制状态 S_t 下，东、中、西部实际产出增长率的条件均值；$\beta_j=[\beta_1,\beta_2,\beta_3]'$用于度量区制状态 S_t 下货币政策地区效应对各地区经济周期阶段的依赖性；ρ 为自回归系数；ε_{jt}为残差项，$\varepsilon_{jt}\sim i.i.d.$（0，$\sigma_j^2$）。

（二）具有马尔可夫区制转移模型的估计与相关性分析

我们将各地区产出增长状态划分为两个区制，其中，区制 1（$S_t=1$）表示"低速增长阶段"、区制 2（$S_t=2$）表示"高速增长阶段"。$\mu_1(S_t)$、$\mu_2(S_t)$、$\mu_3(S_t)$分别表示东、中、西部产出增长过程中相应区制中的条件均值。由于区制阶段的限制，增长率条件均值的参数约束为$\mu_j(1)<\mu_j(2)$。$\beta_1(S_t)$、$\beta_2(S_t)$、$\beta_3(S_t)$分别表示货币供给增长率在对应区制中对东、中、西部经济增长率影响系数的条件均值。

在表 6 和表 7 中，除区制 1 的西部地区产出增长率均值的估计值，以及区制 1 的货币供给对东部、西部地区产出增长率的影响系数均值的估计值以外，其余参数估计在 1% 或 5% 的水平上均显著，这意味着模型估计的整体效果较好。东部两个经济周期阶段的增长率均值分别是 9.5117、11.603，中部是 10.170、11.270，西部是 3.8001、9.3469，这分别对应着各地区经济"低速增长""高速增长"阶段的平均增长率。在东部的两个经济周期阶段，货币供给对其产出增长的影响系数均值是 -0.0037247、0.65227，中部是 -0.14817、0.038745，西部是 -0.088282、0.13293。从这些各地区区制均值差异可以看出，我国东、中部经济增长率波动十分显著，而西部波动较少。各地区经济增长率的均值存在一定差异。货币政策对东、中、西部产出的影响效果呈现明显的非对称性。各地区在各自的高速增长阶段（区制 2），货币政策对东部产出的影响系数明显大于对中西部（东、中、西部地区该系数分别为 0.65227、0.038745、

0.13293）。各地区在各自的低速增长阶段（区制1），货币政策对各地区产出的影响系数为负值，但东部产出的负向影响系数明显弱于中西部（东、中、西部该系数分别为-0.0037247、-0.14817、-0.088282）。

表6　　东部、中部、西部产出增长过程中的条件均值估计

参数	估计值	标准差	t-统计量
μ_1（1）	9.5117	1.0365	9.1769***
μ_1（2）	11.603	2.0299	5.7160***
μ_2（1）	10.170	0.83073	12.242***
μ_2（2）	11.270	0.89734	12.559***
μ_3（1）	3.8001	2.6270	1.4465
μ_3（2）	9.3469	1.4479	6.4555***

注：括号内是标准差。***表示在1%水平上显著。

表7　　货币供给对东、中、西部经济增长影响系数的条件均值估计

参数	估计值	标准差	t-统计量
β_1（1）	-0.0037247	0.025904	-0.14379
β_1（2）	0.65227	0.098149	6.6457***
β_2（1）	-0.14817	0.031808	-4.6582***
β_2（2）	0.038745	0.025575	1.5149
β_3（1）	-0.088282	0.078513	-1.1244
β_3（2）	0.13293	0.039696	3.3486***

注：括号内是标准差。***表示在1%水平上显著。

获得东、中、西部产出增长率的区制估计后，可以分别根据各地区产出增长率的区制划分，将相同区制中的产出增长率和货币供给增长率作为一组，计算不同区制（经济周期阶段）中产出增长率与货币供给增长率之间的相关性。计算结果为，东部产出增长率与货币供给增长率在全样本区域内的相关系数为0.6416，区制2内的相关系数为0.5969，区制1内的相关系数为-0.1222。随着区制状态中经济增长速度的提高，货币供给增长率与产出的增长率之间的相关系数由负变正；中部产出增长率与货币供给增长率在全样本区域内的相关系数为0.3221，区制2内的相关系数为0.5227，在区制1内的相关系数为-0.1873。随着区制状态中经济增长速度的提高，货币供给增长率与产出的增长率之间的相关系数由负变正；西部产出增长率与货币供给增长率在全样本区域内的相关系数为0.4377，区制2内的相关系数为0.4439，在区制1内的相关系数为-0.1880。随着区制状态中经济增长速度的提高，货币供给增长率与产出的增长率之间的相关系数也是由负变正。

计算结果表明，虽然整体上货币供给增长率与产出增长率之间存在正相关关系，但在不同区制内二者的相关关系有所不同。依赖于产出增长率的取值区间（即区制状态），东、中、西部不同区制间相关系数存在差异。各地区在其增长速度较高时期，货币与产出之间的正相关关系，东部最强，中部次之，西部最弱；各地区在其增长速度较低时期，货币与产出之间的负相关关系，西部最强，中部次之，东部最弱。这就证实了各地区货币与产出之间关系的非对称性。

五、结论与启示

上述研究初步证实了，目前在我国，货币政策不仅存在方向上的效应非对称性，扩张性政策与紧缩性政策之间的非对称性，而且又同时体现为区域之间的非对称性。在中西部地区，扩张性货币政策的反应弹性小于紧缩性货币政策的反应弹性；在东部地区，紧缩性货币政策的反应弹性小于扩张性货币政策的反应弹性。因此，货币政策效应的地区间差异不仅是一种量级或时滞上的不同，而且是一种方向上的系统性差异，二者同时兼具，我们称之为货币政策地区间效应的双重非对称性。对于同一个中央银行的货币政策调控行为，东、中、西部地区的政策反应不相同，而且这种不同从动态角度来看，具有累积效应，也即如果假定其他情况不变，那么，在较长期的经济周期过程中，中央银行统一的货币政策调控，会使我国现存的东、中、西部地区之间的经济差距进一步扩大。

深入研究产生货币政策地区间效应双重非对称性的成因，显然十分必要，但已非本文篇幅所允许。这里提出几点猜想性解释，以待进一步研究证实。

第一，地区经济周期的不一致，使逆经济周期的货币政策在不同地区效果不同。若 A 地区正处于经济过热期，而 B 地区正处于经济收缩期，此时，如果央行实行的是紧缩性货币政策，显然将会使后者的经济进一步衰退，而且下降幅度远大于前者。

第二，地区间经济发展水平差异。经济发展水平差距较大的不同地区之间，经济的扩张与收缩非同步，即使在发达国家内也是存在的。在这种情况下，货币政策的地区间效应非对称性在一定程度上与地区间的资金利润率差异有关。当经济衰退时，央行实行扩张性货币政策。东部发达地区企业的资金利润率相对较高，容易获得增加的信贷投入，它使东部经济先行扩张；当经济过热时，央行实施紧缩货币政策，商业银行为了保证利润，往往先收缩利润率较低的中西部地区贷款，导致当地区经济先行收缩。东部地区先行步入景气区间，却后于中西部地区收缩，中西部地区后步入景气区间，却先于东部地区收缩，也就导致了两类地区之间的货币政策的地区间效应非对称性。

第三，地区间经济结构差异。地区间经济结构差异在一定程度上也是货币政策的地区间效应非对称性的一个原因。以产业结构而论，能够产生货币政策的地区间效应非对称性的可能不是地区间上下游产业的不同分布，因为上下游产业的不同分布，所导致的经济扩张与收缩的传递，更可能是时序继起的，从逻辑上看，不应出现货币政策的地区间效应非对称性，但是，如果地区间的产业分布带有明显的朝阳产业与夕阳产业的差异，那么，货币政策的地区间效应非对称性在逻辑上则是可能的。除了产业结构之外，其他的地区间经济结构差异对货币政策的地区间效应非对称性的影响，也是值得探讨的。

第四，开放与市场发育程度不同。东部与中西部地区在对外开放与市场发育程度上的差别，也会造成货币政策的地区间效应非对称性。货币政策具有决策机制集中、政策工具统一的特点。尽管如此，对外开放与市场发育程度的不同，却会导致东西部地区在央行实施扩张或紧缩政策时不同的反应。一般而言，东部地区由于对外开放程度和市场发育水平较高，FDI 企业及民营企业比重大，市场比较活跃，在经济扩张期，当地经济对扩张的货币政策反应弹性会比中西部更大，而且由于交易和获利机会较多，其对扩张政策的响应力度也会比中西部更大；而在经济紧缩期，东部地区由于对外开放程度与市场发育水平较高，企业尤其是 FDI 企业和民营企业比起中西部地区的企业而言，获得其他资金来源的机会要更多一些，因而对紧缩政策的反应会较为迟滞，反应弹性会小一些。这也将导致货币政策的地区间效应非对称性的产生。

货币政策双重非对称性的存在对于货币政策的实践意义在于：一般而言，民族国家必须实行统一的货币政策。但是，统一货币政策的基础是民族国家的市场是统一的，各地区之间的经济发展水平差异控制在一定范围之内，民族国家经济体因此构成了一个最优货币区。在现实经济中，这些条件当然只能是一种近似。因此，货币政策双重非对称性的存在对于货币政策实践提出的一个问题是：首先，民族国家经济体内部的地区间经济差异在何种范围之内，可以视为仍然属于一个最优货币区，从而实行统一的货币政策？其次，如果这个经济差异较大，那么大到何种程度，央行必须因地制宜地实行差别化的货币政策？差别化的程度应当控制在何种范围之内？最后，在特定时期内实行一定程度的差别化货币政策，目的在于促进地区间经济差距的缩小，最终实行全国统一的货币政策。但是，差别化的货币政策在多大程度上能够实现这一政策目标，也仍然是值得思考和讨论的。

参考文献

［1］陈建斌:《政策方向、经济周期与货币政策效力非对称性》，载《管理世界》2006年第9期。

［2］丁文丽:《转轨时期中国货币政策效力的区域差异研究》，中国社会科学出版社2005年版。

［3］丁文丽:《转轨时期中国货币政策效力非对称性实证研究》，载《经济科学》2006年第6期。

［4］冯春平:《正负货币冲击影响的不对称性研究》，载《经济科学》2002年第3期。

［5］黄先开、邓述慧:《货币政策中性与非中性的实证研究》，载《管理科学学报》2000年第2期。

［6］刘金全:《货币政策作用的有效性和非对称性研究》，载《管理世界》2002年第3期。

［7］陆军、舒元:《货币政策无效性命题在中国有实证研究》，载《经济研究》2002年第3期。

［8］宋旺、钟正生:《我国货币政策区域效应的存在性及原因——基于最优货币区理论的分析》，载《经济研究》2006年第3期。

［9］孙天琦:《货币政策:统一性前提下部分内容的区域差别化研究》，载《金融研究》2004年第5期。

［10］A. M. Thoma, Subsample Instability and Asymmetries in Money-Income Causality, *Journal of Econometrics*, 1994, No. 64, pp. 279 – 306.

［11］Carlino G. en R. DeFina, Monetary Policy and The US States and Regions: Some Implications for European Monetary Union, J. von Hagen en C. Waller (eds.) *Common Money, Uncommon Regions*, Kluwer Academic Publishers, forthcoming, 1999.

［12］Charles L. Weise, The Asymmetric Effects of Monetary Policy: A Nonlinear Vector A utoregression Approach, *Journal of Money Gredit, and Banking*, 1999 – 2, pp. 85 – 108.

［13］David Fielding, Kalvinder Shields, Asymmetries in the Effects of Monetary Policy: the Case of South Africa, Economic Discussion Papers, University of Otago, 2005.

［14］Donald P. Morgan, Asymmetric Effects of Monetary Policy, *Economic Review*, Second Quarter, 1993, Vol. 78, pp. 21 – 33.

［15］D. T. Siddon, The (Mis) Behavior of the Aggregate Price Level, Working Paper, 1991.

[16] Georgios Karras, Are the Output Effects of Monetary Policy Asymmetric? Evidence from a Sample of European Countries, *Oxford Bulletin of Economics and Statistics*, 1996 - 5, Vol. 58, pp. 267 - 268.

[17] Gergopoulos G. , Measuring Regional Effects of Monetary Policy in Canada, University of Toronto Working Paper, 2001.

[18] Ivo J. M. Arnold, Evert B. Vrugt, Regional Effects of Monetary Policy in the Netherlands, *International Journal of Business and Economics*, 2002b, No. 1, pp. 123 - 134.

[19] Ivo J. M. Arnold, Evert B. Vrugt, Firm Size, Industry Mix and the Regional Transmission of Monetary Policy in Germany, *German Economic Review*, 2002a, No. 5, pp. 35 - 42.

[20] Jaechil Kim, Shawn Ni, Ronald A. Ratti, Monetary Policy and Asymmetric Response in Default Risk, *Economics Letters* 60, 1998, pp. 83 - 90.

[21] James Peery Cover, Asymmetric Effects of Positive and Negative Money-Supply Shocks, *The Quarterly Journal of Economics*, 1992 - 11, pp. 1261 - 1282.

[22] J. Bradford Delong, Lawrence H. Summers, How Does Macroeconomic Policy Affect Output?, *Brookings Papers on Economic Activity*, 1988, No. 2, pp. 433 - 480.

[23] Laurence Ball, N. Gregory Mankiw, Asymmetric Price Adjustment and Economic Fluctuations, *Economic Journal*, 1994, Vol. 104, 549 - 580.

[24] Owyang M. T. , H. J. Wall, Structural Breaks and Regional Disparities in the Transmission of Monetary Policy, Federal Reserve Bank of St. Louis, Working Paper 2003 - 2008, 2004.

[25] Ricardo J. Caballo, Eduardo Engel, Price Rigidities, Asymmetries, and Output Fluctuations, NBER Working Paper 1992, No. 4091, pp. 683 - 708.

我国的出口竞争优势并非主要来自汇率低估*

最近，人民币汇率再次成为中美贸易争端的焦点。美国声称，人民币汇率估值过低使中国获得不当竞争优势，使美国贸易逆差扩大以及失业率上升。要求人民币尽快升值，否则将把中国定性为“为谋取不公平竞争优势而操纵其货币兑美元汇率”的国家，征收特别关税。难以理解的是：自9月起，人民币对美元汇率每月升值速度一反此前，超过1%，大有加速升值的态势。

中国确实在其主要出口产品上的竞争优势比较明显，但是未必一定来自本币汇率低估。我们认为更主要的原因是工资水平过低。它一方面导致了中国产品在国际市场上的较强竞争优势，贸易顺差，另一方面也导致了国内居民消费的严重不足。因此，纠正中国经济内外失衡，更有效的政策不是本币升值，而是提高国内劳动力工资水平。

一、中国制造业单位劳动力成本与对外贸易竞争优势

（一）制造业单位劳动成本

在劳动密集型产品生产中，尤其是加工贸易产品生产中，劳动力成本是决定产品成本的重要因素，但是，单纯用劳动力成本进行比较并不能反映一个国家的成本优势，还需要考虑劳动生产率的差异。目前，国际通行的评价指标是单位劳动力成本（unit labor cost，ULC），即每增加一单位 GDP 或增加值所耗费的劳动力成本，它反映了一国劳动力成本与劳动生产率的相对变化情况，其

* 本文写作于2010年。共同作者：王燕武、李静。

基本公式为：

$$ULC = \frac{Hourly\ compensation}{Hourly\ labor\ productivity} \tag{1}$$

其中，*Hourly compensation* 指就业人员小时报酬；*Hourly labor productivity* 指就业人员的小时产出。

在运用单位劳动成本（*ULC*）进行国际比较时，需要将各国以本币计价的小时报酬和劳动生产率换算为同一货币（一般指美元）计价的数值。换算方法为：分子部分——即小时报酬，用名义汇率加以换算，而分母部分——即劳动生产率，通常用经购买力平价兑换后的汇率换算①。调整后的公式为：

$$ULC\_with \times ppp = \frac{Hourly \times compensation/NE}{Hourly \times labor \times productivity/PPP} \tag{2}$$

其中，*PPP* 表示经购买力平价调整后的美元汇率，*NE* 则表示名义美元汇率。调整的目的在于保证各国用于比较的单位劳动成本具有相同的单位口径。为便于比较，我们将小时报酬和小时劳动生产率转换为以美元计价的数值（见图 1）。可以看出，1999 ~2009 年，我国制造业未经购买力汇率调整的 *ULC* 一路下滑，由 1999 年的 0. 263 持续下降到 2008 年的 0. 169，2009 年才反弹回 0. 185。另外，调整后的 *ULC* 变化幅度要小于未经调整的 *ULC*，并且从 2004 年起，二者之间的差距出现逐年缩小的趋势，表明人民币汇率对我国制造业单位劳动成本的作用在弱化。

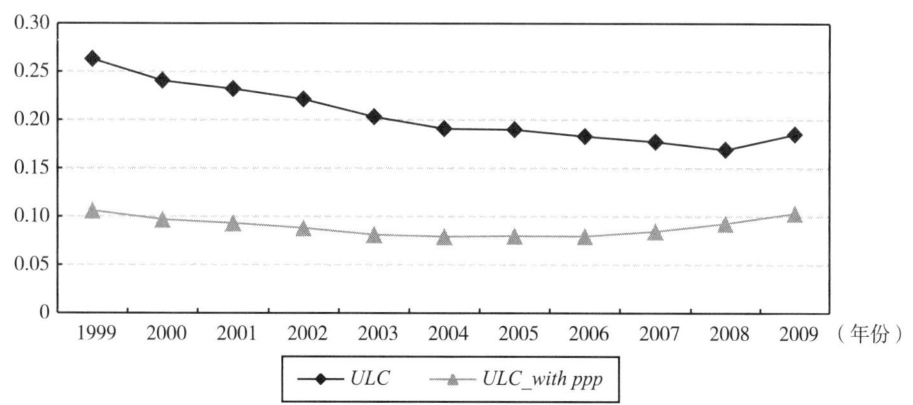

图 1　中国制造业单位劳动成本的变化趋势

① 一般而言，使用名义汇率将劳动生产率换算为同种货币并不合适。原因在于：一方面，如果还是使用名义汇率的话，分子分母相互抵消，等于没有换算；另一方面，最关键的是，运用名义汇率换算后的劳动产出相对价格往往与以本币计价的劳动产出相对价格大不一样，导致两国间的劳动产出不具备可比性。详细分析，参见霍普和拉林（Hooper & Larin，1988）。

（二）国际贸易竞争优势

利用中国和其他国家的单位劳动成本数据，可以估算两国相对单位劳动成本（*RULC*）。以中国的 *ULC* 为分母，其他国家的 *ULC* 为分子，得到公式如下：

$$RULC = \frac{ULC\_foreign}{ULC\_china} \tag{3}$$

RULC >1，表示中国的制造业单位劳动成本与其他国家相比具有竞争优势，0 < *RULC* <1，则反映中国制造业单位劳动力成本高于其他国家。*RULC* 上升，表明中国制造业国际竞争力上升，*RULC* 下降，则代表中国制造业国际竞争力下降。

根据我国现有的主要出口产品，我们确定了 6 个中国的主要出口竞争国家[①]，然后运用贸易加权的方法将它们综合成一个虚拟国家，与中国比较。结果是：不论是经过调整的 *RULC*，还是未经调整的 *RULC*，数值都明显大于 1，说明相对于这六个主要出口竞争国，中国的制造业有较强的竞争优势（见图 2）。从变化趋势看，2005 年起，两列 *RULC* 都呈现出下降趋势，表明中国制造业的竞争优势在缩小。尤其是经过购买力平价汇率调整的相对单位劳动成本，下降幅度更大。到 2009 年底，基本已经和未经调整的数据持平，反映了人民币汇率对中国制造业国际竞争优势的强化作用已逐渐消失，因此，将中国制造业的出口竞争优势归结于人民币汇率低估，缺乏证据。

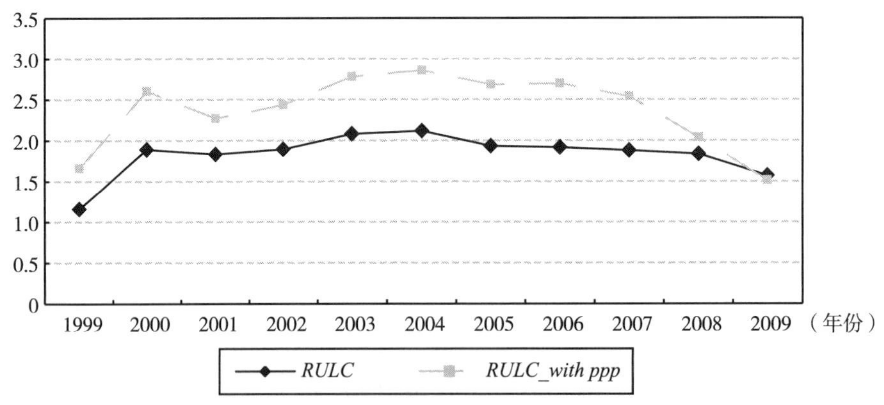

图 2　中国与主要竞争对手的相对单位劳动成本变化

注：*RULC* 和 *RULC_withppp* 分别表示未经购买力平价调整的相对单位劳动成本和经过购买力平价调整的相对单位劳动成本。

资料来源：各国数据主要来自 ILO、CEIC 和美国 BLS 数据库。

---

① 6 个国家分别是：墨西哥、泰国、菲律宾、越南、韩国和马来西亚。

那么，究竟是什么造成了我国制造业较强的国际竞争优势呢？劳动力工资。从图3可以看出，近十年来，中国制造业工资上涨幅度远远低于劳动生产率提高幅度。两者走势呈现出类似“喇叭口”的扩张形状。二者的增长差异必然导致我国制造业单位劳动成本出现逐年下滑趋势。

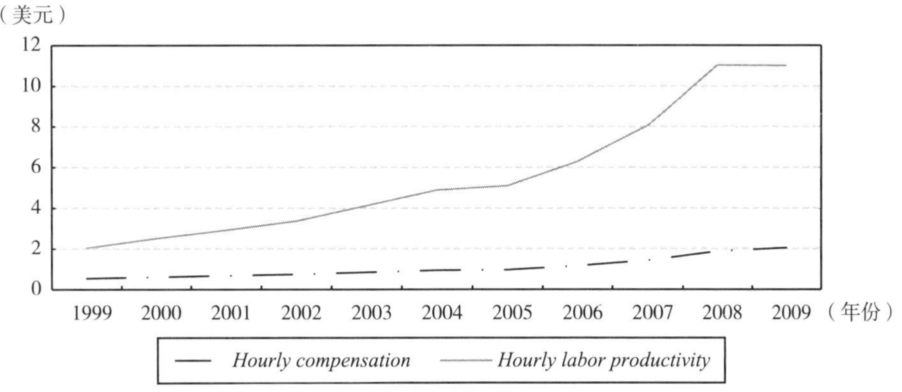

图3　小时报酬与小时劳动生产率

资料来源：《中国劳动统计年鉴》《中国工业经济统计年鉴》，由厦门大学宏观经济研究中心CQMM课题组计算。

制造业工资上升幅度大大低于劳动生产率提高幅度，固然有利于强化中国出口产品的国际竞争力，但是，弊大于利。

第一，净出口迅速增长，加剧外部经济失衡。以美国为首的发达国家以此为借口，批评人民币汇率严重低估，导致它们对华贸易逆差，影响了它们的就业和经济复苏。

第二，国内工资偏低，居民收入增长缓慢，内需严重不足，经济增长不得不靠“出口拉动、投资驱动”，粗放型经济增长方式因此难以转变。

二、提高工资比本币升值更有利于调节内外失衡

对中国而言，调整内部失衡，关键是提高居民收入，尤其是劳动报酬占GDP比重。调整外部失衡，可以有两种选择。一是涨工资。通过提高制造业劳动力工资水平，使本国单位劳动成本上升，从而降低中国劳动密集型产品在国际市场上的竞争优势，减少出口，缩小顺差，部分劳动密集型产业或是转移或是被淘汰，产业因此转型升级。同时，提高工资将使居民收入增加，消费意愿上升。如果提高工资主要提高了中低收入阶层的收入，还将改善国民收入分配结构，更大地促进国内消费。二是本币升值。毫无疑问，本币升值会增加进

口，减少出口，缩小顺差。不过，其对收入分配的直接影响却仅限于增加了本币持有者对国外商品的购买力，无助于提高低收入群体的收入，改善国民收入分配结构。同时，在目前国内居民以国内消费品为主的消费结构背景下，国外商品购买力提高，也将无法有效地带动居民消费增长。因此，在目前我国内外失衡的具体情况下，理论分析的结论倾向于提高国内工资水平而不是升值本币来调整内外失衡。

利用中国季度宏观经济模型（CQMM）对工资上涨和本币升值情况进行政策模拟的结果显示，在同等升值幅度的假设下，工资上涨将更有利于促进经济增长、调节外部失衡和刺激消费增加。因此，提高国内工资水平比本币升值更有利于纠正我国既有的内外不平衡。

其原因主要在于：

第一，工资上涨，一方面将直接提高居民收入水平，引致居民消费增加，扭转近年来居民消费占 GDP 比重持续下降的趋势。同时，因收入增加而产生对进口产品的需求上涨，也会带动进口增长；另一方面，工资上涨又会使得我国单位劳动成本上升，对外竞争优势下降，造成出口减少。进口增加，出口减少，双重效应叠加，净出口将进一步下降，国际贸易顺差规模相应缩小。

第二，提高工资带来的居民消费增长要大于净出口下降对 GDP 产生的影响，使得工资水平上涨反而有利于经济更快增长。这是一个难得的双赢局面。不过，需要注意的是，当工资水平上涨超过一定幅度时，净出口下降对 GDP 的负面影响可能会大于居民消费的增长，从而导致经济增长放缓。

第三，对于调整总需求结构失衡，提高工资比本币升值更为有效。首先，在人均可支配收入水平较低而且收入差距较大的情况下，本币升值固然提高了对国外产品的购买力，但是，大多数普通中国人很难因此提高对国外消费品的需求，无法直接获得本币升值的好处。而提高工资虽然对中国出口增长施加了压力，但有利于消费增长。其次，提高工资、增加单位劳动成本将迫使部分低附加值、高耗能及高成本的产业退出市场，或是寻求创新，从而有利于推动现有产业结构转型升级。再次，随着部分传统产业从沿海转向内陆，工资水平的提高也有利于扩大西部地区的经济增长空间，沿海地区的产业也因此获得升级转型机会。最后，有利于激励人力资本投资，促进创新。

三、提高劳动力工资的空间有多大?

本文认为：中国目前存在着逐步提高劳动报酬水平的较大空间。

首先，尽管自20世纪90年代中后期以来，我国劳动力工资水平逐步上升，但是，劳动生产率也迅速上升，而且幅度明显超过劳动力工资的增长。1999年以来，我国制造业工人的每小时劳动生产率增长与每小时劳动报酬增长之间的变化趋势呈现出扩张的“喇叭口”形状，它使中国制造业单位劳动成本在工资提高的同时逐年下降。

其次，产品的国际竞争力不仅取决于本国制造业单位劳动成本的变动趋势，而且取决于出口市场上主要竞争对象国家的相对单位劳动力成本。统计分析发现：美国、欧盟和日本是我国目前主要出口商品的主要出口对象国。在美国、欧盟、日本市场上与中国主要出口商品竞争的主要对手有墨西哥、泰国、菲律宾、越南、韩国和马来西亚。经过计算相对单位劳动成本（*RULC*）发现：尽管自2004年以来中国制造业的单位成本优势在持续萎缩，但2009年，这6个主要出口竞争国的加权单位劳动成本，仍约为中国的1.5倍。换句话说，即使中国在现有劳动生产率水平上，增加劳动力工资50%，也不过使中国与主要竞争对手的单位劳动成本基本持平。考虑到提高工资将使劳动生产率进一步提高，以及中国在投资的基础设施、国内市场、产业配套等方面对上述六国的比较优势，可以得出结论：即使在今后一段时期里较大幅度地提高我国劳动力工资水平，中国的制造业也不因此丧失其拥有的竞争优势。这也就在一定程度上回答了这一问题：中国制造业工资上涨的空间有多大?

当然，提高劳动力工资水平，不能一蹴而就。一步到位或过快地提高劳动力工资水平，可能产生负面影响。应当在未来一段时期内（例如“十二五”期间）逐步进行。同时，还要辅之以降低投资率、切实控制信贷投放量等政策，以防提高劳动力工资水平可能引发的通货膨胀。

人民币汇率调整对我国贸易顺差变动趋势的影响*

——基于 CQMM 的预测与分析

一、问题的提出

2005～2006 年在出口增速高位缓慢下降、进口增速大幅下滑的情况下，我国贸易顺差急剧扩大。2004 年贸易顺差仅为 320.9 亿美元，2005 年快速攀升至 1020 亿美元，2006 年进一步扩大为 1775 亿美元。① 为了缓解对外贸易的不平衡，中国人民银行于 2005 年 7 月 21 日启动了人民币汇率形成机制的改革。市场调节使人民币汇率灵活性明显提高，人民币对主要货币持续保持升值态势。到 2006 年末，人民币对美元汇率已累计升值 5.99%，对欧元汇率累计升值 2.46%，对日元汇率累计升值 11.32%。② 目前人民币升值趋势已基本确立，但是，它能否有效缓解外贸不平衡，减少贸易摩擦，同时达到扩大内需、提升企业国际竞争力等目的却存在较大争议。此外，关于人民币需要升值多大幅度才能有效缓解对外贸易的不平衡，目前也没有统一认识。

本文认为，随着我国经济快速增长及产业结构升级，我国的国际竞争力将不断增强，较长时期里，我国贸易顺差不会减少，一定幅度的人民币升值不可避免，但是，不能依靠人民币升值实现贸易平衡。目前，合理的考虑是，应维持多大程度的人民币升值才能既保证中国经济平稳增长，又能使贸易顺差增速维持在正常范围之内，以免加剧对外贸易的不平衡？为了回答这个问题，基于

---

* 本文原载于《财政研究》2007 年第 5 期。共同作者：龚敏。

① 引自国家统计局 2007 年 1 月 25 日《2006 年我国国民经济继续保持平稳较快发展》。

② 引自中国人民银行 2007 年 2 月 9 日《2006 年第四季度货币政策执行报告》。

2005~2006年我国贸易顺差结构变动新特征，从贸易构成层面（一般贸易与加工贸易）而不是总量层面构建中国季度宏观经济计量模型（以下简称CQMM），从需求面系统分析我国总需求结构的变化与对外贸易结构变动之间的关系；把人民币汇率的调整放在当前宏观调整政策实施的框架下，结合当前央行为抑制流动性过剩而采取的加息等政策，[①] 探索人民币不同升值幅度对今后（2007~2008年）我国贸易顺差走势的影响。希望确定在给定当前我国宏观经济运行的内外部条件下，多大程度的人民币升值幅度是经济可以承受的？在当前宏观政策框架下，不同程度的人民币升值幅度会给宏观经济造成多大程度的紧缩效应。

二、人民币渐进升值背景下我国贸易顺差的变动趋势分析

CQMM是一个开放经济条件下需求导向的小型动态结构式季度模型。它依据支出法核算GDP的方式，从总需求结构的变化来刻画宏观经济变量之间的相互影响关系，揭示宏观政策（包括货币政策、财政政策、汇率政策）对内外部经济影响的传导机制。它由四个基础模块组成：一是国内需求模块，包括居民消费需求、固定资本形成总额等需求面的行为方程。二是进出口模块，由进出口行为方程和人民币实际有效汇率等方程组成。三是政策反应模块，用于分析货币政策等对国内经济的效应。四是价格模块，揭示主要价格指数之间的相互关联性。

（一）主要外生变量的假定

本文的预测涉及的主要外生变量有：人民币汇率、不变价世界总进口额、商业银行1年期人民币贷款加权平均利率、加工贸易进口占加工贸易出口的比率、不变价政府消费、中国进出口价格指数、固定资产投资价格指数、世界进口价格指数、人口的变化等。结合这些变量的历史数据和对当前国内外经济形势的判断，对其中一些主要变量在预测期的数值做如下假设：

① 由于银行体系过剩流动性而引发的贷款扩张和投资增长压力，已促使央行在2007年3月18日再次调高贷款基准利率0.27个百分点。

（1）人民币汇率。在人民币持续现有升值趋势的前提下，假设人民币汇率在2007年和2008年各升值3%，到2007年第四季度，人民币兑美元汇率将突破7.60元关口，到2008年第四季度，将达到每1美元兑换7.37元人民币左右的水平。

（2）世界市场需求。基于2006年世界主要经济体经济增长表现的考虑，预计世界市场需求在2007年将能维持持续增长。①

（3）商业银行一年期人民币贷款加权平均利率。2006年第三季度中国人民银行上调了贷款基准利率，由第二季度的5.85%提高到6.12%，上调0.27个百分点。受此影响，商业银行贷款利率略有上升，一年期人民币贷款加权平均利率达到6.36%，比第二季度提高0.31个百分点。由于国际收支持续顺差，银行体系过剩流动性增加，贷款扩张压力依然较大，2007年3月18日，贷款基准利率再次提高0.27个百分点。据此，我们预测了反映市场供需的商业银行人民币贷款加权平均利率的具体变化趋势，如图1所示。

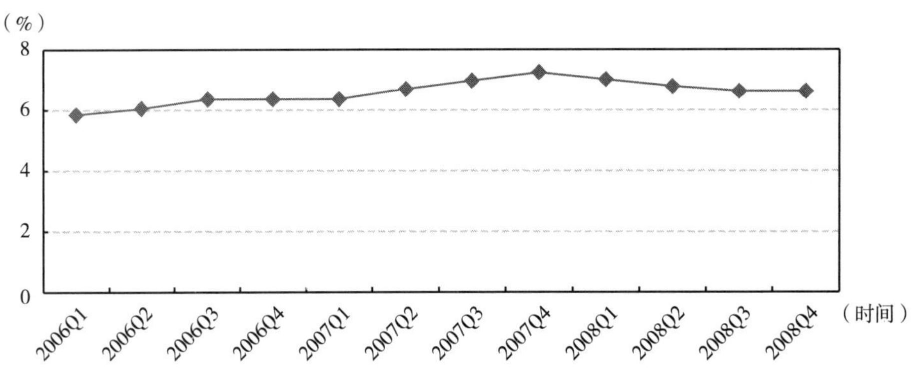

图1　商业银行一年期人民币贷款加权平均利率的变化趋势假定

（4）加工贸易进口占加工贸易出口的比率。自2002年以来，加工贸易进口占加工贸易出口的比率呈现快速下降态势。这在一定程度上说明，随着国外技术向中国扩散，国外产业向中国转移，以及中国企业自主技术开发能力的提高，进口替代程度在不断提高；一些过去需要进口的关键零部件已经可以在国内生产，企业在国内采购的比例会不断上升。假定：若这一趋势持续，2007年第四季度这一比率将下降至44.8%，2008年第四季度进一步下降至41.5%。

① 国际货币基金组织2006年9月预测，2006年全球经济和商品及服务贸易分别增长5.1%和8.9%，比4月份的预测分别高0.3个和0.9个百分点；2007年全球经济和商品及服务贸易分别增长4.9%和7.6%，均高于4月份的预测0.2个百分点。引自中国人民银行2007年2月9日《2006年第四季度货币政策执行报告》。

（5）世界进口价格指数。在2007年世界市场需求看好的假定下，预计世界进口价格指数会出现“高开低走”的态势（见图2）。

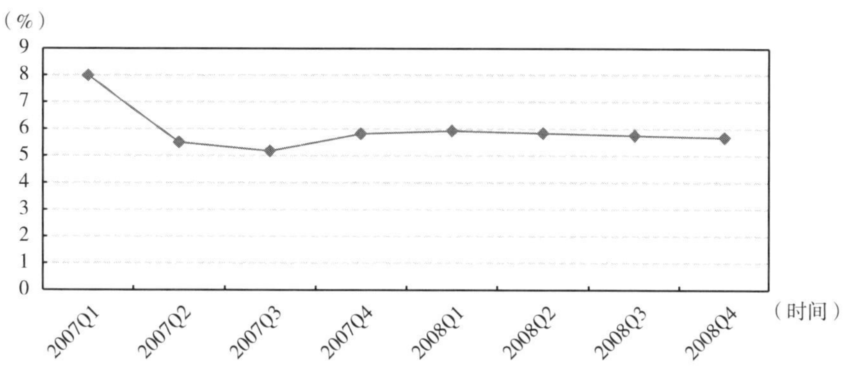

图2　世界进口价格指数的变化趋势假定

（二）人民币升值效应的宏观传导机制

基于CQMM的估计结果，[①] 可以把人民币升值效应的宏观传导机制归结如下（见图3）。

首先，人民币升值会导致进口价格指数下降，继而推动人民币实际有效汇率的上升。由此导致加工贸易出口和一般贸易出口的增长速度都同时下降，总出口增速也下降。另外，人民币实际有效汇率上升虽然提高了一般贸易进口的增速，但却降低了加工贸易进口的增速，因为加工贸易进口具有出口拉动的特征。由于加工贸易进口增速下降的幅度大于一般贸易进口增速上升的幅度，因此，人民币升值会导致进口增速下降。综合进出口增速两方面的变化，人民币升值会降低净出口增速，在一定程度上抑制贸易顺差的增长速度。

其次，随着贸易顺差增速的下降和贷款基准利率的提高，货币供给增速将回落，继而抑制固定资本形成总额增速的上升。在固定资本形成增速下降和净出口增速下降的共同作用下，GDP增长速度也将下降。

最后，GDP增长速度下降，将直接导致居民消费总额增速、社会商品零售总额增速以及一般贸易进口增速的下降，城镇固定资产投资需求增速的回落。

① 关于模型的详细说明，请参阅厦门大学宏观经济研究中心与新加坡南洋理工大学亚洲研究所撰写的《中国宏观经济预测与分析——2007年春季报告》。此报告收入李文溥主编《走向新常态2016——2016年中国宏观经济预测与分析报告》，人民出版社2017年版。

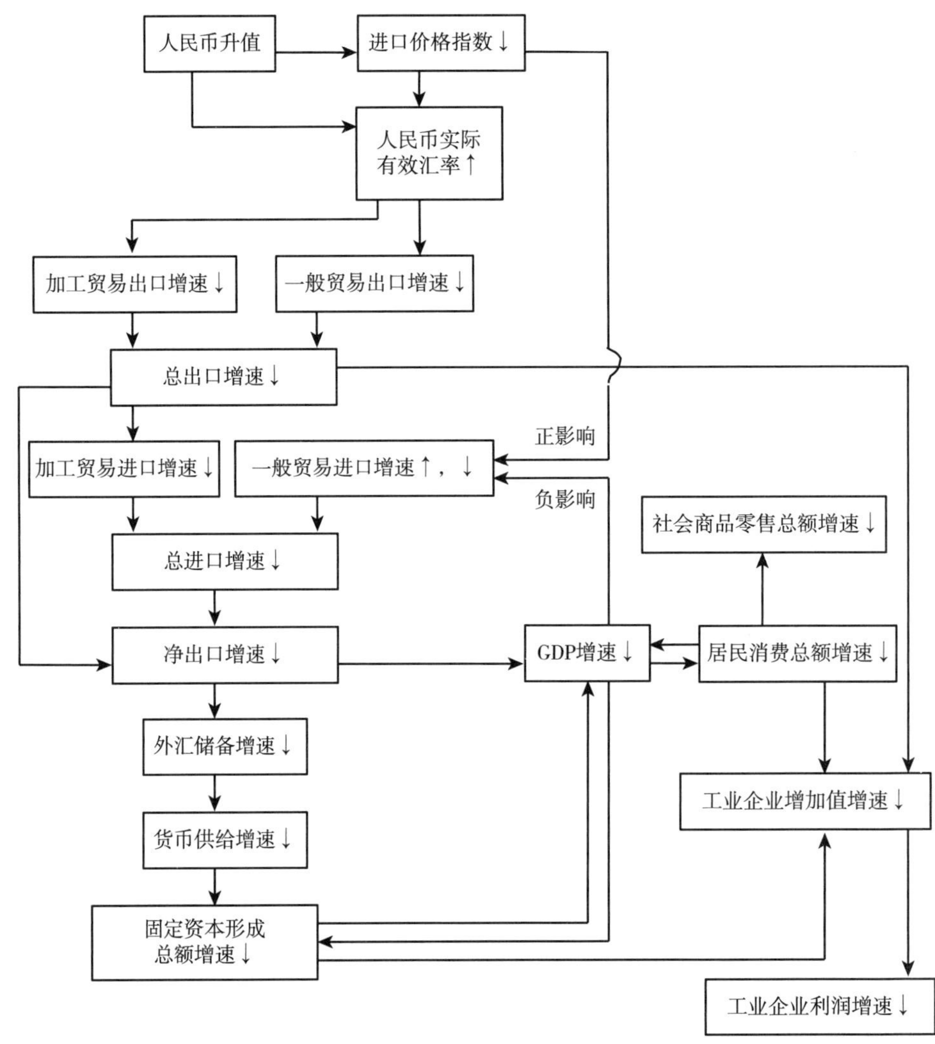

图3 人民币升值的宏观传导机制

受城镇固定资产投资下降和居民消费下降影响，工业企业的增加值也将下降，从而导致工业企业利润减少。

（三）人民币渐进升值情况下我国贸易顺差的变动趋势分析

模型预测：若人民币升值3%，2007年人民币实际有效汇率升幅将提高4.34个百分点。2007年，全年GDP增长率将有所下降，为9.67%；而且季度增长率表现出“高—低—高—低”的波动态势：2007年4个季度GDP同比增长率将分别为10.03%、9.38%、10.62%、8.97%。进入2008年，GDP增速还可能小幅减缓，全年保持在9.27%的水平。2007年CPI涨幅预计为1.55%，略高于2006年。2007年以人民币按不变价计算，出口增速将有所提高，为16.91%；以美元按现价计算，2007年出口增速将继续回落，约为26.59%，同比下降1.44个百分点左右。2007年以人民币按不变价计算，进口增速将提高至11.19%；以美元按现价计算，进口增速提高得更快，为27.44%，同比上升6.54个百分点。在出口增速减缓、进口增速大幅提高的情况下，2007年净出口增长速度将大幅度下滑至22.85%；同时，外汇储备增速将只有小幅提高，为31.37%，仅上升0.91个百分点。

从贸易顺差构成的变化来看，预测结果表明，2007年人民币汇率升值对一般贸易出口的负面影响将逐步显现：其中一般贸易出口增速将回落6.98个百分点；人民币汇率升值将显著提高进口增长速度；一般贸易进口增速会提高9.42个百分点，加工贸易进口增速也将提高6.83个百分点。

进入2008年，以人民币按不变价计算，出口增速将小幅提高，为17.05%；以美元按现价计算，出口增速继续回落，约下降1.94个百分点；其中一般贸易出口增速基本维持2007年的水平，为24.77%，但加工贸易出口增速会转为下降，约回落3.85个百分点，为23.97%。2008年以人民币按不变价计算，进口增速将下降为8.95%；以美元按现价计算，进口增速也将下降为23.46%；其中一般贸易进口增速将下降6个百分点，加工贸易进口增速将下降3个百分点。结合进出口两方面的变化，2008年净出口增长30.12%，外汇储备增速将小幅回落，为29.24%，降低2.13个百分点。

从其他主要宏观经济指标增长率的变化可以得出结论：人民币升值并不能有效刺激国内消费需求增长；2007年居民消费总额增速会有所回落，约为8.01%，2008年上升为8.13%；社会商品零售总额增速将基本维持2006年的水平，小幅下降至13.34%，2008年再降至13.12%。这表明，消费增长缓慢的态势在2007年可能还将持续，因此，今后宏观经济政策的重点需要放在扩大居民可支配收入水平上，同时完善金融体系，大力发展消费信贷，以刺激国内需求。

三、人民币加速升值背景下我国贸易顺差的变动趋势分析

如果人民币加速升值（每年6%），将对GDP增长率产生较为严重的负面影响。我们利用CQMM模拟运算，得到的结果是：如果2007年人民币升值

6%，当年的GDP增长将因此仅能维持9.05%的增速，如果2007年人民币仅升值3%，当年的GDP将增长9.67%。2008年，人民币加速升值对GDP增长的负效应进一步增强，全年增长率将下降至7.08%，比人民币升值3%情况下的GDP增速下降2.19个百分点。这意味着人民币升值6%对宏观经济的紧缩效应非常明显。因此，在2007年（上半年），由于体制性原因以及外部需求带动，投资增速再次提高时，政府的宏观经济调控就应当谨慎把握政策措施的力度，既要保证国内经济增长平稳增长，又要减轻人民币升值紧缩效应对宏观经济的负面影响。

在外贸方面，首先，当2007年、2008年人民币的年升值幅度从3%提高到6%，以美元按现价计算，2007年贸易顺差增长率将从22.85%下降到19.69%，下降3.16个百分点；2008年贸易顺差增长率将从30.12%下降到19.82%，下降10.30个百分点。人民币短期快速大幅升值将导致中国贸易顺差增速迅速下降。受顺差增速下降影响，外汇储备增长速度也将下滑，但幅度不大：2007年在人民币升值3%时，外汇储备增速为31.37%；人民币升值6%时，外汇储备增速仅可能下降0.04个百分点；2008年外汇储备增速下降幅度也不过为0.84个百分点。

其次，大幅度升值会加快以美元按现价计算的出口增速的下滑幅度。人民币升值6%，2007年出口增速将下降0.83个百分点；2008年将下降3.78个百分点，仅为20.88%。从贸易方式看出口的构成变化，人民币加速升值会同时降低一般贸易出口和加工贸易出口的增长速度：2007年一般贸易出口增速将下降1.2个百分点，加工贸易出口增速将下降0.55个百分点；但到了2008年，加工贸易出口增速下降幅度（4.44个百分点）就会超过一般贸易出口增速下降幅度（2.64个百分点）。

再次，人民币升值导致进口价格指数下降会促进进口扩大，但同时，人民币升值带来的GDP增长率下滑又会导致进口需求萎缩。模拟结果表明，以美元按现价计算的进口增速在人民币升值6%时，2007年将下降0.3个百分点，2008年下降2.36个百分点。从构成来看，一般贸易进口所受的负面影响要轻于加工贸易进口所受的影响。2007年一般贸易进口在升值的带动下增速还可提高0.2个百分点，到2008年，人民币升值的紧缩效应开始体现，增速将回落1.02个百分点；加工贸易进口增速2007年将下降0.78个百分点，2008年进一步下降3.52个百分点。

最后，综合进出口增速两方面的变化情况，可以得出如下结论：如果人民币每年以6%的幅度升值，与每年升值3%相比，2007年一般贸易出口增速将下降，一般贸易进口增速将提高，同时加工贸易出口增速下降，加工贸易进口增速也下降，结果导致贸易顺差增速下降。2008 年不论一般贸易还是加工贸易，出口增速的下降幅度都大于进口增速的下降幅度，从而贸易顺差增速将迅速下降。

从其他主要宏观经济指标增长率的变化来看，人民币每年升值6%，其他宏观经济主要指标的增速都将不同程度地下降。受 GDP 增速下降影响，2007 年居民消费总额和社会商品零售总额增速将分别下降 0. 36 个和 0. 5 个百分点；2008 年分别下降 1. 77 个和 2. 42 个百分点。固定资本形成总额和城镇固定资产投资增速2007 年将分别下降0. 6 个和0. 87 个百分点，2008 年继续下降1. 32 个和1. 87 个百分点。在人民币升值导致进口价格指数下降的影响下，生产者价格指数上涨幅度会有所回落，与人民币升值 3% 相比，2007 年生产者加工指数将回落0. 1 个百分点，2008 年将回落 0. 39 个百分点。当升值紧缩效应进一步加强，工业企业增加值和工业企业利润增速也将双双滑落，2007 年、2008 年工业企业增加值增速将分别下降0. 1 个和4. 06 个百分点；工业企业利润增速将下降 1. 07 个和4. 4 个百分点。其他，如 M2 以及人民币实际有效汇率的变化（见表 1）。

表 1　　人民币加速升值对宏观经济主要指标增长率的影响　　单位：%

指标		2007Q1	2007Q2	2007Q3	2007Q4	2007 年	2008Q1	20Q8Q2	2008Q3	2008Q4	2008 年
居民消费总额（不变价）	升值 3%	9. 29	5. 52	8. 34	8. 58	8. 01	7. 68	7. 53	8. 52	8. 67	8. 13
	升值 6%	9. 28	5. 42	7. 95	7. 72	7. 65	6. 47	5. 87	6. 44	6. 56	6. 36
社会商品零售总额（现价）	升值 3%	17. 42	10. 77	11. 97	13. 19	13. 34	12. 51	12. 42	13. 58	13. 82	13. 12
	升值 6%	17. 40	10. 62	11. 45	12. 02	12. 84	10. 87	10. 16	10. 74	10. 95	10. 70
固定资本形成总额（不变价）	升值 3%	18. 24	12. 39	17. 59	17. 69	16. 54	13. 06	15. 35	19. 37	19. 67	17. 67
	升值 6%	18. 21	12. 21	17. 02	16. 55	15. 75	11. 76	14. 07	17. 94	18. 41	16. 35
城镇固定资产投资（现价）	升值 3%	23. 01	16. 96	24. 65	28. 21	23. 63	18. 25	17. 15	22. 81	25. 46	21. 77
	升值 6%	22. 96	16. 72	23. 83	26. 52	22. 76	16. 40	15. 38	20. 80	23. 67	19. 90
M2	升值 3%	16. 32	15. 58	14. 68	14. 10	15. 14	14. 26	15. 03	15. 99	15. 98	15. 34
	升值 6%	16. 29	15. 46	14. 47	13. 79	13. 87	14. 61	15. 53	15. 48	14. 97	14. 89
生产者价格指数	升值 3%	3. 71	3. 25	1. 22	2. 51	2. 66	2. 70	2. 52	2. 25	2. 03	2. 37
	升值 6%	3. 71	3. 22	1. 09	2. 27	2. 56	2. 36	2. 11	1. 84	1. 62	1. 98
工业企业增加值（不变价）	升值 3%	22. 22	22. 39	20. 80	24. 70	22. 58	20. 85	22. 81	24. 89	25. 74	23. 77
	升值 6%	22. 16	22. 03	19. 79	22. 45	21. 59	17. 75	18. 88	20. 32	21. 09	19. 63
工业企业利润（现价）	升值 3%	33. 88	22. 49	20. 15	26. 25	25. 03	23. 27	24. 09	26. 25	27. 02	25. 33
	升值 6%	33. 80	22. 12	19. 10	23. 86	23. 96	19. 80	19. 94	21. 44	22. 16	20. 93
人民币实际有效汇率	升值 3%	2. 90	6. 47	4. 91	3. 12	4. 34	2. 98	2. 70	1. 75	1. 20	2. 16
	升值 6%	3. 30	8. 40	8. 48	8. 29	7. 11	9. 40	9. 26	8. 26	7. 67	8. 64

四、结论与政策建议

基于上述研究，本文的主要结论是：在目前央行调高利率以避免经济过热的政策环境下，人民币保持渐进升值的幅度（平均每年3%），将有利于我国贸易顺差的增长恢复到应有的正常速度（约在20%~30%之间）。虽然人民币短期快速大幅升值（平均每年6%）可能导致贸易顺差增速迅速下降，但人民币升值的宏观紧缩效应也将导致GDP增速大幅下滑。在人民币升值趋势已经确立的背景下，政府的宏观调控必须谨慎选择适当的政策工具和把握政策力度，既要保证国内经济平稳增长，又要减轻人民币升值紧缩效应对宏观经济的负面影响。

目前，我国经济的总需求构成具有“两高一低”即“高投资、高出口、低消费”的特征，这一特征充分说明中国经济的高增长是通过“投资驱动、出口拉动”来维持的。这一事实在一定程度上说明了自1998年以来中国实施的意在扩大内需的需求管理政策并没有导致国内消费需求的扩张，其政策效应作用的渠道可能是通过对投资需求的有效影响来实现经济增长率的提高。对于目前尚处转型期的中国经济而言，现行的汇率体制、投融资体制以及开放的市场，很容易把体制性因素引发的投资扩张所导致的过剩产出能力在国内需求不足的情况下转移到世界市场。当出口增长导致经常项目出现巨额顺差时，如下的自我加强的循环：出口增加→外汇储备增加→货币供给扩大→为抵御非FDI资金的流入，央行将维持一个低的货币市场利率→高投资，国内需求不振→高出口，就可能出现。结果表现为“高投资、低消费”从而出口拉动型的经济增长。近年来一般贸易净出口顺差的快速扩大就是这种表现的一个明显的证据。在世界经济表现良好的情况下，这种自我加强的循环机制可以极大地缓解由于生产力过剩而导致的对国内市场通货紧缩的压力。但是，一旦国际市场的不确定性（如主要经济体的经济前景不佳，贸易保护主义抬头，人民币汇率升值）增大，出口下滑就会加剧国内通货紧缩的压力。

此外，从中国与主要贸易伙伴国的贸易关系来看，虽然中国进出口贸易顺差持续扩大，但是却存在一种不对称的特征：一方面是对美国及欧盟的贸易顺差不断扩大；另一方面是对日本及韩国等亚洲国家和地区的贸易逆差不断扩大。[①] 2006年，中国对美国和欧盟贸易顺差继续扩大、中国对日本和韩国贸易逆差继续扩大的态势却没有出现改变的趋势。显然，这一现象与中国目前的经济发展阶段、要素禀赋条件，以及中国在亚洲（特别是东北亚）区域中与其他国家之间的要素交换密切相关。这种不对称的贸易格局是中国经济参与区域经济分工的一种必然结果（龚敏和李文溥，2006）。在当前中国经济的发展阶段以及要素禀赋条件下，亚洲国家和地区通过对中国的FDI投资，已逐步把它们的部分生产过程延续到中国，通过中国扩大对美国或欧盟的出口。因而，中国的贸易顺差不是靠人民币升值就能够解决的。事实上，在短期内中国对亚洲国家和地区的贸易逆差难以扭转，而对美国（及欧盟等）的贸易顺差却可能受美国贸易保护主义抬头或人民币升值的影响而大幅下降。

在这种情况下，一些可考虑的缓解人民币升值负面效应的政策建议有：财政政策应在调整总需求结构方面发挥更加重要的作用（余永定和覃东海，2006）；需要加大重视供给调整，把提升本国经济竞争力、增加有效供给能力、提高居民可支配收入水平放在宏观经济政策的首位（李文溥，2007）。

参考文献

［1］奥利弗·布兰查德、弗朗西斯科·贾瓦齐：《重新平衡中国的经济增长：一种三管齐下的解决方案》，张明译，载《世界经济》2006年第3期。

［2］龚敏、李文溥：《东北亚经济一体化：中、日、韩贸易相互依存关系分析》，载《南京大学学报（哲学社会科学版）》2006年第2期。

［3］何新华：《升值优于加息》，载《国际贸易》2004年第11期。

［4］何新华、吴海英、曹永福、刘睿：《中国宏观经济季度模型China_QEM》，社会科学文献出版社2005年版。

［5］李文溥：《中国宏观经济分析与预测（2006年）——需求拉动还是供给调整?》，经济科学出版社2007年版。

［6］刘元春、钱宗鑫：《中国CGE模型与人民币升值》，载《经济学动态》2006年第1期。

［7］卢向前、戴国强：《人民币实际汇率波动对我国进出口的影响：1994—2003》，载

① 2005年，中国进出口商品贸易总额为14221.18亿美元，贸易顺差为1018.81亿美元。其中，21.38%的出口是对美国出口，从美国的进口仅占进口总额的7.38%，中国对美国的商品贸易顺差为1141.73亿美元，超过了全年中国贸易顺差总额。2005年中国对日、韩的出口占出口总额的15.63%，从日、韩的进口却占进口总额的26.85%，贸易逆差是581.72亿美元。2005年，中国对日、韩的贸易逆差是中国对美国贸易顺差的50.95%。

《经济研究》2005 年第 5 期。

[8] 罗德里克：《中国的出口有何独特之处?》，田慧芳译，载《世界经济》2006 年第 3 期。

[9] 魏巍贤：《人民币升值的宏观经济影响评价》，载《经济研究》2006 年第 4 期。

[10] 余永定、覃东海：《中国的双逆差：性质、根源和解决办法》，载《世界经济》2006 年第 3 期。

[11] 张斌、何帆：《货币升值的后果》，载《经济研究》2006 年第 5 期。

[12] 张曙光：《人民币汇率问题：升值及其成本—收益分析》，载《经济研究》2005 年第 5 期。

[13] 张茵、万广华：《试析我国贸易余额波动的成因》，载《经济研究》2005 年第 1 期。

“顺差”为什么不是越多越好*

李一平：2006 年我国贸易顺差再创历史新高，达到创纪录的 1774.7 亿美元。一般宏观经济学理论认为，出口越多，顺差越大，意味着国民收入也就越多。然而，现在不少观点却认为，出口太多，贸易顺差的不断扩大，已经成为当前国内经济运行的一个突出问题。请问，贸易顺差为什么不是越多越好？

李文溥：贸易顺差对一国经济发展的影响，是经济学自诞生以来便一直关注的问题。近代经济学最早的学派——重商学派更起源于对贸易顺差的关注。在重商主义者看来，所谓财富，就是贵金属。一国的财富和国力体现为该国政府和国民所拥有的贵金属总量。它既取决于本国的金银产量，也取决于贸易顺差带来的金银流入。在重商学派看来，顺差使本国的贵金属存量增加，逆差使之流出。前者意味着国民财富增加，国力增强，后者则相反。因此，多卖少买才是富国之道，贸易顺差可谓越多越好。

以魁奈为代表的重农学派崛起之后，经济学界对财富的看法逐渐发生了变化。重农学派一改重商学派对金银的崇拜，认为只有农业才是创造价值的领域，把创造价值产生财富的发源地从流通领域转向生产领域。亚当·斯密更是清楚地指出：物质产品的生产才是财富产生的源泉。李嘉图认为：对外贸易源于资源禀赋差异而产生的分工与交换的需要，是建立在比较优势和绝对优势基础上的。在对外贸易中，产品的流出和贵金属的流入，不过是两种使用价值的交换而已，因此，贸易顺差不是增加一国国民财富的手段。相反，在交易手段为纸币的条件下，从宏观经济学的恒等式——净出口 = 国民收入 -（本国投资 + 本国消费）可以得出结论：净出口不过是一国将其生产的部分国民收入借给他国消费。从贸易顺差获得的外汇储备，不过是他国开给本国的一堆借据而已。一个国家如果过多地或长期地将其国民收入借给他国使用，对于本国经济

---

* 本文原载于《解放日报》2007 年 3 月 12 日第 13 版。

发展而言，显然未必是好事。

如此而言，岂非贸易逆差更好？诚然，如果本国货币就是世界各国孜孜以求，可以作为外汇储备的世界通货，那么，贸易逆差对于这样的国家来说，意味着该国可以通过支付本币借用他国国民收入以提高本国消费或投资水平。如此，贸易逆差还真不是坏事。问题在于：即使是这样的国家，长期贸易逆差也将损害其国际信誉，不能长久维持。因此，就贸易收支或更广泛的国际收支而言，从长远看，各国均应以维持大体平衡，略有顺差为宜。前者，大体上保障本国国民收入能基本上用于本国消费和投资，后者，主要是考虑应付国际支付上的周转需要及不时之需。

在我国，计划经济以及之后的一段时期里，争取更多外汇从而获取贸易顺差，一直是外贸部门的重要政策目标。原因很简单：由于经济发展水平落后，我国经济建设所需要的大量关键设备、技术以及部分重要原材料，需要从国外进口，西方国家长期对我国实行禁运封锁，即使允许进口的产品，也基本上要以现货交易的方式进行。因此，每年通过出口能换取多少外汇，在相当程度上决定了当年建设计划完成的可能。正因如此，出口具有了重要意义。

但是，自 20 世纪 90 年代中期实现“软着陆”之后，我国经济发展出现了另一种趋势：经济增长率回落，居民尤其是农村居民收入增长缓慢，国内需求不足，亚洲金融风暴使我国经济的外部需求也大幅度萎缩。为了保证国民经济的持续稳定增长，政府出台了以国债投资为代表的扩张性财政政策来扩大内需，这在一定程度上缓解了需求不足对我国经济增长的消极影响。此外，2001 年底加入世贸组织带动了我国的进出口增速大幅度提升，我国经济在出口扩张的带动下，逐步实现了增长率的快速反弹。因此，“十五”计划期间，我国经济在内需尤其是居民消费需求足够充分的情况下，依然保持了较高的经济增长率。但它是在居民尤其是农村居民收入增长缓慢的情况下实现的。所以不可避免地带来了结构扭曲：由于居民收入增长缓慢，国内民间消费需求疲软，拉动增长主要依靠增加投资。1980 年，我国国民收入中，消费约占 65%，投资占 35%；1995 年，消费约占 57%，投资占 41%；到了 2005 年，消费下降为 52.14%，投资上升为 43.26%。2004 年，净出口在国民收入中的比重不过 2.5%，2005 年就跃升至 4.5%。

依靠投资扩大内需，拉动经济增长，其影响是双面的：投资必然形成新的生产能力，要求更多的需求与之相适应，在国内消费需求增长速度赶不上生产能力扩大速度的情况下，企业自然把目光转向国际市场。长期以来，在我国的出口中，加工贸易所占份额一直超过一般贸易的份额。可是，自 2004 年起，一般贸易出口占总出口的比例不断上升，加工贸易出口所占比例不断下降。2004 年的出口中，一般贸易出口占 41.06%，2006 年提高到 42.96%；相应地，加工贸易比重却逐渐下降了。一般贸易出口比重不断上升，在一定程度上反映出企业在国内需求不足的情况下，对国际市场需求的依赖。在这种情况下，贸易顺差不断攀升也就难以避免。

持续攀升的巨额贸易顺差，固然反映了我国经济在世界经济中的强劲竞争力，但也反映了我国经济对世界市场的高度依赖。它不利于我们正确处理国与国之间的贸易关系，形成了人民币升值的强大压力。需要指出的是，这个巨额贸易顺差是在我国国民收入分配结构不尽合理，国内消费不足的情况下产生的。这意味着，经济增长的成果在一定程度上没有为国内民众尤其是低收入阶层所分享。尤其值得关注的是，目前，我国出口仍以劳动密集型产品为主，由于缺乏自主知识产权、民族品牌和国际销售渠道，我国产品出口中的相当部分收入并没有转化为本国居民的收入。在这种情况下，巨额贸易顺差就更值得政府严重关注了。

目前，我国形成巨额贸易顺差的重要原因之一，主要是国民收入分配结构不合理、居民收入增长缓慢、国内消费需求不足。造成这一现象的主要原因之一，则是我国的自主创新能力严重不足，由于缺乏自主知识产权、民族品牌和国际销售渠道，导致了国内生产要素的价格被严重低估。在这种情况下，国内消费需求不足，势必形成强大的出口压力，产生巨额的贸易顺差。因此，要改变目前的巨额贸易顺差状况的治本之道在于，大力建设创新型国家，增强全民族的自主创新能力，实现自主创新。这显然需要政府和社会各界高度关注，积极努力，不是可以一蹴而就的。

扩大内需中的货币政策效应*

——1996～2003 年的实证分析

1996 年以前，我国宏观经济扩张与紧缩交替变化的状况与各时期执行的宏观政策的方向密切相关。特别是 1993～1996 年期间，以金融体制改革和货币政策为主的宏观调控政策，成功地以较低的 GDP 牺牲率实现了物价水平的快速回落。可以说，在 1996 年以前，我国历次通过抑制货币供应量的增长以及信贷紧缩来控制通货膨胀的政策效应都非常明显。然而，在 1996 年之后，中央银行虽然连续下调了法定存款准备金率和存贷利率，并加大了公开市场操作的力度，经济增长率和价格水平却持续回落，我国宏观经济陷入了通货收缩的局面。因此，有关 20 世纪 90 年代后期以来我国货币政策是否有效，就成为近期宏观调控需要关注的一个主要问题了。

目前，国内有关货币政策有效性的研究大致得到两种对立的结论：一是通过研究我国货币政策的传导机制认为近期货币政策基本无效；二是一些实证研究的结果却表明近期我国货币政策仍是有效的：短期影响产出，长期影响价格水平。然而，基于对经济转型期我国货币政策的作用机理以及宏观环境变化的分析，本文认为，20 世纪 90 年代后期我国货币政策依然是有效的，但是效果有限。同时，随着我国经济结构的调整、市场化程度的提高以及外资的不断涌入，经济的总供给能力得到大幅提升，货币供应量的变化很难解释价格水平的变动。

本文的结构如下。第一部分，在简单回顾现有研究中关于货币政策效应的两种观点的基础上，通过对转型期我国货币政策的作用机理以及宏观环境变化的分析，提出本文关于货币政策效应的两个观点。第二部分，通过估计一个包含 GDP、货币供应量和价格水平的向量自回归模型，利用脉冲响应函数和方差

---

* 本文原载于《厦门大学学报（哲学社会科学版）》2005 年第 5 期。共同作者：龚敏。

分解，分析我国货币供应量的变化对产出和价格水平的影响机制，为本文的两个观点提供实证依据。第三部分，揭示我国货币政策的作用机理以及影响政策有效性发挥的因素。第四部分，提出研究的政策含义。

一、关于货币政策效应的观点述评

20 世纪 90 年代，我国货币政策的执行具有明显的阶段性特征：从 1993 年下半年到 1996 年，实施紧缩性政策以冷却过热的经济。以金融体制改革和回笼信贷、调高利率为主要措施的政策，成功地以较低的 GDP 牺牲率实现了物价水平的快速回落。如图 1 所示，CPI 从 1994 年的 24.1% 快速下降到 1996 年的 8.3%，同期 RPI 也从 21.7% 下降到 6.1%，但 GDP 增长率仅从 12.6% 下降到 9.6%。事实上，1996 年以前，我国历次通过抑制货币供应量的增长以及信贷紧缩来控制通货膨胀的政策效应都非常明显（周绍朋等，1998；Wang Ruifang，2001）。

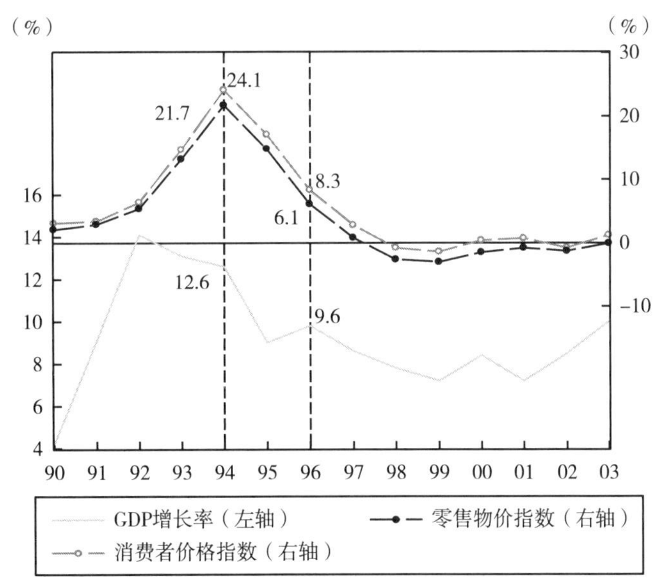

图 1　GDP 增长率与物价变动情况

资料来源：《中国统计年鉴》，中国统计出版社 2004 年版。

然而，自 1996 年起，在通货膨胀率下降的同时，经济增长率也开始下滑。中央银行转而下调对企业的贷款利率，并扩大了存贷款利差。货币政策也进入第二阶段，即实施扩张政策以对付通货收缩。在此期间，虽然中央银行连续下调了法定存款准备金率和存贷利率，并加大了公开市场操作的力度，但在

1996~2002年，我国经济增长率却保持稳中略有下降的态势：从1996年的9.6%持续下降到1999年的7.1%，2000年上升到8.0%，2001年又降为7.5%，2002年回升至8%。同时，CPI和RPI自1998年起转为负增长，并持续到2003年。可以说，在此期间，我国宏观经济陷入了通货收缩的局面（余永定，2004）。

目前，国内有关货币政策有效性的研究大致有两种对立的结论。一种是通过研究我国货币政策的传导机制认为近期货币政策基本无效。余永定（2001）指出，由于在货币供给形成过程中中央银行不能有效控制货币基础，货币乘数也不稳定，加上货币政策的传导渠道不畅，因此，近期我国货币政策是无效的。艾洪德和范南（2002）通过分析影响我国货币流通速度的因素，认为经济货币化程度提高、金融现代化进程加快，以及储蓄率水平不断上升是导致货币流通速度下降的主要原因。裴平和熊鹏（2003）认为，近期货币政策扩大的货币供应量往往不能被有效传导并作用于生产、流通和消费等实体经济环节，反被“渗漏”到了股票市场的“漏斗”和银行体系的“黑洞”，从而严重削弱了我国货币政策的有效性。

但是，一些实证研究却发现货币政策有效。赵昕东等（2002）通过建立一个包含实际GDP、消费品价格指数、货币供给（M2）和实际利率四个变量的VAR模型，利用脉冲响应函数拟合了货币政策冲击对产出和价格的影响，提出M2的变化能够在短期影响我国的实际经济，长期影响价格水平。谢平（2004）在总结了1998~2002年我国货币政策实践的基础上，利用向量自回归模型发现，货币扩张在短期影响产出，长期则为中性；同时，货币供应量在短期和长期均可影响物价水平，而且货币供应量的变化最终将全部体现在物价的变化上。此外，刘伟等（2002）的研究也指出我国经济中消费物价指数和货币指数（狭义和广义货币指数）之间存在长期均衡的稳定关系。

首先，我们认为“货币政策无效”的结论是片面和不合实际的。1998年之后，我国货币政策开始与积极的财政政策相配合，为国债项目提供配套贷款，在一定程度上抑制了自1993年开始的投资增长速度不断下滑的态势，经济增长率也趋于平稳（见表1），即20世纪90年代后期我国货币政策是有效的，它得益于为国债项目提供配套贷款从而带动了投资的增加。其次，“货币供应量的变化最终将全部体现在物价的变化上”的观点与近期我国价格水平走势是不一致的：1998~2002年，货币供应量（M2）年均增长14.18%，但价格水平（RPI）却始终维持负增长状态，因此，货币供应量的变化难以解释价格水平的变动。最后，现有的关于货币政策有效性的研究都没有充分重视我国经济转型时期的一些特有因素对货币政策效应的影响，转型时期货币政策运行的宏观环境在不断变化之中，限制了货币政策效应的发挥。

表1　1996～2003年GDP增长率、投资增长速度与货币供应量变化　单位:%

年份	GDP指数	全社会固定资产投资增长速度	M2	M1	M0
1996	109.6	14.8	25.3	18.9	11.6
1997	108.8	8.8	19.6	22.1	15.6
1998	107.8	13.9	14.8	11.9	10.1
1999	107.1	5.1	14.7	17.7	20.1
2000	108.0	10.3	12.3	16.0	8.9
2001	107.5	13.0	17.6	12.7	7.1
2002	108.0	16.9	16.8	16.8	10.1
2003	110.0	27.7	19.6	18.7	14.3

注：货币供应量为年底数，同比增长率。

资料来源：《中国统计年鉴》，中国统计出版社2004年版。

二、1996～2003年货币政策效应的实证分析

为了验证上述观点，本文通过建立向量自回归模型，试图从实证的角度分析1996～2003年我国货币供应量（M1、M2）变化对GDP（名义、实际）和价格水平的影响机制。

（一）模型及数据说明

本文建立了一个包括*GDP*、货币供应量以及价格指数（*RPI*）的向量自回归模型,[①] 利用脉冲响应函数和方差分解分析货币政策冲击影响产出和价格的时间路径和效应。首先，对进入VAR模型的三个变量进行平稳性检验。其次，分别估计以下四个VAR模型：模型1，包括名义*GDP*、*M*1、*RPI*；模型2，包括名义*GDP*、*M*2、*RPI*；模型3，包括实际*GDP*、*M*1、*RPI*；模型4，包括实际*GDP*、*M*2、*RPI*。以此为基础，考察货币供应量（*M*1、*M*2）对名义和实际*GDP*以及商品零售物价指数（*RPI*）的影响。

数据选用季度数据，样本期间为1994年第一季度至2003年第四季度。名义*GDP*季度数据来自《中国经济景气月报》及中经网数据库，*M*1、*RPI*以及*CPI*

① 这里选用货币供应量作为货币政策的代理变量。由于利率并不是我国货币政策的中间目标且主要利率也尚未市场化，因此，没有在模型中加入利率变量。

的季度数据由《中国经济景气月报》及中经网数据库提供的月度数据转换而得。由于缺少季度 *GDP* 折算因子的数据，实际 *GDP* 数据的获得，只有两种办法，一是用年度 *GDP* 折算因子的数据通过插值得到季度数据，二是用消费者价格指数折实。限于数据的可获得性，本文采用第二种办法。在样本期间内，本文对 *GDP* 和货币供应量序列均经过了季节性调整，并转换为与上年同期之比。样本实际估计期间为 1995 年第一季度至 2003 年第四季度。

（二）变量的单位根检验

本文对 *GDP*（名义值、实际值）、*M*1、*M*2 和 *RPI* 用扩展的 ADF 方法分别进行了非平稳性检验。结果表明，所有变量在样本期间内均为平稳序列。因此，可以利用它们建立向量自回归模型。

（三）VAR 模型的估计

在分别估计了四个 VAR 模型之后，根据 AIC 标准，我们选择模型滞后期为 2。VAR 模型估计结果如表 2、表 3 所示。

表 2　　模型 1 和模型 2 的估计结果

模型1				模型2			
指标	名义 *GDP*	*M*1	*RPI*	指标	名义 *GDP*	*M*2	*RPI*
GDP(−1)	0.696674 (4.85076)	0.028278 (0.31740)	−0.104546 (−4.44136)	*GDP*(−1)	0.408081 (3.25007)	0.138098 (1.41089)	−0.139337 (−5.31015)
GDP(−2)	−0.021587 (−0.14699)	0.146502 (1.60813)	0.085791 (3.56422)	*GDP*(−2)	−0.014120 (−0.09201)	0.227838 (1.90449)	0.037795 (1.17849)
*M*1(−1)	1.057344 (3.97127)	0.667551 (4.04186)	0.075544 (1.73117)	*M*2(−1)	1.786700 (7.66674)	0.708697 (3.90101)	0.087442 (1.79546)
*M*1(−2)	−1.038427 (−3.86400)	−0.272663 (−1.63558)	−0.020727 (−0.47058)	*M*2(−2)	−1.343713 (−5.03525)	−0.373077 (−1.79337)	0.052087 (0.93398)
RPI(−1)	−0.320690 (−0.34542)	1.446059 (2.51094)	1.354445 (8.90135)	*RPI*(−1)	−0.108345 (−0.13208)	0.974214 (1.52347)	1.161986 (6.77823)
RPI(−2)	0.668902 (0.70849)	−0.911235 (−1.55591)	−0.398424 (−2.57481)	*RPI*(−2)	0.258681 (0.32073)	−0.578644 (−0.92033)	−0.214923 (−1.27512)
Adj. R^2	0.512777	0.126391	0.870622	Adj. R^2	0.734902	0.307368	0.885553

注：样本期间为 1995 年 1 月至 2003 年 4 月；观测值为 36；（）内是 t 统计量。

表 3　　模型 3 和模型 4 的估计结果

模型 3				模型 4			
指标	实际 *GDP*	*M*1	*RPI*	指标	实际 *GDP*	*M*2	*RPI*
GDP（-1）	0.674400 (5.89674)	0.040132 (0.64373)	-0.090358 (-3.90152)	*GDP*（-1）	0.444899 (3.44930)	0.031128 (0.97661)	-0.117912 (-4.04922)
GDP（-2）	0.039586 (0.37202)	0.062733 (1.08154)	0.090259 (4.18874)	*GDP*（-2）	-0.168929 (-1.29978)	0.038341 (1.19377)	0.077077 (2.62683)
*M*1（-1）	0.209194 (0.70097)	1.024484 (6.29763)	0.075334 (1.24655)	*M*2（-1）	1.212492 (1.63748)	0.817133 (4.46565)	0.197026 (1.17860)
*M*1（-2）	0.049709 (0.16292)	-0.374919 (-2.25426)	-0.059516 (-0.96327)	*M*2（-2）	-0.233411 (-0.32339)	-0.005483 (-0.03074)	-0.110421 (-0.67765)
RPI（-1）	-0.472110 (-0.66974)	1.022352 (2.66065)	1.272678 (8.91564)	*RPI*（-1）	-1.264345 (-1.74755)	0.231941 (1.29729)	1.211241 (7.41548)
RPI（-2）	0.480471 (0.67354)	-0.719881 (-1.85133)	-0.290089 (-2.00817)	*RPI*（-2）	0.907571 (1.35349)	-0.087558 (-0.52841)	-0.267078 (-1.76424)
Adj. R^2	0.717191	0.549853	0.880482	Adj. R^2	0.776718	0.916746	0.882713

注：样本期间为 1995 年 1 月至 2003 年 4 月；观测值为 36；( ) 内是 t 统计量。

（四）货币政策效应分析

1. 脉冲响应函数分析

根据估计得到的模型 2，本文分别得到了 *GDP*（名义值、实际值）和价格水平的脉冲响应函数。首先，名义 *GDP* 增长率的变化（见图 2）。对于 *M*1（见图 2（a））和 *M*2（见图 2（b））增长率的正的冲击，1 个季度后，名义 *GDP* 的增长率就开始上升；货币扩张对 *GDP* 增长率的正影响持续 4 个季度后基本消失；相对而言，*M*2 的冲击对 *GDP* 增长率的影响要大一些。

其次，实际 *GDP* 增长率的变化（见图 3）。对于 *M*1 增长率的正的冲击（见图 3（a）），实际 *GDP* 增长率 1 个季度后上升，10 个季度后冲击效应消失；而正的 *M*2 增长率冲击（见图 3（b））对实际 *GDP* 增长率的影响时期更长一些，超过四年。由于 *M*2 等于 *M*1 加上城乡居民储蓄存款、企业存款中具有定期性质的存款（单位定期存款和自筹基建存款）、外币存款和信托类存款（王少平和李子奈，2004），因而，这意味着，储蓄存款的增长有利于促进实际 GDP 的增长。

最后，观察 *RPI* 的变化（见图 4）。不论是 *M*1（见图 4（a））还是 *M*2（见图 4（b））增长率的正的冲击，对价格水平的影响都非常微弱。

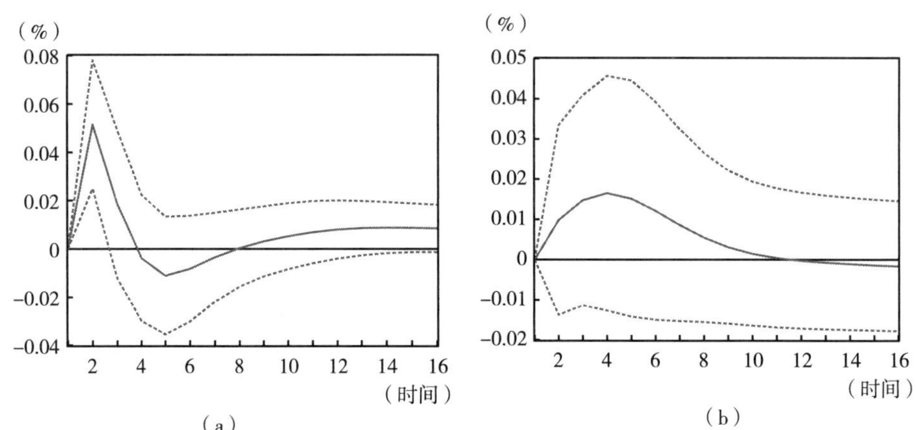

图 2　*M*1、*M*2 增长率变化对名义 *GDP* 增长率的冲击

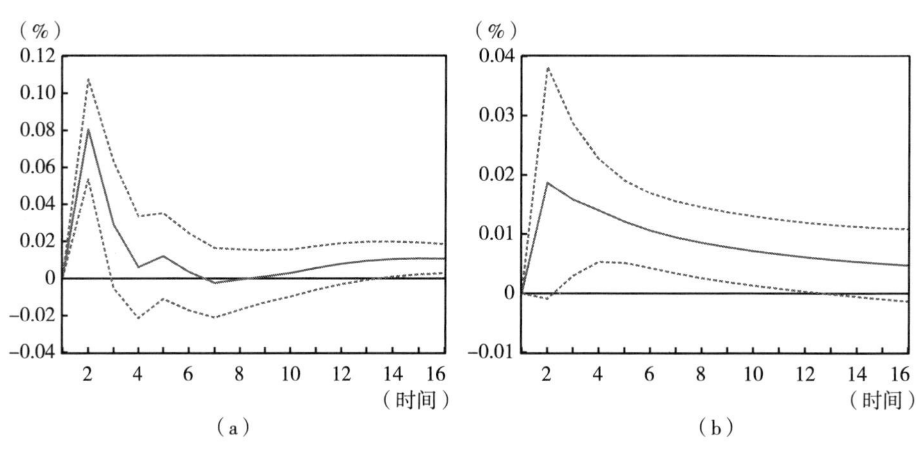

图 3　*M*1、*M*2 增长率变化对实际 *GDP* 增长率的冲击

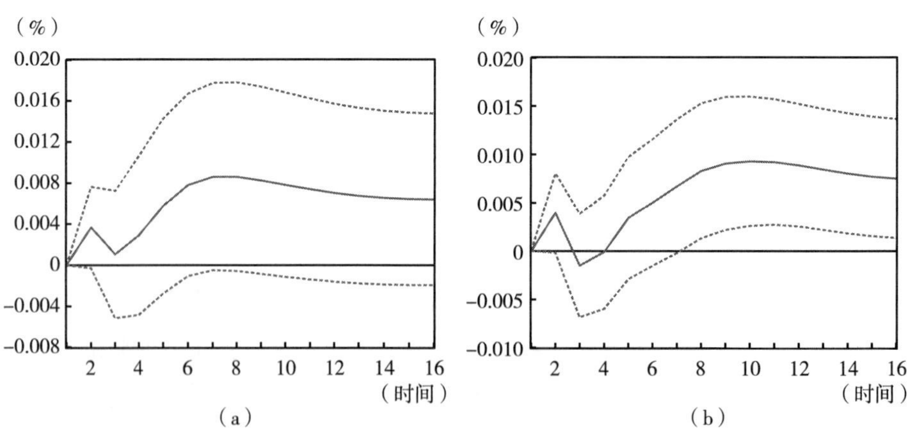

图 4　*M*1、*M*2 增长率变化对 *RPI* 的冲击

2. 方差分解

根据估计得到的模型 2，分别对 *GDP* 和 *RPI* 的变化进行方差分解。如表 4 所示，名义 *GDP* 变化中可以由 *M2* 的变化来解释的部分呈逐步减弱态势，两年后名义 *GDP* 的变化中只有不到 30% 的变化可归因于 *M2* 的影响。*M2* 对实际 *GDP* 变化的影响却呈逐步增强态势，两年后其影响达到了 21%。从储蓄影响实体经济的方式看，这种结果是合理的。

表 4　　**GDP 的方差分解**

名义 *GDP*（模型 2）					实际 *GDP*（模型 4）				
阶段	*SE.*	*GDP*	*M2*	*RPI*	阶段	*SE.*	*GDP*	*M2*	*RPI*
1	0. 063386	100. 0000	0. 000000	0. 000000	1	0. 061029	100. 0000	0. 000000	0. 000000
2	0. 122105	61. 60302	38. 38425	0. 012731	2	0. 072333	86. 29370	8. 080541	5. 625764
3	0. 13377	62. 61537	34. 35068	3. 033951	3	0. 076740	80. 12010	12. 32017	7. 559733
4	0. 139202	62. 76295	31. 72753	5. 509519	4	0. 078976	76. 71159	15. 43920	7. 849205
5	0. 141757	62. 05459	30. 76563	7. 179776	5	0. 080346	74. 67958	17. 66154	7. 658879
6	0. 143349	60. 71181	30. 11640	9. 171790	6	0. 081369	73. 25400	19. 26799	7. 478013
7	0. 145069	59. 49664	29. 68880	10. 81456	7	0. 082239	72. 09682	20. 45668	7. 446499
8	0. 146592	58. 80708	29. 20906	11. 98386	8	0. 083028	71. 05590	21. 34816	7. 595944

另一方面，*M1*、*M2* 的变化对 *RPI* 的影响不仅程度轻微而且都呈快速下降态势，两年后，其变化对 *RPI* 的影响分别只有不到 3% 和 5%（见表 5）。

表 5　　**PRI 的方差分解**

RPI（模型 1）					*RPI*（模型 2）				
阶段	*S. E.*	*GDP*	*M1*	*RPI*	阶段	*S. E.*	*GDP*	*M2*	*RPI*
1	0. 014084	1. 653343	10. 05881	88. 28785	1	0. 013246	0. 762402	7. 079680	92. 15792
2	0. 023754	7. 757941	4. 264191	87. 97787	2	0. 020526	6. 809277	2. 988678	90. 20204
3	0. 033153	9. 753331	5. 365152	84. 88152	3	0. 028356	16. 34573	5. 688163	77. 96611
4	0. 039777	10. 49272	4. 573754	84. 93352	4	0. 033376	21. 14352	5. 483237	73. 37324
5	0. 044658	10. 08121	3. 631928	86. 28686	5	0. 036671	22. 92338	4. 548685	72. 52793
6	0. 048770	9. 061947	3. 232835	87. 70522	6	0. 039162	22. 51844	4. 097985	73. 38358
7	0. 052536	7. 925006	3. 100623	88. 97437	7	0. 041174	20. 93587	4. 219069	74. 84506
8	0. 056083	6. 954669	2. 983066	90. 06227	8	0. 043106	19. 11032	4. 907520	75. 98216

根据以上分析，得到如下结论。

第一，20 世纪 90 年代后期，我国货币政策依然有效但效果有限。在样本期间，*M1*、*M2* 增长率（与上年同期比）的变化可在下一季度引发 *GDP* 增长率（与上年同期比）的上升，但上升幅度较小，仅可持续 4 个季度。此外，在名义 *GDP* 增长率的变化中，货币因素仅能解释名义 *GDP* 增长率不到 30% 的变化，

实际 *GDP* 增长率变化中不到 20% 的部分。这意味着，近期在执行货币政策时的力度选择直接关系到政策目标能否顺利实现。即，在通货收缩时如果执行扩张性货币政策但力度不够，经济增长率依然可能下滑。

第二，20 世纪 90 年代后期，货币供应量变化较难解释我国价格水平的变化。在样本期间，货币供应量对价格变化的影响甚微，货币因素仅能解释价格水平（*RPI*）的波动不到 8% 的部分。实际情况是，虽然我国的货币供应量在不断增加，但价格水平仍在持续回落。2003 年，最终产品价格依然没有明显上升，大幅上升的只是能源、原材料等上游部门或中间产品（钢材等）的价格。这在一定程度上意味着，决定我国物价水平变化的因素与其说是总需求，不如说是总供给。

三、我国货币政策的作用机理以及影响因素分析

本文从经济转型期货币政策运行的宏观环境（如开放度、金融市场的完善程度等）的变化入手，进一步分析这一时期我国货币政策的作用机理及影响因素。

（一）货币政策有效但有限的原因分析

本文认为，1996 年之后，货币政策能发挥一定作用的原因有两方面：一是货币政策的实现方式。在此期间，货币扩张采取了与国债政策配套的方式，使增加的货币投放量直接转化为投资，因此，有效地抑制了投资增长率下滑的态势，使 GDP 增长率保持稳定。如图 5 所示，全社会固定资产投资增长率由 1993 年的 61.8% 持续下滑至 1999 年的 5.1%，之后增长率开始回升；GDP 增长率也由 1999 年的 7.2% 开始逐步上升。

长期以来，投资波动都是我国经济波动的一个重要因素（Oppers，1997）。事实上，我国 GDP 增长率与固定资产总投资增长率之间始终存在着非常明显的共变趋势（见图 5）。转型时期，货币政策作用于实体经济的方式并不是以凯恩斯意义上的货币→利率→投资→产出的传导渠道实现的，而是：在通胀时期，紧缩性货币政策以控制信贷的方式直接抑制投资，降低经济增长速度；在通缩时期，扩张性货币政策配合积极的财政政策，为国债项目提供配套贷款，直接转化为投资，带动产出扩张。实践证明，在转轨经济中，如果货币仅仅采

取西方宏观经济学中传统的降低利率的方式扩张，有时是无济于事的。在本轮经济周期中的1996年和1997年，货币供应量（M0、M1、M2）的增长幅度非常大，但是货币扩张只是采取降低利率的方式，尽管利率下降的幅度不小，但是，受银行体系不良债权增加和企业利润率下降的影响，银行惜贷，企业慎投，整个国民经济的投资增长率仍然持续下滑。1998年，宏观经济决策当局在货币的数量扩张上采取了与国债政策相配套的方式，同时鼓励银行扩大对中小企业的贷款，取消对商业银行的贷款限额控制。货币扩张的方式改变，使投资增长率下滑的态势得到了抑制。2003年，由于土地和资金价格过低导致地方政府围绕开发区等建设扩大投资，宏观经济出现过热趋势，仅仅依靠西方宏观经济学中传统的压缩货币数量（或上调利率）的方式来抑制投资，效果依然有限。直到中央政府冻结土地并限制信贷之后，经济过热的压力才得以减轻。不同的货币政策实践证实，在转型期，特定的体制环境决定了货币政策的方式比数量本身更为重要，数量调整的货币政策如果不以特定的方式直接作用于投资，就难以影响产出。

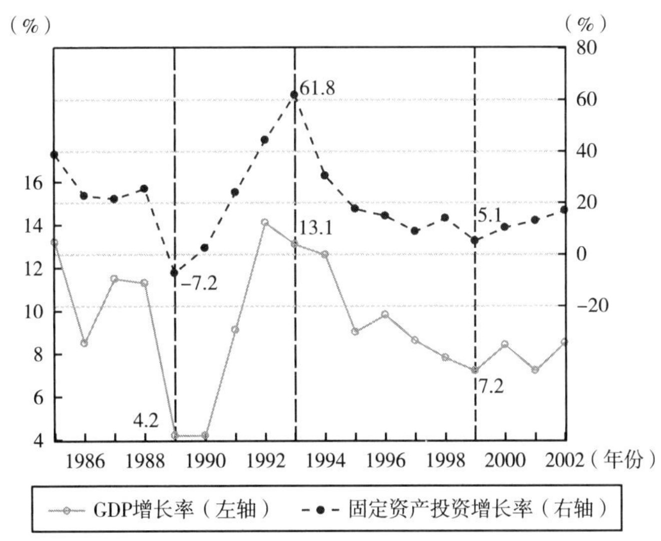

图5　GDP增长率与固定资产投资增长率变化

资料来源：《中国统计年鉴》。

二是国民经济所有制结构的变动。与国有经济相比，利率变动对非国有企业投资行为的调节更敏感一些，随着非国有经济比重上升，利率下调促进了非国有经济投资，带动经济稳中有升。至于国民经济所有制结构变动与货币政策效应之间的关系，我们可以从表6给出的全社会固定资产投资增长构成的变化发现一些事实。

表 6　　全社会固定资产投资增长速度　　单位:%

年份	总计	国有经济	集体经济	个体经济	其他经济
1990	2.4	6.3	-7.1	-3.0	
1991	23.9	24.4	31.7	18.1	
1992	44.4	48.1	94.8	3.3	
1993	61.8	44.1	70.5	20.8	
1994	30.4	21.3	19.1	33.5	99.4
1995	17.5	13.3	19.2	29.9	21.3
1996	14.8	10.6	11.3	25.4	23.7
1997	8.8	9.0	5.5	6.8	13.0
1998	13.9	17.4	8.9	9.2	11.6
1999	5.1	3.8	3.5	12.1	5.3
2000	10.3	3.5	10.7	12.2	28.5
2001	13.0	6.7	9.9	15.3	28.9
2002	16.9	7.2	13.4	20.1	36.2
2003	27.7	14.7	33.8	18.4	50.0

注：上年为100，按经济类型分。
资料来源：《中国统计年鉴》。

尽管如此，转型经济的体制特征也制约着货币政策效应的发挥。例如，市场主体的非市场经济主体行为特征，资本市场不完善，居民和企业投资渠道有限等，加上预期的不确定性，储蓄率水平不断上升。这不仅使我国货币乘数不断下降（艾洪德和范南，2002），而且使 M2/GDP 的比率不断上升，货币周转速度也不断下降。另外，随着我国经济开放度的不断提高，宏观经济受国际经济周期的影响越来越强，国际市场供需条件的变化对我国总供需的影响在相当程度上抵消了国内货币政策的作用。此外，区域经济发展的不平衡等也是抑制货币政策有效性的潜在因素。

（二）货币供应量的变化较难解释价格水平变化的原因分析

研究指出，20 世纪 90 年代后期，尽管实行了扩张性货币政策，但是总需求的增长速度还是慢于总供给的增长速度，从而导致了价格水平（最终产品）持续下降。其中的原因主要来自我国经济总供给能力的变化（余永定，2004；樊纲，2003；Woo，2003）。一是长期以来靠投资拉动的经济增长在短期促进总需求增加的同时，在长期也扩张了经济的总供给能力，导致总供给曲线随总需求曲线一起向右移动。二是随着我国经济结构的调整、市场化程度的提高以及外资的不断涌入，经济的总供给能力也在大幅提高。其结果就是切断了货币供应量与价格水平之间应有的正向关系（见图6）。因此，货币供应量的变化很难解释价格水平的变动。袁志刚等（2004）指出，我国自从1997年开始，除少数中间产品外，整个经济处于总供给大于总需求的状态。

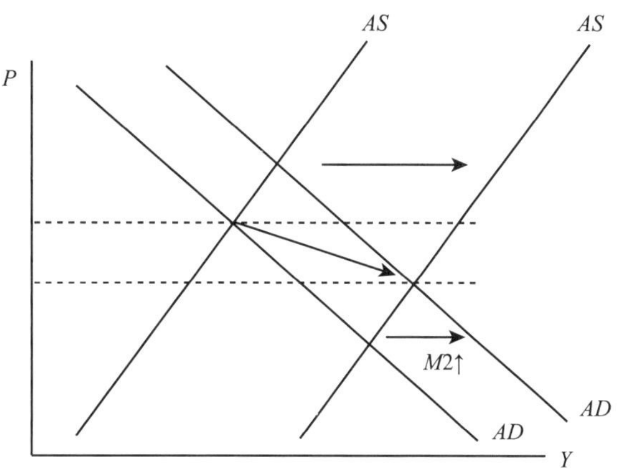

图6　我国价格水平变化与总供需的关系

四、结论

根据上述研究，本文得出以下结论。

第一，近期，在我国仍然存在着利用货币政策影响实际经济的可能。

第二，货币政策目标的实现程度，在相当程度上依赖于执行货币政策的方式以及扩张（或紧缩）力度的选择。也就是说，在通货收缩时期如果执行的是扩张性货币政策，只有数量扩张而没有其他鼓励公共或私人投资的配套政策，或者数量扩张的力度不够，我国经济增长率就可能下滑。

第三，货币供应量的变化难以解释价格水平的变动。那种认为“货币供应量的变化最终将全部体现在物价的变化上”的观点，忽略了价格水平的波动除了受总需求变化的影响外，更受到总供给变化的影响。我国正经历着从总供给能力不足向总供给能力相对过剩的经济转型，此时，来自总供给方面的影响也就更为凸显了。

第四，这一期间我国货币政策不同实现方式的政策有效性差异有力地体现了转轨经济的特点。1996年、1997年、2003年上半年宏观经济当局所采取的扩张和紧缩政策的有效性较差，1998年和2003年下半年所采取的扩张和紧缩政策的有效性较好。它们与宏观调节的政策实现方式密切相关，从宏观调节的不同政策实现方式的有效性上，我们可以得出这样的结论：中国的经济转轨还远未完成。

第五，从20世纪80年代初至90年代初，中国的宏观经济调节也呈现出利率等杠杆调节有效性较弱，信贷规模控制等数量调节有效性较强的特点。经济学界普遍承认的一个重要解释是：这是由于产权改革尚未到位，国有经济在国民经济中仍占较大比重，因此，不存在着运用市场经济条件下宏观经济调控方式的微观基础。但是，在本轮经济波动中，国有经济在国民经济中已经不占主要地位，我国的宏观经济调节仍然严重依赖于计划经济型的数量调节方式。显然，这说明，此前的解释是不充分的，寻求对这一问题的更好解释，也许是将本文研究进一步推向深入的方向之一。

参考文献

［1］艾洪德、范南：《中国货币流通速度影响因素的经验分析》，载《世界经济》2002年第8期。

［2］樊纲：《通货紧缩、有效降价与经济波动：当前我国宏观经济若干特点的分析》，载《经济研究》2003年第7期。

［3］刘伟等：《货币扩张、经济增长与资本市场制度创新》，载《经济研究》2002年第1期。

［4］裴平、熊鹏：《我国货币政策传导过程中的“渗透”效应》，载《经济研究》2003年第8期。

［5］王少平、李子奈：《我国货币需求的协整分析及其货币政策建议》，载《经济研究》2004年第7期。

［6］谢平：《我国货币政策分析：1998—2002》，载《金融研究》2004年第8期。

［7］余永定：《如何分析当前的宏观经济形势》，中国社会科学院世界经济与政治研究所网，2004年。

［8］余永定：《自20世纪90年代开始的中国宏观经济管理》，中国社会科学院世界经济与政治研究院网，2001年。

［9］袁志刚、何章勇：《以新的视角审视我国宏观经济增长》，载《经济研究》2004年第7期。

［10］赵昕东等：《我国货币政策工具变量效应的实证分析》，载《数量经济技术经济研究》2002年第7期。

［11］周绍朋等：《宏观调控政策协调在经济“软着陆”中的作用》，载《经济研究》1998年第3期。

[12] Oppers Erik, Macroeconomic Cycles in China, IMF Working Paper, WP/97/135, 1997.

[13] Wang Ruifang, Effectiveness of Monetary Policy in Post-Reform China: Some Empirical Evidence, A Presentation at the 3rd International Conference on the Chinese Economy, Organised by CERDI-IDREC in Clermont-Ferrand, France, 2001.

[14] WOO W. T., The Travails of Current Macroeconomic and Exchanger Rayte Management in China: The Complications of Switching to a New Growth Engine, Economics Department, University of California at Davis, 2003.

金融自由化与开放过程中的金融风险规避*

1996 年 12 月，日本著名经济学家馆龙一郎、石川滋、小宫隆太郎应中国社会科学院邀请访问北京、厦门。29 日与厦门大学的经济学者举行了座谈。座谈间馆龙一郎与小宫隆太郎就市场化过程中的金融自由化与对外开放过程中的金融风险规避问题介绍了日本的经验与自己的看法。

馆龙一郎介绍了日本的金融自由化过程。日本二战后的金融体制与战前的体制有密切的联系。20 世纪 20 年代，日本曾发生严重的经济危机，大批银行被挤兑、破产。因此，自 1928 年起，日本在金融证券业实行分业主义。即实行银行与证券机构的分业经营管理体制。在分业管理的原则基础上，提高银行的资本金比例，严格禁止银行负责人兼任其他金融机构的重要职务，对于银行的设立，采取了审批制。二战后，由于 1945 ~ 1950 年的严重通货膨胀，以及高速增长时期的资金严重短缺，在战前分业主义的基础上，进一步发展了专业主义，即按照融资期限、对象区分各类银行的业务范围，并且不允许银行涉足非专业业务。例如，在特定时期，尽管短期金融利率高，但是，经营长期金融的银行也不能从事短期金融业务。日本政府对银行业的严格管理，规定了银行业竞争的游戏规则，有利于使有限的资金得到有效的利用，因此，这种体制在日本存在了许多年，但是，这种体制有其弊病，主要是限制了竞争。不存在不同专业银行之间的竞争，它使各种专业的金融机构之间因行业垄断出现了不同的利润率，即“准地租”。行业内部虽然存在竞争，如经营同种业务的商业银行之间争取客户的竞争，但是，当行业内的竞争过于激烈时，政府往往通过行政指导的方式进行干预。这种限定范围的竞争，使日本的银行与证券机构认为金融机构不会破产，淡化了风险意识。日本的这种金融体制是与高速增长时期

---

* 本文原载于《经济研究参考》1997 年第 101 期。

严重资金不足状态相适应的，但是，随着高速增长时期的结束，资金不足转化为资金剩余，日本从资本输入国变为资本输出国，这种金融体制便失去了效力。因此，必须从金融管制转向金融自由化。这一转变是在20世纪80年代开始的。

日本的金融国际化、自由化是逐步实现的，其实现过程是一个渐进的长过程。之所以如此，是因为日本的金融业发展水平与欧美各先进国家相比，相对落后。它体现为：金融技术比较落后。银行业务基本上是存贷款业务；证券业方面，市场发育较落后。证券交易业务也不如欧美发达。因此，从分业制专业主义的银行体制、长短期金融业务分隔过渡到打通各类银行业务范围，打通银行与证券业分隔，需要一步一步地进行，以避免转轨过程中的风险。日本目前的做法是：在银行及证券机构设立方面，仍实行严格的审查，批准设立新的金融机构，政府需经过多方面征求意见，方才作出决定，不同于美国实行的登记制；对于银行与证券机构之间的关系，则和美国一样采取分开的办法，而不是采取欧盟国家的综合银行制；对于银行与证券机构之间的业务交叉，日本不是采取直接的方式进行，而是让银行和证券机构设立子公司进入对方领域，例如，银行设立的子公司从事证券业务，证券公司的子公司做金融业务，等等。日本的这种做法效果如何？馆龙一郎说，由于日本的金融自由化过程恰恰遇上了日本的泡沫经济崩溃，各种金融机构都出现了大量的呆账和不良贷款，因而，其效果还不能肯定。

对于证券市场上的机构大户投机问题。馆龙一郎指出：随着经济的发展，资本的增加，机构投资家是肯定会出现的，如保险公司、各种基金会等。这些机构把大量的资金投入股票、证券市场上去，是有可能引起股市大波动的。因此，日本政府对证券市场上的机构投资家的管理也经历了一个从严格管理到逐步放开的过程。对证券市场的管理，日本在原则上与国外基本一样，但是，在具体细则上，则很严格。在管理上，日本特有的行政指导发挥了重要的作用。政府通过与机构投资家之间的沟通、协调，来调节机构投资者的证券市场运作。例如，日本政府经常地听取机构投资家们的重要投资运作打算，在此基础上，根据市场的波动比率规定投资去向，控制投资风险。日本政府的这种操作主要是通过证券交易所出面进行的，但是，在相当长时期内，政府的介入是很深的。日本目前正在放宽对证券市场的管理，放宽对机构投资家的投资比率控制。馆龙一郎认为，目前放宽管理不会引起证券市场的大波动。因为，日本的证券市场在成熟，机构投资家也在成熟。成熟的投资家清楚地认识到把大量的资金集中投入一个方面将会有很大的风险，分散投资是降低风险的最好途径之一。日本目前必须注意的是海外投资家的大量进入，它会增大日本证券市场的风险。

小宫隆太郎指出：日本的证券市场波动情况与中国不太一样。日本的证券市场波动并不体现为整个股市的大起大落，只是几家股票上下的较厉害。日本目前在证券交易所上市的证券商品分为一类、二类商品，一类证券商品约1200家股票，二类证券商品约700家股票，其余均为店头交易。在这近2000种股票中，曾经大起大落的只有5~10个品种。这与中国股市的大批量证券商品的同时大起大落是不同的。至于机构投资家，日本主要是两种，一种是保险公司、各种基金会，另一种是专门的投机集团。后者往往认准一种股票大买大卖，其目的一是收购，二是吓唬经营者，通过影响经营者而获利，这是违法的。日本政府主要是通过行政指导进行管理和调节。

对于开放过程中的金融风险规避问题，小宫隆太郎指出，在对外开放、引进外资过程中，如何使金融风险得到限制是一个值得注意的问题。在这一问题上，有两个方面值得注意：一是外资银行进入中国，将会使中国的银行受到冲击。目前，有大批外资银行急于进入中国。日本对此的做法是有所限制。从市场占有率角度来看，日本目前已有70余家外资银行，但是，它们占日本商业银行存款的比率不高，仅2%~3%，而在美国，外资银行的存款则占15%左右。发达国家批评日本金融市场不开放，外资难以进入日本的金融、证券市场。日本近年来对此虽然有所放宽，但是，进入仍不是无限制的，仍然存在着一定的障碍。二是外汇风险问题。这需要通过银行与政府的两方面努力予以降低。日本的做法是：银行通过在外汇业务方面的严格规制，避免外汇风险。日本的银行有一个不成文的原则：外汇要绝对避免风险。很多银行都规定了一个必须严格执行的限度，即超过此限度的外汇业务绝对不做。此外，政府对汇率风险的管理，这一方面，各国都有必要的管理，中国的外汇管理当局通过制定适当的政策，并严格实施，汇率风险是可以避免的。

非理性市场、政府干预与股改对价博弈*

中国股票市场的股权分置问题源于最初的股票市场制度设计，而后者又源于股份制改革中的路径依赖。以支付对价[①]方式进行的股权制度改革之所以被各方所接受，主要原因在于非流通股股权的最初获取成本低廉。而为国有企业融资服务的股市功能定位和卖方占优的金融市场背景是高溢价发行制度（中国股市风险积累的原因之一）得以运转，并导致流通股股权和非流通股股权最初获取成本差异巨大的根本原因。[②] 支付对价方式的股权制度改革，一方面，体现了对历史的一种矫正，另一方面，在进行股权制度改革的同时，也一次性大幅降低了中国股票市场的系统性风险，因而是一场积极的制度变革。

毫无疑问，对价支付问题是当前正在进行的股改的核心命题。在改革进行到一半左右的时候，做一些梳理和总结是有必要的。本文拟对已完成股改的上市公司进行实证分析，以期找出决定股改对价比例的主要因素，并试图发展一个理论模型对其进行解释，最终形成一些启发性的观点。

一、基本问题

当前正在进行的股权分置改革，采取的是一种所谓分类表决的方式，有两

---

* 本文原载于《经济评论》2006 年第 4 期。共同作者：肖正根。

① 对价（consideration）一词是英美法的概念，在英美法中，合同的成立以双方支付对价为要件，相当于大陆法系的“要约—承诺”。支付对价是指非流通股要进入市场，避免给流通股带来新的损失而对流通股所作的补偿。非流通股股东的股票原来是不能在股票市场上买卖交易的，所以股票市场上他的股票股价高低与他没有关系。股改后，这部分股票也可以在股票市场上流通了，享受股票市场带来的高价，因此，为了获得流通权，非流通股股东必须向流通股股东支付对价。另外，非流通股股东当时获得股票是在公司改制时，价格非常低，有的是面值获得的，而流通股股东都是从股票市场获得的股票，价格高得多，所以公平起见，也应该支付对价。例如 10 股对付 3 股，即非流通股东向流通股东按流通股本每 10 股送 3 股。

② 肖正根：《制度变迁、预期与国有股问题研究》，载《山西财经大学学报》2005 年第 2 期。

个关键点：第一，方案自决：上市公司股东自主决定改革方案（一般由非流通股股东提出）；第二，投票表决制：须经参加表决的流通股股东所持表决权的2/3以上通过。

从具体执行情况来看，由于中央各部委的直接参与和大力推动，股改进展迅速。据深圳证券信息有限公司统计数据，截至2006年3月10日，已完成股改公司数量达445家，市值大约占两市总市值的1/3；而随着第22批股改公司名单的确定，完成股改和进入股改程序的上市公司总数已达628家，占两市总市值的比例已超过50%。从改革的方案来看，直接或间接的对价支付以补偿流通股股东成为股改的基本方式。而各公司对价支付数额确定的依据（所谓对价支付公式）差异较大，有所谓市盈率法、市净率法、超额市盈率法、企业价值不变法、追溯复权法等。[①] 本文对94家样本公司的对价支付情况如图1所示（横轴为每股流通股所获对价数，纵轴为公司家数），对价均值为0.326，标准差为0.05，最小值0.2，最大值0.48。

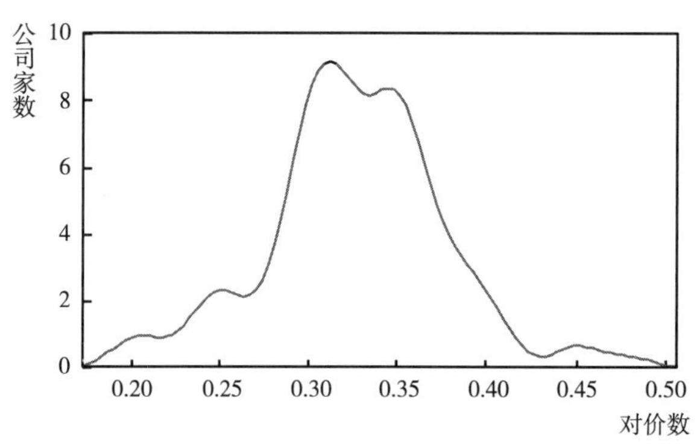

图1　对价数的分布

分类表决制的基本出发点，在于各公司差异较大，无法采取单一的对价补偿与股改方案。而图1却很难把对价支付与分类表决的基本含义联系在一起，各公司对价的差异并不大，大都落在0.30～0.35。因此，尽管各公司的股改方案是自主决定的，且各公司对价支付的依据各异，各公司对价额的差异却没有公司差异及对价支付依据的差异大。那么，影响对价支付的因素到底是什么呢？我们先从理论层面进行分析，然后进行实证考察。

二、股改对价的渊源

股权分置改革的基本出发点，在于矫正同股不同权的股权制度设计。而同

① 张明若：《公允计量对价修正计算模型》，载《中国证券报》2005年9月12日。

股同权是一种公理式的命题，就犹如“人人生而平等”，让非流通股流通不过是把本应属于其的权利还给它而已。从这个意义上讲，股权分置改革本身并不能成为对价支付的依据。①

从逻辑上讲，一方给予另外一方以补偿，要么因为一方在此以后可以获得超额收益，要么因为一方曾经对另一方不公。在排除了对价支付的上述原因之后，对价支付的可能理由就剩下后者了。既然股权分置改革本身不能使非流通股获取超额收益——流通权利是本就应该属于非流通股的，流通与减持也无直接关系，那么，只有非流通股股权和流通股股权的历史获取成本不公允，前者才有向后者支付补偿的理由。

有必要从股权分置的制度安排运行的基本环境中去探寻股改对价支付的真正原因。中国股票市场的运行有两个基本的制度背景：为国有企业改革服务的股市功能定位和卖方金融市场。前者加上国有企业的资金渴求使中国股票市场最初的高溢价发行制度成为政府的一种必然诉求，而后者即金融投资工具相对于民间投资需求的匮乏（约 2/3 的股票不可流通在一定程度上加剧了这种状态），加上股票所具有的流动性和投机特征，则使高溢价发行制度成为可能。这样，在公司发行上市的最初，非流通股和流通股的获取成本就有了巨大的差异——通常，非流通的股权获取仅按面值，而流通股的股权获取则采取的是一种所谓市盈率发行的方法，流通股的获取成本系统性的数倍于非流通股股东，两种股权同时在股市上流通，显然是很不公平的。②

既如此，对价支付就转化为对最初发行上市时非流通股超常溢价的一种矫正。从理论上而言，如果存在一种可以接受的补偿标准，股权分置改革完全可以采用集中计划的方式去完成。然而，各公司千差万别，矫正历史是困难的，本文也不想对此展开讨论。但我们必须弄清的是，什么样的补偿标准才更接近于股权分置改革对价补偿的上述原意？

中国证券市场股票发行制度曾几经变迁，在各个阶段内，则标准趋同，比如常见的一刀切的市盈率发行定价法。但总体而言，相对于成熟市场的公允发行价格，这些发行制度下的流通股权获取成本系统性地偏高。因而，比较公允的对价支付标准就在于对这些发行制度的一种矫正：补偿的程度应与当初上市时发行价格高估的程度相关。而发行价格是否高估，以及其高估的程度，除了

---

① 有人可能会说，以前，在股权分置的情况下，大股东经常侵犯小股东的利益，所以要给予对价补偿。笔者认为，这是另外一个层次的问题，与股权分置并不直接相关：在全流通的情况下，如果信息披露不充分，且监管不严，一样有大股东损害小股东利益的可能。股权分置改革与有争议的“一股独大”问题是两个问题，前者的解决并不必然意味着后者的解决。

② 对于国有企业上市时非流通股股东获取股权的超常溢价方式，有诸多分析，本文不赘述。

受上述发行制度的系统性影响外，还与各个公司的具体状况相关——对于业绩好、有发展前景的公司，市场给予较高的发行溢价是一种合理的行为；反之，对于一般的企业，当初的发行上市制度则意味着相当大程度的不公平溢价。

这样，对价补偿就可以分为两个组成部分，一部分是对当初股票发行上市制度的系统性纠正——总体而言，当初流通股股权的获取成本过高；另一部分则是与公司具体状况相关的差异补偿——在一刀切的发行制度下，“好公司”由于溢价程度低，支付的补偿理应低；而“劣公司”由于溢价程度高，支付的补偿理应高，对价补偿程度与公司业绩、公司绩效相关。这是本文下一步分析的基本理论假设。

此外，也存在一些可能影响对价支付额的技术层面因素：一是政府政策。此次股权制度改革，是在中央政府的推动下进行的，因而中央政府的政策、各级地方政府对中央政策的态度和执行力度必然会影响对价补偿的数额。二是预期。试点及先行股改公司的对价补偿比例理所当然成为后股改公司对价补偿标准的一个参考指标。三是投票操纵。任何投票制下都有一定程度的合法或非法的操纵或舞弊行为，既然股改采取的是投票制，那么，可能影响投票结果的因素——比如各公司游说的力度、流通股的势力（流通股人数及大流通股股东持股数）等——就会在一定程度上影响对价额。四是非流通股占总股本比例。支付对价补偿会直接降低非流通股在总股本中的权重，非流通股东不大可能接受因支付对价而失去对公司的控制权，因而非流通股占总股本的比例实际上限制了对价补偿的可能边界。五是股票价格。从理论上讲，二级市场价格与对价补偿并无直接因果关系，但就当前而言，对价补偿额确定的一个不成文标准是，对价支付后尽量使二级市场投资者不亏损，因而当前价格与对价数额就可能呈现一种负的相关关系——当前价格低，则股价倾向于上涨或少跌，从而能接受的对价补偿可能就较低。

那么，在已经完成股改的公司对价支付中，起支配作用的因素是什么？是否符合我们理论的预期？接下来对此进行实证的考察，并试图从理论上解释实证的结果。

三、实证检验

（一）样本数据的选择

本文原始数据选自 CCER、CSMAR、全景网络中国股权分置改革专网及深圳证券信息有限公司数据库。本文从已完成股改所有程序的400余家公司中（即所谓的G股，截至2006年3月3日），随机抽取约1/4（共98家公司）作为样本。[①] 为使计算结果有意义，剔除了有关数据不完备或对价比例难以准确计算的公司4家。

（二）研究变量的确定及计算

1. 被解释变量的确定与计算

（1）对价数（*Expi*）。

我们直接用每股所获对价数计量对价，对于现金等其他可以折算成股票的对价补偿方式，全部折算成股票。

（2）*Y* 变量。

系统因素显然成为解释股改对价的基本要素。虽然对系统性因素的准确计算超出了我们的计算量，但由前文的描述统计可知，对价补偿分布相当均匀，我们可以把系统因素当作一个常数（*constant*），并可假定它是对价均值0.326而不至于影响检验结果。对此均值的另一个理解角度则是预期，我们将之统称系统或预期因素。

要寻找其他可能解释股改对价的因素，就必须首先剔除系统或预期因素的影响。我们可以定义一个被解释变量 $Y = expi - constant$ 或 $Y = expi - expectation$，并把 *constant* 或 *expectation* 直接取为0.326，以剔除系统性因素或预期因素的影响，表示除系统或预期因素影响之外的需要被解释的股改对价数，或称为股改对价的差异值。

2. 解释变量的确定与计算

（1）公司业绩及绩效的度量：*ROE*、*Tobin's Q*。

如何用简洁的指标以评价公司的好坏，评价公司的业绩及其管理绩效，是一个有争议的问题。本文采用两个较为通行的指标：净资产收益率（*ROE*）和 *Tobin's Q*，分别用以代表公司价值与公司成长能力，[②] 并分别进行回归。

---

① 由于中小板股改较快，在全部G股中权重较大，为使样本更具代表性，在随机选样时对中小板给予了较小的权重。

② 向朝进、谢明：《我国上市公司绩效与公司治理结构关系的实证分析》，载《管理世界》2003年第5期。

对于 ROE 的计算，我们取样本公司 2002～2004 年净资产收益率的平均数。[①] *Tobin's Q* 是公司市场价值与其账面总资产价值之比，本文用公式"*Tobin's Q* =（年末市值 + 年末公司负债）/年末公司总资产"进行估算；股权分置问题在一定程度上使得市值难以准确计量，用 CCER 数据库中"年末考虑非流通因素的总市值"对其进行估算，*Q* 值取 2002～2004 年 *Q* 值的简单平均。

（2）其他解释变量。

① 市盈率（*PE*）与市净率（*PB*）。

股票价格是影响股改对价数的可能短期因素，因此取值应与股改期较近，且数据之间应有较好的可比性。本文取 2004 年底的相对价格指标：市盈率和市净率，一则因为时间相隔较近，二则从 2001 年开始的股改讨论，使 2004 年底的股票价格大致已包含了股改预期。[②]

② 投票操纵与筹码集中度（*CONR*）。

由于股改须经参加表决的流通股股东所持表决权的 2/3 以上通过，流通股的势力在一定程度上将影响对价数——既可能体现于股改方案的提案过程中，也可能体现在投票上。从理论上而言，由于流通股股东才有权参与投票，因而总是可能使对价数逼近于非流通股股东愿意支付对价数的上界。然而，基于集体行动的逻辑，[③] 集团人数越多，搭便车激励将使集团利益越易于受到侵害，因而使对价数逼近于上界的能力与流通股的势力即流通股的人数或者说筹码集中度相关。本文选取前十大流通股持股占流通股比例来度量流通股股东的势力。

③ 非流通股比例（*RANNS*）。

非流通股占总股本的比例在一定程度上限制了对价补偿的可能边界。非流通股比例数据是 2004 年底的数据。

（三）模型选择

影响股改的其他诸因素作用于股改对价数的程式，并无现成文献可以参考，为达到对股改对价影响因素尽可能多的了解，我们从多个角度分别对 *ROE* 和 *Q* 值进行了回归，模型如下：

---

① 由于数据所限，极少数公司仅计算两年均值或采取估计值。

② 在数据计算时，对于少数几家亏损公司的市盈率取缺省值。

③ 曼瑟尔·奥尔森：《集体行动的逻辑》中文版，上海三联书店、上海人民出版社 1996 年版。

1. 普通线性模型

$$Y = \lambda_0 + \lambda_1 ROE + \lambda_2 PE + \lambda_3 PB + \lambda_4 CONR + \lambda_5 RANNS + u$$

$$Y = \lambda_0 + \lambda_1 Q + \lambda_2 PE + \lambda_3 PB + \lambda_4 CONR + \lambda_5 RANNS + u \quad (1)$$

2. 对数线性模型

$$Y = \lambda_0 + \lambda_1 \ln(100 \times ROE) + \lambda_2 \ln PE + \lambda_3 \ln PB + \lambda_4 \ln(100 \times CONR) + \lambda_5 \ln(100 \times RANNS) + u$$

$$Y = \lambda_0 + \lambda_1 \ln Q + \lambda_2 \ln PE + \lambda_3 \ln PB + \lambda_4 \ln(100 \times CONR) + \lambda_5 \ln(100 \times RANNS) + u \quad (2)$$

运用对数模型的理由在于，虽然我们可以预期 Y 与 ROE 的负相关关系、以及 Y 与 PE、PB、$CONR$、$RANNS$ 的正向相关关系，但这种相关关系不应是无穷大的——对于业绩很差的公司、股价很高的公司、或者流通股势力很强的公司等，不能指望其非流通股全部用于支付对价，即变量间的关联应是比较柔和的。这样，就有必要对变量做一些细节上的处理，修正后的模型解释变量采取对数形式（样本数据中 ROE、$CONR$ 和 $RANNS$ 是小数，在取对数前统一乘上 100①）。

（四）检验结果及分析

表 1 比较了两个模型的 *GAUSS*（5.0）输出结果。

表 1　　剔除系统（预期）因素的多元回归结果

指标	预计符号	基本线性模型				对数线性模型	
		基本回归		对 *ROE*	对 *Q*	对 ln（*ROE*）	对 ln（*Q*）
		ROE	*Q*				
常数		-0.0004295 (-0.082177)	-0.0091757 (-0.19179)	-0.12216* (-2.9637)	-0.15180* (-2.7921)	-0.53515* (-3.2437)	-0.55292* (-3.4266)
ROE	-	0.011124 (1.6628)		0.009617** (1.6562)		0.00058565 (0.12945)	
Q	+		0.0082850 (0.19524)		0.027233 (0.83873)		0.038716 (0.94775)

① 在运用对数模型时，对于几家平均 *ROE* 为负的公司，*PE* 和 *ROE* 取估计值。

续表

指标	预计符号	基本线性模型				对数线性模型	
		基本回归		对 *ROE*	对 *Q*	对 ln（*ROE*）	对 ln（*Q*）
		ROE	*Q*				
PE	+			-0.0000133 (-0.2777)	-0.0000239 (-0.5789)	0.00000864 (0.00113)	-0.0014942 (-0.213)
PB	+			-0.0023456 (-0.8239)	-0.0034584 (-0.9495)	-0.012704 (-0.9954)	-0.020417 (-1.5058)
CONR	+			-0.13318 ** (-1.8265)	-0.13117 ** (-1.8298)	-0.0075513 (-1.4575)	-0.0075332 (-1.4398)
RANNS	+			0.21345 * (3.5039)	0.21722 * (3.7029)	0.13358 * (3.4498)	0.13965 * (3.7595)
R^2		0.0049807	0.0012527	0.19711	0.20309	0.18716	0.19711
$\overline{R}^2$				0.15149	0.15781	0.14097	0.15150
DW				1.9698	1.9726	2.0339	2.0224

注：括号内为t值；**、*分别表示在5%、10%的水平上显著。

在没有考虑政府因素的情况下①，我们分析的其他几个可能影响股改对价的因素对于各公司之间股改对价差异的解释力不大，调整可决系数仅为0.15左右，各公司股改对价的差异表现出相当程度的随机特征。

对公司差异的检验结果相当令人困惑：与理论预期不同，公司差异并不导致股改对价的差异，反映公司价值的指标*ROE*、*Tobin's Q*都没有通过检验。*ROE*的系数符号与预期相反，但*t*值较小，参考意义不大；*Q*值虽然符号方向与理论一致，同样由于*t*值过小而没有价值。对价的这种无公司差异特征说明了中国股票市场的低效性，流通股股东对对价的实际含金量关注不够，而只关注每股所获对价的股数。

影响股改对价的其他指标中，*PE*和*PB*无法通过检验，说明价格因素与股改对价无关。在基本线性模型中，筹码集中度*CONR*在较低的水平上可以通过检验，但符号不符合理论的预期，其中原因有待于进一步研究。非流通股比例*RANNS*在两个模型中都相当显著，符号方向也符合理论的预期，说明非流通股比例越高的公司，的确倾向于支付较高的对价补偿。

总体而言，系统性因素或称为预期的因素是决定股改对价支付的核心变

① 此次股改是在政府主导下进行的，中央政府政策及各级地方政府的贯彻程度可能是影响股改对价的一个重要因素，由于各地股改进展差异较大，部分省份数据较少，本文没有对此进行量化研究。本文将在下一部分对此进行理论上的分析。

量，对价补偿数基本与公司无关，各公司对价差异表现出相当程度的随机性，对价补偿遵照的是预期（系统）标准、先例标准或平均标准，这从侧面反映了中国证券市场的非理性行为。

四、一个理论解释与预测模型

（一）基本模型

股改以来各批股改公司的平均对价补偿（已实施或拟实施）趋势如图 2 所示（截至 2006 年 3 月 13 日，包括试点 2 批，共 26 批；横轴为股改公司批次，纵轴为每批的平均对价）。可以发现，一方面，如前所述，对价数主要受预期或系统因素的影响，围绕均值小幅震荡，分布相当均匀；另一方面，从对价的演变趋势来看，近期公布尚未表决通过的拟实施平均对价补偿数有降低的趋势。

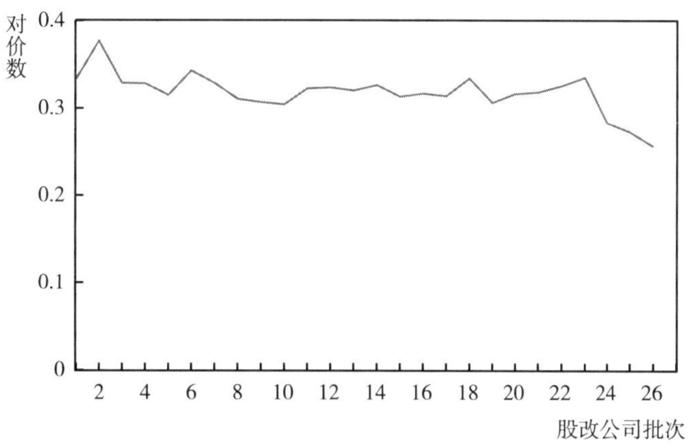

图 2　对价数的趋势

本节试图发展一个博弈论的解释与预测模型，以期解释和评价股改对价的现状，并对其未来的演变趋势做一些尝试性的预测。对于建模需要用到的一些假设，尽量符合实际。

我们从最基本的轮流讨价还价模型开始。① 在这个模型中，两人按轮流出价的方式分一块蛋糕 1，x 是参与人 A 的份额，$1-x$ 是参与人 B 的份额，两人

① 张维迎：《博弈论与信息经济学》，上海三联书店、上海人民出版社 1996 年版，第 200～207 页。

的贴现因子分别是 δ_1、δ_2。[①] 在有限博弈的情况下,[②] 如果 $0<\delta_i<1$（$i=1, 2$），精练的均衡结果取决于贴现因子的相对比率、博弈时期长度 T 和谁在最后阶段出价；在无限期的情况下，鲁宾斯坦（Rubinstein，1982）证明，存在唯一的子博弈精练纳什均衡：

$$x^*=\frac{1-\delta_2}{1-\delta_1\delta_2}\left(\text{如果 } \delta_1=\delta_2=\delta,\text{则 } x^*=\frac{1}{1+\delta}\right) \tag{3}$$

可见，子博弈精练均衡结果是贴现因子（耐心程度）的函数，有绝对耐心（贴现因子为1）的人总可以通过拖延时间使自己独吞蛋糕；当 $\delta_1=\delta_2=\delta$，$\delta<1$ 时，博弈具有先动优势：$x^*=\frac{1}{1+\delta}$，$x^*>\frac{1}{2}$，参与人 A 的份额总多于参与人 B；当 $\delta_1=\delta_2=1$，即双方均有无限耐心时，博弈有无穷多个均衡，$x^*=1/2$ 即均分蛋糕可能是一个聚点均衡。

分类表决的股权分置改革是一个典型的讨价还价过程。在这个博弈中，博弈主体是非流通股股东和流通股股东。由于股改对价的渊源在于非流通股历史上的超额溢价，我们可以把博弈的蛋糕笼统地称为“非流通股股东超额所得”（设为1）而不至于影响分析的结果。双方讨价还价以分割这块蛋糕，过程是：非流通股股东先出价 x；流通股股东如接受，则博弈结束，流通股股东获补偿 $(1-x)$ ——基于股本结构比例可根据一定系数关系转化为流通股每股所获对价数，非流通股股东获 x（可理解获得流通权的好处）。如不接受，则流通股股东出价（还价）；非流通股股东如接受，博弈结束，蛋糕按流通股股东的方案分配；如果非流通股股东拒绝，则非流通股股东再出价；如此一直下去，直到一方方案被另一方接受为止。[③]

根据鲁宾斯坦的模型，直观上看，x 的大小，取决于非流通股股东和流通股股东贴现因子的大小，即耐心程度。在当前中央政府大力推动股改的情况下，各级地方政府及拟股改公司（国有企业为主）拖延股改的成本较大，耐心有限，其贴现因子较小，因而只要流通股股东有足够的耐心，总是有可能使 x

---

① 对贴现因子的简要理解是，博弈如在第 t 期结束，且 t 是参与人1的出价阶段，则参与人1和参与人2的支付现值分别是：$\pi_1=\delta_1^{-1}x_1, \pi_2=\delta_2^{-1}(1-x_1)$。

② Stalh I.，Bargaining Theory，*Stockholm School of Economics*，1972.

③ 我们没有提及股改中的投票环节。但请注意，在当前进行的股改中，如果信息是完全的，即非流通股股东和流通股股东沟通充分，知道至少是大部分流通股股东对方案接受与否的话，则股改的最后一个环节即投票只是对讨价还价结果的一个确认程序而已。当前股改的现状也说明了这个问题：除了极少数个例，股改只要走到最后一个程序即投票环节，基本都是通过的。因此，投票本身并不重要，重要的是投票之前的讨价还价，以及信息。

趋近于 0 而所获补偿接近于 1。

（二）拓展与延伸

鲁宾斯坦模型的关键在于贴现因子，为得到更清晰的有价值的观点，我们需要对上述模型进行一些细化。在进一步分析之前，我们提出如下假设：

1. 博弈主体假设

两类拟股改公司——绩优公司（*VC*）和垃圾公司（*GC*）。两类公司的规模及股本结构相同，绩优公司的非流通股股东历史超额所得较小，“蛋糕”为 1；垃圾公司的非流通股股东历史超额溢价所得较大，其“蛋糕”为 ϕ，$\phi>1$——有必要提醒的是，x_{VC}及 x_{GC}是“蛋糕”分割中股改公司所占的相对比例，两类公司所得“蛋糕”的绝对数额分别为 x_{VC}和 ϕx_{GC}，相应地，其流通股股东所获对价补偿的绝对额——相当于对价数则分别为 $1-x_{VC}$和 ϕ（$1-x_{GC}$）。

两类流通股股东——长期（价值）投资者 *VI* 和短期投机者 *SI*。[①] *VI* 对股票采取长期持股策略，因而在股改博弈中的支付是所获补偿的绝对额即对价数 $1-x_{VC}$或 ϕ（$1-x_{GC}$）；*SI* 在股改博弈中的支付则是获得了对价之后的短期账面收益，这与市场短期价格走势相关。

2. 强制性制度变迁

两类公司都知道，股改不能无限期拖延。

3. 市场背景假设

短期内，股票市场齐涨共跌（汪建坤和刘威浩，2004）；长期内，随着市场效率的提高，在国际化的定价机制预期下，股价与业绩高度相关。

4. 对价支付的股价效应假设

对价支付后，短期内股价具有填权效应（源于投资者的便宜心理），但并不完全——即股改对价支付后，投资者账面有赢利，但赢利并没有对价数那么大；两类公司的填权幅度分别为 $\alpha(1-x_{VC})$和 $\beta[\phi(1-x_{GC})]$（α 和 β 是折扣系数，与预期有关，是时间 t 的函数）——对应于股票市场齐涨共跌假设，短期

① 这类称呼仅是为对投资者行为的理性程度作出假设而已，也可以换成其他称呼。

内两类公司填权幅度相同，即 $1>\alpha$，$\alpha=\beta$，$\beta>0$；长期内，绩优公司填权效应大于垃圾公司，即 $d\alpha/dt>0$，$d\beta/dt<0$。

5. 完全信息假设

非流通股股东和流通股股东沟通良好，讨价还价充分，因而可忽略投票环节。

假设1：$\delta_{SI}<\delta_{VI}$，$\delta_{SI}\to 0$；假设2：两类公司都不是无限耐心的，即 $\delta_{VC}<1$，$\delta_{GC}<1$；假设3：垃圾公司相对于绩优公司而言，目前股价高估，流通权的尽快获得能为其带来较好的市场机会（比如减持），而绩优公司并不如此，因而垃圾公司贴现因子就小于绩优公司，即 $\delta_{GC}<\delta_{VC}<1$。

对应于两类公司和两类投资者，我们来分析如下四对无限博弈的精炼均衡结果：绩优公司—长期投资者；绩优公司—短期投资者；垃圾公司—长期投资者；垃圾公司—短期投资者。

对于绩优公司与长期投资者的博弈，“蛋糕”是1，达成均衡后双方的支付分别是 x 和 $1-x$；对于垃圾公司和长期投资者的博弈，总“蛋糕”是 ϕ，达成均衡后双方的支付分别是 ϕ_x 和 ϕ（$1-x$），这和鲁宾斯坦的无限模型并无任何差异，因而唯一的均衡解是：

博弈1：$x^*_{VC-VI}=1-\dfrac{1-\delta_{VI}}{\delta_{VC}\delta_{VI}}$，流通股股东 VI 所得“蛋糕”的绝对额即对价数为（$1-x^*_{VC-VI}$）；

博弈3：$x^*_{GC-VI}=1-\dfrac{1-\delta_{VI}}{\delta_{GC}\delta_{VI}}$，流通股股东 VI 所得“蛋糕”的绝对额即对价数为 ϕ（$1-x^*_{GC-VI}$）。

我们需要求解的是两类公司和短期投资者 SI 的博弈，即博弈2和博弈4。由于 $\delta_{SI}\to 0$，短期投资者 SI 关注的是股改公司支付对价即（$1-x^*_{VC-SI}$）或（$1-x^*_{GC-SI}$）后的短期预期收益 $E\pi$，而不是对价本身，因而精练的子博弈均衡不能再直接引用鲁宾斯坦模型的结果。我们将看到，求解过程更简单了，但此时的均衡结果不再是唯一的，它随时间而变化。

既然短期投资者 SI 关注的是股改公司支付了（$1-x^*_{VC-SI}$）或 ϕ（$1-x^*_{GC-SI}$）的对价后的短期预期收益 $E\pi$，即 $\delta_{SI}\to 0$，那么只要 $E\pi$ 为正，[①] 短期投资者 SI 就会同意 x^*_{VC-SI} 或 x^*_{GC-SI} 方案，否则予以拒绝。而 $E\pi$ 的大小取决于

① 为正而不能为零，因为没有哪个投资者愿意追求零收益。

α（$1-x_{VC-SI}$）或β［ϕ（$1-x_{GC-SI}$）］，即：

$$E\pi_{VC-SI}=\alpha(t)[1-x_{VC-SI}(t)],\text{或 }E\pi_{GC-SI}=\beta(t)[\phi(1-x_{GC-SI}(t))]$$

其中，$\partial E\pi/\partial\alpha>0$，$\mathrm{d}\alpha/\mathrm{d}t>0$；$\partial E\pi/\partial\beta>0$，$\mathrm{d}\beta/\mathrm{d}t<0$；$\phi>1$，是常数。

假设只要预期收益不小于市场平均收益 $E\pi_0$（一个正的常数），短期投资者 SI 就同意方案 x^*_{VC-SI} 或 x^*_{GC-SI}，则两类公司没有理由支付让 SI 的收益高于 $E\pi_0$ 的对价，因而博弈 2 和博弈 4 均衡条件为：

$$E\pi^*_{VC-SI}=E\pi^*_{GC-SI}=E\pi_0,\text{即 }\alpha(t)(1-x^*_{VC-SI}(t))=\beta(t)[\phi(1-x^*_{GC-SI}(t))]=E\pi_0$$

因此，均衡解为：

博弈 2：$x^*_{VC-SI}(t)=1-E\pi_0/\alpha(t)$，$SI$ 所得“蛋糕”的绝对额即对价数为 $(1-x^*_{VC-SI})=E\pi_0/\alpha(t)$；

博弈 4：$x^*_{GC-SI}(t)=1-E\pi_0/(\phi\beta(t))$，$SI$ 所得“蛋糕”的绝对额即对价数为$\phi(1-x^*_{GC-SI})=E\pi_0/\beta(t)$。

可见，x^*_{VC-SI}和 x^*_{GC-SI}是时间 t 的函数，且与两类公司“蛋糕”的相对大小 ϕ 相关联。

如果再假定 α 与 β 是可以控制的，遵循一定的方程式，并把所有的拟股改公司作为一个整体（比如政府），其目标是最大化各博弈阶段所得“蛋糕”绝对额的现值之和，在对 x^*_{VC-SI}（t）、x^*_{GC-SI}（t）赋予一个初始值后，我们还可以建立一个最优对价支付的动态系统：

$$\begin{aligned}\max V[\alpha,\beta] &= \int_0^T F(x^*_{VC-SI}(t),x^*_{GC-SI}(t);\alpha(t),\beta(t);t)e^{rt}dt \\ &= \int_0^T\{\omega[1-E\pi_0/\alpha(t)]+(1-\omega)\phi[1-E\pi_0/(\phi\beta(t))]\}e^{rt}dt\end{aligned} \tag{4}$$

满足 $\mathrm{d}x^*_{VC-SI}/\mathrm{d}t=(1/\alpha^2)\mathrm{d}\alpha/\mathrm{d}t,dx^*_{GC-SI}/\mathrm{d}t=[1/(\phi\beta^2)]\mathrm{d}\beta/\mathrm{d}t$,

$$x^*_{VC-SI}(0)=A_0,x^*_{GC-SI}(0)=B_0$$

其中，V［α，β］是控制变量 α 与 β 的泛函数，其目标是最大化股改公司各阶段所得“蛋糕”绝对额的现值之和，A_0、B_0 是赋予的初始值，ω 是两类公司中绩优公司的权重。

基于哈密尔顿条件，可求得控制变量 α、β 的最优路径 $\alpha^*(t)$、$\beta^*(t)$，以及相应的状态变量路径 x^*_{VC-SI}（t）、x^*_{GC-SI}（t）。

至此，我们建立了一个比较完整的股改对价解释模型，比较显然的结论是：

第一，对于两类公司，如果其流通股股东仅为长期投资者，由于$\delta_{VC}>\delta_{GC}$，根据博弈1和博弈3，$x^*_{VC-VI}>x^*_{GC-VI}$，则$(1-x^*_{VC-VI})<(1-x^*_{GC-VI})$，即垃圾公司被分割的"蛋糕"比例应大于绩优公司，又$\phi>1$，则$(1-x^*_{VC-VI})\leqslant\phi(1-x^*_{GC-VI})$，垃圾公司支付的对价应显著地大于绩优公司。

而如果其流通股股东仅为短期投资者，由于短期内$\alpha=\beta$，根据博弈2和博弈4，$(1-x^*_{VC-SI})=[\phi(1-x^*_{GC-SI})]$，即两类公司支付的对价相同；由于$\phi>1$，则$(1-x^*_{VC-SI})>(1-x^*_{GC-SI})$，绩优公司被分割的"蛋糕"比例多于垃圾公司。

正常情况是，在一个公司中，两类投资者都存在，那么"蛋糕"的实际分割取决于两类投资者的比重。

第二，随着博弈时间的延长，会出现一些新的变化。

由博弈2和博弈4，由于$\mathrm{d}\alpha/\mathrm{d}t>0$，$\mathrm{d}\beta/\mathrm{d}t<0$，因而$\mathrm{d}(1-x^*_{VC-SI})/\mathrm{d}t=-(E\pi_0/\alpha^2)(\mathrm{d}\alpha/\mathrm{d}t)<0,d(1-x^*_{GC-SI})/\mathrm{d}t=-[E\pi_0/(\phi\beta^2)]\mathrm{d}\beta/\mathrm{d}t>0$，即绩优公司的"蛋糕"分割比例有降低的趋势，而垃圾公司的"蛋糕"分割比例有增加的趋势，市场行为趋于理性。

至于对价数，绩优公司的对价$(1-x^*_{VC-SI})=E\pi_0/\alpha(t)$趋于下降，而垃圾公司的对价$\phi(1-x^*_{GC-SI})=E\pi_0/\beta(t)$趋于上升，两类公司的对价不再相等。

（三）进一步的讨论

上述模型说明，如果一个市场不大理性，短期投资者居多，博弈的均衡结果会使绩优公司相对于垃圾公司而言受损。如果博弈的时间够长，随着时间的演进，这种非理性和非公平会逐渐被矫正。然而，政策变量的添加使得均衡可能出现一些戏剧性的结果。

第一，如果承认中国证券市场投资行为普遍的短期特征，即贴现因子较小，那么，即使不能否定长期持股行为的存在，由于股改采取的是多数通过制(2/3)，博弈2和博弈4成为股改对价博弈均衡的主要决定力量。这大致可以解释中国股改对价趋同的现状；但应该注意，虽然对价趋同，但两类公司"蛋糕"的分割比例是不同的，垃圾公司所得较大。

第二，如果承认绩优公司中长期投资者比重较大，那么，在绩优公司的股改对价博弈中，博弈1和博弈3也是对价的重要决定力量，这样，绩优公司支付的对价应该显著地小于垃圾公司；然而，如果政府因素介入，比如在相当短的时期内的限期股改，或是强令绩优公司支付高对价以创造良好的示范效应，则会使两类公司的贴现因子减小且趋同，甚至出现绩优公司的贴现因子小于垃圾公司的情况，这样，政府干预扭曲了博弈 1 和博弈 3 的理性均衡结果，使得对价进一步趋同。

第三，由于股改公司分布在全国各地，各地政府对于中央政府股改政策的贯彻程度可能会有差异，从而使得不同地方的同类公司的贴现因子出现差异，这就为解释股改对价的差异提供了一个可能的视角。

第四，如果假定行政干预的股改试点导致了试点公司的一个较高的股改对价，高于短期投资者所要求的最低预期收益 $E\pi_0$ 相对应的对价水平，那么，随着博弈时间的延长，市场博弈将使对价回到其均衡水平：$E\pi^*_{VC-SI} = E\pi^*_{GC-SI} = E\pi_0$，从而对价有降低的趋势。

第五，如果考虑到不完全信息问题，不但可以理解当前股改对价的下降现状，还可以看到一种可能——股改投票出现一个比较密集的投票难以通过阶段，而股改对价则显现收敛趋势。已经股改公司的投票情况给将要股改的公司提供了一种投资者对股改对价水平接受空间的信息——如果已经股改公司的方案通过率很高，则后续股改的公司就有可能降低对价水平，这种降低如果超过了投资者可以接受的程度，投票就不能通过；这种大面积的投票难以通过，又给后续的股改公司生产了投资者对股改对价水平接受空间的信息，使得股改对价可能出现收敛的趋势。

五、结论与启示

本文首先分析了股改对价的渊源——非流通股的历史超额溢价，由于各个公司的具体状况不同，因而其非流通股的超额溢价程度也不同，一个公允的股改对价补偿标准应该体现公司差异。在分析了其他可能影响股改的因素的基础上，我们对当前的股改进行了实证分析。结果表明，对价主要受系统性因素的影响，对价水平显现出相当程度的趋同与平均现状，在剔除了系统因素的实证模型中，其他因素对于股改对价差异的解释力度较小，我们没有发现显著的公司差异。

对此困惑的现象，我们在最基本的讨价还价模型的基础上，基于比较严格的假设，发展了一个股改对价的讨价还价模型。结果表明，中国当前股改对价的博弈的两个最基本特征是，非理性市场和政府干预。短期投资行为占主导的市场自身博弈均衡结果是非理性的，而政府的干预则在一定程度上了加剧了均衡解的非理性程度。模型还表明，在信息不完全的情况下，未来有可能出现比较集中的投票难以通过的情况，而股改对价则可能出现收敛趋势。

基于此，我们有如下启示：

第一，非理性市场下的博弈均衡解使得绩优公司相对于垃圾公司而言是不公平的，由于垃圾公司的非流通股历史超额溢价较大，对价趋同的背后是垃圾公司支付补偿的比例低于绩优公司。

第二，政府在一定程度上，有矫正上述非理性均衡的可能。根据博弈模型2和博弈模型4，折扣系数是影响股改对价的重要参数，而折扣系数受对外开放度的影响。这样，政府就有可能通过控制对外开放的速度从而影响折扣系数的变迁速度。如果不考虑合格的境外机构投资者制度（QFII）的其他可能负面影响，我们倾向于加速发展QFII——它会使得折扣系数趋于理性，从而有利于市场长期理性均衡解的实现。

第三，时间是股改博弈中的关键变量，政府作用于股改对价博弈的方式应该慎重选择。当前的股改，一方面，是一个不成熟市场的市场化决策机制，均衡解很不理性；另一方面，各地政府限期股改的干预，使得短期均衡解可能偏离理性解越来越远。给予博弈双方较多的博弈时间，让博弈双方有充分的时间学习总结以矫正非理性行为，而不是急于求成，是当前股改需要考虑的一个问题。

参考文献

［1］曼瑟尔·奥尔森：《集体行动的逻辑》，上海三联书店、上海人民出版社1996年版。

［2］汪建坤、刘威浩：《机构投资者博弈及其盈利模式的演变》，载《经济理论与经济管理》2004年第8期。

［3］向朝进、谢明：《我国上市公司绩效与公司治理结构关系的实证分析》，载《管理世界》2003年第5期。

［4］肖正根：《制度变迁、预期与国有股问题研究》，载《山西财经大学学报》2005年第2期。

［5］张明若：《公允计量对价修正计算模型》，载《中国证券报》，2005年9月12日。

［6］张维迎：《博弈论与信息经济学》，上海三联书店、上海人民出版社1996年版。

［7］Rubinstein A.，Perfect Equilibrium in a Bargaining Model，*Econometrica*，1982，No. 50，pp. 97 – 109.

试论平抑股价*

我国股票市场经过数年艰苦创业，开始进入迅速发展时期。建立并逐步完善符合我国国情的股市管理法规体系，促进股票市场健康发育，已成为经济管理中亟待解决的重要课题。本文从当前股市运行中出现的“牛市刚性”入手，就加强股市管理的若干问题作些探讨。

一

股价扶摇直上，居高不下，是目前我国股票市场运行的显著特征之一，它首先表现为各上市公司的股价面值比迅速上升（见表1）。

表1　上海深圳上市公司股价面值比

公司名称	首次发行股票时间	股价面值比（1992年5月8日）	股价年增长率（%）	公司名称	首次发行股票时间	股价面值比（1992年5月8日）	股价年增长率（%）
飞乐音响	1984年11月	22.85	51.77	豫园商场	1987年12月	51.50	150.09
延中实业	1985年1月	20.05	50.79	发　展	1987年5月	42.60	111.78
爱使电子	1985年1月	20.72	51.47	金　田	1989年2月	32.95	193.11
真空电子	1987年1月	15.58	67.89	万　科	1988年12月	20.10	148.26
申华电工	1987年3月	23.97	84.94	安　达	1989年12月	19.35	262.60
飞乐股份	1987年9月	19.06	80.31	原　野	1990年3月	9.45	181.97
凤凰化工	1989年3月	23.97	97.44	平　均	—	24.84	—

资料来源：据《中国证券市场（1991）》、《深圳证券市场年报（1990）》、《证券市场导报》1991年7月~1992年3月、《宏达证券》第3期等有关资料计算整理。

---

* 本文原载于《中国经济问题》1992年第6期。

亚太地区一些国家，如印度、韩国、马来西亚等早在20世纪50年代甚至更早就有了股票市场，然而这三个国家80年代中期的股价面值比也不过是3.47、2.12、2.81。① 相较之下，我国目前的股价面值比不能不说是畸高的。

固然，随着企业的发展壮大，每股净资产增长以及通货膨胀等因素，股票市价逐渐高于发行价格是一般规律，但是，目前的问题是股价猛涨在相当程度上脱离了企业真实资产及其营利能力的增长。

以深圳股市为例，1990年五家上市公司股票的每股净资产最高不过增长24.83%，有的甚至减少，净资产利润率也大体与1989年持平，然而，一年间股价却增长了7~22倍，一般经验认为股票的市价净值比维持在2左右为宜，而这五家公司竟在一年之间涨到8~16倍！

股价脱离公司经营实绩飞涨的后果是股票市盈率迅速上升。（见表2、表3）。

表2　　深圳上市股票的市盈率

公司名称	1990年	1991年	1992年5月[a]
发展	25.35	31.50	50.88
万科	27.43	19.05	72.26
金田	26.81	40.63	63.11
安达	40.67	38.99	77.17
原野	35.47	27.29	24.68
宝安	—	17.9	88.57
平均	31.15	29.15	62.78

注：a为1992年5月8日及5月22日平均数。

资料来源：根据《证券市场导报》1991年7月至1992年3月及《宏达证券》1992年第3期相关数据计算。

表3　　上海上市股票的市盈率

公司名称	1992年5月8日	1992年7月14日	公司名称	1992年5月8日	1992年7月14日
延中实业	345.69	284.48	豫园商场	48.55	—
真空电子	131.77	164.55	凤凰化工	135.46	180.35
飞乐音响	141.93	236.02	申华电工	71.55	157.61
爱使电子	627.88	1463.6	平均	216.21	387.13
飞乐股份	226.85	223.29			

资料来源：《文汇报》1992年7月15日、《宏达证券》1992年第3期。

这一水平无论是与发达国家还是发展中国家相比，都高出许多，80年代

① 《异军突起——亚洲六国证券市场》，上海三联书店1991年版，第1章、第3章、第4章。

末，美英法德四国的市盈率维持在13~16倍。[①] 亚太国家（地区）如韩国、泰国、菲律宾、印度等近年来的市盈率也只有10~35倍。[②]

与此同时，在一级市场上高溢价发行的新股也成为万人争购、供不应求的抢手货，黑市上高价炒卖股票认购表，使新股发行之日，其股价面值比便高达5~6倍。

如此高涨的股票热，有其特定的政治经济背景，反映了我国居民近年来迅速增长的金融意识及巨大的投资潜力，展示了我国金融市场的广阔发展前景。与此同时，它也引起人们深思：股价猛涨，牛市刚性的原因何在？它是否正常？它将持续多久？其后果又是什么？

可以指出目前的股价走势主要是由下述原因造成的：

第一，股票市场供需严重失衡。它是股价猛涨的重要原因，反过来，股价节节上涨，又强有力地吸引大批资金入市，进一步加剧供需失衡，促成牛市刚性。值得注意的是：若排除政治经济形势的突变，这种状况短期内不会有很大变化。

这是因为：在目前需求不断扩张条件下，迅速推出大批新股是缓和供需矛盾的唯一措施。但是，新股推出速度取决于股份化改制速度，当股份化改制尤其是股票市场仍处于小范围试点而非大面积推开阶段时，股票供给严重短缺难以根本改善。而且，即使作出了推广股份制的决策，把现有的全民、集体企业改组为股份公司，也面临着债权债务清理、资产评估、验资、界定产权等一系列细致、复杂的技术性工作。因此，大量新股上市需较长时间。与此相反，股市却面临着巨大的需求压力。如果说，市场经济国家伴随着股票市场从小到大的发展过程，有一个相对适应的居民储蓄从小到大的增长过程，而我国则是在股市建立之初就已面临着一个现成的巨额居民储蓄，我国居民的金融资产已达14000多亿元，其中储蓄存款10000亿元，手持现金2000亿元。沉睡的居民金融投资意识一旦被唤醒，将迅速形成巨大的股票需求。据统计，1983年美国居民持有的金融资产24.2%为股票。[③] 日本1988年底全国个人金融资产的12.99%是股票。[④] 以此估算，我国至少存在着2000亿~3000亿的股票潜在需求。显然，这在短期绝难平衡。

---

① 李世光：《国外证券市场》，中国财经出版社1991年版，第299页。

② 《证券市场导报》1991年7月，第54页；《异军突起—亚洲六国证券市场》，上海三联书店1991年版，第1章、第6章。

③ 《美国的证券市场》，日本证券经济研究所1988年版，第34页。

④ 《宏达证券》1992年第3期，第3页。

第二，股票投资热忱主要来自投机心理。在市盈率高达数十倍甚至数百倍的条件下，股票投资的边际报酬率极低。然而，这不仅没有使投资者望而却步，相反，入市者越来越多。其动机显然不是投资而是投机，即谋求股票交易的价差收入。股价涨得越快，这种投机心理愈强烈。分析一下1990～1992年深圳股市的交易情况便可清楚地看出这一点（见表4）。

表4　1990～1992年深圳股市交易情况

指标	发展	金田	万科	安达	原野	总计
1990年成交股数（万）	2894.43	194.45	4255.38	1089.40[a]	852.86[a]	9286.52
1990年成交股数/公司股数（%）	59.68	9.24	102.96	87.15	9.48	43.52
1991年成交股数（万）	3735.53	3914.95	5652.05	1353.45	1846.34	16502.32
1991年成交股数/公司股数（%）	77.02	186.07	136.75	108.28	20.51	77.34
1992年1～2月成交股数（万）	689.80	831.60	975.55	283.25	1271.60	4051.80
1992年1～2月成交股数/公司股数（%）	14.22	39.52	23.60	22.66	14.13	18.99
1992年成交股数/公司股数（%）[b]	85.34	237.15	141.62	135.96	84.77	113.94

注：a 1990年安达、原野实际上市天数为3～12月，表中为全年换算数。b 根据1992年1～2月成交数推算。

资料来源：《深圳证券市场年报（1990）》；《证券市场导报》1991年7月～1992年3月。

1990～1992年，五家公司股东（包括公股）的平均股票持有时间从2～3年降至0.9年。若扣除占70%左右的公股（它们一般不投入股市流通），1991～1992年个人股东的平均股票持有天数则只有3～5个月。如此短暂的持有天数，充分说明相当多股民的入市动机不是投资而是投机。而且，这种心理有进一步发展的趋势。

第三，股市风险与收入严重不对称。普通股投资风险主要包括市场风险和经营风险。在我国，目前两类风险与期望收入值相比都是相当低的。在股价不断上升的总趋势下，股票的卖价总是大于其当初的买价——尽管少数股民甚至短期内（如股市暂时处于熊市）多数股民的卖价会低于其当初的买价——但就股民全体而言，股票交易是只赚不赔的，同时，在试点阶段，各地政府往往对股份制企业给予较多优惠，尽力扶持，即使个别企业因经营不善出现财政危机，政府部门基于种种考虑，一般都会伸出救援之手。因此，事实上目前股市的经营风险也是极低的。与之相反，股市交易收入却是我国目前唯一不受限制的收入。

供求严重失衡，风险与收入严重不对称，在此基础上必然产生的投机意识，三者结合，推动着股价节节上升，形成牛市刚性。

二

货币经济服务于真实经济。判别货币经济运行优劣的唯一标准是其对真实经济起促进作用或反之。

一般地说，随着真实经济的增长，股价相应地或以稍快的幅度上扬，有利于刺激投资需求，促进居民储蓄转化为投资；股价上扬，还有利于已上市公司以较高溢价发行新股，降低筹资成本；基于公司经营实绩基础上的股价升跌以及股市交易，有利于促进企业提高经营效率，有利于优化资源配置，等等。

但是，若股价是因供需严重失衡，投机狂热，脱离真实经济运行而猛涨，则不利于国民经济的健康成长。

第一，股价猛涨将提高全社会的筹资成本，股票、公司债、国债、银行储蓄，是商品经济中社会筹资的四个主渠道。它们各有分工，满足经济发展的不同资金需要。因此，一定时期社会筹资成本的高低，取决于四渠道的综合筹资成本。股价猛涨，使社会资金向股市倾斜，有利于上市公司在一级市场上用高溢价降低筹资成本，但是，流入真实经济的资源也仅限于发行新股所吸收的资金（及其代表的物资），与此同时，二级市场上以数倍甚至数十倍于发行价格的股票市值进行的流通，却不产生资源向上市公司的流动，相反，这些巨额资金大部分来自银行存款。[①] 即从地方分支行看，损失了两笔资金来源：上市公司的实收股金和流入二级市场的资金，后者在股价猛涨时，是一笔相当可观的资金。固然，从货币发行当局角度来看，流通中的货币也构成其可运用的资金来源之一，但与存款相比，其不确定性上升了，其可应用的级别下降了，另外，它必然降低对公司债、国债、银行存款的需求，为了恢复金融市场的结构均衡，必然要相应提高公司债、国债、银行存款的利率，这也就提高了社会的筹资成本。

第二，股价猛涨不利于硬化预算约束，转化企业经营机制，推行股份制，除筹集资金之外，更重要的动机是调整产权关系，转化企业经营机制。然而，股价猛涨却有可能使这一设想落空。按现行规定，我国居民持有一家公司的股份不得超过该公司股权的5%。[②] 这样的股权比例，显然不足以直接参与公司的

---

① 1990年5月股市猛涨，深圳银行一天被提走的个人存款就达1100万元，而当天证券交易所的成交股票额仅130万元，见水运宪：《股票，叩击中国大门》，三环出版社1991年版，第56页。

② 国家体改委：《股份有限公司规范意见》，载《经济日报》1992年6月19日。

经营管理。因此，自然人持股对公司经营的约束唯有通过股票买卖，“用脚投票”。而在股价猛涨条件下，股价在相当程度上脱离了公司经营实绩而变动。股市在相当程度上已成为“政策市”“消息市”，一个消息便能使股价指数一日内升跌数十点，股民的交易行为根本不是基于对其持股公司经营业绩好坏的判断。这种的“用脚投票”行为，企业基本上无法用其经营业绩左右，反之，股市涨跌也就不能有效地约束企业行为，运用股份制转化企业经营机制也就成为一句空话。

第三，股价猛涨不利于企业兼并，优化资源配置。利用股市交易，效益好的公司收购效益差的公司股份，实现企业兼并，优化资源配置，是股票市场的一大功能。然而，若股价猛涨，上市公司极易通过发行新股取得资金，其资金约束是较松弛的。即使经营业绩较差，也不容易濒临破产境地。另外，由于各种股票的价格已哄抬至远远超出其净资产好几倍甚至十几倍的高水平，通过收购股权进行投资对企业来说已成为不智之举，因为企业收购其他企业的股份不像一般股票投机者那样为卖而买，而是着眼于该企业的真实资产，因此，只有当所购股票价格低于或至少接近于其所代表的真实资产值时，这种投资才是经济的。所以，股价猛涨使股份制企业之间很难通过股市交易实现兼并，优化资源配置。

第四，股价猛涨松弛企业投资约束，有可能诱发投资膨胀，降低经营效率。股价猛涨使企业降低筹资成本，随之而来的是投资效率约束下降。社会公众在市盈率过高条件下竞相购买股票，尽管主观上没有，但实际上是默许了低效率投资、投资效率约束下降，再加上经理人员的企业规模偏好，有可能诱发投资膨胀，降低企业经营效率。

第五，股价猛涨不利于非股份化企业硬化预算约束，即使股份制从试点转向大面积推广也仍将有相当部分国有大中型企业不实行股份制。不同企业体制并存将是较长时期内我国经济中的常态，不管国有企业采用何种企业制度形式，硬化预算约束，转换经营机制都是共同任务。如果说，调整产权关系，实现财务公开化，完善各种监督机制是股份制企业硬化预算约束的基本思路，那么，非股份制国有企业也面临着在不改变产权关系条件下，如何把企业推向市场，硬化预算约束的问题。传统体制下国有企业的软预算约束与资金供给制之间存在着密切的联系，破除资金供给制，使企业面向社会筹资，是将企业推向市场的关键一步。公司债是非股份制企业社会筹资的基本方式。它与发行股票在资金使用效果上有相同之处，而且更灵活，在正常条件下，它的筹资成本有可能低于股票。发行债券，需要企业经营业绩达到政府规定的债券发行标准，需要经过债券使用等级评定，需要呈请政府主管部门批准，需要向社会公布企业经营简况、财务状况等。它显然有利于实现企业财务公开化，完善社会监督机制。再加上发行债券，债权人是社会公众，企业到期不能还本付息，就要面临破产的威胁，因而，其预算约束是硬的。公司债为企业提供新的筹资渠道，也就为打破国有企业的资金供给制，解决软贷款等一系列问题提供了可能。然而，倘若股价猛涨，金融市场结构失衡，企业难以在债券市场上筹资，或筹资成本过高，就不得不继续依靠国家投资和银行贷款，利用债券把企业推向市场，硬化预算约束，转化经营机制的设想也就落空了。

三

股价猛涨是当前股票市场发育中值得特别关注的现象。平抑股价，不仅有利于真实经济良性循环，而且有利于股市健康成长。建立在投机狂热基础上的股价急速攀升，看似繁荣，骨子里却脆弱得很，一有风吹草动，极易酿成股市崩溃。纵观各国，几次股市大崩溃前夕均出现过投机狂潮推动的虚假繁荣。我们应引以为鉴，避免股市崩溃给经济带来的巨大震荡，避免发育中的股市因此元气大伤，避免居民投资的巨大损失及其引发的社会震荡。因此，必须把平抑股价作为加强宏观调控管理，促进股票市场健康发育的重要一环来抓。

平抑股价应从何入手?

尽快推出新股是方法之一，但如前所分析，短期内显然不可能推出足以吸纳数千亿潜在需求的新股。

在试点阶段，必然存在股市风险与收入的严重不对称，二者均衡只有当股市容量扩张到相当程度，股市中存在着众多上市公司时，才能逐步形成。

实践证明：政府限制股价每日升降幅度，实行停报制度只适用于短期波动，对于强大需求压力下的牛市刚性则无能为力，建立股市平准基金也无法扭转股市的长期升降趋势。

经济学原理告诉我们：某项政策的经济效率取决于政策设计是否成功地将被调节对象的外部效应内部化。根据这一原则，平抑股价的根本办法是釜底抽薪，对股票交易的价差收入征收资本利得税。这是因为：高价差收入是当前股市猛涨，“炒风”盛行的症结所在，正是它吸引着大批公众入市，创造出大量的虚假投资需求，正是它将股民的投资心理扭曲成投机心理，正是它给社会经济运行带来众多的负外部效应，不控制高价差收入，股市风潮难有宁日。

征收资本利得税是平抑股价的有力手段，首先，它有利于调整目前股市风险与收入的不对称，降低某些股民的冒险心理。其次，它有利于抑制投机意识，减少相当数量的虚假投资需求，缓解供需矛盾。在投机情绪笼罩着股市时，征收资本利得税对缓解供需矛盾将有较大作用。1990 年 11 月下旬，针对股价过高，黑市猖獗，股市秩序混乱等问题，深圳市政府推出一系列综合治理股市的措施，如限制股价日浮动幅度、调整印花税率，党政干部不准持股等，但并未使股价走向转折，而后来风传即将开征差价税等消息，却使股民纷纷抛售，从而使股价走向转折。① 再次，征收资本利得税，将有力地调整股市中投资者与投机者之间的利益格局，使二者之间保持某种结构均衡。

课征资本利得税，不仅从经济运行角度看有必要，从社会公正角度来看，也是完全合理的。股票投机不创造任何国民财富，价差收入纯粹是国民收入再分配。如果说，在股市正常运行条件下，一定限度的股票投机还可能对真实经济起一定促进作用而有其存在价值，但在股价猛涨条件下，它的收入再分配负效应就突显出来了，股市投机导致的收入差距扩大，是一种新的收入分配不公，在风险与收入严重不对称条件下，价差收入事实上包含了部分社会对个人的贡赋。我国对较高的劳动收入尚且征收个人所得税，自然更应该对资本利得这种非劳动所得进行收入调节，如果说，在股票市场刚刚建立时，为鼓励投资，活跃股市，促进股市发育，不征收资本利得税是对的，而在目前这种股票热不断升温，股价猛涨已开始给社会经济生活带来某种负效应的条件下，开征资本利得税则是完全必要的。

抑制投机、鼓励投资是世界各国征收资本利得税的共同原则，体现这一原则的通行做法是：对短期资本利得课征重税，对长期资本利得予以减免优惠。美国以持有有价证券期间是否达 6 个月以上区分长期资本利得与短期资本利得。对净短期资本利得则合并于通常所得予以综合课税，对净长期资本利得，仅以其 40% 为应税所得额。日本对一般资本利得以“不课税为原则”，但对连续性交易（股票买卖年 50 次且达 20 万股以上者）所获利得则予以课税。② 印度规定：投资者在一年内出售其所购股票而获得的资本利得为短期资本利得，须按一般所得金额纳税，长期资本利得在扣除 1 万卢比之后，余额的 40% 方为应税所得额。③ 从我国的情况看，区分长期与短期资本利得，抑制投机，鼓励投资也应成为征收资本利得税的原则。

---

① 《1990 年深圳证券市场综述》，载《深圳证券市场年报·1990》，第 59 页。

② 《美国证券市场》，日本证券经济研究所 1988 年版，第 163 ~ 164 页。

③ 《异军突起——亚洲六国证券市场》，上海三联书店 1991 年版，第 52 ~ 53 页。

课征资本利得税是否可能？倘若因课征资本利得税，使大量股市交易从证券交易所转向街头黑市，那么这一政策设计将是失败的。课征资本利得税在我国目前条件下是可行的，国家颁布的《股份有限公司规范意见》对自然人股东持有股票的有关规定以及目前在有的地区（如深圳）开始实施的股票集中托管，集中交易方法，使区分长期资本利得，短期资本利得、课征资本利得税在技术上是可能的，而证券业电脑联网系统的发展，“无纸化”运作等管理方法，技术的现代化，将会大大提高课税工作的效率，降低操作成本，现在需要的是尽快着手制定有关征收资本利得税的法规及实施细则。

货币政策与宏观经济调控*

一、货币政策在社会主义有计划商品经济中的地位

在传统的计划体制下，由于行政性的指令性计划是最主要的经济调节手段，货币不是影响再生产过程现实因素运动的积极工具，而只是这个过程的消极反映，而且，在银行与财政的关系上，由于国家筹集与调配资金，主要利用无偿调拨的财政渠道，社会纯收入大部分集中于财政，而银行则资金来源不足，长期以来，虽仅承担企业部分流动资金的供应任务，却仍需仰仗财政定期拨补一定的信贷资金，造成了银行对财政的从属依赖地位。因此，银行调节国民经济活动的作用相当微弱，基本上可以说是不存在独立的货币政策调节。具体说来，它表现为：调节中的依附性——依附于计划、财政；调节范围的有限性——仅能对部分的企业流动资金予以调节；调节能力的软弱性——事实上对上述资金范围亦难进行有效的调节；[①] 调节手段的单一性——除指令性的信贷现金计划之外，无其他政策工具。

党的十一届三中全会之后开始的经济体制改革，使国民经济运行模式发生了重要变化，这些变化对改变银行在宏观经济调控中的地位、奠定货币政策操作的基础起了重大作用。十年改革所带来的国民经济运行模式的初步转换，对银行、货币政策地位改变具有十分重要的意义。

（一）国民收入分配比例的变化

十年来，在国民收入迅速增长的同时，分配格局也发生了重大变化：财政收

---

* 本文原载于《宏观经济调控分析》，厦门大学出版社 1991 年版，第 190 ~ 237 页。

① 李成瑞：《财政、信贷与国民经济的综合平衡》，人民出版社 1982 年版，第 108 ~ 109 页。

入占国民收入的比重下降，居民收入占国民收入的比重不断上升（见表1）。

表1　　1978～1986 年财政收入、居民最终收入占国民收入的比重　　单位:%

年份	财政收入占国民收入的比重	居民最终收入占国民收入的比重
1978	37.2	56.5
1979	31.9	59.1
1980	28.3	63.5
1981	25.8	65.9
1982	25.4	61.6
1983	25.6	61.4
1984	26.0	65.8
1985	26.2	66.3
1986	28.0	69.0

资料来源:《中国统计年鉴（1987)》。

居民与政府部门最终所得的比重此消彼长，改变了国民储蓄的格局，城乡居民的储蓄不断增加，其在社会总储蓄中的比重不断上升（见表2）。与此同时，由于政府的消费性财政支出始终保持相对稳定而财政收入不断下降，因而比重不断下降。1978 年，国家财政直接掌握着 60.3% 的国民储蓄，而 1986 年，这一比重下降为 29.4%。[①] 当国民储蓄构成变化使社会总投资的来源构成发生重大变化之时，社会总投资使用的部门结构却相对稳定。这一变化的结果是国民经济从过去传统体制下各部门自有资金与使用资金大体相当，即谁储蓄，谁投资，银行从只调剂生产单位的部分流动资金的状况中摆脱出来。

表2　　1978～1986 年居民储蓄的增长情况

年份	居民储蓄存款的年增长额（亿元)	居民储蓄率（%）	占国民储蓄的（%）
1978	29.0	1.70	2.67
1979	70.4	3.55	6.06
1980	118.5	5.06	10.17
1981	124.2	4.82	11.23
1982	151.7	5.34	12.27
1983	217.1	6.84	15.28
1984	322.2	8.67	17.94
1985	407.9	8.79	15.40
1986	615.0	11.45	21.35

资料来源:《中国统计年鉴（1987)》。

① 中国经济体制改革研究所宏观经济研究室:《改革中的宏观经济：国民收入的分配与使用》，载《经济研究》1987 年第 8 期。

社会总投资来源结构与社会总投资使用结构的错位使社会的信用水平大大提高。以固定资产投资为例，1978 年银行的固定资产投资贷款不过 11.28 亿元，占当年全社会固定资产投资总额的 1.69%，仅为当年国家预算拨款投资的 2.5%。[①] 1986 年，利用国内贷款完成的投资是 638.31 亿元，占当年全社会固定资产投资总额的 21.14%，为当年国家预算拨款投资的 135.62%。[②]

银行投资贷款远远超过财政拨款投资，标志着在社会总投资需求的形成过程中，财政与信贷地位的变换。1978 年以前，财政对社会总投资需求以至社会总需求的扩张与收缩具有决定作用，财政通过改变赤字（或盈余）水平，扩大（或压缩）投资支出，决定着社会总投资以至社会总需求的扩大与缩小。财政投资支出的波动是投资——工业周期的主导因素。不仅如此，财政还通过向银行透支以弥补赤字或向银行增拨信贷资金、存款来处理盈余等，直接影响银行信贷收支平衡状况。然而，自 1981 年以来，财政投资支出水平波动很小，1984 年底出现的投资膨胀及 1986 年的投资紧缩中，财政投资支出水平只是略有变化。决定投资总需求以至社会总需求的主导机制，从财政转到了银行信贷、货币供给手中。财政与信贷的关系上产生了如下的微妙变化：从传统体制下的财政→信贷→总需求转为现在的信贷→总需求→财政。

上述国民收入分配格局的变化，对银行及货币政策在国民经济中的地位、作用变化的意义是不言而喻的。

（二）国民经济调节方式的改革

十年改革的另一重要成果是：国民经济运行的调节方式发生了重要变化。传统体制以指令性计划为主要调节手段，1956 年，我国计划产品占工业总产值的比重为70%，其中国家计划委员会管理的部分占工业总产值的60%；农产品生产和采购计划量一般占农业总产值、采购额的 70%左右，生产资料供应，以钢材为例，1956 年通过商业部门市场供应的，仅为国内消费量的 3%，1957 年以后，就基本上按直接计划组织流通了。[③] 随后二十多年，尽管体制多次调整，但指令性计划作为管理经济的基本方式始终不变，直至 80 年代初，国家计划

---

① 《中国国家财政收支统计》，中国财经出版社 1986 年版，第 113 页。

② 《中国统计年鉴（1987）》，中国统计出版社 1987 年版，第 467 页。

③ 孙怀阳、崔捷：《对我国原有体制的评价》，载《论中国宏观经济管理》，中国经济出版社 1987 年版，第 492 ~ 512 页。

委员会管理的工业计划产品仍有160多种，产值占工业总产值的40%。[①]

近年来的改革，使国家对企业供产销活动的计划调节程度大幅度收缩。据中国经济体制改革研究所1985年对429家工业企业的调查：1984年这些企业的指令性计划度（指令性计划产量占实际产量的比重）为25.92%（其中中央下达的占13.48%），指导性计划度（指导性计划产量占实际产量的比重）为26.91%；企业销售的产量中调拨部分的比重为57.42%，商业、物资部门选购占9.77%，企业自销率高达32.81%，样本企业在原材料供应方面的计划调节度较高，主要原材料中计划供应部分占73.16%，自1985年以来，下降到56.2%。以上数据包括了部分军工产品，扣除之后，这些企业1984年生产的指令性计划度仅为23.97%，销售计划度为49.68%，供应计划度也有所下降。[②] 指令性计划的大幅度收缩，标志着我国经济运行的调节方式开始从直接控制为主向间接控制为主转化。

（三）“中央银行—专业银行”体制的建立

适应上述重大变革，银行制度也进行了重大改革。1983年9月17日，国务院决定：中国人民银行专门行使中央银行职能，不再兼办工商信贷和储蓄业务，以加强信贷资金的集中管理和综合平衡，更好地为宏观经济决策服务。同时成立中国工商银行，承担原来由人民银行办理的工商信贷和储蓄业务。中国工商银行、中国农业银行、中国银行、中国人民建设银行、中国人民保险公司，作为国务院直属局级的经济实体，在国家规定的业务范围内，依据国家法律、法令、政策、计划，独立行使职权，充分发挥各自的作用。

改革带来的这三大变化，使银行在我国经济运行中的地位、作用发生了重大变化。以指令性计划为代表的直接控制范围的大大缩小，一方面产生了运用财政政策、货币政策、产业政策等为代表的间接控制手段进行调控的强烈要求；另一方面也为间接控制手段的运用创造了必要的活动空间。而国民收入分配和使用结构的变化，为充分发挥银行信贷调节作用创造了必要的条件。中央银行制度的建立，为货币政策的运用提供了制度上的前提和组织上的保障。

我国自1984年以来的实践证明：随着经济从产品经济型向商品经济型过渡，货币政策对总需求的调节具有重要作用。而1979年起为大力发展日用消

① 何建章、王积业：《中国计划管理问题》，中国社会科学出版社1984年版，第68页。

② 张少杰、张阿妹：《当前我国工业企业的经营环境分析》，引自《改革：我们面临的挑战与选择》，中国经济出版社1986年版，第58页。

费品生产，增加能源和调整重工业服务方向，中国人民银行发放中短期设备贷款，虽不过是小试锋芒，却也充分显示了选择性融资在贯彻产业政策，实现产业结构调整中的重要作用。

仅此便对货币政策在社会主义有计划的商品经济中的地位、作用作肯定回答，那还是不够的；因此对近年我国运用货币政策调节经济的现状、原因和未来的应用前景进行分析研究，显然是必要的。

二、双轨体制下的货币政策

1984 年“中央银行—专业银行”体制的建立，拉开了运用货币政策调节经济运行的帷幕。观察分析近年来我国货币政策操作与经济运行的关系，将为建立和完善有计划商品经济条件下的货币政策调控系统提供有益的启示。

（一）1984 ~ 1987 年我国的货币政策操作及经济运行

1984 年，我国银行体系实现了从国家银行体制向“中央银行—专业银行”体制的历史性转变，这一转变是在如下历史背景下进行的。

党的十一届三中全会以后的几年来经济体制改革，已使我国经济从原有的产品经济单轨运行转入产品—商品经济双轨运行，农村改革的巨大成功及城市改革的初见成效，使国民经济短期运行波动的主导因素由供给方面（主要是农业的波动和政治情况的变化）转到需求变化一侧。

针对 1979 年和 1980 年的巨额财政赤字进行的调整初见成效。1981 年起，国家财政收支基本平衡，一度高达 6%（1980 年）的通货膨胀率渐降至 1. 9%（1982 年）、1. 5%（1983 年）、2. 8%（1984 年）。[①]

实行新的银行体制的第一年，由于对社会总需求的过度增加缺乏有效的宏观控制，特别是第四季度，出现了固定资产投资和消费基金增加过猛，工业发展速度过快，银行信贷和货币发行失控现象。这一年，全社会固定资产投资 1832. 9 亿元（按可比口径，下同），比 1983 年增加 463. 8 亿元，增长 33. 9%；国家工资性现金支出增长 22. 3%；城镇集体单位奖金增长 55. 2%；行政管理费

① 《中国统计年鉴（1987）》，中国统计出版社 1987 年版；《中国金融年鉴（1986）》，中国金融出版社 1987 年版Ⅲ - 1。

支出增长38%；银行贷款总额增加989亿元，增长28.8%；增发货币262亿元，增长49.5%。[①] 当年货币投放总量和增长速度都超过历史最高水平，也大大超过了同期社会总产值增长18.4%（按当年价格计算，下同），国民收入增长19.5%，社会商品零售总额增长18.5%。货币供应量的过多增长，刺激社会总需求的过度膨胀，导致经济的过热运转，影响货币与经济的稳定，翌年通货膨胀率又高达8.8%。[②]

针对1984年末、1985年第一季度的经济过热状态，中央银行自1985年第二季度开始实行紧缩银根的方针，其主要措施有：

第一，加强对信贷总规模的管理。在执行1985年信贷计划时，压缩了1984年发放贷款的“水份”，把贷款基数搞实；采取了加强现金管理、严格控制货币投放和大力增加货币回笼的措施。

第二，调整存款、贷款利率。经国务院批准，中国人民银行1985年4月1日和8月1日两次调高存、贷款利率，以增加货币回笼和长期资金来源，抑制社会资金的总需求。

第三，加强对建设银行固定资产贷款规模的管理。从第四季度起将建设银行信贷活动纳入国家综合信贷计划，规定建设银行吸收的存款缴存30%的存款准备金，严格控制建设银行用存款发放贷款。

第四，对消费基金采取紧急控制措施。面对消费基金的迅猛增长，银行一度采用冻结的方法，将工资性现金支出控制在三月份的水平上，而后按国家政策规定，逐步放开合理的现金支出；同时，银行开设工资基金专户，按劳动人事部门和企业主管部门下达的工资总额计划监督支付，控制不合理的现金支出。

第五，调整农村信用社转存农业银行存款比例，明确规定这一比例，全国平均不得低于40%~50%，并对乡镇企业和集体工业贷款实行了直接指标控制。

第六，运用新的资金管理方法加强控制。从4月1日起，实行新的信贷资金管理方法和新的联行方法。

第七，进行全国范围的信贷检查。各银行系统都按国务院的要求和中国人民银行总行的统一部署，进行了三次全国范围的信贷、外汇和财务大检查。建立、健全制度，完善管理办法，堵塞漏洞，清理和收回不合理贷款。

---

① 《中国统计年鉴（1987）》，中国统计出版社1987年版；《中国金融年鉴（1986）》，中国金融出版社1987年版Ⅲ-1。

② 《中国统计年鉴（1987）》，中国统计出版社1987年版；《中国金融年鉴（1986）》，中国金融出版社1987年版Ⅲ-1。

第八，加强外汇管理。

全面的金融紧缩取得了一定效果，主要是：

货币发行和信贷规模在一定程度上得到控制，货币流通量增长率比上年有所下降；工业增长速度自下半年起缓缓下降，物价上涨速度趋缓。

但是，全面紧缩在当年并未完全实现其目标：全年工业增长率仍高达18%；[①] 固定资产投资膨胀没有完全控制住，这不仅表现为银行固定资产贷款增加过快，基建存款下降过多，而且表现为社会集资有失控之势；消费基金增长过快的情况虽在4月以后有所好转，但全年全民、集体单位的工资增长幅度仍高达22.58%，比1984年还高2.41个百分点；[②] 货币供应量增长仍超出需要量，据分析，1985年货币供应量M1增长26.9%，比有关部门测算的理论值高3.9个百分点。外汇储备下降过多，外汇占款减少；[③] 物价指数上涨8.8%，为20年来之最高纪录。[④]

因此，1986年初货币政策仍是全面紧缩。

为期一周年的全面紧缩，终于在1986年第一季度的经济运行中显示其后果：

第一，社会需求萎缩。首先，个人购买力增长速度放慢，1986年1～6月由银行支付的职工工资和个人的其他现金总额比上年同期增长20.4%，低于1985年同期31%的增长速度。农民出售产品与劳务的收入增长速度由1985年同期的24.1%降到13.8%，实际收入则更低。其次，在居民个人收入递增速度下降的同时，储蓄却保持递增势头，1986年上半年全国城乡储蓄增加304.7亿元，比上年同期增长47.9%，储蓄率达12%，为历史最高水平，其中城镇个人（不含社会集资）储蓄率达27%以上，为国内外历史罕见。再次，社会集团购买力下降，上半年对社会集团零售的消费品为213.4亿元，比上年同期增长7.2%，远低于上年同期40.6%的增长速度。最后，上半年全民所有制单位的固定资产投资比上年同期增长17.3%，低于上年38%的增长速度。

第二，市场银根偏紧，企业支付手段严重不足，致使企业间相互拖欠现象日益严重，1985年底企业间互相拖欠货款166亿元，到1986年第一季度末，增至190亿元；农村信贷资金也严重不足，农产品的现金支付仅增长8.2%，大大低于上年同期的36.7%的增长幅度，不少地方的农村信贷资金紧张到连存款都不能保证支付，收购农产品只能给农民打欠条的地步，农业贷款的发放比

---

①② 《中国统计年鉴（1987）》，中国统计出版社1987年版。

③ 《货币紧缩及其效应1986年货币政策的回顾与展望》，载《金融研究》1987年第4期。

④ 《中国统计年鉴（1987）》，中国统计出版社1987年版。

上季度同期减少 18.2%，乡镇企业多数在紧缩中损失较重。[①]

需求萎缩、市场疲软的后果是工业产品大量积压，上半年国有工业企业产成品库存积压 392 亿元，比 1985 年同期增长 26.8%，商业库存增长 13.0%。企业因此资金周转不灵，生产速度相应下降，效益指标降低，出现巨额亏损。据统计，1986 年一季度工业总产值仅比上年同期增长 4.4%，不仅低于计划速度，而且成为“六五”以来最低的一个季度；经济效益方面，上半年预算内国有企业实现利税为 576 亿元，下降 2.2%，百元产值利税为 23.39 元，下降 5.2%（未扣物价指数），亏损额达 20 亿元，比上年同期增加 7.2 亿元，上升 56%。[②]

上述势态引起各界的关注，尤其是工业生产速度下降威胁着当年经济增长指标的实现，使货币政策立即从紧缩转为宽松。由于认为流动资金贷款过紧是产值下降的直接原因，因此，1986 年二季度的货币政策转为继续控制固定资产贷款，压缩消费基金以控制需求膨胀，放宽流动资金供给以促进生产。中国人民银行向专业银行扩大了临时贷款的数量，试点并逐步推广票据承兑贴现业务，帮助清理拖欠贷款；对竣工投产的新建、扩建企业及部分自有资金不足 30% 的企业，不足部分由银行通过发行金融债券，筹集资金发放特种贷款。

尽管宽松仅仅是局部的，但形势发展很快。从 3 月至 6 月末平均每月工业流动资金贷款增加 52 亿元，为历史同期所少见。第二、三、四季度企业存款分别增至 1820 亿元、1907 亿元、2245 亿元，流动资金贷款源源流入，使工业产业从 4 月份的 3.9% 开始逐步回升，12 月份达到 17% 的速度，尽管一季度速度较低，1986 年工业生产速度仍达到 8.8%。[③]

1986 年，货币政策是从全面紧缩到局部松动，但执行结果却是从停滞到总量膨胀：全年银行各项贷款总额比 1985 年增长 28.6%，而大膨胀的 1984 年不过是 28.8%，其中工业流动资金贷款增长 38.6%，这是全年总数，若看各月趋势，则更明显。1986 年 12 月流动资金贷款增加了 463 亿元，其中工业流动资金贷款增加了 185 亿元，分别比 1984 年底还多 38.35 亿元；货币供应量 M1 增长 27.4%，M2 增长 32.3%，远远高出所测算的 15% 的理论值；全年现金发行

① 翁先定、王晞：《资金、市场与储蓄》，载《金融研究》1986 年第 12 期；《货币紧缩及其效应》，载《金融研究》1987 年第 4 期。

② 翁先定、王晞：《资金、市场与储蓄》，载《金融研究》1986 年第 12 期；《货币紧缩及其效应》，载《金融研究》1987 年第 4 期。

③ 《中国统计年鉴（1987）》，中国统计出版社 1987 年版，第 258 页；《货币紧缩及其效应》，载《金融研究》1987 年第 4 期。

增长23%以上，超过计划30多亿元。[①]

面对1986年下半年卷土重来的膨胀势头，国家于1987年初提出“压缩空气”，开展“双增双节”活动，但总需求膨胀势头并未减弱；为控制固定资产投资规模，年初国家采取“三保三压”方针，并发行国家重点建设债券和重点企业债券，压缩计划外自筹投资，严禁新项目上马；但是，债券发行没有完全落实，国家重点建设债券及电力债券仅完成20%，银行还垫付了几十亿贷款。而同期新开工项目竟冒出9655个；消费基金在前几年高增长的基础上继续大幅度增长，尤其是工资套改使一度下降的国家职工奖金支出，自1986年9月以来按40%~50%的幅度上升；货币供应量加快，物价指数上涨，截至1987年上半年，银行广义货币供应量比上年同期增长29.1%，现金流通量增长27.9%，既高于上年同期23.6%、17.3%的增长速度，也大大高于生产增长15%、国民收入增长10%的水平。货币供应量超经济增长，使物价指数逐月上升，全年上涨7.3%。[②] 1987年的膨胀使国家于1988年新年伊始再次宣布执行双紧的财政、货币政策，重新进入紧缩状态。

（二）对1984~1987年我国货币政策操作的几点分析

第一，货币政策成为宏观经济运行的主要调节手段。

1979年以前，财政投资支出在社会总投资支出中居主导地位，而且变动较大，因此，财政支出波动是“投资—工业”周期的主导因素。而1980~1981年大幅度压缩财政投资以后，财政投资支出水平波动很小。在1984~1987年的“膨胀—紧缩—再膨胀—再紧缩”周期中，1984年的膨胀使财政摆脱了连续6年的赤字。与财政相反，信贷的松紧却在相当程度上影响着经济的膨胀与紧缩。这说明，货币政策已成为宏观经济运行的主要调节手段之一。

第二，货币政策的效果不够理想。

货币政策效果不够理想，主要体现在以下几个方面：银根的松紧调节并没有带来经济的稳定增长，相反却造成了膨胀与停滞的周期交替；紧缩与膨胀的不对称，每次放松银根，往往短期内就出现经济的膨胀，然而，每次紧缩，往往历时经年方才见效，而且负效应往往大于正效应；政策手段与目标实现上的

---

① 翁先定、王晞：《资金、市场与储蓄》，载《金融研究》1986年第12期；《货币紧缩及其效应》，载《金融研究》1987年第4期。

② 《中国统计年鉴（1987）》，中国统计出版社1987年版，第258页；《货币紧缩及其效应》，载《金融研究》1987年第4期。

不对称，每次紧缩，总要动员可动用的全部手段，然而却收效不大，而扩张则几乎不费什么力气。

第三，过多地依赖行政手段。

现行的“中央银行—专业银行”体制是一种双轨制，在货币政策手段上，既引进了存款准备金、再贷款等中央银行式的控制手段，又保留了信贷、现金计划等传统的行政控制手段，二者并存，双重控制，但因种种原因，引入的中央银行制度下的货币政策手段作用尚未充分发挥，并且带有较浓厚的行政色彩。例如，在信贷规模控制上，中国人民银行不仅用计划管理贷款额度，而且通过再贷款（不是再贷款利率）控制各专业银行及其基层银行的信贷资金来源；在信贷结构上，则通过各专业银行总行对基层银行直接规定固定资产贷款和流动资金贷款、工业贷款和商业贷款、各种专项贷款和政策优惠贷款的数额、比例等。

如果我们把这种货币政策操作特点放在改革开放的大背景下考察，不难看出由于处在新旧体制交替之际，它实际上是把以往的指令性计划控制转入银行，以指令贷款形式出现。用发展的眼光看，它是政府从对经济的直接管理转向间接管理的一步，但从其性质上看，有些仍属于行政调节范畴。

对 1984 ~ 1987 年我国货币政策操作及经济运行的回顾，可以得出如下结论：

从产品经济向商品经济转化，在此基础上运用货币政策调节经济，是 1978 年以来体制改革最重要的成果之一；在现行经济环境下，运用以存款准备金等为代表的货币政策调节经济，不得不主要采取行政手段，与 1978 年之前有所不同的是更多地采用控制信贷总量及结构的方式出现；实践证明，行政性的货币政策操作效果也不理想：紧缩不能控制整个经济的货币支出倾向，反而约束了供给；宽松没有导致生产的正常增长，却诱发了需求的膨胀；行政性的信贷总额及其构成控制，既不利于经济结构的改善，也妨碍了经济效果的提高。四年来经济运行的显著特点是以通货膨胀为特征的膨胀。

这种状态的产生，固然有操作欠妥、政策措施不完善等原因，但其根源在于现存的经济体制及由此决定的各行为主体的行为方式不能完全满足发展的需要。

因此，必须把眼光从对货币政策操作效果的考察转到它赖以生存的土壤：经济体制及其决定的各行为主体的行为方式的分析上来。

（三）1988 ~ 1989 年我国货币政策操作及经济运行

在社会总需求不断膨胀，供应紧张，物价指数逐月上涨的严峻形势下，

1987年夏秋之际，中央决定实行财政、金融双紧缩的方针，确定1987年全年经济增长率为7.2%，其中，工业为8%，农业为4%，固定资产计划内投资为1120亿元，比上年减少30亿元，货币发行量为150亿元，贷款新增规模为1200亿元，财政赤字低于80亿元，外汇结存增加40亿~50亿美元。① 为了实施这一方针，中央银行提高了存款准备金率，调高了贷款利率，对信用社开办了强制性特种存款，以控制信贷规模和货币供应量。“三管齐下”，通货膨胀的势头趋于缓和。全年计划执行结果，社会总产值增长14.1%，国民收入增长10.5%，其中，工业总产值增长幅度较大，为17.7%，农业总产值增长5.8%，国家预算内投资及国内贷款投资总额为1311.48亿元，流通中货币比1986年增加236.12亿元，各项贷款新增余额为1441.95亿元。财政赤字80.29亿元，外汇结存增加了47.22亿美元，全年物价指数上涨7.3%。② 虽然计划执行情况大都突破了计划数，但除少数指标外，幅度还不算太大。

但是，1988年新年伊始，在国内外一些反对中国实行紧缩，认为通货膨胀有益的观点影响下，“双紧”政策半途而废，再度出现了货币、信贷大投放的现象，通货膨胀再度加剧。2月物价涨幅便开始超过两位数，4月便一反往常地出现了货币净投放（一般是每年6月下旬方出现净投放），上半年物价比上年同期上涨了13%。当此之时，又提出要勇闯物价改革关，多年累积下来的过旺需求推动着物价大幅度上涨，终于在8月下旬诱发了全国性挤提存款、抢购商品的风潮，不少专业银行出现了支付困难，储蓄存款绝对数下降，社会经济生活出现了新的困难。于是，9月中央重新作出了贯彻执行紧缩政策，进行治理整顿的决策，实施严格控制信贷、收缩银根的紧货币政策与压缩集团消费、控制工资支出的紧财政政策，在1989年的经济运行中产生了如下的效应：

第一，固定资产投资规模有所下降。1989年，全国固定资产投资总额比上年压缩了400亿元左右。

第二，居民收入增长势头减弱。1989年11月通过银行支出的工资和个人其他收入比上年同期增长6.2%，比上年同期的增长率下降23.5个百分点，1~11月比上年同期增长16.3%，而上年同期增长率为27.8%。

第三，信贷增长势头趋于平稳。1989年1~11月银行贷款余额为11824亿元，比上年末增长1273亿元，增长12%，与上年同期增长幅度差不多。

---

① 王广谦:《论“双紧”政策》，载《金融研究》1989年第10期。

② 上述有关1987年计划执行情况数字均来自《中国统计年鉴（1988）》。

第四，货币投放基本上得到控制。1989 年 1 ~ 11 月份，银行现金收支相抵，净投放货币 67 亿元，而 1988 年同期净投放为 573 亿元。

通货膨胀的势头得到遏制，这是可喜的一面。与此同时，也出现了不容忽视的问题：

第一，工业增长速度下降，1989 年全国工业总产值约增长 6%，比上年下降了 11.7 个百分点，尤其是下半年后，工业增长速度下滑，与上年同期相比，1989 年 7 月份工业总产值增长 9.6%，8 月份增长速度为 6.1%，9 月份回落至 0.9%，10 月份降至谷底（-2.1%），11 月份仍仅有 0.9%。工业增长速度的下降，一方面使财政收入减少，财政压力加重，另一方面使不少企业面临停产威胁，部分职工收入下降，出现了一些社会问题。

第二，银根紧缩，市场疲软，商业、企业库存增加，“三角债”盛行，资金周转困难。与 1988 年正相反，1989 年 1 ~9 月份银行货币仍是净回笼，10 月份才转为净投放 16 亿元，11 月净投放 83 亿元。由于银根紧缩，造成了市场全面疲软，1989 年，轻工业部门的企业商品库存比 1988 年增长 70%，而同年产值仅增长 6.6%，市场疲软使企业资金周转失灵，生产投资无法通过市场销售回收。1989 年，工业企业定额流动资金周转次数由 1988 年的 3.76 次降为 3.38 次，下降 11.24 个百分点。由于市场疲软，资金周转困难，不合理的货款拖欠成为困扰经济的突出问题，全国几乎 90% 的企业被牵进了这个不合理的货款拖欠链条中，拖欠货款总额高达一千余亿元，形成了错综复杂的“三角债”链条。

经济增长停滞带来的社会经济问题，使 1989 年的货币政策从紧缩再度走向放松。1989 年的货币供给前三季度是紧缩的，但第四季度的货币供给猛升，占全年新增货币供给量的 60%。然而，中央银行通过协助企业清理“三角债”所投入的大量启动资金，大部分注入生产领域，但由于市场疲软问题没有得到很好解决，投入的启动资金大部分又转化为产成品库存资金，直至 1990 年上半年，整体经济形势才逐步回升。

三、对货币政策的现行体制基础的实证分析

任何经济政策操作，都在一定经济环境中进行，为一定的经济环境所制约。经济政策的操作效果，不仅取决于政策设计本身，而且更取决于该经济环境中各主体对政策操作的反应机制。

以下我们对我国经济生活中几个主要的行为主体在现行体制约束下的行为机制——从其对货币政策的反应及影响角度——进行实证分析。

（一）居民的经济行为

社会主义条件下，劳动者主要把劳动作为谋生的手段，追求既定支出条件下的个人收益最大化，是劳动者的正常行为机制（这仅就劳动者的主要部分、主要方面而言，并不排斥其他动机的同时存在）。劳动者的利益目标，包含三个方面：物质收入、非物质收入、闲暇，它们之间存在着替代效应。

传统体制下，城市居民的收入基本上由国家财政直接控制，政府通过制订和下达指令性的劳动工资计划，直接控制各企事业的人员编制、工资总额以及每年的增长幅度，一旦计划确定，政府就可以大致控制住局面，消费失控的情况总体说来还是较少的。

但是，国家对企事业单位工资的全面直接控制，必然导致分配方式的僵化、平均主义，使劳动者趋于追求闲暇，而企业管理者一方面因平均主义的分配方式与劳动者利益一致，另一方面因传统体制下既存的棘轮效应，使他们在一定程度上没有尽最大努力通过充分利用现有企业资源，实现国家指标最大化，而是向上力争更多的投入份额，以完成既定的产出任务。因此，传统体制的固有毛病是资源利用效率较低，有效供给不足，而非需求膨胀（至少在生活消费领域）。

改革改变了企业的分配制度，过去那种平均主义，结构单一的工资制度逐步松动。据统计，我国全民所有制职工工资总额中计时工资的比例，1978 年占 85%，而 1986 年，则下降至 58.7%，而奖金津贴等其他收入的比重则相应提高了 26.3 个百分点，这是总的平均数。而就全民企业而论，“死”工资与“活”工资之比，则大致接近一半对一半。[①] 工薪收入形式的多样化和“活”工资部分的增大，一方面使报酬与劳动成果挂起钩来，刺激职工从过去的物质收入既定条件下追求闲暇最大化转为追求物质收入最大化，有利于调动积极性和发展生产，对近十年的经济高速增长作出了贡献；但是，同时也出现了令人忧虑的另一方面：职工收入增长超过了劳动生产率的提高。据统计，1978～1986 年，全民所有制职工的货币工资（扣除物价上涨后）年递增 7.3%，加上福利分配等无形收入，实际年递增 16.8%，同期全民所有制工业企业的劳动生

① 《中国统计年鉴（1987）》，中国统计出版社 1987 年版，第 688 页。

产率不过递增 6.6%,[①] 1986 年，全民所有制工业企业全员劳动生产率提高了 1.66%，而全民职工的平均货币工资提高了 16.6%。[②] 由于国家至今尚未放弃对基本工资的直接控制，因此，各地方、部门、企事业单位除了在与上级不断讨价还价，力争在国家增加的工资数额中占有较大份额外，还不同程度地扩大不合理发放。据调查，一些城市中，以超发奖金、滥发实物、随意增加津贴和扩大浮动升级为主要内容的不合理发放，占工资总额的 20% 左右。而当这种公开违反国家规定的发放为中央三令五申予以禁止之时，有的就转到“账外”。据粗略统计，一年中此项数字全国要达数百亿元之巨。[③]

工资迅速增长的同时，国家用于职工的福利、补贴及其他转移支付的支出增长更迅速，1978 ~ 1986 年，劳保福利费每年递增较快，1986 年全民职工的人均劳保福利费为 359.5 元，超过平均工资的 1/4。财政支付的物价补贴（不包括直接发给职工个人部分）1978 ~ 1985 年每年递增 18%。[④] 此外，住房补贴也高达百亿元以上。这些福利、补贴等虽不构成职工的直接货币收入，但作为收入的一个现实组成部分，有力地影响职工货币收入的支出构成，从目前居民生活费支出的构成上看，用于购买各种消费品的支出占 91.95%，用于住房、水电及劳务性消费的支出仅占 8.05%。[⑤]

正是这种急剧增长的城市居民收入与迅速提高的农村居民收入，塑造了前文提到的 1978 年至今的国民收入分配格局的大变化。而它们与不断加剧扩张的社会集团消费，在 1989 年比 1978 年增长 2.7 倍。

各经济主体间的激烈攀比是导致消费基金膨胀的重要原因。企业收入分配制度的改革，使一部分盈利高的企业有可能提高本企业职工的收入，但是，甲企业因赢利而发奖金时，不赢利的乙企业却认为它的不赢利与企业内部因素无关，也应当发；而亏损的丙企业则认为它的地位与乙相差无几，同是国营职工，发不出奖金也得搞福利，发实物。企业的收入变化，打破了企事业职工的原有收入分配格局，财政只好给事业单位职工增加工资。因此每次财政性调资常常未能实现调资改变部门间不合理工资关系的目标。

然而，我国在体制改革过程中，为什么比较容易出现消费膨胀呢？我们认为其根本原因大致可归纳为两点：

① 何道峰、段应碧、袁崇法：《论我国近年通货膨胀的发生机制与结构表现》，载《经济研究》1987 年第 11 期。

② 数据来源于《中国统计年鉴（1987）》。

③ 李峻、夏晓汛：《消费膨胀；改革与发展面临的严峻挑战》，载《改革：我们面临的挑战与选择》，中国经济出版社 1986 年版，第 9 页。

④⑤ 数据来源于《中国统计年鉴（1987）》。

第一，非平等竞争环境。

改革意在引入市场竞争机制，但改革之前，我国各地区、部门、企业的生产经营条件极不平等：技术装备程度悬殊，原有部门结构不合理，资源配置在部门、地区间不合理，价格体系扭曲，等等，使同为国营企业职工，劳动生产率的差别较大，而劳动生产率与利润之间的关系，也不是对称的。

传统体制下，收入分配与劳动生产率、利润基本脱钩，全国范围内大致平均，形成低收入→低效率的循环；而今引入市场机制，这种不平等条件下的竞争，事先就相当程度上注定了谁当优胜者。这种经营条件的不合理，又不能通过生产要素（包括劳动力）的自由流动得到逐步改善，这就必然产生攀比现象，脱离彼此经营成果、劳动效率的比较，竞相提高自己的收入。

第二，软预算约束。

若说以上情况是扭曲攀比行为，导致收入膨胀的动因，那么，国家所有制造成的软预算约束则构成它实现的基础。

在现行体制基础上，货币政策的调控能力，无论是传统的行政控制，还是中央银行体制下的经济控制手段，都缺乏应有的约束力。

传统体制下，现金计划是信贷计划的子计划，控制现金投放量，除通过控制信贷总额外，还依靠现金管理制度等行政性措施，多年实践证明：现金发行事实上难以控制。黄达教授在分析了传统体制下的现金发放机制之后，提出：现金发行事实上是国民经济活动的结果，所以，不解决发生在前的导致现金过度发行的矛盾，而只想把现金发行数字控制住，无疑是不可能的。[①] 他的结论是应当控制贷款的发放，而在现行体制基础上能否控制得住，或者说，这种控制的后果我们是否有能力承担，是值得进一步分析的。

中央银行制度下的货币政策对收入的控制，基本上是间接的，通过银根紧缩，抑制需求，缩小生产，达到降低收入的目的；此外，银根紧缩，往往导致一些原来就经营不良的中小企业减产，也会缩小收入。然而，在我国现行体制基础上，紧缩的货币政策一般对那些非国营经济，如农业、乡镇企业产生作用较大，但对国营经济的收入效应则相当弱。现行体制下必然产生的脱离生产效率的收入攀比之风，长期形成的收入棘轮效应，甚至使紧缩时期的奖金收入也难以有所降低。1985 年国家采取了严格的收入控制手段，但当年职工工资仍比上年增长 22%，其中奖金增长 12.3%，职工人均工资比上年增长 17.9%，扣除物价上涨因素，实际上仍增长 5.3%，而人均奖金仍比上

① 黄达：《财政信贷综合平衡导论》，中国金融出版社 1984 年版，第 164 页。

年增长 8.5%。[①]

激增的货币收入，加之发达国家消费水平的“示范效应”，导致消费超前。与此同时，消费需求结构迅速变化，使消费品的生产能力、结构调整及引进消化都难以适应。因此，一方面是上千亿元商品积压占库，另一方面又有上千亿元待购货币找不到适销对路的商品。居民每年的货币收入增量中，有越来越大的部分转为结余购买力。据统计，近年来我国居民结余购买力的年增长额约为当年居民货币收入增长额的 50%～80%，[②] 不断增加的结余购买力对消费品市场形成的强大压力，政府又难以通过其他渠道控制收入，唯一选择是高储政策，通过增设储蓄网点，开办多种信用业务和提高存款利率，刺激居民储蓄的积极性。

传统体制下，高储政策若能吸收存款，不失为中央控制货币量的有效方式之一，因为在传统的信贷计划管理体制下，基层银行吸收存款，要如数上缴总行，并不因此拥有扩大贷款的能力和权力；但是，现行的信贷资金管理办法规定，专业银行吸收的企业存款、储蓄存款、农村存款和其他存款等一般存款，属于专业银行的信贷资金，除向人民银行缴存一定比例的存款准备金外，都成为专业银行的信贷资金来源。事实证明，目前各基层银行对吸收储蓄存款具有相当高的热情，其主要原因之一，就是它已成为基层银行扩张信用的重要来源。

总之，在现行体制基础上，货币政策（无论从广义或狭义上说）控制居民收入膨胀的难度很大。

（二）企业的经济行为

对传统体制下国营企业的经济行为，科尔内在《短缺经济学》中曾作了精彩的描述与分析，指出在预算约束软化条件下，企业的行为使财政、货币政策基本上处于失效状态。

改革使我国工商企业的地位有了相当程度的改变。能否认为它们已具有商品经济条件下正常的企业经济行为方式呢？日本的小宫隆太郎对中日企业对比研究后的结论是：中国“到现在为止赋予全民所有制的工厂自主权，或者于最近的将来将要赋予的自主权还是极其有限的”“中国的工厂无论如何也不能说

① 《中国统计年鉴（1986）》，中国统计出版社 1986 年版，第 649 页。

② 《中国统计年鉴（1987）》，中国统计出版社 1987 年版。

是通常意义上的企业。”①

我国企业不具有商品经济条件下正常企业的经济行为，集中表现在企业缺乏长期自我发展的动机与能力。企业行为短期化是近年来以投资膨胀和工资膨胀并发为特征的需求膨胀，以轻型加工工业超过基础工业发展为特征的产业结构失调，经济效益下降，国家财政、货币政策调节难以生效的最重要原因之一。

如前所述，1978 年以来我国国民收入的分配比例发生了重大变化。从初次分配比例看，财政的初始收入大幅度下降，居民及生产单位的初始收入大幅度上升。但就各部门最终收入占国民可支配收入的比例来看，生产单位所掌握的最终可支配收入份额，却基本上维持在 1978 年的水平上。② 如果再看一下生产单位中全民所有制企业的情况，则更能看出些问题。1981 ~ 1985 年，我国全民所有制独立核算工业企业的留成利润占赢利的比率从 12% 上升到 32.6%，占利税总额的比率由 7% 上升到 17%，但是对经过再分配后形成的国民可支配收入结构的估算却表明：1981 ~1985 年，城乡生产单位的可支配收入占国民可支配收入的份额却由 11.8% 下降到 8.7%，全民所有制生产单位的份额则从 8.8% 下降到 5%。在城乡生产单位失去的这部分份额中，58.1% 转到了居民手中，38.7% 通过各种渠道（包括摊派）回到了政府手中。③

现行体制基础上，一方面，大量的企业留利通过或明或暗的渠道，以远远超出国家规定以及正常的企业所能允许的比例转化为个人收入，是题中应有之义；而另一方面，政府在财政收入减少的同时，有关的职能却未能相应下放，面对浩大的开支，不得不通过各种渠道（如征收能源交通基金，派购国库券，地方和部门的各种摊派、集资），从企业留利中取回一定比例的国民收入，也势在难免，结果是真正留给企业的资金还是有限的。

然而，这些有限的资金来源却面临着为数众多的使用去向：既要进行更新改造、固定资产投资以满足维持企业简单再生产以至扩大再生产的需要，又要补充流动资金以满足生产周转之需；还要进行非生产性投资以缓解职工住宅、生活福利设施的严重不足等。这样，企业自然要权衡再三，根据资金使用的最大效益，以决定其自有资金的使用方向。

① ［日］小宫隆太郎：《竞争的市场机制和企业的作用》，载《经济理论与经济政策》，经济管理出版社 1986 年版，第 328 ~329 页。

② 中国经济体制改革研究所宏观经济研究室：《改革中的宏观经济：国民收入的分配与使用》，载《经济研究》1987 年第 8 期。

③ 中国经济体制改革研究所微观研究室：《微观改革中的市场结构与企业制度》，载《中国社会科学》1987 年第 4 期。

显然，企业留利如果用于生产性投资，形成资产，企业只能按留利比例得到三成左右的资产收益。如进行非生产性投资，大部分被用于企业的福利设施，尤其是职工住宅的建设。

剩下的生产发展基金极为有限，据重庆、宁波等省份的调查，企业目前用于生产发展的支出根本达不到占留利60%的规定比例，一般只在30%左右，最高的不过40%，低的只有5%[①]。而在生产发展基金中，补充自有流动资金处于末位。即：首先用于交纳能源交通基金，而后用于购买国库券，再后用于添置固定资产，最后才用于补充自有流动资金。补充自有流动资金的数额，远远低于占生产发展基金10%~30%的规定比例，大多在5%以下甚至低于1%。如上海市纺织工业局系统，1984年利润留成用于补充自有流动资金仅55万元，占生产发展基金的0.81%，纯属象征性补充。

不仅企业的流动资金补充缓慢、不足，而且已有的流动资金也不断地被合法、非法地冲减。1983年国拨流动资金账面数为1200亿元，扣除有争议的基层供销社资金220亿元，约有1000亿元。然而，近年来未经国家正式下文冲销钢材、机电产品削价报损失的资金就达208亿元。与此同时，许多新建企业也未能按照国家规定的30%的比例安排投产所需的流动资金。

由于国营企业自有资金补充不上来，加之国拨流动资金被合法和非法地冲减，国营企业自有流动资金占全部流动资金的比重明显下降。据北京、河北、辽宁、黑龙江、上海、安徽、江西、广西、浙江等九省份统计，国营工商业自有流动资金占全部流动资金的比重，从1983年的24.61%下降到1984年的19.16%，净下降5.45个百分点。[②]

伴随着资金供给（非银行渠道的）减少，近年来我国经济中的突出现象是企业对流动资金需求的迅速增长，银行贷款的需求迅速增长，银行贷款猛增，而且越来越呈现出脱离生产发展速度的趋势，这主要是产品积压、产成品资金占用上升快所造成的（见表3）。

表3　　国营工业企业产成品资金占用、定额流动资金占用增长速度对比

年份	季度	产成品资金占用增长速度	定额流动资金占用增长速度
1984	1	0.97	1.83
	2	3.7	3.43
	3	4.3	5.3
	4	18.7	8.0

① 马鸣家：《必须加强流动资金统管工作》，载《金融研究》1986年第3期。

② 马鸣家：《必须加强流动资金统管工作》，载《金融研究》1986年第3期。

续表

年份	季度	产成品资金占用增长速度	定额流动资金占用增长速度
1985	1	17.5	11.0
	2	16.33	13.2
	3	19.0	15.63
	4	22.0	19.0
1986	1	23.2	36.9
	2	30.7	18.0
	3	30.1	17.8
	4	24.8	16.3

资料来源：郭红玉、王志钢：《关于流动资金问题的几个新看法》，载《金融研究》1987 年第 10 期。

一方面是非银行渠道的资金供给减少，另一方面是企业对流动资金的需求猛增，而且高居不下。那么，结果很显然，这一巨大的资金来源，非银行贷款莫属，而超过银行贷款能力的贷款，必然是货币超额投放、过量供给。

银行控制了企业流动资金的 80% 以上，这是货币政策充分发挥作用的有利条件，然而，近年来实践证明：我国的货币政策的效果完全不同于市场经济国家，而不同的政策效应来自不同的体制基础。

在市场经济条件下，当政府决定运用货币政策控制过度膨胀的经济及物价时，无论采取何种手段，都必将导致商业银行贷款利率上升，面对较高的筹资成本，投资者边际效益下降，减少投资，企业生产成本上升，生产缩减，而投资与生产的减少，进一步导致需求减少。企业存货上升，价格疲软，企业因之进一步缩减生产。

然而，在我国现有体制基础上，不存在发生上述经济过程的机制。面对迎面而来的膨胀，政府决定紧缩银根、控制贷款，其方法可以是间接的，如提高利率等；也可以是直接的，如控制贷款额度等。

先看间接手段。银行贷款利率提高，但是，企业并不因筹资成本提高而缩减其资金需求。从固定资产投资角度来看，利率提高，固然会减少预期净收益，但毕竟有限。而在我国目前条件下，企业很容易通过各种方式把它转嫁到价格中去，更何况投资使企业生产规模扩大，给企业领导者及职工带来的远不只是留成利润增加的好处。而目前实行的税前还贷政策，实际上等于用国家税收来抵还贷款，贷款利率提高，实际上是拿更多的国家税收来偿还国家银行的利息。从流动资金需求来看，利率的提高也不会遏制企业的需求，因为，在企业内部利益刚性、成本刚性条件下，庞大的不变成本使企业因利率提高而缩小生产成为不智之举。因此，企业因利率提高而自动减少资金需要的可能性，显然微乎其微。在这种情况下，行政性的紧缩就成为必要。

再看直接手段。国家用行政手段控制贷款额度：它首先在银行系统内部受到为地方及基层的自身利益（未必一定是利益，有时甚至是困难）所驱使的各下级机构的阻碍。由于已贷出的款无法立即收回，因而，它只能使新贷款的发放更困难。这一措施，首先落到本期新建成投产的企业身上，这就决定了紧缩的困难。至于现有企业，要取得新贷款更困难了，但已占用的贷款，只能在产品出售之后方能收回。但是，紧缩造成的需求缩减以及现行体制下的价格刚性，却使这个过程变得缓慢。如前所述，庞大的不变成本使企业在资金困难、销售下降、产品积压时，缩小生产为不智之举，也难以调整产品结构以至全面转产以适应市场需求。从短期来看，是远水难救近火；就长期而言，却又为企业的行政属性所束缚；甚至连停产、歇业也行不通，唯有千方百计扩大资金来源，在销售疲软之时，维持日益增大的产成品库存，并坚持生产，苦撑待变。虽然我国目前的信贷软约束为此提供了一定的可能性，企业之间也竭力通过互相提供商业信用以维持生产，但这一切也只是使紧缩迁延时日，久久难以收效。当然，严厉的紧缩最终必将收到效果；但是，由于现行体制割裂了生产与收入之间的联系，不存在因此遏制收入膨胀的有效机制。因而，紧缩控制消费与投资的效果有限；相反，更大的威胁却落到生产头上。当生产的停滞危及政府预期的经济增长目标时，紧缩只好转为松动。结果，如同我们已经看到的，又导致另一轮的膨胀。

总之，现行体制使我国企业不具备商品经济中正常企业的经济行为机制，因此，货币政策的效果不够理想也就不足为奇了。

（三）地方银行的经济行为

以上分析了个人、企业的经济行为如何阻滞了货币政策当局宏观决策的顺利实现。在这一过程中，作为货币当局的下属机构的各级地方银行，又如何行事呢？其作用如何呢？

改革前，地方银行是作为非经济实体的下级机构存在的。尽管银行的属性曾在企业和事业之间有过变动，但其行为方式，从来都是行政机关式的。在其业务范围内的绝对垄断，使地方银行对其辖区内的融资以至经济发展有着不可推卸的责任与义务，传统的条块双重领导体制以及共同的利益关系，使地方银行除作为上级银行的下属机构行事之外，又具有浓厚的地方色彩。在传统体制下，地方银行面临的刚性活动环境（在资金运用上，必须按国民经济计划满足本地区全部企业的流动资金需求；在资金来源上，完全依赖于上级银行下达的贷款指标），使其行为类似于传统体制下的企业，争取更多的贷款指标具有极其重要的意义。

体制改革及由此产生的国民收入分配构成的巨大变化，使银行的外部环境发生了很大变化，与此同时，银行的组织形式和调节方式、业务范围也发生了变化。

但是，从货币政策工具调节的失效，可以看出目前的专业银行及其下属地方银行还不具备通常商业银行的行为方式；而行政性调节所带来的膨胀与紧缩的循环，又说明专业银行尤其是它的下属银行的行为方式，已不同于传统的地方银行。

商品经济条件下，支配商业银行行为方式的内在制衡机制包括三个方面：赢利动机、投资结构和清偿力约束。为了赢利，银行必须尽可能多地将资金运用于有利可图的投资形式和方向上；但为了安全，银行则必须适当安排其资产结构，保持一定的清偿能力，以防提存和逾贷的风险。在商品经济条件下，金融企业为自身的生存和发展起见，要求在这三者之间进行权衡。

商业银行的内在制衡机制健全与否，不仅与其自身得失攸关，而且对中央银行货币政策的实施效果有决定意义。如果商业银行的行为不是建立在出于对自身利益的考虑上，对其资产的赢利性、流动性和安全性的权衡结果，中央银行货币政策的操作结果将是不规则的。

目前我国各级地方银行内部并不存在上述的制衡机制。相反，却表现出另外一些值得重视的倾向：

第一，强烈的区域发展意识。

在分析地方政府行为时，曾指出调查资料证明：基层银行发放“有问题贷款”的最重要原因是这些贷款“对本地经济和财政收入有较大影响”，“地方领导有要求”。但是在同一调查中，基层银行行长却认为：“在他们面临的主要困难中，上级银行干预要比地方政府干预重要的多。”① 这说明：在企业及地方政府要求扩大信贷的浪潮面前，地方银行若不说是推波助澜（1984 年底，各地银行争相送贷上门，则已是推波助澜），至少也是自愿合作，不仅专业银行的分支行如此，就连中央银行的分支行也是“胳膊肘向外扭，地方发展意识大大

① 张少杰、赵榆江：《融资：现实运行的机制及其改革》，载《经济研究》1987 年第 11 期。

强于其作为货币政策当局下属的意识”。[①]

第二，严重的“放款额度饥饿症”。

地方建设百废待兴，地方发展方兴未艾，庞大的资金需求迫使地方银行扩大贷款，地方银行责任在肩，争取尽可能多的资金来源，成为首要任务。扩大存款额，争取贷款规模，争取上级银行调入资金，争取中国人民银行借差分配，成为各基层银行相互竞争的目标，甚至不惜血本，通过同业拆借争取大批中长期贷款，[②] 这些都充分反映了“放款额度饥饿症”的严重程度。

第三，非企业化的银行意识。

尽管“中央银行—专业银行”体系建立之初，国家确认了各专业银行的经济实体地位，但是，不少银行存在着非企业化的倾向和观念。其主要表现，除上述几点之外，还有：

（1）非赢利倾向。

这可以从目前银行同业拆借中不顾血本的借入行为看出，更可以从银行对其资产持有方式的选择中看出。据调查，我国银行资产中，储备一直保持较高水平，在1984年一季度至1986年三季度之间，被调查的9家基层银行的全部储备率的平均水平是25%，而且其中缴存中国人民银行存款占存款总额的比率高达20%，远高于10%的法定准备率水平。同时，银行始终保持着很高的超额储备，超额储备率在这一时期的平均值达21%，[③] 考虑到目前中国人民银行对专业银行存款支付的利息远低于专业银行的贷款利息，表明这些行为不是出自赢利动机。

（2）无清偿约束观念。

这一倾向既可以从有关问卷调查中基层行长们对“维护本银行的业务信誉”的漠视中看出，[④] 也可以从基层银行的低存贷率中得到反映。我国基层银行的存贷率（=存款/贷款）一般多在60%左右，而世界上许多国家的商业银行同一指标则大多在120%以上。我国银行存贷率低，既反映了银行资产结构的单一，也说明现行体制下，银行不存在提存付现威胁。

上述我国地方银行的行为特征可以从其体制基础及生存环境中得到说明。总之，浓厚的地方化倾向，既产生于专业银行体制目前事实上存在的“大锅饭”，各地方银行的贷款能力大部分依赖于中央一级的再融资；也来自地方银

① 严春兴：《警惕县级人民银行行为地方化趋势》，载《金融研究》1987年第10期。
② 夏斌：《我国金融市场的现状特征及其发展》，载《金融研究》1987年第7期。
③ 赵榆江、张少杰：《我国基层银行的清偿力约束》，载《中国：发展与改革》1987年第5期。
④ 张少杰、赵榆江：《融资：现实运行的机制及其改革》，载《经济研究》1987年第11期。

行实际上承担着对本地区全部企业提供信贷资金的重任（流动资金统归银行负责则更加重了它的责任），这使得地方银行必须把推动或保证本地区的经济发展作为自己的责任。

四、改革“中央银行—专业银行”制度，改善货币政策的宏观经济调控能力

中央银行制度下的货币政策是商品经济条件下的宏观调控方式，从上述对1984年以来我国货币政策操作效果及其影响因素的分析，可以得出结论：实现货币政策对宏观经济的正常调节，要求整个国民经济运行方式的彻底改变。若仅仅施行一些局部的机构改革，引入个别宏观调节措施，往往不能解决当前存在的许多问题。

运用货币政策调节经济，不仅要求在加强宏观调控的同时，建立完整的市场体系，重塑适应商品经济运行的微观基础，使被调节对象具有规范的反应机制，而且要求与之相适应的传导机制。我国目前的“中央银行—专业银行”体系虽然是对传统的国家银行体系的改革，但还没有具备符合商品经济运行要求的规范化条件。

由于它不存在自我经济约束和对赢利、风险的强烈感受力；并且我国目前尚不存在必要的金融市场、多样化的资产结构，中央银行的货币政策操作缺乏有效的传导机制，中央银行对银根的松动或紧缩，还未能有效地影响专业银行的信用成本，并实现对金融活动的间接调控。因而最后都不得不重新仰仗以往的行政措施和指令性计划。

必须从组织系统、金融市场等方面进一步改革，在此基础上完善中央银行的政策手段，建立、健全适应商品经济运行的金融体制。

（一）组织系统

“中央银行—专业银行”体系确立以来，我们在信贷资金管理方式上进行了多次改革与完善。从“统收统支”到“统一计划，分级管理，存贷挂钩，差额控制”再到“统一计划，划分资金，实存实贷，相互融通”，每次管理方法的变动，不能从银行内部解决活力和经济利益的约束问题。因此，新的资金管理办法一旦产生，随之而来的又会出现经营中的新问题。这说明单纯依靠资金

管理方式的外在约束，难以造就商品经济所需的金融传递机制。

商品经济运行需要具有明确的财产约束，对赢利与风险反应灵敏的商业银行作为中央银行货币政策的传导机构，应据此对现在的专业银行进行进一步改革，银行组织系统的改革方向如下。

第一，将专业银行的基层行改造成商业银行。

必须实行专业银行商业银行化。因为，只有建立在明确财产约束基础上，独自承担盈利与风险，实行企业化经营的商业银行，才能成为正确传递中央银行货币政策操作，实现宏观调控，调整微观资源配置的基础。

实现专业银行商业银行化，不能以四大总行为对象。因为总行的性质决定了即使转化为商业银行，也不能在金融市场上形成有效竞争；而从总行到从事具体信贷业务的基层行处，繁多的中间层次，仍然无助于硬化预算约束。如果笼统地以基层行处为对象，则又可能规模过小，容易产生过度竞争而失去规模经济，与国内现有的大企业规模不相适应。可以考虑的选择是以省会及其他一些经济发达的中心城市的市行为对象进行改造，建立商业银行。这些以省会或中心城市为依托的商业银行的业务覆盖面大致与城市为中心形成的经济区大小相当。其中，有的可以发展为全国性的都市银行（如上海、北京、天津、广州、武汉、沈阳等），有的则成为区域性的城市银行。为了形成有效竞争，在一个经济区内，应不只有一家商业银行（现有各地的四大银行可成为发展的基础），而且各地的银行之间应有业务交叉，如在异地开设分支行、办事处等，并允许企业自由选择开户银行，同时与几家银行发生资金往来。

我国经济结构的多层次决定了不仅要有这样一批大、中型商业银行为骨干，而且必须有一些小型的银行、信用社为补充，满足小企业的资金融通需要。因此，除大、中银行下设一定数量的分支机构外，还应建立一批小型的商业银行，它们可以从现有地县分支行、城市、农村信用社发展而来。它们是大中银行的代理行，主要满足小企业、农户以及个体经营者的资金融通需要。

第二，以专业银行的总行及省分行为基础，建立政策性银行。

商业银行以营利为目的，因而只能要求它们在中央银行的货币政策操作中，根据利益原则调节自己的活动。尽管中央银行可以通过窗口指导等措施，对其行为进行一定限度内的规劝、指导和协调，但应限于不损害其利益，不妨碍其效率的范围内，不宜过多地行政干预。

但是，我国目前商品经济正处于发育阶段，又面临着产业结构的急剧变动。许多新兴产业的发展需要培植，缩减产业的转换需要支持，大批的经济基础设施需要建设、完善，产业布局应得到调整，要想在短期内完成这些任务，仅仅依靠商业银行根据赢利原则进行融资是不够的。需要政府实施新的政策措施，其中，最重要的措施之一，就是新的货币政策，如选择性融资、低利率贷款等。显然，这种货币政策，既不宜靠中央银行直接施行，又不能强令商业银行负责。因此，为实现国家的产业政策，还要建立政策性银行以弥补商业银行之不足。从政策性银行的工作性质上看，改造我国目前的专业银行总行及省分行以承担这项工作较为适宜。

（二）金融市场

商业银行以发达的金融市场为其活动场所，中央银行的货币政策操作，也以金融市场为中介。没有金融市场，中央银行的货币政策手段就难以施行，这一点已为中外实践所证明。没有金融市场，商业银行难以调整其资产结构以适应中央银行的货币政策操作；没有金融市场，企业筹资渠道单一，企业的发展，资源配置优化都受到极大限制，而且与银行之间亦难以建立正常的资金往来关系；没有金融市场，对国家财政政策的运用也带来一定限制，在社会主义公有制条件下，没有金融市场，企业预算约束软化也难以克服。因此，建立和发展金融市场，是发展社会主义商品经济所必需。

（三）政策手段

“中央银行—专业银行”体系与国家银行体系是两种完全不同的银行体系，前者根据一定的政策目标用量的或质的货币政策手段调控商品经济的运行，而后者根据国民经济计划用信贷、现金两大计划为产品经济提供交易、核算手段并进行行政性监督。两者的运行规则大不相同。我国目前的“中央银行—专业银行”体系，采用“双轨制”运行规则，既保持了传统国家银行的信贷管理方法，又引入了中央银行体系的部分政策手段。

不同时期的实践证明：

第一，即使在产品经济条件下，传统信贷管理方式也有重大缺陷，主要体现在以下几个方面。

信贷、现金两大计划的着眼点是狭义货币——现金，否认能转账结算的存款是货币，仅把它当作经济核算的工具和资金划拨的工具，把转账存款的流通排除在统一的货币流通范围之外，视现金发行量是银行两大计划的结合点，现金发行的多少被当作信贷平衡与否的重要标志。而当社会上交易方式比重发生变化时，尽管现金投放量没有过多，依然造成通货膨胀。1984 年底的信用膨胀，若按现金投放量衡量，是不存在的。[①]

信贷、现金两大计划的制定基础是对存贷关系的错误看法和片面的信贷平衡观。信贷平衡与否，在于银行所供应的货币与国民经济对货币的需求是否适应，而不在于信贷资金来源与运用上的平衡，不在于作为信贷平衡差额的现金投放量的大小。然而，长期以来，我们在制定信贷计划时，对存贷关系却是颠倒看的：认为存款是贷款的资金来源，没有认识到贷款是存款的初始来源。结果，当外汇占款或财政赤字、透支造成货币供应过多，导致存款增长快于贷款增长时，往往是据此扩大而不是压缩贷款，其结果是进一步扩大了货币供给与需求之间的缺口。从颠倒的存贷关系出发，银行并不认为存款过多是货币供应量与需求量之间的失衡，而只承认现金发行多于消费品的增长是信贷失衡，依照这种颠倒的存贷关系观与片面的信贷平衡观制定的两大计划，即使在产品经济条件下，也不利于经济的稳定发展。

信贷、现金计划虽着眼于现金，重视控制现金的投放量，然而传统体制下，银行集货币发行与信贷业务于一身，事实上使货币发行从属于信贷业务，因为借款者只要能取得贷款，也就能够利用贷款形成的存款取得现金，银行没有充分的理由是难以拒付的。在银行承包企业的流动资金供应的条件下，实际上很难控制货币发行；而在各地方银行有贷款权的情况下，货币发行权事实上分散于各地方银行手中。货币发行虽有计划，但人民银行总行难以直接控制，大多事后被动承认，本年或本期到底发行多少货币，在报表出来之前，是难以掌握的。

第二，传统的信贷管理方法不适用于商品经济条件下的宏观管理要求。

在传统体制下，国家制定的工农业生产计划与商业物资部门的购销计划，是人民银行信贷计划的主要依据，信贷计划的职能是根据国家计划对生产流通中所需的资金进行计划供应，有偿拨付；而国家的劳动工资计划，商品流转计划，农产品收购计划以及对企事业单位的现金管理则是制定人民银行现金收支计划的基础，现金计划的作用是监督控制现金的使用范围，可见，传统的国家银行信贷管理方式体现的不是银行的经济职能，而是国家机关的行政职能。这种管理方式无疑不能适应商品经济运行的需要。商品经济要求银行成为经营货币商品的特殊企业，在基于对自己资产盈利性、安全性及流动性的权衡考虑下，从事资金融通活动，择优淘劣，促进资源的充分利用及有效配置；商品经

① 王萌乔：《怎样看待 1984 年的货币投放失控》，载《金融研究》1985 年第 8 期。

济要求国家对经济以间接管理为主，侧重于创造一个良好的经济运行环境，而不在于一个无所不包、下达至基层经营单位的计划；商品经济要求企业自主决定自身的生产经营，收入分配，积累投资，自负其责……凡此种种，都使传统的信贷、现金计划管理方法必须加以改革。

第三，传统的信贷管理方式与中央银行体制下的货币政策工具在运行原理上是互相矛盾的。

传统的信贷管理方式是按产品经济条件下的行政型经济管理的需要设计的。它与为商品经济运行服务的中央银行货币政策工具在运行原理上互相矛盾、难以并行不悖。

传统的信贷管理方式，以信贷计划为核心，现金计划是其子计划，计划出发点是通过控制信贷规模，辅之以现金管理办法以控制现金流通量。

而新中央银行体制则反之，通过控制基础货币及货币乘数，达到控制商业银行创造信用货币即贷款的能力。

传统的信贷管理方式要求切断贷款与存款间的联系，以存贷两口相互垂直独立的“大锅饭”以达到中央控制全社会信贷总规模的目的。1979 年以来历次信贷资金管理方法的变革都不同程度地产生信用创造，说明传统银行体制对信贷总规模的控制只能通过存贷相互独立来达到。以 1984 年底的信用膨胀为例，当时信贷资金上实行的是“统一计划，分级管理，存贷挂钩，差额控制”的管理方法，各基层银行充分利用了这一管理方法中多存多贷的存款派生效应，在信贷差额无一突破的条件下，大大突破了信贷总额计划，出现了信贷规模的大膨胀。

而新中央银行体制则要求商业银行在考虑自身吸收存款的能力、成本基础上发放贷款，并通过影响商业银行的筹资能力和成本来调节社会信用规模。

传统的信贷管理方式，要求下级银行按照上级银行的计划、指令工作，而不是基于对自身利益权衡基础上的自主选择。

而中央银行对商业银行的调节，虽不能完全排除直接统制的可能，但其基本原则却以改变商业银行的决策环境或决策信息来间接地影响其决策行为。

1984 年以来的实践证明：传统的国家银行信贷管理原则与中央银行体制的货币政策原则不能和平共处，当一种运行规则发生作用时，另一种规则往往便失去效力。在信用膨胀中，当存款派生效应发生作用时，传统的信贷管理方法便失效了。而 1985 年的金融紧缩中，中央银行依靠信贷计划等一系列行政手段进行信贷总额、结构的控制，在这期间，尽管也采取了提高存贷款利率、调整存款准备金率等手段，但有的反应微弱，有的甚至是负向的；提高存款利率，对居民存款增加起了一定促进作用，提高贷款利率，基本上没有反应。1985 年底银行的固定资产贷款比 1984 年底增长 49.39%，而 1984 年则只比 1983 年增长 47.84%；[①] 存款准备金率，1984 年的比例是：储蓄存款 40%，企业存款 20%，1985 年改为全部存款均为 10%。[②] 存款准备金率下降，正常条件下，会引起数倍的信用扩张，西方一向认为是货币政策中不宜轻易动用的重武器。然而，在我国则作用很小，1985 年是紧缩年，信贷总额的增长大大低于 1984 年，而且也不高于以往正常年份。

双轨制使银行既不能按产品经济的管理方法控制住信贷规模（这在旧体制下是可以办得到的），又不能按商品经济的政策调节银根，而且使这些调节措施蜕变为新的行政手段：准备金率失去乘数作用，实际上只成为中央银行扩大再贷款资金来源的手段；而再贷款的分配，不是建立在再贴现率高低调节的基础上，而是依照行政手段进行，无疑是另辟中央银行与各专业银行讨价还价激烈争夺的新场地，形成约束软化的格局；而旨在调整产业结构的质的货币政策手段，由于失去商业银行在对自身利益的考虑基础上的选择，行政式的照章照办，至多不过使对全体企业的“大锅饭”转化为对某些行业的“大锅饭”。因此，结论是：在货币政策手段上，应尽快结束双轨制并行的局面，改革社会主义商品经济所有制，调整、完善“中央银行——商业银行”制度。

① 《中国金融年鉴 1986》Ⅱ－24 至Ⅱ－28。

② 《中国金融年鉴 1986》Ⅲ－5。

第七篇

政策性计划与市场经济运行调控*

本文就建立社会主义市场经济宏观调控体系的若干问题作些探讨。

一、计划：经济运行的调控依据还是调节手段?

作为一个从计划经济转向市场经济的国家，在建立新型的宏观经济调控体系过程中，计划在该体系中的地位作用是一个值得探讨的问题。截至目前，我国经济学界对计划在社会主义市场经济中的地位基本上持肯定态度并认为它应建立在市场机制基础上。但是，它与计划经济中的计划有何本质区别？与政府的宏观调控体系是什么关系？则众说不一。有论者针对传统体制下计划是唯一的宏观调控手段，指出：在社会主义市场经济条件下，计划只是宏观调控手段之一，除此之外，还有财政、金融等。[①] 也就是说，把计划视为一种调节手段，计划在计划经济与市场经济中的地位作用的区别在某种意义上可以视为宏观调控的基本甚至唯一手段与众多宏观调控手段中之一的区别。但是，它还不能清楚地说明两种体制下计划的本质区别。因为，它并未完全跳出传统体制下计划与市场板块式结合模式的思路，按此主张实践，仍有回到双轨制的危险。

本文认为：在分析计划在两种体制下的本质区别时，首先应当明确区分计划的两种职能，或者说，计划的两种含义：一种是作为经济运行调控依据的计划；另一种是作为经济运行调节手段的计划。经济计划就其本来含义而言，指的是人们对未来经济发展的一种设想，一种赖以调控经济运行的依据与方案。[②]

---

* 本文原载于《江海学刊》1994 年第 2 期。

① 刘国光：《走向市场经济过程中的宏观调控》，载《经济日报》1993 年 7 月 6 日第 3 版。

② 需要指出，计划只是进行经济运行调控的依据之一——尽管可能是主要依据——而非唯一依据。

这种设想、依据和方案，只要人类社会经济活动存在，它必定存在。因为，即便是在市场经济条件下，政府要对经济运行进行干预或调控，也必须对经济发展形势有所判断，根据它偏离预定运行状态的程度决定是否实行干预，选择何种干预手段，等等。在决定干预时，对诸种调控手段的相互配合，也要求事先设计一定的方案，进行政策模拟。倘若政府不仅希望对短期经济失衡进行调节，而且希望能够把握、指导经济的长期发展，制订经济发展计划也就更为必要了。

从是否需要一个经济发展计划指导政府进行系统的宏观调控这一点上看，市场经济与计划经济没有根本的区别——当然，在不同经济体制下，计划的内容是不太相同的——区别在于如何实现它。实现一定的经济发展目标，需要相应的资源配置，借助一定的资源配置手段。计划经济的特征在于用计划作为基本的资源配置手段和宏观调控手段来实现政府的经济发展计划。这里，计划的概念已经脱离了前述的计划的本来含义，特指政府的指令性计划——下面的进一步分析将证明：指令性计划是计划作为调节手段的唯一可能的表现形式——显然，在市场经济体制下，政府的指令性计划不是——至少不是基本的资源配置手段——它作为资源配置手段，主要应用于政府的公共投资等市场失败领域，即市场经济中的非市场领域——而它作为宏观调控手段，其地位也是极其有限的。因为，指令性计划作为宏观调控手段，其发挥作用的方式是通过行政隶属关系，将计划指标逐级分解下达，直至基层企事业单位，强制其执行。运用指令性计划进行调节是以企业对政府的行政隶属关系、非独立商品生产者地位为前提的，是以否定市场机制为代价的。因此，尽管在目前的向社会主义市场经济过渡时期，由于市场机制不健全、市场秩序不完善、市场体系不完整、市场主体行为尚不规范等方面的原因，政府尚需保留少量的指令性计划。但是随着社会主义市场经济新秩序的逐步建立、完善，指令性计划无疑将逐步退出市场经济领域。因而，从社会主义市场经济的经常性宏观调控角度看，计划不是调控的手段之一，而是调控的依据之一。

长期以来，在理论与实践上并未注意区分计划的这两种含义——固然，在计划经济体制下，区分它们并无多大实际意义——结果造成了某种混乱，建立社会主义市场经济的实践发展要求在理论上正确区分计划的两种含义，它是正确说明计划在市场经济宏观调控体系中的地位的必要前提。

二、是指导性计划还是政策性计划?

可能有的学者不同意上述观点，认为不能把计划调节手段仅仅归结为指令性计划一种，指导性计划也是重要的计划调节手段。在市场经济中，指令性计划固然不能成为主要的宏观调节手段，指导性计划却可以。

指导性计划能否成为宏观经济调控手段？答案是否定的。

我国在20世纪80年代中期提出的指导性计划显然是从战后西方市场经济国家的指示性计划实践中得到启发的。indicative planning一词在国内最初译作“指示性计划”，后来又多改译为“指导性计划”。本文认为，就其本来含义，译作“指示性计划”较恰当。因为，在它的最初提倡者心目中，“指示性计划是‘在全国范围内的市场研究’，其含义是所谓计划工作，就是个别企业预测活动的逻辑延伸。”[①] 尽管发展至后来，西方市场经济国家的计划已经不限于此，更多具有指导宏观经济调控、协调政策手段运用的意义。但是它的计划指标基本上也只限于对部门产量的预计，并不将它分解为各企业的数字。在西方指示性计划理论看来，这样做既不可能也不必要。因为，部门产量的预计对于政府的宏观调节已经足够了。然而，我国前一阶段实行的指示性计划却并非如此，它是作为原先指令性计划的替代品，因而指标仍然逐级分解下达至企业，与指令性计划的区别仅在于并不强制企业执行它。然而，正是是否将指标分解下达这点看似细微的区别，却造成了指导性计划与指示性计划在实际应用上的重大差别。指示性计划在实践中的用途之一，是用于传递信息，如政府对市场的预测，对某种产品最佳产品规模的估计等。目的在于通过改善市场主体的信息状况影响其决策，调节企业与政府因信息差异产生的动作失调。此时，将指标下达至企业是多余的，因为，无论是从提供市场预测或是传递产量意图意义上看，都只需要部门的产量估计就够了。至于各企业能在其中获得多大的市场份额，则不属于政府经济计划的范围。因为，一般地说，对于这个问题，企业比政府心中更有数：另外，在市场经济条件下，它是市场竞争或企业间协商妥协的结果，如果政府越俎代庖，也就取消了市场过程。指示性计划的用途之二，是提出数量化的政策目标，政府旨在通过政策干预实现它。此时，指标是否分解下达，导致了运用不同调节方式的可能。指示性计划因为只有部门的产量预计，因而政府调节的对象是整个部门而非个别企业（当然，究竟是以部门产量还是以企业产量为调节对象，决定因素是经济体制，但政策设计也是原因之一，这里侧重分析后者）；而指导性计划由于将指标分解下达至企业，因而具备了调节企业产量的可能。由于运用财政货币政策等调节经济运行需要较高的操作技巧，政策时滞较长；由于体制转轨时期企业行为尚不规范，增加了调

① ［英］克里·特纳、克莱夫·科利斯：《计划经济学》，商务印书馆1982年版，第46页。

节难度；也由于某种程度上说各级地方政府并不掌握必要的政策工具，因而一旦需要，势必轻车熟路地将指导性计划转为指令性计划，或者利用政府与企业的特殊关系实施变相的指令性控制。这是我国政府部门最熟悉、最省力、短期政策效率最高的调节方式。

由此可以得出结论：指导性计划若不是演化为指令性计划，本身并不具备成为调节经济运行工具的可能。这一点已经为我国经济实践证实。那么，倘若我们采用其他市场经济国家采用的那种指示性计划，能否成为宏观经济调控的手段呢？答案也是否定的。因为，指示性计划本来就是作为宏观经济的调控依据而非调节手段使用的。在西方市场经济国家的指示性计划实践中，实现计划的手段，或者更确切地说，依据指示性计划对经济实施调节的手段不是计划本身而是各类经济政策工具，其中，最主要的是各种财政货币政策手段。

从计划是政府实行宏观经济调控的依据这一角度看，把市场经济条件下的政府经济发展计划称为指导性（或指示性）计划是不确切的。首先，计划对各级政府部门制定经济政策，实行职能管理当然具有指导意义，但其作用绝不仅限于是那种可听可不听、可办可不办的没有任何约束力的咨询意见而已，它对各级政府部门来说，是未来一定时期内政府经济管理工作的大政方针，必须服从、执行的。政府经济发展计划对各级政府部门的行政约束力是以各级政府之间的行政隶属关系为基础，以政府的财政预算、尤其是公共项目投资预算为后盾的。其次，它对于企业、居民等市场主体，固然不像计划经济中的指令性计划那样具有行政约束力，但是，其作用也绝不仅仅限于是提供信息、指导方向而已。计划实际上是政府对整个社会经济未来发展目标、轨迹的设计，制定它的目的在于实现它。与计划经济不同的是，它不是依靠行政指令，而是通过市场机制，通过政府对市场的调节，造就特定的市场环境，使企业、居民等市场主体自主地去实现它。

虽然，许多文献至今仍习惯性地把市场经济中的计划称为指示性计划，但在实践中，市场经济国家的计划已经经历了从指示性计划向政策性计划的过渡。日本经济学家认为：日本在增长计划时期（1958～1964 年）的计划具有明显的指示性计划特征，自经济社会发展计划（1965～1975 年）开始，计划的政策性、协调性加强了，逐渐向政策性计划过渡。[①] 而英国的詹姆斯·E. 米德指出：“纯粹意义上的指示性计划只是一种与期货市场、总量经济计量模型性质相同的一种信息系统，其作用只限于向生产者传递关于消费者的未来市场

① ［日］百百和、夏目隆、福田亘：《经济计划论》，三和书房 1982 年版，第 2 章。

需求状况的信息，向消费者传递关于生产者的未来供给状况的信息，从而减少未来市场上的不确定性。”① 然而，即使是在市场经济条件下，政府进行宏观经济调控所需要的也不是这种计划，而是国家控制计划。它包括“政府计划和政策，以及它们赖以为基础的私人部门预测”，“这样一种国家控制计划，与国家指导性计划具有不同的目的。制订国家控制计划不是为了使私人决策者获得更多信息或者作出更一致的决策，它的目的只是使政府当局能够确定它的控制水平，使之能够更有效地达到政治家们的社会目标”。② 所谓国家控制计划，就是政策性计划。

至此，本文可以对市场经济中的宏观经济调控体系、经济发展计划、计划实现手段之间的关系予以概括说明：在市场经济条件下，经济发展计划是宏观经济调控体系的一部分，是政府社会经济发展目标的系统化和数量化，是政府进行宏观经济调控的主要依据，是政府协调、整合各项经济政策，使之形成系统的政策调节的手段。但是，计划本身却不是实现自身的调节手段，政府实现经济发展计划的手段是经济政策，计划与经济政策的关系，是政策目标与政策手段之间的关系，经济发展计划所规定的社会经济总体发展目标，各级子目标和实现目标的各种经济政策手段的有序整合，就构成了社会主义市场经济条件下的宏观调控体系。③

正如不同的资源配置手段规定了一种经济运行机制的性质一样，实现政府经济计划的手段也深刻地刻画出性质不同的宏观调控模式。因此，从这个意义上说，社会主义市场经济中的计划，称之为政策性计划比指导性计划更确切，它准确地说明了计划在宏观调控体系中的作用以及政府实现它的手段。

三、宏观调控：作用于市场经济领域外部还是市场经济领域内部?

尽管已有学者对计划调节与市场调节能否实现“内在结合”表示怀疑，④ 但也有相当多学者仍然持社会主义市场经济是计划与市场内在统一的体制，二者都是覆盖全社会的观点，认为应当行使市场经济覆盖全社会。没有这个条件，计划调节就不可能覆盖全社会。因为计划调节是调节市场，因而市场达不

① ［英］詹姆斯·E. 米德：《效率、公平与产权》，北京经济学院出版社 1992 年版，第 233 ~ 301 页。
② 张朝尊、文力：《论社会主义市场经济》，载《中国社会科学》1992 年第 4 期。
③ 李文溥：《经济政策的目的与手段》，载《厦门大学学报哲学社会科学》1991 年第 3 期。
④ 马家驹：《社会主义的市场经济和我国经济改革的目标选择》，载《改革》1992 年第 4 期。

到的地方，计划调节也就无法达到。[①] 也即认为计划调节与市场调节的领域是重叠的。

需要正确地区分市场经济的两层含义。第一层含义，是将市场经济理解为一种经济体制，一个社会经济倘若以市场为资源配置的基本手段，那么，我们称该社会经济是市场经济。所谓市场经济国家，就是在体制意义上使用的。在市场经济国家存在着市场与计划（政策性计划）两种资源配置手段，二者配合使用是实现资源优化配置的前提条件。但是，不能由此推论：市场经济国家只存在市场经济领域，计划调节只能调节市场，计划调节与市场调节覆盖的范围是完全重合的。如果认为在同一个市场内，两种资源配置手段也即两种经济运行机制同时在发生作用，无异于说，在一条街道上可以同时行使两种交通规则。事实是：当一种经济运行机制在发生作用时，另一种运行机制必然不发生作用。产生上述理论误区的原因之一是：忽略了市场经济的第二层含义。它指的是在市场经济国家中，社会经济中受市场机制支配的领域，在任何一个“完全”的市场经济国家中，整个社会经济也并非完全都受市场机制支配的。它至少分为两个领域：市场经济领域，在该领域，市场机制起支配作用，另一部分，是政府及社会公共部门，它是市场经济中的非市场经济领域，在该领域，市场机制不起作用或至少是不应起作用的。即在市场经济国家中存在着市场经济领域与非市场经济领域，分析计划调节与市场调节相结合，或者政府宏观经济调节与市场经济调节的相互关系，应当在市场经济领域而非市场经济体制的概念上进行。

由此可以发现：在市场经济体制下，计划调节与市场调节，政府的宏观经济调控与市场机制调节的关系恰恰不是内在统一、内在结合的，不是相互重合、覆盖全社会的，而是相互分离、各有司职的，它们各自的领域分野、任务、目的是相当清楚，不容混淆的。市场机制只在市场经济领域内发生作用，调节市场经济内部的资源配置。它在政府及社会公共部门等非市场经济领域并不发生作用。与此同时，政府对资源的行政配置只适用于非市场经济领域，政府的宏观经济调控不是作用于市场经济的内部而是市场经济的外部，其作用不是取代市场机制，而是解决市场机制自身无法解决的问题，为市场经济的运行创造良好的外部环境。

政府的宏观经济调控只作用于市场经济领域外部而不作用于市场经济内部，是市场经济与计划经济体制的重大区别之一。之所以这么说，是因为市场

① 张朝尊、文力：《论社会主义市场经济》，载《中国社会科学》1992 年第 4 期。

经济体制隐含着以下认识：凡属于市场经济领域的问题，健全的市场机制是能够妥善解决的，无须其他机制越俎代庖。市场经济体制之所以需要国家的政治行政体系，需要国家的宏观调控体系，是因为市场经济没有涵盖整个社会经济的可能。市场经济的正常运转，需要政治行政体系为它提供一个必要的外部环境。因为，国家的宏观调控只需要解决它内在机制无法解决的外部环境问题就可以了。相反，计划经济体制之所以企图用行政指令控制社会经济的一切活动，是因为它否认市场机制可以解决属于市场经济领域内的问题。

对市场经济条件下政府宏观经济调控作用上述认识，我们作以下进一步阐述。

在市场经济体制下，政府社会经济生活的调控管理大体分三个领域进行：经济基础领域、经济秩序领域、经济过程领域。经济基础领域主要包括基础设施建设、运营、维护及公共产品的供给，以及社会文教卫生、科技事业的发展。这些部门的正常运行与发展，为市场经济的运行提供必要的物质文化基础条件。但是，经济基础领域的大部分活动都具有强烈的外部经济性，从而成为市场失败领域，正因为如此，它们才成为政府公共预算投资、财政拨款、补贴以及运用行政手段直接管理的领域，不受市场机制的支配。经济秩序领域，市场经济的正常运行需要一整套的法律法规制度及监督执行系统以维持竞争市场秩序。然而这些法规制度执行监督系统却不能由市场产生，政府的职能就在于通过立法及制度建设形成经济秩序，同时运用行政、司法系统监督、维持经济秩序，政府的这些职能并不是取代市场机制去配置资源，而是创造一个能让市场机制正常发挥作用的外部制度环境。在经济过程领域，政府宏观调控的主要对象是经济的总量平衡及收入分配调整。众所周知，经济总量均衡及收入分配公正，都是在市场机制作用范围之外的，因而需要政府的宏观调控管理以维持正常的社会经济秩序。

从政府实行宏观调控的手段来看。政府用以宏观调控的任何手段，无论是财政货币政策，是直接控制还是制度变更等，无不具有行政强制性。任何调节手段的使用，对于被调节者来说，都是利益调节。而政府作为调节者，其行为则不是受市场机制支配而是应该服从于社会公众利益的需要。诸种手段的作用，目的也在于形成一个良好的市场经济运行环境。对此，剖析一下政府对经济的直接控制便可以清楚地看出。在市场经济条件下，政府对经济的直接控制，一是临时性的全面直接控制，二是经常性的局部直接控制。前者大多发生在社会经济环境的剧烈变动从而导致经济的严重失衡，市场机制已无法正常发挥作用之时。此时，政府对经济的直接控制，取代的是已丧失正常功能的市场。同样地，政府对某些企业的经常性直接控制，也不是要取代正常发挥作用的市场机制，对市场经济内部的直接干预。因为，在市场经济中，需要政府直接控制的企业，都是些具有强烈外部经济性的企业，它们本身就置身于市场经济运行法则之外，政府直接控制它们，目的在于以它们为工具，通过其生产经营活动，为市场经济运行创造外部环境而已。

因此，在社会主义市场经济中，正确处理政府宏观经济调控与市场调节的关系，关键在于正确地划分国民经济中的市场经济领域与非市场经济领域，分而治之。

如此说来，岂不是又回到了板块结合论上去了吗？不错。但是，它与过去的计划市场板块结合论有着根本性质的不同。传统的计划市场板块论是建立在计划经济基础上的，市场调节部分不是根据经济活动的内在规律——倘若是根据规律办事，就应把属于市场经济领域这块全部划给市场调节——决定的，而是带有极大主观随意性及权宜性地从计划控制范围中划出一块来，而市场经济条件下的政府宏观调控与市场机制调节分工论则是建立在充分肯定市场经济是实现资源配置的基本方式，按照社会经济运动的内在规律划分市场经济领域与非市场经济领域的基础上，确定政府宏观调控与市场调节的各自领域、司职及方式，目的在于保障市场对资源的基础配置作用，明确政府宏观调控的职能、范围、作用，给充分发挥市场机制的作用和加强国家宏观经济调控一个客观的度。发挥市场机制的作用，只能作用于市场经济领域内，不能随心所欲，在任何领域都运用市场法则；反之，加强国家的宏观调控，其作用范围只是市场机制失效领域，目的在于创造市场机制正常发挥作用的环境，而不是取而代之。

论社会主义市场经济中的计划调节*

一

市场经济与计划经济是人类社会在长期社会生产实践中逐渐找到的两种不同制度化的、以规范为依据的经济资源分配方式。市场经济的特征是以价格为信息媒介进行分权决策，确定资源分配。它建立在各社会经济主体具备完全（由于财产使用都具有或多或少的外部性，因此，即使是在私有制经济中，财产的使用权也不可能是无限制的。因而，严格地说，经济主体至多只能具有近乎完全的）自主性的基础上，企图通过市场体系尽可能地包括全部社会经济活动。计划经济的本质特征则是以数量信号而非价格信号为信息媒介，用纵向的集中决策确定资源分配，它以各社会经济主体的非独立性为基础，企图通过金字塔式的单一组织系统来尽可能地包括全部社会经济活动。

从理论上说，计划作为资源分配方式可以单独包括整个社会的全部经济活动。然而，实践证明：在现有生产力水平及社会条件下，它成本太高而效率低。相反，市场却没有包括全部社会经济活动的能力，任何市场系统的正常运转，都需要辅之以负责公共产品供给，处理经济活动外部效果，确立、维持相应产权制度，市场运作规范等的政治行政体系。而现代博弈论关于“两个囚犯的困境”的分析证明：“看不见的手”并不能保证追求各自利益的个人行动最终会以一种对社会来说是合理的方式汇成集体的行动。某些情况下，孤立的个人各自作出的合理决定的相互作用甚至可能导致这样的结局：它不仅对社会来

---

* 本文原载于《福建学刊》1993 年第 2 期。

说是不合理的，而且对个人来说也非最优。[①] 而肯尼思·阿罗关于社会福利函数的一般可能性定理则证明：以个人偏好为基础的市场机制不能保证必然产生合理的社会选择，[②] 这些，从理论上说明了市场经济条件下存在非市场调节机制的必然性。

如果说，早期的市场经济因经济活动规模较小，基本上是完全竞争市场经济，仅仅要求政府设立、维护使市场体系得以正常运转的各种制度规范，负责少量的公共产品供给等，尚不需要国家对经济运行进行系统的计划指导，那么，发展至今的现代市场经济无论是从经济活动的范围、规模、生产力的社会化程度、市场活动的性质，还是从它所要求的条件、所面临的问题来看，都大不相同。它要求国家在社会经济生活中承担越来越多、越来越重要的责任。由此产生的众多经济政策，使国家运用计划予以协调，整合成为二战后不少市场经济国家（尤其是一些后起的新兴工业国家和地区）的一种持久不衰的趋势。

二

社会主义市场经济条件下，决定计划机制存在的因素是多方面的。从我国的具体情况看，大体上可以概括为以下三个方面的因素。

（一）现代商品经济所决定的国家计划指导、协调的必要性

对此可进一步阐述如下。

1. 统一规划社会经济运行基础的建设、维护的需要

市场经济正常运行需要社会提供一系列基础。首先是制度基础。市场经济是一个以经济主体之间互利交换而实现社会协作的经济体系。交易行为的成立，以经济主体彼此承认对方的产权及交易的一般规范准则为前提。即市场经济运行需要相应的产权制度与市场秩序，制度建设的要求来自市场体系及其发展，但是，制度规范的建设、维持以及调整和变革，却是政府的任务。其次是基础设施，如交通通信设施、城市建设、国土开发、环境保护与治理、科技教

① Tatsuro Ichiishi, *Game Theory for Economle Analyais*, Academie Press, 1983, pp. 59.

② ［美］肯尼思·阿罗：《社会选择与个人价值》，四川人民出版社1987年版，第5章。

育等，也是政府的重要任务。由于对这些部门产品的消费是非竞争性的，或者是非排他性的，市场机制不能有效地发挥作用。因此，这些部门的产品必须由政府按照社会公共利益有计划地组织生产与供应。

2. 弥补市场无能与市场失灵

价格与竞争是市场体系的支柱。市场机制主要解决资源配置的效率问题，但是，国民经济的发展除资源配置效率之外，还有许多其他问题，如因信用经济而产生的经济总量平衡问题，因资源的非均衡占有在个人、部门、地区之间产生的收入分配差距问题，经济发展与社会发展的关系问题等。这些都是市场机制无能为力的，需要通过国家的计划调节予以解决。

另外，市场机制能解决资源配置的效率问题，是以完全竞争为前提的。然而，现代市场经济中绝大部分市场并不是完全竞争市场，经济活动当事人的信息始终是不完全的。多数情况下，市场交易双方所拥有的信息是不对称的，凡此种种，导致市场失灵，降低资源配置效率。这些也需要政府运用政策调节，消除经济生活中限制市场机制发挥有效作用的因素。

3. 促进技术进步与经济增长

技术进步历来被认为是市场竞争条件下企业创新活动的结果，而经济增长在市场经济条件下也曾被视为无数微观经济活动结果的事后总计，无须政府置身其中，然而，现代经济发展已使科技进步进入这样一个阶段：许多新技术的开发、新产品的研制无论从其规模、费用及所需要的人才来看，都不是个别企业所能独立承担的。技术开发的大型化、社会化，使投资技术开发的风险大大增加。而科技进步速度加快、消费水平提高导致社会需求结构日趋复杂，社会生产链条不断延长，使企业难以根据现有市场需求预测未来经济走势，仅依靠市场导向难以实现最佳投资决策，技术开发风险和投资风险的上升，要求政府运用其掌握国民经济全局信息的优势，分析、预测市场远景，规划经济发展方向，引导企业资金投向：另外，出面组织、协调有关各方进行大型科技开发项目的研究与推广，建立科技进步风险基金等，促进技术进步与经济增长。

4. 协调对外经济关系，调节外部冲击导致的经济失衡

开放经济条件下，一国经济只是世界经济的一部分，国家之间的经济竞争合作关系，需要通过各国政府之间的协商予以调整、维持，国际经济往来频繁，资金、技术、劳动力以及商品在各国之间的流动，必然使经济周期波动随

之传递，成为导致国内经济失衡的重要原因之一，它也需要政府运用汇率、关税等政策手段予以调节。

（二）公有制产权所决定的计划调节必要性

使用支配权是所有权的核心内容之一，它可以在一定限度内转让给非所有者，但在任何情况下，所有者都必须保持最终使用支配权，如果使用支配权被无限制、无期限地转让，所有权也就不复存在。因此，在社会主义市场经济中，国家作为全体劳动人民的代表，必须对全民所有的生产资料行使所有者职能，其中包括：在地区、部门间合理地配置公有资产并实施有效率的管理，确定公有资产的经营方式，选择具体的管理者、经营者、使用者，监督公有资产在具体生产经营过程中得到有效的利用、合理的保养与维护，并进行资本积累实现公有资产的增值等，而不仅仅是获取资产收益。这些职能，是由国家作为全民产权代表而产生的计划调节职能。在社会主义经济的不同运行机制中，这种计划职能都是存在的，但其作用方式不同。

（三）发展中经济所产生的计划必要性

作为一个对外开放的发展中国家，我国在相当长时期内面临着与发达市场经济国家不同的问题。从对外经济关系角度看，我国经济是一种受竞争经济，激烈的国际竞争在促进国内经济发展的同时，也使相当一部分国内供给成为无效供给；从国内经济角度看，我国正处在产业迅速升级换代、经济结构剧烈变动的发展阶段，二者都决定了实现经济结构高度化，提高供给能力是相当长时期内我国经济发展的主要任务，必须实行以供给管理为主的宏观调控模式，这也决定了计划机制存在的必要性。

可见，现代经济条件下，国家的计划调节机制是由多种因素综合形成的：它们或是由生产社会化所赋予的国家干预经济的职能演变而来，或是由经济发展的特定阶段所决定，或是来自公有产权的所有者职能。在现实经济生活中，这些不同来源的计划职能都天然地落在国家身上，因而使人不易分清楚决定国家计划职能的不同因素。长期以来，我国理论界曾存在着一种倾向：只承认公有产权所产生的计划职能，对于生产力和商品经济发展赋予国家的计划指导职能却不予承认。因而，对二战后市场经济国家实施的各种形式的计划或视而不见，或完全否定，实践证明：这是不正确的，建立、发展社会主义市场经济，要求我们解放思想、实事求是地承认现代经济条件下决定国家计划职能的各种因素，重新认识、科学评价二战后市场经济国家的计划实践，认真学习他们在市场经济中实行国家计划指导的经验与做法，并结合我国过去计划实践中符合商品经济运行的成功经验，逐步形成适应我国国情的新的计划调控体系。

三

由于只重视公有制产权所决定的计划职能，传统计划管理的重点是直接生产过程。企业的生产、交换、收入分配以及投资均由国家的指令性计划控制，当然也就不可能有独立的商品生产者，无商品经济可言。近些年来，指令性计划、指导性计划与市场调节相结合的计划管理模式被提出，然而，其实践效果却不理想。这是不足为奇的。因为仅就三种调节相结合模式而言，它本身是一个无效政策设计。市场作为外部经济环境，它自然会影响经济主体的行为，但是，市场调节是客体的自主调节，而不是计划者有目的、有意识的自觉调节。因此，对于计划管理部门来说，市场是调节的对象而不是调节的手段。而指导性计划若不辅之以其他政策手段，其自身的调节能力是较低的（只有传递信息的功能），辅之以其他政策手段（例如，税收政策），那么，与其说是指导性计划调节，不如说是税收政策调节。因为此时若没有指导性计划，税收政策也能取得同样的调节效果，因此，三种调节形式相结合，对计划管理部门来说，实际具备调节能力的只有指令性计划，随着指令性计划控制的比例不断下降，各级计划部门自然而然地感到对经济的控制能力下降。为了恢复其对经济的控制能力，各级计划部门往往将上级下达的指导性计划转化为本级的指令性计划，或者自行扩大指令性计划的范围，推行变相的指令性控制，与此相对应，“指令性计划至少应保持多大比例才能保证有效的计划控制”也成为一些论者忧心忡忡的议题。然而，与此同时，企业中却传来完全相反的呼声：厂长经理们纷纷抱怨《企业法》规定的经营自主权至今未得到真正落实，指令性计划或变相指令性控制束缚了企业的手脚，使它们不能真正作为商品生产者投身市场竞争。呼吁给国营企业松绑放权，享受与三资企业同等的经营自主权的消息不断见诸报端。如此尖锐的意见对立，如此强烈的观点反差，提出了一个比政策设计有效性更为深层次的问题：只改变计划调节的方式，仅仅在指令性计划的范围上做文章，能否造就适应社会主义市场经济的计划管理体系？

德国经济学家瓦尔特·欧根认为：社会经济生活可以分成经济过程与经济

秩序。前者指的是生产、收入、产品、劳务、货币等各种经济量的日常流动。对于经济过程来说，所要解决的主要问题是资源配置，而经济秩序是社会经济过程在其中运行的制度框架。它所要解决的是资源配置的机制问题。欧根认为：古典学派自由放任政策的错误在于它不仅主张国家不干预经济过程，而且把经济秩序问题也放任给私人处理，结果招致失败；而集权经济不仅由国家规定了经济秩序，而且控制了日常经济过程，也同样遭遇了失败。政府的职责在于维持“竞争秩序”，保障竞争的充分实现，保障个人的首创精神，而不应过多地干预经济过程。[①] 日本经济学家则进一步将社会经济生活细分为经济过程、经济秩序和经济基础，并且指出政府的经济政策在不同领域的作用范围与方式是不同的。[②]

根据欧根等的分类，可以看出，传统的计划调节重点在于经济过程。而近年来提出的三种调节模式在计划的对象领域上与传统体制并无区别，仍然集中于经济过程领域。因此，三种调节模式的实践不理想，不仅是由于它是无效政策设计，更重要的是没有根据商品经济运行的要求，实现计划对象领域的重点转移。

商品经济条件下，经济过程领域是企业纵横驰骋、龙争虎斗的绿茵场，公平竞争的环境，充分的经营自主权，是企业充分发挥积极性、主动性、创造精神的前提，是实现资源优化配置的基础。因此，在这一领域，政府计划调节的责任不在于要用指令性计划控制企业多大比重的经济活动，而在于实现经济的总量平衡，在于促进技术进步，经济增长，引导投资方向，实现产业结构高度化，调整收入分配结构等。实现这些，可以用指令性计划，也可以用其他调节手段，它取决于特定问题的具体时间、地点和条件，抽象地探讨“应保持多少指令性计划才能实现有效的计划控制”完全是一种形而上学。

经济基础与经济秩序是社会主义市场经济条件下政府计划调节的重要领域，经济基础设施及其服务作为公共产品，在生产、使用上的外部性决定了在该领域市场机制不能有效地发挥作用，经济基础设施建设耗资巨大，施工周期长，服务周期更长。这一切都决定了政府在该领域不仅要承担主要责任，而且必须根据经济发展的长远规划组织实施。经济基础设施的整治，将为企业的生产经营活动创造良好的经济舞台。竞争市场体系与独立自主、自负盈亏的商品生产者是市场经济的两个基本要素，而其体制基础：适应商品经济运行的产权

---

① 左大培：《弗赖堡经济学派研究》，湖南教育出版社 1988 年版，第 2 章、第 3 章。

② ［日］百百和等：《经济政策总论》，有斐阁 1978 年版，第 3 章。

制度与完善的市场运作规范、监督体系，正是经济秩序的对象领域。塑造经济秩序是政府经济政策的根本任务。根据生产力水平及商品经济的发展，有计划地制定和调整各种经济法规与制度，维护公平竞争的市场秩序，是政府计划调节的重要方式，是实现经济过程领域资源配置优化的前提。

因此，首先必须根据社会主义市场经济运行的内在要求，实行计划对象领域的重点转移，在此基础上探讨计划管理手段的改革。遗憾的是：前者被不适当地忽视了，越过计划对象领域问题进行计划管理手段改革的结果是：陷入了取消指令性计划便失去计划调节，扩大指令性计划便没有商品经济的两难惶惑之中。

四

毋庸置疑，计划管理手段的选择也是刻画不同计划管理模式的重要变量。从控制论的角度看，计划调节无非是国家作为控制子系统，向国民经济运行系统输入某些政策变量，影响或改变系统中经济主体的决策，从而改革国民经济的运行轨迹。一般地说，影响决策的方式包括：改革经济主体赖以决策的信息；改变经济主体的决策环境、条件（如决策的成本效益比等）；直接干预经济主体的决策，相应地，在商品经济条件下，具体的调节手段主要有：经济信息、财政货币政策、直接控制、制度变更等。

在不同的经济运行机制中，各种政策调节手段都是可以使用的，只要它是该种经济所具有的政策工具。因而，形成适应社会主义市场经济的计划管理模式，关键不在于应当摒弃哪种政策手段，而在于按照市场经济的内在要求，在不同的计划对象领域运用适当的政策手段。

社会主义市场经济条件下，在各个不同的计划对象领域应当分别使用哪些政策工具，是一个需要结合具体情况专门探讨的问题，这里只能就一般情况，作些大致的描述。

在经济秩序领域，政府的主要政策手段是制度变更。通过立法及制度建设塑造经济秩序，同时运用行政、司法系统监督、维护经济秩序，如颁发生产许可证、营业执照、进出口许可证，进行商品质量、价格、计量标准监督，保护发明专利、商标专用权，受理经济诉讼、仲裁调解等，调整经济过程中各经济主体之间的关系。

在经济基础领域，政府通过决定公共工程投资规范、结构和项目，组织工程招标，施工承包管理，国家订货等从事经济基础设施建设，开发国土，治理环境污染；通过预算拨款，发展科学、文化、教育、卫生事业，对公用事业进行监督管理等，向社会提供各种公共产品，也就是说主要运用直接管理方式，辅之以必要的财政货币政策手段等。

在经济过程领域，一般情况下，应主要应用经济信息、财政货币政策手段调节总量平衡，优化结构：在特定条件下，辅之以必要的直接控制，在谈到经济过程的计划调控时，必须涉及的一个问题是：如何实行对全民所有制企业的计划管理？国家对全民资产的配置、经营实行计划管理是行使所有者职能，因此，国家对国有企业完全放任不管，既不符合国有企业的产权属性，也不符合全体劳动人民的根本利益。然而，若对国有企业仍继续实行传统的指令性计划管理，则势必使它们不能成为商品生产者，若进一步考虑到国有企业在我国经济中的比重，则它更进一步关系到社会主义市场经济的形成。如何对国有企业实行既符合其产权属性，又与商品经济运行法则相适应的计划管理方式，是建立与发展社会主义市场经济的关键问题之一，需要专文探讨。这里可以指出的是：指令性计划作为经常的管理方式，是不合适的。相形之下，承包经营责任制等倒不失为一种较有前途的计划管理方式。当然，它仍有许多不足之处，需要在实践中逐步调整、完善。

以上简要地描述了社会主义市场经济条件下国家对社会经济生活各个领域的调节方式。它主要体现为政策调节，需要指出的是，这种政策调节不是杂乱无章、各自为政、各行其是的。它们服从于既定时期国家所制定的国民经济计划，服务于一定的计划目标，为计划所协调。这能否称之为计划呢？以传统观念论之，显然不能。但是，罗森斯坦－罗丹指出：在市场经济条件下，“所谓经济计划就是具有明确目的和具体手段，解决矛盾的综合性经济政策的别名。”① 而百百和则认为：“所谓经济计划就是经济政策的总体。它包括政府设立的计划机关对一定时期的国民经济所作的预测、以及根据这些预测而提出的追求目标和为实现这些目标所采取的全部政策。”② 显然，在社会主义市场经济中的计划定义问题上，也面临着观念更新问题。

① P. N. Rossenstein-Rodan, Planning (Within) the Nation, M. E. Rozen edit, *Comparative Economle Planning Boston*, 1969, pp. 1.

② ［日］百百和、夏目隆、福田亘：《经济计划论》，三和书房 1982 年版，第 9 页。

宏观经济调控体系三论*

社会主义市场经济属于现代市场经济范畴，因而，建立宏观调控体系是建立、发展社会主义市场经济题中应有之义。作为一个从计划经济体制转向市场经济体制的国家，我国在建立新型宏观调控体系中面临着一系列问题，本文试就这方面的若干问题作些探讨。

一、宏观调控体系、经济发展计划及经济政策工具

宏观调控体系从广义上可以理解为是对市场经济体制下政府调节、管理社会经济的系统的总称。因而，计划如果存在，只能是系统的一个组成部分，对于计划在市场经济宏观调控体系中的存在性问题，目前为止我国经济学界基本上持肯定态度并认为它应建立在市场机制基础上，有些学者还认为计划仍然是市场经济条件下的宏观调节手段，但与计划经济中计划是唯一的经济调节手段相区别，它只是市场经济中众多调节手段之一。

本文认为，计划就其本来含义而言不是作为经济调节手段存在的，它指的是人们对未来经济发展的一种设想及安排，因而只是人们调控经济运行的一种依据。只要人类社会经济活动存在，它就必然存在。本义上的计划并无特定制度含义。然而，计划在后来的经济理论与实践中，不仅作为人们对未来经济发展的一种设想及安排，而且作为一种经济调节手段来使用，从而使计划具有了特定的制度含义，赋予计划特定制度特征的计划表现为指令性计划，其发挥作用的方式是通过行政隶属关系将计划指标逐级分解下达直至基层企业强制其执行。也就是说，运用指令性计划作为调节手段，是以企业对政府的行政隶属关

---

* 本文原载于《福建经济》1994 年第 2 期。

系、非独立商品生产者地位为前提的，是以否定市场机制为代价的，其制度特征不言自明。

也许某种程度上正因为如此，近年来不少学者逐渐推崇指导性计划，认为它是市场经济条件下计划调节的实现方式。例证是西方一些市场经济国家也广泛运用指导性计划。然而，这种说法是不够妥当的。尽管发展至后来西方市场经济国家的计划更多具有指导宏观经济调控、协调政策手段运用的意义，但它的作用仍不脱离前面所说的计划的本来含义——是作为调控经济运行的依据之一指导政府进行系统的宏观调控，而不是充当经济调节的手段。再从我国 20 世纪 80 年代中期以来实行的那种指导性计划来看，也不能成为有效的经济调节手段。我国前一阶段实行的指导性计划与西方市场经济国家所实行的指示性计划不同，它是作为之前指令性计划的替代品，因而指标仍然逐级分解下达至企业，与指令性计划的区别仅在于并不强制企业执行它。指导性计划的这种性质造成了它在实践中的失败。因为：从计划作用之一是传递信息（如政府对市场的预测、对某种产品最佳产量规模的估计）、调节企业与政府因信息差异而产生的动作失调角度看，将指标分解下达至企业完全是多余的，只需要部门的产量估计就够了，至于各企业能在其中获得多大的市场份额，则不属于政府经济计划的范围，因为对这个问题企业比政府心中更有数，何况在市场经济条件下它是市场竞争或企业间协商妥协的结果，如果政府越俎代庖，也就取消了市场过程。从计划作用之二即作为政府的数量化政策目标角度看，则陷于两难境地：就指导性计划的本身性质看，它无约束力，企业可以执行它也可以不执行它，因而单纯依靠指导性计划本身，在企业行为与政府目标之间的差异并非因信息差异而产生时根本无调节作用，或者依靠其他政策手段实现它，此时，一则真正起调节作用的已不是指导性计划而是其他调节手段了；二则若使用的手段是货币财政政策手段（不是我们前一段使用的变相指令性计划，如指令贷款等），那么政策手段调节的是整个市场经济，至少是部门以至某类产品生产经营的外部环境，这种调节与实现那种分解下达到企业的指导性计划之间的关系是不明朗的，也就是说，用财政货币政策是难以恰好地实现指导性计划指标的，因而最终只有将它转化为指令性计划。由此可以得出结论：指导性计划若不是演化为指令性计划，本身并不具备成为调节经济运行手段的可能。这一点已经为我国经济实践所证实。

那么，在市场经济条件下作为实现政府宏观经济调节的手段是什么？答案是各类经济政策手段，它包括信息传递、财政政策、货币政策、直接统制、制度变更五大类，其中经常性的经济调节工具主要是各种财政货币政策工具。

市场经济中，宏观经济调控体系、经济发展计划、经济政策工具之间的关系是什么？可以这样认为：在市场经济条件下，经济发展计划是宏观经济调控体系的一部分，是政府社会经济发展目标的系统化和数量化，是政府进行宏观经济调控的主要依据，是政府协调、整合各项经济政策、使之形成系统的政策调节的手段。政府实现经济发展计划的手段是经济政策，计划与经济政策的关系是政策目标与政策手段之间的关系，经济发展计划所规定的社会经济总体发展目标、各级子目标和实现目标的各种经济政策的有序整合，就构成了社会主义市场经济条件下的宏观调控体系。

二、宏观经济调控的对象领域

传统体制下，国民经济的一切领域都是计划调节的对象领域，近年来在计划调节与市场调节关系问题上观点不断反复，因而即使是主张市场取向改革的学者也是把主要精力用于替市场调节争取更大的地盘上，为了这一目的而在理论上提出一种计划与市场都是覆盖全社会的观点，以此证明应当“使市场经济覆盖全社会。没有这个条件，计划调节就不可能覆盖全社会，因为计划调节是调节市场，因而市场达不到的地方，计划调节也就无法达到”。这种观点在理论上存在逻辑矛盾，在现实中极易造成混乱。前一段时间，在政府等非市场经济领域出现了相当多的“翻牌”公司，打的一个旗号就是：现在搞市场经济了，得按市场经济原则办事，固然，市场法则侵入非市场经济领域是市场经济条件下必然会出现因而必须大力防止、整治的问题，它不因某种理论观点而产生，但错误的理论却有可能造成认识模糊，对此制止不力。

需要正确地区分市场经济的两层含义。第一层含义，是将市场经济理解为一种经济体制。一个社会经济倘若以市场为资源配置的基本手段，那么则称该社会经济是市场经济，所谓市场经济国家就是在体制意义上使用的。在市场经济国家存在着两种资源配置手段，二者配合使用是实现资源优化配置的前提条件。但是，不能由此推论：市场经济国家只存在市场经济领域，两种资源配置手段也即两种经济运行机制同时在发生作用，否则无异于说，在一条街道上可以同时行使两种交通规则，事实是，当一种经济运行机制在发生作用时，另一种运行机制必然不发生作用，产生上述理论误区的原因之一是忽略了市场经济的第二层含义：市场经济领域。在任何一个完全的市场经济国家中，整个社会经济也并非完全都受市场机制支配的，它至少分为两个领域：市场经济领域，即市场机制起支配作用的领域；非市场经济领域，即市场机制不起或至少是不应起作用的领域，主要包括政府及社会公共部门，分析市场经济体制下政府宏观经济调节与市场机制调节的相互关系，应当在市场经济领域而非市场经济体制的概念层次上进行。

在市场经济体制下，政府的宏观经济调控与市场机制调节的关系恰恰不是内在统一、内在结合，不是相互重合、覆盖全社会的，而是相互分离、各司其职，它们各自的领域、任务、目的是相当清楚，不容混淆的。市场机制只在市场经济领域内发生作用，调节市场经济内部的资源配置，它在政府及社会公共部门等非市场经济领域并不发生作用，与此同时，政府对资源的行政配置只适用于非市场经济领域，政府的宏观经济调控不是作用于市场经济的内部而是作用于市场经济的外部，其作用不是取代市场机制而是解决市场机制自身无法解决的问题，为市场经济的运行创造良好的外部环境。

政府的宏观经济调控只作用于市场经济领域外部而不作用于市场经济领域内部，是市场经济与计划经济体制的重大区别之一。之所以这么说，是因为市场经济隐含着以下认识：凡属于市场经济领域的问题，健全的市场机制是能够妥善解决的，无须其他机制越俎代庖，市场经济体制之所以需要国家的政治行政体系，需要国家的宏观调控体系，原因正在于市场经济没有涵盖整个社会经济的可能，因而市场经济的正常运转需要政治行政体系为它提供一个必要的外部环境；需要国家的宏观调控为它解决内在机制无法解决的外部环境问题，相反，计划经济体制之所以企图用行政指令控制社会经济的一切活动；是因为它否认市场机制可以解决属于市场经济领域内的问题。

对市场经济条件下政府宏观经济调控的上述认识，本文作以下的进一步阐述：在市场经济体制下，政府对社会经济生活的调控大体分三个领域进行：经济基础领域、经济过程领域、经济秩序领域。首先，在经济基础领域，主要包括基础设施建设、运营、维护和公共产品的供给以及社会文教卫生、科技事业的发展。这些部门的正常运行与发展为市场经济的运行提供必要的物质文化基础条件，但经济基础领域的大部分活动都具有强烈的外部经济性，从而成为市场失败领域，正因为如此，它们才成为政府公共预算投资、财政拨款、补贴以及运用行政手段直接管理的领域，受市场机制的支配。其次，在经济秩序领域，市场经济的正常运行需要一整套的法律法规制度及监督执行系统以维持市场竞争秩序，然而这些法规制度、监督执行系统却不能由市场产生，政府的职能就在于通过立法及制度建设形成经济秩序，同时运用行政、司法系统监督、维持经济秩序，政府的这些职能并不是取代市场机制去配置资源，而是创造一个能让市场机制正常发挥作用的外部制度环境。再次，在经济过程领域，政府宏观调控的主要对象是经济的总量平衡及收入分配调整。众所周知，经济总量均衡及收入分配公正，都是在市场机制的作用范围之外，因而需要政府的宏观调控管理以维持正常的社会经济秩序。

从政府实行宏观调控的手段来看，政府用以宏观调控的任何手段，无论是财政货币政策、直接控制，还是制度变更等，无不具有行政强制性。任何调节手段的使用，对于被调节者来说都是利益调节，而政府作为调节者，其行为则不是受市场机制支配，而是应该服从社会公众利益的需要。诸种手段的作用目的也在于形成一个良好的市场经济运行环境。对此，剖析一下政府对经济的直接控制便可以清楚地看出。在市场经济条件下，政府对经济的直接控制，一是临时性的全面直接控制；二是经常性的局部直接控制，前者大多发生在社会经济环境剧烈变动从而导致经济的严重失衡，市场机制已无法正常发挥作用之时，此时，政府对经济的直接控制，取代的是已丧失正常功能的市场。同样地，政府对某些企业的经常性直接控制，也不是要取代正常发挥作用的市场机制而对市场经济领域内部的直接干预。在市场经济中，需要政府直接控制的企业都是一些具有强烈外部经济性的企业，它们本身就置身于市场经济运行法则之外，政府直接控制它们，目的在于以它们为工具，通过其生产经营活动，为市场经济运行创造外部环境而已。

因此，在社会主义市场经济中，正确处理政府宏观经济调控与市场机制调节的关系，关键在于正确地划分国民经济中的市场经济领域与非市场经济领域，分而治之，宏观经济调控与市场机制调节分而治之论与过去的“计划、市场板块结合论”有着根本性质的不同。传统的“计划、市场板块论”是建立在计划经济基础上的，市场调节部分不是根据经济活动的内在规律——倘若是根据规律办事，就应把属于市场经济领域的部分全部划给市场调节——决定的，而是带有极大主观随意性及权宜性地从计划控制范围中划出一块来；而市场经济条件下的政府宏观调控与市场机制调节分工论则是建立在充分肯定市场经济是实现资源配置的基本方式，按照社会经济运动的内在规律划分市场经济领域与非市场经济领域基础上，确定政府宏观调控与市场调节的各自领域、职责及方式，目的在于保障市场对资源的基础配置作用，明确政府宏观调控的职能、范围、作用，给充分发挥市场机制的作用和加强国家宏观经济调控一个宏观的“度”。发挥市场机制的作用，只能作用于市场经济领域内，不能随心所欲在任何领域都运用市场法则；反之，加强国家的宏观调控，其作用范围只是市场机制失败的领域，目的在于创造市场机制正常发挥作用的环境，而不是取而代之。

三、宏观经济调控与地方经济调控

如前所述，宏观经济调控体系从广义上可以理解为是对市场经济体制下政府调节、管理社会经济的系统的总称。毫无疑问，在该系统中的各个层次是存在着分工的，可以从不同角度看系统中各层次的分工，如决策与执行的分工、调控与管理的分工、中央与地方各级调控的分工等。从中央与地方的关系看，显然存在这样一种分工；中央应具有更多的决策及调控权，而地方尤其是基层地方政府则要更多地负起执行与管理的职责。当然，地方政府除贯彻执行中央政府宏观调控决策、对本地区社会经济活动依法进行监督管理外，还应有一定的经济调控权。如何理解中央与地方政府之间经济调控权的分配，关系到宏观调控体系的合理性及有序性。

需要指出的是，“宏观经济调控”所说的“宏观”并不是从现代宏微观经济学的角度定义的，现代宏微观经济学中的“宏观经济”只是指国民收入决定以及与之相关的几个总量变量，如总投资、总储蓄、总消费等。这里所说的“宏观经济”主要是指整个国民经济的总量变动、结构调整及制度框架，从这个意义上说，省级宏观调控权是不存在的。既然宏观经济调控是对国民经济活动总量、结构调整及制度框架的调控，它的权限归中央政府，而各级地方政府只有经济调控权。

宏观调控权与地方经济调控权之分似乎只是个名称之争，然而名称区分并非完全无意义，其意义在于避免因名称的混淆导致实际的混乱。当然，相对于名称，实际更重要。我们可以发现，在市场经济条件下中央政府与地方政府在经济调节权的实际内容上是不太一样的：中央政府拥有完整的货币政策权、财政政策权、对外经贸政策权、制度框架的变更调整权；而地方政府（这里主要指省级政府）则只拥有地方预算、地方税收的调节权、运用地方政策性银行信贷的调节权、制定地方性经济法规权等。二者不仅在调节的地域范围而且在调节的力度、权限、内容上都是差别甚大的。因此，从调控权的实际内容上看，还是应当在中央政府的宏观调控权与地方政府的经济调控权之间作出区别。

建立社会主义市场经济的经济政策学*

一

随着计划经济体制向市场经济体制的过渡，政府经济管理职能与方式已经、正在、将要发生如下变化：管理的对象从个量为主转向总量为主；管理的内容从直接控制企业的直接生产过程为主转向调节社会经济过程为主，建立并维护竞争市场秩序和组织经济基础设施建设及公共产品的生产、供给并重；管理的重点从实物分配、数量控制转向调节、协调各经济主体利益关系；管理的方式从行政指令控制转向经济政策调节。显然，作为综合反映政府经济管理的理论与方法的学科，不能不正视政府经济管理职能与方式正在发生的深刻变化，并把它作为考虑学科革新发展的首要因素及出发点，尤其是如果我们的革新目标是使改造后的学科仍保持其综合反映政府宏观经济管理的理论与方法——与以往不同的是：它要反映的是在市场经济而非计划经济条件下的政府经济管理——的应用经济学科地位的话。

以此为前提，对理论的现实性及超前性的要求决定了必须对原有适应计划经济体制下政府综合经济管理实践的计划学科进行根本的改造，即对原有学科的理论基点、体系框架及内容动大“手术”，不能仅仅停留在调整水平上。那种基本不改变原有理论基点、不触动传统教材体系框架基础上的修修补补，增删某些章节，改变某些提法以适应形势变化的做法，看似省力、迅速，但却潜伏、累积着极大的危机，这是近十年，尤其是最近几年来计划学科发展中的深刻经验教训之一。随着向市场经济体制的转换，目前我国绝大多数经济学科都

---

* 本文原载于《中央财政金融学院学报》1993 年第 6 期。

多少不等地存在着调整与革新的问题，率先进行较为彻底的改造，无疑将有助于学科确立其在未来经济学科体系中的地位，而落后者面临着的远不止是“挨打”的地位。如果说，这些年来计划学科曾因相对落后而被动，现在则是通过彻底改造以扭转这种局面的时候了。固然，由于经济体制改革仍在不断深化之中，社会主义市场经济体制的各方面具体轮廓尚需长期的实践发展方能逐步明确而且稳定下来。因此，目前进行的学科更新绝不可能一步到位，需要随着今后的理论研究与经济实践的发展而不断调整、完善，但是，在现有的实践基础及理论预见所及范围内，给今后的调整和完善提供一个尽可能接近社会主义市场经济运行现实的学科起点与体系框架是完全必要而且是完全可能的。

二

新的学科理论基点与框架体系、内容的设计，首先必须考虑社会主义市场经济条件下政府经济管理的职能与方式。前文的分析证明：传统计划教材那种以行政指令控制为理论基点，以实物平衡及分配为主要内容，以部门计划为主线的框架体系与市场经济条件下的政府宏观经济管理实践是大相径庭的。市场经济中，政府经济管理的对象领域可以分为经济过程领域、经济秩序领域、经济基础设施领域。在经济过程领域，政府的职能将从传统的社会经济过程的决策者和社会经济资源的分配者转变为政府经济政策（及经济计划）的决策者、政府资源的分配者及社会经济过程的调节者；在经济秩序领域，政府将成为市场制度的建立者、维护者和市场秩序的监督者、仲裁者；在经济基础设施领域，政府是基础设施的建设者和公共产品的生产、供给的组织者。政府在这些领域的管理方式，主要体现为制定经济政策，实施系统的政策调节。因此，作为综合反映市场经济条件下政府宏观经济管理理论与方法的学科，应当以经济政策系统为纲考虑其体系框架，以经济政策分析理论与方法作为主要内容。[①]

以经济政策为主线，从分析的逻辑思路上看，学科的内容应贯穿以下三个

① 系统的经济政策调节是市场经济条件下政府经济计划的实质内容，这一点已为许多东西方经济学家所认识。例如，著名的发展经济学家罗森斯坦－罗丹认为：“所谓经济计划是具有明确目的和具体手段的解决矛盾的综合性经济政策的别名。”W. 阿瑟·刘易斯把发展计划视为经济政策的本质，日本的百百和定义：“所谓经济计划就是经济政策的总体，它包括政府设立的计划机关对一定时期的国民经济所作的预测，以及根据这些预测而提出的追求目标和为实现这些目标所采取的全部政策。”捷克的尤里·考斯塔提出在分权模式下实现计划的手段是经济政策工具。在匈牙利的大学中，早就开设了名曰“经济政策计划”的课程。这一思想近年来也被越来越多的国内经济学家及计划工作者所接受。因此，以经济政策理论为主线改造本学科不仅符合实践需要，而且并不违反学科改造的继承性要求。

相辅相成的分析：经济运行分析、经济政策分析、经济运行机制分析。

经济运行分析是对国民经济运动的过去、现状、未来趋势的分析，是制定经济政策、实施经济政策调节的先导，没有对经济运行状况这一客观经济调节管理客体的切实调查研究，经济政策的制定、调节也就无的放矢。

经济政策分析，是对宏观经济调节管理主体行为，以及主客体互动过程的研究，研究在既定客体状况下，为实现主体的目标函数，应输入的政策变量及其反应。经济政策分析是学科的核心内容。它的内涵广泛，从分析角度看，它包括实证分析与规范分析以及对价值判断标准的研究。从方法角度看，它广泛吸收、应用各种现代分析方法与技术；从论述的政策领域看，包括了对以过程政策、秩序政策、基础政策为核心的各类经济政策及其相互关系的探讨。

经济运行状况是政策调节的函数，而政策效应又是经济运行机制的函数。因此，对政策效应的关心，必然导致对经济运行机制的研究。深刻了解运行机制是实行政策调节的必要准备，同时，运行机制本身也是政策调节的目标之一。经济秩序政策就是以调整经济运行机制，塑造经济运行环境、秩序为目标的经济政策集。因此，经济运行机制分析及经济运行机制调整研究也是学科的另一重要内容。

以经济政策为主线的学科拥有广泛的研究领域、丰富的学术内容。可以分别就各个研究领域组织撰写若干相互联系的教材、专著，形成系列，也可以在一本综合性的教材中予以集中体现。就当前的情况来看，后者较为易行而且更为迫切。初步考虑，后者可以按以下几部分组织：经济政策的基本理论；经济发展战略、计划及政策系统的总体设计；经济过程政策；经济基础政策；经济秩序政策；国际经济政策等。

三

学科在经济学中的地位，与其他经济学科的关系是学科建设中需要考虑的问题之一。毫无疑问，作为反映市场经济条件下政府宏观经济管理的理论与方法的本学科属于应用经济学科，它必须充分吸收理论经济学，尤其是社会主义宏微观经济分析的全部有用成果。但是，政策过程不仅是个经济过程，而且是个政治过程、社会过程，因此，它不能仅被视为宏观经济分析的附属与简单延伸。它既是经济学科，又是政策学科。它是一门独立的，建立在理论经济学与政治学、社会学、伦理学、社会心理学、管理学、决策科学等诸学科基础上，广泛应用各种现代分析方法的交叉边缘学科，是理论经济与经济政策实践之间不可或缺的中介环节。

学科名称是另一值得考虑的问题。计划经济学是与计划经济体制、与该体制下政府的经济管理方式相适应的。随着经济体制的转换，政府经济管理职能、方式的转变，这一名称已不合适，而国民经济计划学或计划学的缺陷是：前者是计划经济学用过的名称，继续沿用，无法在学科名称上明确区分两种反映不同体制下政府宏观经济管理理论与方法的学科之间的本质区别。“新瓶旧酒”没有出路，“旧瓶新酒”则是自取烦恼。后者一则容易使人想起这是与计划经济学相同的学科，二则该名称没有区分政府宏观经济管理与企业内部计划管理的不同，而二者不论是在理论或方法上都是存在着明显的区别，尤其是在市场经济条件下，倘若从名称出发，抽取政府宏观经济管理与企业管理中相同的东西（如果它们存在的话）进行阐述，不但内容有限，而且政府、企业两方面的管理都说不清楚；若是认为企业管理那套方法完全可照搬于政府宏观经济管理，隐含的前提是一个产品经济，反过来，也将出现类似的误导。

根据市场经济条件下政府经济管理的核心内容是政策调节，本文认为：经济政策学是本学科革新后的较适当的名称，其主要理由是：

第一，它明确指出本学科反映的是社会主义市场经济条件下政府宏观经济管理的理论与方法，与计划经济条件下的计划经济学或国民经济计划学在内容上是大不相同的，它与计划经济学或国民经济计划学的学科继承性主要体现在它们都是——但是在不同经济体制下是不同的——综合反映政府宏观经济管理理论与方法的学科，较好地兼顾了基本内容的区别性与学科发展的继承性。

第二，指明本学科属于经济学，同时又是政策科学，指出了它与其相关学科之间的联系与区别，同时也区别于现行一些阐述或解释政府具体政策工作实践的著作。

第三，具有较大的开放性，有利于进一步开拓学科的研究领域。

第四，尽管目前国内已有少数与此类似名称的著作，但作为一门学科，尤其是作为高等财经教育中的重要课程，国内似尚无正式启用这一名称。

从“三结合”模式到系统的政策调节*

建立与社会主义市场经济相适应的政府经济调控体系本身就是建立和发展社会主义市场经济的一项重要内容。本文在分析指令性计划、指导性计划与市场调节相结合模式（以下简称“三结合”模式）与商品经济不相容的基础上，论述建立新型经济调控管理体系的若干问题。

一

指令性计划、指导性计划与市场调节相结合模式是近年来在理论上影响较大并付诸实践的改革模式之一。尽管迄今为止，该模式在理论上遭受质疑，并且从已有实践看仍不太成功。无论是调控者或是被调控者都对它提出了诸多批评意见。从政府部门角度看，实行该模式的结果是对经济运行的实际控制能力下降。常常可以听到这种说法：“市场调节等于无调节，指导性计划徒具形式，指令性计划等同政府订货。”因而，为保持对经济的实际控制能力，各地往往将上级下达的指导性计划转为本级的指令性计划，或者实行种种变相的指令控制，力图扩大指令控制范围。这种现象在紧缩期间显得尤为突出。尽管如此，调控者对经济失控的担忧仍然有增无减。然而，与此相反，厂长经理们却常常抱怨《企业法》规定的经营自主权至今未得到真正落实，层层加码的指令性计划指标，各种变相的指令控制，严重束缚了他们的手脚，使国有企业在激烈的市场竞争中处于不利地位，不断呼吁给国有企业松绑放权，享受与“三资”企业同等的经营自主权。固然，如此相左的看法，相当程度上是政府与企业之间权益之争的反映。但也不可否认，双方意见从各自角度看，又都有一定的合理

---

* 本文原载于《江海学刊》1993 年第 3 期。

成分。近年来，指令性计划在社会生产中的比例已经很小，倘若继续降低，对政府来说，存在着用什么控制经济运行的问题。反过来，尽管可以找出众多说明国有企业经营效率不断下降的其他原因，但是，各级政府部门下达的指令性计划或变相指令控制也是不容否认的重要原因之一。

“三结合”模式中的指令性计划的主要对象是大中型尤其是特大型国有企业。因而，大中型国有企业调控方式的改革便成为建立社会主义市场经济政府调控模式的关键问题之一。

鉴于传统的国有企业管理体制的严重弊病，近年来学术界颇为流行的一种观点是：必须彻底分离政府的经济调控职能与所有者职能。基本思路是：国有资产管理局专门行使国有资产所有者职能，而其委托若干公有法人机构在证券市场上按照市场竞争法则经营国有资产，以利润最大化为运作目标，与此同时，政府其他经济职能部门则对国民经济各种成分实行无差别的政策调控。这种思路的实质是将国有企业视作与其他经济成分一样，政府经营国有资产的意义仅在于获取资产收益，取消国有经济在实现政府经济调控中的职能。

诚然，传统体制在强调行政指令管理的同时也赋予了国有企业过多的社会目标。因而，建立和发展社会主义市场经济，必须使相当一部分国有企业彻底摆脱行政指令的羁绊，像非国有企业一样以盈利为唯一经营目标。尽管这部分企业的数量、比重可能相当大，但是从政府调控模式研究角度看，则可归并于一般的市场主体，无单独讨论的必要。而需要单独讨论并予以特殊重视的，都是那些在长期经济建设中形成的、分布于国民经济命脉部门的国有大中型，尤其是特大型企业的调控管理方式。这类企业虽然为数不多，但其产出却占相当比重；其行业分布大多集中于基础设施、基础工业以及某些高新技术产业部门。这类企业具有投资额巨大、投资风险高、回收期长、外部经济性强的特点，仅仅依靠盈利率往往难以吸收足够的资金，因而长期处于瓶颈状态；另外，它们作为国民经济基础产业、战略主导产业的骨干企业，是国有经济也是国民经济的核心，在国民经济发展中起着主导作用，促进、协调这类企业的发展，可以带动、促进一大批相关产业的发展，把握住这类企业的战略发展方向，对引导整个国民经济的长期发展方向具有重要意义。

能否认为这类企业也应只以盈利为唯一目标而取消其在政府实现经济调控中的职能呢？从这类企业的地位、性质以及我国经济发展的具体情况看，笔者认为答案是否定的。我国作为发展中国家，今后相当长时期内面临的主要问题是促进经济高速增长，迅速扩大有效供给，较快地实现产业结构的合理化与高度化，艰巨的发展任务要求国家具有较强的经济调控能力，通过促进基础产业及若干战略主导产业的发展，引导、带动整个国民经济的现代化。然而，众所周知，主要针对有效需求不足发展起来的财政货币政策手段对于促进供给的调节一向较软弱无力，缺乏实施产业政策的强有力的政策手段是西方国家宏观调控模式的重大缺陷。因而，即使在西方市场经济国家，政府在基础设施、基础产业部门及新兴产业部门投资兴建的国有企业也不总是以利润最大化为目标，而是承担一定的社会目标，在某种程度上作为实现国家经济调控的重要工具而存在的。

在注意到这类国有企业必须承担服务于提高整个经济宏观效率和体现制度特征的社会目标，从而不能以利润最大化为其管理目标的同时，还应注意到在市场经济条件下，它们也应成为相对独立的商品生产者，赋予充分的经营自主权，使其在实现社会目标的前提下，尽可能提高微观效率。

多元企业目标决定了指令性计划与利润最大化都不是合适的管理模式。相形之下，承包经营责任制则不失为一种较好的选择。这是因为它作为一种制度设计的最大特点是通过国家与企业定期签订合同，灵活地兼容多元目标并相应调整双方的责权利，在保障国家对企业发展的大政方针的控制、指导的同时最大限度地赋予企业经营自主权。

以承包制作为社会主义市场经济条件下国家对承担社会目标的大中型国有企业的调控管理方式，具有下述优点：第一，它是一种充分发挥公有制在经济调控方面优势的方式，赋予社会主义市场经济比其他类型市场经济更强有力的调节手段；第二，它不同于建立在产品经济基础上的指令性计划，它以经济合同的形式，规定国家和企业所承担的不同责任、权利、利益，利用与经济利益相联系的手段引导企业，它建立在商品经济关系基础上，既非行政命令又具有约束力；第三，它也不同于总量的财政货币政策手段，是一种有差别的、直接的调节方式，优点是调节方向明确，作用力度强，而且方式灵活，执行方便，贯彻实施有保障，尤其适用于结构性调整，符合我国经济发展的实际需要；第四，它的作用方向主要是供给方面，而且作用时限较长，这使它便于同国家的中长期计划接轨，成为国家计划与市场相结合的纽带，它将在实现国家产业政策方面发挥出比财政货币政策手段更强有力的调节作用；第五，它具有较高的退出进入灵活性，当某个部门已经发展成熟或不再构成瓶颈，政府可以不再与该部门国有企业签订承包合同，使之转向利润最大化经营，甚至转让部分产权，将资金转入新的瓶颈部门及高新技术产业，通过承包管理予以重点扶持。

承包制是我国经济体制改革中产生的一种公有制产权制度安排，近年来受到批评较多，贬之者认为它远不及股份制。其实就委托—代理关系看，二者是颇为近似的。如果我们根据承包制的特点，应用于上述领域，并且不仅从微观而且从宏观经济效率角度分析，相信是会得出新的结论的。

二

形成新的调控管理模式的另一方面是政府对整个社会经济运行过程调控管理方式的转变。它是一个政府原有的计划经济管理职能消亡及市场经济管理职能产生、发展、完善的质变过程。其内涵相当丰富，绝不是大而化之的“宏观管好、微观放开”八个字可以概括得了的。因为，任何类型的政府经济管理职能都不能以宏微观——无论它如何定义——划线的。

实现向社会主义市场经济中政府对经济运行过程管理方式的转变，我认为可以从以下三个方面概括。

第一，政府经济管理职能的多元化。传统体制下（从某种意义上说，也包括“三结合”模式），政府经济管理的范围虽说多而且广，但就其职能看，却比较单一，主要是充当社会经济生活的决策者和社会经济资源的分配者。然而，在市场经济条件下，政府的经济职能却要复杂得多。首先，政府原先充当的社会经济生活的决策者与社会经济资源的分配者的身份要分解为政府决策的决策者、政府资源的分配者与社会经济过程的调节者身份。即在市场经济中，对于政府的经济计划，实现计划的政策运用，政府仍然是决策者，但对于社会经济生活则仅仅是调节者，与此相适应，政府的资源分配范围也就大大缩小。其次，政府成为市场制度的建立者、维护者和市场秩序的仲裁者。再次，政府成为经济基础设施的建设者和公共产品生产、供给的组织者。后两个方面的职能在计划经济中是相当弱或较少重视的，而在市场经济条件下却要大大得到加强。

第二，调控管理对象领域的重点转移。社会经济生活可以分为经济过程、经济秩序和经济基础。经济过程指的是生产、收入、产品、劳务、货币等各种经济量的日常流动，实现资源配置优化是经济过程的主要问题。经济秩序指的是经济过程运行其中的制度框架。不同的经济秩序决定了不同的资源配置机制。经济基础则是指支撑着社会经济运行的经济基础设施、人口、资源和社会文化基础等。

社会主义市场经济中，经济基础应成为政府调控管理的重要对象领域。这一方面是由于现代商品经济的发展对社会经济基础的发展提出了越来越高的要求，经济基础作为支撑企业发展生产的经济舞台，在相当程度上成为促进或制约经济发展的重要因素；另一方面，社会经济基础领域的产品大多是公共产品，其生产、消费中的外部性决定了市场机制不能正常发挥作用，因而，必须依靠政府从社会公共利益出发，组织安排社会经济基础的建设、运营、提供各种公共产品。需要指出：传统体制下的计划管理在理论上并非完全忽视经济基础领域，但在实践中，由于直接生产过程的计划管理任务繁重，使政府对本应关心的经济基础领域无暇顾及，实现职能转变，要求政府按照市场经济规律的要求，把工作重心从经济过程领域转向经济基础领域。

经济秩序领域是市场经济中政府经济调控的另一重点对象领域。社会主义市场经济的形成和发展，仅仅依靠放开搞活是远远不够的。无序的市场必然走向衰败。然而，形成市场秩序的要求虽然来自商品经济的发展，但是，市场制度及相应财产制度的确立和调整，只能通过政府行政体系实现；市场秩序的维持和监督，也只能依靠政府职能部门进行。经济秩序的确立、调整及维持，对社会主义市场经济具有至关重要的意义。只有形成系统、完善、适应社会主义市场经济运行的市场制度及产权制度，加上严格的经济秩序监督，才能保障经济过程领域的公平竞争，促进资源优化配置。运用经济秩序领域中的制度设定、监督仲裁手段调节经济过程领域的活动，是市场经济中政府调控管理的一大特点。因此，从某种意义上说，政府在经济秩序领域的工作绩效是其在经济过程领域职能转变的重要基础。

经济过程领域是传统计划管理的主要领域。在市场经济中，资源配置主要由市场决定，但是这并非表明政府调控在该领域无用武之地。因为这里也存在着一些用市场机制不能或不好解决的问题。如社会总供需平衡、经济结构变化、国际收支平衡、国际经济关系以及收入分配差距等问题，仍需要国家的调控管理。但是，需要指出这种调控管理的职能与方式完全不同于传统体制。

从上述分析可以得出结论：用“宏观管好、微观放开”概括政府经济职能的转变是极不准确的。在经济基础领域，政府的职能主要是服务，服务必然是具体细微的（任何公共工程项目，无论其投资额大小，对宏观经济影响程度深浅，就其本身而言均属于微观领域）。而且，越是基层政府，其服务内容也就越具体。因而，在经济基础领域，政府的职责是管好为经济发展所需而市场机制又不能正常发挥作用的方方面面，没有什么宏微观之分。而经济秩序领域，政府的调控管理往往是通过微观体现的：许多看似微观的个案处理，实际上就是宏观调控。它树立了一个个规范：什么是合理的市场行为，什么是不合法的、不允许的。严格地说，"宏观管好、微观放开"只有在经济过程领域才是基本成立的，之所以只是基本成立：一是由于前述国家对部分大中型国有企业仍需实行承包管理；二是部分调控仍必须是微观指向的。

第三，调节方式的转变。应当说这是一个普遍存在于经济基础领域、经济秩序领域以及经济过程领域的问题。但是，由于传统的计划管理侧重于经济过程领域，对经济过程的指令性计划管理集中体现了计划经济体制的特征。因此，经济过程领域调节方式的改变有特殊重要的意义。有的学者认为只要政府把它的调节对象从直接生产过程转向宏观领域，就能实现调节方式的转变，这种看法不妥。调节方式是与调节对象领域不同而且同样重要的问题。因为，即使是在宏观领域，也存在着决策者控制与调节者调节这种方式上的差别。例如，同样是控制社会总需求，决策者控制表现为政府下达行政指令压缩基建投资规模；停缓在建项目；压缩、控制机关企事业单位的集团购买力（市场经济中，政府部门的购买力也在控制之列，但其性质作用则不同，它是作为政府的预算控制而非总需求控制手段存在的）；冻结物价等。而调节者调节主要体现为财政货币政策的应用。同样是应用银行信贷控制需求，决策者控制表现为逐级下达的信贷计划控制，而调节者调节表现为控制基础货币量。同样是收入分配调节，决策者控制表现为控制工资总额，制定工资等级标准，而调节者调节主要运用税收工具调节。

在社会主义市场经济中，政府对经济过程的调节主要体现为经济政策调节，即应用系统的经济政策改变各市场主体赖以决策的信息、决策的环境、条件（主要是决策的成本效果对比关系），引导市场主体的行为，从而引导经济的运行。这种调节的手段，是一个由终极政策目标、中介政策目标及信息传递、财政货币政策、承包管理等政策手段组成的多阶递进的经济政策系统。在系统中，各项经济政策有序地联结在一起。

在经济政策系统中，每项具体政策的地位是相对的：对上一层次的政策，如产业结构政策对经济增长政策而言，是政策手段；对下一层次的政策，如产业结构政策对财政政策而言，则是政策目标；整个经济政策系统的操作从而政府的经济调控管理都是通过运用金字塔底层的政策工具实现的。

在社会主义市场经济中，指令性计划的命运如何？从上述分析可知，无论是作为大中型国有企业的管理方式还是全社会经济运行的调控方式，它都没有必要存在。至于指导性计划，如前文分析，它是一种不稳定的调节方式，或流于形式或转为指令性计划，因而也无存在的必要。市场经济中，政府调控管理经济的方式是系统的经济政策调节，在此基础上存在着一个用于规划整个经济发展方向，指明经济发展目标，整合各项经济政策并成为政策调节依据的国家计划，它从作用性质上看，与其称之为指示性计划，不如称之为政策性计划更为恰当。

论社会主义市场经济中的计划*

一

计划在社会主义市场经济宏观调控体系中的地位作用，是一个值得探讨的问题。有学者针对传统体制下计划是唯一的调节手段，认为在市场经济中，它只是众多宏观调控手段之一，即仍将它视为调控手段之一。这种说法并未清楚地说明两种体制下计划地位、作用的本质区别。

应当区分计划的两种含义，一是作为本来意义上的计划，它是人们对未来经济发展的设想，是调控经济运行的依据和方案，它在不同体制下都可以存在；二是指作为资源配置及调控手段的计划，计划经济的特征不在于本义上的计划，而在于用指令性计划作为基本的资源配置及调控手段实现国民经济计划，在市场经济中，经济发展计划可以用作指导政府进行系统宏观调控的依据，但却不能作为实现自身的手段，因为用它作为实现手段，其运用方式必然是政府通过行政隶属关系，将指标逐级分解下达至基层企事业单位，强制其执行，是以企业对政府的行政隶属关系，非独立市场主体地位为前提，以否定市场经济运行机制为代价的，尽管目前因种种原因，尚需保留少量指令性计划，但随着市场经济体制的建立和完善，指令性计划无疑将退出市场经济领域，也即计划将不是作为调控手段，而是作为调控的依据之一发挥其作用。

或许有人不同意这种看法，理由是指导性计划可以成为市场经济条件下的调控手段。此说法不妥。因为，指导性计划若不能转化为指令性计划，并不具

---

* 本文原载于《南京社会科学》1994 年第 4 期。

备成为调控手段的可能。所谓指导性计划，一种是指我国前一阶段实行的那种指导性计划。它是原来的指令性计划的替代品，指标仍然逐级分解下达至企业，区别仅在于并不强制企业执行，由于指导性计划本身并没有保障它实现的有效手段，因而在实践中必然出现两种结果：一是当需要完成它时，各级政府部门往往利用它们还掌握着的企业的行政控制权，将它转化为指令性计划，二是放任自流，形同虚设，并不构成有效的经济调控。另一种指导性计划，指的是西方的指示性计划。它在发展的初期阶段，只是作为在全国范围内的市场研究，发展到后来，虽然更多具有指导宏观经济调控、协调政策手段运用的意义，但它本身也不作为调节手段使用，在西方市场经济国家的实践中，依据指示性计划对经济实行调节的手段不是计划本身，而是各类经济政策工具，其中，最主要的是各种财政货币政策手段，正是从这个意义上，西方一些经济学家认为：用政策性计划概括当今市场经济国家的计划比指示性计划更确切。

因此，可以认为：在市场经济条件下，经济发展计划是宏观经济调控体系的一部分，是政府社会经济发展目标的系统化和数量化，是政府进行宏观经济调控的主要依据，是政府协调、整合各项经济政策，使之形成系统的政策调节的依据，但是，政府实现经济发展计划的手段却是经济政策。计划与经济政策的关系，是政策目标与政策手段之间的关系，经济发展计划所规定的社会经济发展总体计划，各级子目标的实现目标和各种经济政策手段的有序整合，就构成了社会主义市场经济条件下的宏观调控体系。

正如不同的资源配置手段规定了一种经济运行机制的性质一样，实现政府政策目标的手段也深刻地刻画出性质不同的宏观调控模式，从这个意义说，称社会主义市场经济中的计划为政策性计划比称之为指导性计划更确切地说明了它在政府调控体系中的作用及其实现方式。

二

建立社会主义市场经济的宏观调控体系，需要解决的另一个问题是：宏观调控的作用对象是什么？回答这一问题，需要正确地区分市场经济的两层含义：第一层含义，是将市场经济理解为经济体制，一国经济倘若以市场为资源配置的基本手段，则称之为市场经济体制国家。在市场经济国家中存在着两种资源配置手段，二者配合使用是实现资源优化配置的前提条件，但是，不能因此认为两种资源配置手段是在同一领域内发生作用的。因为，存在着市场经济的第二层含义：市场经济领域。在任何一个完全的市场经济国家，整个社会经济并不完全受市场机制支配，它至少分为两个领域：市场经济领域，即市场机制起支配作用的领域；非市场经济领域，市场机制不起作用或至少是不应起作用的领域，它至少包括政府及社会公共部门。讨论市场经济中政府宏观经济调控与市场调节的相互关系，应当在市场经济领域而非市场经济体制的概念层次上进行。

由此可以发现：在市场经济体制下，政府宏观调节与市场机制调节的关系恰恰不是内在统一、相互重合、覆盖全社会的，而是相互分离、各司其职的。市场机制只在市场经济领域内发生作用、调节市场经济领域内部的资源配置，它在政府及社会公共部门等非市场经济领域并不发生作用，与此同时，政府对资源的行政配置只适用于非市场经济领域，政府的宏观经济调控不是作用于市场经济领域的内部而是市场经济领域的外部，其作用，不是取代市场机制，而是解决市场机制自身无法解决的问题，为市场经济领域的运行创造良好的外部环境。

政府的宏观经济调控只作用于市场经济领域外部而不作用于市场经济领域内部，是市场经济与计划经济的重大区别之一。因为：市场经济体制隐含着以下认识：凡属于市场经济领域的问题，健全的市场机制是能够妥善解决的，无须其他机制越俎代庖，市场经济体制之所以需要国家的政治体系，需要宏观经济调控体系，是因为市场经济没有涵盖整个社会经济的可能，市场经济领域的正常运转需要政治行政体系为它提供一个必要的外部环境，因此，宏观经济调控只要解决市场机制无法解决的外部环境问题就可以了，相反，计划经济之所以企图用行政指令控制社会经济的一切活动，是因为它否认市场机制可以解决属于市场经济领域内的问题。

因此，在社会主义市场经济中，正确处理政府宏观经济调控与市场调节的关系，关键在于正确划分国民经济中的市场经济领域与非市场经济领域，分而治之。分而治之论与过去计划市场板块结合论有着根本性质的不同，后者是建立在计划经济基础上的，市场调节部分不是根据经济活动的内在规律——倘若根据规律办事，就应把属于市场经济领域这块全部划归市场调节——决定的，而是带有极大主观随意性及权宜性地从计划控制范围中划出一块来，而前者是建立在充分肯定市场经济是实现资源配置的基本方式，按照社会经济运动的内在规律划分市场经济领域与非市场经济领域基础上，确定政府宏观经济调控与市场机制调节的各自领域、司职与方式，目的在于保障市场对资源的基础配置作用，明确政府宏观调控的职能、范围、作用，充分发挥市场机制的作用和加强国家宏观经济调控的客观程度。发挥市场机制的作用，只能作用于市场经济领域内，不能随心所欲，在任何领域都运用市场法则；反之，加强国家的宏观经济调控，其作用范围只能是市场机制失效领域，目的在于创造市场机制正常发挥作用的环境，而不是取而代之。

转变政府经济管理职能的若干思考*

转变政府经济管理职能是实现从计划经济到市场经济体制转变的关键环节之一，在其必要性已成为共识的今天，如何能真正实现职能转变便成为亟待解决的课题。

一、职能转变是质变而非单纯量变过程

或许最初并未意识到，但从今天的眼光回头看，以放权让利为起点的我国经济体制改革是沿着缩小政府经济管理权限的思路展开的。这一点在政府对经济运行的调控方式改变上看得尤其清楚。其中 20 世纪 80 年代中期提出的“指令性计划、指导性计划与市场调节相结合”模式（以下称“三结合”模式）是一个在理论上影响较大，并付诸实践的改革方案之一。但是，它实际上并不包含政府经济职能的转变，仅仅是政府经济管理权限范围的量变。

“三结合”模式从形式上看，包含了对经济运行的不同调节方式，但略加分析不难看出，实际上能起作用的仍只有一种调节方式；与传统体制相比区别只在于从全面的直接控制收缩为局部的直接控制。

“三结合”模式中的市场调节，对政府来说，不是一种调节手段。因为市场作为外部环境，它要么是影响政府、企业、居民行为的条件之一，要么是政府运用政策手段调节的对象之一。也就是说，市场与政府的关系，要么前者是后者的调节对象，要么后者是前者的调节对象，但却不可能存在调节者与调节手段的关系。

而指导性计划，虽然其最初思想源于西方市场经济国家中的指示性计划，

---

* 本文原载于《福建经济》1992 年第 11 期。

但其实际作用性质却完全不同。西方的指示性计划只有国民经济或部门的产量预计，它是作为政府的市场预测或是政策目标，指导相应的政策设计，在指示性计划理论看来，将部门的产量预计分解为企业的数字是不可能而且完全不必要的，因为企业的市场份额决定是一个市场过程，然而，现行的指导性计划却是作为原先指令性计划的替代分解下达至企业。这就为各级政府将它转化为指令性计划或者实施变相指令控制大开方便之门，由于转轨时期企业行为不规范，运用财政、货币政策等手段调控经济运行的难度较大，地方政府手中的政策工具有限等原因，在实践中，指导性计划或是放任自流（等于没有计划）；或是被施以变相的指令控制。

因此，“三结合”模式中真正起调节作用的还是指令性计划。以此论之，“三结合”模式与传统的计划管理模式之间，除了直接控制面的大小之外，是没有任何质的区别的，它们作用的体制基础，都是企业对政府的行政依附关系，都是否认企业的商品生产者地位；它们的运作机理，都是对企业具体生产经营活动的直接干预。

沿着这一思路继续走下去是没有前途的。因为尽管目前指令性计划的比重已经一降再降，但企业界却仍然认为政府管得太多，企业没有必要的自主权，并且明确表示政府的强制计划是企业生产亏损产品的最重要原因之一，“三结合”模式陷入了进退两难的窘境。正是基于此，近来理论界有人提出应当全部实行指导性计划，然而，正如前所分析，目前我国实行的这种指导性计划是一种不稳定的调节方式，它或者趋于无调节，或者趋于指令性计划。显然，这二者都不符合现代市场经济运行的要求。

仅仅缩小指令性计划范围是不能形成社会主义市场经济新秩序的，也不能实现政府经济职能的转变。政府经济职能的转变，必须经历一个原先适应计划经济体制的职能消亡及适应市场经济要求的职能发展、完善并存的质变过程。值得注意的是：在这一转换过程中，政府的经济职能不是趋于减少，而是增加；不是趋于单一化，而是更加多元。

传统体制下（某种意义上说，也包括“三结合”模式），政府经济管理的范围虽说多而且广，但就其职能来看，却比较单一，主要是充当社会经济生活的决策者和社会经济资源的分配者。然而，在社会主义市场经济条件下，政府的经济职能却要复杂得多。

首先，政府原先充当的社会经济生活的决策者与社会经济资源分配者身份要分解为政府决策的决策者、政府资源的分配者及社会经济过程的调节者身份，也就是说，在市场经济中，对于政府的经济计划、实现计划的政策运用，政府仍然是决策者，但是，市场经济的运行机制要求政府不再像计划经济中那样充当社会经济生活的决策者，而仅仅以调节者的身份出现。与此相适应，政府不再掌握整个社会经济资源的分配，仅仅承担政府所拥有的资源的分配任务，让出社会经济生活的决策者及社会经济资源分配者的职能，是实现计划经济向市场经济过渡的必要前提条件。“三结合”模式之所以不适应市场经济的运行机制，关键就在于指令性计划与指导性计划的实质仍然是企图充当社会经济生活的决策者和社会经济资源的分配者。

其次，政府要成为市场制度的建立者、维护者和市场秩序的仲裁者。传统体制下，政府以行政指令方式管理经济，社会经济联系基本上体现为纵向联系，市场制度的建立、市场秩序的形成显得不太重要。而在市场经济条件下，社会经济联系以企业、居民之间的横向商品交换关系为主，经济主体间的关系调整必须走上制度化、法治化的轨道。没有与之相适应的财产制度与市场运作规范，市场经济是不可能正常运行的。系统完善的经济法规制度、公正严明的监督仲裁体系是保证经济放开之后活而不乱、保障市场过程中各类经济主体公平竞争的制度基础。建立、维护市场制度，调整、仲裁市场主体之间的关系，是市场经济条件下政府的重要经济职能，也是其调控经济的重要方式之一。

再次，政府要成为经济基础设施的建设者和公共产品生产、供给的组织者，现代市场经济的发展对经济基础的发展提出了越来越高的要求，社会经济基础作为支撑企业发展生产的舞台，已成经济发展的重要制约因素。但是，经济基础领域的产品大多属于公共产品，其生产、消费上的外部性决定了市场机制难以发挥正常作用，因此，组织经济基础设施的建设、国土开发、环境保护、城市建设、发展科学文教卫生事业等，向社会提供各类公共产品是市场经济中政府经济职能的重要部分。当然，在传统体制下，这部分职能也是由政府承担的。但是，由于过去过多地承担了企业生产经营活动的管理工作，长期以来政府的这方面职能未能很好地履行。今后，政府基本上摆脱对企业生产的直接管理，将有利于集中精力履行好这方面的职能。

二、“宏观管好，微观放开”不是对转变政府经济职能的正确概括

“宏观管好，微观放开”是近年来常见诸于报章的一种对政府经济职能转变的流行概括。在改革初期，当主要任务是冲破传统体制的桎梏时，它尚不失

为一种对改革任务通俗、简洁的说明；而在今天，当社会主义市场经济已确立为改革的目标模式、建设新体制已逐渐成为矛盾的主要方面时，以此是不可能实现政府职能的正确转换的。

“宏观”“微观”的概念来自西方经济学。“宏观经济”的本义，仅指国民收入决定。即使按照近年来我国经济学界对该词的较宽用法，也不过包括产业结构问题而已。显然，在市场经济条件下，政府也不能只管国民收入决定及产业结构，而将其他一切诿诸市场过程，因为还有许多经济问题是市场机制无能为力的。

或者，按照实际经济部门一些同志的看法，所谓“宏观”指的是经济工作中决定大政方针的重要工作，即所谓“管住大的，放开小的”。这种说法固然形象，但却没有定义，无法操作。就各级政府而言，每一级都有它的“大”：对省政府而言是“小”的，对市、县政府而言却是“大”的；对市、县政府是“小”的，对乡镇政府却又是“大”的；对综合部门来说是“小”的，对业务部门而言又是“大”的。倘若各级政府都管住它的“宏观”，岂不又回到了传统体制下的“统一计划，分级管理”，有什么“微观”好放活？

政府的经济管理职能是不能以“宏观”“微观”（且不说如何定义）划线的。例如，企业之间的商标侵权争端，毫无疑问是属于“微观”问题。倘若政府不管，由谁来管呢？不管，还有市场经济秩序吗？

因此，必须区分社会经济生活的不同领域，而后根据不同领域活动的性质，决定政府的职能。可以把社会经济生活区分为经济过程领域、经济秩序领域和经济基础领域。所谓经济过程，指的是生产、收入、产品、劳务、货币等各种经济量的日常流动，资源配置优化是经济过程的主要问题。所谓经济秩序指的是经济过程运行中的制度框架，它解决的是资源配置的机制问题。而所谓经济基础指支撑着社会经济运行的经济基础设施、人口、资源和社会文化基础等。

经济基础领域的活动性质决定了该领域的活动主体是政府，政府不但必须管，而且要管得具体。大至三峡工程的兴办，小至村镇公路、乡村小学的兴建，都必须由各级政府管起来，无所谓“宏观”“微观”。三峡工程也好，村镇公路、乡村小学也好，其本身都只是一个项目的建设，均属“微观”领域，但三峡工程对中央政府来说可谓之大，而村镇公路、乡村小学对乡镇政府又何谓之小！在经济基础领域，政府的职能主要是服务，服务必然是具体的。而且，越是基层政府，其服务内容也就越具体。因而，在经济基础领域，政府的职责是管好为社会经济发展所需而市场机制又不能正常发挥作用的方方面面，没有什么“宏观”“微观”之分。

在经济秩序领域，政府的职责在于建立和发展与市场经济相适应的产权制度、市场运作规范，依据这些法规制度对经济过程中各类经济主体的活动进行监督、仲裁和调整，维护公平竞争的市场秩序。显然，这些活动都是十分具体的。在经济秩序领域，如果试图将政府的职能限制在宏观领域（如果这样的区分是可能的话），其荒唐程度不亚于限定一个足球裁判只能处罚整个球队的集体犯规行为而不许处罚单个球员的犯规行为。经济秩序领域内，政府的管理范围同样无“宏观”“微观”之分，许多看似“微观”的个案处理，实际上就是宏观调控。它树立了一个规范：什么是合理的市场行为，什么是不合法的、不允许的。

“宏观管好，微观放开”只有在经济过程领域才是基本成立的。因为市场经济的运行基础是独立自主、自负盈亏、自我发展、自我约束的商品生产者。企业的生产经营活动不是政府直接干预的领域。从这个意义上说，现行的指令性计划、指导性计划在社会主义市场经济的成熟阶段均属取消之列。因为，无论强制执行与否，这种分解下达到企业的计划指标都是对企业具体生产经营活动的直接干预。然而，另外，经济过程领域也存在着一些依靠市场机制不能解决或者不能很好地解决的问题。例如，经济的总量平衡问题、产业结构的升级换代问题、国际收支及国际经济关系问题、收入分配差距问题等。这些大多属于“宏观”问题，需要国家的计划予以调节。

但是，必须指出：以“宏观”“微观”作为政府在经济过程领域管理范围的划分，也只有近似的意义。因为，在社会主义市场经济条件下，仍然有一部分微观活动是政府必须干预的。例如，国家作为全民资产的所有者代表，对全民所有制企业尤其是关系国计民生的大型、特大型国有企业，还要履行所有者职责，这其中就包括对这些全民资产的配置、运营等管理。尽管其管理的具体形式还需进一步探讨，但只要存在着社会主义公有制，国家在这方面的管理职能就必然存在。又如，对促进国民经济技术进步有重大意义的大型科技成果的推广应用，由国家出面组织进行会取得更好效果，此时便不宜拘泥于“宏观”“微观”之分。

三、调节方式的转变是政府经济职能转变的重要组成部分

调节方式的转换具有重要的意义。“三结合”模式不成功的原因之一，是

它没有实现调节方式的转变。在经济过程领域，即使实现了政府调控领域向宏观转移之后，仍然存在着如何进行宏观管理的问题。

至少存在着两种宏观管理方式：一种是决策者控制，即国家作为社会经济生活的决策者，以决策方式控制经济运行；另一种是调节者调节，即国家仅仅作为政府决策的决策者，用经济政策手段调节经济运行。这两种方式的运作机理是不同的，前者以计划产品经济为依托，后者则运用市场机制，例如，同样是控制社会总需求，决策者控制表现为政府下达行政指令压缩固定资产投资规模、停（缓）建在建项目、控制机关与企事业单位的社会集团购买力（在市场经济中，政府部门的集团购买力也在控制之列，但它是作为政府的预算控制而非总需求控制而存在的）、冻结物价、配给制等；而调节者调节主要体现为运用财政货币政策手段，如盈余预算、发行国债、提高贴现率、法定储备率等。同样是运用银行信贷控制需求，决策者控制表现为逐级下达信贷计划控制，用贷款额控制现金投放量；而调节者调节表现为控制基础货币量，用基础货币和货币乘数控制商业银行贷款额。同样是个人收入分配调节，决策者控制重视初次分配过程，亲自决定工资总额、规定工资等级标准或工效挂钩比例等；而调节者调节则不干预初次分配过程，着眼于再分配过程的调整，主要政策工具是所得税、财产税、消费税等。

任何经济运行机制都有与之相适应的经济调节系统，因而政府经济职能的转变也应体现为调节方式的重新选择。本文认为，在社会主义市场经济中，政府对经济生活的调节方式，应当是政策调节，即在统一的计划指导下（这种计划不同于现行计划，它的指标并不分解下达至企业，只进行国民经济或部门产量以及有关重要产品产量等的规划，其作用在于规划经济发展蓝图、指明发展目标、指导政策设计、整合各项经济政策），运用系统的经济政策手段，改变企业、居民等经济主体赖以决策的信息和决策的环境、条件（主要是决策的成本效益比），调节经济主体的行为，控制经济的运行。① 这种调节方式，从其作用性质看，可以称之为政策性计划。

① 关于经济政策系统及其在商品经济中的调节作用、方式，参见李文溥：《经济政策的目的与手段》，载《厦门大学学报（哲学社会科学版）》1991 年第 3 期。

经济政策的目的与手段*

社会主义有计划商品经济条件下，与国家、企业之间新型关系相适应的经济调节方式不再是以指令性计划为主，而是系统的经济政策调节，即国民经济的有计划协调发展是通过政策性计划实现的。因而，把经济政策作为调节社会经济系统运行的主要手段及控制变量进行研究，也就成为经济调节理论及国民经济计划管理理论研究的新课题。

一、经济政策的目标—手段系统

经济政策是各级政府部门根据一定的社会发展目的及经济社会发展战略所拟定，其实施旨在指导或影响经济发展、解决经济发展过程中出现的特定问题的行为准则、行动计划。经济政策的数量、涉及的领域是随着社会生产力的发展，国家对经济过程的干预、协调、指导的深度和广度的不断增加而从少到多，由约而广的。时至今日，可以说，现代社会的各项经济活动无不在经济政策指导或影响下进行。早期的经济政策往往由有关政府部门分别制定、实施，之间缺乏必要的协调，这当然极大限制了政策效能的发挥。实践使人们逐步认识到：要充分发挥政策的调节功能，使之成为调节国民经济运行的控制系统，就必须通过制订国民经济计划，明确经济发展方向，以此将各项经济政策整合成经济政策系统。

经济政策系统是一个由终极政策目标、中介政策目标及政策手段组成的多阶递进的目标—手段系统。在系统中，各项经济政策有序地联结在一起，形成一个类似金字塔状的体系结构（见图 1）。

---

* 本文原载于《厦门大学学报（哲学社会科学版）》1991 年第 3 期。

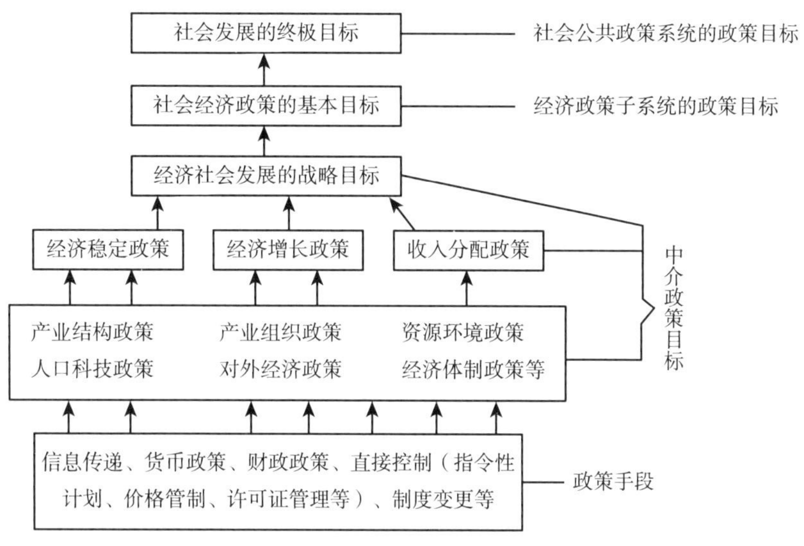

图1　经济政策系统的结构关系

就每项经济政策而言，它们都有自己的政策目的与手段。例如，经济稳定政策，其政策目的为物价稳定，其政策手段有调整银根、控制财政收支、价格管制等。但从经济政策系统看，经济稳定政策的目标仅仅是服务于更高层次政策目标的手段而已；其手段不过是其他经济政策，如货币、财政政策等的应用而已。经济稳定政策实际上只是中介政策，它将实现社会发展终极目标的某些条件与特定时期经济状况相结合，量化为具体的目标变量：物价水平的波幅，并借助可操作的政策工具予以实现。

在经济政策系统中，每项具体政策的地位是相对的：对上一层次的政策，如产业结构政策对经济增长政策而言，是政策手段，而对下一层次的政策，如产业结构政策对财政政策而言，则是政策目标。因而，研究经济政策的目的与手段，既要从个别经济政策的角度进行，又要从经济政策系统的角度进行，而后者更为重要。

二、经济政策目标

强烈的目的性是经济政策的主要特征，小至一项具体的经济政策，大至一个时期的经济发展战略（它事实上是个经济政策集），都有其目标。如年通货膨胀率低于5%，本世纪末我国人均国民收入达到1000美元等。这些目标针对特定问题而设，具体、明确、时效性强。一旦特定时期流逝，问题解决，它们即不复存在。而作为调控社会经济运行的经济政策系统却仍然存在。显然，为保障政策的连续性，在这些政策目标之上，应有更高层次的政策目标。它们决定了不同时期具体政策目标间的衔接性，保证了不同阶段经济政策间的连续性，使整个国民经济的运行始终有着一个明确的方向。这就是社会经济政策的基本目标。它不针对特定问题而发，也不为特定时期所限，它表达的是人们所向往、追求的社会生活的理想状态以及由此产生的安排社会经济生活基本秩序、基本结构的若干原则或评价标准。

作为评价标准和安排原则，经济政策基本目标反映了人们的社会价值观念。一个政治体系，选择哪些目标作为自己经济政策的基本目标，反映了该政治体系的价值取向。从这个意义上说，它具有主观性。然而，既定社会形态下的政治体系之所以选择这种而不是那种基本目标，却是由该社会形态所决定的，是客观的。

经济政策的基本目标高度抽象，个数有限，它决定了特定时期经济社会发展的战略目标，决定了各具体经济政策的目标及其在不同时期的先后顺序，决定了实现目标的途径与方式。显然，只有正确确定了经济政策的基本目标，确定各时期的具体政策目标方才有所依据。

有计划商品经济中的经济政策基本目标应如何确定？从经济系统是社会系统的子系统，经济发展只是社会发展的条件角度出发，可以得出结论：经济政策的基本目标应由社会发展的终极目标决定。

马克思主义认为：自由作为人类社会生活的理想，代表着一种高度的价值。整个人类文明史，就是一部人类争取自由，并随着文明的发展，获得越来越多自由的历史。人类自由的获得，不仅在于根据对自然界的必然性的认识来支配人类自己和外部自然界，而且必须借助生产力的发展，推进社会进步，“去实现这样一种社会制度，在这种制度下不再有任何阶级差别，不再有任何对个人生活资料的忧虑，在这种制度下第一次能够谈到真正的人的自由，谈到同已被认识的自然规律相协调的生活”。[①] 而共产主义社会，“将是这样的联合体，在那里，每个人的自由发展是一切人的自由发展的条件”。[②] 在那里，“以每个人的全面而自由的发展为基本原则”。[③]

显然，社会主义的终极目的在于使“人终于成为自己的社会结合的主人，

---

① 《马克思恩格斯选集》（第3卷），人民出版社1972年版，第443页。

② 《马克思恩格斯选集》（第1卷），人民出版社1972年版，第273页。

③ 马克思：《资本论》（第1卷），人民出版社1975年版，第649页。

从而也就成为自然界的主人，成为自己本身的主人——自由的人。”① 因此，应当把促进社会主义建设者本身的全面发展，实现每个社会成员的自由作为社会主义社会发展的终极目标和最高价值标准，理所当然，它同时也是社会主义国家整个社会公共政策系统的最高政策目标及评价规范。

经济生活是人类社会生活的基础领域，显然，马克思主义对社会发展终极目标的看法，对确定社会主义经济政策的基本目标具有重要意义，社会主义经济政策体系基本目标的选择，应以马克思主义关于人类社会发展的终极目标为依据，是其在经济领域中的具体化，它们应有助于在经济生活领域创造诸种条件，促进人的全面而自由的发展。

人的全面、自由的发展，以一定的物质生活手段为条件。经济领域担负着向社会提供全部物质生活手段的任务。人口的增长，提高生活水平的愿望以及各个社会领域对社会产品需求的增长，都要求社会生产不断增长。经济增长虽不是社会发展的终极目标，但它对于实现人的全面而自由地发展，显然是必不可少的首要前提条件。

然而，人类的经济活动从其与自然界的关系看，是物质变换关系，是将自然之物转化为为我之物的过程。人类欲望无穷而资源有限。面对资源限制，唯有充分发挥人类的聪明才智，优化资源配置，方能在既定资源约束下实现最大增长。效率对实现社会发展终极目的的重要性自不待言。

经济稳定对于实现人的全面而自由地发展，也具有重要的意义。一方面，稳定的经济环境，是经济迅速增长的理想环境，从长期看，只有维持稳定方能带来经济迅速增长；另一方面，稳定经济也是社会安定、政治稳定的基础，因而，经济稳定也是实现社会发展终极目的的基础条件。

最后，既然社会发展终极目标或最高价值标准是每个人的全面而自由地发展，因此，不仅要求经济高效率，稳定地迅速增长，为社会提供日益增长的物质财富，而且要求社会财富能按公正的原则分配、使用，以利于实现每个社会成员的全面发展。社会主义条件下，个人收入分配以按劳分配为主要原则。因此，实现分配公正的前提是社会应对每个有劳动能力的人提供平等的劳动机会。这既是按劳分配能体现公正原则的前提，又是使每个人都能实现全面发展的可能途径。分配公正，首先体现为机会平等及在此基础上的按劳分配，但仅此尚不足体现分配公正的全部要求。因为，这不足以使每个人平等地具有全面发展的可能，人们的不同生活前景除受政治体制和一般社会经济条件限制、影

① 《马克思恩格斯选集》（第3卷），人民出版社1972年版，第443页。

响之外（这可以靠社会提供均等的机会来排除），也受人们出生即有的不同社会地位和自然禀赋的深刻而持久的影响，后者个人不能选择，而且也在社会控制能力之外。因此，实现分配公正，除应用机会平等基础上的按劳分配原则外，还须应用另一种法则，尽可能纠正这种出发点上的不平等，排除社会及自然的偶然因素对社会成员生活前景、发展前途的影响。这就是某种限度的按需分配，如某种程度的收入保障、社会保险及义务教育制度等。

综上所述，根据马克思主义关于社会发展终极目的的思想，可以把增长、效率、稳定、公正列为有计划商品经济条件下经济政策系统的基本目标，它们同时也是我们评价各项具体经济政策的价值标准。

经济政策的基本目标从属于社会发展的终极目标，为实现每个人的全面、自由的发展所必须，但这并不是说，在既定时期，实施每项具体经济政策，基本目标都能同时实现。因而，抉择难以避免。如何正确处理四个目标之间的优先顺序，权衡关系，并非无原则可言，仅仅取决于决策者的价值偏好，而是应当根据特定时期的社会经济状况，以有利于实现社会每一成员的全面、自由的发展为抉择标准。

社会发展的终极目标及经济政策的基本目标是高度抽象的，更大程度上是一种价值评价标准，作为政策目标，可操作性较小，它的确定主要考虑价值合理性。而现实中的经济政策目的，不仅要求具有价值合理性，而且要求具有现实合理性，即具体条件下的可操作性。因而，现实中的经济政策目的是由基本经济政策目标与具体的目标变量结合而成的。例如，物价稳定政策的基本政策目标是稳定，而目标变量是年度物价总水平的波动幅度，前者决定了政策价值的合理性，后者决定了它在具体条件下的现实合理性。

社会主义条件下，政府的具体的经济政策目标主要反映在国民经济计划，尤其是“五年计划”之中。“五年计划”的基本任务及相应的计划指标，具体地揭示了政府经济政策的目标及目标变量。有计划商品经济中，经济政策是主要的经济调节手段，为使政府各部门的政策调节互相协调，运用国民经济计划系统地阐释本计划期的经济政策目标，协调其关系，显然极为必要。

三、经济政策手段

在经济政策体系中，除了处于体系顶端的基本经济目标——社会发展的终极目标是作为整个社会公共政策系统而非经济政策系统的目标存在的——以外，其余的都是实现基本目标的手段。然而，它们除处于底层的政策工具之外，又都是中介政策目的，需借助其他经济政策或政策工具方能实现。因此，狭义的政策手段是指那些处于政策体系末端的能直接操作的政策工具。

虽然经济政策的数目极多，但是，作为实现手段的政策工具种类却不多。从控制论角度看，经济政策调节无非是国家作为控制子系统，向国民经济运行系统输入某些政策变量，影响或改变其中经济主体的决策，从而改变国民经济运行轨迹而已。影响决策的方式从理论上大体可分为三种：一是改变经济主体赖以决策的信息；二是改变经济主体的决策环境、条件；三是直接干预经济主体的决策。与此相适应，有计划商品经济中的经济政策工具可概括为以下几类。

（一）经济信息

在现代社会中，信息对决策的重要性不言而喻，因此，政府可以有效地利用提供信息影响经济主体的行为。信息传递作为政策调节手段，其作用主要为：

（1）政府利用它在信息搜集上的有利地位，广泛调查分析，预测经济发展前景，公之于众，有利于减少经济主体的行为盲目性，降低风险。

（2）以计划的形式公布政府的经济发展目标，提示政策意图，促使经济主体制定与国家计划相协调的发展计划。

（3）政府制定计划的过程，也是交流信息、综合各经济主体计划的过程，同时也是协调各方利益关系、调节各经济主体行为的过程。通过政府与社会各界共同制定计划，可以提高各经济主体对国民经济整体性的认识，就经济发展方向达成共识，从而促进协作。通过制定国民经济计划，可使经济主体从中了解其他主体的计划，调整自己的计划。即通过信息交流，提高市场的透明度。

国民经济运行中某些经济主体的行为不协调，或偏离政府意想的方向，有的是因为信息不足或失真造成的，此时，信息交流就是最佳调节方法，但是事实上更多的却是因利益不同产生的行为不协调，对此，信息交流便无能为力，须寻求其他调节手段。

（二）财政政策手段

财政政策的工具甚多，应用的政策目标也多。大体说来，有三类政策手段：支出政策、税收政策、总量平衡政策。一般习惯上将平衡政策称为总量或宏观财政政策，把支出政策与税收政策列为结构或微观财政政策，但事实上，它们对宏微观经济的影响复杂而微妙，不宜截然分开。例如，收支平衡政策通过财政赤字或盈余调节需求，但总量变动必须通过支出和税收的具体项目来执行，因而，它也会造成结构性影响。而支出与税收政策中具体项目的流量变化，不仅可能通过影响财政收支平衡来影响经济的总量平衡，而且不同性质的支出与税收也会对宏观经济产生微妙的影响。

财政政策作为政策工具，其缺点主要是政策的内部时滞较长，因而显得不够灵活。

（三）货币政策手段

货币政策是中央银行根据国家确定的经济发展目标及经济形势，对货币数量、结构进行调节，从而控制商业银行（我国目前是专业银行）的信用活动，以此影响地方、部门、企业及个人的经济活动，实现预定经济目标的政策工具。相比财政政策，它的内部时滞要短些，但是它的效应主要取决于经济主体的反应程度。它在实现短期目标（特别是物价稳定）上较有效，但副作用也较大。

尽管常常对财政政策、货币政策与产业政策、收入政策等其他经济政策不作严格区别，有论者甚至认为前者是总量政策而后者是结构政策，二者在操作中处于互补地位。这种看法不妥。事实上，财政及货币政策都包括总量调整及结构调整两种手段，它们与产业政策、收入政策等其他经济政策的作用完全不同。前者是政策手段而后者是中介政策目标，二者在政策操作中的地位不是同一等级的。产业政策、收入政策等提出政策意图和目标，而货币政策、财政政策用各种手段去实现它们。

（四）直接控制

直接控制指政府对企业、居民等经济主体决策的直接干预，我国通常称之为行政方法。有论者认为：经济方法和行政方法是国家管理经济的两种基本方法，经济方法指依靠经济组织，运用经济杠杆，按照客观经济规律的要求来管理国民经济，其实质在于贯彻物质利益原则；而行政方法指依靠行政组织，运用行政手段，按照行政方式管理国民经济，其实质在于依靠政权的权威，此说法不妥，因为政府对经济的任何调节，都是以公共权威、政权力量为后盾，依靠行政组织，运用行政手段、按照行政方式进行的，因而都是一种行政调节。税收是公认的经济杠杆之一。然而，征税却是最严格的通过行政机关，依靠政权的力量进行的，不能想象可以通过经济组织运用经济方法收税。而国家的任何政策调节，对于被调节者来说都是某种利益调节，而且主要是物质利益调节。所谓行政方法、经济方法，概莫能外。因此，经济方法与行政方法的分类并不科学，因为难以按照某个标准将各种调节较清楚地分为经济方法或是行政方法。国家对经济的任何调节都是行政性的，又都是利益调节，都必须按客观规律办事。我们所能区分的只是这是对经济主体决策的直接干预、改变其决策环境、还是改变赖以决策的信息等。

在各种经济体制下，直接控制都是必要的政策工具。在计划产品经济中，其代表性手段是指令性计划。过去，指令性计划曾被视为国家管理经济，实现计划意图的主要的，甚至唯一的手段，被视为计划经济的基本特征，没有它便不是社会主义经济。此说法过于绝对。社会主义经济计划的要点在于根据社会主义社会发展的终极目标，按照社会化大生产的需要分配资源。相对目的而言，手段问题永远居于次要地位。直接控制在有计划商品经济中的作用无疑是其他政策工具不可替代的，因而必须保留，但它应在何种条件下使用，使用的程度如何，则应根据既定时期使用它及其他政策工具的有效性，其社会成本及社会效益的比较而定，来不得半点教条主义。

（五）制度变更

通过立法或公布行政法规，调整经济运行的体制框架，引入新的政策手段或树立某种行为准则，也是政策手段之一。制度变更作为政策手段，大体可分为：对现行政策手段进行调整、完善的渐进型变更与对整个经济体制作较大改革的变更。一般来说，前者可经常进行而后者不宜过于频繁进行。否则，将破坏社会预期、扰乱经济的正常运行程序，因此制度变更主要服务于长期的政策目标。

上述政策手段构成了有计划商品经济条件下的调节系统。不同政策手段，适用于不同政策目标：不同条件下，同一政策目标，可应用的政策手段不同，因而，政策手段的选择也就成为政策调节的重要问题之一。它实际上是个政策合理性问题。政策合理性，从政策目标上来看，有目标合理性问题；从政策手段上来看，有手段可行性问题，即在目标既定前提下，选择可行且较优的政策手段。

如何选择适当的政策手段，需要结合具体的政策问题、特定的时空条件予以探讨。从政策调节的一般原理上说，应注意以下几个问题。

第一，必须结合各种政策手段的特点，考虑政策实施的效率。政策手段各有特点，其适用范围也不同。同一政策问题，即使有多种手段可用，效果也必定不同。因而，选择时必须结合各种手段的特点考虑政策实施的效率。政策实施效率表现为政策投入与政策效果之比。政策投入表现为一项政策取得某种效果所花费的资源数量，政策效果指达到政策目标的程度。应当以政策效率作为选择的首要标准，在达到预定政策效果的前提下，选择社会投入最小的政策手段及其组合。

第二，必须考虑政策手段的公正效应。政策手段选择应有利于创造公平竞争的经济秩序，而不是有意无意地破坏它，否则，不仅不符合公正的目标，而且也将降低效率。

第三，必须考虑政策手段的体制效应。政策实施总是以一定的政治经济体制为背景，因而选择政策手段应考虑其体制效应。否则，不是无以依托，难以实施，就是事倍功半，甚至南辕北辙。

第四，必须考虑政策手段的合法性、政治可行性。经济政策是政治体系的行为。因此，选择政策手段应考虑其合法性及政治可行性。前者指手段的选择必须在法律许可范围内，后者包括两个方面。一是社会心理的接受程度。有些手段在法律上虽然许可，但社会心理一时难以接受。此时，使用这种手段必然阻力很大，即使强制施行，不但事倍功半，而且还可能造成意想不到的潜在社会成本。因此，如果可能，应当考虑政策手段的社会可接受性。二是政治体系内部的可接受性。如果一项政策严重损害政策执行部门、执行者的利益，那就缺乏可行性。有时，有些政策的选择未必不利于社会，但仅仅因为它触动了政治体系中某些既得利益者的利益而备受阻挠。因此，在选择政策手段时，也应慎重考虑它可能受到何方何种程度的阻碍。

既定时期，政府的经济目标往往不是单一的。各种目标之间的关系，从逻辑上说，可以分成三类：独立的、互补的、对立的。然而，现实中更多的却是部分对立或部分互补的。此时，就需要搭配使用不同的政策手段。丁伯根在分析定量经济政策时提出并证明了著名的“丁伯根定理”①：为了同时实现多个经济政策目的，所应用的政策手段个数必须与目的个数相同。“丁伯根定理”在高度理论抽象基础上给出了经济政策目标与手段之间的数量关系，现实经济情况远比这复杂。为了实现既定的政策目标，所需要的政策手段个数，究竟应采用哪些手段，具体如何搭配，都是经济政策理论中尚待解决的问题，需进一步探讨。

① ［荷］丁伯根：《经济政策：原理与设计》，商务印书馆 1988 年版。

不同经济秩序下的社会总供需调控*

社会总供需基本平衡，是一切社会化生产与商品经济正常运行的共同必要条件。然而，不同经济秩序下，它的实现方式却大不相同。对社会总供需的不同调控方式及其与经济秩序的关系进行分析，在理论与实践上都是必要的。本文拟对此作些探讨。

一

正确定义社会总供需对问题的分析具有重要意义。是否应当包括中间产品供需是社会总供需定义上的主要分歧之一。

认为社会总供需应包含中间产品供需的观点，来自马克思的社会再生产理论。虽然马克思没有直接定义、专门论述过社会总供需问题，但本研究认为：根据马克思对社会总产品、社会总收入、社会纯收入等一系列有关概念及社会总产品实现问题的分析，可以得出结论：社会总产品是计算社会总供需的基础，即：社会总需求是一定时期内社会上全体生产消费者与生活消费者对生产资料与消费资料的有支付能力的需求总和，包括全部的中间需求与最终需求；社会总供给是一定时期内社会上全部生产经营单位以商品形式提供给社会的生产资料与消费资料的总和，包括全部的中间产品与最终产品。

西方经济学定义国民生产总值为社会总供需，基本上是承袭凯恩斯的理论。凯恩斯在《就业利息和货币通论》（以下简称《通论》）中，定义社会总供需等于社会总收入，即要素成本加利润，并明确指出：社会总供需不能包括“使用者成本”即中间产品，否则将导致“严重复计之病”，使总供需规模受

---

* 本文原载于《中国经济问题》1990 年第 4 期。

社会分工程度及企业间相互购买量变化的严重影响而变动不居，失去“确切不移定义”。显然，凯恩斯的总供需概念是以斯密对社会产品价值构成的分析为依据的。近年来，我国经济学界也有人在分析社会再生产过程及总供需形成时，批评马克思的社会总产品定义不科学，认为社会总产值从而社会总供需应定义为 C_1+V+m。

有论者认为社会总产品、GNP 或社会最终产值以及国民收入是三种并存的、不同口径的社会总供需概念。这种看法也是值得怀疑的：一定时期的社会产品价值总和从而总供需究竟是 $C+V+m$、C_1+V+m 还是 $V+m$，其理论背景十分明显，三者不可能同真，若不辨是非，同时承认，势必导致社会总供需范畴无确切含义，在理论及实践上引起混乱。

至今为止，对定义社会总产品为总供需的批评仍集中于凯恩斯在《通论》中批评的那两点。一是所谓“严重复计之病”即重复计算问题。

社会再生产理论认为：社会总供需是社会再生产运动过程中产生的诸种需求与供给的总和，作为这种总供需基础的社会总产品，是社会在一年内生产、使用过的产品总和，一定时期社会生产出来的全部产品从来不是同时共存的，随着再生产过程的进行，它们虽不断被生产或生活消费掉了，但被消费（无论是生产性还是生活性的）部分都是本年社会供给与需求中确切不移的一部分。社会总供需必须完整地包括它们，才是对事物本来面目的客观反映，而把再生产过程中产生的中间产品供需视为重复计算予以扣除，不仅人为地缩小了社会总供需的规模，歪曲了社会总供需的结构，而且，更重要的是无法正确反映社会再生产过程的内在联系，无法说明企业生产资金在社会需求形成中的地位，无法分析生产生产资料企业在创造社会供给中的作用。

更应指出的是：GNP 或社会最终产值也并不能避免所谓的“重复”计算，因为，它们的价值构成中包含了折旧。当每年形成的固定资产是随即而非等到下年方投入生产，折旧是逐月提取并计入成本时，GNP 等便也包含了“重复”计算。例如，当年生产并用于运输的汽车，作为汽车工业增加值计入 GNP，而同一汽车价值的一部分作为折旧是运输业增加值的组成部分又一次地计入 GNP。因此，GNP 等与社会总产值在“重复”计算问题上只有程度而无原则区别。问题是社会总产值的“重复”计算是对中间产品供需的完整反映，而 GNP 等既不能完全避免所谓的“重复”计算，又没有反映再生产过程中客观存在的中间供需。

国民收入固然没有上述“复计之病”，但它只反映了社会总供需的有限部分，不仅无法反映中间供需，而且无法完整地反映最终供需，因而也不是社会总供需的适当口径。

对以社会总产品为总供需的批评之二是社会总产品的规模因社会分工程度及企业间相互购买量的变化而变化。确实，由于社会分工程度提高，企业生产所需的零部件从自制改为外购，或者，生产组织形式变化，若干有生产协作关系的企业合并，原来的企业间商品交换现在变为厂内半成品周转。按企业法计算的社会总产值会因之增减，这向来被视为社会总产值指标之大弊病。这种看法忽视了社会总产品是经济范畴，企业内部周转与企业间商品交换的经济意义完全不同。更何况，产值的这种变化正反映了社会总供需的变化：中间产品供需是社会商品供需的重要组成部分，中间供需因上述原因而变化，完全可以在最终需求不变的条件下产生，它必然导致商品交易总量的变化，从而影响货币需要量（假定货币流通速度不变），控制货币供应量是实现总供需平衡的重要措施之一。可见，这种变动不居，无“确切不移定义”的社会总产值正是正确计算货币需要量的基础。固然，西方国家向来根据 GNP 的增长测算货币需要量，但其隐含前提是：中间需求与最终需求之比是常数，即社会经济结构相对稳定，我国目前正处于人均 GNP265 ~ 1075 美元这一结构变革最迅速的发展阶段。显然，根据 GNP 测算货币需要量尤为不合适。

总之，凯恩斯的社会总供需定义是错误的。正确的定义应以社会总产品为基础进行，它对我国来说，尤有其现实意义。

二

毋庸讳言，西方国家一向以 GNP 为总供需调控对象，而且有所成效。但这并非证明凯恩斯的定义正确，而是说明：社会总供需与特定经济秩序下总供需的调控对象是两回事，前者是社会化生产和商品经济的共同概念而后者为不同经济过程的特殊性所决定。

社会总需求由中间需求与最终需求组成，在需求形成问题上，二者的地位是不同的：最终需求是初始需求而中间需求是引致需求，即社会对中间产品的需求是因生产最终产品的需要而产生的。若社会生产的技术经济联系处于稳定状态，则最终需求的大小、结构决定了中间需求的大小和结构；但由于实际上社会生产的技术状况、分工程度、组织形式都在逐渐变化，因此，中间需求的形成又受它们的变化影响，与最终需求变化趋势有所差别。

最终需求与中间需求的这种关系，决定了在特定经济秩序下，可以通过调节最终需求来间接地控制中间需求从而实现对社会总需求的调控。它要求经济存在下述机制：第一，政府具备控制最终需求的手段；第二，有效的信息传递机制，能将对最终需求的调控迅速传递，转换为对中间需求的调整信号；第三，企业具备相应的自我约束机制，能根据最终需求变化自行调节中间需求，使中间需求与最终需求保持在经济、合理的比例上。

市场经济中，财政、货币政策手段，市场价格及企业的独立商品生产者地位为实现上述需求调控方式创造了前提条件。既定时期内，政府运用财政、货币政策手段，扩大或紧缩最终需求，它引起消费品与投资品的价格变化，最终产品价格及需求的变动产生的预期收益变动，使企业迅速调整其对中间投入的需求，从而使政府对最终需求的调节扩展到社会总需求。

多年来，西方国家正是照此——事实上，市场经济中也只能实行这种调控。如果政府越俎代庖，直接控制企业的中间供需，势必破坏市场经济的运行秩序——调控社会总供需的。因此，虽然西方经济学囿于其价值观，一直坚持GNP就是社会总供需的错误观念，但通过控制最终需求间接实现总需求调控的方式却因市场经济的秩序条件而在一定程度上获得成功。而它反过来却使总供需概念产生了极大混乱。

然而，计划经济中的总供需调整却不是，而且，也不可能照此行事。在高度集中统一的计划经济中，从整个国民经济到每个企业，各个层次的经济决策均由中央计划作出。因此，社会总供需的调控是直接以社会总产品为对象的：国家通过生产计划直接决定几乎全部产品的产量及结构：又通过物资分配计划决定中间产品及投资品的供给；通过财政信贷计划及对企业收入分配的决定，决定了中间产品的需求；在此基础上，再通过国民收入分配计划、投资计划及劳动工资计划等直接控制最终需求。传统体制下，国民经济综合平衡集中体现为财政、信贷、外汇、物资四大平衡。四大平衡的实现也就意味着社会总供需平衡的基本实现。四大平衡包括了中间需求的平衡，因而不能视为仅仅是最终需求的平衡。它与相关的国民经济计划构成了国家对社会总供需各部分完整而且直接的控制模式。

传统的计划经济之所以采用直接控制社会总供需的模式，除人们的主观认识及制度条件的可能外，还由于它不具备实现间接调控总供需的条件：第一，不存在完整的市场体系及市场价格机制；第二，企业不是独立的商品生产者，不具有适应商品经济运行的微观机制，使社会对最终需求的调节无法自动地转化为对中间需求的控制。

此外，两种体制面临的供需矛盾的主要方面不同，也是决定它们选择不同总供需调节模式的重要因素之一。一般来说，市场经济国家主要面临着需求不足，因而，只有刺激最终需求方能有效地促使总需求扩大，实现供需平衡。而计划经济国家大多长期困扰于有效供给不足，普遍的短缺使国家非全面直接控制总供需不足稳定大局。

三

直接调控社会总供需作为宏观经济管理的经常方式是不经济的。这不仅由于其浩繁的工作量超越了社会的有效管理能力，更主要的是直接控制中间产品供需带来的企业活力丧失、效率低下、经济僵化是整个经济难以承担的。实践证明：它固然有利于在供给不足条件下保障基本需要、集中资源于有限目标，但始终未能有效地促进有效供给增加，抑制过旺需求，缓解供需矛盾。以中间产品供需而论，尽管原材料、能源、动力等长期短缺，国家运用生产及物资分配计划予以严格管理，并通过各种消耗指标的考核，责成企业降低消耗，然而企业的高投入、低产出现象始终未能根本改变，而且，哪种物质越紧张，企业的“囤积偏好”就越大，使得中间需求与最终需求始终难以保持在合理的比例上。因此，建立有计划的商品经济要求从过去的直接控制社会总供需逐步转向从调节最终需求入手，实现总供需协调的方式。在作为改革目标模式的有计划商品经济中总供需的调控应以间接为主。但其细节取决于未来的经济秩序条件，非目前所能确定。

目前，我国正处于向有计划商品经济过渡时期，其经济秩序既不同于传统的计划经济，也不同于未来的有计划商品经济。因此，现阶段的总供需调控不能不带有其过渡时期特色。

首先，现阶段，我国的商品经济尚在发育之中，市场体系不完善，不发达，价格体系也不合理。产品——尤其是重要生产资料（它们大多是中间产品）和基本消费品——价格中，国家定价或控价的比重还很大。目前农副产品的35%，工业消费品的45%，工业生产资料的60%左右仍是由国家控制价格的。这必然使价格与供需变化之间缺乏内在联系，因而，国家对最终需求的调控无法通过价格变化，传递到中间需求上去。加之当前加工工业与基础工业比例失调，能源、动力及重要原材料始终处于短缺状态，由此必然出现的企业“囤积偏好”更使国家单纯依靠市场力量间接控制中间需求成为不可能。

其次，虽然改革已使企业行为机制发生某种变化，但与有计划商品经济所要求的还有相当距离。这在决定中间需求上，一方面表现为企业尚未摆脱产值偏好及“囤积偏好”；另一方面表现为企业收益分配上的“漏出效应”不仅使相当数量的最终需求支出转化为中间需求形式的支出，而且使最终需求与中间需求呈逆向运动。众所周知，近年来企业生产成本上涨，相当一部分是以各种名目打入成本开支的各种超标准福利性开支，这些支出不仅将相当数量的最终需求转为中间需求形式，助长消费膨胀，而且导致最终需求与中间需求的逆向运动：一般情况下，企业倾向于多发工资、奖金，增加职工货币收入，而当它受到国家限制、银行监督时，往往转为发实物，将全部开支或部分开支挤入成本，这种差别，在不同效益水平企业之间，在发奖金自由度不同的企业与机关事业单位之间也能观察得到。这说明：目前仅靠对最终需求的控制无法实现总供需平衡。

但这绝不意味着应当恢复对总供需的全面直接控制，已经变化的经济秩序使它不仅是不经济的，而且是无效的：1984 年以来，虽然两次实行了以全面紧缩信贷为特征的压缩总需求政策，但是由于没有区别对待最终需求与中间需求，在未能有效控制投资、消费膨胀的情况下，企图通过压缩维持经济正常运转所需的中间需求以降低总需求，结果是狠狠打击了有效供给，导致供需之间的更大缺口。

必须适应过渡阶段的特点，采取重视培植供给，结构调整，以控制最终需求为主、控制中间需求为辅的总供需调控方式。

第一，实现总供需平衡的重点应放在促进有效供给上。我国目前的总供需不平衡是发展中商品经济条件下的供需失衡，主要原因是有效供给不足，因而，供需平衡政策的重点应是扩大社会有效供给，减少无效供给，缩小因结构失调、资源配置不当、效率低下而产生的社会生产能力与实际有效供给之间的差距。供需失衡固然表现为经济过程中的问题，但根源却在于既定的经济秩序、经济环境之中。因此，实现供需协调，不能仅着眼于经济过程政策的短期调整，更应通过经济秩序政策、经济环境政策，逐步改善运行机制、运行环境，以求根本解决。

第二，在需求管理上，以控制最终需求为主。社会总需求中不同层次需求之间的关系决定了区别对待的必要性。最终需求是社会总需求中具有决定意义的部分，真正控制住了最终需求，便能大致控制住总需求。控制最终需求，关键在于控制社会收入的形成。当前，除对正常渠道形成的各种收入予以控制、调节外，还应特别注意对那些虚假中间需求的控制，需要建立、完善对企事业单位，政府部门的社会财务监督系统，对机关、企事业单位实行经常性的财务监督与检查，保护社会各方面的正当经济权益。它不仅是当前特定经济秩序条件下，保证国家财政收入，控制收入形成，实现供需平衡的重要手段，而且也是未来有计划商品经济正常运行的制度条件之一。

第三，以选择性中间供需管理为需求管理的辅助措施。目前条件下，对中间产品完全放弃或全面实行直接控制都是不现实或不经济的。在着重于控制最终需求的同时，辅之以选择性的中间供需管理，既为保证基本需求，维持经济大局稳定所必须，又是短缺条件下国家实现产业政策的重要手段。它表现为国家在一定时期内，根据产品供需状况及其在国民经济中的重要程度，对部分重要物资实行不同方式的数量与价格控制。应当指出，选择性中间供需管理虽为目前所必须，但不能视为有计划商品经济的制度特征。其固有的不经济性决定了它的应用范围应尽量限制，而且应根据运行环境的改善，物资供需矛盾的缓和、变化，予以调整，渐至取消。

第四，以社会总产品为基础，计算社会总供需，这既是事实的客观反映，又是实施重视供给的总供需管理方式的需要。根据波兹模型，社会供求平衡的实际均衡点是按短边规则进行的，由较小的有效需求或有效供给方面所决定。在需求上，是最终需求决定中间需求从而总需求的规模，因此，西方国家一般只需计算最终需求（尽管也冠之以总需求），甚至只要统计若干市场信号，如通货膨胀率、失业率、利息率、汇率等，便能大致掌握供需平衡状况，进行需求调节，而在我国，不完善的市场结构及价格信号失真使上述指标难以真实反映供需状况，因而必须直接计算供给与需求。供给决定与需求决定相反，是社会综合生产能力决定总供给，扣除中间消耗后，剩下的才是最终供给，即在有效供给不足条件下，是社会总供给决定最终供给。因此，要实现总供需平衡，首先必须计算以社会总产品为基础的总供给。其次，就每种产品而言，事先只能估算其总产量，许多关系国计民生的基础产品，如煤、燃油、电、粮食等，往往既用于中间消费，又用于最终消费，二者比例事先难以确定，在供需矛盾较突出情况下，必须根据总供给，对中间需求与最终需求作统一平衡，因而必须计算其总供需。再次，对那些基本上用于中间消耗的产品，如钢材、水泥、化肥、农药等，也应列入社会总供需统计。因为，从需求方面看，严格区分中间需求与最终需求是有困难的，如农户及个体经济货币收入中的纯收入大小是较难确定的，事实上他们也不严格地按收入性质支配支出，因此，把中间需求和最终需求作为一个整体计算，有利于供需平衡；而从供给方面看，目前不少中间产品的严重短缺，严重影响了最终供需和总供需的平衡，因而国家必须对部分中间产品的供需实行直接管理，这也要求统计社会总产品口径的总供需，而 GNP 口径的总供需则无法满足这种宏观管理的需要。最后，针对我国正处于经济结构急剧变化的发展阶段，最终需求与中间需求的比例变化较大，统计社会总产品口径的社会总供需，也有利于正确测算货币需求量。

提高经济效益必须建立在适度经济增长基础上*

对于经济增长中的速度与效益的关系，我国经济学界中占统治地位的看法往往侧重其矛盾的一面，认为：高速度与高效益难以共存。因而得出的政策结论大多是：为了获得良好的经济效益，必须控制经济增长速度。这种看法忽略了速度与效益关系的另一面：保持一定的经济效益水平必须以一定的经济增长速度为前提；提高经济效益必须建立在适当提高经济增长速度的基础上。从宏观经济角度看，尤其如此。

一

从全社会角度看，经济效益的最综合，从而也是最终反映，是一定时期社会生产的用以实现该社会生产目的的最终有效成果与社会资源总消耗（或占用）之比。显然，社会总效用是这种社会最终有效成果的适当表现。因此，社会经济效益可定义为：$\frac{\text{社会总效用}}{\text{社会资源总消耗（或占用）}}$。提高经济效益，从单个产品看，主要体现为消耗降低即成本下降；但从全社会角度看，却不是本期社会总资源消耗的降低而是社会生产的增长。因为，科技进步和生产力的提高使可利用的自然资源不断增多；历年投资积累使社会的资本存量逐渐扩大；人口增长、文教卫生事业发展使社会拥有的劳动力资源的质量与数量都处于上升或至少稳定状态。因此，对于一个企业乃至一个部门来说，资源的占用或可减少；然而，对于全社会来说，资源占用无从减少，资源占用而不及时利用，是最大

* 本文原载于《福建经济》1990 年第 6 期。

的浪费、最大的不经济。因为，相当比例的资源是以流量形式存在的。因而，资源占用增加将使社会对资源的消耗上升或至少稳定。毫无疑问，社会资源消耗上升，本身就是充分利用资源从而是提高社会经济效益的一个方面。因此，提高全社会的经济效益水平就体现为提高社会产出水平即经济发展速度。可见，从全社会角度看，提高效益与提高速度的要求一致。从目前来看，本期资源消耗一般大于前期，这意味着效益的提高要求速度的增长快于资源消耗的增长；即使将来本期社会资源总消耗会小于前期，也不会改变上述结论。提高速度不是妨碍而仍是促进效益提高的重要因素。所以，速度与效益之间的关系是统一的，其间不存在某种替代效应。

但这并不否认经济发展速度存在某种限制。这种限制并不是来自提高效益的要求，而是受制于一定时期内社会可利用资源的数量、质量及利用效率。此外，在一定资源限制条件下，最终需求结构不同，总产出也不同。因此，决定特定时期经济发展速度的极限是：本期社会可利用资源及利用效率与社会需求结构。

上述速度与效益完全统一结论的前提是经济运行环境的充分理想化；纯商品经济或纯计划经济；合理的收入分配；社会成员的理性选择；完全信息及静态均衡等。此外，还暗含假定对应既定的需求结构，社会资源处于理想状态；既无冗余又无短缺，因而能得到充分利用。显然这不合现实。

在现实经济运行过程中，速度与效益之间却存在某种替代效应。产生速度与效益替代效应的原因是资源配置短缺与滞存并存。可以这么说，速度与效益之间的关系是对立的还是统一的，与资源配置有关。资源配置较合理，在生产可能边界内，速度与效益基本是并进关系；只有当超过生产可能边界时，方才发生替代效应。

进一步从动态上考察，在不同经济运行条件下，同一速度与效益的关系是不同的。经济运行条件的改变也会使经济以较之以往更高速度更高效率地发展。如果忽视了这一点，便有陷入死守某个历史上的“最优增长率”陷阱的危险。

近几年我国经济学界对速度与效益关系的分析多侧重其对立的一面，而忽视其存在着一个从统一渐至替代关系的过程，因而往往否认在其发展的不同阶段应采取不同的对策，多倾向于舍速度而保效益。这种未免失之偏颇的观点，一方面源于对历史经验教训分析不够透彻而产生的某种“增长恐惧症”；另一方面是忽视了边际社会成本曲线是可变的。

二

对速度与效益关系的上述分析可能较难被接受。然而，这一分析结论却为实证研究所证实。对1952～1985年我国经济增长速度与成本关系的统计分析证明，该时期我国农业、工业和整个国民经济的速度（指产出增长率）与成本（指可比产品成本上升率）都倾向于反向变动；而固定要素生产率及可变要素生产率都倾向于与产出增长率同向变动。无论价值指标和实物指标都没有例外。这种关系在近年的经济波动中表现得更为充分；每次经济紧缩都伴随着经济效益水平的普遍下降，企业亏损面扩大，亏损额增加；而每次经济回升，都带来不同程度的效益提高。

增长速度与成本指标的反向变动关系可通过成本中固定费用支出与可变费用支出的变动关系说明：经济紧缩、产出下降，企业只减少部分可变费用支出，如原材料、燃料动力消耗等；而固定费用开支依旧。因而，产出下降时，产品成本必然上升。而且，企业技术装备水平越高，固定资金占用越大，产出下降带来的效益损失越大。反之，经济扩张，产出增加，增加的成本仅仅是原材料、燃料动力及奖金等部分可变费用，而固定费用支出如故。若进一步注意到工资支出虽在会计上是属于可变费用，但在我国现行体制下却基本上是固定支出的事实，那么，产出变动对效益水平的影响就更大。就企业而言，效益水平变化主要反映在成本变动上；对社会来说，资源消耗的概念则远大于成本，社会生产能力的非充分利用导致的产出损失无疑大于同期的固定费用无效支出，更何况许多以流量形式存在的资源在既定时期内若不被利用，便将白白损失掉，无论它们在统计或会计上是否被列为消耗，都是社会资源的浪费。资源及社会生产能力的充分利用是保持和提高社会经济效益的根本保证。从这个意义上说，维持必要的经济增长速度是维持经济效益水平的前提，提高经济效益必须建立在适当提高经济增长速度的基础上。

诚然，即使在经济增长较快时期，我国的经济效益水平也远非理想。对此，应作具体分析，不可一概归咎于速度。

过去，在经济建设指导思想上我们曾犯过急于求成、盲目赶超、片面追求高速度的错误，造成了积累率过高、投资规模过大、国民经济比例失调，最后不得不进行调整。对此应弄清以下几点。

第一，争取经济的尽快增长本身并不错，问题在于争取的方式与途径。片面追求某些产品的高产出或是国民产出的统计速度，甚至不惜破坏比例，结果不仅效益低，而且也不是真实的高速度。

第二，统计速度是实际速度的反映，二者可能一致也可能不一致。以统计指标作为考核指标比之仅作为反映指标二者间的不一致性一般更大。这不仅是个统计计算方法问题，更主要是经济运行机制上的问题。统计数字是分析速度与效益关系的基础，但不能忽视统计速度与实际速度之间的可能差距。

第三，经济增长过程中的名义速度高而实际效益低的问题，不能只归咎于经济建设指导方针。党的十一届三中全会以来，我国经济建设指导方针已有了根本改变，上至国家下至企业，对经济效益的重视是前所未有的，但效益低的局面仍未根本改变。深层的原因在于经济结构不合理、资源配置上滞存与短缺并存、经济运行机制不合理等。这些矛盾不可能通过人为压低速度得到解决。

目前经济效益低的一个重要原因是宏微观资源配置不合理，对此，需要通过结构调整实现转型而为保证资源配置得到经常性的优化调整，更须建立、健全优化资源配置的机制。

经济效益低的另一个重要原因是企业资源利用效益低，企业的资源利用效率同时影响速度和效益：制约着社会生产边界的扩张与收缩，决定速度与效益的双双上升或下降。企业的资源利用效率受制于企业的资源配置的行为。因而，根本改善企业经济效益低的局面，须从改善企业行为机制入手。企业行为机制的改善不仅有利于提高企业的经济效益，而且影响社会的资源配置。

综上所述，要根本改善我国经济运行的效益水平，须从调整经济结构、建立与健全优化资源配置机制、改善企业行为机制等方面入手，这些显然决非一蹴而就，即根本改善我国经济效益低的局面是项长期任务，需长期不懈地在多方面艰苦努力。这也就是说在目前以至今后一段时期内，我们还不得不面对经济效益提高缓慢的现实。因此，较为现实的政策选择是：一方面为实现经济效益的根本改善作长期不懈的努力；另一方面，在现有效益水平基础上，尽可能保持经济增长的一定速度，以期社会生产能力的较充分利用。过分压低增长速度，只能适得其反：导致生产能力利用不足，经济效益在既有水平上下降。

货币政策运行机制规范化与所有制改革*

货币政策是商品经济条件下国家调控经济的最主要政策手段之一。随着产品经济向商品经济过渡，1984 年我国开始实行中央银行制度，货币政策也开始成为宏观调控的主要手段。然而，在现行体制下运用以存款准备金等为代表的货币政策调控经济，效果并不理想；紧缩不能控制经济的货币支出倾向，反而沉重地打击了供给；宽松没有导致生产正常增长，却诱发了需求恶性膨胀。经济震荡于停滞—膨胀两极，终于酿成严重的通货膨胀。货币政策调控的失败不仅说明其发挥正常作用条件的复杂性（如正确的政策设计、健全的传导机制、相应的微观基础等），而且启迪人们进一步思考货币政策、经济运行机制与经济体制，尤其是所有制之间的关系。本文拟对此作些初步探讨。

一、运行机制与所有制基础

中央银行制度的货币政策是商品经济条件下的宏观调控方式。在我国，要使它得以发挥正常作用，首先要求整个国民经济运行方式及其基础的彻底转变。

众所周知，我国的经济体制改革起初不过想在产品经济模式中引入有限的商品货币关系，调整经济运行机制。然而，计划内（实质上是产品经济）与计划外（实质上是商品经济）之间的剧烈摩擦证明板块式经济的设想不切合实际。社会主义经济作为统一的整体，只能服从一种运行法则：要么产品经济型，要么商品经济型。改革终于选择了后者。

对于商品经济运行模式来说，合理的、统一的经济参数（其中最重要的是

---

* 本文原载于《福建经济》1989 年第 7 期。

价格），至关重要。因此，理顺价格被视为改革成败关键，价格改革一度成为改革热点。不幸的是价格却久理不顺；放开价格结果也出人意料，只抬高了物价水平，然而比价依旧。面对日益高涨的物价，政府连控制货币发行以稳定局势都难办到；相反，由于无法承受生产的全面萎缩，还不得不增发通货以“追认”抬高了的价格水平。

价格调也不行、放也不成，原因何在？没有一个完整的要素市场不能不说是重要原因之一。要素市场是资源自由流动、合理配置、充分利用以形成合理的价格参数的必要前提。但是，完整的要素市场仅仅解决了外部环境问题，而其中行为主体的内部动机如何、是否具有健全的行为机制则更为重要。大量实证材料及分析证明，近年来各经济主体的普遍短期行为是造成经济秩序混乱，货币政策操作失效的最重要原因。

短期行为与其说是人们目光短浅所致，不如说是人们的地位、利益所在使然。批评企业热衷于短期行为、忽视长远发展，要求企业用留利进行生产性投资，那么，扩大的资产及收益属于谁？传统的全民所有制在此显得极为笼统、模糊，各经济主体与资产的权益关系无明确规则可言。好在传统体制下国家对企业收入分配的行政控制切断了资产与收益分配间的联系，产权的“大锅饭”靠分配的“大锅饭”得以掩饰、维持。而从收入分配入手的体制改革一下子就暴露了传统所有制的这一弊病。改革后的收入分配制度事实上已使不同经济主体享有一定比例的资产收益，彼此利益界限较之以往相对明确、清晰得多了。但是，赖以产生收益的资产归属（首先是新增部分）却依然故我，与传统体制没有区别。因此，任何对资产的投资，不仅收益将依已有的分配格局（不是按投资的来源）作大致相同的分配，而且形成的资产本身也将归属名义上人人所有，事实上并无明确所有者的全民所有。这在改革使各经济主体利益界限明朗化的今天，无疑将对各经济主体的行为产生极大影响。我们可以批评职工、企业、地方政府及地方银行的一系列短期行为对国民经济长期稳定增长的危害，但又有什么权利要求他们违背正常的利益准则自觉采取符合宏观经济目标的行为（姑且不论他们是否具有及时把握这种行为的方向与力度的能力）？即使有此权利，又有多大现实性呢？

我国改革目前面临的困境证明：经济体制作为一个系统，运行机制与所有制之间存在着不可分割的联系，所有制及其结构是经济运行机制赖以形成的前提和基础。任何经济机制、运行模式不过是特定生产关系——主要是财产关系以及由此决定的分配关系——运动的外部形式而已，因此，经济运行机制的改革只有与所有制关系及结构的变革协调并进，才能取得实质性进展，反之，离开了所有制关系及结构的变革，运行机制的改革势必中途受阻，困难重重，已经进行的某些局部性改革也会由于与传统所有制基础不协调而发生普遍的摩擦、损失效率，甚至引起尖锐冲突，造成经济秩序混乱，并可能导致经济改革的倒退、失败。

目前面临的抉择是，或是退回去，恢复与传统所有制基础相适应的运行模式；或是前进，继续改革以造就适应商品经济运行模式的所有制基础，在此基础上继续推进运行模式的改革。

我们只能选择后者。

二、改革产权制度，确立商品经济运行基础

所有制改革，一是所有制结构改革，二是所有制关系的改革。前者涉及发展多种经济成分，形成开放式的多元所有制结构，它已为人们所接受，并付诸实践。但是，真正决定我国经济运行状况，而且改革难度更大的是经济的主体——全民所有制经济的产权制度改革。如何使近十万全民企业具备商品经济中正常经济主体的行为机制，关系到整个商品经济的正常运行秩序能否确立，也是运用货币政策等调控经济的必备前提。

近年来，围绕着强化企业自我约束机制，再造商品经济微观基础，曾涌现出不少改革设想。笔者以为：从资产经营责任制入手，过渡到股份制，较为可行。

资产经营责任制对资产的社会竞争性评估与再评估制度，不仅创造了企业经营机制转轨的同一起跑线，避免国家与企业的讨价还价，而且将经营者的物质利益与资产经营状况挂钩，使经营者与所有者的利益趋于一致，有利于调整当前企业的长短期行为机制失衡。但是，资产经营责任制本身尚不能成为商品经济运行的理想基础；它虽然通过资产评估，划分了国家与企业的财产关系，但国家作为所有者仍是不明确的，财产关系在所有者层次仍没有得到人格化的表现。同时，它还有可能导致资产结构僵化，不利于产业结构调整。即使今后将国有资产统归各级国有资产管理局管理，与政府其他经济管理职能分离，但只要国有资产未股份化，资产管理局掌管的是物质资产，仍不利于所有制结构改革的深化，使之只限于各企业间而不能深化至企业内部；也不利于社会主义统一市场的形成与发展，不利于跨地区跨部门企业集团的形成。此外，它还不利于金融市场的形成。股票是最重要的金融资产之一，倘若近万亿元的国有资产不股份化为金融资产投入金融市场运转，我国的金融市场便难以真正形成，

至少功能有限。

因此，必须在资产经营责任制的基础上将经过社会竞争性评估的企业资产股份化，基本上按照现行各级政府拥有的国有资产比例分割产权，并委托若干以营利为目的的国有资产经营公司进行竞争性经营，这将有利于在公有制基础上建立国有资产所有权的人格化代表，硬化产权约束。国有资产经营企业的出现，使生产企业的经营风险中出现了两个不同的承担者：生产企业及国有资产经营企业的经营者承担经营风险，经营失败使其丧失经营者的地位、收入和声誉；国有资产经营企业承担财产风险，它与生产企业之间的约束是硬的。

软化约束的危险来自链条的另一端，如果经营不善的国有资产经营企业能得到国家的“救援”，那么，连锁反应将使上述努力归于失败。因此，关键在于尽可能政企分开，模拟出近似私有经济的生存环境：国有资产的终极所有权属于人民，管理权属于各级人民代表大会；在各级人大下设国有资产委员会进行管理，并委托国有资产经营企业对国有资产进行企业化经营；各级政府不再插手国有资产的管理，不对其经营成败负责；国有资产委员会的职责仅限于监督、检查各国有资产经营企业的经营状况，组织对其经营者的招聘与任免，不得干涉其日常经营活动。

从理论上说，上述措施具有近似私有经济中企业的预算约束硬度，而且较好地解决了政府二重身份的分离问题，有希望为社会主义商品经济奠定必要的微观基础。

三、“中央银行—专业银行”制度的进一步改革

运用货币政策调节经济，不仅要求被调节对象具有规范的反应机制，而且要求相应的传导机制。但在目前的“中央银行—专业银行”体系下，专业银行仍不具有符合商品经济运行要求的规范化经济行为，银根的松动与抽紧都无以影响专业银行的信用成本而实现对金融的间接调控。中央银行的货币政策操作失去有效的传导机制，不得不重新仰仗行政措施进行控制。为此，还必须从组织系统、金融市场等方面进一步改革，在此基础上完善中央银行的政策手段，建立、健全适应商品经济运行的金融体系。

（一）组织系统

1984 年以来，国家在信贷资金管理方式上进行了多次改革，虽不能说一无

成效，但始终不能从银行内部解决活力与经济利益约束问题。根本的原因在于改革并没有改变专业银行现行的所有制基础，单靠资金管理方式的外在约束，难以造就商品经济所需的金融传递机制。因此应通过深化改革实现。

1. 专业银行商业银行化

只有建立在明确财产约束基础上、独立承担盈亏风险、实行企业化经营的商业银行，才能成为正确传递中央银行货币政策操作、实现宏观调控、调整微观资源配置的基础。从避免垄断，形成有效竞争角度看，专业银行商业银行化选择省会及其他经济中心城市的市行进行商业银行化似较适宜。这些以省会或中心城市为依托的商业银行的业务覆盖面大致与以城市为中心形成的经济区大小相当，其中有的可发展为全国性的都市银行，有的则成为区域性的城市银行。为了形成有效竞争，一个经济区内不应只有一家商业银行，而且各银行之间业务可以交叉；并允许企业自由选择开户银行，同时与几家银行发生资金往来。此外，还应有一些小型银行、信用社为补充，满足小企业的资金融通需要。

2. 建立政策性银行

商业银行以盈利为目的，因而只能要求它们在中央银行的政策操作中，根据利益原则调整自己的活动。尽管中央银行可通过窗口指导等对其行为进行适当规劝、指导、协调，但应限于不损害其利益、不妨碍其效率范围内，过多的行政干涉，势必破坏商品经济的基础，紊乱运行秩序。

但是，我国目前商品经济正处于发育阶段又面临着产业结构的急剧变动。许多新兴产业的发展需要培植、衰退产业的转换需要支持，大批经济基础设施需要建设，这些仅靠商业银行根据盈利原则进行融资是不够的，需要政府实施质的货币政策，如选择性融资、低利率贷款等。它既不宜靠中央银行直接施行，又不能强令商业银行施行。因此，为实现国家的产业政策，还要建立政策性银行以弥补商业银行之不足。从政策性银行的工作性质看，改造目前的专业银行总行及省分行承担该项工作较适宜。

（二）金融市场

商业银行以发达的金融市场为其活动场所；中央银行的政策操作以金融市场为中介。没有金融市场，中央银行的货币政策手段或失去相当效率，或根本无以施行，而商业银行也难以调整其资产结构以适应中央银行的货币政策操作；没有金融市场，企业筹资渠道单一，资源配置优化都受到极大限制，与银行也难建立正常的资金往来关系；没有金融市场，财政政策的运用也有所局限；特别是在我国条件下，没有金融市场，企业预算约束软化也难以克服。因此，必须迅速建立、发展金融市场。

（三）政策手段

“中央银行—商业银行”体系与国家银行体系是两种运行规则完全不同的体系。前者根据一定的政策目标用量或质的货币政策手段调控商品经济运行；而后者根据国民经济计划用信贷、现金两大计划为产品经济提供交易、核算手段并进行监督。但目前我国的货币政策手段既保留传统的国家银行体系的信贷管理方法，又引入“中央银行—商业银行”体系的部分政策手段，实行的是“双轨制”运行。

问题在于传统的信贷管理方式与中央银行体制下的货币政策工具在运行原理上是互相矛盾的。传统的信贷管理方式以信贷计划为核心，通过控制信贷规模、辅之以现金管理办法以控制现金流通量；而中央银行体制则反之，通过控制基础货币及货币乘数，达到控制商业银行创造信用货币即贷款的能力。传统的信贷管理方式要求切断贷款与存款的联系，以存、贷两口相互垂直独立的“大锅饭”以达到中央控制全社会信贷总规模的目的；而中央银行体制则要求商业银行在考虑自身吸收存款的能力、成本基础上发放贷款，并通过影响商业银行的筹资能力和成本来调节社会信用规模。传统的信贷管理方式要求下级银行按上级银行的计划、指令工作，而不是基于对自身利益权衡基础上的自主选择；而中央银行对商业银行的调节，虽不完全排除直接统制的可能，但基本原则是改变商业银行的决策环境或决策信息来影响其决策行为。

1984 年以来的实践也证明：传统的国家银行信贷管理原则与中央银行的政策调节原则不能和平共处。“双轨制”使银行既不能按产品经济的管理方法控制住信贷规模（这在旧体制下是办得到的），又不能按商品经济的政策调节银根，并且使这些措施蜕变为新的行政手段：准备金率失去乘数作用，实际上变为中央银行扩大再贷款资金来源的手段；再贷款的分配不是靠再贴现率调节，而是行政分配，无疑是另辟中央银行与各专业银行讨价还价的口子，埋下约束软化的祸根；旨在调整产业结构的质的货币政策由于缺乏银行基于自身利益的选择，至多不过使对全体企业的大锅饭化为对某些行业的大锅饭；区别对待的方针失去它正常发挥功能的基础，徒增机会不均等，导致效率与公平二者皆失。

因此，在货币政策手段上应尽快结束“双轨制”状态，在重构社会主义商品经济所有制基础，调整、完善“中央银行—商业银行”体制，开放、健全金融市场的基础上，取消现行的信贷、现金两大计划，完全转入商品经济的运行轨道，运用包括公开市场业务在内的量的和质的货币政策，对国民经济进行全面调节。

速度、比例、效益、体制*

速度、比例、效益的关系一向是宏观经济研究中引人注目的课题之一。近年来围绕着我国国民经济发展中出现一些新情况，经济学界不止一次展开热烈讨论。本文拟对此以及其与经济体制的关系从理论上作些探讨。

一

假定以下为分析前提：一个发达的商品经济，存在着充分发展的市场机制：生产者对不同产品的生产依收益差别进行决策；消费者的购买行为完全受其货币收入和消费偏好制约，各种产品分别占用多大比例的资源，唯一听命于社会需求结构的要求；供求矛盾由价格变化反映，并通过影响生产者和消费者的经济行为来调节。

考虑消费者行为。消费者根据自己的预算约束与偏好进行选择——储蓄和消费的比例，消费支出在不同项目上的分配。在预算线与无差异曲线的切点，获得总效用最大，在该点，购买各种商品边际支出的效用相等。因此该点所决定的支出结构同时又是既定预算约束下满足其各种需求的最优构成。

推广以上分析至社会全体成员。假定每个社会成员消费欲望水平一致，那么，在每个社会成员收入相等条件下，加总个别消费者的最大总效用得到最大社会总效用，加总个别最优需求构成得到社会最优需求构成。但是，作为消费者的社会成员同时又是生产者，他们存在着能力上的差异，绝对平均化的收入分配将严重挫伤其生产积极性，导致资源的非充分利用，降低社会供给，因此，现实中能达到的社会最大总效用、最优需求构成只能是适度收入差别条件下，个别消费者的最大总效用、最优需求构成的加总。它决定的社会产品总量

---

* 本文原载于《中国经济问题》1988 年增刊。

与构成是现行生产可能边界内——在两部门经济条件下，个别居民预算之和构成的社会预算约束＝社会生产可能边界——最大限度满足社会全体成员需要的最大产量与最优生产比例。

社会总效用可得到相应的统计表现。如果价格由市场决定，当各种产品的现行比例等于其边际效用之比时——这包含在初始假定中——以现行统计方法计算的国民产出指标是本期社会总效用的正确反映，产值比例是满足社会需求的最优比例。以此计算经济发展速度，由于本期产出是现行生产约束下的最大产出，因此是最高速度。它与最优比例是完全同一的。

微观经济分析已证明：破坏最优比例——如使对各种需求的边际支出的效用不等——将同时带来社会总效用即速度的下降，反之亦然。

速度与效益的关系。经济效益本体从全社会角度看，是一定时期社会生产的用以实现该社会生产目的的最终有效成果与社会资源总消耗（或占用）之比。显然社会总效用是这种社会最终有效成果的适当表现。因此社会经济效益可定义为：

$$社会经济效益=\frac{社会总效用}{社会资源总消耗(或占用)}$$

提高经济效益，从单个产品看，主要体现为消耗降低。但从全社会角度看，却不是本期社会总资源消耗的降低而是社会生产的增长。因为：科技进步和生产力提高，使人们发现及可利用的自然资源不断增多；历年投资积累，使社会的资本存量逐年扩大；人口增长，文教卫生事业发展，使社会拥有的活劳动资源质量与数量都处于上升或至少稳定状态。资源占用增加，使社会对资源的消耗上升或至少稳定。因此：提高全社会的经济效益，必须提高经济发展速度。其关系表现为：

$$\begin{aligned}社会经济效益提高程度&=\frac{T\,期社会总效用/T\,期社会资源总消耗}{T_1\,期社会总效用/T_1\,期社会资源总消耗}\\&=\frac{T\,期社会总效用}{T_1\,期社会总效用}\times\frac{T_1\,期社会资源总消耗}{T\,期社会资源总消耗}\\&=T\,期社会经济发展速度\times\frac{T_{-1}\,期社会资源总消耗}{T\,期社会资源总消耗}\end{aligned}$$

可见，提高效益与提高速度的要求一致。假定两期资源消耗相等，则T期效益提高程度等于T期发展速度。一般而言，本期资源消耗总是大于前期，这意味着效益提高要以速度的更快增长为前提。即使将来，本期社会资源总消耗会小于前期，也不会改变上述结论。提高速度不妨碍而且仍然是促进效益提高的重要因素。

至此的结论是：速度、比例、效益三者的关系是统一的，其间不存在某种替代效应。

这并不否认经济发展速度存在限制。但它不来自提高效益或优化比例的要求，而是一定时期社会可利用资源的数量、质量及利用效率，当然，有支付能力的需求也构成了对增长的限制。此外，一定资源限制条件下，最终生产结构不同，总产量也不同。因此，决定特定时期经济发展速度极限的是：本期社会可利用资源及利用效率，社会需求及其结构。

以上分析，虽以发达的商品经济为前提，但在计划经济的理想状态下也能得到相同结论。条件是：第一，中央计划机关有足够信息充分了解全体居民的偏好，它决定的计划产出结构与居民的最优需求结构完全一致；第二，经济中存在某种信息系统及动力机制，使各经济单位能准确无误地执行中央的计划。

二

上述速度、比例、效益完全统一的结论的前提是经济运行环境的充分理想化、纯商品经济或纯计划经济、合理的收入分配、社会成员的理性选择、完全信息及静态均衡等。此外，还暗含假定：对应既定的需求结构，社会资源处于理想状态；既无冗余又无短缺，因而能得到充分利用。显然这不合现实。

放宽条件，假定社会资源配置为短缺与冗余并存，科尔内由此假定存在“U”型边际社会成本曲线，指出速度与效益存在某种替代效应。因而“不应当总是不惜一切代价去达到社会生产能力的最大利用，如果当趋近于生产能力完全利用时，边际社会成本已经超过边际社会效益，达到这一点就是不值的”①。“U”型边际社会成本曲线假设对于从理论上解释速度与效益的关系无疑富有启发，但科尔内的结论却有进一步思索的必要。

根据微观经济理论，“U”型边际社会成本曲线是短期曲线，而长期成本曲线是“L”型的。长期生产的投入产出关系不是边际收益递减而是规模收益。实际例证之一是日本。相比人力资源，它的自然资源明显不足。通过国际贸易等方式，日本调整了它的资源配置，相当长时期内经济增长率高，效率也高。而且前者相当程度上以后者为基础。可见科尔内的结论不适用于经济的长期发展。

就短期而言，资源存量相对固定，冗余资源过多投入，改变生产函数中的比例，导致边际收益递减，于是速度与效益产生替代效应。

① 亚·科尔内：《短缺经济学》（上卷），经济科学出版社 1986 年版，第 288～289 页。

可见，速度与效益替代效应的原因是资源配置短缺与滞存并存，由此推论：一个社会经济的速度与效益的关系以对立或统一为主，与资源配置决定的“U”型曲线有关，速度与效益何时从并进转为替代，取决于曲线的拐点（见图1、图2、图3）。

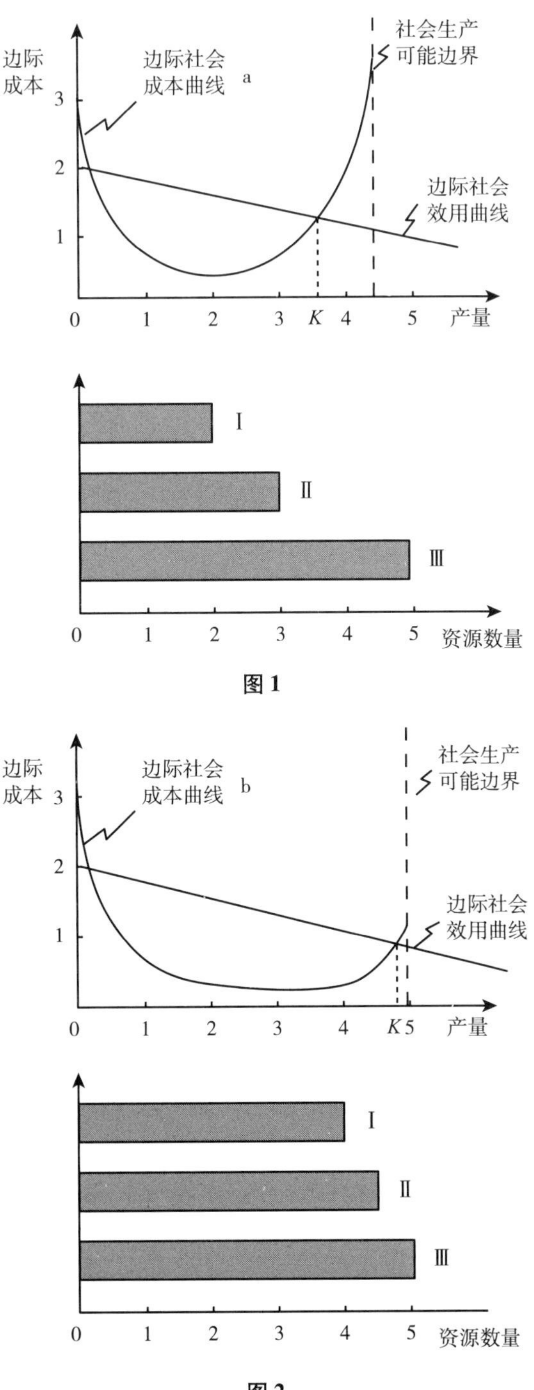

图1

图2

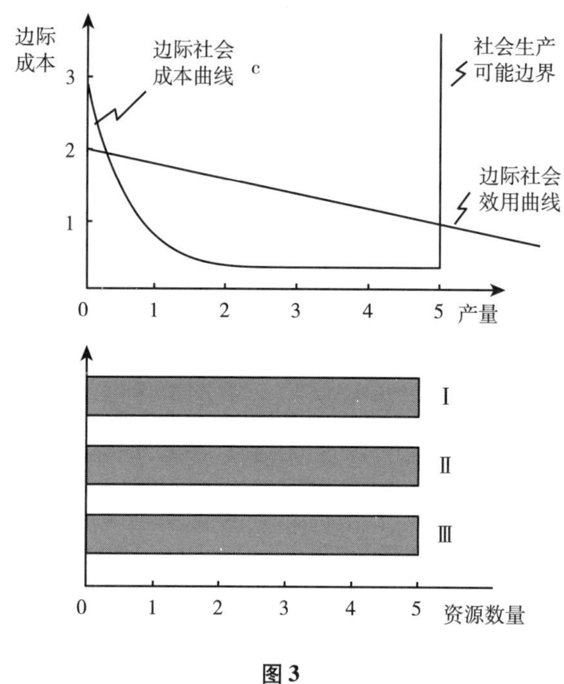

图3

图1、图2、图3分别表示不同的“U”型边际社会成本曲线下速度、效益的关系。图的上半部分为边际成本与边际效用曲线，下半部分是决定上半部曲线形状的资源配置状况。资源Ⅰ、Ⅱ、Ⅲ分别代表自然资源、物化劳动资源及活劳动资源，它们可互相替代。图1表示严重的资源短缺与滞存并存。因此当产量到达拐点2之前，效益与速度并进。在这之后，由于生产函数的比例改变，资源利用效率下降，二者之间产生替代效应，产量充其量扩张至4.5。a型曲线是资源配置不当，速度、效益主要呈替代型的社会成本曲线。b型曲线因资源配置较合理，其产量扩张能力大于曲线a，在生产可能边界内，速度与效益基本是并进关系，只当接近生产可能边界时，方才发生短暂的替代效应。图3的速度与效益在生产边界内完全是并进关系，对短期而言是理想状态，现实中不存在。

科尔内仅从静态角度分析了既定边际社会成本曲线下速度、效益的关系，但却没有进一步从动态上考察不同经济运行条件下曲线类型的不同及其成因。同一速度在不同曲线下与效益的关系是不同的。同一速度在a型曲线下可能已导致效益下降，而在b型曲线下效益仍在提高，作为长期平均值，它只能用不同曲线类型而不能用基期生产能力利用程度来说明。同一国家，因运行条件改变，曲线换型，会使经济以较之以往更高速度更高效率地发展。如果忽视了这一点，便有陷入死守某个历史上的最优增长率陷阱的危险。

边际社会成本曲线类型与经济运行条件关系极大。在两种理想模式——发达的商品经济或计划经济的理想状态中，b 型曲线是常态，因为本期资源存量配置是以往经济活动的结果，在生产结构由需求决定的经济中，资源配置不可能长期严重不合理。

因此结论是：在经济正常运行环境下，（b 型曲线）速度、效益、比例的关系以统一为生。

推论是：不要轻易否定高速度，至少抵达拐点之前是应力争的，拐点之后则应做具体分析。拐点之后的情况是：速度继续提高，边际成本开始上升，但在 K 点之前，它小于边际收益，此时，舍速度保效益未见是明智之举，而只有过了 K 点，才应放弃追求速度。

近几年经济学界对速度、效益关系的分析多侧重其对立的一面，而忽视其存在着一个从统一渐至替代关系的过程，因而往往否认在其发展的不同阶段应采取不同的对策，多倾向于舍速度而保效益。这种未免失之偏颇的观点，一方面源于对历史经验教训分析不够透彻而产生的某种“增长恐惧症”；另一方面是忽视了边际社会成本曲线是可变的。改善经济运行条件是实现曲线换型的根本方法。

三

对传统体制下名义速度高，实际效益低的痼疾，不少论者归因于急于求成、盲目赶超的左倾思想。传统体制下经济领导部门指导思想的特殊重要性自不待言，但这仅仅说明既定曲线下的战略抉择，党的十一届三中全会以来我国经济建设指导方针有了根本改变，上至国家下至企业，对效益的重视是前所未有的，但是效益低的局面仍未根本改变。1960 年日本的 GDP 为 440 亿美元，1961 年我国的 GDP 为 427.7 亿美元，1960 ~ 1979 年日本 GDP 年均递增 8%，同期我国 GDP 年均递增 5.5%。[①] 同样是以高积累、高投资追求高增长，为什么我国长期困扰于低效益而日本则不？显然，这不能用战略思想来说明，而在于我国长期面临着 a 型曲线。

我们简略地从三个方面考虑我国长期陷入 a 型曲线的原因。

第一，社会生产与居民需求的协调。产需结构矛盾不仅导致短缺与滞存并

① 据世界银行 1981 年、1984 年世界发展报告中相关数据计算。

存，而且使居民实际所得总效用低于可能获得的总效用，实际有效产出低于名义产出。

第二，宏微观资源配置状况。

第三，企业的资源利用效率。它的影响是双重的。一是它制约社会生产边界的扩张或收缩，决定速度与效益的双双上升或下降。二是企业的资源配置行为不仅直接决定企业的效益，而且影响社会的资源配置即曲线的形状。

首先，传统体制下，消费需求结构由居民决定，但企业的投入产出构成由政府决定，虽然在理论上理想的计划经济模式可以做到产需协调，但是面对现实中多种多样、千变万化的需求，这只不过是“计划的神话”而已，产需失调是传统体制的常态。

其次，传统体制中优化资源配置的机制很不健全。劳动力事实上的地区、部门、单位所有制、劳动者身份、职位的刚性，使促进劳动力资源配置优化的流动障碍重重；资产存量的市场调整机制基本上不存在，只能依靠流量调整来改变存量配置。这必然造成相当资源的滞存，利用不足，而且调整缓慢，导致结构僵化，使资源配置不合理成为长期存在的问题。边际社会成本曲线滞于a 型。

再次，企业的资源利用效率。传统体制否认有别于社会生产目的的企业目的的存在，计划企图直接控制企业的全部生产经营活动。企业经营好坏，企业领导业绩评价，不取决于市场而决定于从政府获得的条件及计划完成情况；收入分配的平均化、固定化使劳动者追求既定收入约束下劳动支出最小，这些导致了企业的经营战略力求既定计划产出下资源占有份额的最大化，导致微观层次的普遍低效率。

可见，传统的计划经济国家普遍出现的长期速度、比例、效益不协调，基本上是体制效应。

党的十一届三中全会以来，我国的经济建设指导方针有了重大转变，体制改革也取得了一定成果。但是，应当承认迄今已有的改革尚未根本改变这一状况，旧的体制效应使提高经济效益的努力受到很大挫折。因此，加快改革进程，使经济彻底转到商品经济运行轨道上，实现社会成本曲线从 a 型向 b 型转化，是解决速度、比例、效益长期不协调的根本出路。舍此别无他途。

政策性计划：一种可资借鉴的计划模式*

建立、发展社会主义的有计划商品经济，实行“国家调节市场，市场引导企业”的新的运行机制，对国民经济计划管理提出了新的课题。因为实行“国家调节市场，市场引导企业”并不是要用计划凌驾、取代已有的市场，限制、干扰商品经济运行的秩序原则，而是要维护其环境、弥补其不足、修正其运行轨道，协助其更好地引导企业满足消费者偏好。具体说来，国家在商品经济基础上进行计划调节的主要任务是：

第一，为商品经济的正常运行，迅速发展创造必要的环境与基础。如建立并适时调整有关制度与法律，为商品经济的正常运行创造制度框架；有计划地组织进行耗资巨大、有相当风险但社会经济效益好的事业，如交通运输、通信设备等基础设施的建设、科技开发、教育等，为商品经济的发展奠定基础。

第二，解决市场机制不能解决的问题，弥补市场机制的缺陷。如协调经济发展与社会发展的关系；缩小地区、部门、个人之间的经济差距与收入不平等；促进资源合理开发、有效利用；防止破坏资源、污染环境等外部不经济行为；促进规模经济、防止垄断、维护市场机制的有效性等。

第三，引导、纠正国民经济运行轨道，实现长期稳定增长。对国民经济运行中可能出现的短期、中期、长期波动，分别从需求及供给的总量及结构上进行调节，尽可能淡化周期波动，促进长期稳定增长。

第四，调整、协调社会上各利益集团的利益关系等。

显然，这种新的计划管理目标模式决定了它不能以传统的计划管理方式和计划模式及其改良为其实现形式，而必须寻求新的计划管理方式和新的计划模式。我认为，政策性计划可以成为我们寻求新的计划管理方式和模式的借鉴。

---

* 本文原载于《福建经济》1988 年第 9 期。

一、政策性计划的定义

政策性计划是日本等市场经济国家二次大战后在经济复兴计划及国家干预社会经济活动的基础上发展起来的一种计划类型。系统的政策调节，是它的最重要特征。所谓的“政策性计划”，丁伯根认为就是“计划的经济政策”；发展经济学家罗森斯坦·罗丹的定义是“即明确详细地表示其目的与手段的协调一致的无矛盾的经济政策的别名”；日本经济学家大来佐武郎则称之为“以量化形式表现的，具有一定目标的经济政策的总称”。

从以上论述及日本等国的实践来看，政策性计划是政府在对一定时期的国民经济及国际经济情况预测的基础上，确定本期的政策目标及其优先顺序、数量表现，以及为实现其目标所运用的协调一致的政策手段，和以此调节、引导国民经济发展的经济政策系统。

政策性计划与凯恩斯主义的国家干预、需求管理政策有很深的渊源，可以说是它的一种发展，但又有很大区别。

第一，与重视短期平衡的需求管理政策不同，政策性计划更重视较长期限的经济发展，日本战后编制的 13 个经济计划，期限少则 3 ~ 4 年，长则达 10 年。

第二，系统化的多重政策目标。政策性计划包括的计划目标较多，且内容丰富，既包括短期的经济稳定，又包括了中长期的产业结构调整、现代化及提高劳动生产率等目标；既包括经济发展，又包括社会发展、科技进步以及收入增长、分配等方面的目标。每个计划期根据其主要政策目标，提出若干重点政策课题，形成目标系统。

第三，多种政策手段搭配使用。政策性计划的政策手段比较多样化，主要有财政政策、货币政策、直接统制、制度变更四大类。其中财政、货币政策除总量政策外，还包含结构性调整的质的政策手段。如要同时实现两个以上的政策目标，往往采用多种政策手段搭配使用。

政策性计划与社会主义国家传统的国民经济计划相比，除前述依据的基础、计划出发点不同外，尚有如下不同。

第一，多种计划主体并存。典型的计划经济中，企业、地方、部门都只是分解的国家计划指标的承担者、执行者。因此，严格地说，传统的计划管理模式中只有一个计划主体，即国家。而政策性计划承认多类型、多层次计划主体的存在，企业、地方政府的计划独立于国家计划，相互之间的关系是对策博弈关系。国家计划基于这一关系而制定、而决定其政策手段的运用。

第二，计划实现手段不同。计划经济国家传统上以指令性计划为其主要的、基本的实现手段。政策性计划虽不完全排斥类似指令性计划性质的直接统制手段的应用，但仅仅作为补充手段。其主要的、经常的实现方式，是信息的提供、财政货币政策的运用及制度的变更。如从决策论的观点看，影响决策的方式大体可分为三种：一是直接干预其决策；二是改变其决策环境、条件；三是改变决策者赖以决策的信息。可以看出：指令性计划属于第一类而政策性计划侧重于后两者。

二、政策性计划的结构

政策性计划以政策目标、经济政策、政策手段为核心内容。

（一）政策目标

包括计划的目标与围绕它展开的若干重点政策课题。以日本为例，1955 年制定的“经济自立五年计划”的目标是“经济自立、充分就业”，围绕这一目标的重点政策课题是“设备的现代化、振兴贸易、提高自给程度，节约消费”。1960 年提的“国民收入倍增计划”目标是“极大增长、提高生活水平、充分就业”，重点政策课题是“社会资本的充实、产业构造的高度化、二重构造的缓和与社会的安定”。1979 年提出的“新经济社会七年计划”目标是“向高度增长后的新的安定成长轨道的转移”，重点政策课题是：“实现充分就业与物价稳定、国民生活的稳定和充实、对国际经济社会发展进行协调并作出贡献、确保经济的稳定、培养发展的基础、财政再建与金融的新的适应。”

（二）经济政策

为实现计划目标及重点政策课题，需借助各种经济政策。经济政策的种类很多，若按其功能可大致分为：

第一，经济过程政策，如经济稳定政策、经济增长政策、产业结构政策、收入分配政策等；

第二，经济秩序政策，如产业组织政策、经济体制政策等；

第三，经济基础政策，如基础设施政策、环境资源政策、人口、教育政策、科学技术政策等；

第四，国际经济政策等。

（三）政策手段

经济政策的目标体系是多层次的，为实现基本的社会经济目标，需提出重点政策课题；要实现重点政策课题，又要借助众多的经济政策。但它们本身也不是最终的政策手段，而是中间目标。例如：为改善供给需调整产业结构，产业结构政策提出了产业结构调整的方向、目标；而它的实现还需借助财政金融等政策工具的操作。政策手段很多，但大致可归为以下四类。

第一，财政政策：包括量的财政政策，如财政收支平衡政策；质的财政政策，如支出政策与赋税政策。

第二，金融政策：包括量的金融政策如再贴现率、准备金率及公开市场业务；质的金融政策如窗口指导、选择性融资等。

量的财政、金融政策，主要用于短期需求管理，实现经济稳定，刺激增长等政策目标；质的财政、金融政策，用于结构调整、收入分配及经济基础建设等方面的政策目标。

第三，直接统制：包括进出口限制、汇率管理；工资、价格限制；投资规定等。

第四，制度变更：即通过法律、制度的变更，调整现行经济运行的框架。具体说来，又可分为两类，一种是强化现行政策手段的调整，称为质的政策；另一种是对现行体制框架进行较大改革，称为改革性政策。

以上四类政策工具，直接统制与商品经济的原则不协调，因而仅作为紧急措施，政府保留运用的权力，但平时不轻易动用；为保证制度的稳定性、法律的权威性，制度变更，尤其是改革性政策也不便时时动用。因此，政策性计划的主要的经常的实现手段是财政、货币政策。事实上它也是实行“国家调控市场，市场引导企业”的基本调节手段。

三、政策性计划的功能及效果

政策性计划的功能主要包括三个方面。

（一）预测、提示

政策性计划建立在对国民经济现状的调查、未来的预测基础上，计划提示了政府的政策目标与手段，并对加以调控后的国民经济可能发展状况予以估计，计划虽不直接控制个别经济主体的行为，但不因此无效力。它提供的信息足以影响个别经济主体，尤其是企业的行为。若政府过去的预测较成功、调节较有效，这一功能将进一步提高。

（二）政策协调

一定时期内，政府往往具有多重政策目标，它们之间可能一致或互补，但也可能互相矛盾，需要协调、需要权衡取舍，以形成统一的目标系统；为实现多重目标，往往要同时运用多种政策手段，而不同政策手段又往往由不同政府部门分别施行。政策性计划的制定为政策目标的统一、各政府部门协调调控行为、实现系统的政策调节提供了基础、方向。

（三）调整、协调各经济主体之间的关系

商品经济必然导致经济利益的多元化，形成利益集团。他们之间、他们与政府之间，既存在共同利益又存在利益冲突。通过各方代表共同参与制定计划，互通信息，协商对话，调整利益关系，对计划目标等事先达成协议，既有利于计划实现，又有助于经济协调、稳定地发展。

对于政策性计划，国内外经济学界从不同评价角度，用不同评价标准，历来褒贬不一。如果我们从它在日本等国得以长期、不间断的实施，从日本战后经济发展的实绩以及它在其中的作用出发，应当承认：

它在对经济预测的基础上，正确确定政策目标，进行适时适当的政策诱导，有利于缓和经济的周期波动，维持、促进经济的较快增长；有利于经济在结构剧烈变动时期较顺利地实现产业构造的现代化；有利于调整、缩小地区、部门、个人之间的经济差距与收入差距。

它通过社会各阶层参与计划制定，提高了政府及其他经济主体对经济活动的预见性、计划性与协调性，增强了国家计划的透明度，并在一定程度上阻止了政府因政治上的考虑对经济的任意的或不合理的干预。

它以经济政策为调节手段，较好地做到在基本不破坏市场机制的前提下，实现商品经济内在的计划化要求，较好地解决了计划与商品经济的有机结合问题。这也许是最值得我们重视的成果。

虽然我国曾长期实行计划经济，但是，应当坦率地承认，对商品经济基础上的计划调节，我们并不熟悉。在实现计划管理职能转变、运用政策手段调控经济问题上，政策性计划是值得学习、借鉴的，可以作为我国未来商品经济基础上计划管理的一种目标模式。

第八篇

我国现阶段社会总供需统计口径的界定*

社会总供需属于社会化生产与商品经济的共有经济范畴，然而，其定义至今众说纷纭。本研究认为分歧不仅来自不同的经济理论背景，而且与不同经济秩序下的宏观调控实践密切相关，因此，确定我国社会总供需统计范围，应从下面两个方面进行分析。

一

社会总供需定义上的主要分歧之一是它是否应包括中间产品供需。

认为应作肯定答复的观点源于马克思的社会再生产理论，虽然马克思没有直接定义、专门论述过社会总供需，但是，根据马克思对社会总产品、社会总收入、社会纯收入等一系列有关概念及社会总产品实现问题的分析，① 可以得出结论：社会总产品是计算社会总供需的基础，即社会总需求是一定时期内社会对全部生产资料与消费资料的有支付能力的需求总和，包括中间需求和最终需求；社会总供给是一定时期内生产经营者以商品形式提供给社会的生产资料与消费资料的总和，包括全部的中间产品和最终产品。②

凯恩斯定义社会总供需为社会总收入（要素成本加利润），并明确指出：不能包括“使用者成本”即中间产品，否则将导致“严重复计之病”，使总供需规模受社会分工程度及企业间相互购买量变化影响而变动不定，失去“确切

---

* 本文原载于《西安统计学院学报》1990 年第 3 期。

① 《资本论》（第 2 卷）（第 3 篇）。

② 现行统计中的社会总产品（值）指标在包括范围，计算方法上都与马克思定义的社会总产品有所不同，本文使用的社会总产品（值）概念基本上与后者相同，但包括劳务产品在内。

不移定义”,[①] 凯恩斯的定义源于斯密对社会产品价值构成的分析。[②] 西方经济学定义 GNP 为社会总供需，基本上是承袭了凯恩斯的定义。

有论者认为并存着三种口径的社会总供需概念：社会总产值、GNP 和国民收入。[③] 但是，社会总供需究竟应是 C + V + m、C_1 + V + m 还是 V + m，其理论背景十分明显，三者不能同真，否则，总供需范畴也就无确切含义。

至今，对定义社会总产品为总供需的批评仍集中于凯恩斯在《就业利息和货币通论》中所批评的两点，一是所谓的“严重复计之病”，即重复计算问题。

社会再生产理论认为：社会总供需是社会再生产运动过程中产生的诸种需求与供给的总和，它应包括社会在一年内生产、使用过的全部产品。即社会总产品，尽管它的相当部分每日每时都被生活、生产所消费而不复存在，但其作为本年总供需的一部分是不容置疑的，因此，总供需包含中间产品是对客观经济过程的如实反映而非重复计算，倘若扣除，一是人为地缩小了总供需的规模，歪曲了它的结构，二是难以反映社会再生产过程的内在联系，无法说明生产资金在总需求中的地位，也无法分析生产资料在总供给中的地位。

若视总产值包含 C 为重复计算，那么 GNP 亦未能免俗：它包含了折旧即 C_1。因此，当每年形成的固定资产是随即而非等到下年方投入生产、折旧是逐月计入成本时，GNP 便也难脱“复计之病”，例如，当年生产当年投入运营的汽车，作为汽车工业增加值它计入 GNP，而同一汽车价值的一部分作为折旧是运输业增加值的组成部分又一次地计入 GNP。这种情况在实际经济生活中并非鲜见。因此，在该问题上，若以凯恩斯之见为是，则两指标仅有程度差别而无原则区别。问题是社会总产值计算的是 C，因而完整地反映了中间供需，而 GNP 只计算 C_1，因而虽“重复”计算却未能客观地反映中间供需。

对以社会总产品为总供需的批评之二是社会总产品的规模因社会分工程度及企业间相互购买量的变化而变化。确实，因社会分工程度提高，企业生产所需的零部件从自制改为外购，或因若干有生产协作关系的企业合并，原先的企业间商品交换现在转为厂内半成品周转。按企业法计算的总产值会因之增减，这一向被视为总产值指标之大弊病，甚至使某些主张应以社会总产值为总供需的论者也难辞其咎。然而，凯恩斯的批评并不正确。他忽视了社会总产品是个经济范畴，一种产品能否成为社会总产品的一部分，并不在其是否已完成某个技术加工过程，而在于该产品在社会分工体系中的社会独立性及社会联系。同

① 凯恩斯：《就业利息和货币通论》，商务印书馆 1988 年版，第 3 章、第 6 章。

② 亚当·斯密：《国民财富的性质和原因的研究》上卷，商务印书馆 1972 年版，第 6 章。

③ 《社会总供给与总需求平衡统计理论与方法科学讨论会纪要》，载《统计研究》1987 年第 3 期。

一产品，作为某联合企业内的半成品进行周转与作为独立企业的商品进行交换，其社会经济意义完全不同，以企业法计算的社会总产值因上述原因而增减，如实地反映产品生产过程中的社会经济联系方式的变化，是对社会再生产过程的客观反映，更何况，总产值的这种变化正反映了总供需的变动：总产值的上述变动是因中间产品交易量的变化引起的，它使社会商品交易总量在最终需求不变条件下发生变化，而社会商品交易量的变化正是社会总供需的变化，认识到这一点具有重要的实践意义。众所周知，货币供应量是宏观经济的主要控制变量之一，根据经济中的商品劳务流量变化调整货币供应量，是实现宏观均衡的基本措施之一。调整的前提是正确测算货币需要量。显然，这种变动不居，无“确切不移定义”的社会总产值是测算的基础。固然，西方国家一向以GNP为测算货币需要量的主要依据，但其隐含前提是：该社会的中间需求与最终需求之比是常数，即社会经济结构是相对稳定的。而在我国，目前正处于人均GNP265～1075美元这一社会经济结构变化最剧烈的发展阶段，因此，根据GNP测算货币需要量尤为不合适。

简而言之，凯恩斯的批评不能成立，根据马克思的社会再生产理论，以社会总产品为基础，定义社会总供需是正确的，而凯恩斯的社会总供需定义是错误的。

二

社会总供需概念的界定，固然有其理论背景，但是，作为反映宏观经济运行状况的基本指标，它的计算必须满足国民经济宏观管理的需要。由此反过来，不同经济秩序下的宏观调控模式对社会总供需概念的形成也有极大影响。

从社会产品的再生产运动过程来看，社会总需求可以分为最终需求与中间需求。这二者在需求形成问题上的地位是不同的。前者是初始需求而后者是引致需求，即社会对中间产品的需求是因生产最终产品的需求而产生的。一定时期内，社会对中间产品的需求增加或减少，主要是由最终需求的变化导致的；而社会对最终产品需求的变化，却基本上不是中间需求变化引致的。当然，由于社会生产的分工，专业化协作程度，生产的技术经济联系方式的变化，最终需求与中间需求的变动不可能是完全一致的。

在市场经济条件下，社会总需求的调控是利用最终需求与中间需求的这种关系间接进行的，政府运用财政货币政策扩张或紧缩最终需求，使消费品与投资品的需求价格发生变化，而它引起预期收益的变化，促使厂商相应地调整他们对中间投入的需求，从而使政府对最终需求的调节因之扩展到社会总需求上去。

显然，对这种社会总需求调节模式来说，社会最终需求或与社会最终需求变动有关的统计信息是至关重要的。而真正的包括中间需求在内的社会总需求变化的信息倒在其次了。

无疑，这种调控模式及其在市场经济条件下获得的某种程度上的成功对GNP，就是社会总需求这种概念的形成和盛行不衰，具有不可低估的影响。

同样，社会主义经济学不接受这一概念，也不仅是因为其理论背景相异，而且因为计划经济中的总供需调控方式完全不同于市场经济，它并不通过控制社会最终需求来间接控制社会总需求，而是直接控制社会总产品。在供给方面，国家的生产计划直接决定了大部分产品的产量、品种、规格，物资分配计划决定了中间产品与投资品的供给，消费品配给则决定了基本消费品的供给。在需求方面，财政信贷计划、投资计划及劳动工资计划等直接决定了中间需求与最终需求，在此基础上的财政、信贷、外汇、物资四大平衡则是个包括中间供需平衡和最终需求平衡在内的总供需平衡。它与相关的国民经济计划构成了国家对总供需及其各个组成部分完整而且直接的控制。

显然，对于这种宏观经济调控模式来说，有关社会总产品以及各种有关国计民生的重要产品的产量与需求的统计信息是至关重要的，因此，传统的计划经济中，国家注重社会总产品及重要产品的实物量统计，这不能仅仅视为理论偏好，而是有其经济秩序背景的，它服务于特定的宏观经济调控模式。

三

在作为改革目标模式的社会主义有计划商品经济中，社会总供需的调节、控制似应以间接为主、直接为辅，即在一般情况下，应从调控最终需求入手，实现总供需平衡。

然而，目前我国正处于向有计划的商品经济过渡的阶段，现有的经济秩序条件及供需对此状况决定了国家还不能只控制最终需求而将中间产品供需留待市场力量自行调整。当前，较适当的社会总供需调控方式，应是以重视培植供给、结构调整、控制最终需求为主，控制中间需求为辅。

我国现阶段社会总供需的特定调控方式，决定了在社会总供需的统计上，不能照搬市场经济国家，以 GNP 为社会总供需。因为，任何统计指标的设定，既要客观地反映经济运行过程，又应满足经济理论研究及经济管理实践的需要。以 GNP 为社会总供需统计口径，上述两个方面的要求都无法满足。相比之下，若以社会总产品为基础，进行社会总供需的统计，则既符合我们所遵循的理论原则，又能满足我国经济管理的实际需要。具体来说，其理由如下：

首先，根据波兹模型，社会供需平衡的实际均衡点是按短边规则进行的，由较小的有效需求或有效供给方面所决定。[①] 在需求决定上，是最终需求决定中间需求，从而决定总需求的规模，因此，西方国家一般只需计算最终需求（尽管它被错误地冠之为总需求）或若干反映其动态的指标，如物价指数、失业率、利息率、汇率等，即可大致满足其宏观调控的需要。而在我国，目前商品经济尚在发育之中，市场体系不完善、不发达，价格体系也不合理。产品，尤其是在重要生产资料和基本消费品价格中，国家定价或控价的比重还很大，大约35%的农产品，45%的工业消费品以及60%的工业生产资料，还是由国家控制价格的。[②] 这必然使价格与供需变化之间缺乏内在联系。市场结构不完善及价格信号失真，使上述那些指标难以真实反映供需状况，因而必须直接计算供给与需求。而在供给决定上，恰与需求决定相反，是社会综合生产能力决定了社会总供给，扣除中间消耗之后，余下的才是最终供给。如前所述，当有效供给不足时，社会供需的实际均衡点是由有效供给决定的，因此，目前在我国首先必须掌握社会总供给的大小，由此测算扣除正常的中间消耗之后，能有多大的最终供给，据此考虑最终需求（即生活消费需求与投资需求）的盘子应定多大，方能实现社会总供需的平衡。因此，以社会总产品为基础计算总供需，是现阶段我国宏观经济管理的需要。

其次，就每种产品而言，事先也只能估算其总产量，许多关系国计民生的基础产品，如煤炭、燃油、电、粮食、农副产品等，既用于中间消费，又用于最终消费，二者的比例在产品销售、使用之前难以确定。因此，在供需矛盾较突出时，必须根据总供给，对其中间需求及最终需求作统一平衡，这也要求计算总供需。

再次，对那些基本上是用于中间消耗的产品，如钢材、水泥、化肥、农药、农膜等，也应列入社会总供需统计。因为，从需求方面来看，严格区分中间需求与最终需求是有困难的，例如，农户及个体经济货币收入中的纯收入大

① 刘小玄：《宏观非均衡模型的比较》，载《经济研究》1987 年第 10 期。

② 社会科学院经济研究所课题组：《社会主义经济体制改革理论的反思》，载《经济研究》1989 年第 10 期。

小是较难确定的，事实上他们也不可能严格地按其收入的性质支配其支出。因此，把中间需求和最终需求作为一个整体计算，有利于供需平衡。而从供给方面来看，我国目前不少中间产品如化肥、农药、农膜等农用物资及许多工业基本原材料严重短缺，严重地影响了最终供需及社会总供需的平衡。为保证大局稳定，实现其产业政策构想，国家必须对部分中间产品供需实行直接管理，这也要求统计社会总产品口径的总供需。因为，GNP 口径的“总供需”是不能满足我国当前客观经济管理的需要的。

最后，针对我国正处于经济结构急剧变化的发展阶段，最终需求与中间需求的比例变化较大这一情况，以社会总产品为基础统计社会总供需，也有利于正确测算货币需要量。

总而言之，我们的结论是：以社会总产品为基础定义社会总供需，是符合社会再生产过程的客观实际的，因而在理论上是正确的，我国现阶段宏观经济管理的特点也决定了需要这种口径的社会总供需统计。

产品实物总量的国际比较*

——“国际比较项目（ICP）”评介

联合国、世界银行与美国宾夕法尼亚大学合作进行的“国际比较项目（ICP）”的一些阶段性研究成果最近逐步被介绍到我国。按照“国际价格”（又称“国际美元”）计算的世界部分国家的 GDP 及其对比关系，不同于按汇率换算的结果，引起经济、统计学界的兴趣。了解 ICP 的计算思想、方法，对正确评估、使用 ICP 数字不无好处。因此，本文拟对此做些初步评价。①

一

第二次世界大战后逐步建立、完善并推广开来的国民经济核算体系（SNA）为比较各国经济活动总量提供了一个共同的比较基础。然而，固定的官方汇率对各国通货购买力的变动不敏感，不是换算各国产值的理想尺度。因此，从 20 世纪 50 年代起，一些经济、统计学家及有关国际经济组织开始对国家间的产值换算比较进行研究。1965 年，联合国统计委员会第 13 次会议讨论了用各国通货标示的国民账户中的各种总计量在国与国间比较时的变换问题，建议进行产值、购买力水平的国际比较研究。1968 年下半年开始了国际比较项目（ICP）的研究活动。担任研究项目主任的是 I. B. 克拉维斯，项目顾问委员会由 S. 库茨涅茨、R. 斯通、M. 吉尔伯特等著名经济、统计学家 12 人组成，哥伦比亚、匈牙利、印度、日本、肯尼亚、美国、英国、法国、西德和意大利

---

* 本文原载于《统计研究》1989 年第 5 期。

① 本文对 ICP 的介绍主要依据 I. B. 克拉维斯等：《总产值和购买力的国际比较体系》(《Phase Ⅰ：A System of International Comparisons of Gross Product and Purchasing Power》，文中资料、表格、引文如无另注外注解，均引自该报告。

作为项目第一阶段研究的样本国家参加了合作研究。

二

由于欧美各国主要按支出法计算 GNP 和 GDP，有关资料较详尽，因而，ICP 选择支出法计算的 GDP 进行比较。

ICP 的实际工作分三个阶段：第一阶段，制定 GDP 的共同分类，将项目国家的 GDP 分解成明确的类、细目。从技术上说，这是为分类抽选代表货物（或劳务）样本进行价格、数量比较做准备；从结果上说，分类使 GDP 能进一步分解比较。第二阶段，选取代表货物样本，使各国同项样本在质量上相称或可比。第三阶段，对每个细目进行数量、价格比较，最后加总比较。

ICP 的分类以联合国的《国民账户体系（1968）》的分类法为基础，并根据 ICP 的特定需要作了某些修订。其中，对生产者耐用品，应用了国际标准产业分类法（ISIC）。

根据 ICP 分类原则，项目国家的 GDP 被分解为三大类 153 项细目，即：消费：（110 项）；资本形成（38 项）；政府（5 项）。每个细目内又保护一定数目的代表货物，例如消费类中的“牛奶、干酪、蛋类”项进一步分为三类，其中的乳制品又选取了浓缩牛奶、炼乳等九种代表货物，而“鲜水果和鲜蔬菜”项中的鲜蔬菜更选取了 20 种以上的代表货物。

选择代表货物依照两个原则：一是“集中选择”原则，即选择最大开支分量的商品；二是“共同性”原则，即选择在每个国家的消费中必须是重要的或至少是共同使用的商品，而且要求它们在质量上是相称的。显然，对于经济发展水平、生存环境、风俗习惯都相差很大的世界各国来说，这似乎是起码的要求，却导致了可比性与代表性的两难选择。

ICP 比较分双边及多边比较。双边比较（其中又分“原始的—国家比较”和通过“搭桥国家”的双边比较）的第一步是计算细目的价格比率。虽然每个细目往往不止包括一个代表货物，但因最终开支的比重只算到细目，因此对细目中存在一个以上的价格用未加权的几何平均法求平均数，其公式是：

$$\left(\frac{P_j}{P_n}\right)_i = \left[\prod_{a=1}^{A}\left(\frac{p_{aj}}{p_{am}}\right)\right]^{\frac{1}{A}} \qquad (1)$$

其中，$\left(\frac{P_j}{P_n}\right)_i$：第 i 类商品的第 j 国对第 n 国的平均相对价格或购买力平价。

P_{aj}：第 j 国第 a 种货物的价格（以第 j 国通货表示）；P_{an}：基准国家（在 ICP 第一阶段研究，是美国）的第 a 种货物的价格（以美元表示）；A：第 j、n 国的第 i 细目内代表货物的品种数。

对各细目的购买力平价 $\left(\frac{P_j}{P_a}\right)_i$ 加权平均使得两国 GDP 的购买力平价，双边比较的购买力平价分别用基准国家的开支权数及配对国家自身的开支权数加权，其指数公式分别为：

$$\sum_{i=1}^{m}\left(\frac{P_j}{P_n}\right)_i \times W_{in} \tag{2}$$

和

$$\frac{1}{\sum_{i=1}^{m}\left(\frac{P_n}{P_j}\right)_i \times W_{ij}} \tag{3}$$

其中，下标 i 指比较的细目，n 是基准国家的标志，j 是配对国家的标志，而权数是：

$$W_{in} = \frac{e_{in}}{\sum_{i=1}^{m} e_{in}} \tag{4}$$

和

$$W_{ij} = \frac{e_{ij}}{\sum_{i=1}^{m} e_{ij}} \tag{5}$$

其中，e 是用本国通货表示的按人口平均的开支。

由于按美国权数与配对国家的权数加权的结果差异很大，因而用费雪的理想指数求出二者的等比中项，不同权数的计算差异如表 1 所示。

表 1　　　　1970 年各国的价格指数与人均产量指数

（以美国指数 =100）

国家	价格指数			产量指数		
	美国加权	自身加权	理想指数	美国加权	自身加权	理想指数
英国	78	66	72	68	58	62
法国	89	74	81	82	68	74
意大利	83	66	74	54	43	48

双边比较法用于国际比较的问题是：第一，不能给国际比较产生传递的体

系；第二，逐个比较，工作量极大（其对数为 $C_{mn}^{n} = \frac{m!}{(m-n)n!}$）；第三，不能充分利用全部的价格资料；第四，比较的结果受基准国家的影响很大。

因而，作为更广泛的国际比较，ICP 运用多边比较法。作为期望的特征，ICP 要求多变比较运用的指数具有：第一，国家基准的不变性。即在最后对比中，做到选择哪个国家作基数都无差别，选做基准的国家仅用作计算的基础，别无其他含义。第二，各国平等对待。即对 ICP 国家采用这样的办法，使 ICP 国家相对整个世界的缺乏代表性不至于不恰当地影响最终比较。第三，传递性。即所寻求的每一价格或数量指标应使任何国家的指数的比较都是可传递的。第四，相加的一贯性。以价值表示的数量按每一类目进行计算，这样任何一个类目的价值在国家之间将都是直接可比的；任何国家的价值在各类目之间是直接可比的。第五，统计的效能。ICP 的重要数据是通过抽样收集的，因而使用的多边方法应使数量和价格指数对抽样误差相对不敏感。

根据这些要求，ICP 在 4 种可选择的多边方法：沃尔什法、埃科肖法、范·伊齐伦法及吉尔里－卡米斯法中选取了后者。吉尔里－卡米斯法计算“国际价格（Π_i）”及“购买力平价（PPP_i）”的方程式体系为：

$$\Pi_i = \sum_{j=1}^{n} \frac{p_{ij}}{ppp_i}\left[\frac{q_{ij}}{\sum_{j=1}^{n} q_{ij}}\right];\ i = 1,\cdots,m \tag{6}$$

$$ppp_i = \frac{\sum_{i=1}^{m} p_{ij}q_{ij}}{\sum_{i=1}^{m} \Pi_i q_{ij}};\ j = 1,\cdots,n \tag{7}$$

其中，Π_i：i 类商品或劳务的“国际价格”；p_{ij}：第 j 国 i 类商品的价格；q_{ij}：第 j 国 i 类商品的权重；ppp_j：第 j 国通货的购买力平价；m：商品分类细目数；n：ICP 国家数。

式（6）的经济含义是：第 i 类目的国际价格是 n 个国家第 i 类目的购买力调整过的数量加权平均数；式（7）说明：一国通货的购买力平价等于以本国价格表示的全部货单上的成本对国际价格成本的比率。

ICP 计算“国际价格”购买力平价的目的在于以此估算比较世界各国的 GDP，估算的信度不仅取决于代表货物在 ICP 国家间的可比性、代表性及适当的权数，而且取决于 ICP 国家对作为母体的世界各国的代表性、可比性。如果 ICP 国家不是适当地代表了全世界国家，那么，“国际价格”（从而以国际美元表示的各国人均 GDP）就要取决于那些偶然落在国际比较项目的国家，比较的信度势必大大降低。

以 ICP 第一阶段研究为例，可以发现：该阶段的国际比较项目组中，发展中国家显然代表不足，而且地理分布也远非随机抽取的：西欧国家的代表过多而非洲、亚洲、拉丁美洲代表不足；从总收入水平看，ICP 国家显然比作为母体的世界更富裕；1970 年发达的市场经济国家的 GDP 总额为 20832 亿美元，而发展中市场经济国家为 3866 亿美元，比率是 5.4∶1，而 ICP 国家中的这一比率为 28∶1，实践证明，这种偏差使仅仅根据 ICP 国家的价格结构计算的“国际价格”进行核算比较，会引起低收入国家产值猛升，此即著名的“格申克龙效应”。

为纠正这种偏差，ICP 采用构造“超等国家”，调整权数的方法。即参照 ICP 十国的每个国家，以收入或其他标志（如地理位置等）将列入《世界银行图表集——1972 年》的全部国家分成十个超等国家。属于某超等国家的 ICP 国家称为前者的“代表国”，每个超等国家被认为同其“代表国”有同样的价格和开支结构。因此，ICP 计算的是“国际价格（$\Pi_{i\$}$）”和十个超等国家的”购买力平价（$ppp_{i\$}$）”，即估计的是代表国的 GDP，但决定各国价格在国际价格中的重要性的却是超等国家的权数，各种不同加权计算的结果的差异如表 2 所示。

表 2　各种加权法与三级加权法的结果差异百分比

国家	六级加权（1）	地理加权（2）	未加权（3）	未加权（每人）（4）
哥伦比亚	1.9	3.1	17.5	9.4
法国	3.8	4.3	3.9	0.2
匈牙利	4.8	2.5	11.2	4.5
印度	4.2	2.9	22.5	12.7
意大利	4.2	3.9	7.3	2.8
日本	2.8	4.2	6.5	1.8
肯尼亚	6.3	5.3	26.3	17.6
英国	3.0	2.0	6.8	2.7

注：ICP 第一阶段研究采用三级加权法，其中，第一级为：美国、法国；第二级为：英国、日本、意大利、匈牙利；第三级为：哥伦比亚、肯尼亚、印度。

从表 2 第（3）、（4）栏可以看出，加不加权对发展中国家影响很大，对发达国家影响较小。

三

ICP从1968年开始第一阶段研究，目前正进行第五阶段研究。项目国家从最初的10个扩展到70个。其成果（尽管还不是最终成果）为认识世界经济格局，各国经济实力消长及比较经济研究提供了新的视角、新的素材；其方法对统计理论研究的意义自不待言；由此也产生了对经济统计方法、指标的经济学反思的必要。因此，ICP在国内外、理论、实际部门引起了兴趣，绝非偶然。

但是，如同所有的理论与方法，ICP也不可能尽善完美，其适用范围也非无限，对此我们应有所认识。

第一，ICP用国际价格计算的GDP，实际上是计量各国产品实物总量，与GDP的本来定义有差距。ICP遵循“一个马铃薯就是一个马铃薯”的规则，认为“1月生产的草莓与6月生产的草莓没有差异，仅仅是更多耗费而已”。它“仅仅比较每一经济对它的居民供给的马铃薯和袜子及其他等等的程度，而对其伴随的服务的性质和程度则没有管”，而且也“不考虑每次交换中购买的平均数量的国际差异”。

上述规则的暗含假定至少是：第一，各国商业、货运业的差异是不予考虑的；第二，价格对一国的产量、生产、消费构成无影响，因而可以把价格仅仅视为同度量因素。

事实上，产值（尤其是以现价计算的）从价值角度看，是对既定时期耗费的社会必要劳动的社会承认；从使用价值角度看，是对既定时期生产的产品有用程度的社会评价。因此，商业、货运业产值是GDP中不可或缺的部分，价格在产值统计中也绝不仅仅是同度量因素。以此观之，ICP的GDP与各国的实际GDP有着不同的经济含义，前者不过是产品实物总量的一个计量而已。

同理，ICP的GDP也不是各国经济福利水平或居民生活质量、水平的良好度量。因为，以此度量福利水平、生活质量或水平，实际上是认为不同收入水平的消费者对同一产品的福利评价是同一的；消费不同质量产品的居民的生活质量、水平是相同的。实物性原则事实上与代表货物质量相称原则相悖。固然，应当承认统计反映的近似性，但注意到差异所在却非无益。

第二，计算GDP，一个重要目的是反映经济活动总量。各国因生存环境，资源赋存条件不一，因此，即使生产同一产品，投入未必相同，同一产品所代表的经济活动量不同。在完全自由贸易条件下，生产要素的自由流动会逐渐消除这种差异，目前条件不具备，应承认各国的同一产品代表着不同的经济活动量。用 ICP 的 GDP 比较经济活动总量，应注意其差距。

第三，ICP 作为对产品实物总量的计量，存在着高估低收入国家产量的倾向。如前所述，为克服格申克龙效应，ICP 采用构造超等国家，以世界产量结构加权的修正方法。但这仍难以克服格申克龙效应。因为当今世界发达国家少而产值比重大；发展中国家多而产值比重小（1970 年全球两者产值比为 5.4∶1）。即使按真实世界产量结构加权，显然在“国际价格”中起决定作用的是发达国家的价格，即 ICP 是按接近发达国家的价格水平及结构来换算 GDP 的，其结果如何？注意观察一下发表的历年 ICP 数字，可以发现：发达国家的 ICP 数字与用汇率折算的数字差距较小，而发展中国家则差距较大，而且大大抬高发展中国家的 GDP 水平，一般是汇率换算的人均 GDP 的 2 ~ 3 倍。[①] 对此，一个初步解释是：国际贸易商品的生产成本及价格在不同国家有趋同的倾向，而非国际贸易商品，尤其是劳务产品的价格，则受国内收入水平的制约，发展中国家劳动力资源充足而其他生产要素短缺，发达国家劳动力价格高，因此劳务这种劳动密集型的产品的价格自然相差较大，加之上述 ICP 对商业、货运业产值的差异不予以考虑，因而，用“国际价格”计算发展中国家的 GDP，估计势必偏高。

这显然不合理。因为，事实上发展中国家这部分产值在国民经济中并不占如此大的比重。发展中国家在目前收入水平（即使是按 ICP 计算的总收入水平）下，也不可能以这种“国际价格”水平消费如此比重的这类产品。这种高估部分对发展中国家来说是虚假的。

退一步，作为一种假设：有朝一日世界实现了完全自由贸易，那时的世界价格结构是否接近、趋同于现在的 ICP 的价格结构？也不可能。因为生产要素的自由流动必然带来新的组合，从而产生新的产量水平及结构。新的价格水平及结构，它当然不同于现行的 ICP，更何况那时世界各国都将按照其现实的结构与水平计算，比较产值，根本就不必借助 ICP 了。

如果考虑到 ICP 研究的政策目的，这种偏差就更值得重视。ICP 认为，这样的比较对国际级和国家级的政策意图也是有用的。举例来说，评价收入水平上的差异，在分配援助和判断其效率时是极为重要的。这样的比较，在分摊国际的负担，不论对国际机构的经常费用或对于发展的目标或军事的目标，也是直接有关的。因此，发展中国家对应用 ICP 法进行国家比较持慎重态度，完全

① 世界银行：《1987 年世界发展报告》，中国财经出版社 1987 年版，第 270 页。

是合情合理的。

此外，ICP 研究在方法上，技术上还存在一些问题，这里就不一一提及了。这些问题或可通过研究得以逐步完善，但上述方法论上的缺陷，由此带来应用上的局限，是我们在应用 ICP 数字时应予以注意，慎重对待的。

试析 MPS 与 SNA 国民经济综合指标的换算对比方法*

国民经济的综合指标是一国既定时期经济活动总量的观念总结。通过对这些指标的比较，可大体看出各国经济实力的大小，发展水平的差距。由于 MPS 与 SNA 核算方法的不同，东西方国家产值口径差距甚大，必须适当调整，消除不可比因素，方能说明问题。

钱伯海教授认为："要把不同核算体系的国民收入（或国民生产总值）换算为另一体系，另一货币单位的国民收入，需要进行四个因素的调整，即：包括服务价值的夸大率、批零价格换算系数、两国价格水平对比的价比指数、两国货币的兑换率。"①

而徐唐先同志对钱伯海方法中的批零价格换算系数公式提出了改进意见。②这里想就个人一些不成熟的看法向钱伯海与徐唐先两位请教。

一、一个还是两个换算口径

MPS 的国民收入与 SNA 的 GNP 在统计口径上的主要差别之一是，前者不包括服务价值，两者进行比较时，需要调整。

钱伯海认为："要对比和换算国民生产和收入指标，可以将 SNA 的生产收入指标，减去服务价值，也可以将 MPS 的生产收入指标加上服务价值。"③ 只

---

* 本文原载于《统计研究》1987 年第 5 期。

① 钱伯海：《国民经济综合平衡统计学》，中国财政经济出版社 1982 年版，第 137 页。

② 徐唐先：《试论中外产值指标对比中批零差价和批零构成的调整方法》，载《统计研究》1987 年第 1 期。

③ 钱伯海：《国民经济学》（上册），中国财政经济出版社 1986 年版，第 198 ~ 199 页。

要统计口径一致，“以国民生产总值对最终产值或者以国民收入对国民收入，”都可以。[①]

比较产值，目的在于比较既定时期两国经济活动总量的大小。统计固然可以用多种方法进行反映，但结果应基本一致，否则其中必有某种方法是错误的。

以中美产值比较为例。1979 年美国的 GNP 为 23768.69 亿美元，中国为 2507.7 亿美元，[②] 中国的经济活动总量为美国的 10.55%。同年，中国的国民收入为 3350 亿元，[③] 美国为 23954 亿元，[④] 中国的经济活动总量为美国的 13.99%，暂排除二者都有计算错误的可能，如果按 GNP 能较准确地反映经济活动总量，那么，按国民收入口径算，夸大了中国经济活动总量的 32.61%；反之，如果按 MPS 的国民收入口径计算较准确，则按 GNP 算，缩小了中国经济活动总量的 24.59%。二者孰是孰非？按钱伯海的看法，二者都是正确的。但是，$\frac{1}{4}\sim\frac{1}{3}$的差距怎能认为是一般的统计误差？

问题在于服务价值。1979 年中国的 GDP 中服务价值占 22%，美国占 63%。[⑤] 因此，都按 SNA 或是 MPS 口径算，从表面上看，双方口径完全一致，是在平等基础上的比较，但实际上却不是这样。因为若 MPS 的口径是科学的，按 SNA 算，中国的经济活动总量仅被扩大 28.21%，美国的却扩大了 170.27%，中美双方比较 GNP，是各自经济活动总量的 128.21% 比 270.27%。若 SNA 口径较准确，按 MPS 计算，等于用中国经济活动总量的 78% 与美国的 37% 比较。只有当两国服务比重相同时，按两种口径比较，结论才会一致。

统计口径一致是进行比较的必要前提，而非充分必要条件。更重要的是指标本身是否客观、准确地反映了事实。离开这一点而仅仅要求统计口径一致，结果是形式上科学、可比而事实上不可比、不科学。真正科学的比较，只能是根据事实，采用一种口径。

本研究认为：从设置国民经济综合指标的目的在于计量一国经济活动总量的角度来说，SNA 的 GNP 比 MPS 的国民收入更合适些。当然前者也有缺陷。

---

① 钱伯海：《国民经济学》（上册），中国财政经济出版社 1986 年版，第 198 ~ 199 页。

② The World Bank, World Development Report 1981, pp. 134 – 135。

③ 《中国统计年鉴（1984）》，中国统计出版社 1984 年版，第 29 页。

④ 按钱伯海的方法改算为 MPS 的国民收入，见钱伯海：《国民经济综合平衡统计学》，中国财政经济出版社 1982 年版，第 137 页。

⑤ The World Bank, World Development Report 1981, pp. 138 – 139。

严格、科学的比较，似应如此；对采用 MPS 的国家，加上应计而未计入的服务价值部分；对采用 SNA 的国家，扣除其 GNP 中包括的非经济活动部分。

考虑到 GNP 中非经济活动的比重不大，主要是政府购买的一部分劳务，约占 GNP 的 5%。① 可直接比较双方按 SNA 口径计算的 GNP，以反映两国经济活动总量的大小。

二、批零差价率的不同不宜调整

钱伯海与徐唐先认为：西方各国的批零差价率比我国大得多，在进行对比时会造成两国实物量相等而产值指标不等的不可比现象，因此，不能以最终销售价格计算的产值指标作为双方对比的标准。“对由于批零差价不同所造成的产值指标的不可比进行调整换算是完全必要的。”②

他们的意见是：两国产值相比，不是比经济活动总量而是比拥有的产品实物量。如果说扣除服务价值，是从比经济活动总量降为比五大物质生产部门的活动，调整批零差价，则进一步降为比较工、农、建筑业的实物产品了。运输业、商业因为没有实物产品，便不属于该国经济活动的一部分了。

对此存在三点疑问：

第一，一国的实物产品总量能否反映该国的经济活动总量？

从 MPS 的国民收入来看，五大物质生产部门中，仅工、农、建筑三个部门有实物产品。假设两国这三个部门产品实物量相等，但甲国国土广大，人口稀疏；乙国国土狭小，人口密集。为生产和消费同样的产品，甲国所需运输劳动要大于乙国。甲国的国民收入必大于乙国。那么，两国的实物产品量是不能反映他们经济活动总量差异的。

第二，不同国家产品实物量一样，产值不相等，是否合理？

实物量相同而价格不同，会使产值不同。价格不同说明生产同一产品，两国的社会必要劳动消耗不同（假定两国币值相等）。国与国之间因生产要素稀缺程度不一，要素价格不同，尽管生产同一产品的实物投入相同，但成本不同，因此，不仅产品绝对价格不同，而且相对价格也不同。因此，两国实物量相等而产值不等并不悖理。

---

① 《国外商业研究资料》，商业出版社 1984 年版，第 67 页。

② 钱伯海：《国民经济综合平衡统计学》，中国财政经济出版社 1982 年版，第 134 页；徐唐先：《试论中外产值指标对比中批零差价和批零构成的调整方法》，载《统计研究》1987 年第 1 期。

两国产品比价不同的现象会因贸易（在完全自由贸易条件下）而逐渐消除。因为贸易改变了两国的要素配置，使生产成本一致。在目前根本达不到这一步，因而不考虑两国现阶段价格形成上的差异，抽象地要求同一产品必须统一价格，尤其是按其中某方标准统一为同一产品实物量，必须产值相等，这种把价格仅看作是权数和同度量因素，随意根据一方价格标准调整另一方产值的做法，不是人为地夸大一方便是人为地压低另一方的经济活动量。

第三，即使仅仅由于批零差率不同使两国零售价不同，是否需要调整？

应当承认：西方国家的批零差率比我国的大，似需调整。事实恰恰相反。

零售价格作为商品的最终实现价格，是价值的完整表现。商品实现过程中的历次加价，反映商品从生产领域进入流通领域后，不同商业环节上的追加劳动，它使商品的价值得以实现，商业部门因之获得生产部门让渡的利润。流通环节多，商业利润增加，生产部门的利润就相应减少。这只会影响剩余价值在不同部门间的分配比例，而不致改变产品的价值量及最终实现价格。有关统计资料证明了这一点（见表1）。

表1　流通环节的变化引起的生产者成本和出厂价格差额的变化　单位：%

流通环节	生产者获利占零售价格比重		
	制造成本	出厂价格	差额
无批发	52	72	20
一次批发	53	61	8
二次批发	50	55	5
三次批发	47	51	4

资料来源：刘世杰：《资本主义国家商业概论》，中国商业出版社1985年版，第31页。

可见，事实上是东西方国家的零售价格可比（都是商品价值的完整表现），而批发价格不可比（工商费用比重、利润分割比率不同）。

退一步说，即使东西方国家产品的批发价格相同，仅因为批零差率不同，使西方国家与中国的零售价格不同，那也只能说明西方国家的社会总劳动较多地分配于流通领域，这并不能成为否定这部分劳动属于社会总劳动的理由。为了进一步说明问题，下面对西方及我国的商业加价的主要部分作对比分析。

商业加价包括商品实现过程中的物耗、工资、利息、税金、利润等。

第一，利润。资本主义条件下，利润平均化规律决定了商业不可能比其他产业有更高的利润率。据统计，1970年美国批发商业的销售利润率为3.3%，零售为4.4%。[①] 而1977年美国制造业的销售利润率是6.28%。[②]

与我国商业相比，差距也不大。1969年原商业部系统零售商业销售利润率是6.91%，1967年原供销社系统的销售利润率是2.44%。1976年、1980年、1982年两系统销售利润率的平均水平是：4.7%、4.56%、2.86%。[③]

若商业环节多，虽销售利率不高，也会造成产品最终价格中商业利润比重上升。以工业品销售为例，中美双方情况如表2、表3所示。

表2　　1972年美国工业品通过各种销售渠道的销售额及其比例

项目	二站		三站		四站	
	销售额（亿美元）	比重（%）	销售额（亿美元）	比重（%）	销售额（亿美元）	比重（%）
整个工业品	3680.4	48.6	2303.8	30.5	1581.3	20
消费品	158.1	5.0	1423.2	45.0	1581.3	50
生产资料	3522.3	80.0	880.6	20.0		

注：二站，指商品由生产者直接卖给最终消费者或工业用户；三站指商品从生产者到零售商到消费者；四站指生产者→批发商→零售商→消费者。

资料来源：《国外商业研究资料》，中国商业出版社1984年版，第57页。

表3　　我国商业部系统工业品收购额占货源总额比重　　单位：%

项目		1965年	1978年	1980年	1982年
商业部系统收购		92.5	92.8	86.2	82.9
其中	批发企业购进	89.2	87.8	78.3	71.3
	零售企业购进	3.3	5.0	7.9	11.7

资料来源：《新中国商业史稿》，中国财政经济出版社1984年版，第405页。

显然，我国商业环节比美国多，四站以上销售，我国至今占70%以上，而美国不过50%，三站销售，我国占不到12%，美国却占45%，至于非商业部系统收购的17%，也不见得都是生产企业的直接销售。

以此论之，说对方商业“机构重叠，环节甚多，商业零售利润，在资本主义剩余价值总额中占了很大比重”。[④] 因而说批零差价大于我国不合理，似乎不妥。更何况即使如此，也不过是同一产品价值的内部分配而已。

第二，利息、税金。利税占商品进销差价的比重，西方国家一般低于我

---

① 《国外商业研究资料》，商业出版社1984年版，第37页。

② 根据《国际经济和社会统计资料1950—1982》，中国财政经济出版社1985年版，第226～227页数据计算。

③ 《新中国商业史稿》，中国财政经济出版社1984年版，第516、527～528页。

④ 钱伯海：《国民经济综合平衡统计学》，中国财政经济出版社1982年版，第134页。

国。据西方几家最大的百货公司的财务成本资料：美国西尔斯公司 1973 年 1 月的该项比重是 13.48%，日本伊藤洋货堂公司 1980 年的比重是 12.34%。[①] 我国原商业供销两系统 1980 年这一比重是 19.17%。[②]

第三，折旧。伊藤洋货堂 1980 年折旧占商品进销差价的 7.6%，法国春天商店集团的这一比重是 4%。[③] 1980 年我国原商业供销两系统的这一比重是 2.47%，低于西方。但若加上修理费、简易建筑费、家具用具摊销等性质类似的开支，比重是 7.56%，[④] 接近日本水平。

第四，工资。商业部门有机构成低，活劳动消耗比重高。西方国家生活费用大，工资也相对地高，造成工资在商业费用中比重较大。1971 年美国商业最终产值中工资占 57.2%，其中零售高达 59.9%。[⑤] 法国春天集团百货公司职工工资占最终产值的 45.67%。[⑥] 而同期我国商业最终产值中这一比例仅为 13.69%。[⑦]

第五，其他物耗。包括的内容较复杂，这里仅分析广告与仓储费用。西方国家广告事业发达，费用也大。第二次世界大战后，美国的广告费用平均每年增加 13%，比 GNP 增长快得多。1972 年，美国国内广告费支出为 231 亿美元，比 1947 年增加了 4 倍。[⑧] 但是，并非所有的广告都是由商业做的，商业做的广告中，有些是由生产者支付费用的。当然无论由谁支付，最终都要计入成本，由消费者承担，但它毕竟不是批零差价的一部分。据春天集团的财务资料，宣传广告费占进销差价的 2%。[⑨]

关于仓储费用。笔者目前见到的可比资料不多，据春天集团的财务资料，仓租费占进销差价的 4%，但无法确定是否包括了全部仓储费用。较可靠的方法是通过比较中外商品流转速度进行估计。按可比口径纯销售额计算，美国 70 年代的社会商品周转速度保持在每年 3.6～3.8 次之间，日本 1979 年库存商品周转速度为 2.04 次。[⑩] 而我国商业流动资金周转速度，70 年代以来基本上是每年 2 次，库存商品周转速度略快些，1979 年是 2.33 次。[⑪]

---

① 《国外商业研究资料》，中国商业出版社 1984 年版，第 83、167、201 页。

② 《新中国商业史稿》，中国财政经济出版社 1984 年版，第 516～518、528～530 页。

③ 《国外商业研究资料》，中国商业出版社 1984 年版，第 83、167、201 页。

④ 《新中国商业史稿》，中国财政经济出版社 1984 年版，第 516～518、528～530 页。

⑤ ［苏］C.M. 扎克拉金娜：《美国经济中的商品和劳务流通》，中国财政经济出版社 1979 年版，第 82 页。

⑥ 《国外商业研究资料》，中国商业出版社 1984 年版，第 201 页。

⑦ 根据《新中国商业史稿》中国财政经济出版社 1984 年版，第 516、518、58、530 页相关数据计算。

⑧ 刘世杰：《资本主义国家商业概论》，中国商业出版社 1985 年版，第 196 页。

⑨ 《国外商业研究资料》，中国商业出版社 1984 年版，第 201、67、156 页。

⑩ 《国外商业研究资料》，中国商业出版社 1984 年版，第 201、67、156 页。

⑪ 《新中国商业史稿》，中国财政经济出版社 1984 年版，第 514、524、525 页。

对商业加价的逐项对比分析可见，引起西方国家批零差率高于中国的主要原因是工资。

不论商业劳动的性质如何确定，商业职工工资在我国也是全部计入商业净产值的。既然如此，又有什么理由因为西方国家工资较高——事实上西方商业工人工资一向低于工业。1980 年美国商业工人的平均工资仅及制造业工人的 73.8%。① 所谓高，是相对中国而言——引起批零差率大于中国而否定其存在的合理性，因此要扣除一部分？如果唯此方可比，那么东西方国家社会生产中比比皆是地不一致，如工、农、建筑各业中工资、折旧、利率、税金、保险福利等不同，是否也一一对号调整？否则，双方的工、农、建筑业产值也是同样不可比。

不错，西方国家因社会制度、生产关系的原因，存在种种不合理现象。商品实现的困难，造成广告、推销费用的增加，运力的浪费；销售服务虽周到，但有些并非必要，其费用最终或多或少总要转嫁给消费者，凡此种种，我们必须进行严肃认真的分析批判，指出其社会劳动使用上的不合理性，但不能因此否定其存在，否定它们是该社会经济活动的一部分。

事实上，西方国家社会劳动使用上的不合理，在工农业、建筑业中也比比皆是，但却从来无人指出它计入 GNP 与中国产值比较的不合理。这与我国传统的轻商、抑商思想，与误解物质生产就是物质产品的生产以致实物产品的生产不无关系。本来就觉得商业劳动算产值有点名不正言不顺，自然一见到西方国家批零差率大，商业产值比重大，觉得不扣掉一点不行了。

西方国家批零差率大，说明社会劳动的分配比例不同于我国，更进一步说，某种程度上它反映了生产力发展的不同阶段，是经济发展水平高于我国的标志之一。

因此，宏观的比较，应以最终销售价格计算的产值指标为双方对比的标准，而调整批零差价的不同不能得出正确的对比结论。

三、不宜用价比指数取代汇率

钱伯海方法的第三、四步是：用价比指数调整双方价格水平，用汇率换算货币单位。其实两步是一步：用价比指数取代汇率。以美国国民收入换算为例，钱伯海的方法是：

① 《国际经济和社会统计资料（1950－1982）》，中国财政经济出版社 1985 年版，第 433 页。

某年美国国民收入折算数 = 该年美国国民收入 ÷（1 + 服务夸大率）÷ 批发价格修正系数 × 价比指数 × 美元对人民币汇率

其中：价比指数 = $\sum p_1(q_1+q_2)/\sum p_2(q_1+q_2)$；$p_1$：我国价格；$p_2$：对方价格按外汇比价折算为我国货币单位的价格；$q_1$：我国产品产量；$q_2$：对方产品产量。①

前文已说明，服务夸大率及批发价格修正系数与本部分无关，故换算公式可化为：

某年美国国民收入折算数 = 该年美国国民收入 × $\sum p_1(q_1+q_2)/\sum p_2(q_1+q_2)$ × 汇率

= 该年美国国民收入 × $\sum p_1(q_1+q_2)/\sum p_2(q_1+q_2)$

其中，p_2 为按美元计算的对方价格。

$\sum p_1(q_1+q_2)/\sum p_2(q_1+q_2)$ 的物量权数分子分母相同、同样的产品总量，分子是按我方货币我方价格可值多少，分母是按对方货币对方价格可值多少，二者之比，不就是两国货币的比值即汇率吗？但是，应先指出，这是一个不正确的汇率算法。

之所以用价比指数取代汇率，钱伯海认为是由于汇率有两个缺点：第一，不能反映两国货币的实际购买力，因而不能以此比较两国价格总水平的差异；第二，不能反映两国相对价格的差异。因而“编制价比指数，进行国际对比，乃是一种最准确的对比方法。”②

因此需要分析一下，究竟是汇率还是价比指数更能确切地反映两国价格总水平和相对价格水平的差异。

假设两国间实现完全的自由贸易，不存在任何贸易障碍，而且资金、人力等生产要素也允许完全自由流动，但两国仍保有各自的货币。这种情况下，两国生产要素配置及要素价格因产品及要素的自由流动得到调整，最终使在两国生产同一产品的成本一致，从而两国价格总水平、比价都趋于统一。此时汇率只反映两国货币币值，同时也是两国货币实际购买力之间的比例。因为两国的国内市场已统一为一个市场，在统一市场上同时流通的两种货币的兑换率，无异于同种货币中不同面额货币的关系一样。（当然，当其中一种货币发行过多而产生通货膨胀，其兑换率会向相反方向变动）。

此时汇率如何决定呢？显然它不是由 $\sum p_1(q_1+q_2)/\sum p_2(q_1+q_2)$ 决定

① 钱伯海：《国民经济综合平衡统计学》，中国财政经济出版社 1982 年版，第 136、137 页。

② 钱伯海：《国民经济综合平衡统计学》，中国财政经济出版社 1982 年版，第 135 页。

的，也不是由 $\sum p_1q_1 / \sum p_2q_2$（$\sum p_1q_1$、$\sum p_2q_2$ 分别为按本国货币计算的两国产值）决定的，而是由两国间进行贸易的产品价格决定的，用公式表示则为：

$$汇率 = \frac{\sum p_1q_1}{\sum p_2q_1} \div \frac{\sum p_2q_2}{\sum p_1q_2} = \frac{\sum p_1q_1}{\sum p_2q_1} \times \frac{\sum p_1q_2}{\sum p_2q_2} = \frac{\sum p_1q_1}{\sum p_2q_2}$$

其中，p_1：按我方货币计算的我方价格；p_2：按对方货币计算的对方价格；q_1：我方出口到对方的产品量；q_2：对方出口到我方的产品量。

式中，$\sum p_1q_1 / \sum p_2q_1$、$\sum p_2q_2 / \sum p_1q_2$ 是双方各自的平均换汇成本公式。在贸易平衡的基础上，$\sum p_2q_1 = \sum p_1q_2$，即一国用以买回对方产品的外汇支出等于卖给对方产品的外汇收入。

$\sum p_1q_1 / \sum p_2q_2$ 虽以两国进出口产品为权数计算，但却反映了两国货币实际购买力的比例关系。因为，在自由贸易条件下，一国物价总水平上涨，该国出口必缩减，进口必激增，该国对对方货币的需求上升，供给下降，导致该国货币汇率下跌。如果说物价上涨会使该国产值虚增，那么汇率相应下跌正好起了"消肿"的作用。

相对价格差异，前文已作分析：在形成相对价格差异的客观基础消失之前，存在比价不同是合理的，统计上的随意调整则会造成歪曲反映。而在自由贸易条件下，两国比价差异业已消除，问题也就不复存在。倘若因临时性因素，一国的某些商品涨价，必然使该国对对方国家这些商品的进口增加，直至双方价格恢复平衡，比价变动促使双方的贸易构成、汇率作相应调整，因而也就被包括进汇率了。

可见，在完全自由贸易条件下的均衡汇率能够反映两国价格总水平及相对价格的对比关系及其变动。

在钱伯海换算公式中，价比指数取代了汇率，如果它能准确地反映两国价格总水平及相对价格的关系，那么应等于以上定义的汇率。比较两公式：$\sum p_1(q_1+q_2) / \sum p_2(q_1+q_2)$ 与 $\sum p_1q_1 / \sum p_2q_2$，可发现二者的物量权数恒不相等。价比指数的物量权数 $\sum(q_1+q_2)$ 是对比双方之外的一个杜撰的第三国的产量构成，以它对两国价格进行加权对比，有什么根据说明它是两国价格水平的准确反映？

有人或许会说：价比指数的分子分母权数相同，同样的产品组合，中国值多少，美国又值多少，二者之比不正是中美货币购买力之比么？实则不然，如果比较仅要求双方权数相同，那么将中美双方价格都按其他第三国如日本、苏联或印度的产量构成加权行不行？按上述各国的或是 $\sum(q_1+q_2)$ 加权的计算结果会都相同么？须知按 $\sum(q_1+q_2)$ 与按其他国家产量加权并无原则区别：$\sum(q_1+q_2)$ 也不是中美任何一方的产量构成。

真正能反映两国货币购买力关系的，是前所定义的汇率，它要求分子分母权数不同。若是相同，交换将如何进行，汇率又从何产生？

因此，编制价比指数进行国际对比，不可能是一种最准确的对比方法。

理想的换算系数，是完全自由贸易条件下的均衡汇率。但在目前，它无法产生，而且不能准确测算。

尽管存在种种干扰，如贸易障碍、生产要素流动障碍、国际收支不平衡、心理因素等，使现行均衡汇率与理想均衡汇率有差异，不能完全准确反映两国货币购买力的关系。但从长期看，决定汇率变化的主要因素，还是两国货币购买力的彼此消长。因此，现行均衡汇率虽不完全理想，但比之价比指数，还是能较近似地反映两国货币的实际购买力对比关系。

用汇率换算比用价比指数，有以下好处。

第一，误差可以估计。汇率与两国币值及实际购买力的比例有差距，它虽不可精确计算，但方向、大小可以估计。若是均衡汇率，从两国间贸易障碍状况，国际收支状况以及两国物价总水平与汇率变动的差距中便可大体看出它与理想均衡汇率的差距。若是国家规定的固定汇率，再加上固定汇率与现行均衡汇率的差距。

第二，较客观。汇率虽有误差，似不合理，但它客观地反映一国经济在世界经济中的地位及该国面临的选择机会。

第三，便于国际比较。用汇率换算，是目前国际通行的方法。在其他方法尚无明显优势情况下，应采用国际通用的方法，统一标准，以免混乱。

第四，简便。用汇率换算，可大大减少工作量。由于现行汇率与理想汇率的差距只可分析估计不能精确计算，因而换算时不必顾及。在有均衡汇率条件下，可直接用它；若是固定汇率，可参照两国近年来汇率与物价总水平的变动情况，用一定方法适当调整。①

总之，为了客观地比较两国国民经济活动总量的大小，应以甲国 GNP × 甲国货币对乙国货币汇率比乙国 GNP。这里的汇率，应是均衡汇率。

---

① 世界银行：《1986 年世界发展报告》，中国财政经济出版社 1986 年版，第 243 ~ 244 页。

图书在版编目（CIP）数据

中国经济学探索丛稿. 第三卷，宏观经济学. 下 /
李文溥著. -- 北京：经济科学出版社，2024. 12
ISBN 978 - 7 - 5218 - 4706 - 2

Ⅰ. ①中… Ⅱ. ①李… Ⅲ. ①中国经济 - 文集②宏观
经济学 - 文集 Ⅳ. ①F12 - 53

中国国家版本馆 CIP 数据核字(2023)第 067871 号

责任编辑：初少磊　赵　蕾　赵　芳　尹雪晶　王珞琪
责任校对：靳玉环
责任印制：范　艳

中国经济学探索丛稿
ZHONGGUO JINGJIXUE TANSUO CONGGAO
第三卷
宏观经济学·下
李文溥　著
经济科学出版社出版、发行　新华书店经销
社址：北京市海淀区阜成路甲 28 号　邮编：100142
总编部电话：010 - 88191217　发行部电话：010 - 88191522
网址：www. esp. com. cn
电子邮箱：esp@ esp. com. cn
天猫网店：经济科学出版社旗舰店
网址：http：//jjkxcbs. tmall. com
北京联兴盛业印刷股份有限公司印装
787 × 1092　16 开　204. 5 印张　3660000 字
2024 年 12 月第 1 版　2024 年 12 月第 1 次印刷
ISBN 978 - 7 - 5218 - 4706 - 2　定价：828. 00 元（全六卷）
（图书出现印装问题，本社负责调换。电话：010 - 88191545）